A ORIGINALIDADE
DOS EXERCÍCIOS DE
Inácio de Loyola

RENÉ LAFONTAINE

A ORIGINALIDADE DOS EXERCÍCIOS DE Inácio de Loyola

Tradução de
Lara Christina de Malimpensa

Edições Loyola

Título original:
L'originalité des Exercices d'Ignace de Loyola, by René Lafontaine
© Éditions Lessius, 2016
7, Rue Blondeau à Namur – Belgique
ISBN 978-2-87299-284-3

Dados Internacionais de Catalogação na Publicação (CIP)
(Câmara Brasileira do Livro, SP, Brasil)

Lafontaine, René
    A originalidade dos Exercícios de Inácio de Loyola / René Lafontaine ; tradução de Lara Christina de Malimpensa. -- São Paulo, SP : Edições Loyola, 2022. -- (Exercícios espirituais & discernimento)

    Título original: L'originalité des Exercices d'Ignace de Loyola.
    ISBN 978-65-5504-114-9

    1. Inácio, de Loyola, Santo, 1491-1556. Exercícios espirituais I. Título. II. Série.

22-111947   CDD-269

Índices para catálogo sistemático:
1. Exercícios espirituais : Cristianismo   269

Eliete Marques da Silva - Bibliotecária - CRB-8/9380

Capa: Ronaldo Hideo Inoue
Detalhe da assinatura de Santo Inácio de Loyola em um documento preservado no Museu da Catedral de Mdina, Malta. Imagem de Hispalois. © Wikimedia Commons: <https://commons.wikimedia.org/wiki/File:Ignacio_de_Loyola_signature_Mdina_cathedral_museum.jpg>.
Montagem sobre fundo de © Victor e ilustração de Santo Inácio de © Morphart. © Adobe Stock. No detalhe, brasão da Companhia de Jesus.
Diagramação: Sowai Tam
Revisão técnica: Danilo Mondoni, SJ

Edições Loyola Jesuítas
Rua 1822 nº 341 – Ipiranga
04216-000 São Paulo, SP
T 55 11 3385 8500/8501, 2063 4275
editorial@loyola.com.br
vendas@loyola.com.br
www.loyola.com.br

Todos os direitos reservados. Nenhuma parte desta obra pode ser reproduzida ou transmitida por qualquer forma e/ou quaisquer meios (eletrônico ou mecânico, incluindo fotocópia e gravação) ou arquivada em qualquer sistema ou banco de dados sem permissão escrita da Editora.

ISBN 978-65-5504-114-9

© EDIÇÕES LOYOLA, São Paulo, Brasil, 2022

SUMÁRIO

Prefácio, por Mark Rotsaert	9
Preâmbulo	11
Siglas e abreviações correntes	13

Abertura

O projeto de identificar a originalidade dos *Exercícios*	17
A. O meio cultural e espiritual em Castela no início do século XVI	21
B. Nossa seleção das obras	29
C. A extensão variável do termo "originalidade"	35

Primeira parte
A HERANÇA DA TRADIÇÃO

Capítulo I. Inácio e a *devotio moderna*	41
A. O método de oração	41
B. Contemplar a vida de Cristo: Inácio, Ludolfo e Cisneros	53
Capítulo II. A cristologia tomasiana e a inaciana	61
A. O desdobramento da cristologia tomasiana	61
B. O Cristo *comprehensor* e *viator*	63
Capítulo III. Os primeiros pressupostos da antropologia inaciana	67
A. O "Princípio e Fundamento" (EE 23)	67
B. Os três tipos de pensamentos (EE 32)	82
C. As duas formas de exame de consciência (EE 24-44)	98

Segunda parte
AS QUATRO SEMANAS DOS *EXERCÍCIOS*

Capítulo I. A primeira semana	109
A. As meditações de um único dia	110

B. As primeiras regras de discernimento (EE 313-327)	148
C. Rumo a uma teologia da primeira semana	168

Capítulo II. A segunda semana 189
    A. O Reino (EE 91-98) 189
    B. Os três primeiros dias (EE 101 a 134; 262 a 272) 196
    C. O quarto dia (EE 136-157) 226
    D. A seção para fazer eleição (EE 169 a 174) 256
    E. A continuação dos mistérios até o décimo segundo dia (EE 273-288) 271
    F. As regras de discernimento na segunda semana (EE 328-336) 287
    G. O *Diário espiritual* de Inácio 310
    H. Rumo a uma teologia da segunda semana 314

Capítulo III. A terceira semana 317
    A. A Paixão lida por Ludolfo e por Inácio 317
    B. O primeiro dia: a Ceia e a Agonia 321
    C. A continuação dos mistérios até o sétimo dia 336
    D. Rumo a uma teologia da terceira semana 361

Capítulo IV. A quarta semana 367
    A. A aparição do Ressuscitado à sua Bendita Mãe (EE 218-225 e 299) .. 368
    B. As quatorze outras aparições do Ressuscitado 384
    C. Rumo a uma teologia da quarta semana 407

Terceira parte
EXERCÍCIOS E REGRAS COMPLEMENTARES

Capítulo I. A contemplação para alcançar o amor (EE 230-237) 413
    A. As duas notas prévias (EE 230-231) 413
    B. A composição de lugar (EE 232) 416
    C. A oração de petição (EE 233) 417
    D. O primeiro ponto, acompanhado da oração de oferenda (EE 234) .. 418
    E. O segundo ponto (EE 235) 425
    F. O terceiro ponto (EE 236) 430
    G. O quarto ponto (EE 237) 435

Capítulo II. Três modos de orar (EE 238-260) 445

Capítulo III. As regras de ortodoxia (EE 352-370) 447
    A. A primeira série de regras (EE 352 a 361) 450
    B. A segunda série de regras (EE 362-365) 457
    C. A terceira série de regras (EE 366-370) 464

Conclusão
HISTÓRIA E ESPÍRITO NOS EXERCÍCIOS INACIANOS

A. Introdução	481
B. A contingência da História	483
C. A doação viva do Espírito	490
D. Na Igreja, "Esposa de Cristo, nossa Mãe"	492
E. A originalidade intrínseca dos Exercícios inacianos	497
Principais referências bibliográficas	499
Índice onomástico	501

PREFÁCIO

A originalidade dos Exercícios *de Inácio de Loyola não reside no âmbito do texto, mas antes em sua dinâmica e em sua estrutura interna. A obra monumental de René Lafontaine alcança em profundidade as próprias raízes da experiência espiritual que caracteriza os* Exercícios*. Trata-se primeiramente de uma pesquisa teológica. É impressionante ver o modo como o teólogo perscruta os textos teológicos antigos e modernos para melhor compreender aquilo a que Inácio convida. O objetivo não é saber se Inácio se situa mais na linha de Santo Tomás do que na dos autores da família franciscana. E por sua vez, os textos teológicos recentes contribuem, numa linguagem que nos é mais familiar, para aprofundar o "conhecimento" dos* Exercícios*. Um dos resultados — e não dos menores — dessa pesquisa teológica avançada é trazer à luz como os* Exercícios *de Inácio são um texto de Igreja. Ao longo da obra inteira, o texto dos* Exercícios *é iluminado pelo tesouro teológico da Igreja através dos tempos.*

No entanto, o leitor que não despendesse o tempo necessário para ler a totalidade destas páginas poderia acreditar que se trata de um estudo sobre a teologia dos Exercícios *espirituais. É inegável que o método escolhido pelo autor lança uma luz esclarecedora sobre a teologia dos* Exercícios*, mas esse não é o objetivo nem o título da obra.*

A originalidade deste Opus Magnum*, que tem por título* A originalidade dos Exercícios de Inácio de Loyola*, reside em outro âmbito. O fio condutor de todo o volume não é a teologia, mas a experiência espiritual característica dos* Exercícios*. O autor jamais perde de vista que os* Exercícios *não são um tratado teológico nem um livro de espiritualidade, mas um guia para quem dá os* Exercícios*, a fim de tornar possível esse diálogo singular entre quem faz os* Exercícios *e seu Criador e Senhor. Estar à escuta da Palavra de Deus, abrir-se para a presença de Deus em Jesus Cristo na oração, é pôr-se na esfera de influência do Espírito. Existe uma "lógica espiritual" nos* Exercícios *que, quando respeitada até o fim — como o faz o autor —, evita que estes sejam transformados num sistema fechado, seja teológico, seja filosófico. Deus que se revela ao homem está no próprio centro da experiência espiritual dos* Exercícios*. Certamente há uma teologia dos* Exercícios*, mas os* Exercícios *vão além, até a decisão pela qual o homem se dá a Deus no dom da fé. É a obra do Espírito, sempre novo, sempre surpreendente. Inácio o havia experimentado. O Espírito de Deus é liberdade. Excede nossos esquemas, nossas estruturas de pensamento.* Deus semper maior.

O livro de René Lafontaine não é um livro fácil de ler. No entanto, sua leitura atenta enriquece nosso conhecimento da fé em Deus Pai, Filho e Espírito. Além disso, convida a um aprofundamento de nosso compromisso na fé, na Igreja. Para todos aqueles e todas aquelas que, na linhagem de Inácio, querem conhecer melhor, por um lado a riqueza teológica em que se inserem os Exercícios *e, por outro, a profundidade da experiência espiritual à qual eles convidam, este livro é indispensável.*

MARK ROTSAERT,
diretor do Centre Ignatien de Spiritualité
[Centro Inaciano de Espiritualidade]

PREÂMBULO

Abordaremos os *Exercícios* inacianos sob o ângulo de sua originalidade, e sendo assim, procederemos sempre por comparação com os posicionamentos que envolvem a teologia de outros autores espirituais. Nesse âmbito, os pesquisadores jesuítas confrontaram com pertinência essa obra inaciana com outras obras oriundas da *devotio moderna*, como os *Exercícios espirituais* de Cisneros, publicados em 1500, retrocedendo até a *Vida de Cristo*, de Ludolfo da Saxônia, e a *Lenda áurea* de Tiago de Voragine, lida por Inácio em seu leito de convalescença em Loyola. Quanto a nós, ampliaremos nossa pesquisa retrocedendo à fonte escriturística que inspirou o "sentido tropológico e místico" da Escritura, sem negligenciar a contribuição das teologias medievais de Tomás de Aquino e Boaventura. Além disso, seremos levados a depreender a hermenêutica própria de toda a progressão dos *Exercícios* inacianos, referindo-nos às últimas "regras para o verdadeiro sentido que devemos ter na Igreja militante" (EE 353 ss.), isto é, avaliando a dimensão do conflito existente "em nossos tempos tão perigosos" (EE 369), em que "a liberdade do livre-arbítrio" (EE 23; Erasmo) foi contestada pela "do servo-arbítrio" (Lutero). Tal conflituosidade exigirá também a contribuição de teólogos do século XX, visto que no século XVI ainda reinava a influência universal da fé cristã, enquanto hoje nossa sociedade está submetida a uma secularização tingida de agnosticismo e marcada pelo pluralismo ideológico e religioso. Será que a pedagogia inaciana continua pertinente nos dias de hoje? Confronta de fato o cristão com o ateísmo?

A interpretação desses *Exercícios* inacianos pelo Pe. Gaston Fessard teve o mérito de medir o impacto ôntico da liberdade do homem, depreendendo, com o auxílio da conceitualidade dialética de Hegel, os diferentes limiares que essa liberdade deve transpor ao longo das *quatro semanas*. Nossa hermenêutica distinguir-se-á, sob mais de um aspecto, da de Fessard. A partir daí, buscaremos determinar melhor a particularidade de cada uma dessas semanas e dos exercícios que a compõem, evidenciando a transformação de suas respectivas coordenadas espaço-temporais, que inspiram a totalidade da responsabilidade humana, determinada pela teologia tripartite da Bíblia: *pneuma, noûs, sarx*.

Em conformidade com a imensa tradição cristã, ficará cada vez mais evidente que esses *Exercícios* inacianos são construídos sob o duplo advento do envio, pelo Pai, do "Verbo feito carne", e do envio do Espírito Santo pelo Pai e pelo Filho, como o propõem distintamente *a contemplação dos mistérios de Cristo* e *as regras de discernimento dos espíritos*. No entanto, os *Exercícios* inacianos radicalizarão a distinção e a complementaridade desse duplo envio. Com efeito, por um lado "a seção sobre os mistérios da vida de Nosso Senhor" (EE 261 ss.), analisada com estrito respeito a suas abreviações, exigirá que o exercitante considere tão somente os fatos relatados nos Evangelhos, despojando-os de toda justificação teológica baseada em citações da Palavra de Deus, elas próprias esclarecidas pela exaltação escatológica do Filho ressuscitado, que aparece como tal à sua mãe e aos discípulos (cf. Fl 2,6-12). O exercitante será assim confrontado com a *nua contingência* desses mistérios, e mais ainda porque o redator dos *Exercícios* proibirá a seu exercitante que antecipe a memória das semanas que ainda não se oferecem a ele (cf. EE 11).

Por outro lado, o advento do Espírito, "Paráclito" e "Hermeneuta" divino, responderá a essa outra lógica invertida dos mistérios da história de Cristo, ao oferecer a perspectiva do acréscimo de consolação divina. Assim, por exemplo, as regras de discernimento dos espíritos convenientes à primeira semana, confrontadas com todas as dimensões do pecado, proporão que a "desolação" seja avaliada à luz do que Inácio definirá pessoalmente como os três tipos de "consolação". Da mesma maneira, o discernimento da ambiguidade da "consolação com causa" (EE 331 ss.) será antecipadamente esclarecido pelo ensino e pela experiência arquetípica da "consolação sem causa precedente" (EE 330), ela própria precedida por aquela que afirma caber unicamente a Deus e a seus anjos oferecer a verdadeira alegria e júbilo espiritual (EE 329).

Em nosso capítulo de conclusão, tomaremos a liberdade de apontar a complementaridade fundamental dessa dupla abordagem que articula a arquitetura de todos esses *Exercícios* inacianos. Acrescentaremos a isso dois pontos essenciais. O primeiro mostrará como a defasagem abissal entre a confrontação imediata com a contingência da história de Cristo e o acréscimo de graça de consolação se conjugam numa leitura *eclesial* e espiritual do dom vivificante do Espírito por meio dessa contingência. O último ponto definirá a *originalidade* radical dos *Exercícios* inacianos: tornar o exercitante incondicionalmente disponível — ou "indiferente" (EE 23) — ao chamado tão singular quanto imediato que lhe é dirigido pelo "Rei eterno de todo o universo", de modo tal que, fortalecido por sua *eleição* pessoal, possa expor-se à imediatez divina e humana do mistério da Páscoa de nosso Senhor, como prova suprema da contingência ("eles me odiaram sem razão") e como dom vivificante do Espírito de liberdade, tendo já vencido o inimigo derradeiro constituído pela morte.

SIGLAS E ABREVIAÇÕES CORRENTES

AHSI:	Archivum historicum Societatis Iesu, Roma.
ARSI:	Acta Romana Societatis Iesu, Roma.
BACmaior 104:	Biblioteca de Autores Christianos, *Obras s. Ignacio de Loyola*, Madrid.
BIHSI:	Bibliotheca Instituti historici Societatis Iesu, Roma.
CC, SL:	Corpus Christianorum, Series latina.
CIS:	Centrum Ignatianum spiritualitatis, Roma.
Conc:	*Concilium. Revue internationale de théologie*, Paris.
ConI:	Concordancia Ignaciana, Bilbao.
CspIg:	*Cahiers de spiritualité ignatienne*, Québec.
DCT:	*Dictionnaire critique de théologie*, Paris.
DEI:	*Diccionario de espiritualidad ignaciana*, Madrid.
Dir1599:	*Diretórios* reunidos por Acquaviva em 1599.
DME:	*Diccionario Medieval Español*, Salamanca.
DPTThom:	*Dictionnaire de philosophie et de théologie thomistes*, Paris.
DS:	*Dictionnaire de spiritualité*, Chantilly.
DTC:	*Dictionnaire de théologie catholique*, Paris.
Dz:	H. Denzinger e A. Schönmeitzer, *Enchiridion Symbolorum*.
EE:	*Exercícios* espirituais inacianos, introduzindo sua numeração.
ET:	*Études*, Paris.
EV:	*Esprit et vie*, Langres.
GL:	*Geist und Leben, Zeitschrift für Aszese und Mystik*, Wurtzbourg.
Gr:	*Gregorianum*, Roma.
VC:	*Vida de Cristo*, de Ludolfo da Saxônia.
Manr:	*Manresa*, revista e estudos particulares, Barcelona.
MHSI:	Monumenta historica Societatis Iesu, Roma.
MI:	Monumenta Ignatiana (4 séries de MHSI), Roma.
MNad:	*Epistolae P. H. Nadal* (5 vols. em MHI), Madrid/Roma.
NRT:	*Nouvelle revue théologique*, Bruxelles.
PG:	Patrologiae cursus. Series Greca, Paris.
PL:	Patrologiae cursus. Series Latina, Paris.

PUG:	Pontificia Universitas Gregoriana, Roma.
RAM:	*Revue d'ascétique et de mystique*, Toulouse.
RHSp:	*Revue d'histoire de la spiritualité*, Paris.
RSPhTh:	*Revue des sciences philosophiques et théologiques*, Paris.
RSR:	*Recherches de science religieuse*, Paris.
RTL:	*Revue théologique de Louvain*, Louvain.
S.T.:	*Suma teológica* de Tomás de Aquino.
SC:	Sources chrétiennes, Paris.
TEB:	*Tradução ecumênica da Bíblia* [TEB], São Paulo [Traduction œcuménique de la Bible (TOB), Paris].
VEE:	*Vocabulario de Ejercicios Espirituales*, CIS, Roma.
VTB:	*Vocabulaire de théologie biblique*, Paris.
WA:	*Martin Luther's Werke*, Weimarer Ausgabe, Weimar.
ZKTh:	*Zeitschrift für katolische Theologie*, Viena.

ABERTURA

O PROJETO DE IDENTIFICAR A ORIGINALIDADE DOS *EXERCÍCIOS*

Nossa pesquisa busca determinar as influências que podem haver marcado a redação dos *Exercícios* espirituais de Inácio de Loyola, a fim de melhor apreender a originalidade deles. Esse trabalho é ainda mais estimulante pelo fato de sua redação progressiva no início do século XVI cobrir um período que abarca tanto o declínio da Idade Média, revitalizado pela *devotio moderna*, como o advento da Reforma. Sem nem sequer evocar a conquista das Américas, a composição desses *Exercícios* inacianos nos mergulha no cadinho de uma das mais importantes revoluções culturais e espirituais que a cristandade ocidental jamais provocou e suportou, pelo fato de Martinho Lutero e João Calvino haverem reivindicado o retorno à verdade do puro Evangelho, contestando a pertinência do discurso escolástico medieval. Esse questionamento atingiu todos os filamentos de uma tradição fortificada por quinze séculos de reflexão teológica autenticada pelo magistério da Igreja romana. Atualmente, a constituição *Dei Verbum*, promulgada pelo Concílio Vaticano II, não respondeu a essa reivindicação, preconizando a revitalização da tradição católica a partir da Escritura de Um e Outro Testamento?

Existe, porém, outra fonte de inspiração dos *Exercícios* inacianos que extrapola qualquer apreensão imediata dos principais mistérios da fé cristã: a revelação intelectiva e mística de que Inácio de Loyola desfrutou pessoalmente em Manresa[1]. Essa autocomunicação divinamente trinitária incluía a missão de abrir o coração e o espírito do maior número de homens, a fim de torná-los disponíveis para a recepção de uma tal graça pela contemplação dos "mistérios de Jesus Cristo nosso Senhor", acompanhada do "discernimento dos espíritos" suscitado pelo Espírito de Deus.

A partir daí foi necessário que Inácio transcrevesse seu projeto missionário na linguagem cultural comumente aceita, afinando, porém, alguns de seus termos, para que pudessem enfrentar de modo inequívoco "tempos tão perigosos", porque interpretavam "a liberdade do livre-arbítrio" (EE 23) em sentidos contraditórios. Nesse terreno, os comentadores jesuítas dos *Exercícios* circunscreveram com pertinência sua pesquisa, comparando-os a obras contemporâneas que tiveram a mesma pretensão de guiar o cristão no caminho da oração pessoal. Nosso trabalho recolherá os frutos dos principais resultados de suas pesquisas; contudo mantemo-nos cientes de que raramente é possível de-

---

1. Cf. *O relato do peregrino*, n°s 27b-30.

monstrar que esta ou aquela passagem de uma obra espiritual lida por Inácio tenha sido a fonte indiscutível de determinada expressão adotada nos *Exercícios*[2].

Extrapolando, porém, as fronteiras dessa nova "literatura espiritual", nós nos arriscaremos a ampliar o campo de nossa pesquisa, recorrendo ao testemunho da Escritura, convencidos de que todas as doutrinas teológicas originam-se no desdobramento dos "três sentidos espirituais" oriundos da Letra escriturística: seu sentido alegórico ou dogmático, seu sentido "tropológico" ou moral e espiritual e, por fim, seu sentido "anagógico" ou escatológico. Os *Exercícios* inacianos integraram essa doutrina ancestral nas regras "para o verdadeiro sentido que devemos ter na Igreja militante", e em particular nessa 11ª regra (EE 363), que caracteriza as duas formas principais de discurso teológico: a "teologia positiva", oriunda do período patrístico, e a "teologia escolástica", inaugurada na Idade Média. Esta última é declarada mais "moderna", pois integra as determinações mais recentes do Magistério, sem contudo afastar-se de sua fonte escriturística e patrística.

> Com efeito, como os doutores escolásticos são mais modernos, não apenas desfrutam da verdadeira compreensão da Sagrada Escritura, como também, sendo eles próprios iluminados e esclarecidos pelo poder divino, encontram ajuda nos concílios, cânones e constituições de nossa Santa Mãe Igreja.

A partir daí nossa pesquisa sobre a originalidade dos *Exercícios* inacianos nos levará a seu fundamento primordial, que é a autoridade da "Palavra de Deus", assim declarada pela Escritura. Aí encontraremos não apenas a fonte primordial da inspiração inaciana, como também e, mais radicalmente, o critério a partir do qual certos posicionamentos dogmáticos e espirituais desses *Exercícios* podem ser julgados credíveis, como o ilustram os exemplos seguintes: em que sentido se deve interpretar a afirmação de que os anjos e "nossos primeiros pais" foram "criados na graça" (EE 50 e 51)? Será correto pensar que o Criador tenha realmente *passado* "da vida eterna à morte temporal" (EE 53), quando as propriedades de sua natureza divina imortal são inalteráveis? Será indubitável que alguém que morreu em estado de pecado mortal está irremediavelmente condenado (EE 48)? Será que a conflituosidade do "bom e do mau espírito" na alma é mais do que a expressão de uma projeção psicológica (EE 314)? Será possível que o Criador se reserve o privilégio de orientar de modo decisivo a vontade de determinada pessoa, sem passar por cima de seu livre-arbítrio, em especial quando Deus lhe oferece uma consolação que não é suscitada em absoluto por atos humanos de inteligência ou de vontade (EE 330)? O ditado segundo o qual "a fé é chamada a aperfeiçoar-se pela caridade" (EE 368: *fides caritate formata*) se opõe radicalmente à tese luterana da "justificação exclusivamente pela fé, independentemente das obras da lei", segundo a epístola de Paulo aos gálatas.

---

2. J. Calveras; C. de Dalmases, *Sancti Ignatii de Loyola Exercitia spiritualia*, MHSI, vol. 100, Roma, 1969, 801 p. A. Codina, *Los origines de los Ejercicios espirituales de S. Ignacio de Loyola*, Estudio historico, Barcelona, Bibl. Balmes, 1926, 308 p. Hugo Rahner, *Ignatius von Loyola und das geschichtliche Werden seiner Frömigkeit*, Graz, Herder, 1947. Hugo Rahner, *La genèse des Exercices*, traduzido do alemão para o francês por G. de Vaux, col. Christus n. 69, Paris, DDB, 1989, 127 p. Terence, O'Reilly, The Spiritual Exercices and the Crisis of Medieval Piety, *The Way* 70 (Suppl. 1991) 101-113.

Será que esse posicionamento católico é igualmente decisivo para garantir a pertinência do percurso da "liberdade do livre-arbítrio", como o propõem esses *Exercícios*? Ao nos situarmos nitidamente nessa linha, seguimos o exemplo traçado por Jerônimo Nadal que, como exegeta profissional e confidente mais próximo de Inácio, não cessou de defender a pertinência deles.

Em razão do contexto polêmico suscitado pela Reforma, cumprirá que registremos com exatidão as opções teológicas e humanistas dos reformadores vindos do norte da Europa, visto que suas primeiras obras desembarcaram em Castela mais de 25 anos antes da redação definitiva dos *Exercícios* em 1548. Será que suas opiniões, por vezes contraditórias no plano antropológico, não visam ao cerne dessa obra inaciana: será que "a liberdade do livre-arbítrio" (EE 23) é realmente dotada do privilégio de posicionar-se (Erasmo) ou antes inexoravelmente submetida à escravidão do "servo-arbítrio" (Lutero)? As últimas "regras de ortodoxia" já evocadas permitirão esclarecer esse debate, e assim garantir os fundamentos teológicos e espirituais dessa obra inaciana (EE 366-370).

Seremos obrigados a não minimizar o debate que os próprios *Exercícios* provocaram no interior da Companhia de Jesus quando em 1599 o Pe. Acquaviva, nomeado prepósito geral, publicou o conjunto dos *Diretórios*[3], cuja função era especificar o alcance concreto das recomendações práticas enunciadas nos *Exercícios* inacianos. Esses "Diretórios" revelam por vezes sérias divergências de interpretação sustentadas por jesuítas de renome. Alguns destacarão mais a superioridade incontestável de um "sentir espiritual iluminado" pela exclusiva iniciativa gratuita de Deus, enquanto outros defenderão a obrigação de verificar tais intuições submetendo-as à "razão" sustentada pela sabedoria da Igreja, e ao mesmo tempo refutar os argumentos daqueles que assimilaram tais *Exercícios* da corrente ambígua preconizada pelos *Alumbrados*[4].

Na raiz desse conflito, que envolve essencialmente a relação da graça e da natureza, as principais versões dos *Exercícios* já manifestam essas tensões. Será necessário defender a versão espanhola e *autógrafa* dos *Exercícios*[5], como testemunho mais fiel do pensamento

---

3. MHSI, MI, séries II, 1111-1178, apresentados e traduzidos para o francês aos cuidados de Édouard Gueydan, Chantilly, 1988, 106 p. Acrescenta-se aí a obra de ACHILLE GAGLIARDI, *Commentaire des Exercices spirituels d'Ignace de Loyola* (1590), com introdução de André Derville e tradução francesa de Francis Joseph Legrand, col. Christus-Textes nº 83, Paris, DDB, 1996, 252 p.

4. PEDRO DE LETURIA, Lecturas ascéticas y lecturas místicas entre los jesuítas del siglo XVI, BIHSI XI, Roma, 1957, 269-331.

5. Adotando a opção do Pe. Hugo Rahner, compartilhada pela maioria dos intérpretes modernos, privilegiaremos o texto do *Autógrafo*. Este foi devidamente revisto e corrigido pela mão do próprio Inácio até 1544. Para garantir sua compreensão, recorreremos ao dicionário de espanhol medieval publicado por MARTIN ALONSO, *Diccionario medieval español, desde las glosas Emliennes y Silènes (s. X) hasta el siglo XV*, I-II, Universidad Pontificia de Salamanca, 1986, 1635 p. Com efeito, esse *Autógrafo* foi precedido por uma carta de Pedro de Ribadeneira, que descreve sua imperfeição estilística: "Considero que esse exemplar foi copiado do primeiro autógrafo escrito pela mão do bem-aventurado Pe. Inácio, sobre cuja existência se fala, mas que foi procurado após sua morte sem ser encontrado. Há, com efeito, impropriedades e incorreções em espanhol, como que inventadas por um calabrês ou por alguém que, em razão de sua falta de palavras ou de sentidos exatos, adaptou a suas ideias palavras emprestadas do

pessoal de Inácio, adotando a partir daí sua visão mistagógica e eclesial? Ou será preciso admitir a autoridade da *versio vulgata* oficialmente aprovada pelo papa Paulo III, adotando a partir daí as opções particulares de seu tradutor, o Pe. des Freux? Será que este último teria decapitado a leitura eclesial e mística do *Autógrafo*, eliminando, por exemplo, o título marial de *Nossa Senhora*, tão caro a Inácio, em nome do respeito à literalidade dos Evangelhos[6]?

Extrapolando o campo da espiritualidade inaciana, essa conflituosidade hermenêutica se prolongou até nossos dias, complexificando-se cada vez mais, desde Henri Bergson até Paul Ricœur e Gerhard Ebeling[7]. Qual é o valor evangélico da vida cristã, entendida como advento de Deus existencialmente experimentado no próprio íntimo, se admitirmos que esse tipo de visitação mística não pode ser anexado pela objetividade de doutrinas gerais, mesmo seladas pelo magistério da Igreja? Será que existe, de fato, uma sabedoria cristã ancorada na intimidade secretamente pessoal da alma, e capaz de decifrar o encontro inefável da liberdade de Deus que "chama" singularmente aquela pessoa humana, de modo tal que essa pessoa seja em consciência capacitada a discernir com toda segurança entre o caráter verdadeiro ou embusteiro desse chamado? Um discernimento assim pressuporia finalmente que existe uma "lógica" a reunir os critérios performativos que permitem julgar a retidão de uma "vocação divina", opondo-a àquela que seria "má e tendenciosa" (EE 172), pois dominada por reações surgidas anarquicamente da afetividade e dos preconceitos ditados por uma racionalização criadora de seus próprios valores.

A bem dizer, toda a tradição judaico-cristã não cessou de assinalar o desafio desse tipo de discernimento. Infelizmente, a história da Igreja nos ensinou que ela não raro usou sua autoridade para levar comunidades por caminhos que se distanciavam ou mesmo traíam o espírito do Evangelho. Em meio a esse rio imenso de uma tradição tão diversificada, será possível, então, apreender de modo preciso a contribuição original desses *Exercícios* inacianos? Antes será necessário especificar o alcance exato desse termo — "originalidade"[8].

---

latim que lhe faltavam em espanhol. [...] Daí concluo, portanto, que houve um terceiro exemplar espanhol, corrigido quanto à exatidão espanhola dos textos, a saber, com a supressão de palavras inexatas. É certamente do exemplar assim corrigido que foi extraída a versão latina [...]". Ribadeneira faz alusão aqui a uma nova versão latina, redigida pelo Pe. André des Freux em 1546-1547, chamada *Vulgata* e destinada a ser aprovada oficialmente pela autoridade pontifícia em 1548 como texto normativo, sendo depois impressa sob as ordens de Inácio. Bem posteriormente, o Pe. Roothan, então geral da Companhia, "redescobriu" o manuscrito autógrafo, que ele publicou juntamente com a *Vulgata*, numa nova tradução literal que não tardou a impor-se.

6. Cf. I. IPARRAGUIRRE, *Historia de los Ejercitarios de San Ignacio*, II: *Desde la muerte de San Ignacio hasta la promulgación del Directorio oficial (1556-1599)*. Ver em particular Parte Tercera: Metodología des los Ejercicios, caps. 13 a 15.

7. HENRI BERGSON, *Les deux sources de la morale et de la religion*, 1832. PAUL RICŒUR, *Histoire et vérité*, 1955; *De l'interprétation*, 1965; *Temps et récit*, 3 vol. 1983-1985. GERHARD EBELING, *Luther, Introduction à une réflexion théologique*, col. Lieux théologiques nº 6, Genève, Labor et Fides, 1981.

8. SYLVIE ROBERT, *Une autre connaissance de Dieu, Le discernement chez Ignace de Loyola*, col. Cogitatio fidei nº 204, Paris, Cerf, 1997, tratou dessa originalidade apoiando-se principalmente nas regras

Iniciaremos nossa investigação descrevendo o mais amplamente possível as diferentes correntes espirituais e culturais que atravessaram a cristandade castelhana no início do século XVI.

A. O MEIO CULTURAL E ESPIRITUAL EM CASTELA NO INÍCIO DO SÉCULO XVI

Antes de retratar o advento da *devotio moderna* em Castela no início do século XVI, cumpre-nos ressaltar alguns traços fundamentais da herança latina e ocidental da Idade Média.

1. A graça da liberdade confrontada com a relação da Igreja com o mundo

a. Diante da evolução da teologia oriental e bizantina, a tradição do Ocidente latino bem cedo se distinguiu centrando a compreensão da Aliança entre Deus e o homem na relação entre a liberdade divina e a liberdade humana, envolvendo a partir daí a relação da graça e da natureza, imbricadas numa hermenêutica das consequências do pecado original e originante. A teologia de Agostinho (354-430) e o segundo Concílio de Orange (526-530) dão superabundante testemunho dessa concentração no tema prático e racional da liberdade, em que se entrecruza o encontro entre Deus e o homem. A Bíblia já explicitava essa tensão permanente entre uma "Aliança" iniciada como puro Dom irrevogável de Deus e o Contrato mútuo que ela promove, ao solicitar o compromisso do povo de Deus com o respeito à justiça de Deus. Será que não somos hoje os longínquos herdeiros dessa tradição latina, ainda que a secularização se tenha apropriado da noção de liberdade e de pessoa, arrancando-a do húmus cristão que a viu nascer?

b. A relação entre a "Igreja" e o "mundo". A Idade Média ocidental desenvolveu plenamente esse desafio das liberdades, divina e humana, entrecruzando as exigências das ciências teológicas e filosóficas, a fim de oferecer nas *Sumas de teologia* uma apresentação ordenada de todo saber no âmbito da criação recente das "Universidades" urbanas. Essa cultura de alto nível estava reservada, é claro, ao público muito restrito dos letrados, majoritariamente selecionado entre os eclesiásticos, enquanto a grande maioria da população era camponesa. No entanto, o advento de novas ordens religiosas nascidas no século XII permitiu que se alcançasse essas camadas profundas que Inácio chamará "a gente humilde". Tomaremos a liberdade de circunscrever essa renovação à relação entre a Igreja e o mundo, assinalando seus traços positivos, mas também os negativos.

1º) A vocação monástica beneditina — e posteriormente a cartuxa — se havia estabelecido com base no retiro, e decerto no desprezo pelo mundo da perdição: *contemptus*

---

enunciadas em seu título. No entanto, não é também a concepção inaciana da "história" que caracteriza na mesma medida, se não prioritariamente, "esse outro conhecimento de Deus"?

mundi. No entanto, desde o século XII os novos fundadores de ordens mendicantes revisam a concepção de um "mundo" que se tornará o espaço aberto para o estabelecimento do Reino de Deus no coração e na cultura de todos os homens[9]. Basta evocar aqui o lirismo com que Francisco de Assis cantou as maravilhas da Criação, incluindo entre elas "nossa irmã, a morte corpórea". Domingos de Gusmão, por sua vez, inventou uma forma de consagração religiosa destinada ao encontro de tudo o que estivesse disposto a ouvir a Boa Nova da Salvação, segundo o lema universalista: *contemplata aliis tradere*.

2º) Contudo, apesar desse rejuvenescimento evangélico, a pregação comum da Igreja foi tentada com demasiada frequência a cultivar o desprezo pelo mundo e pelo homem, acenando com a ameaça da condenação ao inferno, articulada por representações macabras. Tal corrente se alimentou da autoridade de Agostinho, que interpretou estas palavras de Jesus — "Pois muitos são chamados, mas poucos os escolhidos" — não apenas como um estímulo à conversão, mas como garantia indubitável do Juízo final de Deus a condenar irrevogavelmente a *massa damnata*[10]. A esse respeito, a imensa documentação reunida por Jean Delumeau é bem rigorosa[11]. Ele aí demonstra a que ponto, do século XIII ao século XVIII, a pastoral ocidental fomentou exageradamente a culpa na consciência popular por meio da encenação "macabra" dos tormentos do inferno; daí o sucesso conquistado pelo tráfico lucrativo das "indulgências". Eis o círculo vicioso e a armadilha mortífera denunciada pela "cólera de Deus contra toda impiedade e toda injustiça dos homens que mantêm a verdade cativa da injustiça" (Rm 1,18). Qual verdade, senão a "do Evangelho, revelada por Deus em Jesus Cristo, pela fé e para a fé, da salvação universal, do judeu primeiro, e depois do grego" (Rm 1,16-17)? A "primeira semana" dos *Exercícios* espirituais inacianos, dedicada "ao exame dos pecados", não seria também marcada por esse desvio obsessivo? Em todo caso, não foi fora desse contexto de medo da danação, medo este apaziguado pelo pagamento de indulgências, que se desenvolveu uma nova espiritualidade, concentrada na oração individual e pessoal.

2. O advento da *devotio moderna*

Essa corrente de interiorização pessoal encontrou sua expressão tipicamente castelhana graças a autores que traçaram a *via do recolhimento* (1), na qual se inseriu a *via da entrega*, prefiguradora do quietismo (2). Rememoraremos igualmente a infiltração da doutrina de Lutero e de Erasmo em terra espanhola a partir de 1521 (3). Nessas matérias, nossa principal inspiração serão as pesquisas conduzidas por Mark Rotsaert, sintetizadas

---

9. Evangelista Vilanova, *Histoire des théologies chrétiennes*, I, tradução do espanhol para o francês por I. Durban, Paris, Cerf, 1997; ver cap. IV: Le XIIIᵉ siècle, une ère nouvelle, 873-924.

10. Agostinho, *A cidade de Deus*, livro XXI, cap. 12.

11. Jean Delumeau, *Le péché et la peur, La culpabilisation en Occident, XIIIᵉ-XVIIIᵉ siècles*, Paris, Fayard, 1983, 741 p. Pierre Chaunu, *Le temps des réformes*, I: La crise de la Chrétienté 1250-1550, Paris, Complexe, 1984, 290 p. Heinz Schilling, *Martin Luther, Rebelle dans un temps de rupture*, trad. francesa de Jean-Louis Schlegel, Paris, Salvator, 2014, 704 p. (ver IIª parte, 2º: Les thèses sur les indulgences: mythe et réalité, 168-179).

na publicação intitulada Courants culturels et spirituels qui traversèrent la Castille dès le début du XVIᵉ siècle[12].

a. Tudo começou no interior das grandes ordens religiosas contemplativas ou apostólicas, pela busca de uma vida mais eremítica, vivida à margem das obrigações da vida comum, ritmada pelas horas do ofício canônico e pela programação dos trabalhos de manutenção. Os franciscanos satisfarão esse anseio pela devoção pessoalmente interiorizada construindo *recolectorios* ou eremitérios que ofereciam a cada um a possibilidade de se retirar por um tempo numa atmosfera de silêncio, solidão e oração, a exemplo de Cristo, que se retirava para orar só. Em seu *Mémorial de vida y ritos*, o franciscano Satinas assinala que o religioso deve reservar a cada manhã e a cada noite uma hora de oração silenciosa e pessoal. A oração individual foi introduzida entre os beneditinos por uma decisão do capítulo geral de 1500.

Inseridos nessas novas aspirações, escritos ganham importância a fim de orientar, avaliar e captar os perigos que ameaçam o desenvolvimento da vida de oração particular, emancipada de todo controle comunitário. Assim, será recomendada a leitura pessoal da Escritura sagrada, uma leitura focalizada nos Evangelhos e na Paixão do Crucificado. Aconselha-se também a orientação individualizada de um padre espiritual, ele próprio esclarecido por escritos que descrevem o *método* de oração mais apropriado para cada um. No início do século XVI, esses autores espirituais se sentem mais à vontade que seus predecessores para descrever as condições e os frutos de uma vida de oração pessoal e profunda. Tratam de assuntos como humildade, compunção do coração, contrição, conversão, mortificação, pobreza e caridade. Além disso, esses manuais espirituais tentarão balizar as etapas do itinerário progressivo da alma até a união com Deus. Salinas trata, assim, de 10 graus de humildade, de 12 graus de obediência, de 6 graus de pobreza e de pureza moral, de 2 graus de caridade. Por sua vez, os *Exercícios* inacianos proporão *três graus de humildade* e uma série de *regras* e de métodos que propõem ao exercitante que ele se ajuste aos mistérios evangélicos contemplados por uma prática moderada ou intensa de mortificação nos âmbitos mais variados: penitência corporal, jejum, duração do sono, fruição ou privação dos prazeres da estação.

No início do século XVI essas novas correntes espirituais alcançaram um público cada vez mais amplo, extrapolando a esfera das comunidades religiosas e clericais pelo canal das pregações franciscana e dominicana, pela difusão de obras tipicamente castelhanas e pela tradução de obras compostas no norte da Europa. A mais representativa entre elas é a *Imitação de Cristo*, redigida pelo flamengo Tomás de Kempis[13], cuja leitu-

---

12. MARK ROTSAERT, *Ignace de Loyola et les renouveaux spirituels en Castille au début du XVIᵉ siècle*, Roma, CIS, 1982, 162 p. Ver também ROGELIO GARCÍA-MATEO, Ignatius von Loyola in seiner sozio-kulturellen Umwelt: Spanien 1491-1527, em MICHAEL SIEVERNICH; GÜNTER SWITER, *Dem Andenken an Ignatius von Loyola zum fünfhundertsten Jahrestag seiner Geburt*, Freiburg im Breisgau, Herder, 1990, 19-41.

13. O Pe. MERCIER, SJ, propôs esta obra: *Concordance de "L'imitation de Jésus-Christ" et des "Exercices spirituels" de saint Ignace*, Paris, H. Oudin, 1885, 476 p. Esse paralelo estabelecido entre recomen-

ra será recomendada pelos *Exercícios* inacianos (EE 100). O principal promotor dessas difusões foi García Jiménez de Cisneros, abade do mosteiro beneditino de Montserrat. Enquanto seu escrito monumental intitulado *Exercitatorio* se destinava a seus irmãos beneditinos, o compêndio de sua doutrina intitulado *Compendio breve* será difundido mais amplamente a um público de leigos letrados. Sua doutrina espiritual favorece o conhecimento experimental de Deus pelo amor, recomendando ao mesmo tempo a prática das virtudes mais elementares, a fim de prevenir todo perigo de subjetivismo. Todas as ordens religiosas contemplativas e apostólicas privilegiaram essa via da experiência afetiva do Amor de Deus, com o risco de desvalorizar, por vezes, a exploração mais intelectual da dogmática cristã[14].

Estimulado preferencialmente a partir dos centros doutrinais e espirituais da Igreja hierárquica, esse tipo de corrente devocional se contrapôs, por vezes violentamente, a expressões piedosas extravagantes, ilustradas em especial pelos "beatos", que a Inquisição classificará entre os "Iluminados" — *Alumbrados* —, a ponto de condenar alguns deles à fogueira.

b. As três etapas do recolhimento: *recogimiento*.

No início do século XVI, os franciscanos de Castela abriram o novo caminho de recolhimento (*via del recogimiento*), progressivamente estruturado em três etapas. A primeira conduz ao *autoconhecimento* por uma forma de oração que leva cada um à experiência de sua nulidade de criatura pecadora, suscitada pela contemplação das dádivas divinas da criação e da redenção: *oração de aniquilação* ou *oração de conhecimento da própria nulidade*. Alguns autores caracterizariam essa etapa pelo termo de *confusão*, retomado por Inácio ao longo da primeira semana dos *Exercícios* (EE 48).

A segunda etapa é a *iluminação*, iniciada pelo conhecimento e pela imitação de Cristo. Inácio proporá um paralelo entre essa etapa e a *segunda semana* de seus *Exercícios*, com a diferença de que "a via do recolhimento" não se deterá muito na contemplação dos mistérios da vida oculta e da vida pública de nosso Senhor, a fim de privilegiar sua Paixão, visto que, sob a óptica desses autores, o mistério da Cruz revela de modo insuperável o Amor de Deus pelos homens, pago pelo sangue de seu Filho.

Por fim, a terceira via leva à graça superior da *união* com Deus. Estar unido a Deus, ser tomado por Ele, experimentá-lo e senti-lo, nisso consiste o coroamento da *via del recogimiento*. Essa espiritualidade não encontra Deus *nem no céu, nem na terra*, mas no recesso

---

dações extraídas dos *Exercícios* e parágrafos da *Imitação* exigiria uma avaliação menos crítica, para que as divergências de vocabulário e de conteúdo, bem como as diferenças de progressão da vida espiritual, aparecessem mais nitidamente, para além das controvérsias temáticas.

14. Não se pode recriminar os dominicanos de haverem cedido ao anti-intelectualismo, nem que fosse em razão da influência de seus grandes mestres, como Tomás de Aquino. Note-se, no entanto, que seu contemporâneo franciscano, BOAVENTURA (1221-1274), depois de haver adotado a via de conciliação da fé com a razão desdobrada em seu vasto comentário dos *Livros das sentenças*, teve de tomar a defesa de seus irmãos quando foi nomeado, aos 36 anos, prepósito geral de sua ordem; a partir desse momento, dedicou o melhor de sua genialidade e de seu coração à teologia mística, cujas obras estão reunidas principalmente nos volumes VIII e IX de suas *Opera omnia*, Quaracchi, Roma, 1882-1902.

mais íntimo da alma de cada ser humano, isto é, graças à faculdade anímica mais interior constituída pela vontade, como a única capaz de responder por amor ao Amor de Deus. Segue-se daí que os sentidos corpóreos e a razão devem, portanto, ser reduzidos ao silêncio, porque distraem do puro mistério de Deus. Assim, essa forma será qualificada por vários autores de conhecimento amoroso de Deus "por ignorância" (*conocimiento divino de Deus por ignorancia*), na medida em que escapa a qualquer influência da razão especulativa.

O franciscano Francisco de Osuna caracteriza essa progressão do recolhimento em seu *Abecedario espiritual*, qualificando as formas de oração que convêm a cada uma das três etapas. 1. Existe primeiramente a simples oração vocal, de que o Pai nosso é a forma mais adequada. 2. Um grau mais elevado de oração é dado pela meditação ou pela contemplação dos mistérios de Cristo, o que inspira uma oração interior em que somente nosso coração fala ao Senhor. 3. O grau mais elevado incita nossa alma a elevar-se a Deus, transportada pelas asas do desejo e de uma devoção afetuosa inspirada pelo amor. Neste último grau de perfeição, quanto mais o amor cresce, menos carece de palavras para se expressar, pois o amor verdadeiro não recorre a raciocínios complicados, mas realiza grandes coisas em silêncio, sabendo que quanto mais se separa das criaturas, mais crescerá em fervor na presença de Deus. Os *Exercícios* inacianos integrarão esse tipo de tradição ao apresentar "três modos de orar" (EE 238-260) que se emancipam do protocolo rigoroso da hora de oração.

Assim, conforme a sentença agostiniana, a oração expressa no *exterior* refluirá para a *interioridade*, elevando-se então ao grau *superior* até a perfeita união em Deus e por Deus, pois, segundo João 4,24: "Deus é espírito, e por isso os que o adoram devem adorá-lo em espírito e verdade". Nesse nível, mesmo a contemplação da humanidade criada de Jesus deve ser superada, pois o que no início podia ser uma boa preparação, no fim é passível de tornar-se uma tela para a pura contemplação de Deus. Não foi assim que Agostinho interpretou João 14,6: Jesus é, em sua humanidade, "o caminho" que leva à "Verdade e à Vida" de Deus? Uma formulação resume o essencial dessa espiritualidade castelhana: "não pensar em nada, para estar atento unicamente a Deus; somente o Amor, o Amor puro": *no pensar nada, atento a solo Deus; solo Amor, Amor puro*[15]. Permanece ativa apenas a vontade imbuída de amor. No quinquagésimo *Abecedário*, Osuna tirará a conclusão da pura atenção a Deus: "*Atento somente a Deus e contente com esta pobreza*"[16].

---

15. M. ROTSAERT, *Ignace de Loyola et les renouveaux spirituels*, 64: "*No pensar nada, não pensar em nada*. Essa formulação enigmática é bem característica do *recogimiento*. Tudo o que pode distrair o homem é eliminado: a razão argumentativa, a imaginação e os sentidos. No entanto, a formulação negativa comporta também um aspecto positivo: esvaziado de tudo que não é Deus, o homem é preenchido por Deus. Eis por que esse *no pensar nada es pensarlo todo*. Esvaziar-se a si mesmo para ser transformado por Deus é o conhecimento experimental mais elevado que existe".

16. Será que o movimento ascensional dessa espiritualidade realmente presta a devida homenagem à Encarnação do Verbo, que arrebata em sua glória divina a carne que ele assumiu como primícias da ressurreição de toda a humanidade nele? Verificaremos a compatibilidade dessa teologia espiritual com as de Ludolfo, o Cartuxo, e de Inácio, que se apoiam ambos numa antropologia que se enraíza profundamente na percepção dos sentidos espirituais e se consuma na intercessão em favor da missão da Igreja.

c. Da via do recolhimento (*recogimiento*) derivou a via da entrega radical (*dejamiento*), que se pode tachar de pré-quietismo. Todo o envolvimento humano ativamente pessoal será eliminado em proveito da pura passividade espiritual, a fim de deixar o amor de Deus se desenvolver no ser humano e produzir por si boas obras. A partir daí os "entregues" (*dejados*) estenderão o adágio "não pensar em nada" (*no pensar nada*) ao "nada fazer" (*no hacer nada*), a fim de confiar exclusivamente a Deus o cuidado de tudo realizar apenas por sua graça.

Tamanha passividade pôs em questão a prática da ascese, da mortificação, da oração vocal e da meditação sobre os sofrimentos de Cristo, visto que a única coisa necessária é entregar-se ao amor de Deus, que a tudo supre, como parece sugerir a epístola aos Gálatas 2,20: "vivo, mas não sou mais eu, é Cristo que vive em mim". Alcaraz levou essa doutrina até suas últimas consequências: os *dejados* desfrutam do privilégio da impecabilidade, a tal ponto que seu comportamento não pode ser julgado por nenhuma autoridade exterior, nem mesmo eclesiástica, visto que "o homem espiritual, ao contrário, julga a respeito de tudo e por ninguém é julgado", segundo 1 Coríntios 2,15.

Em abril de 1525 o inquisidor Manrique promulgou um decreto proibindo as obras de Lutero; cinco meses depois, 48 teses veiculadas pelos *alumbrados* foram declaradas heréticas pelo tribunal da Inquisição. A relação entre essas duas condenações diferentes poderia justificar-se na medida em que Lutero conferiu caráter absoluto ao leitmotiv da epístola de Paulo aos Gálatas: o batizado "é justificado somente pela fé em Jesus Cristo, não pelas obras da Lei", especialmente a que contém os decretos promulgados pela Igreja romana.

Nos *Exercícios* espirituais de Inácio encontramos os traços dessas condenações nas regras 15 a 18, "para o verdadeiro sentido que devemos ter na Igreja militante" (EE 367-370): abster-se de valorizar a fé e a graça, em detrimento das obras e do livre-arbítrio. Além disso, a doutrina da "eleição" aplicada na *segunda semana* favorece um tipo de discernimento que valoriza no mais alto grau a sinergia entre o Chamado de Deus e a resposta do homem. O próprio Inácio suscitou a desconfiança da Inquisição na época em que seu testemunho e sua pregação não podiam ser avalizados por nenhum diploma acadêmico, primeiro em Salamanca em 1527[17], depois em Paris em 1536, e por fim em Veneza[18].

d. A difusão das obras de Martinho Lutero e de Erasmo no início do século XVI em Castela[19].

1º) *A verdadeira liberdade cristã.* A partir de 1521-1522 a doutrina de Martinho Lutero chegou nos meios eclesiásticos e universitários de Castela por intermédio de espa-

---

17. *O relato do peregrino*, nº 67 a nº 72. Ver também a investigação histórica conduzida por MARK ROTSAERT, em *Ignace de Loyola et les renoveaux spirituels*, II: Analyse critique des sources relatant le séjour d'Ignace à Alcala, 113-148.

18. Ibid., 86º e 92º.

19. A fim de poder situar a contribuição desses dois autores e de tantos outros, consultaremos BERNARD LAURET, (dir.), *La théologie, une anthologie*, t. III, dirigido por NICOLE LEMAÎTRE; MARC LIENARD, *Renaissance et réformes*, Paris, Cerf, 2010, 551 p.; em particular cap. II: Quatre géants du siècle, 107-150 e cap. VI: La foi en exercice, 231-250.

nhóis residentes em Antuérpia, que enviaram por mar seu tratado *Sobre a liberdade cristã* e seu primeiro *Comentário da Epístola aos Gálatas*, previamente traduzidos em língua castelhana. Esse primeiro tratado enaltece a sabedoria espiritual de um jovem mestre em espiritualidade, já se situando no eixo central do pensamento do futuro Reformador: a justificação do cristão está inteiramente contida na acolhida confiante da salvação oferecida pela Cruz de Cristo, o que lhe oferece a capacidade de praticar a lei com toda liberdade, isto é, estando libertado da aterradora obrigação de cumprir preceitos impossíveis de serem observados com perfeição. Essa obra é excepcionalmente irênica, pois seu autor imaginava que o papa Leão X a acolheria com benevolência. Por outro lado, o primeiro *Comentário de Lutero sobre Gálatas* atesta a conversão realizada por Martinho Lutero, quando deixou o convento dos Agostinianos para se dedicar inteiramente à carreira de exegeta na Faculdade de Teologia de Wittenberg. Tamanha reviravolta se deu graças à mediação de Johann von Staupitz, que foi a um só tempo seu superior religioso e seu confessor nos Agostinianos, sendo também o detentor da cátedra de exegese da Universidade de Wittenberg. Impressionado pelo zelo com que o jovem Martinho estudava a Escritura, logo o designou como seu sucessor para esse posto acadêmico[20]. Toda a força de interpretação luterana dessa epístola repousa na analogia estabelecida entre, de um lado, a opinião de Paulo a criticar os gálatas tentados a adotar a Lei depois de terem sido emancipados pelo batismo em Cristo e, de outro, a crítica por Lutero de uma Igreja romana que não cessa de promulgar decretos que obliteram a pregação da Boa Nova da justificação do ímpio apenas pela graça da fé.

2º) O *Enchiridion Militis Christiani* de Erasmo. Desde 1516 as obras de *Desiderius Erasmus* de Rotterdam haviam tido um sucesso crescente no meio intelectual da Universidade de Alcalá e, depois, junto à corte imperial, em razão de seu humanismo cristão. De fato, esse autodidata pretendia conciliar o estudo erudito da Escritura com uma espiritualidade do combate espiritual inspirado pela cruz de Cristo. Além disso, o prestígio europeu de Erasmo seria explorado pelas autoridades políticas e religiosas espanholas para combater os desvios quietistas adotados pela corrente do *Dejamiento*, e ao mesmo tempo certas teses de Lutero que preconizavam a "justificação forense" em detrimento da "justificação pelas obras"[21].

Destinado às pessoas engajadas no mundo, o *Enchiridion* se apresenta como um guia no caminho da virtude para chegar rapidamente a Cristo. As grandes linhas mestras dessa obra se aparentam à dinâmica da segunda semana dos *Exercícios* de Inácio, até no emprego de um mesmo vocabulário: o *estandarte* de Cristo, em oposição ao de *Lúcifer*, a *indiferença* concebida como disponibilidade incondicional à vontade de Deus, a *consolação* alternando-se com a *desolação*, a dinâmica do *magis* aplicada ao amor de Deus, o suporte mútuo do *conhecimento e do amor*, a necessidade de concretizar o seguimento de Cristo inclusive na prática das obras, mas *unicamente no intuito de servir a Deus*.

---

20. Heinz Schilling, *Martin Luther*, 93-106.
21. Cf. M. Rotsaert, *Ignace de Loyola et les renouveaux spirituels*, 85-96 e Id., Les premiers contacts de saint Ignace avec l'érasmisme espagnol, em *RHSp* 49 (1973) 443-464.

As duas armas principais do cristão são a oração e o conhecimento das Escrituras: na oração invocamos e imploramos a Deus, enquanto as Escrituras nos ensinam o que devemos pedir. Nessa linha, Erasmo enuncia a seguinte recomendação:

> É preciso aproximar-se das Escrituras religiosamente, piedosamente, com respeito, reverência e humildade; tu conhecerás então uma chama divina, uma alegria nova, uma maravilhosa transformação, uma inacreditável consolação, uma devoção tal como jamais encontraste semelhante, acompanhada de um desejo de conversão cuja ideia nunca antes te ocorrera [...]. Quando nos servimos assim, de maneira espiritual, da Palavra de Deus, essa palavra nos penetra até as profundezas de nosso coração. [...] E quem melhor nos ensina essa maneira de ler as Escrituras é São Paulo: de fato, seu lema era: "a letra mata, o espírito vivifica" (2Cor 3,6).

Para que nossa oração seja agradável a Deus, é preciso também que não permaneçamos inativos e que realizemos boas obras, sobretudo as de caridade. Não é pelos homens, nem em busca dos bens terrestres que devemos praticar essa caridade, mas unicamente por Cristo e por amor a ele. A fim de que o cristão possa combater de modo duradouro sua propensão de dar preferência ao mundo e a si próprio, é necessário, caso queira conquistar a vitória sobre as más inclinações, que aprenda a conhecer-se: seu interior e seu exterior, a diversidade e as contradições de seus sentimentos. Nada contribui tanto para o autoconhecimento como a antropologia tripartite assinalada por Paulo: o homem é composto de espírito, alma e corpo.

> Pelo espírito somos divinos, pelo corpo nos assemelhamos aos animais, pela alma somos homens. O espírito nos torna bons, o corpo, maus, a alma, nem bons nem maus. Isso porque o espírito aspira às coisas celestes, o corpo só aspira à fruição, a alma deseja tudo o que é necessário para viver. Assim, o espírito nos eleva ao céu, o corpo nos projeta para a terra, enquanto a alma está suspensa entre os dois. Tudo o que é corpóreo é baixo. Tudo o que é espiritual é perfeito. O que pertence à alma é neutro e indiferente.

Essa é a antropologia fundamental da *philosophia Christi* proposta pelo *Enchiridion*. A sabedoria decorrente dela se expressa em termos de regras. 1º) O cristão deve cultivar o autoconhecimento e travar o combate para banir toda ignorância da Escritura, pois a fé é o único meio de alcançar Cristo. 2º) Precisamos andar no caminho de Cristo com perseverança, generosidade e confiança: seremos então capazes de tudo perder por Cristo, mesmo nossa vida. Como poderíamos nós, na qualidade de membros da Igreja de Cristo, reinar com ele, que é a cabeça, sem passar pelo sofrimento por que ele próprio passou? 3º) Esse caminho apresenta menos dificuldades que o do mundo e de Satanás, pela simples razão de que Deus jamais abandona os seus, mas prodiga-lhes sua graça, acompanhada da unção de uma alegria admirável. A partir daí, concedendo ao cristão auxílio e coragem, ele torna fácil o que é difícil, doce o que parecia amargo, saboroso como mel o gosto do fel. 4º) Cristo é o objetivo exclusivo de todas as nossas ações, orações e devoções. Fora as coisas intrinsecamente más, que não podem nos aproximar de Cristo, existem coisas indiferentes em si mesmas, como a saúde, um bom caráter, a beleza, a força física, a eloquência, a ciência. Não devemos desejar tais coisas por si mesmas, mas fazer uso delas na medida em que podem nos ajudar a alcançar nosso objetivo.

Tu amas as letras. Muito bem! Se as amas por Cristo. No entanto, se as amas unicamente para saber mais, assemelhas-te àquele que quer subir uma escada e permanece sentado no primeiro degrau, deixando de sonhar em chegar ao alto. No entanto, podes também desejar conhecer as letras para melhor encontrar, compreender e conhecer Jesus Cristo, que está como que oculto nas Sagradas Escrituras, onde precisamos examinar seus mistérios. E se, depois de o haver encontrado, tu o amas mais, e se amando-o e conhecendo-o tu o segues de mais perto e mais te entregas a ele e desfrutas dele, então entrega-te sem reservas ao estudo das letras. [...] É de longe preferível saber pouco e amar muito a saber muito e amar pouco.

B. NOSSA SELEÇÃO DAS OBRAS

Ditado no fim de sua vida ao Pe. Luís Gonçalves (1553-1555), o relato autobiográfico de Inácio, apresentado como o "do peregrino", conta como Inácio de Loyola viveu sua primeira conversão durante as semanas em que ficou imobilizado no castelo familiar por causa de um ferimento sofrido durante o cerco de Pamplona. Forçado à inatividade, observou como os romances de cavalaria suscitavam nele um entusiasmo meramente passageiro, ao passo que a iniciação árdua em obras espirituais deixava em seu coração traços de alegria mais duradouros. A esse respeito, Inácio cita *A legenda áurea* de Tiago de Varazze ou de Voragine[22] († 1298) e a *Vida de Cristo*, de Ludolfo da Saxônia, redigida em meados do século XIV depois de seu autor ter entrado na ordem da Cartuxa[23].

1. Nossa própria investigação privilegiará a obra de Ludolfo, pois é inteiramente dedicada à contemplação da totalidade da vida de Cristo, o que nos permitirá estabelecer paralelos com os "mistérios" evangélicos selecionados pelos *Exercícios* inacianos desde a *segunda* até a *quarta semana* do mês completo dos *Exercícios*[24]. Já a obra de Voragine trata principalmente da vida dos santos, seguindo a ordem do santoral, e apenas indiretamente a maneira como cada um deles imitou o Senhor segundo o Evangelho[25].

Confrontaremos também os *Exercícios* inacianos com os de García Jiménez de Cisneros, abade reformador da abadia beneditina de Montserrat. Seu *Exercitatorio de la vida espiritual*, publicado em 1500, convida os monges a se dedicarem à oração individual e

---

22. TIAGO DE VORAGINE, *La légende dorée*, col. Bibl. de la Pléiade nº 504, Paris, Gallimard, 2004, 1549 p.

23. *Récit du pèlerin* transcrito pelo Pe. Luis Gonçalves tão logo recolhido da própria boca do Pe. Inácio, nº 5 a nº 11, tradução francesa de A. Lauras, notas de J.-C. Dhôtel, col. Christus nº 65, Paris, DDB, 1988, 60-66.

24. Em Loyola, Inácio devia dispor da tradução em castelhano dessa obra proposta pelo franciscano Ambrosio Montesinos e publicada por volta de 1502.

25. No entanto, encontramos aí algumas seções mais imediatamente consagradas aos mistérios da vida de Cristo como a Anunciação, a Paixão e a Ressurreição do Senhor, que levaremos em consideração no devido tempo. O "Prólogo" dessa obra apresenta também numerosos traços escatológicos que podem haver inspirado a contemplação do Reino (EE 91 ss.) que inaugura a segunda semana dos *Exercícios* inacianos.

pessoal pela manhã e à noite. Tais recomendações práticas estão inseridas numa apresentação aprofundada das três vias — *purgativa, iluminativa* e *unitiva* — que levam o *iniciante,* o *proficiente* e o *perfeito* ao reconhecimento do amor de Deus. A quarta e última parte dessa obra é consagrada à *vida contemplativa*, concebida não como uma quarta via, mas como o enraizamento das três primeiras na meditação sobre a vida, e principalmente sobre a paixão de Nosso Senhor[26].

Inácio pôde tomar conhecimento dessa obra monumental por ocasião de sua primeira e breve estada em Montserrat, quando na festa da Anunciação do ano de 1522 quis vestir as armas de Jesus Cristo. É verossímil, no entanto, que posteriormente tenha disposto do *Compendio breve* desses *Exercicios* de Cisneros, distribuído a cada um dos monges do mosteiro[27]. Esse compêndio do *Exercitatorio* é mais sugestivo que um simples resumo, na medida em que seu autor aí reformula suas principais intuições de maneira mais incisiva.

2. Também será preciso situar os *Exercícios* de Inácio diante dos ensinamentos que ele recebeu em Paris. De fato, em Paris é que seus primeiros companheiros foram atraídos, como tantos outros estudantes, pela doutrina de Pedro de Córdoba. Esse teólogo franciscano havia adquirido sua reputação ao defender a superioridade da teoria "scottista" sobre a denominada "tomista"[28]. Conforme a avaliação de Hugo Rahner, essa maneira de conceber a cristologia em inter-relação com a criação marcou profundamente os *Exercícios*, a tal ponto que esta seria uma chave fundamental de interpretação deles. O eminente especialista da espiritualidade inaciana a apresenta segundo a seguinte alternativa:

> Será que a Encarnação da segunda pessoa divina foi decidida e consumada por Deus unicamente porque o amor salvador de Deus foi posto em movimento pelo pecado, visto de antemão (tese "tomista")? Ou será que a Encarnação é primordial nos decretos divinos, intencionada antes de qualquer outra decisão divina como uma consumação gloriosa da Criação, vindo a ser posteriormente, em previsão do erro, uma Encarnação sofredora e uma morte salvadora na cruz (tese "scottista")[29].

Embora Inácio tenha sido diretamente iniciado por Deus em Manresa, considerará necessário dedicar-se aos estudos literários e filosóficos preparatórios para a obtenção do título de Mestre em Artes, estudos estes que ele prolongou ao seguir cursos de teologia durante um ano e meio, de 1533 a 1535. Esse primeiro mergulho no universo teológico lhe permitirá aprofundar mais pessoalmente em Roma a diversidade das doutrinas da

---

26. Nossa seleção de Ludolfo e de Cisneros corresponde à escolha já privilegiada em 1919 por MHSI, MI, séries II, c. III, a. 3: De fontibus externis Exercitiorum, 47-123.

27. Cf. Javier Melloni Ribas, Las influencias cisnerianas de los Ejercicios, em Juan Plazaola (dir.), *Las fuentes de los Ejercicios espirituales de San Ignacio, Actas del Simposio Internacional (Loyola, 15-19 septiembre 1997)*, Madrid, 353-377; Aimé Solignac, Le Compendio breve de Cisneros et les Exercices spirituels, AHSI, LXIII, 1994, 141-159; ver também Le manuel de Montserrat et les Exercices de saint Ignace, *Christus* 167 (1995) 358-369.

28. Cf. Rogelio García Lateo, Fuentes filosófico-teológicas de los ejercicios segund el curriculum académico de su autor, em *Las Fuentes de los Ejercicios espirituales de San Ignacio*, 467-508.

29. H. Rahner, *Ignatius von Loyola als Mensch und Theologe*, Freiburg im Breisgau, Herder, 1964, 528 p. Ver cap. 13: Die Christologie des Exerzitien, 251-312.

salvação, a fim de confirmar a ortodoxia de seus *Exercícios*, conforme se aproximava sua fixação definitiva em 1548. A esse respeito, o testemunho de Jerônimo Nadal é particularmente precioso:

> Antes de entregar os *Exercícios* para impressão, Inácio usou ainda outros livros e pediu conselho à teologia em toda a sua extensão. Assim, todos os livros, todos os teólogos e a Sagrada Escritura inteira viriam servir-lhe para confirmar o que ele havia aprendido tão somente por inspiração espiritual[30].

Quanto a nós, recorreremos a Tomás de Aquino, sem negligenciar a afinidade particular dos *Exercícios* com a doutrina espiritual de Boaventura, sobretudo porque o redator dos *Exercícios* nomeia "Santo Tomás e São Boaventura" como doutores escolásticos na décima primeira regra "para o verdadeiro sentido que devemos ter na Igreja militante" (EE 363). Surpreende-nos deveras constatar que muitos dos comentários recentes da obra de Inácio não examinam o que está em jogo em suas respectivas doutrinas, ao passo que os *Exercícios* recorrem com frequência a seus âmbitos conceituais. Quanto a nós, explicaremos a sistematização delas, por um lado no plano da compreensão que elas têm da história de Cristo[31], e, por outro, no plano do discernimento espiritual dos espíritos[32]. Prolongando esse gênero de comparação, por vezes também citaremos o célebre comentador jesuíta da *Suma teológica*, Francisco Suárez (1548-1617), quando tratou de certas "questões controversas" relativas à interpretação dos *Exercícios* inacianos no âmbito da "religião da Companhia de Jesus"[33].

Por outro lado, se adotamos a perspectiva daqueles que inauguraram "a modernidade", as "Regras para o verdadeiro sentido..." (EE 352-370) demonstram também o interesse crítico que Inácio dedicou às teses defendidas pelos grandes reformadores — Lutero, Calvino e Erasmo — no início do século XVI. Entre eles, privilegiaremos Martinho Lutero, porque sua apreensão propriamente existencial e espiritual das grandes epístolas paulinas o aproxima singularmente do "sentir" inaciano, ao passo que sua concepção antropológica do "servo-arbítrio" contradiz a doutrina "do livre-arbítrio" defendida pelos *Exercícios*[34].

---

30. Chron. III, 529; J. CALVERAS, El origen de los Ejercicios según P. Nadal, em *Manr* 26 (1954) 263-288.

31. Karl Rahner destacou a originalidade do tratado de cristologia que inaugura a Tertia Pars da *Suma teológica* tomasiana. O Aquinense não se contentou em desenvolver o discurso tradicional dedicado à identidade do Salvador na linha do dogma de Calcedônia (*S. T.*, IIIa, qu. 1 a 26), mas prolongou-o em outro tratado igualmente importante, consagrado ao curso histórico dos mistérios de Cristo intitulado *De acta et passa Christi* (qu. 27 a 59). A comparação entre essa hermenêutica dos mistérios cristológicos segundo sua ordem histórica e a hermenêutica dos mistérios que cobrem as três últimas semanas dos *Exercícios* será eminentemente sugestiva.

32. As versões latinas oficiais (*P1* e *P2*) dos *Exercícios* contêm uma única referência de autor que remete à essa *Suma* de Tomás de Aquino em EE 330.

33. FRANCISCO SUÁREZ, *Opera omnia*, t. XVI, vol. 2, IX: *De religione Societatis Iesu*, c. V a VII: De dubiis circa doctrinam exerciciorum, Paris, Éd. C. Breton, 1860, 1018 a 1042.

34. MARTINHO LUTERO, *Du serf arbitre*, seguido de DESIDÉRIO ERASMO, *Diatribe: Du libre arbitre*, apresentação, tradução francesa e notas de Georges Lagarrigue, Paris, Gallimard, 2001, 714 p.

Tal comparação nos abrirá o horizonte do "acordo diferenciado" concluído em 1999 em Augsburg entre os representantes da Igreja Católica e a confederação mundial das Igrejas Luteranas. Mais amplamente, os cristãos, mesmo católicos, reencontram o caminho da Escritura e do diálogo interconfessional, enquanto nossa sociedade continua a debater os direitos e os limites da liberdade individual ou social.

3. Por fim, como já ressaltamos, a questão da extensão última do campo de exploração da originalidade dos *Exercícios* inacianos nos parece verdadeiramente capital. A maioria dos historiadores jesuítas que se encarregaram de estabelecer esse tipo de analogia habitualmente restringiu o âmbito de sua investigação às obras espirituais que apresentam uma finalidade análoga à dos *Exercícios* inacianos, referindo-se principalmente à corrente da *devotio moderna*. No entanto, não se dedicaram a uma exegese rigorosa de cada um dos *mistérios* singulares de Cristo reunidos na "seção sobre os mistérios" (EE 262 a 312)[35], privando-se assim das referências evangélicas que os fundamentam e de sua interpretação inaciana tão particular.

Consideramos, portanto, que a questão da originalidade dos *Exercícios* tem o dever de integrar a hermenêutica inaciana da Escritura, oferecendo assim a possibilidade de justificar a pertinência teológica e espiritual do itinerário da liberdade em referência à autoridade primordial da Escritura, sem a qual nenhuma doutrina cristã pode subsistir.

Essa abertura do campo vai ao encontro da preocupação do Pe. Henri de Lubac, quando este denuncia, ao redigir *L'exégèse médiévale*, o perigo de pôr em causa a unidade vivificadora de uma teologia ancestralmente inspirada por sua única fonte escriturística, em razão do desenvolvimento das ciências que agora se tornaram autônomas: a exegese, a dogmática, a moral e a mística[36]. Será que os historiadores dos *Exercícios* teriam cedido a essa tentação ao classificar os *Exercícios* na categoria da literatura mística? Será que o próprio Inácio teria sido vítima de tal compartimentação, embora as leituras bíblicas propostas pela liturgia da missa no mínimo lhe tenham oferecido diariamente com que alimentar sua oração — tão fervorosa?

O Pe. Gilles Cusson é atualmente um dos raros comentadores modernos dos *Exercícios* a ter-se dedicado sistematicamente a referir a totalidade dos *Exercícios* à Bíblia, suscitando em sua esteira outras investigações desse tipo[37]. Nessa perspectiva do respeito a

---

35. A título de exemplo, S. Arzubialde, (*Ejercicios Espirituales de S. Ignacio, Historia y Análisis*, Bilbao, Mensajero, 1991, 904 p.) não propõe essa análise exaustiva. Sylvie Robert, em seu ensaio intitulado *Une autre connaissance de Dieu, Le discernement chez Ignace de Loyola*, 291, afirma que essa seção "não figura nos objetivos confessos dos *Exercícios*", tal como enunciados em EE 1 e 15; por isso, a autora concentra toda sua atenção no discernimento espiritual, não na exegese dos mistérios cristológicos.

36. A leitura aprofundada dos Padres da Igreja permite que o autor de *L'exégèse médiévale* (1959-1964) e de *L'Écriture dans la Tradition* (1966) denuncie essa perda de unidade da teologia, que no período patrístico encontrava sua fonte viva na Letra da Escritura, a ser interpretada segundo seus "três sentidos espirituais": alegórico, tropológico e anagógico. Mais recentemente, essa vasta questão hermenêutica foi reelaborada por Gilbert Dahan, *L'exégèse chrétienne de la Bible en Occident médiéval (XIIe-XIVe siècles)*, Paris, Cerf, 1999, 486 p.

37. Gilles Cusson, *La pédagogie de l'expérience spirituelle personnelle, Bible et Exercices spirituels*, Bruges/Paris, DDB, 1976, 427 p. Quanto ao exegeta jesuíta Joseph A. Fizmyer, em sua obra intitulada

essa fonte escriturística, Franz von Hummelauer é o único intérprete dos *Exercícios* a ter pacientemente analisado cada um dos "três pontos dos mistérios" apresentados na *seção sobre os mistérios* (EE 262-312)[38]. Seguiremos o mesmo caminho, propondo-nos justificar a seleção escriturística operada por Inácio em referência à finalidade específica das três últimas semanas dos *Exercícios*. No entanto, nossa análise será mais crítica que a de nosso predecessor, pois tentará justificar todas as *abreviações* e *transformações* inacianas desses pontos diretamente fundamentados na Escritura, recorrendo apenas à dinâmica propriamente espiritual inscrita nesses *Exercícios*. Ao adotar deliberadamente a estreiteza desse caminho, seremos mais capazes de verificar como cada um dos "passos" seguido pela história "de Cristo, nosso Senhor" concretiza as recomendações gerais introduzidas no início de cada uma das três semanas, em particular os "pontos complementares", especificando os frutos a serem colhidos durante a *terceira semana*, consagrada à Paixão (EE 195-197), e a *quarta*, destinada à contemplação das "aparições do Ressuscitado" (EE 223-224). Nesse sentido, a hermenêutica propriamente escriturística da narrativa inaciana proposta por Jacques Rouwez é do mais elevado interesse[39].

Por fim, chamaremos a atenção para esse pressuposto fundamental que justifica todo o procedimento inaciano dos *Exercícios*, na medida em que eles contêm tão somente recomendações práticas. Visto que em si mesma a Escritura compreende as regras de sua própria interpretação, será preciso indagar se a maneira como ela compreende "a verdade" como resistência da fidelidade divina à infidelidade do homem não se aplica também primordialmente aos *Exercícios* inacianos. Contentemo-nos agora em assinalar essa aproximação sumária. A Bíblia prescreve ao crente que permaneça fiel aos mandamentos de Deus, a fim de ter acesso à verdade de sua Promessa, segundo João 3,21: "Mas quem *pratica* a verdade *vem* para a luz". Será que tal caminho não comanda igualmente "a lógica existencial e espiritual" dos *Exercícios*, que enfileira recomendações práticas, para que se abra o acesso a uma nova compreensão pessoal da história da salvação, ao levar *o querer e o desejo* do exercitante (EE 48) até o contato íntimo do *colóquio* com Deus (EE 54)?

Spiritual Exercices based on Paul's Epistle to the Romans, New York, Paulist Press, 1994, 245 p., propõe que seja seguida a Carta aos Romanos, sem se referir explicitamente à pedagogia dos *Exercícios* inacianos. Por outro lado, inúmeros outros ensaios de cunho mais pedagógico buscaram ilustrar esses *Exercícios* por referências bíblicas; é o caso de Bernard Mandiboure, *Lire la Bible avec Ignace de Loyola*, Paris, Atelier, 2005, 252 p., e de J. Neuner, *Walking with Him, A Biblical Guide through Thirty Days os Spiritual Exercices*, Roma, CIS, 290 p.

38. Franz von Hummelauer, *Meditationum et contemplationum S. Ignatii de Loyola puncta*, Freiburg im Breisgau, Herder, ³1925, 597 p. Por outro lado, Erich Przywara (*Deus semper maior, Theologie der Exerzitien*, vol. I e II, Wien/München, Herold, 1960, 497 e 378 p.) submete-se à mesma exigência, extrapolando amplamente, porém, a concisão dos pontos inacianos, tanto no plano escriturístico como no âmbito da reflexão metafísica poderosamente orquestrada pelo autor. Não foi ele o mestre de pensamento de escritores tão importantes como Hans Urs von Balthasar, Karl Rahner e Karl Barth?

39. J. Rouwez, Les mystères de la vie du Christ notre Seigneur: pour un récit ignatien de l'Évangile (261-312), em *Les Exercices spirituels d'Ignace de Loyola, Un commentaire littéral et théologique*, coll. IET nº 10, Bruxelles, Institut d'Études Théologiques, 1990, 455-475.

4. Depois de sua conversão inicial em Loyola e de sua consagração a Nossa Senhora celebrada no mosteiro de Montserrat (1521-1522), Inácio permaneceu em Manresa de fevereiro de 1523 à Quaresma de 1524, enquanto aguardava até poder, a partir de Veneza, alcançar Jerusalém. Foi em Manresa que experimentou sua mais forte crise de escrúpulos, a qual o levou à beira do suicídio. No entanto, foi também nessa localidade que foi agraciado por Deus com as mais altas revelações místicas: visões propriamente intelectivas da Santíssima Trindade; visão do modo divino da criação do mundo e do modo da presença real do Corpo de Cristo na Eucaristia; visão interior e tantas vezes repetidas da humanidade de Cristo e de Nossa Senhora; nova luz esclarecendo "muitas coisas, tanto de ordem espiritual como do âmbito da fé e das letras", sem contar a clara intuição da origem demoníaca de certas projeções imaginárias. A essas referências quase objetivas aos grandes mistérios da fé cristã, Inácio associou duas confidências que introduzem e encerram essas revelações.

> Nessa época, Deus se comportava com ele como um professor se comporta com uma criança: ensinando-a. Que isto fosse por causa de sua rudeza e de seu espírito tosco, ou porque não tinha quem o ensinasse, ou por causa da firme vontade que Deus mesmo lhe dera de o servir, sempre julgou com clareza que Deus assim o tratava. Além disso, pensava que ofenderia a sua Divina majestade se duvidasse. Pode-se verificar qualquer coisa disso nos cinco pontos seguintes.
>
> Essas coisas que via naquele tempo lhe deram para sempre uma tão grande confirmação de sua fé que ele frequentemente pensava que, se não houvesse a Escritura que nos ensina essas coisas da fé, estaria decidido a morrer por elas somente em razão do que vira[40].

A transcendente transparência dessas visões místicas em comparação com qualquer linguagem humana, mesmo a recebida na fé por intermédio da Escritura, nem por isso dispensou Inácio de procurar e encontrar as palavras mais bem ajustadas e compreensíveis para dispor o exercitante a receber por si mesmo as graças que lhe permitiriam caminhar à sua maneira. Foi precisamente nesse âmbito que Inácio pôde ser influenciado por diversos autores, reservando-se ao mesmo tempo a possibilidade de distanciar-se por vezes das tradições espirituais veiculadas em seu tempo, principalmente em razão das iluminações com que foi agraciado em Manresa.

---

40. *O relato do peregrino*, nº 27 a nº 29. Quanto a esse período de Manresa, destacamos o sermão de Jerônimo Nadal, pronunciado em Salamanca em 1554, em AHSI, 98-102: "[…] ele começou, sob a condução de Nosso Senhor, a tratar do interior de sua alma e da diversidade dos espíritos, e nisso o Senhor lhe deu um grande conhecimento tanto dos sentimentos muito vivos dos mistérios divinos como da Igreja […]. Foi então que Nosso Senhor lhe comunicou os *Exercícios*, conduzindo-o assim, a fim de que tudo fosse usado para seu serviço e para a salvação das almas. Mostrou-lhe isso por consolações, especialmente em dois exercícios: o do 'Reino' e o das 'Duas bandeiras'. Foi aí que ele compreendeu para onde ele tendia, e aquilo a que tudo devia aplicar-se, o objetivo de todas as ações, o mesmo objetivo que é o da Companhia de Jesus atualmente". Esse texto é citado por Hugo Rahner, em *La genèse des Exercices*, tradução francesa de G. de Vaux, col. Christus nº 69, DDB, 1989, 65.

C. A EXTENSÃO VARIÁVEL DO TERMO "ORIGINALIDADE"

Voltemos, por fim, ao objetivo deste trabalho, que é refinar a compreensão da *originalidade* dos *Exercícios* inacianos. O alcance dela é tão variável quanto as analogias que ela estabelece *a priori*. O mais simples equivaleria a dizer que Inácio foi o primeiro autor espiritual a haver adotado certas formulações que revelaram uma parcela de doutrina espiritual ignorada antes ou durante o período de redação dos *Exercícios* espirituais; falaremos assim de originalidade cultural. Além disso, supondo que cada parágrafo dos *Exercícios* se enraíza na tradição católica, será preciso ainda indagar se a maior novidade dessa obra não diz respeito à organização de seu conjunto no âmbito da distribuição de cada hora de oração dentro de um dia, e mais globalmente sua inserção no interior de um itinerário indubitavelmente marcado pelo ritmo das quatro semanas.

No entanto, esses tipos de originalidade ainda permanecem exteriores à fecundidade propriamente cristã à qual os Exercícios pretendem levar: "buscar e encontrar a vontade divina na disposição de sua vida para sua salvação" (EE 1). Ora, uma busca pessoal desse tipo só encontrará sua solução pela via da contemplação da "Vida de Nosso Senhor Jesus Cristo", em quem a Igreja reconhece a abreviação de toda Novidade (Ireneu). A partir daí, para além do desenvolvimento progressivo e por vezes aleatório da doutrina teológica e espiritual ao longo dos séculos, *a originalidade propriamente cristã* sempre deverá ser encontrada num retorno à fonte viva da Palavra e da Ação do Verbo encarnado; "Tentar viver até o fim a vida do Evangelho, nunca haverá nada de mais raro e mais original"[41]. Nesse sentido, as regras inacianas de ortodoxia (EE 352-370) ratificam essa exigência de retorno às fontes.

No entanto, esse tipo de revitalização permanece ligado à avaliação *do magistério e das teologias* que se desenvolveram até hoje, a fim de explicar essa incomensurável Vida oferecida e recebida na experiência cristã. Ora, como o demonstrou o Pe. Karl Rahner[42], toda ciência teológica tende a reduzir a experiência pessoal e individual a princípios gerais relativos à reflexão sobre a Providência divina, a relação entre a natureza e a graça, a experiência mística ou mesmo a aplicação exemplar do Evangelho. Eis, porém, algo que segundo o teólogo jesuíta ainda permanece infundado teologicamente, quando se trata da originalidade mais essencial dos *Exercícios*. "A lógica existencial dos *Exercícios*" é tal que oferece à singularidade de cada pessoa individual o tornar-se disponível a essa vontade supereminentemente singular de Deus que o próprio Senhor Jesus deseja lhe manifestar. Tomás de Aquino considerava que a "ciência" teológica só podia ser elaborada pelo espírito humano por intermédio da abstração universal, ao passo que somente Deus alcança o que é propriamente "singular". Ora, os *Exercícios* inacianos pretendem levar o exercitante à singularidade factual do encontro de Deus com um homem parti-

---

41. É. GILSON, *La théologie mystique de saint Bernard*, Paris, Vrin, 1934, 47.
42. KARL RAHNER, *Das Dynamische in der Kirche*, III: Die Ignatianische Logik der Existentiellen Erkenntnis, col. Questiones Disputatae nº 5, Freiburg im Breisgau, Herder, 74-148. Esse estudo foi traduzido por HENRI ROCHAIS, em *Élements dynamiques dans l'Église*, Paris, DDB, 1967, 91.

cular. Nesse sentido, as diretrizes práticas inseridas nos *Exercícios* são gerais apenas na medida em que abrem acesso a esse tipo de encontro gratuito pelo qual "o Rei eterno, com o mundo inteiro diante dele, chama todos e cada um em particular..." (EE 95). Em 1958, Karl Rahner concluía:

> Consideramos que, desse ponto de vista, a teologia média da Escola ainda não respondeu de maneira satisfatória às perguntas que os *Exercícios* lhe fazem. No que tange à eleição, ainda não existe uma teologia suficientemente nítida e explícita dos *Exercícios*, capaz de levar a uma consciência bastante clara os pressupostos de ordem existencial, ontológicos e gnosiológicos, tacitamente feitos e vividos em Santo Inácio.

A título de comparação, Martinho Lutero excluía o emprego da filosofia aristotélica em teologia, opondo duas "definições" do homem: a do ateniense pagão que não sabe "quase nada sobre o homem" quando o qualifica de "animal racional", e a do apóstolo Paulo, que sabe quase tudo sobre o homem, visto que o designa como "justificado pela fé em Jesus Cristo, fora das obras da Lei"[43]. Será que, ao aplicar esse procedimento aos *Exercícios*, não poderíamos definir o "homem espiritual" (EE 336) como aquele que, "em sua busca da vontade divina", tira o máximo proveito da prática de expor-se imediatamente ao advento gratuito de seu Criador e Senhor, em sua maneira de comunicar-se à pessoa espiritual, "abraçando-a em seu amor e louvor e dispondo-a para o caminho em que melhor poderá servi-lo depois", segundo EE 15?

Por fim, visto que o livro dos *Exercícios* contém apenas recomendações práticas destinadas a todo exercitante que aceite tornar-se disponível para a graça de Deus, a fim de conformar sua própria vida à de Cristo, em última instância a originalidade dos *Exercícios* inacianos se mede pelos frutos que cada pessoa extrairá deles, visto que não têm outra finalidade senão transformar cada uma delas a tal ponto que possam adquirir progressivamente a estatura de eternidade que o Senhor pretende instaurar nelas e por elas. Os frutos dessa prática individual expressam no mais alto grau a originalidade dos *Exercícios*, ao confirmar a identidade absolutamente singular do chamado do Rei eterno dirigido pessoalmente a cada homem, a fim de que nele se modele sua própria personalidade espiritual no interior da diversidade das histórias e dos rostos que compõem o corpo místico da Igreja. Segundo Jerônimo Nadal,

> a admirável eficácia que Deus conferiu aos *Exercícios* tem por causa principal a vontade de Deus. De fato, Deus dá eficácia às palavras que ele quer e é assim que manifesta seu poder. A exemplo do discurso de Santo Estêvão nos Atos dos Apóstolos [...], os *Exercícios* não contêm quase nada que não se encontre nos outros livros; constatamos que é à vontade de Deus que eles devem essa eficácia [...].
>
> Ao nos entregar os *Exercícios* espirituais, nosso pai Inácio nos deu uma doutrina *fora dos padrões* — por assim dizer — e característica, que nos permitiu formar na oração a nós mesmos e ao próximo, embora, por outro lado, a ideia de tal ensinamento seja absolutamente *geral*. [...]

---

43. *Disputatio de homine*, 1536, WA 39, I, 175-177.

Homens já mestres em doutrina e mesmo eminentes teólogos ficaram tão afetados e transformados pela prática dos *Exercícios*, que proclamam agora que apenas começavam a ser teólogos, compreendendo o que lhes faltava depois de tantos estudos, tantas leituras, tantos livros e tantas controvérsias[44].

---

44. JERÔNIMO NADAL, *Contemplatif dans l'action, Écrits spirituels ignatiens (1535-1575)*, col. Christus-Textes nº 81, Paris, DDB, 57-58 e 268 e 270.

Primeira parte

A HERANÇA DA TRADIÇÃO

Capítulo I

INÁCIO E A *DEVOTIO MODERNA*

A. O MÉTODO DE ORAÇÃO

Nossa pesquisa consistirá em avaliar as proximidades entre as obras principais de Ludolfo, o Cartuxo, e de Cisneros e os *Exercícios* espirituais de Inácio de Loyola[1]. O objeto dessa comparação versará primeiro sobre o método de oração, confrontando o "Prólogo" da *Vida de Cristo* de Ludolfo e o "Compêndio breve" dos *Exercícios espirituais* de Cisneros com as "Anotações" e o procedimento de oração inacianos. Comecemos por apresentar a obra *Vida de Cristo*, de Ludolfo.

Nascido por volta de 1300, o jovem Ludolfo ingressou na ordem dos Frades pregadores, da qual saiu aos 40 anos para abraçar a vida contemplativa na Cartuxa de Estrasburgo, onde morreu em 1378. Sua obra principal, redigida por volta de 1348, é a monumental *Vita Jesu Christi en quatuor Evangeliis et scriptoribus orthodoxis concinnata*, isto é, a *Vida de Cristo*[2].

O gênero literário dessa obra se situa na confluência da tradição medieval e das correntes que darão nascimento à *devotio moderna*. Pela exegese etimológica e histórica de cada versículo dos Evangelhos, Ludolfo adere ao estabelecimento do sentido literal da Escritura, promovido em especial por Tomás de Aquino. Além disso, quanto aos versículos cujo sentido assumiu uma importância mais decisiva na tradição eclesiástica, a *Vida de Cristo* se aparenta ao gênero literário da *Corrente de ouro (Catena aurea)*[3], que recenseia frases (*sententiae*) de inúmeros Padres da Igreja e doutores medievais sobre este ou aquele versículo considerado mais denso ou controvertido. Tais citações servirão para ilustrar as *lecturae* ou comentários seguidos de um corpus escriturístico.

Reunindo os quatro Evangelhos numa única narrativa global, como já Agostinho havia proposto, a *Vida de Cristo* propõe igualmente o desdobramento do sentido literal

---

1. MHSI, MI, séries II, *Exercitia spiritualia Sancti Ignatii de Loyola et eorum directoria*, c. III, a. III: De fontibus externis, nº 3: Flos Sanctorum, Vita Christi, De imitatione Christi, Matriti, 1919, 57-94.
2. Cf. W. Baier, Ludolphe de Saxe, DS IX, Paris, Aubier, 1976, col. 1130-1138.
3. Sob esse aspecto, Ludolfo encadeia uma série impressionante de citações de Padres e doutores latinos ou gregos, e mesmo de filósofos e poetas profanos da Antiguidade. Constata-se que, entre os latinos, cita com mais frequência Anselmo e Bernardo de Claraval. Entre os teólogos gregos, Ludolfo privilegia João Crisóstomo, Evágrio Pôntico e Dionísio Areopagita.

do Novo Testamento segundo seus três sentidos espirituais: o alegórico, o tropológico e o anagógico, conforme o que o *Peri archon* de Orígenes já havia proposto. Nesse âmbito da interpretação tradicional, o Cartuxo assimila frequentemente o "sentido místico" ao sentido tropológico, como o ilustra a interpretação do barco entregue à tempestade de Mateus 8,24:

> Esse barco místico é a Igreja, ou ainda qualquer alma fiel entregue às ondas das perseguições e das tentações deste século, por causa dos heréticos, dos tiranos e dos falsos irmãos, enquanto tenta chegar à pátria celeste. O vento contrário é o sopro dos espíritos maliciosos (VC I, 69, 305).

A interpretação ludolfiana se distingue por redundância de apóstrofes morais e ascéticas dirigidas ao leitor. Ratificando o julgamento de Marcel Bataillon, que qualifica essa obra de "paráfrase prolixa dos Evangelhos", o Pe. Henri de Lubac considerava-a "um texto muito banal, cujo mérito se resumia a ajudar-nos a perceber ao longo dos séculos a continuidade da tradição"[4]. Como autor da mais recente tradução castelhana dessa *Vida de Cristo*, Emilio del Rio, SJ, julga-a "conservadora e eurocêntrica"[5].

Tais críticas não nos impedirão de observar que, ao mergulhar na leitura dessa obra, Inácio recebeu mais que uma iniciação à doutrina cristã: deve ter avaliado a envergadura de uma tradição secular que oferecia a liberdade de assinalar interpretações diferentes de um mesmo texto escriturístico. Será que a explicitação dessa polissemia não o estimulou a emancipar-se do ferrolho que a univocidade de um sentido literal imporia, quando redigiu sua seção sobre "os mistérios da vida de Cristo" (EE 262-312), que se autoriza a submeter as perícopes evangélicas ao fruto espiritual a ser recolhido ao longo das três últimas semanas dos *Exercícios*?

Essa obra monumental de Ludolfo se articula em duas partes principais. A *primeira* trata da vida do Senhor, a partir de sua geração eterna segundo João (VC I, 1), e temporal (VC 1, 5), incluindo aí todo o ciclo da infância segundo Mateus e Lucas. Prolonga-se na vida pública, seguindo as palavras e os milagres realizados por Jesus, até a perícope que relata a cura do cego na piscina de Betsaida (VC I, 92). A *segunda* parte se distingue da primeira pela introdução do anúncio da Paixão, concluindo a confissão de fé de Pedro (VC II, 1), embora o autor reconheça que a vida inteira de Cristo, desde sua concepção, já esteja marcada pelo sofrimento da Cruz (VC II, 51, 2º). Os capítulos seguintes tratam exaustivamente dos milagres de cura, das controvérsias e dos discursos, que se concluem com a entrada em Jerusalém (VC II, 26), imediatamente seguida pela Ceia (VC II, 50). Começa então o ciclo da paixão e da morte de Cristo. O de sua ressurreição é iniciado pela aparição à sua mãe (VC II, 70) e encerrado pela Ascensão (VC II, 82). Cada um desses dois ciclos se distingue pela introdução e conclusão: o primeiro é introduzido por uma iniciação à maneira de meditar sobre a Paixão (VC II, 63) e conclui-se com um

---

4. H. DE LUBAC, *Exégèse médiévale, Les quatre sens de l'Écriture*, Segunda parte, II, t. 4, Paris, Aubier, 1964, 505-509.

5. LUDOLFO DA SAXÔNIA, MHSI, Nova Series, *La vida de Cristo*, I, trad. castelhana e notas de Emilio del Rio, Rome, 2010, VII-XXVIII.

epílogo consagrado ao "louvor da Cruz" (VC II, 67). Da mesma maneira, os mistérios da Glória começam por apresentar as teses escolásticas sobre o mistério da Ressurreição (VC II, 69), para então, por fim, resumir as discussões relativas às quatro qualidades próprias do corpo glorioso (VC II, 82). O autor aborda a última seção de sua contemplação tratando da hermenêutica da Escritura fundada no Símbolo dos Apóstolos (VC II, 83), o que o autoriza a meditar sobre Pentecostes, a Assunção da Virgem bem-aventurada, o julgamento final, a pena do inferno e a glória do céu (VC II, 84-88).

Um exame rápido e programado dessa obra permite-nos situar o "Prólogo", que se aparenta às "Anotações" dos *Exercícios* inacianos, as quais por sua vez também precedem a primeira semana. E visto que o método de oração do Cartuxo se propõe determinar as maneiras de "tornar presentes" os mistérios contemplados, recorreremos também aos *preâmbulos* que introduzem toda meditação no interior dos *Exercícios*. Comecemos por apresentar o "Prólogo" segundo a ordem de suas subdivisões[6].

1. O "Prólogo" da *Vida de Cristo* e as "Anotações" dos *Exercícios espirituais*

O próprio Ludolfo assinala que sua *Vida de Cristo* tem por objetivo oferecer aos que meditam a seu respeito haurir frutos espirituais, "principalmente do Evangelho de Cristo" (cf. Pról., 15º), "encontrando nela a um só tempo seus exemplos, seus preceitos e suas promessas, que vos mostrarão a *via* que deveis seguir, a *verdade* em que deveis crer e a *vida* que deveis alcançar, segundo João 14,6" (Pról., 17º). De fato, quem quiser praticar as virtudes deve imaginar Nosso Senhor Jesus Cristo como "o espelho eminentemente transparente e exemplar de toda santidade" (Pról., 10º).

Por esse "Prólogo", dirigido diretamente ao leitor de sua obra, o autor da *Vida de Cristo* determina não apenas a finalidade da obra, mas igualmente o modo de usá-la e o método de oração que será o seu. Assim, convida-o a não se demorar em tudo o que está contido no Evangelho, mas em escolher "o que é mais conveniente à piedade" (Pról., 11º). Essa finalidade espiritual corresponde ao sentido "tropológico" e moral da Escritura.

a. O "Prólogo" de Ludolfo

1º) Apoiando-se em 1 Coríntios 3,11, com Agostinho o autor assinala que Cristo, "sendo Deus, basta-se plenamente a si mesmo [*del todo sufficiente*] ao passo que o homem em si mesmo carece de tudo [*del todo deficiente*]. É preciso, portanto, que o homem não se afaste desse fundamento [*fundamento*]".

2º) O autor estabelece então as duas etapas iniciais e sucessivas para esse encontro com a Palavra de Cristo. "Primeiramente, que o pecador, desejoso de sacudir o fardo de

---

6. Nossa apresentação do "Prólogo" de Ludolfo se baseará nas subdivisões apresentadas na edição latina da *Vida de Cristo*, publicada em 1878 por L. M. Rigollot, retomadas aliás na edição castelhana recentemente editada por Emilio del Rio. Nós nos referiremos de preferência a essa versão, que Inácio conheceu desde sua estada de convalescença em Loyola.

suas iniquidades e reencontrar a paz do coração, escute a voz de Deus que convida os culpados a se aproximarem dele para receber o perdão." Em segundo lugar, "uma vez convertido e reconciliado com Jesus Cristo pela penitência, que o pecador se esforce com o máximo cuidado em apegar-se a seu Salvador e insinuar-se em sua intimidade", meditando diariamente sobre sua vida e libertando-se do embaraço dos assuntos temporais. Sendo o campo aberto pela meditação ludolfiana consideravelmente ramificado, recomenda-se ainda ao leitor que se atenha sobretudo aos principais mistérios de Cristo — encarnação, circuncisão, epifania, apresentação no templo, paixão, ressurreição, ascensão, efusão do Espírito Santo e o advento do soberano juiz.

3º) A meditação sobre a vida de Cristo deve ser desejada por sete motivos. 1. Proporciona a remissão dos pecados. 2. A clareza resplandecente dessa Vida permite ao homem discernir a linha de conduta que deve adotar diante de Deus, de si mesmo e de seu próximo. 3. Obtém, "por Jesus, que é a 'fonte dos jardins e o poço das águas vivas', o dom das lágrimas pelos pecados cometidos". 4. Oferece o meio de reparar de maneira expiatória as faltas quotidianas. Depois de haver assim tratado a via purgativa, o autor avança mais nas vias iluminativa e unitiva. 5. Essa vida encerra uma fonte excelente de delícias espirituais. 6. Oferece o conhecimento da "majestade paterna", que só pode ser proporcionado pelo Filho, "o único que conhece o Pai", "àquele a quem o Filho o quiser revelar" (Mt 11,27). 7. Permite garantir com segurança a saída desta vida perigosa, de modo que após a morte o Senhor introduza quem o contempla na estada de Glória, e consuma durante a eternidade a união iniciada e buscada desde este mundo.

4º) O autor exalta sobremaneira a fecundidade salvífica dessa Vida, "que é, para o solitário, uma consolação contínua, uma companhia excelente, uma fonte de júbilo e de força". Ela permite também que se peça a intercessão dos Santos, e especialmente a da Virgem Maria, "que não pode nos abandonar sem negligenciar seu próprio Filho, conforme já o trazemos dentro de nós", pois ela reproduziu a Vida do Salvador mais excelentemente que os Apóstolos.

5º a 7º) Depois de haver traçado o *compendium* dessa Vida de Cristo, Ludolfo nos dá, entre outros confessores, o exemplo de São Bernardo, "que adotou a Vida de Jesus Cristo como o assunto mais prosaico de suas meditações".

8º a 10º) A vida de Cristo, e particularmente sua Paixão, pode ser igualmente apresentada como o modelo de todas as virtudes. O autor convoca aqui os testemunhos de Bernardo de Claraval e de Gregório Magno, reunidos em seus respectivos *Comentários do Cântico dos cânticos*, bem como o de Agostinho (*De vera religione*). A partir daí, toda a vida de Cristo é "instrução e disciplina" de vida. Segundo Beda, o Venerável, "quem pretende permanecer em Cristo deve caminhar como seu Chefe caminhou primeiro, sem perseguir riquezas terrestres, fugindo das honras, a fim de abraçar pela glória do céu todo o desprezo do mundo [...], e sofrendo pacientemente as injúrias [...]". Ludolfo acrescenta aí excertos do *De virginitate* de Ambrósio de Milão. Essa Vida se apresenta a quem a contempla como "o mais transparente espelho de todas as virtudes e o exemplar de toda santidade".

11º) Este parágrafo aborda, por fim, a questão do método de oração meditativa, oferecendo ao leitor dessa *Vida de Cristo* seu modo de usar. Em primeiro lugar, é preciso contemplar os fatos passados como se fossem presentemente realizados.

Não deves acreditar que possamos meditar sobre tudo o que Cristo disse e fez segundo a Escritura. No entanto, no intuito de impressionar-te mais [*para mayor lo contaré como sucedió*], relatarei os fatos tais como se realizaram, ou como podemos piedosamente presumir que aconteceram segundo certas representações, tais como o espírito as pode perceber [*segun ciertas representationes que percibe el ânimo*]. De fato, podemos meditar, compreender e expor a divina Escritura de múltiplas maneiras, segundo isso nos parece oportuno, contanto, todavia, que nossas interpretações não se oponham nem à verdade da vida, nem à justiça ou à doutrina cristã, isto é, à fé e aos bons costumes. No entanto, seria presunçoso e pecaminoso que tu assumisses toda e qualquer asserção relativa a Deus sem que tu mesmo pudesses ratificá-la, seja pela razão natural, seja por sindérese, seja pela fé, seja pela Sagrada Escritura. Quando, portanto, tu me vires contar que Jesus Cristo ou outro personagem disse ou fez algo que não poderia ser demonstrado pela Escritura, só o aceitarás a título de pia conjectura...

Tu, porém, se desejas colher o fruto dessas leituras, afastando as preocupações e inquietudes, precisas tornar-te então presente [*hazte presente*] ao que é dito e feito pelo Senhor, como se o escutasses com tuas próprias orelhas e visses com teus próprios olhos as coisas relatadas. São coisas eminentemente suaves [*suavíssima*] para quem as considera, e mais ainda para quem as saboreia [*gusta*]. Assim, portanto, embora muitos fatos sejam contados como passados, tu os meditarás como se fossem realizados no presente; então, saborearás uma suavidade maior [...].

12º) Colocar-se na presença dos mistérios exige a descrição do lugar e do ambiente da cena contemplada nos Evangelhos.

Algumas vezes indico o lugar, pois é de grande interesse para quem ouve a leitura do Evangelho saber que este ou aquele fato se desenrolou em determinado local... De fato, é deleitável suspirar por essa Terra Santa, à qual se associam noite e dia todas as Igrejas; Terra que o bom Jesus iluminou por sua palavra e sua doutrina, e consagrou com seu sangue. É mais deleitável ainda olhar para ela com os olhos do corpo e examinar com a inteligência do espírito o modo como, nela, em cada um desses lugares, o Senhor realizou nossa salvação.

A essa recomendação de assegurar a "composição de lugar" (cf. EE 102), Ludolfo associa esta forma de "aplicação dos sentidos" (cf. EE 120-126), apreciada pelos peregrinos (cf. *O relato do peregrino* de Inácio, n°s 44-48):

Com que ardente devoção tantos piedosos peregrinos beijam esse solo, abraçam esses lugares particulares onde o manso Jesus se manteve e agiu. Incapazes de conter suas vivas emoções, ora batem no peito, ora choram ou gemem [...].

Nosso autor fixará, então, o axioma cristocêntrico da oração contemplativa, juntando aí uma descrição muito detalhada "da beleza de Cristo", o retrato físico de seu rosto, seu porte, sua maneira de caminhar (cf. 14º)[7].

---

7. Em sua descrição do campo na região de Jerusalém, onde se encontra Cristo, nosso Senhor, Inácio dirá muito mais sobriamente que ele está "num lugar humilde, belo e gracioso" (EE 144).

Tenhamos em mente a exigência de concentrar a atenção contemplativa na Pessoa de Cristo:

13º) "Adota como regra geral: cada vez que ao longo desta obra não encontrares maneira particular de meditar, contenta-te em examinar o que o Senhor disse ou fez. Depois, trata de conversar e permanecer familiarmente com Ele, pois a maior consolação, a devoção mais eficaz e o fruto principal dessas meditações consistem em considerar piedosamente, sempre e em todo lugar, o Salvador em seus diversos atos e diferentes hábitos [...] Imagina ao mesmo tempo de que maneira ele praticava todas as virtudes, com que humildade vivia entre os homens, com que bondade tratava seus discípulos [...]. Jamais demonstrou desprezo ou aversão por alguém [...]. Com que paciência suportou as injúrias [...]."

Como um eco a essa regra geral, o "Prólogo" de Ludolfo acrescenta a regra da concentração no Evangelho (16º)[8], justificada em especial por estas citações de João Crisóstomo: "O Evangelho contém num compêndio sublime de toda a perfeição da criatura racional", e também "apressemo-nos em recorrer ao novo tesouro que a misericórdia divina nos proporcionou na Sagrada Escritura; pois não é apenas para que a conservemos nos livros que ela nos foi dada, mas principalmente para que a fixemos em nossos corações".

16º) Por fim, visto que o Evangelho relata a história do advento de Cristo, compreende-se que Ludolfo conclua seu "Prólogo" com algumas observações críticas sobre a dificuldade de coadunar historicamente os testemunhos por vezes divergentes de cada um dos quatro Evangelhos.

b. As *"Anotações" dos Exercícios espirituais comparadas ao "Prólogo" ludolfiano*

Não apresentaremos aqui todas as anotações (EE 1 a 20), mas apenas as que poderiam ter sido inspiradas pelo "Prólogo" de Lufoldo. Constataremos, assim, que tais anotações inacianas reúnem as principais recomendações feitas a "quem dá os *Exercícios* e a quem os recebe".

[1] A 2ª Anotação

Essa anotação condensa em si o máximo de convergências e de divergências em relação ao "Prólogo" de Ludolfo. Eis o texto integral traduzido do *Autógrafo* espanhol.

> EE 2: Quem propõe a outro o modo e a ordem de meditar ou contemplar deve narrar fielmente a história de tal contemplação ou meditação, apresentando, breve ou sumariamente, os pontos. Pois, assim, a pessoa que contempla, tomando o verdadeiro fundamento da história, reflete e raciocina por si mesma. Encontrando alguma coisa que a esclareça ou faça sentir mais a história, quer pelo seu próprio raciocínio, quer porque seu entendimento é iluminado pela virtude divina, tem maior gosto e fruto espiritual do

---

8. Esse parágrafo é ilustrado pela autoridade de Agostinho em seu *De consensus Evang.* I, 1 e pelo pensamento de João Crisóstomo resumido pela citação de excertos da primeira de suas *Homélies sur l'Évangile de Matthieu* e da trigésima primeira das *Homélies sur l'Évangeile de Jean*.

que se quem dá os *Exercícios* ampliasse muito o sentido da história. Pois não é o muito saber que sacia e satisfaz a pessoa, mas o sentir e saborear as coisas internamente.

Notemos logo de saída que um dos papéis essenciais de "quem dá os *Exercícios*" é entrar imediatamente em contato com "quem os recebe", estando pressuposto que a própria matéria da meditação ou da contemplação deve ser entregue de viva voz cada vez que um novo exercício de uma hora for proposto ao exercitante. O "Prólogo" de Ludolfo não pressupunha esse contato imediato e diário, na medida em que transmite conselhos que devem permitir que o leitor de sua *Vida de Cristo* determine por si mesmo, na solidão (cf. Pról., 4), o que fará. Para Inácio, esse diálogo entre "quem dá e quem recebe os *Exercícios*" é o pressuposto indispensável e cotidiano de um "mandar fazer" espiritual dos Exercícios.

Por isso, antes mesmo de propor o "Princípio e Fundamento" (EE 23), Inácio redigiu um *presupponendum* (EE 22), de sua própria lavra, denominado "favorável", que envolve a um só tempo "quem dá e quem recebe esses *Exercícios*"[9]. A finalidade desse diálogo ultrapassa a tecnicidade da compreensão intelectual de cada procedimento das orações ao integrá-lo ao objetivo da "salvação"; tanto é assim que tais exigências se estendem a "todo bom cristão"[10]. Em outros termos, a condição *sine qua non* desse diálogo é ser espiritualmente "verdadeiro". Por outro lado, o texto inaciano assinala dificuldades por uma série de quatro proposições dispostas em ordem crescente, a fim de que esse diálogo possa superar os impasses dos preconceitos.

a) A atitude fundamental é a "prontidão" da benevolência, que consiste ao menos "em salvar a palavra do outro, em vez de condená-la". 2º) Em caso de incerteza ou de aporia detectada na escuta do próximo, uma nova atenção será requerida; a inteligência se faz então misericordiosa. 3º) Se o irmão "entende mal" a proposição alheia, é o amor que deverá inspirar a correção fraterna. 4º) Por sua vez, se essa iniciativa fracassa, são então a engenhosidade e o respeito que permitirão "encontrar todos os meios convenientes", para que cada um "se salve", segundo a expressão do "Princípio e Fundamento": "salvar sua alma" (EE 23)[11].

O livro dos *Exercícios* se destina antes de tudo a quem os dá, como uma espécie de "livro do professor"[12], enquanto quem recebe esses *Exercícios* só dispõe, na realidade, do

---

9. EE 22: "Para que mais se ajudem tanto quem dá os Exercícios como quem os recebe, (2) é necessário pressupor que todo bom cristão deve estar mais pronto a salvar a afirmação do seu próximo do que a condená-la. Não podendo salvá-la, pergunte como ele a entende. Se a entende mal, corrija-o com amor. Se isto não bastar, recorra a todos os meios convenientes para que, entendendo-a bem, ela seja salva".

10. Cf. S. Arzubialde, *Ejercicios espirituales de S. Ignácio, História y Análysis*, 61-67.

11. Cf. A. Chapelle, *Les Exercices spirituels de saint Ignace, Un commentaire littéral et théologique*, col. IET nº 10, Bruxelas, Institut d'Études Théologiques, 1990, p. 57. Como o constataremos no fim de nosso percurso, o redator dos *Exercícios* especificará pessoalmente as regras do diálogo eclesial no contexto da confrontação com as doutrinas dos grandes reformadores protestantes: EE 366-370.

12. Quando o papa Paulo III autorizou, em 1548, a publicação dos *Exercícios* segundo sua *versio vulgata*, Inácio pretendia controlar pessoalmente a difusão deles apenas aos jesuítas que já haviam recebido esses Exercícios e eram considerados capazes de dá-los por sua vez.

Evangelho, que lhe é necessário para poder consultar as inúmeras referências escriturísticas indicadas na seção específica dos "mistérios da vida de Cristo nosso Senhor" (cf. EE 261 a 312). Essa remissão ao Evangelho é um elemento capital da pedagogia inaciana, na medida em que "quem dá os *Exercícios*" transmite sempre a história contada pela Palavra de Deus por meio de uma forma verbal de tradição pessoal e viva.

b) Outra divergência entre essas duas pedagogias repousa no fato de que o exercitante de Ludolfo dispõe não só das perícopes dos Evangelhos, mas também de um comentário literal e espiritual muito vasto. Já o exercitante de Inácio é privado de todas essas elaborações espirituais, embora lhe seja recomendado que leia a *Imitação de Jesus Cristo*, os Evangelhos ou vidas de santos, cuja leitura pode se revelar muito útil "a partir da segunda semana" (EE 100).

c) Por outro lado, essas pedagogias diferentes se justificam pela fecundidade da oração dos exercitantes. Na 2ª Anotação, Inácio retomará quase literalmente as justificações do Prólogo, 11º, recomendando a quem ora que ratifique por si mesmo as asserções da Vida de Cristo: "quer pelo próprio raciocínio, quer porque seu entendimento é iluminado pela virtude divina". Essa distinção abarca aquela que será comumente qualificada de "natural" ou "sobrenatural".

Nossos dois autores concordam em reconhecer que essa via dupla é tão somente um meio que leva a um aumento do sabor e do fruto espiritual, expressões inacianas que reaparecem constantemente no "Prólogo" (cf. 13º), como os tantos dons da consolação. Contudo, enquanto Ludolfo ressalta o caráter eminentemente suave e saboroso da história de Cristo contemplada em si mesma, Inácio destaca o "fruto espiritual" que o exercitante pode extrair pessoalmente ao discernir para seu próprio estado de vida, o que, é claro, não é o caso dos que se consagraram definitivamente à vida cartuxa. Quando tratarmos da importância do lugar central da "eleição" durante a *segunda semana* dos *Exercícios*, poderemos verificar a pertinência e o alcance dessa diferença. Contentemo-nos por ora em observar que essa divergência se coaduna com a diferença entre a vida puramente contemplativa do Cartuxo, para quem a contemplação, o afastamento do mundo, é a via régia de união com Deus. Já a intenção de Inácio é conduzir o exercitante ao discernimento de uma vocação personalizada pelo Chamado do Rei eterno, que o disporá "a chegar à perfeição *em qualquer estado ou vida* que Deus lhe der a escolher" (EE 135). A partir daí o afastamento do mundo é substituído pelo serviço de Deus *sob a bandeira de Cristo* dentro da Igreja *militante*. Portanto, "A imitação de Cristo" que guia nossos dois mestres de sabedoria não desemboca no mesmo fim; a do primeiro está mais referida ao além da morte (cf. Pról., 3º, pontos 6 e 7), enquanto os *Exercícios* encaminham o exercitante para a missão eclesial que prepara "o retorno de Jesus": "Homens galileus, por que estais olhando para o céu?" (EE 312, 3º).

De qualquer modo, no entanto, nessa 2ª Anotação a contemplação inaciana deve se ver garantida por uma narrativa baseada num "fundamento histórico verídico" (*el fundamento verdadero de la historia*), do mesmo modo que o "Prólogo" ludolfiano insistia no fato de que Cristo é o "fundamento da salvação" (cf. Pról., 1º) e de que no Evangelho "encontrarás a história do Verbo encarnado, seus preceitos e suas promessas" (Pról., 16º).

[2] A 1ª Anotação

Comparados aos exercícios corporais, os exercícios espirituais são "diversos modos da pessoa se preparar e dispor para tirar de si todas as afeições desordenadas. E, depois de tirá-las, buscar e encontrar a vontade divina na disposição de sua vida para sua salvação".

Assim como o Prólogo, 3º distinguia duas etapas sucessivas, correspondentes à via purgativa e à via iluminativa, Inácio define a anterioridade da *primeira semana*, consagrada à meditação sobre os pecados, em relação à *segunda*, dedicada ao discernimento do Chamado do Rei eterno. No entanto, os *Exercícios* sublinham, mais claramente que Ludolfo decerto, a necessidade de se haver libertado de "*toda*" afeição desordenada *antes* de abordar a sequência das semanas, segundo EE 4.

Outra diferença de perspectiva parece ainda mais fundamental. Enquanto Ludolfo propõe a seu leitor que obtenha o perdão dos pecados recorrendo imediatamente à contemplação do Evangelho, e especialmente aos milagres de curas e às parábolas de misericórdia, conforme à tradição teológica e espiritual mais comum, a *primeira semana* inaciana se abstém de entrar diretamente nessa escuta imediata e contemplativa do Verbo encarnado, nem sequer recorrendo às profecias veterotestamentárias que o anunciam. Essa comparação com a visão ludolfiana, oferece ao menos a vantagem de aprofundar a indagação relativa à pertinência do conteúdo da *primeira semana* inaciana.

[3] A 5ª Anotação, comparada a Prólogo, 2

> EE 5: A quem recebe os *Exercícios*, muito aproveita entrar neles com grande ânimo e generosidade para com seu Criador e Senhor. Ofereça-lhe todo seu querer e liberdade, para que sua divina Majestade se sirva, conforme Sua santíssima vontade, tanto de sua pessoa como de tudo o que tem.

O "Prólogo" de Ludolfo descreve amplamente a necessária disponibilidade (*libentissime, libenter*) do exercitante na contemplação dos mistérios evangélicos (cf. Pról., 2º, 2, 6º a 8º). No entanto, tanto o termo *libertas* como o adjetivo *liber*, e mais ainda a expressão *voluntas divina*, estão totalmente ausentes desse "Prólogo", ao passo que ele constitui, por assim dizer, o eixo central da espiritualidade dos *Exercícios*. Aos olhos de Inácio, a finalidade suprema da união íntima com Deus se realiza pela aliança das liberdades de Deus e do homem, de modo que não caiba apenas ao "livre-arbítrio" (EE 23) tornar-se indiferente, ou incondicionalmente disponível à Vontade de Deus, mas a tudo o que constitui essa liberdade em cada uma de suas dimensões. Teremos posteriormente a ocasião de analisar os quatro momentos do desdobramento dessa liberdade, ao comparar os *Exercícios* com a doutrina correspondente de Tomás de Aquino, mas também com a posição de Martinho Lutero. Que baste aqui sublinhar a que ponto a *5ª Anotação* se distingue do "Prólogo" ludolfiano[13].

---

13. A esse respeito, podemos também evocar a "Contemplação para alcançar o amor" (EE 230 ss.), tal como contém, em resposta ao dom de si mesmo por Deus, esta oração de oferenda de si mesmo que

[4] As Anotações 14, 15 e 16.

Estas descrevem o papel de quem dá os *Exercícios* durante o trabalho de discernimento da eleição (cf. EE 135 a 157). Só as apresentaremos na medida em que encontram eco no "Prólogo" de Ludolfo. Contrariamente ao acompanhamento diário do exercitante proposto ao longo dos *Exercícios*, parece que o leitor da *Vida de Cristo* deve se arranjar sozinho, sem poder encontrar outro apoio além dos conselhos prévios que lhe são dados no "Prólogo". O grupo das anotações 14-16, portanto, não tem equivalentes em Ludolfo, embora em sua obra seja possível referir-se às citações de Bernardo de Claraval, quando descrevem a união nupcial da alma que desposa Cristo, o que a 15ª Anotação ressalta particularmente.

> EE 15: Quem dá os *Exercícios* não deve mover ao que os recebe mais à pobreza, nem a qualquer promessa, do que aos seus contrários, nem mesmo a um estado ou modo de vida do que a outro. Fora dos *Exercícios* podemos lícita e meritoriamente motivar todas as pessoas, que provavelmente tenham capacidade, para escolher [*eligir*] continência, virgindade, vida consagrada e qualquer forma de perfeição evangélica. Contudo, em tais *Exercícios* espirituais, mais conveniente e muito melhor é que, procurando a vontade divina, o mesmo Criador e Senhor se comunique à pessoa espiritual, abraçando-a em seu amor e louvor e dispondo-a para o caminho em que melhor poderá servi-lo depois [*...que il mismo Criador y Señor se communique a la su anima devota, abraçandola por la via que mejor podra servirle adelante*]. Assim aquele que dá os *Exercícios* não opte nem se incline a uma parte ou a outra, mas, ficando no meio [*en medio*], como o fiel de uma balança, deixe o Criador agir imediatamente com a criatura e a criatura com seu Criador e Senhor.

A indiferença recomendada ao exercitante desde o "Princípio e Fundamento" (EE 23) diz respeito igualmente a quem dá os *Exercícios*, na medida em que ele não deve tomar o lugar de Deus a fim de orientar a eleição num sentido ou noutro, contentando-se em ajudar o exercitante a afastar os obstáculos que o impediriam de fazer uma "eleição reta", isto é, "desejada unicamente para o serviço e o louvor de Deus nosso Senhor e a salvação eterna de minha alma" (EE 179). De fato, "Somente Deus nosso Senhor dá consolação a uma pessoa sem causa precedente, porque é próprio do Criador entrar, sair, causar moção nela, atraindo-a toda ao amor de sua divina Majestade" (EE 330).

Ludolfo julgou oportuno pôr em evidência essa união nupcial da alma com Deus, cujo testemunho é dado pelo Cântico dos Cânticos, interpretado por São Bernardo (cf. Pról., 6º e 7º). Cântico dos Cânticos 1,12: "Meu bem amado é para mim como um buquê de mirra, que permanecerá para sempre em meu coração" remete, segundo Bernardo, à memória da Paixão do Esposo, que deve ficar ancorada no coração da esposa como um buquê de mirra. No mesmo sentido, Cântico dos Cânticos 2,14: "Minha pomba escuta na fenda de uma rocha" convida a bem-amada "a se concentrar por inteiro nas chagas

---

expressa a totalidade do dom de si em termos de liberdade: "Tomai, Senhor, e recebei toda a minha liberdade, a minha memória e o meu entendimento e toda a minha vontade [...] A vós, Senhor, restituo. Tudo é vosso."

do Salvador, onde ela permanece em completa aplicação de todas as suas faculdades, a exemplo dos mártires". E em seu *Sermão 22*, o mesmo doutor se pergunta onde encontrar as virtudes cristãs, senão na Paixão. Foi assim que Ludolfo selecionou passagens do Cântico que remetem ao mistério da Cruz.

No entanto, tamanha concentração ainda não aparece na 15ª Anotação. Notemos também que o "Prólogo" ludolfiano jamais evoca o fato de que o Criador e Senhor "abraça a alma em seu amor e louvor".

[5] As Anotações 18 a 20

Estas regulam a adaptação dos *Exercícios* às restrições pessoais, saúde ou psicologia frágeis, ou ainda às obrigações sociais do exercitante (18-19). A última anotação especifica as condições de separação que permitirão "àquele que é mais livre e que deseja progredir o máximo possível" receber a inteireza dos exercícios de trinta dias: "Nos quais, ordinariamente, tanto mais se aproveitará, quanto mais se afastar de todos os amigos e conhecidos e de toda preocupação terrena", deixando o lugar de moradia que lhe é familiar, para "habitar o mais retirado que puder", escolhendo uma casa de onde possa ir diariamente à missa e às Vésperas.

Ludolfo já havia ressaltado amplamente quão útil era consagrar-se por inteiro à contemplação "sem se ocupar com nenhum outro assunto e nenhuma outra preocupação" (cf. Pról., 12º). E quando ele tratar da oração de Jesus em agonia, o Cartuxo enunciará as razões pelas quais "esta deve ser perfeita em todos os pontos, primeiramente porque é solitária, pois a oração é elevação do Espírito para Deus, e portanto sua realização é melhor na medida em que o homem está separado dos outros [*sequestratus ab aliis*]" (cf. VC 59, 5º).

2. O "Compêndio" dos *Ejercitarios* de Cisneros e as "Anotações" nos *Exercícios* espirituais

Prolongaremos agora a comparação de Inácio com os *Exercícios* espirituais de Cisneros, começando por explanar a investigação conduzida pelo Pe. Aimé Solignac[14] relativa à última parte do "Compêndio" (*Compendium breve*) dessa obra mestra de Cisneros e intitulada "Reglas y avisos para los que no estain ejercitados en la oracion" (cap. 9, nº 467 a 497). Segundo Solignac, é nessas "regras e avisos para os que ainda não se exercitaram na oração que se encontram as formulações mais próximas das de Inácio"[15]. Quatro pon-

---

14. Cf. MHSI, MI, séries II, Fontes externi nº 4: V. P. Garciae de Cisneros Exercitatorium vitae spiritualis, 94-123. Javier Melloni Ribas, Las influencias cisnerianas de los *Ejercicios*, em Juan Plazaola (dir.), *Las fuentes de los Ejercicios espirituales de San Ignacio, Actas del Simposio Internacional (Loyola, 15-19 septiembre 1997)*, 353-377. A. Solignac, Le *Compendio breve* de Cisneros et les *Exercices spirituels*, AHSI, LXIII, 1994, 141-159; Le manuel de Montserrat et les Exercices de saint Ignace, *Christus* 167 (1995) 358-369.

15. Le manuel de Montserrat, ibid., 360.

tos serão abordados: a primeira parte é consagrada aos métodos de oração, às meditações sobre os pecados e sobre o inferno, à vida e à paixão de Cristo, enquanto a segunda parte medita sobre as dádivas de Deus e as perfeições divinas. Selecionaremos aqui as que dizem respeito ao método de oração e à meditação consagrada à vida e à paixão de Cristo, recorrendo por vezes à obra completa dos *Exercitatorios*.

O método de oração apresenta muitos pontos que se coadunam com as "Anotações" inacianas. Assim, quanto à excelência da vontade, caracterizada por Inácio na 3ª Anotação, Cisneros a situa segundo o processo: leitura, meditação, contemplação:

> Pela leitura sagrada nos é dada a manducação [*el manjar*] da doutrina; a meditação deve digeri-la e extrair-lhe a substância; cabe à vontade "fazer a salva" e, prolongando-se, dar a cada um o que lhe cabe, isto é, a Deus louvor, bênção, amor e glória... Ou ainda, sob outra forma: a leitura é o lugar onde se encontra o tesouro, a meditação o extrai, a oração o coleta, a contemplação o examina, e a vontade, toda alegre e jubilosa, o reparte.

Solignac assinala também a distinção feita por Cisneros entre dois modos de *meditação*. O primeiro se fia na "imaginação" e se aplica à morte, ao julgamento, ao inferno, ao mau rico, à paixão de Cristo e à beatitude celeste, que ele põe em paralelo com o método inaciano das "três potências" (EE 45-51, 55-56). O segundo se atém mais ao trabalho da inteligência, em especial quando se trata de contemplar as dádivas de Deus e as perfeições divinas. Quanto à *contemplação* propriamente dita, Cisneros a define como "um ato ou consideração da inteligência [*entendimiento*] livre e clara, para conhecer a verdade suprema que é Deus, tanto quanto é passível de ser conhecida nesta vida". No entanto, como nota Solignac, nada é dito sobre os graus de contemplação[16].

A nosso ver, essa diferenciação das duas formas de meditação por Cisneros não pode ser aplicada às meditações nem às contemplações próprias aos exercícios inacianos, visto que todas, sem exceção, mobilizarão a um só tempo o imaginário (cf. EE 47), de acordo com os segundos *preâmbulos* e as *três potências* (memória, inteligência e vontade) no corpo da oração, mesmo na "contemplação para alcançar o amor": EE 232.

De modo muito pertinente, Solignac assinalou também a maneira como Cisneros caracteriza o agir do Espírito que se apodera da mente de quem ora, estabelecendo um paralelo com certos números dos *Exercícios* inacianos:

1) Se o Espírito Santo conduz [o exercitante] por um caminho mais curto, abraçando sua vontade e levando à devoção [...], que ele o siga. (Cf. EE 4)
2) Não é necessário ater-se à ordem das meditações prescritas para cada dia [...] caso se tire mais proveito de outras considerações [...]. No entanto, os exercícios sobre a Vida e a Paixão de Cristo jamais devem ser omitidos. (Cf. EE 76).
3) O exercitante deve descartar a especulação excessiva e curiosa [...]. Que ele trate o assunto com simplicidade e seja breve em seus raciocínios [...]. De fato, a Escritura nos convida a sentir a bondade e a perfeição de Deus com um coração

---

16. Le manuel de Montserrat, ibid., 361.

simples, e nossa experiência mostra que quem obtém o sabor espiritual na contemplação não deve estender-se em especulações e reflexões sobre Deus.

B. CONTEMPLAR A VIDA DE CRISTO: INÁCIO, LUDOLFO E CISNEROS

Procedemos aqui a outro tipo de pesquisa aplicado a esses dois autores. Esta mostrará primeiramente a seleção operada pelos *Exercícios* em relação a todos os gestos e a todas as palavras relatadas por Ludolfo (1). Especificaremos então até que ponto Inácio se inspirou na apresentação ludolfiana de alguns mistérios, não sem por vezes corrigi-los. Tais investigações são demasiado vastas para que pretendam ser exaustivas. As pesquisas realizadas por diferentes autores recentes têm apenas a ambição de selecionar exemplos significativos em matéria tão detalhada e extensa. Quanto a nós, exploraremos os mistérios propostos na *Vida de Cristo* apenas na medida em que são retomados nos *Exercícios*. Depois procederemos à mesma comparação, desta vez com o *Exercitatorio* de Cisneros (2).

1. A exaustividade ludolfiana e a seleção inaciana

O "Prólogo" de Ludolfo propõe ao leitor um critério de seleção cristocêntrico (cf. Pról., 13º), enquanto a *Vida de Cristo* reivindica a exaustividade. Comparados a essa obra tentacular, os *Exercícios* inacianos são extremamente resumidos na seleção dos *mistérios* evangélicos e na apresentação de cada ponto que compassa cada mistério a ser contemplado. De fato, o redator dos *Exercícios* autoriza três tipos de seleção das narrativas evangélicas. A primeira se realiza *na seção dos mistérios da vida de Cristo nosso Senhor*, abarcando as três últimas semanas, segundo EE 261-312. A segunda seleção restringe essa escolha na *apresentação-tipo* da segunda e da terceira semana segundo EE 91-229, pondo em evidência a maneira de contemplar e os frutos esperados segundo a especificidade de cada semana. A terceira depende do discernimento de "quem dá os Exercícios", propondo a seu exercitante este ou aquele mistério mais adaptado à sua busca e a seu sentir espiritual.

No que tange à segunda semana, mencionemos primeiramente os mistérios da semana-tipo desdobrada em doze dias, oferecendo cada um dos dois mistérios em EE 101-164. Dia 1: a encarnação e a natividade. Dia 2: a apresentação no Templo e a fuga para o Egito. Dia 3: o menino Jesus em Nazaré e seu encontro no Templo. Dia 4: a meditação das duas bandeiras e dos três tipos de pessoas. Dia 5: a partida de Cristo de Nazaré e para o Jordão, bem como seu batismo. Dia 6: como Cristo foi do Jordão ao deserto para ser tentado. Dia 7: o chamado de Santo André e dos outros discípulos. Dia 8: o sermão da montanha. Dia 9: a aparição do Senhor a seus discípulos sobre o mar revolto. Dia 10: a pregação do Senhor no Templo. Dia 11: a ressurreição de Lázaro. Dia 12: o dia de Ramos.

No entanto, a seção dos mistérios oferece a possibilidade de apresentar outros deles (EE 262-288), como a circuncisão (EE 266), os pastores (EE 265), os três reis magos (EE 267), o retorno do Egito (EE 270), o milagre de Caná (EE 276) e a expulsão dos vendilhões do Templo (EE 277), o envio dos discípulos em missão (EE 281), a conversão de Madalena (EE 282), a multiplicação dos pães (EE 283), a transfiguração (EE 284).

No entanto, essa extensão ainda não alcança — longe disso — a exaustividade do percurso proposto por Ludolfo em seus 92 capítulos consagrados ao ciclo da infância e da vida pública até a cura do cego de Betsaida. Quanto ao ciclo da infância, Ludolfo começa por tratar da geração divina e eterna de Cristo (VC I, 1), e em seguida da genealogia temporal do Salvador (VC I, 7). Examina também o nascimento e o casamento de Maria (VC I, 2 e 3) e a razão pela qual José quis repudiá-la (VC I, 8). Destaca singularmente o destino de João, o Precursor: sua concepção (VC I, 4), sua penitência (VC I, 14), sua missão e sua vida (VC I, 17), tal como foi decidida por Deus e não por ele próprio (VC I, 18), para que exercesse o papel de precursor, não de Messias; relembra, por fim, o testemunho prestado ao Cristo, Cordeiro de Deus (VC I, 23), e a maneira como ele se retrai, enviando-lhe seus próprios discípulos (VC I, 24); finalmente, interpreta seu encarceramento (VC I, 27), ao passo que sua decapitação só é considerada em VC I, 64.

Diante dos mistérios propostos pelos *Exercícios* neste início da segunda semana, observaremos principalmente a retração da pessoa do Precursor, mencionado uma única vez por ocasião de sua visitação (EE 263, 1º). Observemos também que, no primeiro ponto de EE 275 (2), Inácio se inspira literalmente na descrição ludolfiana do tríplice e sucessivo "chamado dos apóstolos Pedro e André", segundo VC I, 30, 1[17].

> EE 275a, 1º: Parece [*Tres vezes parece*] que São Pedro e Santo André foram chamados três vezes: primeiro, para um certo conhecimento, como consta em Jo 1 [Jo 1,35-42]; depois, para seguir a Cristo de algum modo, mas com o propósito de voltar a possuir o que tinham deixado, como diz Lc 5 [Lc 5,1-11.27-32]; finalmente, para seguir sempre a Cristo nosso Senhor, segundo S. Mateus 4 e S. Marcos 1 [Mt 4,18-22; Mc 1.16-20].

Além disso, na esteira de Ludolfo, Inácio explicita certos fatos importantes que nenhum dos Evangelhos menciona explicitamente; assim, por exemplo, em

> EE 275a, 3º: Chamou os outros apóstolos, cuja especial vocação não é mencionada pelo Evangelho.

O capítulo 32 da *Vida de Cristo* é intitulado "*Elección de los doce Apóstoles*" e apoia-se no acontecimento evangélico relatado por Lucas 6,12 ss., em que o Senhor, "depois de haver despedido a multidão, foi sozinho 'ao monte' Tabor". Ludolfo se demora longamente no comentário sobre a exemplaridade dessa oração, assinalando que

> Jesus Cristo levou sua vida interior [*vida interior*] quando orava, e a vida prática [*vida práctica*] quando ensinava, a fim de nos ensinar que a solicitude para com nosso próximo não deve alentecer nosso zelo pela contemplação [*contemplatión*], e que o zelo pela contemplação não deve diminuir nossa solicitude para com o próximo.

---

17. "*Más arriba quedan expuestos los tres llamamientos de los discípulos. Juan habla del primero, cuando, llamados a la fe, vieneron a cierto conoscimineto y amistad con Jesús. Lucas habla del segundo, cuando le signieron con intención de regresar a sus cosas; comenzaron, de todos modos, a oír su doctrina. Mateo y Marcos hablan de tercero, cuando vinieron ya para quedarse con él y seguirle en la perfeccion. De llamamiento de Mateo, el publicano, hablaremos luego. De otros no queda escrito nada en concreto.*"

É preciso também ressaltar que Ludolfo caracteriza o chamado definitivo dos Apóstolos como "a eleição [*elección*] dos doze Apóstolos" (cf. VC I, 32), termo que será usualmente empregado por Inácio em EE 169-189. Pensamos também que Inácio pôde ter sido influenciado pelo parágrafo que Ludolfo dedica ao "amor que Cristo tinha por seus discípulos" (VC I, 30, 2º), como o atesta a expressão triplamente repetida: "amados discípulos" em EE 278, 281 e 284. Esse amor privilegiado dos Apóstolos se concretiza no fato de que o discurso do Senhor consagrado às oito bem-aventuranças foi primeiramente reservado apenas aos Apóstolos, e depois repetido para a multidão. É assim que Ludolfo encerra o debate sobre os destinatários dessas bem-aventuranças:

> São Mateus e São Lucas relatam esse discurso de maneiras diferentes. Por isso, se nos fiarmos em certos intérpretes, o Senhor dirigiu um primeiro discurso exclusivamente aos discípulos, no topo da montanha, onde estava sentado como um doutor que ensina; e é esse sermão que São Mateus relata (caps. 5, 6 e 7). Depois, dirigiu um segundo à multidão reunida com seus discípulos, na encosta da montanha, onde ele se mantém de pé como um pregador que instrui o povo; e é esse que São Lucas reproduz (cap. 6) [...]; essa primeira opinião nos parece mais exata e mais conforme à verdade, que a interpretação inversa. (VC I, 33, 1º)

É verossímil que Inácio tenha escolhido essa solução em EE 278, 1º, quando propõe que se contemple Cristo, sentado sobre a montanha, destinando a proclamação das oito bem-aventuranças apenas aos discípulos: *a sus amados discípulos aparte*.

Se tratarmos agora do conteúdo dos discursos relatados em Mateus 5-7, notaremos que Ludolfo dedica 8 capítulos ao tratamento *in extenso* de todos os *logia* contidos em Mateus, capítulo 5 (cf. VC I, 33, 34 e 35), capítulo 6 (cf. VC 36, 37, 38 e 39) e capítulo 7 (cf. VC I, 40). Em contrapartida, a *seção sobre os mistérios* contém uma única contemplação (EE 278), em que o *primeiro* ponto retoma cada uma das oito bem-aventuranças, o *segundo*, a exortação para usar bem os talentos, o *terceiro*, a apresentação de Jesus não como um transgressor da lei, mas como quem a leva à perfeição, enquanto a injunção final, "Eu, porém, vos digo: Amai vossos inimigos e orai pelos que vos perseguem", parece de fato ser uma confirmação da proposição anterior.

Seguindo *in extenso* os Evangelhos de maneira sincrônica, Ludolfo analisa as curas do leproso, do servo do centurião, do endemoninhado e a "ressurreição" do filho da viúva de Naim, bem como o encontro do escriba artificioso e dos dois outros judeus que querem seguir Jesus (VC I, 41 a 45). Depois de se haver perguntado "por que, ao ser acordado, o Senhor deu ordens aos ventos e ao mar" (cf. EE 279), Ludolfo retoma então a série das curas dos dois endemoninhados possuídos pela Legião, de um paralítico levado pelo teto, da hemoroíssa e do filho de um chefe de sinagoga, de dois cegos e de um surdo (VC I, 47 a 50). Essa acumulação nos obrigará a aprofundar esta pergunta: por que os *Exercícios* espirituais eliminam, mesmo na *seção sobre os mistérios*, todas essas curas?

Os quarenta e dois capítulos que levarão até a entrada da segunda parte dessa *Vida de Cristo* (VC I, 51-92) abrangem instruções e admoestações dirigidas aos discípulos, diálogos de revelação, controvérsias, curas, parábolas, ameaças de lapidação de Jesus. O que Ludolfo apresenta em dois copiosos capítulos, *a seção sobre os mistérios* seleciona apenas cinco perícopes, reunindo-as por vezes num único mistério. Assim, EE 281 reúne parcialmente "a missão dos Apóstolos com poder de curar" (VC I, 51) e "a exortação à paciência na adversidade" (VC I, 52). Depois, a seção dedica uma contemplação ao que Ludolfo nomeia "a penitência de Maria Madalena", quando esta lavou os pés do Salvador (VC I, 60). O grande diálogo de revelação e de envio em missão da Samaritana, relatado por João 4, não recebe atenção da *seção*, tampouco as controvérsias e os discursos em parábolas (VC I, 64). No entanto, os *Exercícios* mencionam em EE 283 "como Cristo deu de comer a cinco mil homens" (VC I, 67), ao passo que "a caminhada do Senhor sobre o mar e o convite a Pedro para ir ao seu encontro" (VC I, 69) ocupa o nono dia da segunda semana inaciana em EE 280.

Abordemos agora a segunda parte da *Vida de Cristo* até a entrada em Jerusalém. Em Ludolfo, esse conjunto abrange cinquenta e dois capítulos. A esse respeito, o livro dos *Exercícios* não retoma sequer "a confissão de fé que Pedro fez em nome de todos" (VC II, 1), nem "a exortação a seguir Cristo em sua Paixão exemplar" (VC II, 2); no entanto, essas são perícopes decisivas ao longo dos Evangelhos. Por que, então, os *Exercícios* se ativeram à descrição das três etapas do chamado dos Apóstolos, e eliminaram essa confissão de Pedro? E por que o mistério da "transfiguração do Senhor", que compõe um bloco com as duas perícopes anteriores, só é retomado na *seção sobre os mistérios*, ao passo que a *semana-tipo* não a abrange? Tal gênero de pergunta se aplica igualmente ao restante dos capítulos propostos por Ludolfo, visto que os *Exercícios* inacianos não propõem a meditação sobre certas instruções dadas aos discípulos, tais como "a perfeição da pobreza" (VC II, 11), embora Inácio apresente em EE 281 alguns dos "doze conselhos evangélicos" propostos quando os discípulos são enviados em missão segundo Mateus 10 (VC II, 12).

Ademais, o redator dos *Exercícios* não propõe nenhuma controvérsia, nenhuma parábola, como as "da ovelha perdida, da dracma perdida e do filho pródigo" (VC II, 7), e nenhuma cura, exceto "a ressurreição de Lázaro" (EE 285; VC II, 17). No entanto, a abordagem da hora pascal conduz Inácio a levar em conta "o derramamento de um perfume sobre a cabeça de Jesus" (EE 286; VC II, 25) e a entrada em Jerusalém, que em Inácio conclui o 12º dia dessa segunda semana-*tipo*. Nem as lágrimas do Senhor sobre Jerusalém (VC II, 28), nem as ásperas controvérsias suscitadas nessa hora, nem as ameaças de julgamento que cercam essa entrada (cf. VC II, 30 a 50) são evocadas na *seção sobre os mistérios*. Todas essas constituem perguntas que teremos de resolver posteriormente.

2. As três vias de Cisneros e as quatro semanas de Inácio

a. O autor do *Exercitatorio de la vida espiritual* anuncia desde o "Prólogo" a matéria das três primeiras partes de sua explanação e as obras que o inspiraram. Tratar-se-á de versar sobre as "três vias: purgativa, iluminativa e unitiva". Estas não serão apenas abordadas como doutrina do âmbito da teoria mística de Dionísio Areopagita, mas sobretudo como prática que suscita a cada etapa perguntas sobre "a necessidade de alcançá-las, sobre os frutos esperados e as condições concretas de realização delas, mediante o afastamento dos impedimentos que entravam sua progressão". O "Prólogo" especifica também que essas três vias correspondem a três formas determinadas de exercícios: a meditação, a oração e a contemplação[18], e que cada qual correspondem ao desdobramento da fé, da esperança e da caridade, de acordo com a doutrina enunciada por Jean Gerson na obra *A montanha da contemplação*, em que também o grande chanceler da Universidade de Paris (1395-1415) propõe que essas três vias sejam interpretadas em referência às três virtudes teologais: a fé sendo exercida pela via purgativa como princípio, a esperança na via iluminativa como meio, e a caridade na via unitiva como fim[19]. Não demonstraremos a que ponto Cisneros se inspira em Jean Gerson, especialmente quando aborda a prática

---

18. Cisneros se inspira aqui no prólogo de *De triplici via*, assinado por Boaventura.

19. MARC VIAL, *Jean Gerson, théoricien de la théologie mystique*, Paris, Vrin, 2006. La montagne de la contemplation, em JEAN GERSON, *Initiation à la vie mystique*, com apresentação e prefácio de P. Pascal, cap. 43: Gravir la montagne de la contemplation par les étapes de la Foi, de l'Espérance et de la Charité, col. Arcades nº 277, Paris, Gallimard, 1943, 104-107. [N. da T.: A tradução do trecho a seguir se baseia no francês original dos séculos XIV e XV, citado na obra, porém adaptado aqui ao português atual]: "Imaginemos um grande mar muito perigoso, onde vão e vêm diversos tipos de gente e diversas naves, para tender finalmente a um porto; e como a maior parte dessas naves perece de muitas formas, pelos grandes perigos e tempestades que aí existem. Na margem desse mar se eleva uma rocha muito alta, onde se está em segurança, quem aí estiver, e da qual se pode ver o que se faz nesse grande mar, sem perigo próprio. Nessa rocha há três andares ou tabernáculos. Um embaixo, o outro no meio, e outro na ponta. No primeiro imaginamos que a Fé esteja alojada; no segundo, a Esperança; no terceiro, a Caridade. / Quando a pessoa está no primeiro andar, embaixo, **Fé** lhe demonstra os horríveis perigos do mar quanto à alma, e por isso a pessoa concebe grande medo. Ali vê os julgamentos do Deus maravilhoso contra os pecadores, os quais balança no abismo desse mar em perdurável danação sem remédio. E aqui a devota pessoa pode em fé certeira pôr diante de si tudo o que leva a geração em si de santo medo e temor dos julgamentos secretos de Deus: como são a fragilidade e a mutabilidade e a brevidade da vida mortal, a incerteza da morte, o horror da danação, a multidão dos danados, seus próprios pecados e defeitos do tempo passado e cada dia, como também Jesus Cristo e todos os santos em aflição e em tribulação. Deve-se ter por certo que ainda mais o terão os maus condenados. E quanto a isso, seja quem for a pessoa, boa ou má, deve esperar ter tribulação cedo ou tarde. / No segundo andar ou tabernáculo ou casa, mora **Esperança**, que concede confiança à pessoa devota, a fim de que, por medo demasiado grande, ela não se desesperance nem se perca. E aqui se deve considerar tudo o que faz ter boa esperança na bondade de Deus. Pois assim ela nos ordena a fazer. E aqui poremos à frente a misericórdia dos santos e santas e os bens que Deus nos fez sem nossos méritos, e em especial a grande dignação e misericórdia da Paixão de Jesus Cristo e a graça que Deus fez subitamente ao pecador. Aqui retomará um pouco sua coragem e se deportará de um tabernáculo a outro, para mesclar medo e humildade com boa esperança. Pois um sem o outro não se basta não. / No terceiro andar, onde mora **Caridade**, a alma devota considerará a grandeza de seu Senhor e como amá-lo, valorizá-lo, louvá-lo; como, por pura bondade, ele governa tudo e sustenta tudo o que ele criou do nada. E do mesmo modo as nobres condições sem número e a glória que ele concede a seus amigos. Santo Agostinho ensinava a conhecer Deus por si, elevando seu pensamento sobre a terra, sobre o céu, sobre a própria alma e sobre toda coisa criada. Então, num momento de súbito trespassamento, à semelhança da dispersão das nuvens, a alma atinge o que é de Deus, e logo decai. Aqui, contudo, não convém em absoluto ser demasiado curioso, nem se demorar demais. Basta-vos conhecer Deus no paraíso, e quanto ao mundo, deve bastar que creiais nele e saibais que é vosso criador, fator e redentor: e assim tais dignidades que vossa fé vos ensina, sem que queirais saber algo, é em sua natureza por visão clara (etc.)".

dessas três vias em sua correspondência com o itinerário espiritual dos "iniciantes", dos "proficientes" e dos "perfeitos"[20].

Assinalemos ainda que, ao descrever a primeira via, Cisneros propõe uma série de "meditações" que se desdobram ao longo de uma "semana inteira" (caps. 12 a 18). Essa proposta volta a aparecer na segunda e na terceira parte, de maneira menos detalhada, em oito dias (caps. 23 e 27). Por outro lado, se é verdade que essas três partes são ilustradas por inúmeras referências escriturísticas, Cisneros considera que a oração do Pai nosso ensinada pelo próprio Jesus merece ser comentada *in extenso* na seção dedicada à via iluminativa.

Por fim, a quarta e última parte do *Exercitatorio*, intitulada "vida contemplativa", proporá que se contemplem "a vida e a paixão" de Nosso Senhor. Essa última seção começa por explorar certo número de questões relativas a essa vida contemplativa. Os primeiros capítulos, de 31 a 33, afirmam que o dom "da sabedoria" deve inspirar essa contemplação para além do dom de "ciência". Assinalemos também "que o amor divino é o princípio e o fim da contemplação" (caps. 36 a 38), o que pressupõe que "a vida contemplativa" esteja inserida na terceira via "unitiva", pois ultrapassa a vida ativa (cap. 43). Depois de haver evidenciado a contemplação própria de Bernardo de Claraval (cap. 47), por fim nosso autor aborda a questão dos tipos (*species*) e da matéria (*materia*) dessa contemplação (cap. 48[21]), e mais precisamente "das três maneiras de ter acesso à vida e à paixão do Senhor"[22]. Enquanto Ricardo de São Vítor caracterizou essas três vias em referência à transformação do espírito humano — "*mentis dilatatio, mentis sublevatio et mentis alienatio*" —, Cisneros prefere justificar essa progressão adotando a cristologia agostiniana (cap. 49). A partir daí, a primeira contemplação — mais afetiva e cordial, porém ainda mesclada de afeição carnal — ater-se-á à contemplação das curas e dos milagres de Jesus, para que haja crescimento no amor à *humanidade* de Cristo. A segunda focalizará a própria pessoa de Cristo, unindo nele sua *divindade* e sua *humanidade*. A terceira contemplará Cristo Deus "*per speculum et enigmate*", enquanto não se chega à visão da essência divina. Por que os *Exercícios* inacianos não seguirão essa via agostiniana?

Segue-se uma série de dez capítulos, de 50 a 60, que percorrem em detalhes os mistérios de Cristo: as profecias e as figuras da Encarnação, a anunciação e a vida de Cristo (50-53), a Ceia como instituição da Eucaristia e disposição de comungar (54-55) e, por fim, a Paixão. Esse mistério é abordado como algo que "contém toda perfeição possível que o homem possa receber nesta vida" (56). A justificação dessa asserção já não é afiançada pela autoridade deste ou daquele teólogo, mas por um florilégio de uma dúzia de citações escriturísticas[23], como se a vontade de Cisneros fosse verificar por si mesmo a

---

20. Aqui se fará referência às notas propostas por C. Barraut na edição crítica publicada em Montserrat em 1965.

21. C. BARRAUT, 319 e 321, indica que esse capítulo é particularmente inspirado por JEAN GERSON, *De monte contemplationis*, cap. 38, e por *De modo contemplandi, quam beatus Bernardus tenuit in principio*, 572-573.

22. "*Cómo el contemplativo ha de subir en su contemplación en tres maneras, según la vida y la passion del Señor.*"

23. Cisneros se refere principalmente a 1 Coríntios 2,2; Filipenses 2,8; João 15,13.

pertinência dessa tese. Nosso autor distingue, depois, as seis maneiras de considerar esse mistério, tendo em vista os frutos que se podem extrair dele (57):

> 1º *imitatio ad purgendam et inflammandam mentem*; 2º *compassio ad unionem et amorem*; 3º *admiration ad mentis elevationem*; 4º *gaudium et exultatio ad cordis dilatationem*; 5º *resolutio ad perfectam confirmationem*; 6º *quies ad devotionis conservationem*[24].

Imediatamente depois, Cisneros organiza a abordagem de cada um dos mistérios da Paixão, considerando primeiro o fato (*factum*) tal como se oferece ao olhar exterior, depois os gestos e as palavras de humildade prodigalizadas pelo Jesus sofrente (*modum*), e finalmente a causa (*causa*) pelas quais o Senhor sofreu por mim: "minha redenção, iluminação, justificação e glorificação" (cap. 58)[25]. Do recorte das cenas da Paixão em seis seções, selecionaremos apenas a última. Esta se inspira diretamente nos capítulos 5 a 7 do Apocalipse, em que "o Cordeiro de pé, que parecia imolado, é julgado digno de receber o Livro e de romper os sete selos". Cisneros decifra cada um desses selos em referência aos frutos diversos da Paixão (ibid., 58). Tais contemplações se concluem com uma longa exortação "a guardar na memória a Paixão do Senhor, a fim de que o fervor do contemplativo não se apague, considerando que ela foi a mais ignominiosa, a mais cruel, a mais universal e a mais contínua" (59).

Alcançada essa visão, pode-se indagar se ainda é necessário ou útil para o Cartuxo, consagrado à reclusão, contemplar as narrativas evangélicas das aparições do Senhor ressuscitado, visto que o Cordeiro imolado já foi contemplado em sua glória definitiva. Consequentemente, Cisneros dedica apenas um único capítulo (60) à "ressurreição, à Ascensão e ao envio do Espírito Santo", contando muito sobriamente cada um desses mistérios, desde "a descida aos Infernos da alma bem-aventurada", sem omitir o fato de que "ele apareceu em primeiro lugar à sua dulcíssima mãe"[26]. Em suma, tudo se passa como se tais mistérios, ainda que essenciais à consumação do testemunho evangélico e ao fundamento da fé cristã (cf. 1Cor 15), não merecessem que os examinássemos mais que isso, nem que fosse para extrair frutos particulares que deles se podem tirar[27]! Interrompemos aqui nossa análise do *Exercitatorio*, assinalando apenas que os últimos capítulos, 61 a 69, exortarão à perseverança, de acordo com Romanos 5,4.

b. Nossa apreciação crítica de Cisneros assinalará dois pontos fundamentais. Primeiramente: o *Exercitatorio* é construído de maneira tal que, em suas três primeiras partes,

---

24. Essa "resolução" designa a conversão e a transformação de todo homem pelo Cristo Redentor, "de modo que esse homem já não veja e não sinta nada senão o Cristo crucificado, renegado, desonrado e sofrendo por nós".

25. É possível que Inácio se tenha inspirado nessas maneiras de aprofundar o mistério contemplado, por exemplo na apresentação em três pontos da Ceia em EE 289, como verificaremos posteriormente.

26. A nota de C. BARRAUT, p. 404, remete aqui a G. ZUTPHEN, *De spiritualibus ascensionis*, cap. 39: De resurrectione dominica; cap. 40: De gloriosa ascensione Christi; cap. 41: De missione Santi Spiritus, 275.

27. O ciclo da Paixão abrange 42 páginas, enquanto o que se estende da Ressurreição a Pentecostes se condensa em 4 páginas.

a compreensão teórica e prática das vias purgativa, iluminativa e unitiva, tão ricamente explorada pela Tradição viva da Igreja, predetermina e comanda a interpretação dos mistérios de Cristo cuja contemplação é adiada para a *quarta parte* em referência direta à Escritura. Daí resulta que o enraizamento na letra do Evangelho, a qual à sua maneira tece caminhos de progresso espiritual ao longo da leitura contínua de cada corpus escriturístico, não parece ser respeitada: "*Littera gesta docet*"[28].

Em segundo lugar: os mistérios da Paixão são compreendidos como o ponto culminante da revelação do Amor de Deus pelos homens, postulando em retorno que o homem se torne apto a sacrificar-se a si mesmo por amor a Cristo. Essa é a razão principal por que a revelação do Crucificado como atestação do Amor supremo do Pai convoca sem tardar o contemplativo a entrar na nuvem da divindade, que é essencialmente "o Amor". Temos a partir daí o direito de nos perguntar se tal concentração respeita as menções do "com muito maior razão", que faz com que a retórica paulina da Paixão se repercuta na Ressurreição, por exemplo, em Romanos 5,10: "Com efeito, se quando éramos inimigos de Deus, fomos reconciliados com ele pela morte do seu Filho, com muito maior razão [*pollo mallon*], reconciliados, seremos salvos por sua vida".

Quem estuda os *Exercícios* espirituais de Inácio de Loyola sem ser informado do meio cultural e espiritual em que se originaram julgará provavelmente que a passagem da *terceira* à *quarta semana* inaciana outra coisa não faz senão respeitar banalmente a leitura contínua dos testemunhos evangélicos, passando da morte à ressurreição de Cristo. No entanto, em comparação com as correntes espirituais tão influentes na Castela do século XVI, das quais Cisneros foi uma ilustre testemunha, o fato de que tais *Exercícios* prolonguem a *terceira semana*, centrada na Paixão, com uma *quarta* que convida a contemplar quatorze "aparições" de Cristo, simbolizando o ponto culminante de todos os *Exercícios*, constitui historicamente uma das originalidades mais marcantes e mais decisivas dos *Exercícios* inacianos.

---

28. Essa crítica que visa à versão integral do *Exercitatorio* se aplica igualmente a seu *Compendio breve*, na medida em que este último segue o mesmo plano geral da versão integral, como o indica o paralelo estabelecido entre ambos os textos por J. MELLONI RIBAS, Las influencias cisnerianas de los Ejercicios, 361.

Capítulo II

A CRISTOLOGIA TOMASIANA E A INACIANA

Ao longo de nossas análises dos mistérios da vida de Cristo apresentados pelos *Exercícios* inacianos, com frequência confrontaremos suas implicações cristológicas com a cristologia sistemática elaborada por Tomás de Aquino na IIIa Pars de sua *Suma Teológica*. Parece-nos útil, portanto, apresentar globalmente essa cristologia tomasiana desde a introdução.

A. O DESDOBRAMENTO DA CRISTOLOGIA TOMASIANA

1. Tomás de Aquino se mostra pioneiro ao prolongar seu tratado de teologia destinado a demonstrar a coerência dos dogmas relativos à identidade de nosso Salvador, verdadeiro Deus e verdadeiro homem (*S. T.*, IIIa, qu. 1 a 26), com um tratado de cristologia inteiramente novo, adotando desta vez a *ordem histórica* dos *mistérios* de sua vida desde sua concepção até sua investidura como juiz universal: IIIa, qu. 27 a 59: "*de acta et passa Christi*"[1].

Uma vontade assim de ir ao encontro da história de Cristo não ocorre na *Suma Teológica* antes da terceira e última seção, ela própria predeterminada racional e espiritualmente pelas duas primeiras. No Aquinense, a concepção da história é sempre filtrada por leis de "conveniência" ou de "necessidade" impostas, por um lado, pela metafísica da criação e, por outro, pela história da salvação, que confirma essa Lei de identificação da Origem e do Fim divinos, de modo que a história proceda de Deus para retornar a ele graças ao conhecimento e ao amor de Deus insuflado pelo Espírito[2]. Consequentemente, Deus é a Causa eficiente de toda a criação, na qual imprime sua orientação para seu

---

1. Inos Biffi, *I misteri della vita di Cristo in San Tommaso d'Aquino: sistemazione teologica e dottrina nelle opere precedenti la "Summa Theologiae"*, Pontificia Facoltà Teologica di Milano, 1971, XXIX e 649 p. e Tomás de Aquino, *le Verbe incarné en ses mystères*, *S. T.*, IIIa, qu. 27 a 59, t. 1 a 4, por J.-P. Torrell, Paris, Cerf, 2003-2005. De modo complementar, pode-se consultar nossa tese de doutorado apresentada na Universidade Gregoriana em 1983: René Lafontaine, *Les Mystères de l'exaltation du Christ: sa résurrection, son ascension, son exaltation à la droite du Père et son pouvoir judiciaire chez Thomas d'Aquin*.

2. Cf. Max Seckler, *Le salut et l'histoire, La pensée de saint Thomas d'Aquin sur la théologie de l'histoire*, col. Cogitatio fidei nº 21, Paris, Cerf, 1967, 256 p.

Fim divino, de modo que o homem seja convidado a consentir nisso livremente. Toda a antropologia natural e espiritual da imensa Secunda Pars da *Suma Teológica* repousa, a partir daí, nesse fundamento segundo o qual o ser humano é criado à imagem de Deus "na medida em que é senhor de seus atos" (*S. T.*, Ia-IIae, Prologus). Nessa perspectiva, o homem engaja sua responsabilidade pessoalmente inamissível quando se tratar de reconhecer que Jesus Cristo recapitula até em sua carne toda a história da salvação, a fim de que possa ser identificado, nem mais nem menos, "como *o melhor meio* de alcançar a salvação" (*S. T.*, IIIa, qu. 1, a. 2, resp.).

2. Mesmo que o círculo da origem e do fim de todas as coisas se encontre assim fechado desde a Secunda Pars dessa *Suma*, a cristologia que inaugura a IIIa Pars não se apresenta, a nosso ver, como "uma peça acrescentada" (M.-D. Chenu), e até supérflua, mas como uma demonstração recapitulativa daquilo que é o verdadeiro Deus que se tornou Homem de verdade, atestando-se como "o Caminho que, por sua humanidade, conduz à *Verdade* a à *Vida* que ele é em sua divindade" em sua própria carne (cf. Jo 14,6 e *S. T.*, IIIa, Prólogo).

A totalidade da Salvação realizada por "nosso Salvador" passa, portanto, pela mediação de sua *humanidade* que se tornou o *organon* (João Damasceno) ou *instrumentum* privilegiado de sua divindade[3]. A última questão 26 do primeiro tratado de cristologia confirma essa doutrina: Cristo é "o Mediador" *entre* Deus e a humanidade pecadora naquele lugar de *intersecção* onde se encontra sua humanidade "plena de graça e de verdade". Em termos de "operação", isso significa que nosso Salvador exerce seu sacerdócio oferecendo à humanidade, da parte de Deus, todos os dons próprios da Salvação e que, em retorno, ele se oferece a si mesmo a Deus em nome de todos os homens. Sob esse aspecto, toda a contemplação inaciana da vida de Cristo se situa na exata trajetória dessa cristologia tradicional, ainda que a ordem em que se apresenta nos *Exercícios* se encontre radicalmente invertida em relação à da *Suma teológica*.

3. Em Tomás de Aquino, o primeiro tratado de cristologia não se distingue do segundo como a identidade do *ser* de "Deus encarnado" se distinguiria de seu *agir* histórico. Mais sutilmente, o primeiro discurso já contém todas as "operações" teândricas que constituem a identidade permanente do Filho de Deus que se tornou homem e que, a partir daí, abrangem a totalidade de sua vida[4]. Sendo assim, o segundo tratado será reservado a esses *acta et passa* e devidamente circunscrito a determinado momento e a determinado espaço de sua vida, de tal modo que a "exemplaridade" deles surja do próprio curso de sua história.

Esse segundo tratado é organizado em quatro partes. I: *a entrada do Filho de Deus no mundo*, a saber, sua concepção, nativiade, circuncisão e seu batismo. II: *o desenrolar de sua vida no mundo*, abarcando seu estilo de vida, suas tentações, seu ensinamento

---

3. Tomás assinala, no entanto, que o mistério de Cristo em estado de morte, *in facto esse*, bem como sua descida aos Infernos, já não têm outra causalidade senão a eficiente, atribuída somente a Deus, segundo *S. T.*, IIIa, qu. 50, a. 6.

4. *S. T.*, IIIa, qu. 16 a 26.

e milagres, entre os quais sua transfiguração ocupa um lugar central. III: *sua saída do mundo*, incluindo sua paixão, sua morte, seu sepultamento e sua descida aos infernos. IV: *sua exaltação após sua vida no mundo*, abarcando sua ressurreição, sua ascensão, o assentamento à direita do Pai e seu poder judiciário[5].

Segue-se que certos mistérios serão analisados nos dois tratados; assim, "a missão *sacerdotal* de Cristo" inspirou a totalidade da vida do Salvador[6], ao passo que só se consumou "segundo seu modo sacrificial" no momento de sua paixão e de sua morte na cruz. Sua morte demonstra sua eficiência salvífica, porque nessa hora Cristo recapitulou em sua pessoa encarnada os quatro tipos de relações envolvidas em todo sacrifício perfeito: "aquele a quem oferecemos, quem oferece, o que é oferecido e os que se beneficiam com o oferecimento"[7].

B. O CRISTO *COMPREHENSOR* E *VIATOR*

Tomás de Aquino insere na missão sacerdotal do Mediador duas condições que conciliam seu conhecimento privilegiado de Deus com seu conhecimento induzido da experiência humana, sempre submetida à imprevisibilidade dos acontecimentos e dos encontros.

Para poder guiar os homens para seu fim supremo, que é a visão beatífica de Deus, ele devia dispor previamente de um conhecimento teórico e existencial, luminoso e beatificante em sua alma superior: "Trata-se de um conhecimento imediato da essência divina, no qual a própria essência divina se une à inteligência do bem-aventurado como algo inteligível ao intelecto"[8]. Em Jesus, esse "conhecimento de visão" era tal que jorrava incessantemente até em sua sensibilidade (alma sensitiva), a tal ponto que ele lhe foi concedido desde sua concepção! A esse respeito, o doutor comum jamais se perguntou o que essa tese podia significar no nível da psicologia de um embrião humano, de modo que esse posicionamento revela o caráter dedutivo de uma psicologia racional que busca antes de tudo acentuar a excepcional intimidade humana do "Filho do homem", que é, em pessoa, "o Filho de Deus". Tal conhecimento é qualificado de compreensivo: *Christus est comprehensor*.

Por outro lado, a fim de poder oferecer-se a Deus em nome dos homens, era preciso que nosso Sumo Sacerdote e Salvador assumisse realmente as fraquezas inerentes à condição humana, expondo-se a um conhecimento adquirido experimentalmente[9], e acima de tudo a um sofrimento suportado ao extremo[10]. A partir daí, ao longo de toda a sua

---

5. *S. T.*, IIIa, ver os *prólogos* de qu. 27, 40, 46 e 53.
6. O sacerdócio de Cristo está inserido na seção que trata da "submissão de Cristo a seu Pai" (*S. T.*, IIIa, qu. 20), e a partir daí de sua oração (qu. 21) e de seu sacerdócio (qu. 22).
7. *S. T.*, IIIa, qu. 48, a. 3 citando AGOSTINHO, *De Trinitate*, IV, 14.
8. *S. T.*, IIIa, qu. 9, a. 3, ad 3.
9. *S. T.*, IIIa, qu. 12, a. 1 a 4.
10. *S. T.*, IIIa, qu. 46, a. 5 e 6.

vida terrestre, Cristo Jesus assumiu a condição daquele que caminha: *Christus est viator*[11]. Atribuindo sempre a primazia ao Cristo *comprehensor*, era preciso que, miraculosamente, essa glória bem-aventurada intimamente preservada no santuário de "sua alma superior" até em sua Paixão[12] repercutisse (*non redundaret*) até em sua alma sensitiva, que é a única porta pela qual suas feridas corpóreas o afetaram até a intimidade de sua excepcional sensibilidade humana, e portanto, em certa medida, até o interior do santuário de sua alma superior[13].

Embora formado na escola do doutor comum[14], Karl Rahner, como teólogo jesuíta e especialista em filosofia contemporânea, assumiu um distanciamento crítico em relação a essa cristologia medieval, suspeitando-a de não haver levado suficientemente em consideração o fato de que Deus Filho se viu *modificado* por ocasião de sua Encarnação[15]. Essa é, a seu ver, a razão fundamental pela qual a antropologia crística de Tomás procede "à força de milagres", especialmente quando atribui a Cristo, desde sua concepção, o privilégio de uma visão beatífica "seguramente mitológica". Por consequência, essa cristologia não parece haver admitido que o Filho de Deus tenha verdadeiramente compartilhado a condição humana comum de todo homem, exceto o pecado[16].

De fato, a abordagem tomasiana da identidade do Filho de Deus feito homem privilegia uma compreensão do dogma calcedônio que, mesmo preservando as propriedades específicas das duas naturezas, divina e humana, privilegia uma comunicação dos "idiomas" da natureza divina à natureza humana, mais que o contrário. Por consequência, quando Tomás interpretar os mistérios de Cristo ao longo da história, buscará constantemente preservar a permanência das propriedades de cada uma de suas naturezas possuídas pela Pessoa do Verbo. Essa é também a razão pela qual Tomás de Aquino equilibrou incessantemente testemunhos escriturísticos que abarcam a Paixão e a Exaltação de Cristo, sublinhando, por um lado, as atestações de seu poder divino no cerne de sua paixão e de sua morte e, inversamente, as provas da conservação de seu corpo real, mas glorificado em sua Ressurreição, a fim de que cada um desses mistérios ateste a identidade permanente do "Deus encarnado", não obstante a heterogeneidade deles.

---

11. *S. T.*, IIIa, qu. 15, a. 10: *Ultrum Christus fuerit simul viator et comprehensor?*
12. *S. T.*, IIIa, qu. 46, a. 8.
13. *S. T.*, IIIa, qu. 46, a. 6 e 7.
14. Karl Rahner, *Hörer des Wortes, zur Grundlegung einer Religionsphilosophie*, 1939; *L'homme à l'écoute du Verbe*, Paris, Mame, 1968 e *Geist im Welt*, 1957; *L'Esprit dans le monde, La métaphysique de la connaissance finie chez saint Thomas d'Aquin*, Paris, Mame, 1967.
15. Cf. *S. T.*, IIIa, qu. 1, ad. 1: "*Incarnationis mysterium non est impletum per hoc quod Deus sit aliquo modo a suo statu immutatus in quo ab aeterno non fuit: sed per hoc quod novo modo creaturae se univit, vel potius eam sibi. Est autem conveniens ut creatura, quae secundum rationem sui mutabilis est, non semper eodem modo se habeat. Et ideo, sicut creatura, cum prius non esset, in esse producta est, convenienter, cum prius non esset unita Deo, postmodum fuit ei unita.*"
16. *Écrits théologiques I*, Problèmes actuels de christologie, II: Analyse conceptuelle de la définition de Chalcédoine: unité et dualité, 141-161 e *Écrits théologiques III*, Réflexions théologiques sur l'Incarnation, 79-102.

Ao longo de nossa pesquisa, compassada pelo desdobramento das *quatro semanas* dos *Exercícios*, teremos a ocasião de verificar em que medida a cristologia dos *Exercícios* ratifica ou contesta a da *Suma*. A extrema oposição de gênero literário entre essas duas obras não entrava essa investigação, visto que Jean-Pierre Torrell demonstrou que Tomás de Aquino se revelou como "um mestre espiritual"[17], enquanto Hugo Rahner lançou a hipótese de uma compreensão cristológica dos *Exercícios* inacianos mais "escotista" que "tomista"[18].

---

17. JEAN-PIERRE TORRELL, *Saint Thomas d'Aquin maître spirituel*, col. Vestigia n° 19, Paris/Fribourg, Cerf, 2002.

18. HUGO RAHNER, *Ignatius von Loyola als Mensch und Theologe*, cap. 13: Die Christologie der Exerzitien, 251-311.

Capítulo III

OS PRIMEIROS PRESSUPOSTOS DA ANTROPOLOGIA INACIANA

Antes de abordar a sequência das *quatro semanas*, trataremos dos fundamentos da antropologia dos *Exercícios*, a fim de circunscrever a originalidade deles. Tal iniciativa tornou-se possível depois que certo número de comentadores contemporâneos analisaram os textos que estabelecem o procedimento dos *Exercícios*. Assim é que, depois de haver destacado a originalidade das "Anotações" (EE 1-20), abordaremos em primeiro lugar o "Princípio e Fundamento" (EE 23), visto que já analisamos o *presupponendum* favorável (EE 22) que regula o diálogo entre quem dá e quem recebe os *Exercícios*[1]. Depois, analisaremos o "pressuposto inaciano" dos três tipos de pensamentos (EE 32), que asseguram os dois tipos de exame de consciência, cotidiano (EE 43) e geral (EE 33-42).

A. O "PRINCÍPIO E FUNDAMENTO" (EE 23)

Eis o texto traduzido literalmente da versão *Autógrafa*. A subdivisão bipartite é a de Albert Chapelle, confirmada por Santiago Arzubialde[2].

I	(a)	O ser humano é criado para louvar, reverenciar e servir a Deus nosso Senhor e, assim, salvar-se;
	(b)	As outras coisas sobre a face da terra são criadas para o ser humano e para o ajudarem a atingir o fim para o qual é criado.
	(c)	Daí se segue que ele deve usar das coisas tanto quanto o ajudam para atingir o seu fim, e deve privar-se delas tanto quanto o impedem.

---

1. Cf. pp. 46-47.
2. O Dir1599, nº 104, hesita entre três e quatro partes: "Pode-se dividir essa consideração em três partes. A primeira: fim para o qual o homem foi criado; a segunda: meios de alcançar esse fim; a terceira: dificuldade de escolher um meio em vez de outro, dada a ignorância em que estamos daquilo que pode nos ser mais útil para alcançar esse fim; todo erro na escolha do meio só pode ser nocivo e perigoso, daí uma quarta parte para que o homem se estabeleça na indiferença absoluta e num estado de equilíbrio".

> II (a) Por isso, é necessário fazer-nos indiferentes
> a todas as coisas criadas,
> em tudo o que é permitido à nossa livre vontade
> e não lhe é proibido.
> (b) De tal maneira que, da nossa parte, não queiramos
> mais saúde que enfermidade,
> riqueza que pobreza,
> honra que desonra,
> vida longa que vida breve,
> e assim por diante em tudo o mais,
> (c) desejando e escolhendo somente
> aquilo que mais nos conduz ao fim para o qual fomos criados[3].

Abordaremos esse texto célebre do ponto de vista de seu sentido e de seu uso, salientando sua originalidade[4]. A fim de garantir a clareza pedagógica da explanação, assinalemos imediatamente algumas questões suscitadas por essa consideração do ponto de vista de seu estatuto epistemológico e da articulação de suas duas partes.

1. As perguntas suscitadas pelo texto

Em primeiro lugar: Todas as versões dos *Exercícios* adotam o título "Princípio e Fundamento", enquanto o *Diretório de 1599* fala "da consideração do fim último ou Funda-

---

3. EE 23, versão autógrafa: "El hombre es criado para alabar, hazer reverencia y servir a Dios nuestro Señor y, mediante esto, salbar su ânima; y las otras cosas sobre la haz de la tierra son criadas para el hombre, y para que le ayuden en la prosecución del fin para que es criado. De donde se signe, que el hombre tanto a de usar dellas, quanto ayudan para su fin, y tanto deve quitarse dellas, quanto para ello le impiden. Por lo qual es menester hazernos indiferentes a todas las cosas criadas, en todo lo que es concedido a la libertad de nosso libre albedrio, y no le está prohibido; en tal manera, que no queramos de nuestra parte más salud que enfermedad, riqueza que pobreza, honor que desonor, vida larga que corta, y por consiguiente en todo los demás; solamente deseando y eligiendo lo que más nos conduçe para el fin que somos criados".

4. Quanto à análise do "Princípio e Fundamento", referir-nos-emos principalmente à análise de Gaston Fessard, *La dialectique des Exercices spirituels de saint Ignace de Loyola*, II, Paris, Aubier, 1966, 13-45, que inspirou o Pe. Albert Chapelle, *Les Exercices spirituels de saint Ignace, Un commentaire littéral et théologique*, 59-68. A outra interpretação especulativa vem de Erich Przywara, *Deus semper maior*, I, 1964, 45-118. Respeitaremos também a leitura proposta por grandes especialistas nos *Exercícios*: Hugo Rahner, *Ignatius von Loyola als Mensch un Theologe*, Zur Christologie der Ersten Woche: *Das Fundament*, 257-261. Id., Zur Christologie des Exerzitien des Hl. Ignatius, em *Geist und Leben*, 1962, 27-39. Maurice Giuliani, *L'accueil du temps qui vient*, cap. 5: Respect de Dieu et indifférence, Paris, Bayard, 2003, 73-83. S. Arzubialde, *Princípio y Fundamento*, em *Ejercicios Espirituales de S. Ignacio, Historia y Análisis*, 71-83. E. Royon Lara, Antropologia cristocéntrica del principio y fundamento, em *Manr* 39 (1967) 349-354. Jean Levie, La méditation fondamentale des Exercices de saint Ignace à la lumière de saint Paul, *NRT* 75 (1953) 815-827. Gilles Cusson, *Pédagogie de l'expérience spirituelle personnelle*, Paris/Montréal, DDB-Bellarmin, 1968. Assinalemos, por fim, que, no tempo de Inácio, Jerônimo Nadal assumiu a defesa do "Fundamento" em páginas tão vivas quanto pertinentes: MHSI, *Epistolae P. H. Nadal*, IV, 1905, 826-840.

mento. Tal consideração é chamada 'Fundamento', por ser a base de todo o edifício moral e espiritual"[5].

Em segundo lugar: O estilo argumentativo e imperativo desse texto é garantido pela autoridade exclusiva da razão, segundo a autonomia que lhe atribui a teologia cristã comum, ou será preciso admitir que ele é animado por um sopro espiritual particularmente original, não obstante a seca formalidade racional de seu estilo? Assim, a expressão "Deus *nosso* Senhor" [I (a)] pode designar seja a obrigação inserida na consciência de todo homem de reconhecer o Senhorio exercido diretamente sobre ele por Deus Criador (cf. Rm 1,19-20), seja o primeiro artigo do Credo, confirmado pela confissão de Jesus Cristo como "Primogênito de toda criatura, pois nele tudo foi criado..." (cf. Cl 1,15). Esse desdobramento de interpretação foi reavivado no início do século XX pela problemática da distinção entre o "natural" e o "sobrenatural"[6]. Em todo caso, o "Princípio e Fundamento" não se refere explicitamente à autoridade do Evangelho do Cristo Jesus, embora a suspensão do querer em relação à "riqueza mais que a pobreza", à "honra mais que a desonra" pertença antes ao âmbito dos "conselhos evangélicos", mais que ao da obediência aos mandamentos (cf. Lc 12,33-34), ou seja, ao da "Bandeira do soberano e verdadeiro Capitão, Cristo nosso Senhor" (EE 146), e ao do terceiro grau de humildade (EE 167), que o Diretório inaciano assimilou ao terceiro grau de indiferença[7].

Em terceiro lugar: Essa mesma questão da relação de exclusão ou de inclusão da razão e da fé envolve a compreensão da continuidade lógica entre a primeira e a segunda parte do próprio texto. De fato, essa primeira parte, enunciada sob a forma de um silogismo rigoroso, deduz um princípio geral de moral de uma metafísica natural da criação, ao passo que a segunda parte parece extrapolar esse âmbito racional, induzindo um imperativo propriamente evangélico. Supondo que a relação entre razão e fé corresponda à relação entre a primeira e a segunda parte, seria preciso ainda justificar por que e como II (a) começa com *Por lo qual*: "Por isso". Será que a razão pode ter a pretensão de impor à vida espiritual sua conversão mais decisiva?

Em quarto lugar: II (a) se abre com esta injunção: "Por isso é necessário fazer-nos indiferentes a todas as coisas criadas". Enquanto o discurso escolástico e tomasiano sempre compreendeu a *indiferentia* e seus derivados no sentido filosófico da negação de uma

---

5. Dir1599, nº 103 e 104 a 109, tradução francesa de É. Gueydan, 45-46.

6. No início do século XX, tal problemática foi reavivada em 1925, e explanada em *Manr* 4: *"El Princípio y Fundamento", Por Razon o por Fe?* De fato, nessa época o Pe. BOUVIER, autor de *L'interprétation authentique de la Méditation fondamentale*, 1925, 77, escreveu: "Antes de recorrer às luzes da fé, em toda a sequência dos Exercícios, Santo Inácio se dirige primeiramente à razão. Estabelece os princípios que ela é suficiente para estabelecer, depois tira as conclusões que daí decorrem para quem quer a perfeição... O Fundamento não pressupõe, por consequência, nem nossa elevação à ordem sobrenatural, nem a degradação e a desordem que são os desdobramentos da queda original, nem as lições, os exemplos e o sacrifício de Jesus Cristo". Essa opinião foi rapidamente contestada por inúmeros intérpretes, entre os quais o Pe. Bover, segundo G. FESSARD, *La dialectique des Exercices spirituels*, II, 35-45.

7. F. SUÁREZ, (*Opera omnia*, t. XVI bis, IX: De religione Societatis Iesu, cap. 5, nºs 11 e 12: *Quartum dubium*, 1021) já havia formulado nitidamente essa questão da extensão da indiferença às matérias que já não pertencem ao âmbito dos "mandamentos", e sim ao dos "conselhos evangélicos".

distinção que suprimiria uma diferença sob todo tipo de aspectos[8], Inácio atribui a esse termo um alcance espiritual central na "preparação da eleição". Será possível, a partir de agora, especificar-lhe a dimensão e o alcance, de modo que possamos captar a verdadeira originalidade dessa segunda parte? II (b) abarca igualmente outras expressões tipicamente inacianas, tal como este aparente pleonasmo relativo ao assunto formal das restrições impostas pela moral à indiferença: "a liberdade de nosso livre-arbítrio". Por fim, em II (c) assinalaremos a associação dos verbos desejar e escolher, cuja significação deve ser diferenciada, bem como o advérbio mais (*más*), que expressa o dinamismo quase ilimitado de uma espiritualidade cuja marca é o "*Ad maiorem Dei gloriam*".

Em quinto lugar: Essa exigência para que "nos tornemos indiferentes" diz respeito a "todas as coisas criadas", ao passo que o sujeito singular ou plural que deve submeter-se a essa exigência é abordado igualmente em referência a seu ser criado e ao fim que enraíza sua finalidade sempre em sua criação: "o ser humano é *criado para*". Essa temática da criação engloba e emoldura a totalidade do texto, como o atesta a inclusão final: "aquilo que mais nos conduz ao fim para o qual somos *criados*". Por outro lado, quando nos referimos ao primeiro mistério, tratado na segunda semana, será claramente notificado que o motivo da Encarnação é a redenção (EE 107: "Façamos a redenção do gênero humano", dizem as Pessoas divinas). A partir daí o texto que percorreremos implica certa compreensão da relação entre o mistério da Criação e o da Redenção, tais como se entrelaçam na Encarnação. Depois de haver assim balizado o texto, tentaremos percorrê-lo honrando principalmente o questionamento já salientado e respeitando seu plano.

2. A análise regular

I (a) trata no presente da dinâmica impressa no homem por sua criação, na medida em que esta tem por finalidade os atos de louvor, respeito e serviço a Deus nosso Senhor. O autor não se demora, portanto, no modo de criação do homem originado de Deus, mas exclusivamente no termo único e último de seu destino, que impõe à criatura racional e espiritual a urgência de se conformar a ele desde já[9].

Já a propósito disso, os grandes comentários de Przywara e de Fessard revelam a divergência de suas respectivas intenções. O primeiro pretende desdobrar a extrema riqueza e coerência teológica dessas breves proposições inacianas, mostrando que encerram

---

8. No plano da ciência moral, ver em especial *De veritate*, qu. 17, a. 4 e 5 e qu. 24, a. 2 e a. 7; *De Malo*, qu. 2, a. 4 e a.5; *S. T.*, Ia-IIae, qu. 18, a. 8 e a. 9.

9. Cf. Dir1599, nº 107, tradução francesa de É. Gueydan, 45-46: "Tais considerações tendem menos a fomentar em nós a gratidão, fruto da visão das dádivas de Deus, que a convencer-nos (e esse é o objetivo do fundamento) de que todos esses dons nos foram feitos por Deus para que alcancemos nosso fim derradeiro. Eis por que nessa meditação o exercitante pode fazer um autoexame e indagar qual foi até ali sua conduta em relação ao fim e aos meios de alcançá-lo, quais foram seus desvios, que abusos cometeu em relação às criaturas que deveriam tê-lo ajudado; estabelecerá, assim, em linhas gerais, uma espécie de fundamento para o conhecimento da desordem de sua vida; retomará depois esse trabalho mais amplo e mais detalhado na meditação sobre os pecados".

toda a *theologia perennis* da Igreja; sua exegese da primeira parte do Fundamento é particularmente impressionante, em especial quando multiplica as harmonias entre "louvar, respeitar e servir" e "crer, esperar, amar"[10]. Já a busca de sentido almejada por G. Fessard pertence a um projeto totalmente distinto: demonstrar a atualidade da hermenêutica inaciana decifrando sua antropologia da liberdade, ritmada pelas quatro semanas, servindo-se para isso dos conceitos próprios da dialética hegeliana, a fim de mostrar que, no fim das contas, os *Exercícios* superam Hegel[11]! Não se trata, portanto, de mostrar a atualidade viva da tradição teológica, mas de detectar os recursos ocultos de sua antropologia. É assim que o Pe. Fessard comentará os três verbos que expressam o fim do homem criado, a saber, *louvar, respeitar* e *servir,* analisando todas as ocorrências desses verbos nos *Exercícios*[12]. Nós nos contentaremos em resumi-los, citando A. Chapelle.

> O louvor expressa um acolhimento pleno de reconhecimento e de admiração pela Glória de Deus. O Louvor se torna possível pelo respeito, que é reconhecimento amoroso de Deus em sua grandeza original de Criador. O louvor se insere, por fim, no serviço: envolver-se numa submissão ativa e inteligente ao desígnio de Deus[13].

---

10. E. Przywara, *Deus semper maior*, I, 49-105.

11. Em *La dialectique des Exercices spirituels*, I, Paris, Aubier, 1956, 367 p., o Pe. Gaston Fessard serviu-se da dialética hegeliana, a fim de demonstrar que os *Exercícios* abriam muito mais que Hegel a perspectiva *anagógica* do desdobramento da liberdade humana. A partir daí o conteúdo das *quatro semanas* inacianas será relido como progressão da liberdade, concebida idealmente como *posição de si para si*. Esse desdobramento da liberdade envolve o arranjo dialético da *posição* ou da *exclusão* do *não-ser* ou do *ser* em cada um desses quatro momentos, estando entendido que a referência central dessa história é a Eleição, a partir da qual são definidos o Antes e o Depois (cf. *La dialectique des Exercices spirituels*, I, cap. II: Avant l'acte de liberté, Position du non-être: première semaine, 45-50). No entanto, embora seja verdade que essa concentração no *conteúdo* a ser contemplado a cada semana evidencie prodigiosamente a especificidade quase exclusiva de cada um desses momentos, essa mesma concentração comporta também o risco de excluir os elementos permanentes e invariantes que atravessam todas essas semanas, em especial a maneira segundo a qual os *Exercícios* recomendam explicitamente que a pessoa se disponha espiritualmente para tais exercícios de oração em referência à retidão teologal da liberdade pressuposta desde o "Princípio e Fundamento" (EE 23) e posta em prática na entrada de cada hora de oração pela *oração preparatória* (EE 46). Fessard responde ao menos parcialmente a essa crítica, desde o início do segundo volume da obra *La dialectique des Exercices spirituels*, em que propõe uma análise pormenorizada de todos os exercícios da primeira semana. Seu comentário do "Princípio e Fundamento" se situa na Primeira parte do segundo volume, 13 a 45. No entanto, nossa observação crítica permanece pertinente, na medida em que o investimento da memória, da inteligência e da vontade nesse mistério de iniquidade pressupõe e implica o dom gracioso da inocência e a vigilância exigida pelos *exames de consciência*. É dado apenas ao santo, portanto, conhecer e experimentar a amargura da cólera de Deus. No contexto de tal debate, o Pe. Albert Chapelle, como fino conhecedor de Hegel, reconheceu sem dúvida alguma a pertinência da tese proposta por Fessard, completando-a, porém, com uma *teologia da graça* que antecede, acompanha, corrige e eleva o movimento da liberdade em busca de seu próprio domínio, em especial em seu próprio comentário do "Princípio e Fundamento".

12. G. Fessard pretende assim criticar a afirmação de Jaime Nonell, para quem "a intenção de Santo Inácio não é que tomemos esses três termos em seu sentido próprio e particular, mas num sentido comum e vago, que seria igualmente transmitido por outras expressões diferentes destas", ibid., 18.

13. Cf. A. Chapelle, em *Les Exercices spirituels de saint Ignace, Un commentaire littéral et théologique*, 60.

Em suma, o Deus Criador só se torna existencialmente nosso Senhor quando ratificamos livremente que ele é, por si só, nosso fim, embora nos tenha criado independentemente de nossa vontade.

"*...y mediante esto, salbar su ánima*". A pergunta suscitada por essa espécie de corolário não é tanto a da exclusão do corpo — "não temais os que matam o corpo" —, e sim a do alinhamento da forma transitiva do verbo *salvar* com os três verbos anteriores, ao passo que a Escritura jamais admite que o homem se salva por si mesmo[14]. Na realidade, a expressão "salvar sua alma" encontra sua justificação no *logion* sinóptico que acompanha a exigência de carregar a própria cruz e seguir Cristo: "Pois quem quiser salvar sua vida, perdê-la-á; mas quem perder sua vida por minha causa, salvá-la-á" (Mt 16,25). Esse realce da responsabilidade humana como corresponsável pela salvação se esclarece à luz da resposta dada pelos *Exercícios* aos desafios lançados por João Calvino e Martinho Lutero. Um e outro superestimaram tanto a predestinação e a salvação unicamente pela graça da fé, independentemente das obras, que Inácio considerou necessário, no próprio interior dos *Exercícios*, reequilibrar a relação entre esses atos divinos e a consistência real da liberdade humana, "em nossos tempos tão perigosos — que as obras e o livre-arbítrio sofram prejuízo ou se tenham por nada": EE 369.

"*...mediante esto...*" A forma transitiva do verbo *salvar* se compreende não apenas por razões circunstanciais e históricas, mas igualmente em ligação com esta expressão intercalada: *assim (por meio disso)*. Será preciso entender essa mediação exercida pela observância do primeiro mandamento como algo prioritário em relação à outra finalidade constituída pela salvação do ser humano? Ou será que os *Exercícios* nos levam a uma compreensão da unicidade absolutamente teologal da finalidade do ser humano, de tal modo que "salvar sua alma" não possa sequer entrar em concorrência, nem mesmo acrescentar-se a ela? Essa é a questão central que a primeira parte do Fundamento tem o encargo de aprofundar, a fim de que a segunda responda a ela.

I (b): Inácio jamais fala aqui de "fim *último*", como o explicam os *Diretórios*, e sim, mais simplesmente e mais radicalmente, "*do fim*", para escapar desse modo do mal-entendido segundo o qual esse fim último só imprimiria sua prescrição no término da vida humana, ao passo que antes de sua morte o homem poderia viver de fins intermediários. O primeiro caso dos tipos de pessoas sublinhará a insuficiência radical de tal opção em EE 153.

Em todo caso, essa única finalidade teologal e salutar não se realiza fora do universo criado, mas sempre por sua mediação, em razão do "ser-no-mundo" por parte do homem; uma imersão que não acarreta por si uma alienação, visto que o universo foi criado *para o homem, para ajudá-lo na perseguição de seu fim* de criatura. Será que se pode censurar Inácio por falar do destino pessoal e individual do homem tão somente em referência a seu Senhor, sem levar em conta seu ser social, em conformidade com o

---

14. A expressão "a tua fé te salvou" ratifica, em vez disso, a confissão escriturística comum segundo a qual o ser humano recebe sua salvação de Deus, o que será confirmado pela injúria blasfematória dirigida ao Crucificado: "Salva-te a ti mesmo!" em EE 297, 3º.

espírito da *devotio moderna* e da *Imitação de Cristo*? A sequência dos *Exercícios* levará isso em consideração. No entanto, desde já convém interpretar a alteridade inscrita na expressão "*las otras cosas sobre la haz de la tierra*", pois esta abarca tudo o que não é o ser humano em ato para seu fim, a saber, as outras criaturas espirituais e o ser humano inteiro, corpo e alma (cf. EE 1 e 5). Portanto, "o uso delas" é estritamente regrado pelo fim que as comanda, e que pressupõe que o universo criado, em razão da parcela de bondade que o Criador graciosamente lhes comunicou, possa ser verdadeiramente um "auxílio" eficaz na perseguição desse fim. Logo de saída, Inácio não exclui *a priori* nenhuma dessas mediações, o que a sequência do raciocínio se encarregará de confirmar.

I (c): A conclusão desse primeiro conjunto distingue "a ajuda" (*ayudar*) potencial e ambivalente que "as outras coisas criadas" podem oferecer de seu "uso" (*usar*), que depende da decisão de cada um. Esse uso é, portanto, estritamente medido pela "ajuda para seu fim", de modo que o ser humano deve abster-se delas na medida em que constituem um impedimento para ele (*y tanto deve quitarse dellas, quando para ello le impiden*). Do ponto de vista da solidariedade espiritual das pessoas entre si, esse raciocínio de feitio escolástico permite integrar a ajuda que a comunidade humana pode oferecer a seus membros, ao encorajar cada um a respeitar a dinâmica que o ordena para seu fim.

A transição da primeira à segunda parte. Em sua apologia do "Fundamento", Jerônimo Nadal admite que o raciocínio expressado nessa primeira parte tinha o aval da autoridade de Tomás de Aquino: "*Hinc Divus Thomas dicit omnia esse facta propter hominem, non ut principaliter intentum, sed ut omnia sint ei utilia ad finis sui consecutionem*"[15]. No entanto, essa forma de validação lhe oferece, em especial, a ocasião de alfinetar "a dificuldade" suscitada pela doutrina inaciana da "indiferença". A seu ver, essa nova obrigação já não tem o alcance universal da conclusão estabelecida antes em I (c), pois visa apenas os que se reconhecem chamados à perfeição[16], afastando-se aliás do discurso moral da escolástica medieval. Que as reticências diante da indiferença inaciana, no fim superadas por Nadal, nos sirvam ao menos de advertência quando atravessamos o limiar da segunda parte do "Fundamento".

II (a): Essa *segunda seção* é certamente a mais original, por concentrar-se em nossa obrigação de "fazer-nos indiferentes" (*es menester hazer nos indiferentes*). Esse imperativo vale em todas as circunstâncias de discernimento da vontade de Deus, mas principalmente para o exercitante que se comprometer a realizar os *Exercícios* tal como foram primordialmente concebidos: preparar a alma para "fazer uma eleição" que deveria levá-la a uma decisão que modelará irrevogavelmente a totalidade de sua vida (EE 20), depois de se haver emancipado de suas afeições desordenadas (EE 1).

A partir daí, "fazer-se indiferente a todas as coisas criadas" certamente não implica o desprezo ao mundo criado, no sentido do *contemptus mundi* preconizado por inúmeras correntes ascéticas durante os primeiros séculos da Igreja e até a época de Inácio (cf. nossa "Abertura"). É igualmente demonstrado que Inácio modificou profundamente o

---

15. *II Sent.*, dist. 2, qu. 2, a. 3, citado em *Epist. Nadal*, IV, 828.
16. Ibid., 828.

sentido lexical e filosófico da *indiferentia* veiculado pela escolástica tomista, a fim de transferi-lo para o âmbito moral, como condição do progresso espiritual. Aliás, ele não é o primeiro autor espiritual a evidenciar a importância de tornar-se indiferente[17]. É o único, porém, a atribuir-lhe uma importância tão decisiva na preparação da "eleição", como exigência de emancipar-se pessoalmente "de toda afeição desordenada", a fim de tornar-se incondicionalmente disponível ao chamado pessoal do Senhor. Nesse sentido, a "indiferença" inaciana é tão original quanto sua concepção da "eleição", pois é um elemento decisivo da preparação *comumente*[18] requerida para dispor alguém a discernir sua "vocação", como resposta também singularmente pessoal a um Chamado divino[19].

Por outro lado, a sequência de II (a) delimitará o campo de aplicação dessa indiferença, primeiro positivamente, ao abrir o futuro do "possível", depois negativamente, ao pôr de sobreaviso contra a transgressão da fronteira do lícito preestabelecido pela lei moral. Assim é que "a liberdade de nosso livre-arbítrio", *la libertad de nuestro libre albedrío*[20], pode abrir para si um caminho de desenvolvimento. Nossa atenção não pode perder o encontro com esse pleonasmo, pois ele é um hápax dos *Exercícios* que por si só atesta a centralidade e a originalidade da dinâmica do conjunto do livro, como exercício da plena liberdade espiritual do ser humano. Afirmar que cabe à liberdade atualizar-se pelo livre-arbítrio é reconhecer que essa liberdade humana não pode autodeterminar-se de modo absoluto como Deus ou mesmo como o anjo, mas deve transitar por aqueles momentos em que o livre-arbítrio é chamado a postular escolhas alternativas, para além do imposto pela sindérese (EE 314) que escolhe o bem e exclui o mal, no intuito de discernir qual desses bens honrará mais o único fim para o qual cada pessoa foi criada.

---

17. Em DS VII, vol. 2, verbete "Indifférence", I: *L'indifférence ignatienne*, col. 1688-1696, o Pe. André Rayez, observou que Cassiano já havia abordado essa questão pelo viés da realidade das coisas: "*Tria sunt omnia quae in hoc mundo sunt, id est bonum, malum, medium*"; essa terceira categoria, que se pode qualificar de indiferente, significa que, "segundo os sentimentos e ao sabor de quem deles se serve, tais coisas medianas podem tomar um ou outro sentido". Nota também que Bernardo de Claraval se aproxima mais da perspectiva psicoespiritual de Inácio, sugerindo que a vontade se mantenha em equilíbrio entre as duas alternativas "sem se apegar demasiadamente a uma mais que à outra, sempre dizendo a si mesmo que talvez seja a outra a que mais agrada a Deus; e estejamos sempre prontos para seguir sua vontade, seja qual for o sentido para o qual venhamos a saber que ela se inclina".

18. Dizemos "comumente" porque Deus permanece livre para dirigir a qualquer um, a qualquer momento, um chamado irresistível, antes mesmo que a pessoa tenha tido tempo para se libertar de suas afeições desordenadas, como será o caso evocado na vocação dos apóstolos relatada em EE 275.

19. Será necessário assinalar que atualmente a "indiferença" tomou o sentido comum de "desinteresse", em especial no âmbito religioso? Um sentido que já não tem nada a ver com o termo inaciano, atestando a deriva de cunho secular de tantas expressões originalmente imbuídas pela sabedoria cristã?

20. Nos *Exercícios*, os conceitos propriamente filosóficos como "liberdade" e "livre-arbítrio" são raros, mas essenciais à compreensão dos pressupostos antropológicos da obra inaciana. *A fortiori*, quando estão estreitamente associados em EE 23. O *libero arbitrio* só reaparecerá uma única vez, em EE 369, no contexto polêmico da 17ª regra de ortodoxia, denunciando a depreciação do *libero arbitrio* e, portanto, da *libertad* em nome de uma ascendência exacerbada da fé e da graça. Por outro lado, tomada isoladamente, a *libertad* é mais frequentemente citada: EE 5, 23, 50, 234, 346, 369.

Até aqui o raciocínio inaciano permaneceu submetido à moral escolástica mais usualmente tomista. No entanto, é ao passar para IIb e c que Inácio ultrapassará franca e claramente essa moral tradicional.

II (b): Inácio abre ao máximo o campo dessa indiferença ao propor alguns exemplos de alternativas que *a priori* pareceriam dever impor a escolha do melhor bem humano terrestre, ao invés de sua privação. O Pe. Fessard salientou a que ponto esses quatro exemplos abarcam a totalidade da condição humana: nossa condição carnal (saúde/doença) e mortal (vida longa/vida breve), bem como nossa relação com a natureza e com o mundo social e histórico (riqueza/pobreza, honra/desonra)[21]. Dado II (a), Inácio ainda não especifica em que medida essas alternativas são confiadas ao nosso livre-arbítrio, visto que muitas delas escapam por completo à influência de nossa liberdade: não escolhemos ficar doentes nem abreviar nossa vida. Tal extensão máxima da indiferença inaciana nos ajudará a apreender melhor a *matéria* da eleição (EE 170-174). Esta não dirá respeito apenas à condição e às obrigações ligadas ao casamento ou ao celibato sacerdotal, mas a tudo o que pode advir, independentemente ou na dependência desses dois estados: doença, vida breve, pobreza, desonra.

II (c): Por fim, depois de haver tratado da matéria da indiferença, Inácio propõe, à guisa de conclusão, a definição da postura última que a indiferença adotará. A interpretação do texto fundador requer uma investigação interligada: decifrar o enraizamento da liberdade na qual se exerce o ato de "fazer-se indiferente" e apreender exatamente o êxtase a que o homem é conduzido.

Primeiramente, notemos que o registro da vontade recorre a dois novos termos, acoplados um ao outro e paralelos ao pleonasmo anterior (liberdade — livre-arbítrio): "desejando e escolhendo" (*deseando y eligendo*). O desejo é para a liberdade o que a eleição é para o livre-arbítrio. Assim, II (c) designa dois atos que respeitam suas respectivas potencialidades. A liberdade é meramente uma capacidade vazia enquanto não estimulou o desejo que a anima em profundidade. Ora, o desejo é mais que o querer, pois expressa a abertura primordial do ser racional àquilo que ele não é e busca mais do que a si mesmo, a saber, o Bem divino em seu caráter supremamente beatificante; em contrapartida, cabe ao querer traduzir concretamente esse desejo comprometendo-se a estabelecer determinado ato julgado mais capaz de ajudar a perseguir esse fim. Por isso, em certas orações de petição posicionadas como *terceiro preâmbulo*, Inácio os associa: "Pedir ao Senhor o que quero e desejo" (EE 48).

Em segundo lugar, II c define o último objeto daquilo que é "desejado e escolhido", a saber, "aquilo que mais nos conduz ao fim para o qual somos criados", preservando e estimulando o desejo intenso de amar a Deus "unicamente" (*solamente*)[22], concretizando

---

21. G. Fessard, *La dialectique des Exercices spirituels*, II, 31-33.

22. Uma das raras cartas que Inácio escreveu a Pierre Contarini em agosto de 1537, ano em que se preparou para celebrar sua primeira missa depois de ter sido ordenado padre em Veneza, ilustra isso maravilhosamente. "Experimentamos mais a cada dia a verdade destas palavras: 'não tendo nada, nós que no entanto possuímos tudo' (2Cor 6,10), esse tudo que Deus prometeu dar aos que buscam primeiramente [*primero*] o Reino de Deus e sua justiça (Mt 6,33). E se esse tudo é prometido aos que buscam

ao mesmo tempo essa exclusividade pela seleção do meio que será "mais" (*más*) qualificado para garantir esse fim.

3. Uma retomada relativa ao sentido do texto

(1) Ao se consagrar "unicamente" ao "louvor respeitoso" de Deus, o homem já se encontra ancorado na *eternidade* e, desse modo, ao longo de sua imersão temporal que o torna contemporâneo da "plenitude dos tempos" (EE 102), ele honra o *excesso* de glória divina escolhendo o "serviço" de Deus que o conduzirá "*mais*" (*más*) para esse fim.

(2) Essa aliança da eternidade e do tempo se realiza no cerne da "liberdade humana", que recebeu o privilégio de conjugar em si mesma a abertura infinita do "desejo" com um "querer" determinado passo a passo.

(3) Essa unificação pessoal se realiza por meio do trabalho, tão oneroso quanto libertador, de "fazer-*nos* indiferentes a todas as coisas criadas". "Não temos de tornar as coisas indiferentes, visto que 'todas as coisas criadas aprofundam e trazem em si, na medida mesma em que são criadas, sua bondade própria, sua referência diferenciada ao homem e a seu fim'. Cabe a *nós*, porém, fazer-*nos* indiferentes 'a todas as coisas criadas', recebendo nelas a medida do necessário e do obrigatório, naquele trabalho em que nos referimos por nós mesmos ao Fim que, por si mesmo, nos inclina para que o persigamos."[23] Esse trabalho não se realiza apenas no plano das ideias ou das intenções, mas no âmbito dos afetos ou do sentir, como o ilustram os quatro exemplos da alternativa dados por Inácio. Para Erich Przywara, esse *Indifferenzgefühl* alcança a *conscupiscentia virium, rerum, famae* e *vitae*, mas também, inversamente, o *taedium concupiscentiae* que toca aos mesmos domínios da existência, ou ainda a *securitas*, a *superbia* e a *ostensio* que se vinculam à saúde, à riqueza, à honra e a uma longa duração de vida[24].

(4) Em razão da importância decisiva dessa liberdade, o "Fundamento" deveria, em seu conjunto, apoiar-se na *fé* nessa Revelação cristã — que insufla no desejo a esperança de unir-se a Deus — e na *razão*, sem a qual não há conhecimento do homem por si mesmo capaz de medir a responsabilidade de seus atos pelo "exame de consciência" (EE 33-43) *e* de estar incondicionalmente disponível quando reconhecer a urgência de discernir o Chamado que "o Rei eterno" lhe dirigirá pessoalmente.

(5) Não obstante sua brevidade, a própria formulação do texto inaciano antecipa, ao menos implicitamente, a Contrarreforma católica, como o atesta sua maneira de preservar a responsabilidade humana. O conteúdo e a forma do "Fundamento" são, a partir daí,

---

primeiramente o Reino de Deus e sua justiça, o que poderia faltar aos que buscam unicamente [*sólo*] a justiça do Reino e o próprio Reino? O que faltará aos que não se dividiram interiormente, aqueles cujos olhos estão fixados no céu? Essa graça nos é dada por Aquele que, rico de todas as coisas, despojou-se a si mesmo para nos instruir, o qual, brilhando com um poder, uma sabedoria e uma bondade soberana, submeteu-se ainda assim ao poder, ao julgamento e à vontade do último dos homens...": cf. BACmaior 104, 673.

23. A. CHAPELLE, em *Les Exercices spirituels de saint Ignace, Un commentaire littéral e théologique*, 63.
24. *Deus semper maior*, I, 112-114.

historicamente situados[25]. Se é verdade que a *primeira parte* (I) condensa um dos princípios essenciais da moral estabelecida pela escolástica medieval, a *segunda* (II) quase não se inspira nela. Inácio não pretendia rivalizar com essa forma de sabedoria medieval tão altamente especulativa que conseguiu unificar num único discurso, não só límpido como coerente, tantos discursos de origem tão heterogênea: a tradição semítica e sapiencial, a ética aristotélica combinada a correntes neoplatônicas, sem omitir os discursos dos Padres da Igreja gregos e latinos. No âmbito da moral ascética e mística, cabia aos doutores medievais do século XIII aperfeiçoar o empreendimento de harmonização de todas as virtudes "morais" com as "cardeais", que asseguram sua organicidade, sem omitir os sete "dons" do Espírito Santo, a partir do momento em que "a graça não suprime a natureza, mas eleva-a" até as virtudes "teologais". Essa "ciência", por definição destinada ao *universal*, não ao singular, atribuía a primazia à razão inspirada pela fé; não por acaso se falou do "intelectualismo" do doutor "angélico".

Já Inácio não teve o talento nem a missão de prolongar esse trabalho medieval de sistematização. No entanto, a experiência anterior vivida por ele em Loyola e Manresa lhe permitiu verificar a pertinência deste outro adágio tomasiano, segundo o qual "a ciência própria de Deus se estende até as coisas *singulares*"[26]. "Submetido a Deus como uma criança é dócil para com seu mestre escolar", ele recebeu o conhecimento infuso dos mistérios singulares da fé cristã, incluindo o que diz respeito ao "como" delas, e também o de "como" discernir a vontade pessoal e singular de Deus. Sua atenção foi a partir daí deportada da inteligência para a vontade e a afetividade, como o impõe a reverência, "ao falarmos vocal ou mentalmente com Deus nosso Senhor ou com seus santos", conforme a 3ª Anotação. Essa ciência dos singulares é particularmente necessária em matéria de moral e de atos a serem realizados[27]. Desenvolve-se pela ascese purificadora da indiferença sentida e pela mística dos sentidos espirituais, os únicos que permitem conformar a vida da pessoa aos mistérios divinos contemplados.

A partir daí a *segunda parte* do "Fundamento" opera uma espécie de retorno em relação à *primeira*, na medida em que a recomendação final do "Fundamento" se concentra na necessidade de emancipar-se de "toda *afeição* (ou apego) desordenada", mais que dos preconceitos de tipo intelectual.

---

25. G. Fessard, *La dialecltique des Exercices spirituels*, II, 41, comenta essa inserção histórica nestes termos: "[...] em nós, seres históricos, nossa liberdade não é simplesmente a do *homo ut sic* ou do homem hipotético da natureza pura, nem tampouco a de Adão inocente. Ela se encontra na espessura do tempo, que antes mesmo que ela desperte já a afeta com desejos desordenados. Por isso, para situar-se em sua autenticidade ou, o que é equivalente, 'para encontrar a vontade divina', não basta conhecer a regra puramente racional de seu agir. Cumpre-lhe refletir de novo suas condições teóricas e práticas. Ademais, como uma pura consciência seria sem força contra a desordem de suas afeições, ela deve reconhecer essas condições como tais, isto é, começar a estabelecê-las ativamente 'fazendo-se indiferente a todo o criado', mesmo em relação àquilo que lhe é permitido".

26. Tomás de Aquino, *S. T.*, Ia, qu. 14, a. 11, co: "*scientia Dei usque ad singularia se extendit, quae per materiam individuatur*".

27. Id., *S. T.*, Ia-IIae, qu. 6, Pról.

> [...] Louvar a doutrina positiva e a escolástica. Como é mais próprio dos doutores positivos (São Jerônimo, Santo Agostinho, São Gregório, etc.) mover os afetos para em tudo amar e servir a Deus nosso Senhor, assim é mais próprio dos escolásticos (Santo Tomás, São Boaventura, o Mestre das Sentenças etc.) definir e declarar para nossos tempos as coisas necessárias para a salvação eterna, combatendo e declarando todos os erros e todos os enganos. (EE 363).

(6) O "Princípio e Fundamento" se apoia totalmente no mistério da criação do homem, testemunha de sua ordenação ao louvor de Deus, para o qual ele se encaminha ao usar de todas as coisas criadas, inclusive as que atestam a penúria delas, como se a prova de sua privação encerrasse nelas mesmas um bem superior misteriosamente oculto. Encontramos assim a problemática cristológica evidenciada pelo Pe. Hugo Rahner, que sustenta a hipótese de uma compreensão "scottista" da cristologia inaciana que atribui a primazia à elevação da criação.

4. Do bom uso do "Princípio e Fundamento"

Situado depois das "Anotações" (EE 1-20) e antes do início dos "*Exercícios* espirituais para vencer a si mesmo e ordenar a própria vida sem se determinar por nenhuma afeição desordenada" (EE 21), esse texto do "Princípio e Fundamento" é provavelmente submetido ao exercitante como "advertência" prévia ao prosseguimento com os exercícios da primeira semana. Será que quem se prepara para receber os *Exercícios* concorda com uma compreensão tal da liberdade do livre-arbítrio do homem, que exige o "fazer-se indiferente"?

No entanto, um texto assim não é provocativo apenas por seu conteúdo, mas igualmente por sua forma: é o único texto dos *Exercícios* cujo uso não é concretamente fixado ou classificado como "modo de examinar a consciência, de meditar, de contemplar, de orar vocal e mentalmente..." (EE 1). Não é sequer *introduzido* por aquele gênero de assinatura inaciana: "*Pressuponho* que há em mim três pensamentos" (EE 32) ou "*Chamo* consolação..." (EE 316), nem baseado numa citação da Escritura (EE 262-312) nem *referido* a nenhuma autoridade teológica ou magisterial (EE 363). Não há a menor nota para regular seu uso no próprio livro dos *Exercícios*[28]. Essa consideração é tão abrupta em seu modo de transmissão quanto na secura formal de sua forma[29].

---

28. Dir1599, nº 108: "O livro dos *Exercícios* não fixa um número de horas determinadas a serem consagradas a essa meditação sobre o Fundamento, como faz para os exercícios seguintes. No entanto, para facilitar os inícios, cada um se dedicará a isso por um lapso de tempo proporcional a suas forças e a sua devoção; se necessário, o Orientador determinará esse tempo". Segundo as notas ditadas por Inácio a Polanco, o Fundamento é exposto (*declarar*) no mesmo primeiro dia durante o qual o orientador apresentará igualmente todos os exames de consciência, a menos que, segundo outro diretório inaciano, o Fundamento exclusivamente possa requerer três ou quatro dias (cf. G. Cusson, *Pédagogie de l'expérience spirituelle personnelle*, 63-71).

29. Assim é que Dir1599, nº 106, considerou oportuno propor esta observação: "Ao dar essa meditação, em particular porque ela poderia parecer demasiado árida a muitos exercitantes pouco habi-

No entanto, no início de sua segunda seção, surge um "nós" que, sem especificar o tipo de solidariedade envolvida, indaga o leitor. O futuro exercitante é assim instado a interrogar-se sobre a identidade dessa comunidade. A resistência obstinada que um exegeta e teólogo profissional como Jerônimo Nadal opôs a esse gênero de preâmbulo celebrizou-se: "A Palavra de Deus consignada na Escritura e a teologia da Igreja não bastam para levar o cristão à perfeição?". Ou ainda, será que o exercitante particularmente arguto chegará a reconhecer nesse texto inaciano uma das "coisas criadas" destinadas a ajudá-lo de um modo "que muito lhe aproveita" (cf. EE 5)?

O Pe. Gaston Fessard[30] se perguntou por que Inácio desdobrou o título dessa consideração em "Princípio e Fundamento", respondendo que ele abre "uma dupla leitura". A primeira apreenderá o texto como "princípio", isto é, como início de um processo e como razão precípua que determinará uma conclusão, aqui de ordem moral e espiritual, de modo que esse princípio "se identifica com as verdades puramente racionais, enunciadas na primeira parte" [I], levando à outra conclusão relativa à indiferença [IIa]. Uma segunda leitura aí decifrará o "fundamento", no sentido em que a narrativa da história do Verbo encarnado atesta que a Pessoa de Cristo é "o fundamento verdadeiro da história" (EE 2) da salvação de todo homem, o que garante principalmente a extensão da indiferença à "pobreza e à desonra" como consequência do seguimento de Cristo (cf. EE 142 e 146)[31].

Essas reflexões de Fessard devem ser mais atribuídas a quem busca estabelecer a lógica existencial do desdobramento dessa liberdade espiritual, sabendo até onde os *Exercícios* conduzem. No entanto, a experiência de quem os recebe não se coaduna *a priori* com tal exigência. A partir daí, mesmo o orientador que já tenha alcançado certa familiaridade com seu exercitante antes de iniciar os *Exercícios* não pode prever como este último reagirá ao texto do "Princípio e Fundamento", pois, como diria Nadal, "a eficácia da vontade de Deus é imprevisível". Ainda assim podemos compreender por que Inácio não apresenta esse texto como a abreviação derradeira de um *Compendium theologiae*. Como o especifica o Diretório de 1599, toda a declaração do texto se atém a fundamentar a exigência de *fazer-se indiferente*: "o que é da mais alta importância: é preciso advertir o exercitante: o edifício futuro será mais sólido quanto mais profundamente esse fundamento tiver sido estabelecido. Foi o que nosso pai Inácio comunicou na 15ª e na 16ª Anotação"[32].

---

tuados à oração, podem-se acrescentar algumas digressões: por exemplo, no ponto em que é dito que o homem foi criado, pode-se igualmente refletir sobre o fato de que Deus o criou do nada, pode-se considerar a grandeza e o número das dádivas que ele recebeu na criação e o modo como Deus o conserva no ser".

30. *La dialectique des Exercices spirituels*, II, 44; A. CHAPELLE se inspira em *Les Exercices spirituels de saint Ignace, Un commentaire littéral et théologique*, 65-68.

31. A. CHAPELLE, ibid., 67: "Tudo isso é razoável. Por um lado, de fato, o texto demarca, na abstração de sua lógica, as exigências morais diante das quais toda liberdade humana se encontra. Por outro, por sua referência implícita e velada ao mistério e à história da salvação e por seu convite a que nos reconheçamos entre aqueles aos quais é preciso [*es menester*] fazer-se indiferente, esse mesmo texto manifesta a plenitude da esperança prometida ao exercitante".

32. Dir1599, nº 105.

Segue-se que a consideração da criação do homem

> tende menos a fomentar em nós a gratidão, fruto da visão das dádivas de Deus, que a nos convencer — e esse é o objetivo do Fundamento — de que todos esses dons nos foram feitos por Deus para que alcancemos nosso fim derradeiro. Eis por que, nessa meditação, o exercitante pode fazer um autoexame e se perguntar qual foi até ali sua conduta em relação a esse fim e aos meios de alcançá-lo, quais foram seus desvios, quais abusos ele cometeu em relação às criaturas que deveriam tê-lo ajudado; estabelecerá assim, em linhas gerais, uma espécie de fundamento para o conhecimento da desordem de sua vida: retomará depois esse trabalho de maneira mais ampla e mais detalhada na meditação sobre os pecados[33].

O ocultamento de Cristo em proveito do realçamento da responsabilidade do ser humano criado, inserido no universo e diante de seu Deus, atesta, por sua vez — e quiçá no mais elevado grau — que esse texto inaugural é cultural e historicamente situado em oposição aos lemas luteranos: "*sola Scriptura, sola Fides, solus Christus*", tipicamente exclusivos da racionalidade filosófica e teológica, da "liberdade de nosso livre-arbítrio", que passa a ser responsável por "salvar a alma", a ponto de ter de se tornar incondicionalmente disponível, isto é, "indiferente", *antes* de poder ouvir "o chamado do Rei eterno de todas as coisas" (EE 91 ss.).

Essa oposição doutrinal entre Inácio e Lutero se verifica, portanto, no tríplice âmbito de uma antropologia do livre-arbítrio, da recepção da doutrina da criação e da interpretação da cristologia.

1º) Lutero considera que o pecado adâmico corrompeu irremediavelmente a natureza humana, a ponto de aniquilar nela toda possibilidade de iniciar e de exercer "a liberdade de seu arbítrio" em tudo o que o implica "diante de Deus"[34], enquanto a doutrina inaciana se baseia na concepção católica de uma natureza enfraquecida pelo pecado, decerto, mas a tal ponto preservada em sua retidão original, que a graça pode, sem aniquilá-la, nela restaurar e elevar sua *potentia obedientialis*, a fim de que ela possa se comprometer com uma indiferença que leva à perfeição, como sugere o "terceiro grau de humildade" (EE 167), que corresponde ao terceiro grau de indiferença.

2º) A exemplo de Lutero, Inácio não se demora no desenvolvimento de uma metafísica do ato criador realizado por Deus, mas preferencialmente em sua *recepção* pelo homem. Sob esse aspecto, suas respectivas doutrinas manifestam a um só tempo suas convergências e suas maiores divergências. De fato, o Reformador interpreta o primeiro artigo do Credo identificando-o com o primeiro mandamento, de modo que a fé no Deus Criador seja imediatamente compreendida como imperativo divino e, por consequência, como um julgamento de condenação do pecado de idolatria infalivelmente cometido pelo homem que se fez deus ao negar que Deus seja Deus[35]. O redator dos *Exercícios* lê

---

33. Ibid., nº 107.
34. GERHARD EBELING, *Luther, Introduction à une réflexion théologique*, tradução francesa de Pierre Bühler, Genève, Labor et Fides, 1983, 181-183.
35. Em seu *Grand cathéchisme* (1518), Lutero chama a atenção para a correspondência entre o primeiro artigo do Credo e o primeiro mandamento. Essa aproximação lhe permite afirmar que cabe ao

igualmente esse ato criador como uma apóstrofe dirigida ao "homem criado", para que reconheça que seu fim é tão somente "louvar, respeitar e servir a Deus nosso Senhor". No entanto, em Inácio o serviço de Deus é chamado a ser especificado ou personalizado, não apenas em relação à norma dos mandamentos destinados a todos, mas também em referência a um Chamado eminentemente pessoal de Cristo. Daí a importância e a urgência de fazer-se indiferente. Pelo que sabemos, não existe em Lutero a mesma noção de indiferença como algo que pressupõe uma exigência propriamente moral e, por consequência, a capacidade de responder a isso.

3º) A *devotio moderna* privilegiou a relação viva e orante de cada pessoa com Cristo, e nesse aspecto Inácio e Lutero parecem concordar; o primeiro fará com que se peça "conhecimento interno do Senhor que *por mim* se fez homem" (EE 104), ao passo que o segundo desenvolverá a apreensão primordial do "*Christus pro me*". No entanto, essa destinação pessoal da Redenção universal por Cristo é também o lugar de máxima dessemelhança entre eles.

De fato, essa formulação luterana deve ser compreendida com base em sua interpretação de Gálatas 2,20: "vivo, mas não sou mais eu, é Cristo que vive em mim", implicando que a própria pessoa de Cristo substitui o eu humano, de forma tal que nele exclusivamente se opera a troca de meu pecado pelo dom da santidade. Nesse sentido, o poder e a graça de Deus em Cristo realizam tudo, sem que o homem seja em algum sentido convidado a colaborar livremente com seu Senhor e Salvador.

Muito ao contrário disso, o "Princípio e Fundamento" inaciano realça a responsabilidade da pessoa humana, de maneira que, animada pela graça, possa entrar em sinergia com seu Senhor, o que aparecerá mais nitidamente ainda na *segunda semana*, desde a contemplação do "Reino" e, mais ainda, na das "Bandeiras".

5. ...na superfície da terra

O embasamento do "Princípio e Fundamento" na ordenação de todo o criado na direção do louvor a Deus nos convida a compreender que a teologia dos *Exercícios* se opõe radicalmente à ultima consequência da posição luterana. Esta última equivale a cindir o poder do "Criador e Redentor" (EE 229, 4º) em "duas justiças"[36] e mesmo em "dois reinos" no interior de uma consciência dilacerada entre o mundo espiritual da graça, que

---

homem criado por Deus "amá-lo, louvá-lo e agradecer-lhe, em suma consagrar-se inteiramente a seu serviço, como Deus lhe pede nos Dez Mandamentos". Logo depois, no entanto, ao constatar a transgressão geral dessa fé em nosso Pai, Criador, Lutero considera que "esse artigo deveria nos humilhar e nos assustar a todos, se crêssemos nele. Pois nós pecamos, a cada dia, com os olhos, os ouvidos, as mãos, o corpo e a alma, com nosso dinheiro e nossos bens, e com tudo o que possuímos. E esse é o caso particularmente daqueles que, ainda por cima, lutam contra a Palavra de Deus. No entanto, os cristãos têm essa superioridade, pois reconhecem dever, em troca, servir a Deus e obedecer a ele" (cf. MARTINHO LUTERO, Œuvres, tomo VII, tradução francesa de Pierre Jundt, Genève, Labor et Fides, 1962, 91-92).

36. *Sermon sur la double justice* (1518), em MARTINHO LUTERO, Œuvres, I, ed. Marc Liénhard, col. Bibl. de la Pléiade nº 455, Paris, Gallimard, 1999, 207-219 e 1298-1302.

a situa diante de Deus, e o mundo terrestre, que exige a observância das leis que regem a sociedade humana[37]. Uma cisão dessas acarreta logicamente a recusa em reconhecer o casamento como "sacramento" e a contestação dos "votos monásticos", enquanto a indiferença inaciana terá precisamente por objetivo levar ao discernimento irrevogável do casamento ou da vida consagrada.

Essa oposição salienta, portanto, a amplitude do campo coberto pela indiferença inaciana, na medida em que esta abrange justamente *"todas as coisas criadas sobre a face da terra"*. Eis o último desafio lançado pelo redator dos *Exercícios*: recusar-se a instaurar uma dupla justiça que levasse a dois reinos separados, porque "a liberdade do livre-arbítrio" é capaz, por natureza e por graça, de discernir a profundidade de sua vocação divina até na extensão da *face da terra*, como o assinalará a cena da Encarnação em EE 103[38].

Nosso comentário sobre o "Princípio e Fundamento" será expressamente confirmado pelas cinco últimas regras "para o verdadeiro sentido que devemos ter na Igreja militante" (EE 366-370). Se antecipamos esse discernimento final e eclesial aplicando-o imediatamente ao texto inaugural dos *Exercícios*, foi com o intuito de evidenciar a coerência lógica e racional de todos os Exercícios quanto à autocompreensão do homem. Atualmente, o espírito ecumênico levou as Igrejas luteranas e católicas ao acordo diferenciado de Augsburg em 1999[39].

B. OS TRÊS TIPOS DE PENSAMENTOS (EE 32)

Como apresentação do exame geral, Inácio afirma:

> EE 32: Pressuponho que há em mim três pensamentos. A saber: o meu próprio, que provém simplesmente de minha liberdade e querer; e outros dois, que vêm de fora: um proveniente do bom espírito e outro do mau[40].

---

37. Essa tese pessoal de Martinho Lutero a respeito dos "dois reinos" foi amplamente discutida, matizada ou contestada pela própria tradição protestante, como o demonstra GERHARD EBELING, *Luther, Une pensée théologique*, cap. 11: Le règne du Christ et le règne du monde, 149-163.

38. EE 103: "Ver a grande extensão e a curvatura do mundo, na qual estão tantas e tão diversas populações. Do mesmo modo, mais em particular, a casa de Nossa Senhora e suas divisões, na cidade de Nazaré, região da Galileia".

39. É indubitável que um mesmo espírito ecumênico tenha animado Annegret Henkel quando ele sustentou que as principais etapas da vida espiritual de Martinho Lutero podem ser entendidas como um percurso das quatro semanas dos Exercícios: ANNEGRET HENKEL, *Geistliche Erfahrung und Geistliche Übunge bei Ignatius von Loyola und Martin Luther, Die ignatianischen Exerzitien in ökumenischer Relevanz*, Francfurt am Main, Peter Lang, 1995, 402 p. Indubitavelmente, o itinerário do Reformador foi progressivamente invadido pelos "mistérios" de Cristo, principalmente o do Crucificado; da mesma maneira, sua leitura propriamente espiritual e existencial de Paulo apresenta inúmeros afinidades com os *Exercícios* inacianos. No entanto, certamente não se pode concluir daí que Lutero tenha praticado os Exercícios, confiando pessoalmente o destino de sua vida a essa forma de docilidade eclesial requerida estritamente pelos *Exercícios* inacianos.

40. EE 32: "Presupongo ser tres pensamientos en mi, es a saber, un proprio mío, el qual sale de my mera libertad y querer; y otros dos, que vienen de fuera: el uno que viene del buen espíritu, y el otro del malo".

Antes de levar em conta a gênese desse pressuposto na grande tradição espiritual grega e latina, é essencial captar o limite antropológico desse pressuposto, na medida em que ele introduz apenas a consideração dos *exames de consciência*, com o fito de medir a parte de responsabilidade moral que se requer do exercitante no âmbito dos atos que cometeu em suas intenções, suas palavras e sua realização.

Por consequência, esses três tipos de "pensamentos" não pertencem à totalidade do campo coberto pelas *regras do discernimento dos espíritos* próprias da primeira semana ou da segunda semana dos *Exercícios*. De fato, essa distinção entre os pensamentos propriamente *meus* e os que vêm *de fora*, isto é, sugeridos seja pelo bom seja pelo mau espírito, não aborda o caso arquetípico em que as moções que sugerem pensamentos devem ser atribuídas direta e inteiramente a Deus Criador, como o especificará "a consolação sem causa precedente" em EE 330. Esse novo Ator propriamente divino, reconhecido por Agostinho como *Deus intimior intimo meo, et superior summo meo*[41], não entra aqui em linha de conta, pois Inácio se contenta a esta altura em sublinhar a responsabilidade humana, afirmando em primeiro lugar "que existem pensamentos que são propriamente meus, porque nascem de minha própria liberdade", sendo então possível deduzir que todos os pensamentos "de fora" estejam submetidos à minha liberdade responsável de acolhê-los ou rejeitá-los, como será especificado pelas primeiras regras de iniciação ao discernimento dos espíritos (cf. EE 313 ss.). Segundo o propósito existencial dos *Exercícios*, essa afirmação não provém de um axioma fundado na autoridade de uma filosofia, mesmo aprovada pela tradição eclesiástica, mas da experiência pessoal. Quem não houvesse feito essa mesma constatação estaria apto a avançar nesses *Exercícios*?

1. Alguns traços principais da tradição grega

Ainda que Inácio tenha sido capaz de descobrir na aurora de sua conversão esses três tipos de pensamentos a partir de sua experiência pessoal, essa série se enraíza na mais antiga tradição bíblica e espiritual, datando de Orígenes e passando por Atanásio de Alexandria, Evágrio Pôntico, João Cassiano, Diádoco de Foticeia e Máximo, o Confessor. Convirá indicar sumariamente, portanto, quais são as linhas de continuidade e de ruptura traçadas por esse *pressuposto* inaciano diante da tradição grega. De fato, o *pensamento* inaciano, correspondente à *cogitatio* das versões latinas dos *Exercícios*, enraíza-se na vontade, sem ser um puro produto da inteligência, como sublinha Agostinho[42].

O que significa o *pensamiento*, comumente traduzido em francês pelo termo tão ambivalente quanto ambíguo de *pensée*[43] [pensamento]? Tais expressões remetem ao grego

---

41. Agostinho, *Les Confessions*, III, 6, 11.
42. Quanto a Agostinho, consulte-se G. Verbeke, Pensée et discernement chez St Augustin, Quelques réflexions sur le sens du mot *cogitare*, em *Recherches augustiniennes* 2 (1962) 59-80. No entanto, ao final de nossa investigação, reencontraremos em Agostinho a *cogitatio* no sentido de projeto suscitado pelo demônio, por meio das citações propostas por Ludolfo, o Cartuxo, em GV I, 88, 6-7.
43. Inspiramo-nos aqui na investigação conduzida por Marko Ivan Rupnik, em *DEI*, II, verbete "Pensamientos", 1440-1445. Esta remete à pesquisa realizada por Heinrich Bacht, *Die frühmonas-*

da Septuaginta e do Novo Testamento que fala de *logismos*, derivado do verbo *logizesthai*, que significa literalmente "contar", no sentido de "calcular o número" e, figuradamente, "calcular em si mesmo, refletir, concluir por um raciocínio". O substantivo correspondente significa a "conta" e, num sentido mais reflexivo, o raciocínio ou a reflexão, na acepção de "avaliação" desta ou daquela proposição. O substantivo *logismos* só ocorre duas vezes no Novo Testamento; já o verbo *logizesthai* é muito mais frequente, especialmente no *corpus* paulino. O apóstolo emprega-o 33 vezes, sobretudo em Romanos 4, onde aparece 11 vezes, principalmente em referência a Gênesis 15,6, que proclama que a fé de Abraão "*lhe foi levada em conta de justiça*". Ainda que os *Exercícios* inacianos jamais se refiram explicitamente a essa doutrina central de Paulo relativa "à justificação pela fé, e não pelas obras da lei" (cf. Gl e Rm), é preciso pressupor que a interpretação de Gênesis 15,6 expressa um julgamento de Deus que ultrapassa a simples constatação da fé abraâmica, para significar uma decisão divina que depende de sua vontade.

Por outro lado, quando os *logismoi* têm por sujeito o homem, é preciso compreender que tais pensamentos não provêm apenas de um julgamento emitido exclusivamente pela inteligência, mas antes da vontade pronta para realizar uma escolha moral ou espiritual, passível de ser carregada de emotividade e paixão (*pathos*), precisamente porque envolve a totalidade do homem. Nesse sentido, o *logismos* designa antes uma intenção, um projeto que vai além de uma simples opinião que não compromete ninguém[44]. Por outro lado, é também Paulo que exorta seus irmãos a praticar o discernimento espiritual como uma exigência primordial e fundadora da vida cristã, em especial em Filipenses 1,9-10 e Romanos 12,1-2[45].

Não resta dúvida de que Inácio retoma por sua conta esse sentido complexo, ao afirmar que certos *pensamientos* atestam sua ipseidade[46] justamente porque não provêm de minha inteligência, mas simplesmente "de minha liberdade e querer": *el qual sale de my*

---

tischen Grundlage ignatianischer Frömmigketi, Wulf, Wurtzbourg, 1956, tal como foi particularmente condensada no verbete "Logismos", publicado em DS, IX, col. 955-958. Ver também Tomas Spidlik, *Ignace de Loyola et la spiritualité orientale*, col. Au singulier nº 13, Bruxelles, Lessius, 2006, 260 p., em especial "a atenção aos pensamentos", 72-73, e Mariette Canévet, *Le discernement spirituel à travers les âges*, Paris, Cerf, 2014, 257 p.

44. Cf. Livro IV dos Macabeus, 1,30; Salmos 33,10; Ezequiel 38,10 e Sabedoria 1,3 na versão da Septuaginta.

45. Filipenses 1,9-10: "E eis a minha prece: que o vosso amor seja rico ainda, e cada vez mais, em clarividência e plena percepção [*aisthesei*] para discernir [*dokimadzein*] o que melhor convém". O termo *aisthesis* traduz uma forma de percepção experimental ligada ao tato espiritual, capaz de mobilizar toda a inteligência prática do homem, graças aos sentidos espirituais. Cf. Romanos 12,1-2: "Eu vos exorto, pois, irmãos, em nome da misericórdia de Deus, a vos oferecerdes vós mesmos em sacrifício vivo, santo e agradável a Deus: este será o vosso culto espiritual [*logikèn latreían*]. Não vos conformeis ao mundo presente, mas sede transformados pela renovação da vossa inteligência [*nous*], para discernirdes [*dokimádzein*] qual é a vontade de Deus: o que é bom, o que lhe é agradável, o que é perfeito".

46. O neologismo *mienneté*, derivado do pronome possessivo feminino *mien* + *ité* [minha], é de difícil tradução ou mesmo reprodução por um neologismo em língua portuguesa. Seria algo como "heccidade", o caráter pessoal dos pensamentos, o fato de eles terem origem na liberdade e na vontade do eu. (N. da T.)

mera libertad y querer. Já os outros tipos de pensamentos, vindos do exterior (*de fuora*), tomam o mesmo sentido, o que converge para as referências patrísticas que percorreremos brevemente.

a. No terceiro livro de seu *De principiis*, **Orígenes** († 254) constata que "os pensamentos [*cogitationes*] de nosso coração vêm ora de nós mesmos, ora da estimulação de potências adversas (os demônios)[47], ora de Deus e dos santos anjos quando estes insuflam em nós certos pensamentos"[48]. Essa citação deve ser compreendida no contexto de uma visão geral em que o mundo espiritual encontra a esfera psicológica pela mediação das *cogitationes* ou dos *logismoi*, abrindo assim o imenso campo "alegórico" explorado pela exegese de Orígenes. Por exemplo, ao comentar a imagem do oleiro (Rm 9,18-21), em que se entrecruzam a ação de Deus e a do homem, o autor encontra a pergunta fundamental suscitada pela doutrina dos três tipos de pensamentos.

> Ora o Apóstolo não menciona a ação de Deus no fato de alguém se tornar vaso de honra ou de desonra, mas nos atribui tudo, dizendo: *Se alguém se purifica a si mesmo, será um vaso destinado à honra...* Ora não menciona nossa própria ação, mas parece atribuir tudo a Deus, dizendo: *Porventura o oleiro não é senhor da sua argila para fazer, da mesma massa, tal vasilha de uso nobre, tal outra de uso vulgar?*
>
> No entanto, não há contradição entre essas duas proposições do Apóstolo, é preciso harmonizá-las entre si e fazer de ambas uma única afirmação perfeita. Nossa própria ação não é nada sem o conhecimento [*epistemés*] que Deus tem dela, e o conhecimento que Deus tem dela não nos obriga a progredir se nós mesmos não fizermos algo na direção do bem. Isso porque a vontade livre sem o conhecimento que Deus tem dela e a capacidade de usar dignamente a própria liberdade não pode destinar alguém à honra ou à desonra, mas, em contrapartida, a ação de Deus exclusivamente não pode destinar alguém à honra ou à desonra, se ela não tiver a orientação de nossa vontade [*proairesin*] como uma certa matéria dessa diversidade, conforme ela tenda para o melhor ou para o pior[49].

O princípio que guiou Orígenes em sua hermenêutica literal e alegórica da Escritura[50] antecipa a intuição dos *Exercícios*. De fato, estes dispõem o exercitante a "buscar e a encontrar a vontade de Deus" respeitando o equilíbrio sutil entre a iniciativa gratuita de Deus e o envolvimento da liberdade humana até em seu desejo mais íntimo. Assim,

---

47. Orígenes, *Commentaire du Cantique*, III, GCS 33, 211: "Os pensamentos [*cogitationes*] dos homens são corporalmente os que procedem do coração humano, mas [...] invisivelmente são os demônios que sugerem aos homens pensamentos maus e perversos".

48. Orígenes, *De principiis*, III, 2, 4, Intr., texto crítico, tradução francesa por Henri Crouzel e Manlio Simonetti, col. SC nº 268, Paris, Cerf, 168-175. Ver também L. Lies, L, La doctrina de la discreción de espíritus en Ignacio de Loyola y Orígenes de Alejandria, em J. Plazaola (dir.), *Las fuentes de los Ejercicios Espirituales de san Ignacio*, Bilbao, Mensajero, 1998, 101-121.

49. Orígenes, *Peri Archon*, III, 1, 24, versão grega, col. SC nº 258, 146-151.

50. Henri de Lubac, *Histoire et Esprit, L'intelligence de l'Écriture d'après Origène*, em Œuvres complètes, t. XVI, Paris, Cerf, 2002, 649 p. Quanto à relação entre a natureza e a graça, consulte-se o estudo aprofundado do mesmo autor, modestamente intitulado *Petite catéchèse sur nature et grâce*, recentemente reeditado em Henri de Lubac, *Œuvres complètes*, t. XIV: *Esprit et liberté dans la tradition théologique*, seguido de *Petite catéchèse sur nature et grâce* (200-278), Paris, Cerf, 2013.

a expressão origenesiana segundo a qual "tudo é de Deus" e "tudo é do homem" reverberaria naquela famosa sentença de Inácio que preside a toda decisão e realização dela: "Que a primeira regra de tuas ações seja fiar-te em Deus, como se o sucesso dependesse inteiramente de ti e em absoluto de Deus; da mesma maneira, no entanto, realiza toda ação como se apenas Deus devesse tudo fazer, e tu, nada"[51].

b. Com a *Vida de Antônio*, **Atanásio de Alexandria** († 373) se impôs como testemunha e confidente privilegiado do asceta do deserto, cuja autoridade se tornava mais radiante quanto mais ele se aprofundava na solidão[52]. O bispo também apreciou nesse homem o defensor intransigente do Concílio de Niceia (325), lutando contra a invasão das doutrinas arianas e melecianistas[53], principalmente no Egito.

Essa biografia se impôs rapidamente como o primeiro modelo hagiográfico, sobretudo porque se insere na transparência das referências escriturísticas. Atanásio pretendia demonstrar, por meio dos discursos de Antônio aos monges, que sua vida monástica enfrentava o desafio dos primeiros mártires. Sobre esse pano de fundo de radicalidade, o bispo de Alexandria assinala que "o pai dos monges" se inspirava em Moisés, Elias, Eliseu e Jó, na linha da vida de pobreza à qual o Senhor Jesus convidou seus apóstolos, em consonância com o ensinamento de Paulo.

Os antoninos foram os propagadores dessa *Vida de Antônio* na Idade Média. Toda biblioteca monástica possuía um exemplar dessa obra, que fora traduzida em latim, siríaco, copta e eslavo arcaico. A arte cristã imortalizou seu retrato, figurando-o sob o assalto de tentações conduzidas pelos demônios.

Ainda que essa obra não contenha o compêndio dos três tipos de pensamentos (*logismoi*), como em EE 32, a doutrina correspondente está pressuposta. Nossa investigação se limitará a detectar os empregos mais significativos dos termos *logidzesthai* e *logismos* nos "discursos de Antônio aos monges", reunidos nos capítulos 16 a 43. Tratamos primeiramente desses *logismoi*, dos quais a alma é o tema. Dirigindo-se ao monge iniciante que ficaria tentado a "olhar para trás" (Lc 9,62), depois de haver-se comprometido uma primeira vez com o caminho da virtude, Antônio busca persuadi-lo de que ele dispõe em si mesmo da força capaz de resistir aos medos provocados pelos ataques dos demônios. "O Reino de Deus está dentro de nós" (Lc 17,21) é objeto da seguinte interpretação:

---

51. "*Hoc prima sit agendorum regula: sic Deo fide, quasi rerum successus omnis a te, nihil a Deo penderet: ita tamen iis operam omnem admove, quasi tu nihil, Deus omnia solus sit facturus*". Ver G. Fessard, *La dialectique des Exercices spirituels*, I, Ètude complémentaire sur la sentence ignatienne, 205-263.

52. Atanásio de Alexandria, *Vie d'Antoine*, Intr., texto crítico, tradução francesa e notas de G. J. M. Bartelink, col. SC nº 400, Paris, Cerf, 1994, 432 p. Independentemente dessa biografia, a apologética de Atanásio defende a ortodoxia da fé, privilegiando as armas da demonstração escriturística, como o atesta, por exemplo, a obra *Trois discours contre les ariens*, com tradução francesa e aparato crítico de Adelin Rousseau, e o "guia de leitura" de René Lafontaine, col. Donner raison nº 15, Bruxelles, Lessius, 2004.

53. Melécio de Licópolis é conhecido por haver-se recusado a reintegrar na Igreja os *lapsi repentis*. Em 328, seus sucessores tentaram opor-se à eleição de Atanásio para o assento episcopal da imensa diocese de Alexandria.

> *Vida de Antônio*, 20, 5º: A virtude precisa apenas do nosso querer, visto que está em nós e toma consistência a partir de nós [*ex hemon sunistatai*]. Quando a alma mantém sua faculdade intelectiva [*to noeron*] conforme sua natureza, a virtude se origina. 6º: Mantém-na em seu estado natural quando permanece como foi feita. Ora, ela foi feita muito bela e muito reta. Por isso Josué, filho de Num, dizia ao povo, exortando-o: "Retificai vosso coração diante do Senhor, o Deus de Israel" (Js 24,23). 7º: E João Batista e Isaías: "Tornai retas suas veredas" (Mt 3,3) [...]. 8º: A coisa, portanto, não é difícil, pois se permanecemos tal como fomos feitos, estamos na virtude, mas se projetamos [*logidzometha*] coisas más, somos julgados maus. 9º: Se devêssemos obter a coisa do lado de fora, seria realmente difícil, mas visto que ela está cm nós, abstenhamo-nos de pensamentos [*logismon*] impuros e, como se houvéssemos recebido um depósito, conservemos nossa alma para o Senhor (2Tm 1,14).

Essa restauração real da criatura racional em sua retidão original, não obstante as consequências do pecado adâmico, pressupõe evidentemente a ação redentora de Cristo nosso Salvador, sobretudo porque o Senhor jamais permitiu ao demônio que agisse sem sua autorização:

> 28, 1º: Desde a vinda do Senhor, o Inimigo decaiu e seus poderes se enfraqueceram. 2º: Assim, portanto, ele nada pode, mas como um tirano, mesmo decaído, não é capaz de se manter quieto e ameaça, nem que seja em palavras. Que cada um de vós reflita sobre isso [*logidzestho*]: a partir daí, poderá então desprezar os demônios. 5º: Como eles não estão ligados a corpos, [...] e mesmo por portas fechadas podem entrar e se encontram em toda parte no ar, eles e seu chefe, o diabo, são malévolos e estão prontos para prejudicar, e como disse o Salvador, *o diabo, pai da malícia, é homicida desde o princípio* (Jo 8,44). Ora, estamos vivos agora, e mais, conduzimos nossa vida contra ele. É claro, portanto, que eles não têm poder algum.

Esses parágrafos permitirão que captemos por que o discernimento do bom e do mau espírito se revela tão fácil:

> 35, 4º: É fácil e possível distinguir [*dianonai*] a presença dos bons e dos maus, se Deus o concede[54]. A visão dos santos não é perturbada. *Não gritará, não levantará o tom, não fará ouvir na rua o seu clamor* (Is 42,2; Mt 12,19). Ela ocorre tranquila e suavemente, assim, de imediato, a alegria, o júbilo e a coragem insinuam-se na alma. 5º: *Pois com eles está o Senhor* (Rm 8,31). Os pensamentos [*logismoi*] da alma permanecem sem perturbação e sem agitação, tanto é assim que, iluminada, ela vê por si mesma os que aparecem. Um desejo dos bens divinos por vir a invade [...] 6º: Se ocorrer, no entanto, que, por serem homens, temam a visão dos bons espíritos, aqueles que aparecem logo os livram desse temor por amor, como fez Gabriel com Zacarias (Lc 1,13), o anjo que apareceu na divina sepultura para as mulheres (Mt 28,5) e aquele que no Evangelho disse aos pastores: *Não tenhais medo* (Lc 2,10). Pois o temor que têm deles não vem da pusilanimidade da alma, mas da consciência da presença de potências superiores. Assim ocorre com a visão dos santos.

---

54. Esta passagem é citada por Tomás de Aquino em *S. T.*, IIIa, q. 30, art. 3, ad 3 e em *CA in Lc*, cap. 1, lectio 4.

36. 1º: Ao contrário, a incursão [*epidromé*] e a aparição [*fantasía*] dos maus espíritos se acompanham de perturbações, com ruídos, rumores e gritos, como um rebuliço de jovens mal-educados e de bandidos. 2º: Seguem-se de imediato pusilanimidade de alma, perturbação e desordem de pensamentos [*tarachos kai ataxia logismon*], desânimo, ódio contra os ascetas, abatimento, tristeza, lembrança dos familiares e medo da morte; e depois, desejos maus, negligência da virtude e desregramento dos costumes [*epithumia kakon, ologoria pros ten areten kai tou ethous akatastasia*].

Facilmente se terá notado que as regras inacianas de discernimento próprias da primeira semana, em especial as que definem a *consolação* e a *desolação* (EE 316 e 317), inserem-se nessa tradição, conjugando critérios afetivos com aqueles, mais noéticos, que se enraízam no testemunho da vida de Jesus Cristo manifestado pela Escritura e pelos Evangelhos. Ademais, a doutrina atanasiana sobre a retidão da alma será constantemente acionada por Inácio pela recomendação expressa pela *oração preparatória* (EE 46), que inaugura cada hora de oração.

c. **Evágrio Pôntico** († 399) retomará essa tradição espiritual dos três tipos de pensamento identificados segundo sua origem. "Por uma longa observação, reconhecemos que existe uma diferença entre os pensamentos angélicos, os pensamentos humanos e os que vêm do demônio."[55] Tal doutrina é particularmente descrita em sua obra *Sur les pensées*[56]. Esta se dirige a quem já satisfez as exigências morais e ascéticas descritas no *Traité de la pratique des vertus*, o que lhe permite então o acesso à impassibilidade, a ponto de se tornar um gnóstico (*gnostikos*), "alcançando assim a ciência espiritual e tendendo a elevar-se, pelos diferentes graus da contemplação, até a oração pura e a visão da luz divina"[57]. No entanto, mesmo tendo alcançado esse estado de perfeição, o monge nem por isso será dispensado do combate que sempre lhe caberá "travar, no intuito de adquirir essa perfeita impassibilidade". Nesse contexto, Evágrio relembrará a esse "gnóstico" a doutrina clássica dos três tipos de pensamentos (cap. 8), resumindo-a também quase no fim de seu tratado (cap. 31), para sublinhar o conflito e o combate que eles não cessam de provocar. Em comparação com a doutrina contida na *Vida de Antônio*, notemos que Evágrio busca decifrar a origem dos pensamentos não apenas em seus frutos afetivos e espirituais, mas também pelo conhecimento mais ou menos pertinente que os diversos espíritos oferecem da verdadeira ou falsa vida espiritual, correspondente à vocação e à finalidade última do ser humano. Sabemos, por outro lado, que Evágrio está na origem da doutrina dos oito *logismoi* que acarretam os oito pecados capitais, sendo o último a acídia, espécie de torpor da alma que se tornou incapaz de experimentar o sabor da vida espiritual[58].

Cap. 8: Após uma longa observação, aprendemos a conhecer a diferença existente entre os pensamentos [*logismoi*] angélicos, os pensamentos humanos e os que vêm dos

---

55. *Practicos*, 51, col. SC nº 171, Paris, Cerf, 1971, 617.
56. Evágrio Pôntico, *Sur les pensées*, texto crítico, intr., tradução francesa e notas por Paul Géhin, Claire e Antoine Guillaumont, col. SC nº 438, Paris, Cerf, 1998, 349 p.
57. Ibid., 11-23.
58. Cf. *Antirrhétikos*, Berlim, Frankenberg, 1912. Compararemos posteriormente a "acídia" com a "desolação" inaciana.

demônios. Os dos anjos, para começar, perscrutam a natureza das coisas e buscam suas razões espirituais. Por exemplo: com que objetivo foi criado o ouro [...] ou ainda quais são as funções litúrgicas do candelabro da Tenda, do turíbulo [...]. O pensamento demoníaco, por sua vez, não sabe nem conhece isso, mas sugere, sem nenhuma vergonha, exclusivamente a aquisição de ouro sensível e prediz a fruição e a glória que disso resultarão. Quanto ao pensamento humano, não visa à aquisição nem perscruta o simbolismo do ouro, mas apenas introduz no espírito a forma simples [*ten morfen pschylen*] do ouro, fora de toda paixão de cupidez.

Cap. 31: Ao pensamento demoníaco se opõem três tipos de pensamentos que o bloqueiam [*temmontes*] quando aquele se demora no espírito [*en te dianoia chronidzonta*]: o pensamento angélico, o que vem de nossa vontade [*proaireseos*] quando esta se inclina para o melhor [*rhepousés eis to kreitton*], e o que é provido pela natureza humana [*ho ek tes anthropines anadidomenos phiseos*], sob cuja impulsão mesmo os pagãos amam seus filhos e honram seus pais. Ao pensamento bom se opõem apenas dois pensamentos: o pensamento demoníaco e o que vem de nossa vontade, quando esta se inclina para o pior. No entanto, da natureza humana não sai nenhum mau pensamento, pois não fomos criados maus no princípio, se é verdade que o Senhor semeou uma boa semente em seu campo.

De fato, não é por sermos suscetíveis a alguma coisa que necessariamente temos a potência dela, visto que, podendo não ser, nem por isso temos a potência do não-ser, se for verdade que as potências são qualidades e que o não-ser não o é.

Pois houve um tempo em que o mal não existia e haverá um em que ele já não existirá, visto que as sementes da virtude são indestrutíveis. Prova disso é aquele rico dos Evangelhos, condenado no Hades e que se apieda de seus irmãos (Lc 16,19-31). Ora, a piedade constitui a mais bela semente de virtude[59].

A sinonímia dos termos *pensamientos* (EE 32) e *logismoi* (Evágrio) é evidente. No capítulo 8, Evágrio salienta a neutralidade original do "pensamento" humano diante da aquisição ou não aquisição de bens materiais, o que Inácio afirmará desde o "Princípio e Fundamento" a respeito da extensão do campo deixado ao livre-arbítrio. O capítulo 31 explicita, por sua vez, a origem fundamentalmente boa da vontade, e portanto de seus *logismoi*, tanto é que estes se destinam a permanecer para além do tempo[60].

d. No Ocidente, **João Cassiano** († 433) assegurou a transmissão e a permanência da espiritualidade de Evágrio. Como em Evágrio, suas *Institutiones* e *Conlationes* se dirigem respectivamente aos iniciantes na vida cenobítica pela *prática* das virtudes e aos que avançam para a perfeição da *gnose*. Cassiano trata dos três tipos de pensamentos neste sentido: os *principia cogitationum* provêm *ex Deo*, quando o Espírito Santo se digna a nos visitar imprimindo-se na alma, a fim de que esta extraia disso melhor proveito, ou *ex diabolo*, quando este se transfigura em "anjo de luz", ou *ex nobis*, quando nos lembramos naturalmente do que fazemos e ouvimos[61].

---

59. Ibid., cap. 8, 177-179 e cap. 31, 261-263.
60. Nossas duas citações decerto não salientam suficientemente o alcance unilateralmente pejorativo e demonológico dos logismoi, como enfatizou Heinrich Bacht.
61. JOÃO CASSIANO, *Conlatio abbatis Moysi prima*, I, 19: *De tribus cogitationum nostrarum principiis*, em Conférences I-VII, intr., texto latino, tradução francesa e notas de E. Pichery, col. SC nº 42,

e. O bispo **Diádoco de Foticeia** († 474) é conhecido por haver defendido a doutrina do Concílio de Calcedônia em seu *Sermon sur l'ascension de N. S. Jésus-Christ* contra a deriva messaliana[62]. No entanto, é principalmente sua obra intitulada *Discours de jugement et de discernement spirituels* — ou mais anonimamente *Les cent chapitres gnostiques* —, nos capítulos 26 a 35, que descrevem as exigências do verdadeiro discernimento, que interessa à nossa investigação.

> Cap. 26: É preciso que os que lutam mantenham sem cessar seu pensamento [*dianoian*] ao abrigo das ondulações, para que o intelecto [*nous*] possa discernir as sugestões [*logismous*] que se precipitam para atravessá-lo e deposite nos tesouros da memória os que são bons e vêm de Deus, ao passo que rejeitará os que são perversos [*skaious*] e diabólicos para fora dos depósitos da natureza.
>
> De fato, quando o mar está calmo, o olhar dos pescadores penetra até os movimentos de suas profundezas, e assim quase nenhum dos seres que percorrem essas veredas escapa a seu olhar. No entanto, quando esse mar é agitado pelos ventos, esconde em sua sombria agitação o que ele se deleita em mostrar no sorriso de sua calmaria. Assim vemos então impotente a indústria dos que praticam as artimanhas da pesca; e é o que acontece de toda maneira ao espírito exercitado na contemplação [*paschein ton theorétikon*], sobretudo quando o fundo de sua alma é perturbado por uma cólera injusta[63].

O primeiro parágrafo citado rompe com a tradição de Evágrio e de Cassiano, pois não situa no mesmo plano e de acordo com o mesmo sentido os *logismoi* pessoais e os que vêm do exterior. Diádoco pretende mostrar a responsabilidade intelectual e espiritual de quem terá de fazer uma triagem dos *logismoi* ou "sugestões" segundo sua proveniência boa ou má.

Entre os outros capítulos, apontaremos o objeto da percepção espiritual (*aistesis noos*), que outra coisa não é senão "um sabor penetrante [*gneusis akribés*] de coisas que se discernem" (30). Esse tipo de definição introduz a descrição dos frutos da verdadeira consolação divina:

> Cap. 30: Pois assim como, por nossa percepção corporal do sabor, quando vamos bem, discernimos sem erro o bom do mau e nos voltamos para o que é doce, assim também, quando nosso intelecto começa a se mover em plena saúde e grande desapego, pode perceber com opulência a consolação divina e jamais deixar-se arrastar pelo que lhe é oposto. De fato, como o corpo, ao experimentar as doçuras terrestres, é infalível

---

Paris, Cerf, 99-101. Ver S. ARZUBIALDE, Cassiano e Ignacio. Continuidad y ruptura. Una original aportación de Ignacio en la historia de la Tradición espiritual, em *Las fuentes de los Ejercicios Espirituales de san Ignacio*, 123-186 e MARIE-DAVID WEILL, Le discernement des esprits chez saint Jean Cassien, em *Vies consacrées* 85/1 e 85/2, Bruxelles, 2013.

62. Condenados nos Concílios de Constantinopla e de Éfeso, os messalianos exaltavam a tal ponto a oração contínua como fonte única do acesso à impassibilidade (*apatheia*) que chegaram a negligenciar a eficácia do batismo e dos outros sacramentos e a desprezar a exigência do combate espiritual a ser travado contra o pecado e o demônio.

63. DIÁDOCO DE FOTICEIA, *Cent chapitres sur la perfection spirituelle*, com tradução francesa e notas de Édouard des Places, col. SC nº 5*bis*, Paris, Cerf, 1955, 206 p.

> na experiência de sua percepção, assim também, quando o intelecto jubila acima dos desejos da carne, pode experimentar sem erro a consolação do Espírito Santo: "Provai e vede como o Senhor é bom" (Sl 33,9) [...]
>
> Cap. 31: Quando nosso intelecto começa a perceber a consolação do Espírito Santo, então também Satanás consola a alma pela percepção de uma falsa doçura, quando sucumbimos à influência de um sono muito leve. Se então o intelecto se ativer fortemente, numa lembrança ardente, ao santo Nome do Senhor Jesus e se servir desse Nome santo e glorioso como de uma arma contra a ilusão, o impostor renuncia à artimanha e se volta então contra a alma para uma guerra pessoal. Por consequência, reconhecendo exatamente a ilusão do maligno, o espírito progride mais na experiência do discernimento.

É fácil identificar as afinidades de certas regras inacianas de discernimento com as diretrizes dadas por Diádoco, especialmente a correspondência de EE 334 e 335 com este parágrafo 30. Mais adiante, Diádoco volta a concentrar sua doutrina do discernimento no Espírito de Amor, fonte e fim da verdadeira consolação.

> Cap. 34: Esta inflama tanto a alma para o amor de Deus que todas as partes da alma aderem então inefavelmente à doçura do divino desejo, numa simplicidade infinita de disposições. Pois o espírito é então como que fecundado pela ação espiritual e jorra numa fonte de amor e alegria.

A 15ª Anotação dos Exercícios se insere nessa mesma tradição, que reencontraremos a propósito das duas primeiras regras da segunda semana (EE 329-330). Máximo, o Confessor, retomará essa tradição da excelência da caridade.

f. Máximo, o Confessor († 662) coroa a linhagem dos grandes teólogos especulativos bizantinos. O Concílio de Constantinopla III ratificou sua doutrina cristológica do ditelismo. Esta garante a integridade e o exercício real da vontade propriamente humana do Filho de Deus encarnado, principalmente quando, no momento de sua agonia, pediu ao Pai que o liberasse daquela hora, assumindo assim a insubmissão pecadora de todo homem, a fim de convertê-la em sua própria obediência propriamente humana[64].

Suas *Centuries sur la charité*[65] estabelecem uma doutrina propriamente espiritual dos *logismoi* inspirados "por essa rainha das virtudes". Compreendida como a grande força de unificação que sela a unidade de Deus e do homem em Jesus Cristo, a caridade permite que se ultrapasse a dupla oposição cultivada por Evágrio entre a etapa da prática ascética das virtudes e a da impassibilidade, como também entre o conhecimento acessível à fé e o de uma gnose que se embrenha na ignorância entenebrecedora da essência divina (Dionísio). Isso porque para Máximo o conhecimento de Deus não é o objetivo da caridade, e sim, mais exatamente, "o fruto da caridade" (1, 47). "O objetivo dos preceitos do Salvador é levar a seu amor e ao do próximo, de onde jorra, como um raio, o ato do santo conhecimento" (4, 56).

---

64. René Lafontaine, La liberté du Christ en agonie selon Maxime le Confesseur, NRT 125/4, 2003, 574-595.

65. Máximo, o Confessor, *Centuries sur la charité*, intr. e tradução francesa de Joseph Pegnon, col. SC nº 8, Paris, Cerf, 1943; ver em particular *Troisième Centurie*, nos 42 e 43, 136-137.

> A obra mais perfeita da caridade é fazer com que, por troca mútua das maneiras de ser, as particularidades dos diversos seres que ela uniu se tornem intercambiáveis como seus nomes. O homem é feito Deus; Deus toma a qualidade de homem e se manifesta como tal. Ambas as intenções, ambas as atividades se conjugaram na unidade da vontade livre e já não podem separar-se[66].

Esse breve fragmento já nos aproxima dos *Exercícios* e dos preâmbulos à "Contemplação para alcançar o amor" (EE 230 e 231). No entanto, do ponto de vista do nosso questionamento sobre a composição dos *logismoi*, cumpre reconhecer que esse poder unificador próprio da caridade permite purificar o *eros* original, tal como marcado pelo "logos de indignidade" herdado de Adão, a fim de que a liberdade recupere sua retidão e sua paixão primordial, ao adotar a postura pessoal ou o *tropos* inspirado pela caridade[67]. Assim, o *logismos empathés*, o pensamento apaixonado, composto híbrido de uma representação puramente intelectual e de uma paixão, só pode ser sublimado pela "bem-aventurada paixão da santa caridade", pois nosso conhecimento das realidades divinas, mesmo esclarecido pela fé, permanece enigmático durante nossa condição terrestre.

> *Centuries sur la charité*, 3, 67: Assim como o simples pensamento [*ho psylos logismos*] sobre uma coisa humana não leva forçosamente o espírito às coisas divinas, o simples conhecimento [*psyle gnosis*] das coisas divinas não leva efetivamente ao desprezo às coisas humanas, porque neste mundo a verdade só aparece em sombras e em figuras. Por isso é necessária essa bem-aventurada paixão da caridade [*makariou pathous tes hagias agapés*] para fazer o espírito aderir aos objetos da contemplação espiritual e fazê-lo preferir, ao material o imaterial, ao sensível, o espiritual e o divino.

Assim, "se amamos a Deus sinceramente, esse mesmo amor afugenta nossas paixões" (3, 50). Inversamente, "os preceitos do Senhor nos ensinam a fazer um uso sensato das coisas indiferentes. Ora, o uso sensato das coisas indiferentes estabelece a alma na pureza, o estado de pureza produz o discernimento, o discernimento interior produz a liberdade interior, e a liberdade interior, o amor perfeito" (4, 91). Inácio não ratifica essa eficácia exclusiva atribuída por Máximo à caridade, em particular pela *discreta caritas*[68]? Eis uma pergunta que deveria mobilizar nossa atenção. Por ora, estamos aptos a melhor compreender o que está em jogo nas seguintes máximas:

---

66. *Lettres*, 2, PG, 91, col. 392 ss.
67. Para aprofundar a doutrina de Máximo, convém reconhecer a pertinência da distinção estabelecida por ele para esclarecer a antropologia da liberdade humana: *logos* e *tropos*. Cf. Opuscule 20: "Por um lado, na medida em que é natural, [nossa vontade] não é contrária [a Deus]; por outro, quando não a movemos de modo conforme à natureza, então se evidencia que ela é contrária e não raro resiste a Deus, donde se segue que pecamos. Isso porque a oposição à razão e à lei tem por causa o *modo de movimento* [*tropos kinèséôs*] que corresponde a um mau uso, e não *a razão da faculdade* [*logos dunaméôs*] que é conforme à natureza, visto que a vontade se coaduna com Deus e não lhe resiste quando é marcada e movida conforme à natureza, mesmo que não possua a união com Deus".
68. Cf. H. Rahner, *Saint Ignace de Loyola et la genèse des Exercices spirituels*, em particular o cap. 3, 63-136; Ignacio Iglesias, verbete "Discreta caritas", em DEI 616-623.

41º: Toda a guerra [*polemos*] que o monge trava contra os demônios visa a separar as paixões [*pathé*] das representações [*noematon*]: caso contrário, não poderá ver as coisas [*pragmata*] estando livre das paixões [*apathos*]. 42º Uma coisa é o objeto, outra uma representação [*noema*], outra coisa ainda uma paixão. Por exemplo, um homem, uma mulher, a prata, são objetos; a simples lembrança [*mneme pschilon*] desses objetos, eis uma representação; uma afeição insensata [*philia alogos*] ou uma ira cega [*misos akriton*] por esses mesmos objetos, eis uma paixão. Ora, a luta que o monge trava se dirige contra a paixão. 43º: Uma representação apaixonada [*noema empathés*] é um pensamento composto de uma representação e de uma paixão [*logismos sinthetos apo pathous kai noematos*]. Separemos paixão e representação, e resta apenas o simples pensamento. Ora, nós os separamos pela caridade espiritual e pelo domínio de nós mesmos, se quisermos.

Tomas Spidlik aproxima essa "separação" das representações apaixonadas da "indiferença" inaciana[69].

2. Algumas referências a autores latinos

a. Se nos referimos agora à tradição espiritual latina, embora muito sumariamente, cumpre atribuirmos um lugar insigne a **Bernardo de Claraval** († 1153), que influenciou consideravelmente toda a espiritualidade da Idade Média. Não obstante a diferença de contexto cultural e polêmico, o discernimento bernardiano[70] apresenta inúmeras analogias com o pensamento de Máximo: principalmente, o foco *teologal* na Revelação do Amor divino. Refletido em seu *Tratado sobre o amor de Deus*, Bernardo nele elaborou seus famosos quatro graus[71]. O último dos graus se caracteriza pela integração da antropologia do "amor de si", porém finalmente assumido e sublimado na pura vontade de amar unicamente a Deus, o que implica a deificação da afetividade humana: *Sic affici deificari est*[72].

No entanto, tal sublimação só pode realizar-se por meio de uma *estratégia* de discernimento dos espíritos, um desafio cuja complexidade Bernardo enfrentou em toda a sua inteireza. Segundo Dominique Bertrand, essa estratégia implica tratar a contrariedade dos afetos

> recusando-se a reduzir o amor ao amor, e fazer com que os que são chamados a "amar desmedidamente" reconheçam que a grandeza do amor é impelida pela inteligência, sendo também uma sabedoria, uma bondade, uma felicidade. É assim que Bernardo devolve o homem em suas faculdades mestras, e primeiramente em sua inteligência, para

---

69. *Ignace de Loyola et la spiritualité orientale*, 191.

70. Dominique Bertrand, Le discernement bernardin entre les pères du désert et Ignace de Loyola, em *Collectanea Cisterciensia* 64, 2002, 5-16.

71. *Dil.* 18, col. SC nº 393, Paris, Cerf, 1993, 235: Os graus do amor são estes: "o homem ama a si mesmo; ama a Deus como a alguém que lhe é necessário; ama a Deus por quem Ele é; ama a si mesmo unicamente para Deus".

72. *Dil.* 28, 132-135. Ver também Étienne Gilson, *La théologie mystique de saint Bernard*, Paris, Vrin, 1934, 40-41, sobre o que Máximo emprestou da teologia do êxtase expressada em termos de *excessus*.

sua carne, levando em conta todos os afetos e todas as complicações internas e externas próprias de sua condição carnal[73].

Neste âmbito, a reflexão bernardiana foi constantemente estimulada pela direção espiritual de um grande número de irmãos, como o demonstra a abundância de suas *Cartas*.

Consagrando-se inteiramente à pesquisa e à exposição da "ciência" teológica, na medida em que esta assume em si a filosofia, Tomás de Aquino quase não se envolveu com a prática da direção espiritual, tanto é que sua *Suma teológica* não dedica nenhuma questão — nem sequer um verbete — ao "discernimento dos espíritos", sendo este provavelmente do âmbito da virtude da prudência.

b. Inácio, por sua vez, aprendeu pela leitura pessoal da *Vida de Cristo* de Ludolfo, o Cartuxo, como esse autor enraíza a interpretação dos três tipos de pensamentos referindo-se a Jerônimo, a Agostinho e a Anselmo, no capítulo que dedica "às falsas tradições dos fariseus" inspiradas em Mateus 15,1-20.

> *É do coração que provêm os maus pensamentos* [*pensamientos malos*] (Mt 15-19). Segue-se que o demônio, embora possa nos sugerir o pensamento do mal, não pode inspirar em nós o consentimento [*consentimiento*], única coisa que constitui formalmente o mal. A máxima do Salvador, diz **São Jerônimo**, convence do erro aqueles junto aos quais os maus pensamentos [*pensamientos*] nasceriam do Espírito maligno e não da vontade. É verdade que Satanás pode excitá-los, mas não pode formá-los em nós; ele não é o autor, mas o instigador. Se, pelas armadilhas que ele não para de nos lançar, tenta atiçar a mais leve faísca de paixão desregrada, não devemos concluir daí que ele penetra os segredos do nosso coração; mas simplesmente que julga nossas inclinações interiores segundo nossas disposições exteriores ou a partir de certos sinais sensíveis. [...]
>
> **Agostinho** afirma: "Temos certeza de que o diabo não é a origem dos pensamentos internos da alma; mas sabemos por experiência que ele os suscita pelos sentimentos carnais e pelas afeições da alma. Por outro lado, os segredos do coração são conhecidos apenas por aquele sobre quem é dito: 'somente tu conheces o coração de todos os filhos dos homens' (1Rs 8,39).
>
> Além disso, nem todos os nossos pensamentos maus são suscitados pelo diabo, alguns emergem por vezes de nosso livre-arbítrio; em contrapartida, os pensamentos bons [*pensamientos buenos*] são sempre de Deus"[74].

Ludolfo cita, por fim, **Santo Anselmo**, quanto à maneira de resistir aos pensamentos maus:

> Eis como podeis resistir a toda vontade ou pensamento ruim. Não entreis em conflito com elas; mas quando elas vos agredirem, mobilizai firmemente vosso espírito por um pensamento ou sentimento útil. Pois nenhum desses pensamentos vindos do exterior pode ser afugentado, a menos que seja expulso por outro que lhe é oposto. Assim, quando buscardes orar, ou realizar uma boa meditação, se pensamentos inoportunos se

---

73. D. Bertrand, Le discernement bernardin, 11-13.
74. GV I, 88, 6°, que traduzimos para o francês a partir da versão castelhana.

revelarem contrários à vossa vontade, não desistais jamais, por causa da inoportunidade deles, da iniciativa que haveis começado a realizar. Ao recuardes assim, regozijaríeis o instigador deles, que é o diabo[75] [...].

Essa forma de resistência será retomada nas regras de discernimento próprias da primeira semana, particularmente em EE 319.

3. Voltemos a Inácio

a. Contrariamente à maioria dos que elaboraram no passado uma doutrina do discernimento dos espíritos efetivamente reservada àqueles que já se encontravam comprometidos com uma vida consagrada e monástica, os *Exercícios* nos propõem um tipo de discernimento destinado a um público a um só tempo amplo e mais restrito, visto que se dirigem especialmente aos que desejam decidir, diante de Deus, a opção que determinará irrevogavelmente sua vida. O discernimento inaciano faz o caminho de volta até a raiz da liberdade, de onde emergirá "a eleição" central.

b. Nesse livro, a representação própria do pensamento (*pensamiento*) está a tal ponto ligada à imagem simbolizadora da coisa a ser contemplada, que mesmo a meditação sobre realidades tão invisíveis como os pecados deve ser projetada na tela da imaginação: "considerar aprisionado neste corpo corruptível todo o meu ser humano, desterrado neste vale entre animais ferozes" (EE 47). Tais imagens não raro se inspiram aliás na oração dos Salmos, por exemplo em EE 58, 5º: "olhar-me como uma chaga e um tumor, donde saíram tantos pecados e tantas maldades e tão medonho veneno". Isso porque, se é verdade que em seu espírito o homem pecador é conivente com o pecado radical do anjo decaído (EE 50), seu pecado deriva também da queda adâmica significada pela expulsão do universo harmonioso do paraíso, ferindo consequentemente sua carne até em suas projeções imaginárias "desordenadas" (EE 51). O *pensamiento* inaciano é, portanto, mais que a resultante do procedimento discursivo que atua por abstração do dado sensível, visto que está imbuído de uma "visão imaginativa" (EE 47) que realiza, segundo a linguagem escolástica, uma *conversio ad phantasmata*. Independentemente dessa racionalidade inspirada por Aristóteles, a linguagem hebraica da Bíblia sugere jamais nos emanciparmos da imagem.

c. Além disso, essa forma de representação é afetivamente traspassada pela "consolação ou desolação". Depois de haver definido a "consolação" e seu contrário, que é a "desolação" (EE 316-317), Inácio concluirá que essa contrariedade afeta os "pensamentos".

> 317, 4º: Pois assim como a consolação é contrária à desolação, do mesmo modo os pensamentos [*pensamientos*] que saem [*que salen*] da consolação são contrários aos pensamentos que saem [*que salen*] da desolação.

O interesse desse enunciado reside na identificação da proveniência quase exclusiva e direta dos *pensamientos*, sem corresponder à distinção estabelecida em (EE 32). Será possível, a partir daí, conciliar essas duas abordagens aparentemente tão divergentes?

---

75. GV I, 88, 7º.

Veremos que a "consolação", bem como a "desolação", não se limitam ao puro sentimento afetivo e subjetivo que acompanha uma "representação", mas são fundadas numa forma de objetividade que se abre ou se fecha ao dinamismo espiritual desencadeado pela história da salvação em Jesus Cristo. Nesse sentido, a doutrina inaciana pode coadunar-se com a de Máximo, o Confessor, segundo o qual o monge é chamado a "dissociar a representação de sua paixão irracional", graças à virtude da caridade. Semelhantemente, em Inácio a consolação designa em última instância "todo aumento de fé, esperança e caridade, bem como toda alegria interna, que chama e atrai para as coisas celestes" (EE 316, 3º), ao contrário da desolação.

d. Diante da tradição espiritual que abordamos superficialmente, convém também lembrar que EE 32 tem por única função introduzir procedimentos de exames de consciência e as meditações da primeira semana, salientando a responsabilidade moral do ser humano quando se tratar de "pedir contas a si próprio" (EE 25 e 43: *demandar cuenta al ánima*). Eis por que EE 32 pressupõe a prioridade da ipseidade dos meus "pensamentos" experimentalmente verificado: *uno proprio mío, es a saber de my mera libertad y querer*, sem em absoluto requerer a ampliação dessa triplicidade à influência imediata e arquetípica de Deus, que será apresentada posteriormente, em EE 330.

Esse exemplo nos serve de lição. Se buscamos entender a lógica interna dos *Exercícios*, não devemos ceder à tentação de identificá-los com uma doutrina que se imporia *a priori* como uma síntese capaz de recapitular todos eles; convém primeiramente submeter a pertinência de cada regra inaciana ao momento preciso em que ela se impõe como uma etapa particular, inserida no interior de um processo dinâmico que abarcará o conjunto dos *Exercícios*.

e. A recepção dessa teoria dos três tipos de "pensamentos" suscitou inúmeras interpretações, perceptíveis desde a época dos *Diretórios* dos Exercícios, publicados em 1599. Voltaremos a eles mais adiante, ao tratar da *seção sobre a eleição*. Notemos desde já que no século XVII certos comentadores dos *Exercícios* simplesmente evitaram essa doutrina que sustenta o edifício das regras do discernimento. Assim, Luis DE LA PALMA, SJ († 1641), reduz o percurso dos *Exercícios* às três vias — purgativa, iluminativa e unitiva; portanto, a eleição deixa de ocupar aí um lugar central, pois a seu ver o trabalho de discernimento se confunde com a prática do *habitus* próprio da virtude da prudência, distanciando-se por conseguinte da compreensão factual das *moções* que constituem a maneira inaciana desse discernimento. Já A. GAGLIARDI, SJ († 1607), em *Commentarii*, negligencia a explanação desses três tipos de "pensamentos", emaranhando-a naquela distinção casual que marca o caráter "extraordinário" ou "ordinário" dessas experiências místicas. O cardeal C. BONA († 1874), por sua vez, compôs um impressionante tratado, *De discretione spirituum*, em que se refere a esses três tipos de pensamento, confessando "que é difícil discernir, em princípio, o instinto ou a moção intrínseca da que é extrínseca", porque "o instinto que provém do homem pecador sempre impele ao mal", o que pertence a uma concepção muito pessimista da natureza humana[76].

---

76. Quanto a esse tipo de investigação, nossa referência será JOSEPH PEGNON, em DS, III, verbete "Discernement des esprits", cc. 1271-1281.

Atualmente a correta compreensão cristã e antropológica dessa doutrina constitui um desafio, na medida em que as hermenêuticas da desconfiança se infiltraram em todos os níveis da cultura moderna. Assinalemos a esse respeito a transição efetuada por Karl JASPERS, quando substitui o *Cogito, ergo sum* de Descartes por seu *Eligo, ergo sum*, decididamente ancorado no ato voluntário. Será que sua reflexão nos aproxima, então, da lógica existencial dos *Exercícios*? Lamentavelmente, esse filósofo existencialista jamais designa "as cifras da Transcendência" a ponto de aí detectar o sustentáculo metafísico da criação por Deus como origem absoluta do ser, nem a possibilidade do perdão do Redentor revelado na religião cristã, visto que "Deus morreu"[77].

Aqueles que hoje acompanham os exercitantes comprometidos com os trinta dias sabem muito bem que o cristão que tenha alguma abertura para a transformação atual das ciências humanas sente dificuldade em reconhecer a pertinência da liberdade humana em exercício e da influência dos espíritos que caracterizam o desafio do combate espiritual[78]. No entanto, essa complexificação das mediações que atuam na alma não apresenta somente impedimentos ao desenvolvimento da vida espiritual, pois pode proporcionar também a ocasião exigente de uma purificação da verdadeira fé e do discernimento que ela envolve. De acordo com o testemunho daqueles que estão encarregados da missão eclesial do exorcismo, nossa cultura apresenta ao menos a vantagem de não ver o demônio em toda parte, como a demonologia antiga o fazia, exagerando-o, mas de atribuir com frequência tais fenômenos a projeções oriundas de um psiquismo fragilizado. Bernardo de Claraval já havia indicado quão oportuna era essa distinção:

> Mas quem pode se observar com suficiente diligência e conhecer todos os movimentos internos produzidos nele próprio ou por ele próprio com suficiente lucidez para distinguir com certeza, nos sentimentos proibidos de seu coração, a parte que pertence à doença de seu espírito [*morbum mentis*] e a que resulta da mordida da serpente [*morsum serpentis*]? Para mim, nenhum mortal o conseguiria, a menos que fosse especialmente esclarecido pelo Espírito Santo e tivesse recebido aquele dom que o Apóstolo, em sua enumeração dos carismas espirituais, chama o discernimento dos espíritos[79].

---

77. M. DUFRENNE; PAUL RICŒUR, *Karl Jaspers et la philosophie de l'existence*, Paris, Seuil, 1947: ver 2ª parte, cap. 2: La liberté existentielle, 133-152 e 4ª parte, cap. 3, 4º: Jaspers et la conciliation religieuse, 389-393. Segundo esses dois intérpretes, a concepção das "cifras da existência" própria da "liberdade existencial", segundo Jaspers, não oferece "meio termo entre o Deus a quem rezamos e o homem que só dialoga consigo mesmo no ápice de sua consciência" (p. 389), pois "a liberdade é algo que se toma, se não de Deus, ao menos da tentação de Deus, da fábula de Deus, sempre renascente no interior da fraqueza humana" (390). "A vocação de um humanismo heroico oriundo de Jaspers se aparenta à de Nietzsche, dois autores que denunciam toda tentativa de chegar a uma harmonia transcendente, na medida em que ela seria oriunda de um resíduo da ideia de criação divina; ele se cansaria de tentar exorcizar todas as imagens de Deus que sobrevivem à sua morte" (391). Consultar também X. TILLIETTE, *Karl Jaspers, Théorie de la vérité, métaphysique des chiffres, foi philosophique*, Paris, Aubier, 1959; ver parte II: Le langage de la transcendance, 2ª seção: Le débat de la foi philosophique, 189-228.

78. Cf. JOSEPH MAC AVOY, Direction spirituelle et psychologie, em DS III, col. 1143-1163. Mais especificamente dedicado aos *Exercícios*, podem ser consultados os estudos mencionados por JOSÉ VICENTE BONET, verbete "Psicología y Ejercicios", em *DEI*, II, col. 1510-1514.

79. *Sermon sur le Cantique des cantiques*, 2, 6, col. SC nº 431, Paris, Cerf, 1998, 458-459.

Seja como for, permanece pertinente nos dias de hoje o diagnóstico já estabelecido por Karl Rahner em 1958:

> O homem de hoje, com o sentimento espontâneo que tem da vida, dificilmente estará disposto a considerar o que ele descobre em sua consciência como uma ação supremamente pessoal de Deus e a ver em seus estados de alma, seus impulsos, suas "consolações" e "desolações" um efeito do poder transcendente. Em vez disso, pensará nos hormônios, nas influências da época, nas necessidades impostas ao caráter pela biologia hereditária, no eco do subconsciente, nos complexos e em tantas outras coisas, antes de chegar a pensar que lá estão em ação Deus, seu anjo e seu demônio. Admitirá que todas essas experiências do mundo íntimo da alma possam ser consideradas importantes no plano religioso e pertencentes ao âmbito de um julgamento moral. No entanto, que possam ser efeito direto de Deus, essa ideia não lhe será facilmente luminosa nos dias de hoje[80].

Abre-se assim a tarefa de medir a pertinência desses *Exercícios* redigidos no século XVI para o homem moderno, marcado pelo agnosticismo próprio da secularização. Como será que sua consciência pode se abrir para a misteriosa realidade do pecado, "invisível" em si, e no entanto universalmente perceptível na extensão universal da alienação e da injustiça a que o homem está submetido, em todas as suas dimensões, pessoais, sociais e cósmicas? Sob esse aspecto, os *Exames de consciência* inacianos não se apoiarão no discernimento *do bom e do mau espírito*, e menos ainda *do anjo ou do demônio*, mas apenas em atos humanos, cujos graus de responsabilidade e de gravidade deverão ser avaliados racionalmente[81].

C. AS DUAS FORMAS DE EXAME DE CONSCIÊNCIA (EE 24-44)

As duas formas de exame de consciência podem ser integradas entre os pressupostos da doutrina inaciana, na medida em que extrapolam a especificidade de cada uma das quatro semanas e estão imperativamente sujeitas à doutrina moral ensinada pela Igreja, em especial na época de Inácio[82].

No entanto, é também uma outra forma de pressuposição que regulará em especial a compreensão das *meditações sobre os pecados* propostas na primeira semana (EE 45-72),

---

80. *Éléments dynamiques dans l'Église*, 99-100.
81. Não é assim que a *Secunda Pars* da *Suma teológica* de Tomás de Aquino inicia o imenso caminho de retorno do homem livre para seu Deus? Depois de haver avaliado a extrema bem-aventurança prometida ao homem (cf. EE 15), o doutor medieval inicia seu percurso delimitando a parte do voluntário e do involuntário no ato humano (EE 32-43), a fim de apreender tudo o que esse ato contém como potencialidades e fraquezas naturais (EE: primeira semana). Na sequência, Tomás analisará o acréscimo de graças e dons prometidos pelo Espírito, que "aperfeiçoam a natureza, sem destruí-la" (EE: as três últimas semanas). É evidente, por outro lado, que esse paralelismo deve ser temperado pela diferença de gênero literário e de finalidade entre a *Suma* e os *Exercícios*.
82. Todo esse conjunto foi notavelmente tratado por Pierre Gervais, Examens et confession générale, em *Les Exercices spirituels de saint Ignace, Un commentaire littéral et théologique*, 69-84.

bem como todas as contemplações da vida de Cristo nosso Senhor desenvolvidas até o final dos *Exercícios*: a oração preparatória a ser repetida no início de cada hora de oração:

> [...] pedir graça a Deus nosso Senhor para que todas as minhas intenções, ações e operações sejam puramente ordenadas a serviço e louvor de sua divina Majestade. (EE 46[83])

Esse pedido de graça implica que cada iniciativa tomada por minha liberdade (cf. EE 32), de acordo com todas as etapas de sua gênese, responde à exigência da retidão teologal já formulada como conclusão do "Princípio e Fundamento" (EE 23). Inúmeras passagens dos Evangelhos nos convidam a captar esse ato pontual de pedido de graça dirigido a Deus como algo soberanamente eficaz. Por outro lado, a recepção humana dessa graça em tudo o que ela solicita de conversão pessoal postula um ambiente espaço-temporal que extrapola amplamente o caráter pontual desse ato de petição. Eis por que o redator dos *Exercícios* propõe certo número de *adições*, exigindo que o dia inteiro seja coberto por três exames pontuais, de manhã, ao meio-dia e à noite, a fim de concretizar um autodomínio capaz de favorecer a ordenação da liberdade para a perfeição da vocação cristã (EE 23-31).

Nossa intenção de explicar todos os filamentos que ligam estreitamente essas duas formas de exame, *o exame geral de consciência* (EE 32-42) e o *modo de praticar todos os dias* (EE 43), deverá incluir as *regras de discernimento dos espíritos* propostas desde a primeira semana (EE 313-327), que abrirão o campo das ressonâncias psico-espirituais provocadas na pessoa que terá dedicado suas cinco horas de oração cotidiana à meditação sobre os pecados em todas as suas formas.

Se considerarmos agora a gênese da redação desses dois tipos de exame, nós nos apoiaremos na autoridade de S. Arzubialde, para quem o *exame particular* (EE 43) seria da lavra do próprio Inácio, ao passo que o procedimento do *exame geral de consciência* se inspiraria diretamente no *Confessional* que dita aos padres a maneira de preparar os leigos para a confissão geral[84]. Esse *Confessional* já propunha que se catalogassem os pecados em função dos pensamentos, das palavras e das ações do penitente, acrescentando uma catequese relativa à distinção entre *o pecado mortal e o pecado venial*. *O relato do peregrino* explica seu impacto durante a primeira conversão de Inácio[85]. A pesquisa histórica realizada por J. Calveras permitiu salientar os acentos particulares de sua retomada nos *Exercícios* inacianos[86]; nossa apresentação levará isso em conta, sem contudo propor um comentário exaustivo e detalhado de EE 33-44. Preocupados em apreender os textos mais originalmente inacianos, daremos prioridade ao *exame particular* proposto em EE 43.

---

83. Quando nos propusermos comentar a primeira meditação dos três pecados, precisaremos justificar a pertinência de nossa tradução.

84. Cf. S. Arzubialde, *Ejercicios Espirituales de S. Ignacio, Historia y Análisis*, 90 e 99-102.

85. *O relato do peregrino*, nº 11.

86. J. Calveras, Los "confesionales" y los ejercicios espirituales de San Ignacio, em AHSI 17 (1948) 51-101.

1. O exame particular (EE 24 a 31 e 43)

Os cinco pontos que estruturam esse exame segundo EE 43 merecerão ser analisados por si mesmos, para que seja captada sua originalidade, ainda que eles se inspirem globalmente na tradição ascética e mística dos Padres da Igreja.

Non coerceri maximo, contineri tamen a minimo divinum est[87]. Esse adágio, gravado na tumba de Santo Inácio, expressa bem o espírito que norteou a redação das regras. O *sempre maior*, tomando a forma do menor, persegue o caos primitivo até seus menores recessos[88]. Seja qual for o alcance das meditações propostas durante essa primeira semana, Inácio se abstém cuidadosamente de negligenciar as microdecisões de que o dia do exercitante está repleto, de seu despertar a seu adormecer. O eixo de tais regras é a necessidade de progredir na tarefa de "emendar-se do pecado ou defeito" que ele escolheu combater (EE 24 a 31); a última regra de ortodoxia explicita a gravidade disso:

> […] Assim, também o inimigo da natureza humana nos rodeia, observando todas as nossas virtudes teologais, cardeais e morais. E nos ataca, procurando vencer-nos, onde nos acha mais fracos e necessitados para a salvação eterna. (EE 327)

Progredir da manhã até o meio-dia e do meio-dia até a noite, marcando três vezes uma pausa consagrada a esse exame particular, chegando a medir o desempenho nesse combate com gráficos cotidianos estendidos por uma semana "a fim de permanecer no que foi conquistado" (EE 18 e 25-31), é algo que manifesta a que ponto o caráter obsessivo de seu autor pôde servir-se disso para "nossa salvação eterna": "A amplitude das perspectivas jamais nos exime da precisão pedagógica"[89]. Uma vez prepósito geral da Companhia de Jesus, Inácio considerava que esse tipo de *self-control* devia ser mantido a qualquer custo, ao passo que o acréscimo de trabalho apostólico podia por vezes exigir o abandono da hora de oração cotidiana[90]. Diferentes *diretórios* e certas recomendações das *Constituições* próprias da Companhia de Jesus confirmam a excelência dessa prática[91]. Inácio não era o único a sustentar essa recomendação, visto que, por sua vez, autores representativos da corrente da *devotio moderna* preconizaram essa exigência[92].

---

87. Eis o texto completo desse louvor fúnebre de Inácio: "*Cuius animus vastissimo coerceri non potuit unius orbis ambitu, eius corpus humili hoc augustoque tumulo continetur./Qui magnum aut Pompeium aut Caesarem aut Alexandrum cogitas, aperi oculos veritati: maiorem his omnibus leges Ignatium. Non coerceri maximo, contineri a minimo divinum est*", citado e comentado por Hugo Rahner, *Ignatius von Loyola als Mensch und Theologe*, 400-424.

88. E. Przywara, *Deus semper major*, I, 126-127.

89. Inácio de Loyola, *Les Exercices spirituels*, tradução francesa e notas de F. Courel, col. Christus nº 5, Paris, DDB, 1960, p. 33 em nota.

90. P. Gervais, Examens de conscience et confession générale (22-44), em *Les Exercices spirituels de saint Ignace, Un commentaire littéral et théologique*, 69-70.

91. S. Arzubialde, *Ejercicios Espirituales de S. Ignacio, Historia y Análisis*, 95.

92. Ibid., 91-94. O exame particular é especialmente recomendado pela Imitação de Cristo, livro I, XIX, 4º: "Se não podes te recolher continuamente, faze-o ao menos de tempos em tempos e uma vez por dia, seja pela manhã, seja à noite. Pela manhã, faze uma resolução. À noite, examina tua conduta:

Essa vigilância contínua se concretiza na prática do exame de consciência cotidiano em EE 43:

> 1º: dar graças a Deus, nosso Senhor, pelos benefícios recebidos; 2º: pedir graça para conhecer os pecados e rejeitá-los; 3º: pedir contas a si mesmo, repassando o período desde o momento de se levantar até o exame presente, hora por hora ou período por período. Primeiro, dos pensamentos. Depois, das palavras. Finalmente, dos atos. Usar a mesma ordem indicada no exame particular; 4º: pedir perdão a Deus nosso Senhor pelas faltas; 5º: fazer o propósito de se emendar com a sua graça. Rezar o Pai nosso.

Fruto da lavra inaciana, essa série de cinco pontos é uma pura joia reluzente de sabedoria não só prática, como lógica[93]. Sua estrutura concêntrica evidencia a centralidade de um "exame de consciência" confiado exclusivamente à responsabilidade da alma, em conformidade com os critérios do exame geral que assinala a gravidade dos pecados em função da gênese de toda liberdade: os pensamentos, as palavras e as ações (3º). Por sua vez, esse exame é submetido à exigência de realização de dois atos precedentes e subsequentes que, em seu conjunto, evidenciam a graça preveniente e a graça adjuvante que cabem exclusivamente a Deus (1º, 2º, 3º e 4º).

O primeiro grupo realiza existencialmente em atos o fato de que os "pecados" pertencem ao mistério da oposição à Bondade infinita (EE 52). Estes, portanto, não podem ser "reconhecidos e rejeitados senão por um pedido de graça" (2º), ela própria precedida pela ação de graças rendida a Deus nosso Senhor "pelos benefícios recebidos" (1º), visto que o pecado se opõe à gratuidade da salvação oferecida por Deus.

O segundo grupo recomenda dois atos consequentes do exame de consciência: o pedido de perdão (4º) e o firme propósito de se emendar (5º). Seu ordenamento interno merece ser justificado, pois o regulamento da confissão sacramental pressupõe que a absolvição seja concedida pelo padre somente depois que o penitente tenha enunciado seu firme propósito de emendar-se no futuro, em conformidade com as prescrições estabelecidas pelo *Confessional* em vigor no tempo de Inácio. Em contrapartida, aqui o pedido de perdão (4º) precede a formação do propósito de se emendar (5º). Uma sequência assim é do âmbito da regra mais fundamental da *nova Lei* concedida pela própria infusão do Espírito Santo (Rm 5,5) e pela qual a *justificação do ímpio* (Rm 8,2) se realiza pela recepção da graça preveniente do perdão, que por sua vez reforça a vontade humana, a fim de que ela se emende no futuro[94].

A maneira de expressar esses dois últimos atos é igualmente rigorosa: 4º *pedir perdón a Dios nuestro Señor de las faltas.* 5º *proponer enmienda con su gracia. Pater noster.* Em 4º *las faltas* substitui *los peccados* (2º), porque a investigação conduzida no exame de cons-

---

o que ela foi, em palavras, em ações, em pensamentos; porque talvez por meio delas tenhas não raro ofendido a Deus e ao próximo [...]".

93. Esse encaixe atesta que "tudo é dom e graça de Deus nosso Senhor" (EE 322, 3º), como o demonstra S. Arzubialde ao comparar os cinco pontos do "Exame particular" aos quatro pontos da "Contemplação para alcançar o amor" (EE 234-237): ibid., 114-115.

94. Cf. *S. T.*, Ia-IIae, qu. 106, a. 1 e 2, e qu. 108, a. 3.

ciência propriamente dito só pode decifrar as faltas cometidas (3º), exigindo então a partir daí que elas próprias sejam reconhecidas como "pecados" (2º) nesse pedido do perdão de Deus (4º). A lógica existencial de todo esse processo confirma então que a gravidade pecaminosa das faltas só se revela nesse Perdão divinamente revelado pelo Cristo crucificado (cf. EE 53). Por fim, em 5º, o verbo *proponer*[95] deixa emergir a iniciativa humana correspondente àquela, divina, do perdão.

De outro ponto de vista, esses cinco atos recolhem e salvam pela Memória de Deus um tempo humano, que sem eles estaria fadado à dispersão e ao esquecimento provocados pela desordem e pela ignorância causadas pelo pecado. Pode-se também avaliar a pertinência de EE 43 em referência ao conflito que opôs, no tempo de Inácio, a teologia espiritual da Igreja Católica à de Lutero. O Reformador constantemente ressaltou a exigência primordial da conversão do coração recebida da "justificação passiva" exclusivamente oriunda de Deus e consagrada pelo dom da fé em Jesus Cristo[96]. Será que essa visão luterana se coaduna com a "confissão propriamente espiritual" depreendida de EE 43? Segundo a programação prevista na primeira semana, EE 43 precede a recomendação da confissão propriamente *sacramental* (EE 44), que por sua vez finaliza o "exame geral de consciência para se purificar e melhor se confessar" (EE 32).

Por outro lado, a dinâmica espiritual promovida pelo Reformador salienta a exigência de *ser* purificado por uma justificação declarada *forense* (isto é, oriunda unicamente de Deus), ao mesmo tempo em que distingue a excelência do "venerável e santo Sacramento da penitência" da obtenção indevida das "indulgências"[97]. Em comparação com a doutrina católica, a posição luterana se distingue principalmente por suspeitar que o "propósito de se emendar" seja incapaz de enraizar-se na "firmeza", em razão do nexo permanente da "liberdade do livre-arbítrio" ao "servo-arbítrio"[98].

2. O exame geral de consciência (EE 32-42)

Os três campos cobertos por esse exame são claramente delimitados no âmbito das "palavras" e das "ações", enquanto o primeiro, focalizando as "intenções", enfrenta a complexidade da dimensão pulsional ou, ainda, da dimensão instintiva, sem desenredar o que pertence a *eros* do que pertence a *thanatos*. Nesse campo em que "o mau pensa-

---

95. Cf. EE 24, 43, 178.
96. Cf. *Le troisième commentaire de la Lettre de Paul aux Galates*, 1535, Prólogo: WA 40, I, 40-52.
97. Cf. *Sermon sur le sacrement de pénitence*, 1519, V: "O verdadeiro caminho, a única e verdadeira maneira de alcançar o perdão é o venerável e santo sacramento da penitência, fonte de graça, que Deus deu em consolação a todos os pecadores quando entregou a São Pedro o poder das chaves por toda a Igreja cristã, segundo Mateus XVI [...]", tradução francesa de Marc Liénhard em M. LUTERO, *Œuvres*, t. I, col. Bibl. de la Pléiade, nº 455, Paris, Gallimard, 276.
98. Todo o debate travado por Lutero contra Erasmo demonstra a oposição entre suas respectivas antropologias espirituais da liberdade, conforme já evocamos em nossa introdução. PIERRE GERVAIS, por sua vez, em *Les Exercices spirituels d'Ignace de Loyola et la contrition chrétienne*, *NRT* 136/1 (janvier-mars 2014) 26-47, salientou a discordância entre a compreensão católica da *contrição* e a luterana.

mento" pode surgir do nada, Inácio começa por apreender positivamente o menor ou maior valor *meritório* que a liberdade pessoal pode lhes opor. *Vindos de fora*, esses "pensamentos" ou más sugestões que assaltam um psiquismo mais frágil ou mais exposto às tentações podem se tornar a ocasião para obter um mérito maior, na medida em que impõem um combate repetido (EE 33-34). Inácio trata então do grau de gravidade da não resistência a esse tipo de pensamento, sendo o "pecado venial" tipificado pelo fato de *"se dar atenção, demorando-se por um pouco"* na sugestão de cometer um pecado mortal, recebendo dela alguma satisfação sensual ou, por fim, sendo um tanto negligente em repelir tal pensamento (EE 35). Em contrapartida, "o pecado mortal" é descrito por sua vez segundo uma escala de gravidade crescente, conforme a intenção de passar ao ato logo se veja exercida, ou seja, somente considerada, *caso fosse possível* (EE 36). Assim, a gravidade do pecado mortal se mede pelo alcance objetivo de sua duração, de sua intensidade e do dano para as duas pessoas envolvidas[99].

O âmbito da *palavra* cobre o campo mais desenvolvido, não apenas porque envolve o terreno relacional, mas porque pertence a uma redação mais elaborada, e provavelmente mais tardia, que J. CALVERAS situa por volta de 1538, em especial no que tange a *jurar pela criatura*[100]. Nossas mentes secularizadas penam em reconhecer a pertinência do juramento, visto que se trata de tomar Deus como testemunha, e portanto de se comprometer em relação a ele. No entanto, o Primeiro Testamento mostra de modo recorrente esse ato de jurar, atribuindo-o prioritariamente a Deus[101], tal como ele o aplica a suas promessas em favor de seu povo[102]; a esse ato divino corresponde aquele do homem que pretende obedecer à Palavra do Senhor, de modo que seu compromisso adota comumente a expressão de "jurar pelo Senhor"[103]. Eis a opinião majoritária que perpassa toda a Bíblia.

De onde vem, então, essa problemática na qual Inácio se demora, e que diz respeito ao caso particular de "jurar pela criatura" (EE 38 e 39)? O Evangelho de Mateus trata disso a propósito da terceira maldição dirigida aos "guias cegos" — os escribas e os fariseus (Mt 23,16-22). Estes últimos introduziram sutis distinções entre os juramentos aos quais se fica obrigado ou não, conforme se jure pelo santuário ou pelo ouro do santuário, pela oferenda depositada sobre o altar ou pelo próprio altar, ao passo que a resposta do Senhor reduz ao essencial: todos esses objetos sagrados remetem àquele que habita no Templo.

---

99. F. SUÁREZ, em *Opera omnia*, t. XVI (bis), IX, c. 5, nº 13 e 14, 1021, louva a clareza e a precisão com que Inácio resolveu de maneira muito concisa essa "questão extremamente difícil" relativa ao pecado venial e ao pecado mortal, antes mesmo que a "teologia a tivesse admitido oficialmente". Além disso, o autor indaga sobre a pertinência de EE 42b.

100. Estudios sobre la redacción de los testos latinos de los Ejercícios anteriores a la Vulgata, *AHSJ* 31 (1962) 39 e 68.

101. Por exemplo, em Gênesis 22,16: "Juro-o por mim mesmo, oráculo do Senhor [...]".

102. O Deuteronômio retoma com frequência a seguinte formulação, especialmente em 11,9.21, em 26,3, em 28,11 e em 31,7: "a terra que o Senhor jurou a vossos pais lhes daria". No entanto, Deus pode também jurar "com a mão erguida, no deserto", como o repete várias vezes Ezequiel 20.

103. Os que pertencem ao povo eleito juram "pelo Senhor" em Gênesis 24,3; Josué 2,12; Juízes 21,7; 2 Samuel 19,8; 1 Reis 2,23. Por outro lado, Sirácida 23,10-11 critica os que juram intempestiva e levianamente.

Instalado definitivamente em Roma, Inácio deve ter tomado conhecimento dessa problemática particular, em especial por meio do posicionamento de Tomás de Aquino na *Suma teológica*[104]: "É permitido jurar pela criatura?". "*Respondeo*: [...] o juramento diz respeito principalmente a Deus, que é a própria verdade, e secundariamente às criaturas, não por elas mesmas, mas pela verdade divina que elas manifestam, como o demonstram exemplarmente o Evangelho, as relíquias e os santos". A nosso ver, os números 38 e 39 dos *Exercícios* retomam, quanto ao essencial, essa determinação moral, sem pretender rivalizar evidentemente com todos os desenvolvimentos sistemáticos contidos no conjunto dessa questão 89 da *Suma*. Tratando assim das três condições requeridas para pronunciar um juramento (cf. Jr 4,2), EE 38 se alinha com Tomás, explicitando um pouco a recomendação seguinte: "[...] não jurar nem pelo Criador nem pela criatura, senão com verdade, necessidade e respeito"[105]. Depois, quanto ao juramento que toma por testemunha a criatura, EE 39 manifesta a atenção particular dos *Exercícios* ao itinerário espiritual dos exercitantes, o que não encontramos em Tomás:

> [...] é mais difícil jurar corretamente com verdade, necessidade e reverência pela criatura do que pelo Criador, pelas seguintes razões:
>
> Quando juramos por alguma criatura, visto que apenas nos referimos a uma criatura, *não ficamos tão* atentos e precavidos para dizer a verdade com necessidade, como quando nos referimos ao Senhor e Criador de todas as coisas.
>
> Quando juramos pela criatura, *não é tão fácil* ter reverência e acatamento para com o Criador, como quando juramos invocando o próprio Criador e Senhor. Pronunciar o nome de Deus nosso Senhor supõe mais acatamento e reverência do que pronunciar o nome da criatura.
>
> Por isso, é mais admissível que os *perfeitos* jurem pela criatura do que os *imperfeitos*. Pois os perfeitos, graças à assídua contemplação e iluminação do entendimento, consideram, meditam e contemplam mais como Deus nosso Senhor está em cada criatura, segundo sua própria essência, presença e poder[106]. Sendo assim, quando juram pela criatura, estão mais aptos e dispostos a ter acatamento e reverência para com o seu Criador e Senhor do que os imperfeitos.
>
> Quando juramos frequentemente pela criatura, há maior risco de idolatria para os *imperfeitos* do que para os *perfeitos*. (EE 39, a-d.)

No que tange aos "perfeitos", o redator dos *Exercícios* recorre a um modo de explorar o reconhecimento de Deus em cada criatura: "[...] ségun su propria *essentia, presencia y potencia*". Comentadores tão conceituados como Gaston Fessard e Albert Chapelle não puderam identificar a origem tomasiana dessa trilogia, contentando-se em registrar a diferença entre essa ordenação e a apresentação que dela propõe a carta dirigida por Inácio em 1551 ao Pe. Antônio Brandão, na qual solicita em particular que, durante o tempo de seus estudos, os escolásticos jesuítas se contentem com os exercícios prescritos diaria-

---

104. S. T., IIa-IIae, qu. 89, a. 6.
105. Cf. N. Jung, verbete "Serment, obligation contractée", em *DTC*, XIV, 2, cc. 1940-1956.
106. Esses três modos de presença, não raro retomados por Tomás, serão propostos na Contemplação para alcançar o amor, em EE 235, 2º.

mente sem acrescentar-lhes horas de oração: "Mas eles podem se exercitar em buscar a presença de nosso Senhor em todas as coisas [...] por fim, em todas as nossas ações, pois é verdade que sua divina Majestade está em todas as coisas por *sua presença, seu poder e sua essência*"[107].

A atribuição a Tomás de Aquino dessa diferença de ordem é injustificável pelo recurso exclusivo à passagem usualmente citada da *Suma teológica* (Ia, qu. 8, a. 3), que propõe "aos novatos em teologia" uma única ordem apologética: *poder, presença e essência*[108], ao passo que, numa análise mais pormenorizada, o *Commentaire thomasien des Sentences*, I, dist. 37, q. 1, a. 2 havia tratado a mesma problemática sob ângulos distintos, redundando em grandes mudanças de ordem.

Aprofundaremos posteriormente essa diferença de perspectiva e de ordenação da trilogia, por ocasião da disposição dos pontos da "Contemplação para alcançar o amor" (EE 230-237). No entanto, desde já podemos assinalar que o redator dos *Exercícios* segue rigorosamente a maneira como Tomás de Aquino modifica a ordem dessa trilogia em função dessa dupla consideração do agir de Deus nas criaturas, seja *ex parte creaturae*, seja *ex parte Dei*, estando pressuposto que "os perfeitos" são capazes de respeitar todas as criaturas pelo que elas são de verdade. De fato, todas as criaturas "podem ser, em diversos graus, realmente ordenadas e unidas a Deus, visto que atestam, cada qual, certa similitude da bondade divina, e assim essa união se realiza *pela essência, pela presença e pelo poder*"[109].

Em terceiro lugar, os dois últimos parágrafos que versam sobre "as ações" (EE 40) salientam o alcance moral do comportamento humano referindo "a matéria desse exame aos Dez mandamentos, aos mandamentos da Igreja e às determinações dos superiores". É a única vez que *a primeira semana* se refere explicitamente a tais normas.

Por fim, EE 44 diz respeito à prática sacramental da confissão geral e da comunhão eucarística: "Para quem quiser voluntariamente [*voluntarie*] fazer a confissão geral, há três vantagens, entre muitas outras [...]". Nos *Exercícios*, é também a única vez que Inácio recorre à liberdade do exercitante, porque a confissão sacramental não faz parte do acordo que vincula a pessoa que dá àquela que recebe esses *Exercícios*. O diálogo com o qual eles se comprometem segundo o *pressuposto favorável* (EE 22) não pode coagir o exercitante a revelar "seus próprios pensamentos ou seus pecados"; ser-lhe-á pedido apenas [que o orientador] "seja informado fielmente das várias agitações e pensamentos que os diversos espíritos lhe trazem. Porque, conforme o maior ou menor proveito, pode dar-lhe alguns *Exercícios* espirituais convenientes, de acordo com a necessidade da pessoa assim agitada" (EE 17). A partir daí Inácio distingue muito nitidamente a missão de

---

107. Santo Inácio, *Lettres*, col. Christus nº 2 (1958) Bruges, DDB, 242: no sexto ponto, Inácio responde à pergunta de seu interlocutor, que indaga sobre a extensão a toda a existência da "Contemplação para alcançar o amor".

108. É a passagem citada por G. Fessard, *La dialectique des Exercices spirituels*, I, 150, n. 1.

109. Não comentaremos aqui os parágrafos EE 40 e 41 desse exame geral relativo à proibição de toda palavra vã, caluniosa ou inutilmente crítica, pois voltaremos a eles por ocasião de nossa análise da nova regra de ortodoxia: EE 361.

dar os *Exercícios* da de confessar ou de ser superior eclesiástico. Na *seção sobre a eleição*, essa distinção voltará a ser abordada em EE 172. A confissão sacramental e geral não faz parte rigorosamente do campo das recomendações que o orientador deve poder impor ao exercitante.

Esse respeito à intimidade da consciência do exercitante não impede, no entanto, que Inácio recomende essa confissão sacramental e geral por três razões. As duas primeiras salientam "o maior mérito" proporcionado por essa confissão geral, seja "por causa da maior dor que experimenta agora a respeito de todos os pecados e malícia da vida inteira" (EE 44a; cf. EE 55), seja porque "os pecados e sua malícia são mais interiormente conhecidos pela pessoa do que quando ela não se dedicava tanto às coisas interiores" (EE 44b; cf. EE 63). A última razão evidencia uma aptidão melhor para se preparar (*más apto y más aparejado*) "para receber o Santíssimo Sacramento", que "não somente ajuda para que não se caia em pecado, mas também para que se conserve no aumento da graça" (EE 44c e EE 316). Esta última razão remete ao "Sacramento cuja excelência é certificada pelo fato de que é o único a conter o próprio autor da graça, nosso Senhor Jesus Cristo", segundo Tomás de Aquino[110] e Tomás de Kempis[111]. No conjunto dos mistérios a serem contemplados durante os *Exercícios* inacianos, a Eucaristia é o único Sacramento que será objeto de uma contemplação inteira de uma hora, bem no início da entrada na terceira semana em EE 190-198 e EE 299.

---

110. *S. T.*, IIIa, qu. 65, a. 3.
111. A *Imitação de Cristo* recomenda a comunhão frequente, em especial em seu livro IV, caps. III e IV.

Segunda parte

AS QUATRO SEMANAS DOS *EXERCÍCIOS*

Capítulo I

A PRIMEIRA SEMANA

No verso do fólio 6 da versão *autógrafa* dos *Exercícios* figura, sob a forma de título corrente, a menção da *Primeira Semana*, designando assim uma seção que distingue as "Anotações" (EE 1-20) de tudo o que diz respeito à primeira semana, desde a definição dos *Exercícios* (EE 21) até o fim das *sete adições* e das *quatro observações* que rematam os cinco exercícios de meditação propostos durante essa semana[1]. Quanto a nós, escolhemos apresentar o conjunto que cobre EE 21 até EE 44 como pressupostos de todo procedimento dos *Exercícios*, a fim de reservar à Primeira Semana o que lhe é estritamente próprio, isto é, as meditações e adições diversas (EE 45-89) e a primeira série de regras de discernimento que lhe convém particularmente.

No momento de abordar as meditações da primeira semana, é necessário observar que Inácio propõe que se medite sobre toda a matéria da primeira semana desde o primeiro dia, ou seja, três meditações diferentes e duas repetições, de modo que os seis dias seguintes não farão outra coisa senão acumular retomadas e repetições[2]. Esse *ritmo* muito particular constitui uma das singularidades desta etapa inaugural e reforça a diferença em relação às semanas seguintes, em que se tratará de seguir Jesus no ritmo de seus passos no traçado de seu caminho. Essa espécie de concentração é também reforçada pelo fato de o redator dos *Exercícios* proibir ao exercitante de extrapolar essa semana, segundo a 11ª Anotação:

> Ao que se exercita na primeira semana aproveita nada saber do que fará na segunda. De tal modo trabalhe na primeira semana, para alcançar na segunda o que busca, como se na segunda nada de bom esperasse encontrar.

Essa diretriz não pretende recortar artificialmente a Revelação cristã, mas insta a respeitar escrupulosamente as orações de petição prescritas durante essa semana, em EE 48, 55, 63 e 65, sem acrescentar outras exigências mais afins com as semanas seguintes.

Teremos também de entender o simbolismo próprio desta semana, na medida em que ela abre um espaço de inteligibilidade do pecado, sob todas as suas dimensões, so-

---

1. *Sancti Ignatii de Loyola Exercitia Spiritualia*, MHSI 100, C. de Dalmases, nota A 32, 164.
2. Não abordamos aqui o ponto de vista da aplicação prática dos *Exercícios*, sob o ângulo da adaptação deles a cada exercitante, segundo as proposições particularmente recomendadas por A. CHAPELLE, *La pratique littérale des Exercices spirituels individuellement guidés*, CIS, Roma, 1986, 28-35.

bretudo porque a essência do pecado é por si "invisível" (EE 47b), e somente perceptível por seus efeitos ou sinais característicos.

A. AS MEDITAÇÕES DE UM ÚNICO DIA

1. O primeiro exercício sobre os três pecados (EE 45-54)

> EE 45: O primeiro exercício é a meditação com as três potências sobre o primeiro, o segundo e o terceiro pecado. Abrange, depois de uma oração preparatória e dois preâmbulos, três pontos principais e um colóquio.

a. EE 46: a oração preparatória, sempre repetida identicamente antes de cada exercício de uma hora (cf. 12ª Anotação), assim se enuncia:

> A oração preparatória consiste em pedir [*pedir*] graça a Deus nosso Senhor para que todas as minhas intenções [*intenciones*], ações [*acciones*] e operações [*operaciones*] sejam puramente ordenadas a serviço e louvor de sua divina Majestade.

Traduzimos assim a versão *Autógrafa* de EE 46, ao passo que todas as outras versões latinas (ou italiana) transformam a ordem dessa tríade[3]. Não interpretaremos essa tríade como o propõem É. Gueydan e Dalmases, mas seguiremos a interpretação de S. Arzubialde, que a relê no sentido do desdobramento da liberdade, como intenção, decisão e implementação[4].

Pode-se compreender a partir daí por que esse pedido de graça não abarca apenas a mobilização sucessiva das três faculdades — memória, entendimento e vontade —, prescrita no *corpo* de cada exercício (EE 50 a 52 e 56 a 60), mas precede e integra em si os

---

3. Essa tríade suscita perguntas, principalmente quanto à diferenciação entre os termos *acciones* e *operaciones*, sobretudo porque o alinhamento desses três substantivos jamais é retomado no conjunto das obras de Santo Inácio. Somente a versão *Autógrafa* a apresenta como tal, enquanto as outras versões latinas contornam essa dificuldade retomando apenas um dos dois termos — *acciones* ou *operaciones*. Assim, a *Vulgata* escolhe *vires atque operationes*; P1 e P2: *omnes meae intentiones et actiones*, enquanto a *versio italicus* transtorna a ordem dessa tríade: *tutte le mie actione, intentione et operatione*.

4. Não nos aliamos sem reservas à interpretação desses três termos proposta por É. Gueydan em Inácio de Loyola, *Exercices spirituels*, col. Christus nº 61, 2007, 55, nota 2, que remete a EE 1, nota 1: "As 'ações' (*acciones*) se realizam no exterior do sujeito; as 'operações' (*operaciones*) dizem respeito antes de tudo à vida corpórea, intelectual, afetiva e espiritual da pessoa". Horacio Bojorge, verbete "Operaciones", *DEI*, vol. 2, 1359-1367, explicou bem a dificuldade de apreender aqui a relação desses três termos: *intenciones, acciones, operaciones*. A interpretação de Gueydan segue a de J. Calveras, em La oracion preparatoria, *Manr* 2 (1926) 201-215 e 322-332, provavelmente porque esta última se coaduna com o vocabulário filosófico da época. Preferimos a de S. Arzubialde, porque melhor corresponde à gênese da liberdade em ato, tantas vezes salientada pelos *Exercícios*: *Ejercicios Espirituales de S. Ignacio, Historia y Análysis*, 125: "[…] *my intencionalidad (querer), actividad y realizaciones concretas ulteriores se ordonen non en provecho mío, sino al servicio de Dios. Esta oración preparatoria es uno retorno iterativo, que se repite en cada ejercicio, a la experiencia del Principio y Fundamento*".

dois primeiros preâmbulos encarregados de estabelecer sua "composição de lugar" e de circunscrever "a oração de petição", os *pontos de cada meditação* e por fim o *colóquio* dirigido ao Cristo na cruz (EE 53), que depois será triplamente desdobrado (EE 63). É, portanto, toda a responsabilidade do exercitante que é aqui visada na realização pessoal de cada exercício de oração, como expressão de sua intenção, de sua decisão e de sua operação, estando essas três dimensões da liberdade envolvidas no conjunto de cada ato prescrito no procedimento da oração durante uma hora. Isto pressupõe que nada se fará sem o compromisso e o sentimento consciente do exercitante.

Um procedimento como esse de "oração preparatória" pode estar apoiado na compreensão tomasiana da relação entre a natureza e a graça, no sentido em que a graça não suprime, nem substitui a natureza, mas eleva essa natureza à sua destinação final e sobrenatural: "[...] que todas as minhas intenções, ações e operações sejam puramente ordenadas a serviço e louvor de sua divina Majestade", conforme à única finalidade professada pelo "Princípio e Fundamento": "O ser humano é criado para louvar, reverenciar e servir a Deus nosso Senhor e, assim, salvar-se" (EE 23a). Esses quatro verbos enunciados na voz ativa têm relação imediata com a responsabilidade de todo homem criado naturalmente, enquanto a "oração preparatória" salienta o fato de que essa assunção de responsabilidade pressupõe a sinergia da graça.

Essa petição preliminar se justifica ainda mais quando se trata de "trazer à memória" (*traer la memoria*) os três tipos de pecado, cometidos pelos anjos, por nossos primeiros pais e por todo ser humano particular (EE 45-54), a fim de avaliar-lhes o impacto mortífero que afeta a experiência pessoal de quem medita a seu respeito. Esse procedimento inaciano extrapola em todas as direções o âmbito de uma apreensão puramente especulativa e universal do pecado pela via do conceito, independentemente da particularidade do destino de cada eu. A partir daí, essa "lógica existencial" desdobrada desde o início dos *Exercícios* é indubitavelmente suscetível de provocar aquela recordação viva dos pecados na sedução pecaminosa que os provocou. É exatamente por isso que *as regras do discernimento dos espíritos* mais adaptadas a essa semana inaugural (EE 313-327) são indispensáveis, a fim de honrar a requisição introduzida pela "oração preparatória". Quanto a nós, seguiremos em nossas análises a ordem de apresentação do livro dos *Exercícios*, pois ele próprio contém várias seções, a fim de que aquele que os dá possa recorrer a uma ou outra quando analisar o itinerário de um exercitante em particular.

b. *EE 47: A composição do lugar "físico"*

O 1º preâmbulo: a composição vendo o lugar.

Aqui se deve notar: na contemplação ou meditação de realidades visíveis, como, por exemplo, quando se contempla a Cristo nosso Senhor, que é visível, a composição consistirá em ver, com os olhos da imaginação [*vista de la ymaginación*], o lugar físico onde se encontra o que quero contemplar. Digo "lugar físico" [*el lugar corpóreo*], por exemplo, o templo ou monte onde se encontra, por exemplo, Jesus Cristo ou Nossa Senhora, conforme aquilo que quero contemplar.

Quando se trata de realidades invisíveis, como é aqui o caso dos pecados, a composição consistirá em ver, com o olhar da imaginação [*vista imaginativa*], e considerar aprisionado neste corpo corruptível todo o meu ser humano, desterrado [*desterrado*] neste vale entre animais ferozes [*brutos animales*]. Digo todo o meu ser humano, isto é, corpo e alma.

Essa "observação" compara os dois tipos fundamentais de "composição de lugar", que se diferenciam em função do assunto a ser contemplado: seja o pecado, "que é invisível" (primeira semana), seja Cristo, "que é visível" (três semanas seguintes). Excepcionalmente, Inácio inverte a ordem cronológica dessas semanas, situando em primeiro lugar "a contemplação de Cristo nosso Senhor, que é visível" (*el qual es visible*), compreendida como o modelo arquetípico da contemplação. Sua perfeição permite, a partir daí, que seja salientada a carência de visibilidade oferecida pelo pecado e a exigência de instaurar uma forma totalmente distinta de "composição de lugar" que, no entanto, permanece qualificado de "físico" (*lugar corpóreo*)[5], caso contrário a pertinência do termo *lugar* se volatilizaria.

No que tange ao sujeito que olha para o objeto a ser contemplado, Inácio se refere ao poder de nossa faculdade de imaginação em ambos os casos citados anteriormente, contentando-se em especificar que a visibilidade de Cristo requer a visão própria da imaginação (*ver con la vista de la ymaginación*), ao passo que a invisibilidade do pecado mobiliza a visão imaginativa (*ver con la vista imaginativa*). Tais expressões atestam a pobreza do vocabulário filosófico e fenomenológico de Inácio, por isso só poderemos compreender as distinções entre elas à luz de seus respectivos contextos.

1º) *A visibilidade de Cristo*. O ato de contemplar Cristo nosso Senhor que se oferece agora em sua visibilidade, a saber, em seu corpo situado em determinado lugar, pressupõe que seja mobilizado o poder próprio da "imaginação". De fato, é graças a ela que o espírito humano, profundamente enraizado na sensibilidade, pode conectar-se com as cenas evangélicas que garantem "a veracidade da história" (cf. EE 2). O próprio Tomás de Aquino salientou este adágio: *Quidquid recipitur, recipitur admodum recipientis*. E acrescentou que nada pode ser intelectualmente captado pelo espírito sem passar primeiro pelos sentidos físicos. Esse é também o alcance de todos os "primeiros pontos" que iniciam a contemplação evangélica: "ver as pessoas" (cf. EE 106, 112 etc.). Tal olhar mobiliza forçosamente a imaginação, pois quem contempla hoje uma cena evangélica está privado da visão imediatamente ocular das primeiras testemunhas. "Bem-aventurados os que não viram e, contudo, creram" (Jo 20,26).

Para esclarecer a pertinência das breves proposições inacianas, permitamo-nos este desvio pelos debates exegéticos contemporâneos. Será que essa bem-aventurança prometida ao crente que não foi testemunha ocular da vida de Jesus implica que toda forma de representação visível deva ser sacrificada em proveito de uma fé totalmente despojada de representações simbólicas e conceituais, como pretende o hermeneuta protestante Ru-

---

5. É. Gueydan prefere traduzir "lugar corporal" por "lugar material", o que é criticado por FRANÇOIS MARTY, em *Sentir et goûter, Les sens dans les Exercices d'Ignace de Loyola*, Cerf, col. Cogitatio fidei nº 241, Paris, 2005, 196-197.

dolf Bultmann[6]? Ou será preciso adotar a tese contrária, desenvolvida pelo jesuíta Pierre Rousselot? Deplorando a cisão comumente admitida na teologia católica entre o discurso que estabelece previamente os critérios racionais da credibilidade e a luz da fé que ilumina a verdade sobrenatural própria da revelação divina, Rousselot se propôs unificar esses dois procedimentos partindo do dinamismo próprio da fé, tal como esta se abre a compreensão de sua credibilidade por meio dos sinais que a acompanham. Daí o título de seu ensaio: "Os olhos da fé"[7]. Essa intuição foi magistralmente retomada e desdobrada por Hans Urs von Balthasar em seus volumes dedicados à *Estética teológica*[8]. De fato, a visão oferecida à fé recolhe em seu centro a radiância do Amor glorificado que transparece no rosto do Crucificado. É assim que ele próprio se atesta, em Pessoa, como o Ícone visível da glória invisível de seu Pai. Essa intuição integra em teologia a noção fenomenológica de Husserl, segundo a qual a *Gestalt* ou "figura" concentra, desdobra e manifesta toda a evidência objetiva da Revelação cristã.

A amplitude teológica dessa visão concentrada no Senhorio divino (*Herrlichkeit*) que se tornou visível na Cruz não é estranha à mística inaciana tal como consagrada "à maior glória de Deus". Permite ao menos salientar, se não interpretar, a extrema concisão da *observação* inaciana, até nesta redundância inábil: "[…] na contemplação ou meditação de realidades visíveis, como, por exemplo, quando se contempla a Cristo nosso Senhor, que é visível […]". Essa oração intercalada ressalta a primazia e a excelência da "Figura" de Cristo, da qual dependerá a composição do "lugar físico". Além disso, nos *Exercícios* Cristo não será apenas identificado como um personagem histórico, mas como aquele que exerce seu Senhorio no presente da Igreja sob o título de "nosso Senhor". A visibilidade presente de Cristo está fundada, portanto, na autoridade espiritual que ele exerce agora como Cabeça de seu Corpo místico.

Uma evidência objetiva como essa é a medida de toda composição de lugar dito "físico", não apenas porque o Verbo se apropriou de um corpo cuja visibilidade foi por fim arrebatada na nuvem do Pai (EE 312, 2º), mas porque, ressuscitado, apareceu durante quarenta dias aos Apóstolos, dando-lhes "muitas provas e sinais, e falando do Reino de Deus" (EE 312, 1º). Sua visibilidade atual é, portanto, confiada à fé contemplativa, na medida em que esta é dotada de olhos espirituais. Sob esse aspecto, em contraste com a contemplação do que é invisível, como o pecado, Inácio não associa à "visão imaginativa" a necessidade de "considerar", como se o simples poder de imaginação fosse suficiente para tirar do que se vê a matéria necessária à reflexão. Pensemos, por exemplo, na maneira como a meditação das duas bandeiras posiciona Cristo "num vasto campo daquela região de Jerusalém, num lugar humilde, belo e gracioso" (EE 144). Essa breve descrição do lugar está indissociavelmente ligada às qualidades radiantes da Pessoa de Cristo, cuja "economia é a humildade" (Agostinho).

---

6. *Glauben und Verstehen III-IV*, traduzido por A. Malet em *Foi et compréhension*, Paris, Seuil, 1969, 407 p.

7. RSR 2/2 (1910) 241-259 e 2/4, 444-475.

8. O primeiro painel da grande trilogia balthasariana intitulado *Herrlichkeit* foi traduzido em francês com o título *La gloire et la croix*.

Observemos também a escolha das ilustrações que permitem decifrar a pertinência simbólica do "lugar físico", a saber, o templo e a montanha. Quanto ao templo, lembremo-nos de que em João 2,13-23, o evangelista compreende a significação suprema deste anúncio de Jesus:

> "Destruí este templo, e em três dias eu o reerguerei." Mas ele falava do templo do seu corpo. Por isso, depois que Jesus foi ressuscitado dentre os mortos, seus discípulos lembraram-se de que ele falara assim e creram na Escritura, bem como na palavra que ele havia dito.

Não se encontrará referência bíblica mais demonstrativa do "lugar físico". Além disso, o Evangelho joanino nos faz compreender que o verdadeiro templo só pôde ser identificado ao Corpo de Cristo quando Cristo ressuscitou e insuflou o Espírito como hermeneuta verdadeiro das Escrituras. A partir daí, a "visibilidade" atual de Cristo é, de fato, a de nosso Senhor ressuscitado. Essa forma de visibilidade ultrapassa em excelência a visibilidade de Jesus de Nazaré oferecida no passado às primeiras testemunhas. Não sugerimos que, ao escolher esse exemplo do templo, Inácio pensou em João 2,21-23, mas estamos certos de que as visões místicas com que ele foi favorecido em Manresa lhe deram uma compreensão superior da excelência de visibilidade de "nosso Senhor", desde Pentecostes.

Nossa leitura pode ser submetida à contraprova da tradução latina do *Autógrafo*, redigida pelo Pe. des Freux e aprovada como *Vulgata*:

> O primeiro prelúdio é certa maneira de organizar o espaço. A propósito disso, é preciso notar que, em toda contemplação ou meditação sobre uma realidade física, por exemplo, Cristo, é preciso conceber, segundo certa visão imaginária, um lugar físico que represente o que é contemplado, como um templo ou uma montanha, lugar em que possamos encontrar o Cristo Jesus ou a Virgem Maria e tudo o que diz respeito ao tema da contemplação.

Ao propor tal versão, o Pe. des Freux eliminou todas as afirmações inacianas que destacaremos em nossa leitura dos mistérios, consignadas na seção de mesmo nome (EE 261 a 312), riscando aqui a referência a *Nosso Senhor* e a *Nossa Senhora*, e apagando a oração intercalada: "que é visível". Dessa forma, a *Vulgata* busca caracterizar a potencialidade imaginativa da visão, ao incluir aí a exigência de conceber (*effigendus*) o lugar físico. Em suma, essa versão reduz a composição de lugar que introduz toda contemplação proposta nas três últimas semanas dos *Exercícios* a um procedimento puramente humano. Compartilhamos assim da severidade do julgamento de Hugo Rahner a respeito da *Vulgata*[9].

2º) *A invisibilidade do pecado*. A "visão imaginativa" tem por tarefa compensar a deficiência de visibilidade do próprio pecado por meio de uma projeção simbólica da experiência existencial que atravessa confusamente a consciência do homem pecador quando este analisa as síndromes alienantes provocadas por todas as formas de pecado. O meio de sair dessa confusão requer o aprendizado de uma linguagem capaz de nomear esses tipos

---

9. Essa crítica atravessa o livro principal do autor: *Ignatius von Loyola als Mensch und Theologe*.

de alienações. De onde provém essa linguagem? Seguramente da experiência bíblica e da maneira como ela foi capaz de designar o erro e o pecado segundo suas formas mais diversas. Aqui mesmo, Inácio seleciona dois: o *aprisionamento* e o *exílio*, excluindo por ora a sujidade. No entanto, essa projeção simbólica dos efeitos do pecado não pode ser confiada apenas à *visão imaginativa*, sem que o trabalho da *consideração* venha assumir seu lugar, para determinar por que e em que reside essa alienação do homem inteiro. Por isso será apropriado rememorar a antropologia bíblica, que progressivamente distinguiu "a alma", atestada pelo sopro de vida, e o corpo, mais precisamente designado como "a carne".

Ao comentar esse texto inaciano, G. Fessard aprecia relembrar que os órficos inventaram "a alma e o corpo", de onde Platão tirou o mito da alma exilada[10]. Que baste aqui percorrer sumariamente o Saltério. "Todo o meu ser humano aprisionado neste corpo corruptível" relembra em especial o verso 8 do Salmo 42, que expressa a queixa do levita exilado que se dirige a Deus passando por uma espécie de desdobramento da alma e do eu:

> Por que te curvares, *minh'alma*, por que gemeres sobre *mim*? [...] As ondas do abismo convocavam uma à outra, no fragor das tuas cataratas; quebrando-se e rolando, todas as tuas vagas passaram sobre mim.

Inácio acrescenta: "todo o meu ser humano, desterrado [*desterrado*] neste vale entre animais ferozes [*entre brutos animales*]", repetindo e especificando pessoalmente: "Digo todo o meu ser humano, isto é, corpo e alma"[11]. Tal insistência completa e corrige a primeira simbolização do aprisionamento, que poderia fazer pensar que a alma está alienada pela simples razão de que está aprisionada em seu corpo mortal até que seja liberada dele, a fim de demonstrar sua inocência e a culpa exclusiva da carne mortal. Esse complemento atesta a originalidade do pensamento inaciano, na medida em que ele próprio o acrescentou à descrição ludolfiana do aprisionamento[12]. Nesse terreno experimental do exílio, a Bíblia também se antecipou a Inácio, em especial quando Paulo denuncia os efeitos provocados pela idolatria, por exemplo, a assimilação do homem àquilo que ele adora[13], e assim "os animais sem razão" passam de fato a designar os homens:

> Eles se transviaram em seus vãos raciocínios e o seu coração insensato se tornou presa das trevas; pretendendo-se sábios, eles se tornaram estultos; trocaram a glória do Deus incorruptível por imagens que representam o homem corruptível, pássaros, quadrúpedes e répteis. (Rm 1,21-23)

Pode-se igualmente considerar que o próprio Inácio se antecipa ao existencialismo sartriano, formulado nestes termos: "O inferno são os outros"[14].

---

10. *La dialectique des Exercices spirituels*, II, 53.

11. A *Vulgata* eliminou esta última especificação, contentando-se em substituir "a alma e o corpo" por "*hominem quoque ipsum*", e assim o caráter incisivo da expressão inaciana é embotado.

12. Cf. VC II, 1º, 77.

13. Quanto a FESSARD, seu comentário avalia o impacto universal e sócio-espiritual desse exílio, em *La dialectique des Exercices spirituels*, I, 54-55.

14. Essa citação é extraída da peça de teatro: *Huis clos*. O próprio G. Fessard elogiou a pertinência do ensaio consagrado à análise junguiana e sartriana da composição inaciana de lugar proposta por

Em suma, esta primeira composição de lugar (EE 47), tão rica em ensinamentos, se revela como a condição indispensável para a compreensão existencial e pessoal dos três pontos que constituirão a armação intelectual da meditação sobre o tríplice pecado, o dos Anjos decaídos, o dos nossos primeiros pais e o de um homem que, por um único pecado mortal, foi para o inferno. De fato, o raciocínio inaciano exigirá do exercitante que reconheça sua conivência com cada um desses pecados, de modo que ele próprio esteja sob ameaça de condenação ao inferno, embora pareça inocente do crime perpetrado antes dele pelo anjo decaído, por seus primeiros pais e pelo pecado mortal cometido por um homem particular. Somente a experiência de aprisionamento de minha alma neste corpo corruptível permitirá que eu reconheça minha secreta solidariedade com o pecado dos anjos, de modo que eu possa identificar a raiz de meu pecado mais radical, o do espírito que se revolta por não ser seu próprio criador. Em outros termos, o destino infernal do pecado contra o espírito, inaugurado pelos anjos decaídos, encontra sua correspondência nessa representação da alma, que ficaria tentada a denunciar como injustiça seu *aprisionamento* em seu corpo mortal. Por outro lado, "o pecado de nossos primeiros pais" postula o suporte imaginário do *exílio* sofrido "pelo composto inteiro da alma e do corpo", a fim de que o pecado *originado* em Adão possa ser captado também como um pecado *originante*. No fim, é sempre esse exílio do composto inteiro que se encontra condensado em cada ato deliberado de todo homem, tal como suscetível de merecer o destino do inferno caso morresse em estado de pecado mortal.

A pertinência dessa "composição de lugar" se vê assim reforçada por outras simbólicas que devem invadir-me desde o despertar: a do cavaleiro que se envergonha de ter ofendido o rei depois de haver recebido tantos benefícios (EE 74a); ou ainda a de prisioneiros, acorrentados e já dignos de morte, que compareçam diante de seu juiz temporal, a fim de que, por essas analogias, eu *me torne* "como um grande pecador que, algemado e acorrentado [*haziéndome peccador grande y encatenado*], vai comparecer perante o sumo e eterno Juiz" (EE 74b), o que pressupõe que eu me abstenha de pensar em assuntos ligados à felicidade e à alegria (EE 78).

Para que essa convicção íntima de ser pecador seja garantida e como que saturada, outras *adições* propõem que o quarto em que medito fique mergulhado na obscuridade, que eu me abstenha de rir, que eu refreie a minha vista e pratique uma penitência corporal que me atinja em minha alimentação, meu sono e minha carne (EE 79-86). Tratando da penitência, Inácio especifica primeiramente que esse tipo de castigo infligido ao corpo é "*fruto da anterior*" (EE 82), e assim o primado do espiritual sobre o corporal se encontra claramente enfatizado. Esse princípio é ilustrado depois pelos "três efeitos" gradualmente combinados que se podem alcançar com essa prática:

> EE 87: 1º) a reparação pelos pecados passados; 2º) vencer-se a si próprio, fazendo com que a sensualidade [*sensualidad*] obedeça à razão [*razón*] e que todas as tendências inferiores sejam mais submissas às superiores; 3º) procurar e alcançar alguma graça ou

---

WALTER J. ONG, St. Ignatius' Prison-Cage and the existencialist Situation, em *Theological Studies*, XV, nº 1 (março de 1954) 34-51.

dom que a pessoa quer e deseja, como ter arrependimento interno de seus pecados, ou chorar muito por causa deles, ou por causa dos sofrimentos e dores que o Senhor suportou durante a sua Paixão, ou para obter a solução de alguma dúvida em que a pessoa se encontre.

É fácil notar que esses três pontos conjugam as três instâncias do tempo, de acordo com a tripartição da antropologia paulina: *sarx*, *nous* e *pneuma*. Esses três momentos não devem ser confundidos com as várias épocas da vida espiritual, que são transpostas de uma vez por todas. "A tarefa da pessoa, ainda que esteja no ápice da união com Deus, é sempre a de romper as cadeias do passado, a fim de tender, assim reparada, a restabelecer a ordem em si mesma"[15], liberando em si o desejo de obter uma graça. Qual graça ou qual dom? A primeira se refere mais à que é própria da primeira semana; já a segunda remete à graça a ser obtida na terceira semana, o que dá a entender que Inácio se referiria aqui a uma lei estrutural permanente da vida espiritual.

A penitência corporal, portanto, se encontra duplamente encaixada na penitência espiritual, como "fruto" e "efeitos" desta última. No entanto, visto que tais efeitos não podem ser programados antecipadamente, dadas a idiossincrasia e a complexidade psicossomática de cada pessoa individual, Inácio especifica, por fim, que é útil fazer "mudanças" nessa matéria, no intuito de avaliar em que condições tais práticas produzem seu melhor fruto espiritual para cada um. O grau de penitência corporal pressupõe, por conseguinte, um discernimento que só pode ser exercido ao longo de uma experiência em que, logo de saída, devo arriscar-me a oscilar entre uma prudência e uma audácia excessivas; no entanto, visto que "Deus nosso Senhor conhece infinitamente melhor nossa natureza, muitas vezes, em tais mudanças, faz sentir a cada um o que lhe convém"[16] (EE 89).

Essa "composição imaginária de um lugar invisível", reforçada pela teatralização do ambiente exterior imediato e pela reparação penitencial que afeta o espírito até em seu corpo, concretiza a confissão paulina do "mistério insondável da Sabedoria divina": "pois

---

15. Consultar o artigo muito sugestivo de François Roustang, Pénitence et liberté, em *Christus* 12 (1956) 487-506; o autor busca analisar esses três níveis em referência ao simbolismo e às tentações próprias das *meditações* da primeira semana, confirmados pelas *regras de discernimento* que lhe são apropriadas. Voltaremos a esse estudo recapitulativo no fim de nossas análises da primeira semana.

16. Essa afirmação responde, ao menos parcialmente, às críticas que a psicanálise formulou em relação às penitências corporais, por ela assimiladas à transferência sádica da pulsão sexual, a fim de satisfazer a uma espécie de "sublimação" do amor ideal. Para Freud, esse tipo de "sublimação" oriundo do inconsciente só pode projetar o horizonte de uma pura ilusão. Ao contrário, a doutrina inaciana se inspira na fé viva da comunidade eclesial, a qual transcende a experiência psicológica individual, sem por isso desprezá-la. Essa Igreja confessa a existência real de um Deus de infinita bondade que atesta sua providência não apenas perscrutando o abismo do coração humano até em suas fibras genéticas, como também inspirando nele as mudanças de comportamento que permitirão a cada "pessoa" encontrar "a justa medida" de sua penitência corporal, visto que seu próprio corpo é o lugar em que se insere sua individualidade mais íntima e mais anárquica, sendo promovido ao mesmo tempo como sinal quase sacramental da verdade de sua contrição propriamente espiritual. Cf. Antoine Vergote, *La psychanalyse à l'épreuve de la sublimation*, Paris, Cerf, 1997; Nicolas Fabre, Peut-on guérir de la haine?, *Christus* 216 (2007) 448-453; Denis Vasse, Le pardon et le sentiment de culpabilité, ibid., 462-469.

Deus incluiu a todos os homens na desobediência para conceder a todos misericórdia" (Rm 11,32). O consentimento nessa inclusão permitirá que o livre-arbítrio se comprometa plenamente com a oração de petição (EE 48), que se verá atendida por meio da meditação sobre os três pontos propostos (EE 50-52), e por fim pelo colóquio (EE 53).

As diretrizes impostas pelo redator dos *Exercícios* pressupõem, portanto, que o exercitante oponha espontaneamente uma resistência mais ou menos consciente e deliberada à revelação da culpa real do pecador, a ponto de ela ser sentida em todo o seu ser. Nesse terreno existencial, a aprovação nocional da doutrina geral de que "o mundo inteiro deve ser reconhecido culpado diante de Deus" (Rm 3,19c) é radicalmente insuficiente. Sob esse aspecto, Inácio observa que "alguns são *mais lentos* para encontrar o que buscam, isto é, contrição, dor e lágrimas por seus pecados" (EE 4). As regras de discernimento mais apropriadas para essa semana atribuirão um lugar notável à gestão espiritual da "desolação", cujas razões diversas deverão ser identificadas (EE 317-323), e isso "a fim de que a pessoa se prepare para a consolação futura e seja receptiva a ela", pressupondo-se que "as lágrimas pelos pecados" fazem parte dessas "consolações" (cf. EE 316).

No entanto, este não é ainda o centro para o qual a primeira semana conduz — a percepção do pecado como Mistério que somente Deus conhece. Eis por que a semana inaugural envolve a acumulação de uma série de "retomadas" e de "repetições", para que a graça do arrependimento possa abrir uma brecha para a prova da desolação, que se tornará progressivamente ou subitamente "lágrimas pelos pecados". Essa graça será associada à experiência surpreendente de que, até o momento presente, o gládio vingador da Justiça divina não me precipitou no inferno, protegendo-me dos assaltos mortíferos do "inimigo mortal da natureza humana"[17].

A temporalidade vivida na primeira semana pode então ser caracterizada por uma queda em espiral no abismo da Justiça de Deus, cujas profundezas nada mais são que aquele outro abismo, o de sua ternura misericordiosa[18], pressentida no simples fato de que ainda estou vivo, quando a terra deveria ter-se aberto para que eu caísse no inferno. "Até quando, Soberano santo e verdadeiro, tardarás a fazer justiça, vingando nosso sangue contra os habitantes da terra?" (Ap 6,10). Este último abismo é propriamente insondável, e por isso, segundo Jerônimo Nadal, "a primeira semana é sem fim", enquanto a segunda se propõe uma conclusão: conduzir ao discernimento de uma eleição irrevogável, que já não precisará ser discernida depois disso, mas apenas ajustada às exigências da inserção no mundo.

Em seu comentário dedicado à cristologia própria da primeira semana, o Pe. Hugo Rahner evoca o *diretório de Granada*, relembrando que existem duas vias para penetrar nas profundezas abissais do erro: a primeira é a iluminação divina (*infusio divina*), que faz nascer em nós um conhecimento da essência do pecado a um só tempo perturbador

---

17. Cf. EE 7, 10, 135, 325 a 327 e 334.
18. Cf. EE 71. Neste último colóquio surgido da meditação sobre as penas do inferno, Inácio sugere ao exercitante que dê graças a Cristo "que teve sempre tanta misericórdia e piedade para comigo": "*a tenido de my tanta piedad y misericordia*".

e doce; a segunda é a reflexão mais profundamente teológica sobre a origem de todo erro por meio do esforço pessoal de busca. O Pe. Polanco concedeu sua preferência a esta segunda via[19].

c. *EE 48: O segundo preâmbulo de pedido*

> EE 48: O pedido deve adaptar-se à matéria proposta. Isto é, se a contemplação for sobre a ressurreição, pedir alegria com Cristo alegre. Se for sobre a paixão, pedir pena, lágrimas e aflição com Cristo atormentado. Aqui, pedirei sentir vergonha [*vergüenza*] e confusão [*confussión*] a meu próprio respeito, vendo quanta gente foi condenada por um só pecado mortal e quantas vezes mereci ser condenado para sempre por meus numerosos pecados[20].

Esse segundo preâmbulo reproduz o mesmo tipo de comparação que o primeiro. No entanto, aqui o redator dos *Exercícios* não se contenta em se referir globalmente aos frutos da contemplação própria das três últimas semanas; refere-se primeiramente à terceira, depois à segunda, não apenas para salientar de maneira mais contrastada a diferença de objeto do pedido, medida pela *materia objecta* própria dos *mistérios*, mas também, e antes de tudo, a fim de transmitir prioritariamente o pedido da graça a ser recebido na quarta semana, como norma arquetípica de toda vida espiritual, conforme às duas séries de regras de discernimento, em que ambas privilegiarão a "consolação" em EE 316 e 329-330.

Quanto ao pedido apropriado à primeira semana, vários traços da expressão inaciana merecem ser destacados.

1º) O pedido diz respeito a meu querer e a meu desejo: *demandar… lo que quiero e deseo*. Essa requisição não mobiliza apenas o que pertence ao registro da vontade deliberada, mas também, mais profundamente, o que alcança o desejo, isto é, o que atrai a própria liberdade, tanto em sua fonte como em sua finalidade última. Esse nível do desejo já havia sido abordado nas "Anotações" preliminares em EE 16 e 20, bem como na proposta conclusiva do "Princípio e Fundamento", referências estas que remetem à finalidade suprema dos *Exercícios* espirituais.

2º) Dois substantivos expressam o fruto ou os frutos a serem obtidos por esse pedido. Será que a *vergüenza* deve realmente ser distinguida da *confusión*, ou será que ambas constituem duas vertentes de um mesmo sentimento complexo? O Pe. Gaston Fessard, em conformidade com a tradução latina da *Vulgata*, que traduz *vergüenza* por *pudor*, dedicou um estudo muito pormenorizado a esses dois termos, distinguindo nitidamente a significação de cada um: a *vergüenza* se aplica a quem é tentado pelo pecado, ao passo

---

19. Cf. *Ignatius von Loyola als Mensch und Theologe*, 363, nota 30, remetendo a MI II, 2, 331 e 546.
20. EE 48: "*El segundo es, demandar a Dios nuestro Señor lo que quiero e deseo. La demanda a de ser según subjecta materia; es a saber, si la contemplación es de resurrectión, demandar gozo con Xpo goçoso; se es de passión, demandar pena, lágrimas y tormento con Xpo atormentado. Aqui será demandar vergüenza y confussión de my mismo, viendo quántos an sido dañados por vn solo pecado mortal y quántas vezes yo merescía ser condenado para siempre por mis tantos peccados*".

que a *confussión* é consequente ao pecado cometido[21]. A seu ver, a tradução latina do primeiro termo como *verecundia*, que deriva de *vereor*, expressa

> o temor religioso, combinado a uma vaga apreensão por estar entregue ao olhar alheio, como se sua simples presença só pudesse prejudicar àquele que, num tal constrangimento, toma consciência de já não ser totalmente inocente; é assim que se manifesta a reação espontânea do pudor, antes de qualquer experiência bem definida de pecado. Se, portanto, o pudor ou "vergonha" precede o pecado cometido, a "confusão de mim mesmo o acompanha como seu efeito"[22].

3º) Por outro lado, o motivo desses sentimentos a serem pedidos mostra "que Inácio só aborda tanto quanto — o anjo, Adão, um pecador qualquer — para melhor delimitá-lo e penetrar-lhe mais profundamente a interioridade"[23]. A comparação do pecado único dos anjos com *meus* pecados tão numerosos é desfavorável ao exercitante. No entanto, todas as versões dos *Exercícios* concordam em reconhecer que Inácio se abstém de qualificar meus pecados como "mortais". A primeira semana, portanto, envolve desde o início de seu primeiro pedido uma espécie de suspensão, que proíbe ao exercitante julgar por si mesmo a gravidade de seus próprios pecados, seja minimizando-os, seja exagerando-os; uma coisa é a maneira como cumpre à moral canônica esclarecer a distinção entre pecado mortal e pecado venial (EE 35 a 37 e 41); outra coisa é o modo como Deus introduz o exercitante na intimidade da "ofensa feita à sua Bondade infinita", isto é, naquele Amor que exclui toda medida[24]. Esse, a nosso ver, é o alcance da *confusão* compreendida como renúncia a todo julgamento próprio. Entremos agora no corpo do exercício em seu primeiro ponto.

d. EE 50: O pecado dos anjos

> EE 50: 1º ponto. Aplicar a memória ao primeiro pecado, o pecado dos anjos. Depois, a inteligência, refletindo. Logo, a vontade, querendo recordar e compreender tudo isso, para sentir vergonha e confusão, comparando um só pecado dos anjos com tantos pecados meus. Eles, por um só pecado, foram para o inferno. Eu mereci o mesmo por tantos pecados.
>
> Explico: trazer à memória o pecado dos anjos, isto é, recordar como foram criados na graça. Não quiseram, no entanto, servir-se de sua liberdade para prestar reverência e obediência a seu Criador e Senhor. Chegando à soberba, foram mudados da graça em malícia e jogados do céu ao inferno[25].

---

21. Esse estudo cobre quase todo o conjunto do segundo volume da obra *La dialectique des Exercices spirituels*, visto que já se faz menção a ele na análise de EE 48, 61-69, depois em toda a terceira parte: Le rôle de la *vergüenza* dans les Exercices, em particular nas "regras de ortodoxia", 127-251.

22. Ibid., 62-63.

23. Ibid., 66.

24. G. Fessard cita, a propósito disso, a reação de Luísa de França a quem lhe propunha infringir uma regra, à qual estava obrigada apenas sob pena de pecado venial: "Sim, mas é mortal para meu coração", ibid., 67.

25. EE 50: "*El primer puncto será traer la memoria sobre el primer pecado, que fue de los angeles, y luego sobre el mismo el entendimiento discurriendo, luego la voluntad, queriendo todo esto memorar y en-*

A expressão "criados na graça" (*criados en gracia*) relembra este posicionamento de Agostinho: "Quem produziu nos anjos a boa vontade, senão Aquele que os criou com a vontade deles, isto é, com aquele casto amor pelo qual aderem Àquele que, ao mesmo tempo, cria a natureza deles e os enriquece com sua graça?"[26].

Tomás de Aquino já trata essa questão no *Comentário das sentenças*, depois na *Suma teológica*[27], recusando a interpretação dos que defendiam que os anjos teriam sido criados exclusivamente segundo sua natureza, e preferindo adotar a opinião inversa de que foram criados *nessa* graça, *a fim de que* usem a orientação natural de sua liberdade para responder a essa graça que torna agradável a Deus *(gratia gratum faciens)*[28].

Gaston Fessard aplicou essa doutrina aos *Exercícios*, a fim de evidenciar o papel igualmente essencial e medial da liberdade. "A essência do pecado não é 'servir-se' dos meios postos à disposição da criatura para alcançar seu fim (cf. EE 23). O anjo mau recusou-se a si mesmo, e ao mesmo tempo recusou-se à graça. A partir daí, só pode 'passar da graça à perversão'" [...][29]. Dialeticamente falando, isso significa:

> A graça dá à liberdade o poder inicial de querer-se ser em si, por si e consigo, assim como, em troca, a liberdade permite à graça do Criador perfazer o dom de seu ser em si, por si, consigo. Querer da graça pela liberdade, e ao mesmo tempo querer da liberdade pela graça, o ato bom sela a conjunção e, por assim dizer, a coincidência desses dois movimentos que se exigem mutuamente, como a reciprocidade no amor[30].

A opção boa ou ruim do espírito puro, que parecia tão distanciada da condição do homem, encontra-o assim em seu centro mais intimamente essencial, lá onde toda escolha feita pelo livre-arbítrio, mesmo nas questões mais tênues, envolve sua própria liberdade.

e. EE 51: O pecado de Adão e Eva

Ao ler EE 51, atentemos para o que esse exercício acrescenta ou elimina do mito da criação e da queda relatado em Gênesis 1-3, inspirando-se ao mesmo tempo em Romanos 5,12-21.

> EE 51: Proceder do mesmo modo, isto é, aplicar as três potências ao pecado de Adão e Eva, trazendo à memória como, por esse pecado, fizeram penitência por tanto tempo. E quanta corrupção veio disso ao gênero humano, indo tantas pessoas para o inferno.

---

tender, por más me enuergonçar y confundir; trayendo en comparación de vn pecado de los ángeles tantos pecados míos, y donde ellos por vn pecado fueron al infierno, quántas vezes yo le he merescedo por tantos. Digo traer en memoria el pecado de los ángeles; cómo siendo ellos criados en gracia, no se quieriendo ayudar con su libertad para hazer reveuerrencia y obediencia a su Criador y Señor, veniendo en superbia, fueron conuertidos de gracia en malicia, y lançados del çielo al infierno; y así, consequenter, discurrir más en particular con el entendimiento, y consequenter mouiendo más los afectos con la voluntad".

26. *De civitate*, XII, 9, PL 41, col. 357.
27. Cf. *In Sent. II*, dist. 4, art. 3, co e *S. T.*, I, qu. 62, art. 3, co.
28. Ibid., ad 1.
29. Cf. *La dialectique des Exercices spirituels*, II, 74.
30. Ibid., 75.

Explico: trazer à memória o segundo pecado, o pecado dos nossos primeiros pais. Adão foi criado na região de Damasco e colocado no paraíso terrestre. Eva foi criada de sua costela. Foi-lhes proibido comerem da árvore da ciência. Contudo, comeram, e assim pecaram. Então, vestidos com roupas de peles, foram expulsos do paraíso. Viveram sem a justiça original, que haviam perdido, passando por muitos sofrimentos e penitências ao longo de toda a vida. Depois, refletir, como foi dito, mais pormenorizadamente com a inteligência e exercitando a vontade[31].

A memória se dedica principalmente a deixar-se impressionar pelos efeitos dramáticos desse "pecado", lembrando em primeiro lugar a longa duração da pena e da penitência infligida aos primeiros pais. Adão não viveu cento e trinta anos, segundo Gênesis 5,3? Este último anuncia, no entanto, uma forma mais radical e mais universal de decadência em que o "gênero humano"[32] incorreu: "a corrupção", isto é, a exposição à morte inevitável. Que morte? Será que se trataria do fim da vida terrestre, que se abriria para um misterioso Hades ou antes da separação definitiva de Deus, da qual a corrupção é a semente: "tantos povos caminhando para o inferno"? A memória é capaz, portanto, de apreender a orientação dinâmica e quase irreversivelmente infernal.

Os *Exercícios* inacianos prestam particular atenção a tais orientações fundamentais, que se opõem como o céu e o inferno. Assim, para fundar as regras que tratarão da influência do bom e do mau espírito, Inácio proporá que se analise a origem deles sobre o pano de fundo da dinâmica global que anima cada liberdade, tratando em primeiro lugar do caso dos "que vão de pecado mortal em pecado mortal", de acordo com EE 314. E se anteciparmos a contemplação da história da Encarnação, notaremos que Inácio trará também à memória essa dinâmica infernal; EE 102: "[As Três Pessoas divinas] Vendo como todos desciam ao inferno, determinam, em sua eternidade [...] salvar o gênero humano [...]".

Particularmente marcado por um estilo que privilegia os verbos de ação, o parágrafo seguinte envolve o posicionamento pessoal do redator dos *Exercícios*: "Explico". Visto que já foi atingido pelas consequências universais "desse pecado", o exercitante é instado a fazer o caminho de volta à causa dessa decadência, desde que "O Senhor Deus modelou o homem com o pó apanhado do solo" (Gn 2,7), até que "o Senhor Deus o expulsou do jardim de Éden" (Gn 3,23).

---

31. EE 51: "*El segundo, hacer otro tanto, es a saber, traer las tres potencias sobre el peccado de Adán y Eva; trayendo a la memoria cómo por el pecado hicieron tanto tiempo penitencia, y cuánta corrupción vino en el género humano, andando tantas gentes para el infierno. Digo traer a la memoria el 2º pecado, de nuestros padres, cómo después Adán fue criado en el campo damasceno, y puesto en el paraíso terrenal, y Eva ser criada de su costilla, siendo vedados que no comiesen del árbol de la ciencia, y ellos comiendo, y assimismo pecando, y después vestidos de túnicas pelíceas, y lanzados del paraíso, vivieron sin la justicia original, que habían perdido, toda sua vida en muchos trabajos y mucha penitencia; y consequenter discurrir con el entendimiento más particularmente, usando de la voluntad con está dicho*".

32. De acordo com a tradição ancestral da interpretação escriturária, Inácio fundamenta esta última afirmação em Romanos 5,12: "Eis por que, assim como por um só homem o pecado entrou no mundo, e pelo pecado, a morte, e assim a morte atingiu todos os homens: aliás todos pecaram [...]". Ele próprio prefere, a *todos os homens*, "o gênero humano", já sugerindo que se enraíze a solidariedade de todos os homens com seus primeiros pais em identidade de gênero ou de natureza.

A propósito disso, a localização desse paraíso no *campo damasceno* é emprestada de Ludolfo[33]. Esse *campo* significa materialmente uma região, ao mesmo tempo em que já sugere a maneira como Inácio descreverá os dois *campos* distintos onde residem *Lúcifer* e *Cristo nosso Senhor Jesus*, na contemplação futura das *duas bandeiras*: um lugar simbólico que especifica o combate espiritual provocado na alma. É ainda mais importante notar que Inácio corrigiu o verbo *formado*, escolhido por seu modelo ludolfiano para evocar Gênesis 2,7, substituindo-o por *criado*, a fim de reforçar a homologia com a *criação* dos anjos. Essa aproximação é confirmada aliás pela distinção seguinte. Enquanto os anjos, como puros espíritos, foram *criados em graça* num único Instante, a imersão de Adão em sua temporalidade impõe que se distinga o momento de sua criação — contra-distinguido da criação de Eva — do momento gratuito de seu estabelecimento no paraíso terrestre. A escolástica medieval justificou essa ordem sequencial ao não atribuir a preservação da morte à criação da natureza, mas a uma "graça sobrenatural" dita logicamente posterior.

Voltemos ainda a essa localização lendária da região de Damasco. Por mais inverossímil que possa parecer aos olhos da crítica histórica, essa informação, no entanto, foi firmemente mantida pela tradição eclesiástica, para significar o alcance espiritual e teológico dessa espécie de história cuja realidade só pode ser apreendida miticamente. Assim, os Padres da Igreja sustentaram essa lenda, esclarecendo-a por este paralelismo teológico expresso por Paulo em Romanos 5,12 ss.: "onde proliferou o pecado, superabundou a graça"[34]. Por isso o primeiro Adão se tornou o antítipo do segundo Adão, graças à revelação daquele que é o Homem perfeito, o único capaz de retificar o *peccatum naturae*[35], atribuído ao "gênero humano" como consequência do pecado pessoal do primeiro Adão, impelindo cada liberdade a pecar pessoalmente[36].

Essa referência à Carta aos Romanos poderia também justificar a razão pela qual Inácio atenuará a sequência própria de Gênesis, que descreve como a serpente tentou Eva, e depois Adão, convidando-os a comer os frutos da árvore da ciência, a fim de "serem como deuses" (cf. Gn 3,1 ss.). Em todo caso, em Romanos Paulo já havia atenuado essas cenas[37]. Quanto a Inácio, contenta-se em referir-se à proibição divina de "comer da ár-

---

33. GV I, 2, 1º.

34. Cf. Hugo Rahner, Ignatius von Loyola und die Tradition der Kirchenväter, em *Zeitschrift für Aszese und Mystik* 2, Freiburg im Breisgau, 1942, 61-77.

35. O *peccatum naturae* caracteriza, em Tomás de Aquino, o pecado originado do pecado originante e pessoal provocado pelo primeiro Adão.

36. G. Fessard, ibid., 85, especifica: "Se Inácio faz questão de localizar a criação de Adão 'na região de Damasco', porque 'lá onde Cristo nasceu, lá também o homem foi criado', é pelo fato de tal coincidência atestar de maneira simbólica, a seu ver, que Cristo é o Absoluto de sentido, em quem se realiza a unidade da Natureza e da História e em relação à qual também sua liberdade deve determinar-se".

37. Em vez de remeter à serpente do Gênesis, Paulo atribui exclusivamente à estratégia do pecado humano a causa dessa infração ao Mandamento, significada pela Palavra: "não cobiçarás". Romanos 7,11-13: "Pois o pecado, valendo-se da ocasião, *seduziu-me* por meio do mandamento, e por meio dele causou-me a morte. Assim, pois, a lei é santa, e o mandamento, santo, justo e bom. Então, o que é bom se tornou causa de morte para mim? Não, decerto! Mas é o pecado: servindo-se do que é bom, ele me

vore do conhecimento", isto é, de reivindicar o conhecimento que Deus é o único a possuir; espera-se que o exercitante compreenda o alcance dessa proibição. Em todo caso, a expressão literal de Inácio basta para estabelecer que o pecado de nossos primeiros pais é, em essência, idêntico à desobediência dos anjos, embora convenha juntar aí a condição histórica do gênero humano, como a "composição de lugar" já o havia sugerido: "considerar aprisionado neste corpo corruptível todo o meu ser humano, *desterrado* neste vale entre animais ferozes" (EE 47).

Parece-nos também que a alusão às *roupas de peles* (cf. Gn 3,21) remete ao modo como Paulo estigmatizou os malefícios da idolatria, quando descreveu "a manifestação da cólera divina" em Romanos 1,22-23:

> [...] eles se transviaram em seus vãos raciocínios e o seu coração insensato se tornou presa das trevas: pretendendo-se sábios, eles se tornaram estultos, trocando a glória do Deus incorruptível por imagens que representam o homem corruptível, pássaros, quadrúpedes, répteis (cf. Sb 11 a 13).

De fato, em sua abordagem do "juramento pela criatura" Inácio já havia apontado o perigo da *idolatria* (EE 39d). Além disso, as referências paulinas à perda de sentido nos raciocínios e ao entenebrecimento do coração são retomadas pelo autor dos *Exercícios* entre as primeiras regras da *primeira semana*, que dão particular atenção à influência nefasta do "mau espírito" (cf. EE 314, 315 e 317). É só assim que o aumento proposto já em EE 48 pode ser eficaz, de modo que o exercitante possa ser auxiliado na denúncia de todas as "falsas razões que o impedem de avançar" (EE 315), por exemplo, ao tentar esquivar-se da carga de condenação[38] que pesa sobre ele: "Não sou nem um anjo, nem Adão e Eva, nem esse homem em particular". Ao contrário, a lembrança da pluralidade dos meus pecados tem a função de aumentar meu sentimento de culpa real diante de Deus.

Observemos, por fim, o estilo tão tipicamente inaciano da última frase: uma cascata de sequências expressas sob forma verbal, em cujo meio exato surge, de maneira surpreendente e sob forma substantiva, uma noção que cai como que de paraquedas no interior do relato do Gênesis: "[...] foram expulsos do paraíso. Viveram sem a justiça original [*sin la iustícia original*], que haviam perdido, passando por muitos sofrimentos [*trabajos*] e penitências ao longo de toda a vida". O simbolismo da expulsão do paraíso terrestre é aqui traduzido por uma noção teológica mais conceitual, que sobretudo depois de Anselmo[39] serviu como suporte para definir a parte essencial das consequências do "pecado original" como privação da graça de comunhão com Deus, inicialmente e sobrenatural-

---

causou a morte, a fim de que fosse manifestado como pecado e aparecesse em toda a sua virulência de pecado por meio do mandamento". Mantenhamos em mente essa citação paulina até o momento em que abordaremos, no segundo exercício da primeira semana, a recomendação inaciana expressa em EE 57: "Ponderar os pecados, olhando a fealdade e a malícia que cada pecado mortal cometido contém em si, *mesmo que não fosse proibido*".

38. Romanos 3,5: "Acaso Deus não é injusto ferindo-nos com a sua cólera?".

39. Na Idade Média, Anselmo de Cantuária trouxe novamente à baila essa questão, por meio de sua obra intitulada: *Cur Deus homo?*

mente oferecida a Adão, antes que ele pecasse. Nesse aspecto, Tomás de Aquino representa um ponto de consumação dessas diversas interpretações[40]. A seu ver, "a roupa de peles", bem como a sujeição aos "trabalhos penosos", representam apenas as consequências "secundárias" da privação da justiça original. De fato, na origem Adão fora *criado na graça* como "homem perfeito". Ora, essa perfeição não lhe oferecia apenas "o conhecimento natural" necessário para governar o mundo pelo domínio que sua razão exerce sobre os afetos de sua sensibilidade. Cumpria, além disso, que pudesse "governar-se a si mesmo" em função do "fim sobrenatural" que lhe era prometido[41]. A partir daí, "a raiz da *justiça original* em que o homem foi criado consiste numa submissão natural da razão a Deus, que se realiza pela *graça* santificadora"[42].

Concluamos estas análises indicando como a Carta aos Romanos permite fundamentar o procedimento cristão e inaciano que consiste em apropriar-se espiritualmente das consequências do "pecado original", a fim de ser preservado da "descida ao inferno". Essa nova referência paulina não pretende esclarecer a questão da influência mais ou menos direta que essa parte da teologia paulina foi capaz de exercer, mas em fundamentar em profundidade e biblicamente conjunto do propósito dos *Exercícios* no que tange à privação da justiça original. Quanto a isso, é sugestivo observar como Paulo se apropria em termos existenciais, a um só tempo pessoais e universais, do destino de Adão que Gênesis 1-3 relata como uma projeção mítica e, a bem dizer, trans-histórica. Com efeito, depois de haver demonstrado, segundo Romanos 5,13, que o período da Lei instaurado pelo Decálogo de Moisés remonta ao tempo imemorial da primeira tentação de Adão, Paulo exclama:

> Outrora, na ausência da lei, eu vivia. Mas veio o mandamento, o pecado tomou vida, e eu morri: o mandamento, que deve levar à vida, comprovou-se, para mim, fautor da morte. (Rm 7,9-10)

O Apóstolo situa-se aqui na confluência de diversas correntes de interpretação rabínicas que, cada qual à sua maneira, expressaram esse tipo de apropriação[43]. No entanto, é decerto em Cristo, segundo Adão, que se enraíza, em última instância, essa doutrina que garante o fundamento do sentido tropológico e espiritual da Escritura.

---

40. Cf. *S. T.*, Ia-IIae, qu. 82, a. 1 a 4; *De Malo*, qu. 3 a 5, e particularmente 5, art. 1 a 4; *Comp. Theol.*, cap. 195 e, quanto à *reparatio in Christo*, cap. 199. Por outro lado, a quem busca o perfil atualizado dessas questões recomendamos J.-M. MALDAMÉ, *Le péché originel, Foi chrétienne, mythe et métaphysique*, col. Cogitatio fidei nº 262, 2008, Paris, Cerf, 349 p.

41. *S. T.*, Ia, qu. 94, a. 3, co.

42. *S. T.*, Ia, qu. 100, a. 1, ad 1.

43. "A literatura intertestamentária não cessa de evocar esse gênero de apropriação existencial, visto que os rabinos conheciam a origem da composição dos primeiros capítulos do Gênesis, que data do exílio do povo na Babilônia; um exílio que não significava apenas a expulsão da terra prometida, mas principalmente aquela forma de alienação espiritual ligada ao impedimento da prática da Torá e à tentação de não reconhecer sua inspiração propriamente divina, o que é significado pela proibição de consumir os frutos da árvore da ciência" (cf. *La Bible, écrits intertestamentaires*, col. Bibl. de la Pléiade nº 387, Paris, Gallimard, 1987, 1907 p.).

f. EE 52: O pecado mortal particular de cada ser humano

> EE 52: Fazer a mesma coisa em relação ao terceiro pecado particular, o pecado de cada pessoa que por um único pecado mortal foi para o inferno. E muitas outras incontáveis pessoas que para lá foram por menos pecados dos que cometi. Explico: fazer a mesma coisa em relação ao terceiro pecado particular, trazendo à memória a gravidade e a malícia do pecado contra o seu Criador e Senhor. Refletir com a inteligência como, ao pecar, agindo contra a bondade infinita, foi, com justiça, condenado para sempre. Terminar aplicando a vontade, conforme se disse[44].

Esse terceiro tipo de pecado trata, por fim, do caso que mais se aproxima da situação existencial do exercitante, cujos pecados cometidos já não são apenas do âmbito da influência nefasta do pecado "de nossos primeiros pais", mas dos atos praticados deliberadamente pelo ser humano e caracterizados como "pecados mortais". Um único desses pecados cometidos não justifica a condenação ao inferno? Essa afirmação converge, assim, para a situação dos anjos decaídos e de Adão e Eva, que foram privados "da justiça original" por um único pecado mortal, o que agrava o caso do exercitante que teria cometido vários. A partir daí Inácio propõe ao exercitante que mobilize sua memória, a fim de se lembrar da gravidade do pecado como maliciosa oposição ao Criador e Senhor, tal como já registrada por ocasião dos dois primeiros pecados. Depois sua inteligência lhe proporcionará que interprete esses tipos de pecados como oposição "à Bondade infinita" e merecedora de irremediável condenação ao inferno. Para isso, porém, é preciso que tal apreensão discursiva atinja minha pessoa em meu querer. Ninguém descreve melhor o alcance existencial dessa última etapa do que Hugo Rahner[45].

Importa aqui captar com precisão a pertinência da escolha feita por Inácio entre esses quatro diferentes "atributos" de Deus, que serão enumerados em comparação com seus contrários em mim: "*sua sabedoria* com a minha ignorância, *sua onipotência* com a minha fraqueza, *sua justiça* com a minha iniquidade, *sua bondade* com a minha malícia" (EE 59). Por que a gravidade e a perversidade do pecado são compreendidas em referência a esse atributo de bondade, e não a um dos outros três, em especial a justiça?

---

44. EE 52: "*El tercero, assimismo otro tanto sobre el tercero pecado particular de cada vno que por vn pecado mortal es ydo al infierno, y otros muchos sin cuento por menos pecados que yo he hecho. Digo hazer otro tanto sobre el 3º pecado particular, trayendola a la memoria la gravedad y malicia contra su Criador y Señor, discurrir con el entendimiento cómo en el pecar y hacer contra la bondad infinita, iustamente a sido condenado para siempre, y acabar con la voluntad, como está dicho*".

45. Hugo Rahner, *Ignatius von Loyola als Mensch und Theologe*, 268-269: "Aqui, portanto, temos de ousar fazer o que só é possível numa oração íntima, buscar experimentar por meio de meras palavras, mas sem fomentar de maneira ilusória sentimentos momentâneos, a essência inquietadora e tão pouco familiar de um único pecado mortal. No entanto, 'a Bondade infinita' só é teologicamente apreensível pela percepção retrospectiva [*Rückbesinnung*] do mistério de Deus que se tornou carne em meio a uma humanidade marcada pelo erro dos anjos e dos primeiros pais. Esta só é possível no sentimento de pavor diante da morte, porque em cada pecado mortal somos constituídos membros dessa terrível história da queda de Satanás, o adversário do Pai e o 'pai da mentira' (Jo 8,44), diante do Verbo do Pai, que se tornou carne".

Como testemunha privilegiada da tradição católica, Tomás de Aquino nos ajudará a reconhecer a pertinência desse realce da "Bondade infinita"[46]. Tratando da "essência divina", o Aquinense introduz a tese da "Bondade suprema e infinita de Deus", determinando primeiramente o objeto formal da "bondade em geral": "*Bonum est quod omnia appetunt*"[47]. O "bom" diz respeito, portanto, à finalidade de todo ente, seja pela atração inata para sua própria perfeição, tal como se realiza pelos seres dotados de razão, seja por sua livre adesão ao fim para o qual foram criados, a saber, a participação na Bondade supereminente de Deus. De fato, "visto que Deus é a causa eficiente e primordial de todas as coisas, evidentemente é próprio dele ser atraente [*appetibilis*] e bom"[48].

É, portanto, segundo esse objeto formal do "bom", tal como se aplica supremamente a Deus, que Inácio pretende medir a gravidade e a malícia do pecado, que consiste em "agir contra a Bondade infinita". O termo *malícia*, usualmente empregado nos *Exercícios*[49], não designa aqui um vício particular, mas, conforme o compreende Tomás de Aquino, a perversão deliberada e decidida da vontade, segundo a qual "alguém é levado a detestar os bens espirituais"[50]. Para Inácio, a gravidade do pecado se mede, portanto, pela maneira como a liberdade pode fixar-se na oposição ao movimento natural que a atrai para a Bondade infinita que Deus é, movimento este confirmado e elevado pela graça.

Inácio permanece igualmente fiel a essa antropologia católica, ao salientar nitidamente a anterioridade da apreensão dessa malícia pelo entendimento, e assim o exercitante é convidado a compreender o alcance dessa malícia "pelo entendimento", antes de aplicar aí a vontade. É também assim que o entendimento é convocado a compreender como o atributo de "justiça", segundo o qual Deus "dá a cada um o que lhe é devido", intervém como consequência inelutável dessa malícia. A justa condenação que é consequência dela deve ser atribuída ao fato de que esse homem se privou a si mesmo desse último recurso a essa Bondade, que teria sido capaz, pela Misericórdia divina unicamente, de preservá-lo dessa condenação definitiva.

Devemos notar, por fim, a divergência de interpretação muito nítida que as traduções latinas da *Vulgata* e da *Versio prima* de 1547 (P2) registram: "[...] *considerando quod peccato tali, vel semel dumtaxat commisso, forte detrusi sint multi ad infernum, ob delicta meis pauciora adque leviora, forte crucientur aeternis poenis*". O acréscimo desse *forte*, com a acepção de "talvez", embota o cunho incisivo do *Autógrafo*. Quanto a nós, propomo-nos tratar dessa correção de maneira mais aprofundada depois de havermos percorrido integralmente todas as *meditações* da primeira semana, bem como as *regras*

---

46. A enumeração desses quatro "atributos" de Deus em EE 59 é explorada pelo Aquinense, que por sua vez se inspirou no *De fide orthodoxa* de João Damasceno, quando este trata da questão inaugural da "conveniência da Encarnação": *S. T.*, IIIa, qu. 1, a. 1, *sed contra* et ad 3.

47. *S. T.*, Ia, qu. 5 e 6. A expressão *bonitas infinita*, reservada a Deus, reaparece mais de setenta vezes nas obras de Tomás de Aquino.

48. *S. T.*, Ia, qu. 6, a. 1, co.

49. O termo *Malicia* ocorre em EE 44b, 50, 52, 57, 59, 325, 326, 331.

50. *S. T.*, IIa-IIae, qu. 35, a. 4, ad 3.

de discernimento que lhes são apropriadas, isto é, em nossa última conclusão, o que nos permitirá, também, recorrer ao parecer dos teólogos do século XX.

g. *EE 53: O colóquio*

> Imaginando Cristo, nosso Senhor, diante de mim, na cruz, fazer um colóquio: como, de Criador, se fez homem e como, da vida eterna, chegou à morte temporal e assim morreu por meus pecados.
> Igualmente, olhando para mim mesmo, perguntar o que tenho feito por Cristo, o que faço por Cristo e o que devo fazer por Cristo. Enfim, vendo-o nesse estado, assim suspenso na Cruz, refletir naquilo que me ocorrer[51].

Como o propõe de maneira impressionante Romanos 3,21-31, eis-nos já apresentados ao colóquio com Cristo na cruz. A coerência do primeiro exercício exige que realcemos o parentesco radical e a dessemelhança ainda mais radical entre a trajetória de Jesus Cristo e a dos três pecados. Como os anjos maus, como nossos primeiros pais, e depois deles todo o gênero humano, e como aquele homem qualquer que cometeu um pecado mortal, Jesus Cristo experimentou a morte "e até a morte de Cruz". No entanto, é exclusivamente a primeira parte do hino cristológico aos filipenses (Fl 2,5-8) que sustenta a inspiração desse colóquio, sem evocar em nada o motivo de sua exaltação (Fl 2,9-11).

> V. 5: Tende entre vós os mesmos sentimentos que havia em Cristo Jesus: *touto phroneite en humin ho kai en Xristo Hesou*;
> V. 6: Ele, existindo em forma divina, não considerou um privilégio ser igual a Deus: *hos en morphe Theou huparchon ouch harpagmon hegesato to einani isa Theo*.
> V. 7: Mas esvaziou-se, assumindo a forma de servo: *heauton ekenosen morphen doulou labon*, tornando-se semelhante ao ser humano, e encontrado em aspecto humano,
> V. 8: ele se rebaixou, fazendo-se obediente até a morte, e morte de cruz: *etapeinosen heauton genómenos hupekoos mechri thanatou, thanatou de staurou*.

Para estabelecer uma analogia com o texto inaciano, nós nos referiremos à exegese cristológica e espiritual desse hino tantas vezes comentado por Santo Agostinho[52].

1º) "**Imaginando** Cristo, nosso Senhor diante de mim, na cruz [...]" A fim de preservar o privilégio da contemplação plena da vida, morte e ressurreição de Cristo, houve comentários dos *Exercícios* que salientaram o limite dessa visão de Cristo na cruz como algo proporcionado apenas à imaginação, incapaz de penetrar as profundezas dos mistérios da Cruz, pois ela só pode explorar sua aparência exterior. Não ratificaremos a ênfase

---

51. EE 53: "Ymaginando a Xpo nuestro Señor de lante y puesto en cruz, hazer colloquio; cómo de Criador es venido a hazerse hombre, y de la vida eterna a muerte temporal, y así a morir por mis pecados. Otro tanto, mirando a mí mismo, lo que he hecho por Xpo, lo que hago por Xpo, lo que devo hazer por Xpo; y así colgado en la cruz, discurrir por lo que se offresciere".

52. ALBERT VERWILGHEN, *Christologie et spiritualité selon saint Augustin, l'hymne aux Philippiens*, col. Théologie historique nº 72, Paris, Beauchesne, 1985, 556 p.

nesse limite imaginativo, primeiramente porque a própria imaginação será plenamente desdobrada a partir da segunda semana; depois e principalmente, porque esse posicionamento diante de Cristo na cruz implica que o exercitante logo após formule ao próprio Cristo esta pergunta, que não poderia ser mais radical: "como, de Criador, se fez homem [*hazerse hombre*] e como, da vida eterna, chegou à morte temporal e assim morreu por meus pecados". De seu lado, Agostinho já salientava o fato de que todos os mistérios da vida de Cristo estão disponíveis à imaginação, visto que todos propõem a representação da *forma servi*, enquanto a *forma Dei* é inacessível:

> Aqui, ó fragilidade humana, não te impeço de imaginar o que conheces; ao contrário, obrigo-te a isso. Se tua fé é verdadeira, eis o que deves pensar de Cristo: [...] ele sofreu como um homem, foi suspendido no madeiro, morto e sepultado como um homem; nessa mesma forma, ressuscitou, nessa mesma forma subiu aos céus [...][53].

A nosso ver, o limite do colóquio com Cristo na cruz não deve ser situado na *imaginação* do Cristo na cruz, mas antes na finalidade das meditações próprias da primeira semana: "pedirei sentir vergonha e confusão a meu próprio respeito" (EE 48). Ora, ninguém duvida que esse colóquio (EE 53) deve levar a seu ápice minha vergonha e minha confusão, ainda mais porque é em razão dos meus pecados ou por eles que Cristo nosso Senhor morreu. Poder-se-ia acrescentar que a confrontação quase visual com Cristo na cruz expõe quem o imagina "diante de si" ao mistério mais central do cristianismo, melhor que qualquer elaboração racional desse mistério.

2º) Como o Criador, fazendo-se homem, passou "**da vida eterna à morte temporal**". Tal interpretação da kênosis proclamada por Paulo é vertiginosa, na medida em que não interpreta "a união hipostática" do Verbo encarnado respeitando prioritariamente a regra calcedoniana da preservação dos idiomas de cada natureza divina e humana, de modo que, na hora de sua morte, Cristo tivesse podido conciliar sua vida eterna e divina com seu ser humano e temporal que morreu. Ao contrário, o *Autógrafo* inaciano adota a tese da passagem real de um a outro estado, como se ele sacrificasse o primeiro estado ao segundo. Essa afirmação é tão audaciosa que as *versões P1 e P2* se apressaram em retificar a *versão Autógrafa*, traduzindo "*cómo de Criador es venido a hazerse hombre, y de vida eterna a muerte temporal*" para "*considerando quemadmodum Creator exinanivit se, ut homo fieret, et aeternus voluit temporaliter mori pro peccatis meis*"[54].

A título de comparação, é notável que Agostinho tenha buscado explicar a morte real do Verbo encarnado, preservando ao mesmo tempo a distinção dos idiomas de cada uma de suas naturezas. Assim, adotará o questionamento retomado por Inácio em seu *Autógrafo*:

---

53. Agostinho, *Tractatus in Iohannis Ev.*, 40, 4, CC, SL 36, 352.
54. Nesse lugar, a *Vulgata* redigida por Des Freux respeita mais o *Autógrafo* ao traduzir: "*Itaque exquiram mecum rationem, qua Creator ipse infinitus fieri creatura, et ab aeterna vita ad temporaream mortem venire pro peccatis meis dignatus est*". Por outro lado, o *textus italicus* propõe: "*Fiat colloquium consideranto qualiter Creator et Dominus exinanivit se ut homo fieret, et voluit temporaliter mori, quum esser immortalis; pro peccatis meis*".

> Que o Eterno tenha morrido, nisso é mais difícil acreditar do que num mortal que viva eternamente. Ora, aquilo em que é mais difícil crer, é disso que estamos em posse. Quando um Deus morre pelo homem, por que o homem não viveria com Deus? Por que não viveria eternamente, esse mortal por quem morreu aquele que vive eternamente? Mas como Deus morreu, e donde lhe veio essa morte? Será que um Deus pode morrer? Ele tomou de ti essa carne que lhe permitia morrer por ti. Não poderia ter morrido sem essa carne, não poderia morrer sem um corpo mortal; revestiu-se daquilo que lhe permitiria morrer por ti; e te revestirá daquilo que te fará viver com ele[55].

Nessa conclusão de sua tese consagrada a todas as interpretações agostinianas do Hino aos filipenses, Albert Verwilghen registra tanto as afirmações de que a cristologia do Pai do Ocidente respeita essa regra de atribuição permanente desses idiomas de cada natureza divina e humana, como a que consiste em salientar "a comunicação das propriedades da *forma servi* à *forma dei* em razão da unicidade do sujeito pessoal constituído pelo Verbo encarnado. A *exinanitio* só pode ser compreendida dentro do paradoxo de que a onipotência e a glória de Deus se manifesta no cerne da *forma servi* sem diminuição nem perda da *forma dei*"[56].

Em todo caso, a fórmula inaciana consignada em EE 53 evidencia singularmente o movimento kenótico da Encarnação como passagem de um estado "de vida eterna ao de morte temporal", sobretudo porque Inácio confronta seu exercitante unicamente com o Cristo na condição de crucificado. O adjetivo "morte *temporal*" oposto a "vida *eterna*" pode sugerir que Cristo sacrificou sua vida por nós substituindo-se aos homens, sem contudo — é claro — sofrer a morte eterna, como os anjos decaídos e todos os que morreram em estado de pecado mortal[57]. No entanto, essa reserva não compromete a passagem da vida à morte, como já sugeria uma homilia para o Sábado santo atribuída a Santo Epifânio de Salamina:

> O que está acontecendo? Hoje, grande silêncio sobre a terra: grande silêncio, e depois solidão, pois o Rei dormita. A terra tremeu e se apaziguou, porque Deus adormeceu na carne [*hoti ho Theós sarki hupnosen*] e ele acordou os que dormiam desde as origens. Deus morreu na carne [*Ho Theós en sarki tetheke*] e a morada dos mortos se pôs a tremer[58].

Teremos a ocasião de voltar a essa interpretação ao longo de nossas análises das semanas inacianas. Aliás, todo o trabalho realizado pela graça desde o início desse exercício de oração me expôs por inteiro a um *sentir espiritual* que me trespassou, tornou vulnerável e confortou.

---

55. *Enarrationes in Psalmos*, Sl 148, 8, CC, SL 40, 2171.
56. A. Verwilghen, *Christologie et spiritualité*, 482-491.
57. E. Przywara, *Deus semper Maior*, 1, 178-180, comenta EE 53 de tríplice maneira: "*a) Christus unser Herr, [...] am Kreuz ist das dem tieferem Gedächtnis entsprechende tiefer Durchdauender; b) Christus, unser Herr, [...] am Kreuz ist darum die der tieferen Ensicht entsprechende tiefe Schau; c) Dieser Christus, unser Herr, [...] am Kreuz, ist darum endlich das dem tieferen Willen entsprechende tiefe Ja*".
58. Cf. PG 43, col. 440. Essa homilia é citada em *La Liturgie des heures*, II, por ocasião do Sábado santo, 373-375.

3º) **"Igualmente, olhando para mim mesmo, perguntar o que tenho feito por Cristo [...]."** A conjugação do olhar dirigido a Cristo e, depois, a mim mesmo, pode também ser justificada pelo *incipit* do hino aos filipenses: "Comportai-vos entre vós assim como se faz em Jesus Cristo, ele, que é de condição divina [...]" (Fl 2,5)[59]. Em Inácio, tais "disposições" são interpretadas como um "sentir espiritual", tão denso quanto abrangente, visto que agrupa num conjunto a inspiração do Espírito, a capacidade de julgar e o enraizamento no afeto. Além disso, a expressão "morreu *por* meus pecados" (*por mis pecados*) permanece envolta num enigma, que as formulações muito concisas de Paulo nem sempre dissipam. Teria ele morrido *por causa* dos meus pecados, o que me tornaria cúmplice de sua execução, ou antes teria ele morrido *por* meus pecados, no sentido de que "Deus o destinou para servir de expiação por seu sangue" (Rm 3,23), a fim de me purificar? Seja como for, sua cruz se encontra plantada em mim, assim como a arte cristã representou a cruz do "calvário", e a seus pés o crânio de Adão[60]. Segundo Jerônimo Nadal: "O *espelho* dos pecadores é o Cristo crucificado; neste aparecem nossos pecados, em seus sofrimentos e em sua morte"[61].

Relembremos, por fim, que tal questionamento permanece como que "encerrado" (cf. Rm 11,32) na trajetória kenótica de Jesus, sem repercutir no "Foi por isso que Deus o exaltou" (Fl 2,9ss.). Eis por que sua morte por *meus pecados* me convida a indagar "o que tenho feito por Cristo, o que faço por Cristo e o que devo fazer por Cristo. Enfim, vendo-o nesse estado, assim suspenso na Cruz, refletir naquilo que me ocorrer. Rezar um Pai nosso".

Minhas ações passadas, presentes e futuras são dessa forma chamadas ao encontro do Crucificado, e assim minha vergonha pudica e minha confusão atingem aqui seu paroxismo. No entanto, o redator dos *Exercícios* não sugere em absoluto a expressão que lhes seria adequada, preferindo retrair-se para deixar ao exercitante a responsabilidade de entregar-se a essa confrontação íntima com esse Deus "morto por meus pecados" (EE 15), contentando-se em sugerir, como de costume, a recitação da oração que o próprio Senhor confiou a seus discípulos: "Perdoa as nossas ofensas, assim como nós perdoamos aos que...".

2. O segundo exercício sobre os pecados pessoais (EE 55-61)

a. *A diferença de perspectiva adotada por esse segundo exercício em comparação com o primeiro*

Como distinguir o mais adequadamente possível entre o procedimento do primeiro exercício e o do segundo? Invocando os êxtases do tempo, como o fez **Gaston Fessard**? É verdade que um contexto assim permite que situemos o primeiro exercício no *passado* consumado dos três tipos de pecados, o segundo, no *presente* de minha conversão até

---

59. Max Zerwick, traduz esse verbo *phronein* por: Have this frame of mind.
60. Émile Mâle, *L'art religieux du XIIIe siècle en France*, Paris, A. Colin, 1910, 223.
61. Jerônimo Nadal, *Journal spirituel*, 50.

"detestar os meus pecados" (cf. EE 63), e o último, consagrado às penas infernais (EE 65 ss.), no *futuro* sempre ameaçador de ser submetido ao inferno[62]. No entanto, nem todos esses três tipos de pecados cometidos se situam no mesmo eixo temporal, e acima de tudo o primeiro exercício já está orientado para a incidência passada, presente e futura de cada um desses três tipos de pecado sobre os meus. Sendo assim, não é o segundo exercício que inicia a meditação sobre meus próprios pecados, ainda mais porque cada um deles mobiliza minha memória, minha inteligência e minha vontade, articulando a seu modo os êxtases do tempo.

O melhor então é partir da consideração mais abrangente e mais precisa de Inácio, segundo a qual toda a primeira semana consiste "em se preparar e dispor para tirar de si todas as afeições desordenadas" (EE 1), conforme à visão da "via purgativa" (EE 10), de modo que a primeira semana seja "a meditação e a contemplação dos pecados" (EE 4) na medida em que eles dizem respeito à minha alma.

A partir daí, o segundo exercício versará sobre meus pecados tanto quanto o primeiro, e a diferença de objeto se situa no plano do *referente primeiro e principal*. No primeiro exercício, esse referente conjuga os três tipos de pecado que não fui o primeiro a cometer, embora tenha sempre pactuado com eles, como espírito, como homem adâmico, como toda liberdade singular que pecou mortalmente. Em contrapartida, a matéria própria e imediata do segundo exercício consistirá em aplicar a memória à *sequência de meus pecados* delimitados pela esfera de meu tempo vivido em diferentes períodos de minha vida, estendendo-se aos lugares onde habitei, a minhas relações interpessoais e a minhas atividades profissionais (EE 56). Esses dois tipos de referentes salientam o caráter *objetivamente histórico* do primeiro e o caráter *pessoalmente subjetivo* do segundo[63]. No entanto, a distinção entre objetivo e subjetivo parece demasiado grosseira para caracterizar exatamente a diferença entre eles.

Hugo Rahner tipificou mais finamente essa progressão, ao especificar que se passa da "história à psicologia do pecado". No entanto, essa nova distinção mereceria ser mais aprimorada, primeiramente porque o exercício já é suscetível de remexer de cima a baixo minha psicologia, enquanto a memória da sequência (*el processo*) dos meus pecados ainda faz parte da história em que se encontram imbricados os três tipos de pecado (cf. EE 56). Permanece verdadeiro, porém, que o primeiro exercício mostra que os três tipos de pecado fazem parte intrinsecamente da *história* da revelação do pecado na qual me encontro inserido, sem tê-lo original e deliberadamente desejado. Em contrapartida, por meio da sequência dos pontos que constituirão o corpo do segundo exercício, Inácio salientará particularmente uma estratégia psicológica que ajuda o exercitante a se libertar das armadilhas ilusórias do pecado.

No entanto, essa denominação de "história" aplicada à primeira semana não é rigorosamente inaciana, porque o redator dos *Exercícios* reservará esse termo para a "En-

---

62. G. Fessard, *La dialectique des Exercices spirituels*, I, 45-50.
63. P. Gervais, La grâce de première semaine, em *Les Exercices spirituels de saint Ignace, Un commentaire littéral et théologique*, 174-175.

carnação do Verbo eterno" (EE 109), estendendo até o fim da última semana, como o demonstra o primeiro preâmbulo que introduz a contemplação da Encarnação em EE 102: *Traer la historia de cosa que tengo de contemplar*... Essa aplicação inaciana do termo *história* ecoa sua "novidade" absoluta (Irineu), contida nesse "corpo de Deus" (Atanásio). Nesse sentido, a história dos três pecados não passa de uma pré-história, ou ainda de uma contra-história tragicamente marcada pela oposição antecipada ao "advento de Cristo" (EE 71).

Se, portanto, buscarmos caracterizar o mais adequadamente possível a distinção entre esses dois primeiros exercícios sem forçar a distinção entre "história e psicologia", será melhor recorrermos à maneira pela qual o redator dos *Exercícios* caracteriza literalmente a diferença dos frutos gratuitos que são pedidos em cada um desses dois exercícios, isto é, de acordo com seus *segundos preâmbulos* respectivos (cf. EE 48 e 56). De fato, o segundo exercício acrescenta à demanda do primeiro o aumento e a intensidade da dor e das lágrimas por meus pecados (EE 56: *pedir crescido y intenso dolor y lágrimas de mis pecados*). Esse pedido de intensificação da dor alcança mais a intimidade do sujeito pecador, distinguindo-se ao mesmo tempo da meditação anterior, que em vez disso mobilizava a *extensão* do olhar à "gente que foi condenada por um só pecado mortal" (EE 48); uma distinção que, no fim das contas, é familiar à teologia escolástica[64].

A vivificação dessa intensidade será estimulada em cada um dos pontos que balizam esse segundo exercício, e primeiramente no segundo ponto:

> EE 57: [...] olhando a fealdade e a malícia que cada pecado mortal cometido contém em si, mesmo que não fosse proibido.

É a primeira vez que aparece, nesta primeira semana, o critério estético da feiura aplicada ao corpo, a fim de simbolizar no afeto do corpo vivido a origem do pecado: "uma chaga e um tumor, donde saíram tantos pecados" (EE 58). No entanto, é principalmente a abstração precisa da proibição (EE 57) que caracteriza o limiar transposto pelo segundo exercício, enquanto o primeiro abordou a gravidade do pecado como desobediência e transgressão da proibição de comer da árvore da ciência (EE 51).

Pode-se também qualificar essa diferença de perspectiva considerando o tipo de comparação evidenciado em cada um dos dois exercícios. O primeiro é do âmbito do quantificável, significado pela oposição entre "o um" e o "múltiplo" em EE 48, 50, 52: o segundo realça a ordem do qualitativo, que só pode ser medido pela *intensidade* da dor intimamente experimentada em si pelo pecado pessoal, conforme à oração de petição que introduz o segundo exercício: EE 55: "pedir profunda e intensa dor e lágrimas por

---

64. Essa distinção aristotélica é usualmente retomada por Tomás de Aquino, como o ilustra sua abordagem dos sofrimentos suportados por Cristo em sua paixão. Segundo *S. T.*, IIIa, qu. 46, a. 5 e 6, a excelência de sua dor é primeiramente medida segundo o critério de sua extensão a todos os tipos de personagens que colaboraram para sua execução; depois, em referência a sua intensidade extrema. Sob esse aspecto, sua humanidade foi entregue corporalmente ao suplício mais cruel. Além disso, sua dor interna provinha de uma sensibilidade excepcional, e de uma alma perfeitamente pura de toda cumplicidade com o pecado e inteiramente livre para se entregar.

meus pecados". A "exclamação admirativa" que surge no quinto ponto (EE 60) confirmará excelentemente essa nova e decisiva abordagem.

Historicamente, tal tipo de progressão do primeiro ao segundo exercício também caracteriza a originalidade da espiritualidade inaciana, na medida em que em seu tempo as *Diretrizes* relativas à pastoral da confissão dos pecados se inspiravam na *Summa de casibus poenitentiae*, composta pelo dominicano catalão Raimundo de Penaforte em 1240, e que esse tipo de escritos era redigido por canonistas que distinguiam a gravidade do pecado em referência às categorias do "lícito" e do "ilícito"[65].

Para os que apreciam *a filosofia blondeliana*, pode-se postular que esse primeiro exercício abarca mais a apreensão primordial do âmbito propriamente *noético*, ao passo que o segundo em última instância o investiga e aprofunda ao desdobrar o âmbito que é especificamente *pneumático*[66].

b. A lógica existencial ou pneumática do segundo exercício

A trajetória percorrida por essa meditação se enuncia da seguinte forma:

> EE 57: 2º ponto. Ponderar os pecados, olhando a fealdade e a malícia que cada pecado mortal cometido contém em si, mesmo que não fosse proibido.
>
> EE 58: 3º ponto. Ver quem sou eu. Diminuir-me por meio de comparações. 1º: que sou eu, comparado com todas as pessoas? 2º: que são os seres humanos comparados com todos os anjos e santos do paraíso? 3º: que é a criação inteira diante de Deus? E eu, sozinho, o que posso ser? 4º: olhar toda a minha corrupção e feiura corporal. 5º: olhar-me como uma chaga e um tumor, donde saíram tantos pecados e tantas maldades e tão medonho veneno.
>
> EE 59: 4º ponto. Considerar quem é Deus contra quem eu pequei, segundo seus atributos, comparando-os com seus contrários em mim mesmo: sua sabedoria com a minha ignorância; sua onipotência com a minha fraqueza; sua justiça com a minha iniquidade; sua bondade com a minha malícia.

---

65. Consulte-se JEAN DELUMEAU, *Le péché et la peur, La culpabilisation en Occident*, XIIIᵉ-XVIIIᵉ siècles, Paris, Fayard, 1983, 222-229.

66. Cf. ANDRÉ DE JAER; ALBERT CHAPELLE, Le noétique et le pneumatique chez Maurice Blondel, Un essai de définition, *Revue philosophique de Louvain* 59 (nov. 1961) 609-630. Transcrevemos a conclusão: "Ao longo de sua vida, Blondel tentou esboçar o 'realismo superior' que discerne, no centro do real intramundano, o 'elo' constitutivo da natureza e do espírito. Esse *Vinculum* outra coisa não é senão a 'obra criadora'. Eis o elo da dialética do noético e do pneumático. Denomina-se *noético* o aspecto da presença criadora segundo a qual esta última imprime no universo sua unidade fundamental, ao mesmo tempo em que garante a necessária solidariedade das pessoas. A mesma empresa primordial suscita cada pessoa em sua livre heterogeneidade, pelo fato de inspirar-se na pluralidade final do universo: esse é o segundo aspecto, denominado *pneumático*. A partir daí, por ser o princípio concreto de universalidade, o noético é função de objetivação e elemento unificador. Inversamente, o pneumático é elemento diversificador e função subjetiva, visto que ele é o princípio concreto de singularidade. O universo é, portanto, atuado, e a pessoa singular se realiza no ato e pelo ato em que a liberdade subjetiva reintegra o ser ao mundo objetivo: a opção blondeliana. A dialética noético-pneumática aparece assim como mediadora entre a Presença criativa e a opção".

EE 60: 5º ponto. Exclamação admirativa, com intenso afeto, repassando todas as criaturas: como me deixaram com vida e me conservaram! Os anjos, embora sejam a espada da justiça divina, como me suportaram, protegeram e rogaram por mim. Os santos, como intercederam e pediram por mim. Igualmente os céus, o sol, a lua e as estrelas, com os elementos, as frutas, as aves, os peixes e os animais. Também a terra, porque não se abriu para me engolir, criando novos infernos em que eu penasse para sempre.

EE 61: Colóquio. Terminar com um colóquio de misericórdia, falando e agradecendo a Deus nosso Senhor por me haver dado vida até agora. Fazer o propósito de emendar-me com a sua graça daqui para a frente. Rezar o Pai nosso.

Releremos esses pontos inspirando-nos na distinção *noético-pneumática*, e assim a primeira apreensão do universo percebido noeticamente já precederá sempre a que será pneumática.

É desse modo que se pode verificar a pertinência *noética* do encadeamento desses pontos. 2º: a gravidade *essencial* de cada pecado mortal não depende de sua proibição, mas, ao contrário, sua gravidade em si justifica sua proibição.

3º e 4º: A medida dessa gravidade pressupõe que a relação do homem pecador com Deus esteja desobstruída das ilusões mentirosas que o pecado provoca ao "hipertrofiar" o eu, transformado em centro do universo e critério absoluto das perfeições ao qual "deus" não pode opor por suas fraquezas senão uma resistência insignificante. Convém a partir daí que a verdade dessa relação seja restabelecida pelo desinflar do meu orgulho, fazendo-me "cada vez menor", gradualmente, por comparações que atestam sempre mais a excelência transcendente do Deus verdadeiro (3º) e restaurando a verdade dos atributos divinos em sua perfeição, de modo que seja invertida a contrariedade indevidamente projetada pelo pensamento pecador.

5º: O pensamento noético pode até ratificar a constatação de que todas as criaturas colaboraram para manter-me vivo até o presente, de modo que eu seja por ora poupado da condenação ao inferno, visto que ainda não estou efetivamente morto.

O que falta, portanto, a essa leitura *noética*? Todo o âmbito alcançado pela inspiração sálmica e profética, na medida em que esta se situa constantemente na brecha do existencial que aflora no âmbito da apreensão diretamente vivenciada na carne. As referências terminais 4º e 5º do primeiro ponto, e principalmente o quinto ponto: *esclamación admirativa con crescido afecto, discuriendo por todas criaturas, cómo...* chegam a expressá-lo com lirismo. Inúmeros são os salmos de súplica e penitência que dão testemunho dessa inversão tão inesperada quanto perturbadora, em que a descida no abismo da severíssima Justiça divina revela aquele outro abismo, ainda mais abissal, da Misericórdia do mesmo Deus, "lento na cólera e cheio de ternura"[67]. No entanto, poderíamos integrar aí também a parte final do número 3º do terceiro ponto: *... pues yo solo, que puedo ser?* A literatura sálmica se abstém de qualificar a criatura humana de "nada", e assim também a espiritualidade dos *Exercícios* inacianos, contrariamente a inúmeras metafísicas espirituais[68].

---

67. Que baste aqui a referência à trajetória proposta pelo Salmo 51, usualmente denominado *Miserere*.

68. Vêm à mente, em particular, a metafísica de Mestre Eckhart e a espiritualidade do "nada" preconizada por João da Cruz. Antes deles, a *Imitação de Cristo* remetia também a esse "nada", no cap. 8

Observemos, por fim, que ocorre pela primeira vez, no próprio interior da primeira semana (EE 59), a intervenção dos (bons) anjos e dos santos. A consciência crente do exercitante é assim preparada para *repetir* esses exercícios, juntando a eles um *tríplice colóquio* que ultrapassará os limites impostos pelo colóquio com o Cristo na cruz, de aparência puramente kenótica (EE 53), e pelo colóquio de misericórdia (EE 61), em que a memória da ternura de Deus só se aplica ao passado, sem pretender antecipar o futuro, que pertence exclusivamente ao julgamento de Deus.

3. As repetições e o tríplice colóquio

a. EE 62 e 64: as duas repetições

Praticadas à tarde, tais "repetições" não devem ser confundidas com as duas "retomadas" de cada um dos exercícios na manhã de um novo dia, pois Inácio os apresenta desta maneira:

> EE 62: Depois da oração preparatória e dos dois preâmbulos, repetir o primeiro e o segundo Exercícios. Prestar atenção e demorar-me mais nos pontos em que senti maior consolação, desolação ou sentimento espiritual. Em seguida, fazer três colóquios da seguinte maneira (cf. EE 63).
>
> EE 64: Disse "resumo" para que a inteligência, sem divagar, percorra cuidadosamente o que recorda das coisas contempladas nos Exercícios anteriores, fazendo os mesmos três colóquios.

A terceira, assim como a quarta repetição, recapitulam em cada hora os dois exercícios da manhã. As exegeses dessas formas de repetições propõem interpretações variadas[69]. Escolheremos salientar a diferença entre elas. A primeira repetição propõe preferencialmente a seleção dos pontos em que o exercitante sentiu maior consonância de consolação ou, ao contrário, uma resistência maior em razão da desolação. No entanto, para além dessas flutuações enraizadas num psiquismo ainda debutante na vida de união com Deus, o "desejo" (EE 48) se unificará num "sentimento espiritual" nutrido pela vergonha e pela confusão, progredindo da graça pedida no primeiro exercício para uma dor crescente e mais intensa dos pecados cometidos pessoalmente (EE 55).

Essa primeira repetição, mais "pneumática", será completada pela segunda, mais "noética", na medida em que compromete mais explicitamente o entendimento a percorrer integralmente o conjunto das matérias já contempladas, sem selecionar os pontos que provocaram maior sentimento espiritual.

---

do livro III. A característica própria de Inácio no EE 58 é confrontar imediatamente essa potencialidade do ato de existir com a realidade do pecado atestada pelo simbolismo da feiura moral e espiritual do corpo vivido.

69. A. Hass, *Geistliche Übungen*, Freiburg im Brisgau, Herder, 1975; Id., Commento sulle Annotazioni agli Esercizi Spirituali, CIS 11, Roma, 1976, 104ss. René Lafontaine, Troisième et quatrième exercices: Les répétitions et le triple colloque, em *Les Exercices spirituels de saint Ignace, Un commentaire littéral et théologique*, 119-125.

b. O tríplice colóquio: EE 63

EE 63: *1º colóquio*. A Nossa Senhora, a fim de que me alcance graça de seu Filho e Senhor para três coisas: 1º para que eu sinta conhecimento interno de meus pecados, detestando-os; 2º que eu sinta a desordem de minhas operações, para que, detestando-a, corrija-me e ponha-me em ordem; 3º pedir conhecimento do mundo, para que, detestando-o, afaste de mim suas vaidades e futilidades. Rezar a Ave Maria.

2º colóquio. Do mesmo modo, dirigindo-me ao Filho para me alcançar do Pai essa graça. Rezar a "Alma de Cristo".

3º colóquio. Igualmente falar ao Pai, a fim de que o próprio Senhor eterno me conceda essa graça. Rezar o "Pai nosso"[70].

Essa prática do tríplice colóquio merece ser justificada, sob todos os aspectos.

1º) Perguntemo-nos primeiramente por que esse novo procedimento de petição continua necessário, quando a repetição dos dois exercícios anteriores já abria o exercitante para tal reconhecimento. Por que esse excesso?

Responderemos primeiramente que essas meditações anteriores tinham até então apenas uma eficácia limitada, porque se baseavam somente no trabalho das três faculdades humanas de apreensão da gravidade do pecado, mesmo apoiadas pela oração *preparatória* (EE 46). Daí a exigência de implorar essa "graça" de um conhecimento mais aprofundado dos pecados junto às três Pessoas mencionadas. A propósito disso, Jerônimo Nadal se comprometeu a demonstrar a pertinente necessidade de implorar a Deus, o único a conhecer perfeitamente a ofensa que o atinge.

"Quem compreende as próprias faltas?" (Sl 19,6); absolutamente ninguém! Sucede, então, que quanto mais avançamos na via espiritual, maior é o conhecimento que adquirimos mesmo dos pecados parcialmente conhecidos, e reconhecemos também um número maior deles que haviam permaneciam ocultos. Ao mesmo tempo, adquirimos um conhecimento das causas do pecado, de suas ocasiões, da extensão dos males que ele acarreta para o homem. Por isso, é preciso sempre recomeçar a pesquisa de tal conhecimento. E, para dizê-lo brevemente, quanto mais o homem conhece a si mesmo, a Deus e a força do mandamento divino com suas obrigações, mais claramente também compreenderá seu erro em razão do número de seus pecados. E o conhecimento destes não tem nenhum limite criado nem no mundo, nem no mundo por vir. De fato, quanto maior a glória de que alguém desfrutará, mais perfeitamente compreenderá seus pecados passados.

Segue-se que a Virgem Mãe de Deus, que está acima de todas as criaturas puras, compreende bem melhor nossos pecados. Somente Cristo a ultrapassa. E, no entanto,

---

70. EE 63: "*El primer colloquio a nuestra Señora, para que me alcance gracia de su Hijo y Señor para tres cosas: la primera, para que sienta interno conoscimiento de mis peccados y aborrescimiento dellos; la 2ª, para que sienta el dessorden de mis operaciones, para que, aborresciendo, me enmiende y me ordene; la 3ª, pedir conoscimiento del mundo, para que, aborresciendo, aparte de mý las cosas mundanas y vanas; y con esto vn Ave María. El segundo colloquio, otro al Hijo, para que me alcance del Padre; y con esto Anima Xpi. El tercero colloquio, otro tanto al Padre, para que el mismo Señor eterno me le conçeda; y con esto vn Pater noster.*"

não há graus na alma de Cristo. De fato, somente Deus compreende de maneira absolutamente perfeita quão grande é a gravidade do pecado contra ele. Por isso, tu poderás pesar as obras de caridade feitas por nós pelos santos em suas orações, suas intercessões e seus sacrifícios oferecidos por nossos pecados, pesar também nossa estupidez e nossa cegueira. Deus, vem em nosso auxílio por causa de teu santo Nome[71].

Em razão das graças incomensuráveis prometidas por esse tríplice colóquio, a primeira semana inaciana se abre para uma recepção propriamente mística do conhecimento dos pecados, e assim essa "via purgativa" (EE 10) extrapola por todos os lados o âmbito voluntarista da ascese previamente requerida.

2º) A reflexão de Nadal também nos convida a reconhecer a pertinência teológica das três Pessoas invocadas no colóquio. Pede-se que eu me dirija primeiramente à Virgem Maria, em sua qualidade de *Nossa Senhora*, a fim de que interceda junto a *seu Filho e Senhor*, a fim de que ele por sua vez realize essa intercessão junto ao Pai, o *Senhor eterno*. A nomenclatura desses cinco títulos basta para garantir o desencadeamento dessas intercessões sucessivas, quando se compreende que sua ordem envolve um jogo de poder determinado a cada vez pelo próprio ato de interceder. Com efeito, é preciso que a pessoa intercessora goze de certa autoridade sobre aquela a quem se dirige sua requisição, ao mesmo tempo em que aquela reconhece sua dependência radical diante da graça oferecida tão somente por esta. Essa dualidade já se verifica no nível da relação de todo exercitante que toma a iniciativa de se dirigir a Maria como *nuestra Señora*, visto que o Senhorio que somente ela detém sobre nós a autoriza igualmente a se impor a "seu Filho". Esse primeiro título verifica a dependência de Jesus em relação à sua mãe, quando se compreende bem "seu Filho" na linha da confissão da "*theotoxos*" proclamada no Concílio de Éfeso. A maternidade de Maria não pode ser reduzida ao engendramento biológico da natureza humana do "Filho do homem", mas implica uma relação tão pessoal da mãe com seu filho que abrange a própria Pessoa do Filho segundo a singularidade e a integralidade de seu ser, assim como ele é "consubstancial ao Pai segundo sua concepção" eterna, e ao mesmo tempo consubstancial à nossa condição humana, em razão de sua concepção temporal da Virgem Maria (e do Espírito Santo). Em contrapartida, o segundo título de "Senhor" manifesta primeiramente a autoridade que o Filho e Verbo exerce sobre a "Servidora do Senhor" (cf. EE 262, 1º). Além disso, recapitula a autoridade que ele detém, como seu Pai, na qualidade de "Senhor eterno", ao mesmo tempo em que permanece segundo de acordo com a ordem trinitária das processões. É evidente, a partir daí, que essa intercessão seja por fim realizada junto ao Pai, que é "a origem sem origem" de todo dom de graça.

A compreensão dogmática desses títulos é fundamental para justificar a escolha inaciana de um primeiro pedido de intercessão feito a Maria, e não ao Espírito Santo. Aliás, conforme verificaremos posteriormente, o *Diário espiritual* de Inácio considera que Nossa Senhora goza do título de "mediadora", assim como seu Filho mediador. Além disso,

---

71. Jerônimo Nadal, *Contemplatifs dans l'action, Écrits spirituels ignatiens (1535-1575)*, tradução francesa do *Journal spirituel* por Antoine Lauras, col. Christus-textes nº 81, Paris, DDB, 1994, 82-83.

por essas demandas de intercessão, o exercitante se vê introduzido na relação de boda e de maternidade espirituais que funda a Igreja, segundo a doutrina contida nas "regras de ortodoxia" em EE 353 e 365.

A partir daí, embora a graça solicitada vise tão somente o *horror* dos pecados, conforme à finalidade da primeira semana, sua concessão envolve a máxima intimidade das relações entre as Pessoas divinas, a qual transcende o conhecimento que o exercitante pode receber pelas mediações da primeira semana e mesmo pelas contemplações próprias das semanas seguintes. Aliás, Inácio reserva estritamente esse título de "Filho" a todos os *tríplices colóquios* que balizarão o procedimento dos *Exercícios*.

3º) Convém igualmente destacar a pertinência do próprio *objeto* desses pedidos, todos três invariavelmente orientados para "suscitar o horror" diante dos pecados. Uma breve sondagem bíblica permite esclarecer a importância de assumir esse horror do pecado, sem levar em conta todos os matizes introduzidos pela grande diversidade de termos hebraicos que o transmitem[72]. Segundo os profetas Jeremias e Ezequiel, os "horrores e abominações"[73] designam a profanação do Templo e o culto dos ídolos[74] que se desenrolam sob os olhos de Deus[75], a tal ponto que o Senhor submeteu esses fomentadores de crimes ao castigo de sua "cólera", a fim de que "fiquem confundidos, porque praticam horrores"[76]. Posteriormente, o Livro dos Provérbios prolongará esses testemunhos proféticos, não apenas denunciando a horrenda natureza dessas profanações, mas atribuindo diretamente ao Senhor o julgamento que ele próprio faz de tais horrores, como o atesta a formulação recorrente: a conduta dos maus "é um horror ao Senhor"[77]. A última tradição sapiencial atribui a Deus, portanto, "essa detestação do pecado".

Pode-se deduzir então que, no entender de Inácio, "pedir para que eu sinta conhecimento interno dos meus pecados, detestando-os" (*"para que sienta interno conoscimiento de mis peccados y aborrescimiento dellos"*) só pode constituir uma graça a ser recebida do próprio Pai, exclusivamente pela intercessão de Nossa Senhora, transmitida por seu Filho e Senhor. De fato, não se trata da graça suprema que recapitula em si todos os frutos da primeira semana, inclusive o pedido de "vergonha e confusão"?

4º) Pôde-se notar igualmente que o tríplice colóquio *inverte* a ordem de apresentação dos três tipos de pecado mencionados no primeiro exercício: o pecado dos anjos, o dos nossos primeiros pais e o de um homem particular, morto em estado de pecado mortal. Agora, o tríplice colóquio procede da interiorização dos meus pecados pessoais,

---

72. A *Concordance de la TOB* traduz por "horreur" [horror] onze termos hebraicos diferentes, que remetem a dois verbos gregos: *bdelusso* e *miseo*.

73. Jeremias 16,18 e Ezequiel 5,11 e 11,18-20.

74. Jeremias 7,1-8 e Ezequiel 5,11; 7,20; 8,10; 11,18-21.

75. Jeremias 7,11: "Acaso confundis esta Casa sobre a qual foi proclamado meu Nome com um covil de ladrões? Em todo caso, eu vejo que é assim — oráculo do Senhor".

76. Jeremias 6,15 e 8,12.

77. Essa expressão reaparece mais de dez vezes na primeira coletânea dos "Provérbios de Salomão" (Pr 10 a 22,16).

objeto de meditação no segundo exercício, e pede-se em primeiro lugar: "que eu sinta conhecimento interno dos meus pecados"; em segundo lugar, "que eu sinta a desordem de minhas operações" (*el dessorden de mis operationes*), o que corresponde exatamente à desordem introduzida no plano do meu agir pelo pecado dos meus primeiros pais; em terceiro lugar: "pedir conhecimento do mundo, para que, detestando-o, afaste de mim suas vaidades e futilidades" (*aparte de my las cosas mundanas y vanas*), o que remete ao pecado dos anjos. Ultrapassando o âmbito das fraquezas da carne, incapacitada de pôr em prática a resolução de praticar o bem e evitar o mal[78], esse terceiro ponto designa o enfrentamento do pecado mais radical do espírito. Em termos joaninos, ele designa o *kosmos*, compreendido como oposição radical a Deus segundo João 15,18-27, atribuído originalmente ao diabo como "pai da mentira", segundo João 8,44.

A partir daí, essa nova ordem pode ser qualificada de "pneumática", na medida em que prioriza essa aversão por meus pecados pessoais, enquanto as outras duas formas de pecado envolvem menos diretamente minha responsabilidade. Estamos no direito de nos perguntar, porém, se essa ordem pneumática e decrescente no plano da responsabilidade pessoal não seria o melhor caminho para que eu percebesse de modo crescente a gravidade do pecado de "meus primeiros pais" e do pecado dos anjos. A meditação das *Duas Bandeiras* confirmará esta última interpretação.

5º) Se nossa interpretação for pertinente, será preciso mostrar também em que medida essa graça de execrar o pecado sob todas as suas formas precede a obtenção do perdão obtido pelo sacramento da penitência, que o redator dos *Exercícios* recomenda que seja feito "imediatamente após os Exercícios da primeira semana" (cf. EE 44). Já encontramos essa problemática ao tratar do "modo de fazer diariamente o exame geral", analisando EE 43. Pierre Gervais[79], por sua vez, recorre aqui à autoridade de Tomás de Aquino, em *S. T.*, IIIa, qu. 86, a. 6:

> Deus leva em conta o ato realizado sob sua moção como causa de seu próprio perdão. Assim é estimado da parte de Deus o ato humano que ele próprio suscita e que, simultaneamente, desvia do pecado e direciona para ele. Ora, é precisamente esse ato próprio do exercitante que o dia inaciano sobre o pecado explica. De fato, chega o momento em

---

78. Romanos 7,18b-19 caracteriza perfeitamente essa forma de desordem pecaminosa: "querer o bem está ao meu alcance, não, porém, praticá-lo, visto que não faço o bem que quero, e faço o mal que não quero".

79. Les *Exercices spirituels* d'Ignace de Loyola et la contrition chrétienne, em *NRT* 136/1 (2014) 26-47. A referência tomista dada neste artigo é inexata. Em vez de qu. 80, a. 6, trata-se de qu. 86, a. 6 e, em particular, ad 1: "A justificação do ímpio (cf. Ia-IIae, qu. 111, a. 2 e qu. 113) é um efeito da graça operante. Nessa justificação presentemente tratada, há não apenas infusão da graça e remissão da falta, mas também um impulso do livre-arbítrio para Deus, impulso este que é um ato de fé informado pela caridade e um movimento do livre-arbítrio que rejeita o pecado, movimento este que é um ato de penitência [*motus liberi arbitrii in Deum, qui est actus fidei formatae et motus liberi arbitrii in peccatum, qui est actus penitentiae*]. Todavia, esses atos humanos não se apresentam aqui como efeitos da graça operante, produzida ao mesmo tempo que a remissão da falta. Segue-se daí que a remissão da falta não se produz sem um ato de virtude de penitência, embora este último seja um efeito da graça operante".

que Deus se dá a contemplar, em toda compreensão espiritual, no ato do arrependimento, em cuja origem ele se encontra e no qual ele atesta seu perdão. Aí então acolho, ao mesmo tempo, Deus pelo que ele é em si mesmo e no que ele é para mim em seu perdão.

Embora o redator da primeira semana esteja fundamentalmente de acordo com a posição de Tomás de Aquino quanto ao procedimento da confissão sacramental, exigindo do penitente a contrição antes da outorga da absolvição, Inácio se expressa aqui numa linguagem que está em conexão direta com a Escritura, o que o autoriza a destacar singularmente essa graça de execrar o pecado obtida pelo tríplice colóquio. Essa doutrina tomasiana será confirmada pelo *Decreto sobre o sacramento da penitência*[80] promulgado pelo Concílio de Trento. O redator dos *Exercícios* já havia recomendado a prática da "Confissão geral" e sacramental (EE 44) "após a primeira semana", contanto que ela fosse "voluntariamente" solicitada. Trento avaliará muito nitidamente essa condição: "Falsa, de fato, é a doutrina que ensina que a contrição seja extorquida e forçada, e não livre e voluntária" (Dz 1677 e cânone 5)[81].

4. A meditação do inferno (EE 65-71)

a. EE 65: O primeiro preâmbulo simbolizando o inferno

> EE 65: 1º preâmbulo: a composição de lugar. Aqui será ver, com o olhar da imaginação, o comprimento, a largura e a profundidade do inferno.

Os *Exercícios* não buscam localizar materialmente o inferno, como a cosmologia medieval parecia exigir, pois propõem logo de saída a mensuração de suas dimensões simbólicas, retomando as que caracterizam as quatro dimensões do "amor de Cristo, que supera todo conhecimento" (cf. Ef 3,18), porém retirando sua "altura"[82].

Transpostas ao inferno, tais dimensões poderiam primeiramente expressar a amplitude da decisão dos condenados de "agir contra a bondade infinita" (EE 52), sendo assim "privados da glória de Deus" (Rm 3,23) ou, de maneira equivalente, de sua "altura". Permanecem, contudo, as outras três dimensões, sugerindo que se aplique "o comprimento" à memória ancestral da recusa adâmica, a "largura" à inteligência que não cessa de justificar a autossuficiência do homem condenado, e a "profundidade" à vontade definitivamente enrijecida em sua desobediência[83]. O exercitante não foi convidado, por sua vez, a medir a amplitude dos "três pecados", servindo-se dessas três faculdades (EE 50 a 52)?

---

80. *Décret sur le sacrement de pénitence*, nov. 1551, cap. 4: De la contrition, Dz 1676-1677.
81. Nos *Exercícios*, a 17ª Anotação justifica a razão pela qual o papel do confessor não deve ser confundido com o de quem dá os *Exercícios*: "É de muito proveito que o que dá os *Exercícios*, não querendo indagar nem saber os pensamentos e pecados de quem os recebe, seja fielmente informado das várias agitações e pensamentos que os diversos espíritos lhe trazem".
82. Cf. J. Ruiz de la Pena, *La otra dimensión*, Santander, 1986, 389 p.
83. P. C. Phan, *Eternity in Time, a Study of Karl Rahner's Eschatology*, Londres/Toronto, Associated United Press, 149-158. P. Gervais, em seu curso no Institut d'Études Théologiques de Bruxelles, Les fins dernières, pro manuscripto, 117, assinala: "A liberdade humana pode fechar-se numa autodestrui-

No inferno, os condenados se servem de "suas três potências", sempre criadas por Deus, a fim de orientá-las contra seu Criador e Senhor, precisamente contra "O amor do Senhor Eterno" (EE 71). A negação infernal não destrói a predestinação deles (EE 366) de terem sido "criados na graça" (EE 50), a fim de "louvar, reverenciar e servir a Deus nosso Senhor, e assim salvar-se" (EE 23); recusando-se a isso, eles perdem sua alma, autodestruindo-se. Terá sido por inveja que infringiram a proibição de experimentar os frutos da árvore da ciência (EE 51), para serem como deus, mesmo sabendo que não o são? Terá essa revolta sido motivada pela vingança paga pelo mais alto preço das penas do inferno? Em todo caso, o conjunto dos *Exercícios* nos convida a interpretar o inferno como perversão última da "liberdade do livre-arbítrio" (EE 23).

Ademais, o inferno só subsiste como lugar simbólico que expressa a possibilidade para a liberdade de opor-se "com toda a sua alma, com todas as suas forças e com todo o seu espírito" a Deus em razão da magnanimidade de Deus, que "quis se comunicar com o ser humano" (EE 234), correndo o risco de ser recusado por ele e de morrer numa Cruz (EE 53). Essas faculdades do condenado refletem, portanto, em forma negativa, as dimensões da Cruz na qual foi pregado o Crucificado: a duração infinita de Sua Memória paterna, a extensão da Inteligência de seu Verbo "que ultrapassa todo conhecimento" e a intimidade de Sua Vontade amorosa selada pelo Espírito. Nesse sentido, a recusa infernal é, a bem dizer, a recusa do Deus Crucificado. Encontramos assim o epílogo lírico da Carta de Paulo aos gálatas: "o mundo está crucificado para mim, como eu para o mundo" (Gl 6,14b).

b. EE 65: O pedido do segundo preâmbulo

> EE 65: Pedir sentimento interno da pena que padecem os condenados, a fim de que, se por minhas faltas, chegar a esquecer o amor do Senhor eterno, pelo menos o temor das pensa me ajude a não cair no pecado[84].

Será possível que um pedido assim possa ser honrado? Se recorrermos à sua justificação teológica, formulada na última regra de ortodoxia, seremos esclarecidos sobre a utilidade salutar desse "temor às penas":

> EE 370: Visto que acima de tudo se deve estimar servir muito a Deus nosso Senhor por puro amor, devemos louvar grandemente o temor de sua divina Majestade. Porque

---

ção, quando afirma transcendentalmente — isto é, necessariamente — a Deus como fundamento de seu ser criado, e ao mesmo tempo o nega categoricamente por seus atos na maneira como o encontra efetivamente por meio das realidades criadas deste mundo. O inferno outra coisa não é senão essa autodestruição tornada absoluta e definitiva. A punição que ele constitui afeta o condenado a partir de dentro, de modo profundamente pessoal. Antes de ser uma pena infligida do exterior, é uma destruição interior do eu que o julgamento de Deus não pode senão avaliar".

84. EE 65: "*El segundo, demandar lo que quiero: será aquí pedir interno sentimiento de la pena que padescen los dañados, para que si del amor del Señor eterno me olvidare por mis faltas, a lo menos el temor de las penas me ayude para no venir en pecado.*"

não somente o *temor filial* é coisa pia e santíssima, mas ainda o *temor servil* ajuda muito a sair do pecado mortal, quando a pessoa outra coisa melhor e mais útil não alcança[85].

No entanto, para isso é preciso compreender até onde pode conduzir "o sentimento interior" (*interno sentimiento*) das penas padecidas pelos próprios condenados, sem por isso considerar-se a si mesmo condenado para sempre. Como se manter à beira do inferno, sem por sua vez cair nele; uma questão reavivada pelo testemunho de Teresa d'Ávila, quando o Senhor fez com que visse o lugar que lhe estava reservado no inferno[86].

A propósito disso, lembremo-nos de como esse *sentimiento* era qualificado por ocasião da primeira repetição dos dois primeiros exercícios: "Prestar atenção e demorar-me mais nos pontos em que senti maior consolação, desolação ou *sentimento espiritual*" (EE 62). Em EE 65 a qualificação do sentimento "espiritual" é limitada à sua "interioridade". Assim, a abordagem do sentir das penas infernais dos condenados mobilizará unicamente os sentidos físicos dotados de imaginação, sem corresponder em absoluto à "aplicação desses sentidos" (EE 121 ss.) própria da segunda semana, que acarreta a conversão dos sentidos corporais em sentidos espirituais aptos a conformar a vida do exercitante aos mistérios da vida de Cristo. Na meditação do inferno, tratar-se-á, ao contrário, de não se deixar subjugar pela decisão infernal dos condenados, a ponto de deixar-se, mesmo ligeiramente, arrastar por ela[87].

c. EE 66-70: Pelos cinco sentidos físicos

Como os Salmos e a tradição judaico-cristã o demonstraram de modo insuperável, o Inocente é ainda mais esmagado, perseguido e ferido pelas forças do mal na medida em que não pactua com elas[88]. Seus cinco sentidos físicos são as portas exteriores abertas às feridas que penetram até o interior da alma justa[89]. Ilustremos esse tipo de afetação por dois exemplos extraídos do corpo do exercício:

---

85. No âmbito da terceira parte das *Constituições da Companhia de Jesus*, sobre "conservação e progresso dos que estão em provação", Inácio enuncia esta recomendação central, em 26 [288]: "Todos se esforcem por ter a intenção reta, não somente quanto ao estado de vida, mas também quanto a todos os seus pormenores, pretendendo sempre puramente servir a divina Bondade, e agradar-lhe por causa de si mesma, e por causa do amor e dos benefícios singulares com que nos preveniu, mais que por temor do castigo ou esperança do prêmio, embora também disto se devam ajudar".
86. Santa Teresa de Ávila, *Ma vie*, cap. XXXII, ed. do quarto centenário, Paris, Fayard, 1961, 295-304.
87. Joseph Maréchal distingue muito bem esses dois tipos de mobilização dos sentidos corporais em DS, vol. I, 810-812. A maioria dos comentadores atuais retomaram essa interpretação: E. Przywara, *Deus semper maior*, I, 197-198 e Étienne Lepers, L'application des sens, *Christus* 105 (1980) 83-94; ver nota 4 na página 93.
88. André Chouraqui, *Le Cantique des cantiques et les Psaumes*, Paris, NRF, 1970, esclareceu excelentemente a luta existencial de que o Saltério dá testemunho, em Liminaire à la traduction des Psaumes.
89. A série das penas infernais relatadas por Inácio é muito sóbria, diante das encenações orquestradas pela literatura do séc. XIV; encontramos uma ilustração típica no primeiro capítulo da *Lenda*

EE 67: Aplicar o ouvido aos choros, alaridos, gritos, blasfêmias contra Cristo nosso Senhor e contra todos os seus santos.

EE 69: Com o paladar, provar coisas amargas: lágrimas, tristeza e o verme da consciência.

Tais blasfêmias não provêm do próprio exercitante, embora o exame de consciência relativo às palavras (EE 38-41) tenha podido relembrá-lo de que por vezes ele sucumbiu a essa tentação. A fim de facilitar a captação pelos ouvidos desses gemidos, basta mergulhar por um instante no mais prosaico contexto relacional mundano, imaginando que no inferno essas blasfêmias alcançam sua dimensão paroxística.

Por outro lado, atormentado pela desolação, o próprio exercitante já deve ter sofrido a prova da "tristeza" ligada ao sentimento de estar "como que separado de seu Criador e Senhor" (EE 317); talvez tenha até sido roído pelo "verme da consciência", aquele verme do remorso que opõe uma resistência feroz à graça da contrição capaz de enternecer o coração empedernido.

Esta última meditação das penas do inferno só será proposta ao exercitante, que ainda se inicia na tomada de consciência de seu pecado, no fim do último dia tipo da primeira semana, o que pressupõe a aquisição dos quatro exercícios de oração, incluindo a graça de detestar os pecados (EE 63). A Escritura explica a sucessão espiritual desse procedimento espiritual, particularmente em sua compreensão progressiva da "manifestação da cólera de Deus" (Rm 1,18 ss.).

d. *EE 71: O colóquio com Cristo nosso Senhor*

EE 71: Num colóquio com Cristo nosso Senhor, trazer à memória as pessoas que estão no inferno. Umas porque não creram na sua vinda. Outras, porque, apesar de acreditarem, não procederam conforme seus mandamentos.

Dividi-las em três grupos: 1º antes de sua vinda; 2º durante sua vinda; 3º depois de sua vinda a este mundo.

E assim, agradecer-lhe porque não me deixou cair em nenhum desses grupos pondo fim à minha vida. Dar-lhe também graças porque [*hasta agora*] teve sempre tanta misericórdia e piedade [*piedad*] comigo. Terminar com um "Pai nosso"[90].

A doutrina contida neste colóquio é bíblica e tradicional até em sua expressão. No entanto, no nível da lógica existencial e espiritual dos cinco exercícios da primeira se-

---

dourada, que trata do advento de Cristo em sua encarnação como prelúdio do julgamento final, 5-17. Ademais, Inácio não descreve as penas do inferno em referência a cada um dos vícios, como sugere a *Imitação de Cristo*: livro I, XXIV, 3 a 7: "É nas mesmas coisas em que o homem pecou que ele será mais rigorosamente punido [...] não haverá um único vício que não tenha seu tormento particular".

90. EE 71: "*Haziendo vn colloquio a Xpo nuestro Señor, traer a la memoria las animas que están en el infierno; vna, porque no creyendo el aduenimiento; otras, creyendo, no obraron según su mandamiento; haziendo tres parte: 1ª parte. La 1ª, antes del aduenimiento. 2ª. La 2ª, en su vida. 3ª, depues de su vida en este mundo. Y con esto darle gracias, porque no me ha dexado caer en ninguna destas, acabando my vida. Assimismo cómo hasta agora siempre la tenido de mý tanta piedad y misericordia; acabando con vn Pater noster*".

mana, é notável que seja a primeira e única vez em que aparece o *advento* de Cristo, como critério exclusivo do julgamento de condenação ao inferno. Ora, tal enraizamento sobrévem no interior do segundo colóquio com "Cristo nosso Senhor". É, portanto, "na companhia do próprio Cristo que o exercitante é convidado a visitar o inferno"[91], segundo 1 João 3,21: "Caríssimos, se nosso coração não nos acusar, podemos *dirigir-nos* a Deus com confiança".

1º) *Traer a la memoria*. O primeiro procedimento deste colóquio permanece ancorado no destino das almas que estão no inferno, depreendendo duas razões pelas quais foram condenadas. Estas são diretamente referidas ao advento de Cristo: não haver crido e haver crido sem haver praticado seus mandamentos justificam de modo equivalente a condenação delas. Já o Pentateuco e os Profetas haviam denunciado a gravidade desses dois tipos de infidelidade a Deus. O Novo Testamento ratificou esse julgamento ao revelar a identidade do Juiz divino: "[…] O Pai não julga ninguém, ele confiou todo julgamento ao Filho", "ele entregou todo julgamento ao Filho do Homem, que é sua própria Palavra" (Jo 5,22 e 27). E a Carta de Tiago reprova aqueles cuja fé é morta, porque não a vivificaram pela prática (Tg 2,14-26). Ecoando esse ensinamento, a tradição agostiniana enfatizou a continuidade e a progressão das três etapas da salvação: a fé, a caridade praticante e a esperança de glorificação final. Nos *Exercícios*, verificamos a pertinência das três definições inacianas da consolação (cf. EE 316) ensinadas desde a primeira semana. A terceira ("chamo consolação todo aumento de fé, esperança e caridade") prioriza a esperança experimentada no cadinho mortificador da desolação (cf. EE 322), enquanto a segunda identifica o fruto próprio dessa mesma semana: "a dor sentida por causa dos meus pecados".

2º) *Haziendo tres partes*. Se o primeiro procedimento da memória consistia em restaurar o tempo axial de toda história humana submetida ao julgamento de Deus, o segundo deduz daí as consequências no plano do tempo cronológico: "dividi-las em três grupos, antes, durante e depois da vinda de Cristo a este mundo". Inspirando-se em João 8,52-58 e em Romanos 4, a teologia escolástica interpretou a Lei de origem mosaica chamando-a ao encontro da fé em Jesus Cristo, "visto que Abraão exultou por ver seu dia", segundo João 8,56. Designada como "explícita", essa fé plenamente justificadora de Abraão impeliu todo o povo eleito a associar-se a essa mesma fé vivida apenas de maneira "implícita"[92].

3º) *Hasta agora*. Literariamente falando, observa-se que a frase inaciana conjuga paradoxalmente o *siempre* com o *hasta agora*. Tal associação marca o limite intransponível dessa perenidade. Essa forma de suspense se justifica pelo fato de que o pecador, mesmo perdoado sacramentalmente (EE 44), não pode se apoderar do julgamento de Deus, a ponto de deduzir que, no fim, ele será julgado com a mesma misericórdia que pôde experimentar no passado[93]. Esse é, de fato, o dinamismo instaurado pela esperança que espera

---

91. Michael Ivens, *Understanding the Spiritual Exercices*, 64.
92. Cf. Tomás de Aquino, *S. T.*, Ia-IIa, qu. 107, a. 1 a 3.
93. O concílio de Trento confirmará a doutrina tradicionalmente católica de que "a justificação do ímpio" pela graça de Cristo e pelo perdão sacramental não dispensa o cristão de perseverar na virtude até o fim de sua vida terrestre: Dz 1549 e 1566.

tudo de Deus e nada do homem. O "até agora" me autoriza tão somente a entender meu passado pela chave da piedade (*piedad*) e da misericórdia divina, visto que Cristo "de fato não me deixou cair em nenhum desses grupos".

Relembremo-nos de que o exercitante já experimentou essa misericórdia de Deus na nua contingência de seu ato de existir, apoiada pela intercessão dos anjos e dos santos, em EE 60. No entanto, não podia então experimentar a surpreendente gratuidade de Deus, "lento na cólera e cheio de fidelidade" (cf. Sl 86,15; 103,8), senão atribuindo-a a Deus seu Criador. Essa graça é agora, em última instância, confirmada no *próprio advento de Cristo*, em relação ao qual todo o desenrolar da história humana deve ser julgado (EE 71).

4º) *As diferentes formas de memória estimuladas na primeira semana.* A memória axial e cronológica introduzida no colóquio nos convida a especificar o alcance de sua novidade em relação às meditações anteriores (a), mas também em relação à entrada na segunda semana (b).

a) Determinada pelo objeto que ela considera, a memória pode ser destinada à dispersão e à divisão do tempo ou, ao contrário, à sua unificação. Tudo depende aqui da apreensão do presente, que divide o passado do futuro ou, ao contrário, os reagrupa. Essa apreensão do tempo está também intrinsecamente ligada à projeção do espaço segundo suas dimensões.

Já no último exercício, relativo às penas do inferno, o exercitante foi convidado a reconhecer que o lugar espiritual do inferno é vivido quando se amputa o conhecimento do amor de Cristo de sua altura (EE 65b). A temporalidade experimentada por essas "almas" que desceram ao inferno é da ordem de uma duração indefinida em seu término e, nesse sentido, quase eterna, pois, desprendidas de seus respectivos corpos, tais almas já não podem emendar-se, visto que deixaram de usufruir do tempo linear e cronológico.

Ao exercitante que experimenta essas penas espirituais por intermédio de seus sentidos físicos é dado restaurar a quarta e principal dimensão da altura do inferno, de onde provém o julgamento de Deus que procede do "amor do Senhor Eterno", em conformidade com o pedido formulado em EE 65c. Essa expressão intervém pela primeira vez nos exercícios da primeira semana, enquanto anteriormente se requereu do exercitante que identificasse a gravidade de todo pecado em função de sua oposição "à Bondade infinita". Essa transição da consideração do atributo essencial da natureza divina à personalização do amor do Senhor Eterno — que é Jesus Cristo — é capital, pois é sobre o pano de fundo dessa memória atual e unificadora, confirmada pela reconstrução do tempo cronológico, que o exercitante é convidado a considerar a hipótese de seu esquecimento, para que ao menos o temor das penas infernais o impeça de ceder à tentação de cometer um pecado.

Extrapolando o âmbito dessa última meditação ao retomar os dois primeiros exercícios, pudemos verificar a que ponto a memória dos três pecados, bem como o encadeamento dos meus pecados desconjuntam a unidade axial do tempo providencial própria da salvação, tanto é que a matéria dessa semana se caracteriza como uma perpétua repetição do peso do Julgamento de Deus caindo em espiral até o âmago imprevisível de sua Misericórdia. Essa forma de dialética perpetuamente repetida priva o exercitante daquela certeza inabalável que lhe permitiria remeter a ameaça da condenação ao "antes" próprio do regime da Lei, ao passo que "o presente" da Misericórdia obtida em Jesus Cristo nos liberaria definitivamente dessa ameaça. Toda a dinâmica da primeira semana exclui essa forma de garantia tranquilizadora. Que eu tenha nascido após o advento de Cristo não garante em nada minha salvação definitiva. Portanto, a primeira semana o exercitante não pode em absoluto aplicar a seu próprio destino escatológico a audaciosa afirmação de Tiago 2,13: "A piedade desdenha o juízo". Isso seria contrário ao objetivo fixado para essa semana: oferecer sempre e uma vez mais a graça de detestar o pecado, visto que a responsabilidade moral de todo homem o compromete até em sua eternidade, segundo aquela única alternativa do inferno ou do céu, ainda mais que a opção mediana do "purgatório" jamais é evocada.

b) Por outro lado, o "até agora" próprio da primeira semana não pode ser confundido com a contemplação da "plenitude dos tempos" reconhecida na primeira lembrança da "história" que inaugura o mistério da Encarnação (EE 102), nem com a visão teológica de Paulo, que nos capítulos 3 a 5 da Carta aos romanos opõe o tempo da manifestação da cólera de Deus ao tempo instaurado pelo sacrifício de Cristo, "entregue por nossas faltas e ressuscitado para nossa justificação" (Rm 4,25). "Com efeito, se quando éramos inimigos de Deus, fomos reconciliados com ele pela morte de seu Filho, com muito maior razão, reconciliados seremos salvos por sua vida". O famoso *nun de*, "mas agora", introduzido por Paulo em Romanos 3,21-22 e 5,8-11, corresponde ao tempo no qual ficará imerso o exercitante na segunda semana. Consequentemente, a cesura entre essas duas semanas é nitidamente respeitada, conforme à famosa recomendação inaciana expressa na 11ª Anotação: viver a primeira semana "como se na segunda nada de bom esperasse encontrar". Esse é o preço a ser pago para que seja experimentada a extrema penúria da esperança e, em conjunto, a aspiração a ser projetada num futuro oferecido por Jesus Cristo na emergência *histórica* do *Presente* de sua Encarnação. Será preciso lembrar que o colóquio com Cristo na cruz nada fazia senão concentrar a atenção do exercitante na morte do Criador, a fim de provocar o efeito máximo "da vergonha e da confusão" pelos pecados cometidos.

Na linha da responsabilização escatológica da liberdade, a primeira semana é, portanto, incompatível com a doutrina *marcionita* que opunha o Deus vingador do Antigo Testamento ao verdadeiro Deus misericordioso atestado pelo Novo. E mais incompatível ainda com a doutrina origeniana da *apocatástase*[94], visto que Inácio salienta, ao contrário, a efetividade definitiva da condenação dos maus anjos e "de tantos homens que foram para o inferno". Ela o é, por fim, em comparação com o *terror* do inferno que certo ensino da Igreja não parou de difundir no tempo de Inácio, pois por ocasião da meditação sobre os pecados pessoais o redator dos *Exercícios* previne seu exercitante que "o peso do pecado mortal" não se mede por sua proibição (EE 57), ainda que imposta pela autoridade

---

94. Relembremos que em 543 o sínodo de Constantinopla anatematizou a doutrina da apocatástase (cf. Dz 411). Por sua vez, Tomás de Aquino criticou-a em sua *Lectura in Hebr.*, Lectio 2, 82º. De seu lado, A. GUGGENHEIM, *Jésus-Christ, Grand Prêtre de l'Ancienne et de la Nouvelle Alliance, Étude du Commentaire de saint Thomas d'Aquin sur l'Epître aux Hébreux*, Paris, Parole et Silence, 2004, 431-433, comentou essa passagem de Hebreus 1,13-14.

de pregadores reconhecidos, mas por sua "feiura e malícia" internas. Analisemos agora a primeira série de "regras de discernimento".

B. AS PRIMEIRAS REGRAS DE DISCERNIMENTO (EE 313-327)

1. O título das regras (EE 313)

> EE 313: Regras para de algum modo sentir e conhecer as várias moções que são causadas na pessoa: as boas para receber e as más para rejeitar. São mais próprias para a primeira semana[95].

É seguramente Daniel Gil quem propõe a análise mais bem documentada e mais rigorosa das duas séries de regras próprias da primeira e da segunda semana[96]. Quanto a nós, observemos primeiramente que tais "moções" não são *habitus*, mas *paixões* experimentadas na alma. Para quem se inicia no discernimento dos espíritos, formarão a trama psico-religiosa do combate espiritual provocado pela prática assídua dos exercícios de meditações e dos exames de consciência (cf. EE 6).

---

95. EE 313: "*Reglas para en alguna manera sentir y cognoscer las varias mociones que en la ánima se causan: las buenas para recibir y las malas para lançar; y son más proprias para la primera semana*".

96. Daniel Gil, *Discernimiento según San Ignacio, exposición y commentario practico de las dos series de reglas de discernimiento de espíritus contenidas en el libro de los Ejercicios Espirituales de San Ignacio de Loyola (EE 313-336)*, Roma, CIS, 1980, 389 p. Antes dele, Harvey D. Egan, The Spiritual Exercices and the Ignatian Mystical Horizon, Saint Louis, The Institut of Jesuit Sources, 1976, 178 p., assumiu a defesa da interpretação mística, preferencialmente à defesa racional dessas regras, após a leitura de A consolação sem causa precedente proposta por Karl Rahner, em *Das Dynamische in der Kirche*, Herder, 1968. É preciso também levar em conta as inúmeras publicações de seu irmão Hugo Rahner. Citemos igualmente a elaboração dialética dessas regras por Gaston Fessard, *La dialectique des Exercices spirituels*, I; ver o Apêndice: Règles pour le Discernement des Esprits, 233-304. Fridolin Marxer, *Die inneren gistlichen Sinne*, Freiburg im Breisgau, 1963. Consultem-se igualmente os seguintes autores: Gilles Cusson, *Pédagogie de l'expérience spirituelle*, Paris, 1968; Leo Bakker, *Freiheit und Erfahrung*, Wurtzburg, 1970; Ramón Gonzáles de Mendoza, *Stimmung und Transzendenz*, Berlim, 1970; Jules, J. Toner, *A Commentary on Saint Ignatius' Rules for the Discernment of Spirits*, Saint Louis, The Institut of Jesuits Sources, 1982; M. A., Fiorito, *Discernimiento y lucha espiritual, Commentario de las Reglas de discernir de la Prima Semana de los Ejercitios Espirituales de S. Ignatio de Loyola*, Buenos Aires, Diego de Torres, 1985, 263 p. Em *Les Exercices spirituels de saint Ignace. Un commentaire littéral et théologique*, Noëlle Hausman, analisa as regras da primeira semana, 146-162, e Pierre Gervais, as da segunda semana, 253-282. A suma escrita por Santiago Arzubialde, Ejercicios *Espirituales de S. Ignacio, Historia y Análysis*, integra os dados dos autores anteriormente citados, acrescentando paralelos extraídos da literatura patrística e de outros autores contemporâneos como Hugo e Karl Rahner. Por fim, sem propor um comentário exaustivo dessas regras, Piet Penning de Vries demonstra uma compreensão penetrante delas, sobretudo porque são acompanhadas do testemunho pessoal de Inácio numa segunda parte intitulada: Par-delà le masque, Paris, Beauchesne, 1979, 218 p. Por outro lado, o Dir1599 não se dedica imediatamente à interpretação exaustiva e prática das duas séries de regras de discernimento. Numa perspectiva mais atualizada do ponto de vista pastoral, consulte-se o *Directoire pour accompagner les discernements spirituels*, que reúne múltiplos colaboradores, e publicado em Suppl. nº 45 por *CspIg*, Quebec, 1997, 293 p.

Esse título explicita as três etapas que marcam o procedimento. *Primeiramente*: "sentir". Para quem aprende a andar na "via purgativa" (cf. EE 10), não é fácil selecionar os impactos afetivos diretamente provocados por essas meditações, extraindo-as do magma das impressões produzidas pela reminiscência da vida comum. Por isso, uma completa separação das relações familiares foi estabelecida como exigência prévia à entrada na primeira semana (EE 20b), a fim de expor o exercitante ao drama do pecado que se esconde em sua invisibilidade, para que ele só possa ser alcançado ao deixar-se invadir (EE 73-89) pelo simbolismo do *aprisionamento* e do *exílio* (EE 47b), associado a uma prática assídua e inteligente do *exame de consciência* (EE 32-44).

Em segundo lugar: reconhecer, ou mais exatamente aprender a conhecer (*cognocer*), designa essa segunda etapa, especificada pelo esclarecimento do entendimento oferecido em cada ponto da meditação sobre os três tipos de pecado (EE 50-52). No entanto, para isso é preciso que o exercitante não se contente em registrar noeticamente essa realidade descrita pela tradição, mas seja capaz de assumi-la pneumaticamente, expondo-se pessoalmente "à vergonha e à confusão" (EE 48). Isso significa que uma apreensão intelectual das formas de universalidade e de solidariedade pecadora nas quais toda pessoa se encontra englobada deve levar a esse "conhecer" existencial que somente a imediatez de meu corpo infectado pelo abscesso pode me fazer sentir (cf. EE 47 e 66 a 70).

Em terceiro lugar: esse conhecimento existencialmente experimentado nas "moções boas ou más" que atravessaram minha alma deve me levar à decisão pessoal de *acolher* as *boas* moções e de *rejeitar* as más. Essa decisão moral e espiritual verifica o uso performativo do primeiro tipo de pensamentos, "o meu próprio, que provém simplesmente de minha liberdade" (EE 32). Portanto, essas três etapas mobilizam sucessivamente as três "potências naturais" da alma, que são a memória, a inteligência e a vontade, contanto que sejam compreendidas de maneira inaciana.

2. Duas regras fundadoras? (EE 314-315)

a. A primeira regra

> EE 314: O inimigo costuma propor prazeres aparentes às pessoas que vão de pecado mortal em pecado mortal, fazendo-as imaginar deleites e prazeres sensuais, a fim de mais as manter e aumentar em seus vícios e pecados. Nestas pessoas o bom espírito age de modo contrário, picando e remordendo suas *consciências* pelo *juízo (sindérese) da razão*[97].

---

97. EE 314: "*La primera regla. En las personas que van de pecado mortal en pecado mortal, acostumbra comúnmente el enemigo proponerles placeres aparentes, haciendo imaginar delectaciones y placeres sensuales, por más los conservar y aumentar en sus vicios y pecados; en las cuales personas el buen espíritu usa contrario modo,* punzándoles y remordiéndoles *las conciencias por el sindérese de la razón*". (Transcrevemos em caracteres redondos os termos que são hápax dos *Exercícios*).

b. *A segunda regra*

> EE 315: Nas pessoas que vão se purificando intensamente de seus pecados, e subindo de bem a melhor no serviço de Deus nosso Senhor, acontece de modo contrário à 1ª regra.
> Pois é próprio do mau espírito remorder, entristecer e pôr impedimentos, inquietando com falsas razões para que a pessoa não vá adiante.
> Enquanto é próprio do bom espírito dar ânimo, forças, consolações, lágrimas, inspirações e quietude, facilitando e tirando todos os impedimentos, para a pessoa progredir na prática do bem[98].

1º) Essas duas regras se distinguem pela apresentação de dois casos opostos, que se impõem como uma constatação. Gaston Fessard os caracteriza ao falar da "dupla situação existencial do eu, seja de distanciamento, seja de aproximação do Fim supremo"[99]. A gravidade desse "distanciamento" é particularmente acentuada: *de pecado mortal em pecado mortal*, enquanto, do lado contrário, "a aproximação do fim supremo" é qualificada não apenas como vontade de ser purificado de seus pecados, mas como uma *subida de bem a melhor* no *serviço de Deus nosso Senhor*.

O exercitante informado por essas regras teria podido captar o exato alcance dessa "dupla situação existencial", a partir do momento em que já se dispôs a examinar sua consciência (EE 33-43), aprendendo a distinguir "o pecado mortal" do "pecado venial" (EE 35-37) no plano das "intenções, das palavras e das ações", tais como regidas pelos "Dez Mandamentos e pelos mandamentos da Igreja" (EE 42). Se, além disso, "entrou nos *Exercícios* com grande ânimo e generosidade para com seu Criador e Senhor" (EE 5), aceitando separar-se de suas relações familiares (EE 20), será levado a reconhecer sem escrúpulos (cf. EE 345-351) que pertence àquela categoria de pessoas descritas na segunda regra (EE 315).

2º) Essas duas regras têm por objetivo esclarecer a estratégia do "bom e do mau espírito", que procedem de maneira inversa (*el contrario modo*) em função das orientações fundamentais e contrárias desta ou daquela pessoa. Por isso essa estratégia só é discernível quando se pressupõe o conhecimento dessa dupla "situação existencial", pois cada um dos espíritos se insere em sua orientação fundamental para contrariá-la ou favorecê-la. Nesse sentido, cada um desses espíritos é dependente dessa situação, provavelmente sancionada há muito tempo pela liberdade pecadora ou por aquela que foi elevada pela graça.

---

98. EE 315: *"La segunda. En las personas que van intensamente purgando sus pecados y en el servicio de Dios nuestro Señor de bien en mejor subiendo, es el contrario modo que en la primera regla; porque entonces proprio es del mal espíritu moder, tristar y poner impedimentos, inquietando con falsas razones, para que no pase adelante; y proprio del bueno dar ánimo y fuercas, consolaciones, lágrimas, inspiraciones, y quietud, facilitando y quitando todos impedimentos, para que en el bien obrar proceda adelante"*.

99. G. Fessard, *La dialectique des Exercices spirituels*, I, propõe em Apêndice (233-304) um Ensaio de construção de um esquema geométrico dos Exercícios, ilustrado as regras de discernimento dos espíritos da primeira e da segunda semana.

3º) O que esses "espíritos" designam? A primeira regra apresenta o mau espírito como "o inimigo". Espera-se que o exercitante tenha compreendido que se trata do "inimigo da natureza humana", segundo EE 7 e 10, o que será confirmado nas três últimas regras da primeira semana (EE 325 a 327), e mais tarde a propósito da meditação das *duas Bandeiras*, que o identificarão a *Lúcifer*. Por outro lado, o bom espírito ainda não é reconhecido como "o bom anjo" da segunda semana. Por enquanto, o que importa não é buscar olhar para cada um deles atribuindo-lhes uma forma de personalidade, mas reconhecer a especificidade de suas influências que atravessam minha alma, ou segundo EE 32, *los pensamientos que vienen de fuera; el vno que viene del buen espíritu y el otro del malo*.

4º) Cada um dos espíritos pretende atingir o que pertence ao âmbito da razão e da afetividade. No entanto, a maneira como cada um deles se serve disso difere radicalmente. A propósito, essas duas regras esclarecem de modo excepcional o respeito ou o desrespeito da razão e da afetividade enraizada no corpo sexuado, pois desde a primeira regra o bom espírito se opõe à orientação mortífera "picando e remordendo suas consciências pelo juízo da razão" (*punzandoles y remordiéndoles* la consçientias por *el sindérese de la razón*); os termos espanhóis em itálico são todos hápax dos *Exercícios* que rendem homenagem com grande precisão à influência exercida pelo bom espírito. Em contrapartida, a ação do mau espírito é expressa de maneira muito prosaica: "propor prazeres aparentes às pessoas, fazendo-as imaginar deleites e prazeres sensuais"[100]. As obrigações da razão moral são assim suplantadas pela projeção imaginária de prazeres sensuais já "deleitáveis" em sua própria "aparência".

A nosso ver, essa é a razão pela qual o caso dos que "vão de pecado mortal em pecado mortal" é priorizado na apresentação, enquanto o exercitante é evidentemente convidado a admitir, sem escrúpulos (EE 345-348), que ele se identifica com a segunda categoria de homens, visto que entrou resolutamente (EE 5) na primeira semana pedindo "profunda e intensa dor e lágrimas por seus pecados" (EE 55) e que se eleva assim "do bem ao melhor", pedindo na oração preparatória que "todas as suas intenções, ações e operações sejam puramente ordenadas a serviço e louvor de sua divina Majestade" (EE 46). Aliás, o crescimento no bem foi evocado anteriormente na última *Anotação*, relativa a "quem estiver mais desimpedido e desejar aproveitar quanto for possível" (EE 20a), e no "Princípio e Fundamento", que delineia a escolha daquilo "que mais nos conduz ao fim para o qual somos criados" (EE 23).

De qualquer modo, o segundo caso, positivo, também se entrecruza com as duas estratégias do mau e do bom espírito, ao mesmo tempo em que continua a concentrar a

---

100. Não ratificamos a versão francesa de Gueydan, traduzindo *placeres sensuales* por "prazeres dos sentidos" (183), pois o adjetivo *sensual* não designa os sentidos físicos, que em si são neutros, mas antes a sensualidade, já marcada desde sempre pela concupiscência que permanece ativa como consequência do pecado adâmico, mesmo após o batismo. A propósito disso, a doutrina comum da Igreja especifica que a fé batismal torna o cristão capaz de dominar esse tipo de afeição desordenada. Aliás, a sequência da proposição inaciana confirma essa interpretação: "[…] a fim de mais as manter e aumentar em seus vícios e pecados", o que pressupõe que tais vícios já sejam atuantes como tais desde a origem.

atenção primeiramente no espírito que contraria a dinâmica fundamentalmente orientada para o melhor. Aqui também, cada um dos espíritos alcança os dois âmbitos próprios da razão e da afetividade.

No primeiro caso, no plano racional o bom espírito "remorde a consciência pelo juízo (sindérese)", ao passo que no segundo caso também o mau espírito "remorde a consciência", mas "com falsas razões" (*falsas rrazones*). A mordida infligida por cada um dos espíritos revela sua origem boa ou má.

No plano da afetividade, tanto o mau como o bom espírito buscam agradar à afetividade. No primeiro caso, o mau espírito favorece a "deleitação", ao passo que no segundo caso o bom espírito favorece "consolações, lágrimas, inspirações e quietude". No entanto, nesse terreno afetivo, os dois espíritos se deixam identificar, visto que o mau espírito se serve da concupiscência sensual, ao passo que o bom espírito oferece à pessoa a consolação de ir adiante no bem agir, afastando os obstáculos.

A maneira como Inácio qualifica esses dois níveis afetivos introduz, sob a forma de linguagem, a matéria que será tratada nas duas regras.

5º) Antes, porém, de passar à análise das regras próprias dos EE 316 e 317, consideramos interessante comparar sumariamente a abordagem tomasiana da "sindérese" e da "consciência", a fim de captar melhor a originalidade da interpretação inaciana desses termos, que assumiram um sentido técnico. Na *Suma teológica*[101], Tomás de Aquino compreende a "sindérese" como o *habitus* que se alinha aos princípios fundamentais da lei natural[102], ao passo que a "consciência" se encarrega de aplicar tais princípios a uma situação vivida em sua particularidade[103]. Por si, a sindérese é infalível, ao passo que a consciência pode se enganar em seu trabalho de aplicação, e mesmo equivocada, tal consciência pode se impor moralmente ao sujeito que é seu autor[104].

A nosso ver, a expressão inaciana assume essa herança escolástica. No entanto, em seus tratados de moral, Tomás de Aquino não parece haver integrado explicitamente a problemática de discernimento salientada pelo redator dos *Exercícios*, provavelmente porque sua doutrina se concentra em especial na singularidade de cada ato moral, tal como regido pela racionalidade ética. Em todo caso, Inácio não focaliza apenas o caso de

---

101. John Webster, no verbete "Conscience" do *DCT*, 256-260, sintetizou a evolução desse termo desde a Antiguidade até os Tempos modernos. O autor salienta que Lutero modificou profundamente a noção de consciência, deixando de reservá-la aos critérios de moralidade induzidos de uma metafísica da pessoa criada, mas ampliando-a ao combate espiritual em que o crente se vê dilacerado, quando é confrontado com a "justiça passiva" puramente comunicada pela Graça da fé em Jesus Cristo, e simultaneamente à "justiça ativa", que lhe impõe em nome da Lei o respeito à moralidade mundana, com o risco de ele se encerrar na autossuficiência própria da descrença. A esse respeito, é proveitoso consultar Gerhard Ebeling, *Lutherstudien*, III, Der Lauf des Evangeliums und der Lauf der Welt, III, Conscientia, 359-365. Será verdade que os *Exercícios* inacianos integram em si esse duplo sentido, medieval e reformado, do termo *consciência*?

102. *S. T.*, Ia-IIae, qu. 79, a. 12 e qu. 94, a. 1, ad 2.

103. *De veritate*, qu. 16: De synderesi; qu. 17: De consciencia, em particular o a. 1.

104. Ibid., qu. 17, a. 4.

uma consciência equivocada na aplicação da sindérese, mas também o de uma consciência que nem sequer respeitou o princípio fundamental e infalível da sindérese, o que corresponde à transgressão própria do "pecado mortal". A partir daí, em Inácio a "consciência" adquire um alcance mais amplo por causa do trabalho de discernimento que lhe é confiado, ao passo que "esse discernimento" recebe pouca atenção do redator da *Suma*.

Os *Exercícios* respeitarão a autoridade moral da sindérese, que se impõe de maneira interna à consciência, visto que chegarão a propor que se pondere "a fealdade e a malícia que cada pecado mortal contém em si, mesmo que não fosse proibido" (EE 57). No entanto, enquanto o doutor medieval sempre distingue de maneira *noética* o que é próprio da racionalidade moral e o que concerne às "paixões", Inácio enfatiza a implicação *pneumática* do sujeito, ao multiplicar as correspondências entre essas ordens, propondo, por exemplo, que se olhem *a fealdade e a malícia* que cada pecado mortal contém em si (EE 57).

3. Os três tipos de *consolação espiritual* (EE 316)

No momento de passar às duas regras seguintes (EE 316 e 317), importa estar atento para a mudança de perspectiva nelas existente, significada pelo fato de que já não se referem ao "bom e ao mau espírito", estimuladores dos *habitus* nos âmbitos da racionalidade e das pulsões sexuais. Se, no entanto, essas primeiras regras adotam certas expressões que antecipam as seguintes, pode-se ao menos pressupor que as novas definições da "consolação" e da "desolação" integrarão em si o discernimento promovido pelas primeiras, situando-o dessa vez no nível superior em que a alma experimenta passivamente a influência imediata de Deus, a menos que se trate de experimentar sua penúria.

a. A pertinência dessas três definições recapitulativas desde a primeira semana

Muitos dos grandes comentários recentes dos *Exercícios* não dedicam a esse parágrafo 316 a atenção que ele merece[105] ou, em todo caso, não se dedicam a uma exegese suficientemente rigorosa para explicar o ordenamento desses três tipos de consolação espiritual[106].

---

105. No imenso comentário dos *Exercícios*, E. PRZYWARA dedica apenas uma página a essa regra 316, em *Deus semper major*, I, 207, e G. FESSARD, *La dialectique des Exercices spirituels*, I, apenas algumas linhas, 241. Em contrapartida, DANIEL GIL, *Discernimiento según San Ignacio* versa a respeito de modo muito pormenorizado, 114-140.

106. S. ARZUBIALDE, *Ejercicios Espirituales de S. Ignacio, Historia y Análisis*, não é capaz, a nosso ver, de descrever a ordem dos três tipos de consolação, exceto para salientar que o último tipo recapitula os dois anteriores; tampouco se empenha em evidenciar a discordância entre o *Autógrafo* e as outras versões dos *Exercícios* no que tange à ordem das virtudes teologias. N. HAUSMAN, em *Les Exercices spirituels de saint Ignace, Un commentaire littéral et théologique*, 316, compreende a ordem desses três tipos de consolação como "1º o advento da consolação; 2º o tempo das lágrimas; 3º o fruto teologal da consolação".

Essa dificuldade de situar EE 316 num comentário contínuo dos *Exercícios* provém do fato de que essa tríplice definição de Inácio parece extrapolar o âmbito das regras encarregadas de iniciar o novato no desembaraço das moções experimentadas em sua alma, particularmente aquelas que dizem respeito às diversas formas de "desolação". Assim é que, desde a primeira meditação dedicada ao "tríplice pecado", solicita-se ao exercitante que peça "a vergonha e a confusão" a seu próprio respeito, segundo EE 48. Ademais, a maior parte das regras desta semana inaugural será consagrada à gestão da desolação (EE 318 a 321) e às diversas causas que podem provocá-la (EE 322).

Essa linguagem pressupõe, no entanto, que seja nitidamente definido o que Inácio entende por "consolação" ou "desolação". Assim, "dor e lágrimas por meus pecados" (EE 55) poderiam ser interpretadas como um tipo de desolação, enquanto Inácio classificará essa prova entre as "consolações" (EE 316, 2º). A partir daí, as definições desses dois termos pertencem ao ensinamento prévio e indispensável à apreensão teórica e prática de todos os tipos de moções que podem ocorrer na alma.

Logo de saída, o próprio Inácio se propõe a definir os três tipos possíveis de consolações espirituais[107], envolvendo a partir daí a compreensão do contrário delas, as chamadas "desolações" (317)[108]. Essa forma de recapitulação antecipada tem principalmente a função de salientar a importância cardeal da "consolação espiritual" como motor divino da dinâmica existencial em que o exercitante é inserido ao longo da progressão nos *Exercícios*, bem como em toda vida espiritual[109]. Em sua obra intitulada *De triplici via*, que descreve as três vias — purgativa, iluminativa e unitiva —, Boaventura já propunha que a via purgativa começa pelo aguilhão da consciência e se conclui com o sentimento de alegria interior: "Ela se exerce na dor e se consuma no amor"[110].

Eis o texto integral de EE 316, traduzido literalmente do *Autógrafo*:

> Chamo consolação, quando se produz alguma moção interior pela qual a pessoa se inflama no amor de seu Criador e Senhor, e, portanto, quando não pode amar em si mesma nenhuma coisa criada na face da terra, exceto no Criador de todas elas.

---

107. Essa posição é contestada por Daniel Gil, *Discernimiento…*, que remete a Piet Penning de Vries, *Discernement des esprits*, 27-95. Pensamos, no entanto, que em EE 316 se encontram três *tipos* de consolação nos quais outros tipos de consolação podem ser classificados.

108. A moral escolástica tradicional define todas as virtudes antes de apreender seus contrários, que são os vícios.

109. *Discernement des esprits*, 29 a 35.

110. Cf. Éphrem Mongpré, *La théologie mystique de saint Bonaventure*, col. Arch. Fransc. Historic, t. XIV, Florença, Quaracchi, 1921, 55-56: "Nessa primeira etapa, o olhar da alma se volta para ela mesma na direção do aguilhão da consciência: primeiramente, ao se irritar contra si próprio pela lembrança de seus erros passados, que ele estimula depois pela autorreflexão, que dirige a si mesmo na via reta da consideração do bem". Em outros termos, a alma deve considerar em primeiro lugar "sua negligência comum, suas más inclinações, depois, refletir sobre o dia da morte que ameaça, o sangue de Jesus Cristo vertido por ela, o julgamento severo que a espera". Ao traçar esse caminho, o Doutor Seráfico propõe sempre que tais meditações recolham o último fruto da serenidade e da tranquilidade de onde nasce a alegria espiritual (*ex qua oritur spiritualis iucunditas*).

E também quando derrama lágrimas, motivadas pelo amor do seu Senhor, ou pela dor de seus pecados, ou pela Paixão de Cristo nosso Senhor, ou por outras coisas diretamente ordenadas a seu serviço e louvor.

Enfim, chamo consolação todo aumento de fé, esperança e caridade, bem como toda a alegria interna, que chama e atrai para as coisas celestes e para a salvação da própria pessoa, aquietando-a e pacificando-a em seu Criador e Senhor[111].

Ao subdividir assim o texto inaciano, optamos por uma repartição de três tipos de consolação que distingue a primeira, "a moção interior pela qual a pessoa se inflama", da que consiste em "derramar lágrimas". Em contrapartida, certos comentadores assimilaram o terceiro tipo de consolação ao primeiro, ao mesmo tempo em que distinguem, dentro do último parágrafo, dois tipos de consolação, a que "aumenta" as virtudes teologais e a que oferece "toda alegria"[112]. Nossa subdivisão retoma a que é destacada por S. Arzubialde, apoiando-a na estrutura gramatical e lógica desses três parágrafos[113].

b. O caráter factual de cada uma dessas definições

Cada "consolação" surge na alma como que do nada, e assim não pode ser provocada artificialmente pela vontade, mas apenas experimentada passivamente. "Não se trata, portanto, de um *habitus* adquirido, mas antes de uma paixão espiritual oferecida sobrenaturalmente."[114]

---

111. EE 316: "*Llamo consolación, quando en el ánima se causa alguna moción interior, con la qual viene la ánima a inflamarse en amor de su Criador y Señor; y consequenter, quando ninguna cosa criada sobre la haz de la tierra, puede amar en sí, sino en el Criador de todas ellas. Assimismo, quando lança lácrimas motivas a amor de su Señor, agora sea por el dolor de sus peccados, o de la passión de Xpo nuestro Señor, o de otras cosas derachamente ordenadas em su servicio y alavanza. Finalmente, llamo consolación todo ahumento de esperanza, fee y charidad, y toda letícia interna, que llama y atrahe a las cosas çelestiales y a la propria salud de su ânima, quientándola y paçificándola en su Criador y Señor*".

112. Essa exegese foi selecionada pelo *Commentaire des Exercices* de Achille Gagliardi, 152-158. Daniel Gil, por sua vez, *Discernimiento según S. Ignacio*, 120-125, chega a distinguir cinco tipos diferentes de consolação: "1º *la inflamación en amor de Dios (consolación amorosa a Dios en sí mismo); 2º el amor ordenado a todas criaturas (consolación amorosa a las creaturas en Dios); 3º las lágrimas de amor al Señor (consolación amorosa por motivos históricos); 4º el aumento teologal; 5º la alegría del Reino*". O autor assinala também o ponto que lhes é comum: *la vivencia del amor* que caracteriza a afetividade. Jules J. Toner, *A Commentary of Saint Ignatius' Rules for the Discernment of Spirits*, Saint Louis, The Institute of Jesuit Sources, 1981, 94-109, distingue dois tipos de consolação repartidos de acordo com os dois primeiros parágrafos estabelecidos por Arzubialde, ao mesmo tempo em que afirma que o terceiro parágrafo distingue dois tipos de consolação, assim como Gil.

113. S. Arzubialde, *Ejercicios Espirituales de S. Ignacio, Historia y Análisis*, 617-625. Essa é também a subdivisão proposta por M. A., Fiorito, *Discernimiento y Luche Espiritual*, San Miguel, Buenos Aires, 1985, 118.

114. "*Haec autem consolatio non est habitus, sed veluti spiritualis passio data supernaturaliter*", Dir1599, nº 562, em I. Iparraguirre, *Directoria Exercitiorum Spiritualium (1540-1569)*, MHSJ, vol. 76, 1955, 702.

Se sustentarmos que o *Autógrafo* reflete mais perfeitamente o pensamento de Inácio, enquanto a *Vulgata* embota esse caráter factual[115], o *consequenter* inserido na descrição do primeiro tipo não pode ser interpretado como uma espécie de conclusão lógica deduzida da moção de amor totalmente orientada para o Criador, mas como algo intrínseco à dinâmica teologal dessa única moção[116].

É igualmente nesse sentido que o segundo tipo de consolação é introduzido por *assimismo*, pois as lágrimas não são comandadas pela vontade, mas manifestam um transbordamento afetivo provocado pela excessiva gravidade de "meus pecados ou da Paixão de Cristo nosso Senhor", excesso este que a linguagem racional é incapaz de dominar discursivamente, e cujo transbordamento o corpo manifesta[117]. Sabemos também que Inácio, muito favorecido pessoalmente pelo dom das lágrimas, relativizou sua importância: "Ele não é necessário, e não é bom ou conveniente nem de modo absoluto nem para todos"[118].

A nosso ver, o terceiro tipo de consolação — apesar de definido como "aumento" das virtudes teologais — deve também, por sua vez, ser captado dentro de uma vivificação inteiramente nova da esperança, da fé e da caridade. Testemunha da grande tradição trinitária e espiritual, Tomás de Aquino tratou das "missões invisíveis" do Filho e do Espírito na alma no contexto de sua teologia trinitária, especificando que esse "aumento das virtudes teologais" pode ser do âmbito "de uma maneira inteiramente nova de existir na alma" do Verbo de verdade ou do Espírito de Amor, enviado invisivelmente pelo Pai[119]. Exploraremos mais o alcance dessa experiência descrita pelo Aquinense ao comentar a

---

115. A *Vulgata* não evidencia a espontaneidade quase "an-árquica" dessa consolação espiritual, quando traduz esta formulação do *Autógrafo*: "*quando* en el ánima se causa *alguna moción interior*, con la qual viene la ánima *a inflamarse*..." por: *Quod spiritualis proprie consolatio tunc esse mascitur quando per internam quandam motionem exardescit anima in amorem Creatoris*.

116. M. IVENS, *Understanding* [...], 215, esclarece essa primeira definição comparando-a àquela descrita em *Constitutions*, III, 1, § 26 [288], que determina uma das condições essenciais da conservação e do crescimento daqueles que estão em provação: "Serão exortados a buscar Deus em todas as coisas, despojando-se, tanto quanto possível, do amor de todas as criaturas para depositar toda a sua afeição no Criador destas, amando-o em todas as criaturas e amando todas as criaturas nele, conforme à sua santíssima e divina vontade". "*Elsewhere Ignatius heavily accentuates the purifications and relinquishments which may be needed in order to love 'in God'*".

117. Cf. S. ARZUBIALDE, *Ejercicios Espirituales de S. Ignacio, Historia y Análisis*, 621, nota 76, em que o autor discute o sentido de *consequenter* e de *assimismo*.

118. Cf. *Epist*. V, 513: *Lettre d'Ignace à Nicolas de Gouda*, citada por A. THIRY, *Le récit du pélerin*, 71: "Alguns receberam esse dom porque sua natureza é tal que neles as afeições da parte superior da alma têm seu contragolpe na parte inferior, ou porque Deus, vendo o que lhes convém, concede-o a eles; mas isso não faz com que tenham uma caridade maior, nem com que façam mais bem do que outros que não têm essas lágrimas, embora na parte superior a caridade deles não seja menor. E digo a vossa Reverência que para alguns, ainda que estivesse em meu poder lhes conceder esse dom, eu não lhos concederia, porque tais lágrimas não servem para aumentar neles a caridade e prejudicam-lhes o corpo e a cabeça, impedindo, depois, certos atos de caridade". Esse julgamento de Inácio confirma a excelência do terceiro tipo de consolação em EE 316.

119. *S. T.*, Ia, qu. 43, a. 3 a 6.

regra 330, que trata da "consolação sem causa precedente" como segunda regra própria da segunda semana.

Desde já, Inácio expressa esse surgimento pelo verbo reflexivo: "inflamar-se no amor de seu Criador e Senhor", ou ainda pela experiência de "derramar lágrimas *motivadas* pelo amor de seu Senhor", ou, por fim, como aquele "aumento" quase assimilado a "toda alegria interna, que *chama* e *atrai* para as coisas celestes": *letiçia interna que llama y atrahe a las cosas çelestiales*.

c. A originalidade inaciana dessas definições

O *incipit* dessas definições: "chamo consolação"[120] expressa uma tomada de posição pessoal que só encontramos uma única outra vez nos *Exercícios*, em EE 32: "*Pressuponho* que há em mim três pensamentos [...]". Esse traço particular poderia ser o indício de uma dupla originalidade.

1º) A primeira seria determinada pela adaptação desses tipos de consolações ao ritmo das quatro semanas que pontuam a progressão espiritual do exercitante, sem que esse gênero de diferenciação comprometa sua identidade comum. Notemos primeiramente que a experiência de "inflamar-se no amor de seu Criador e Senhor" (1º) independe das situações históricas e cristológicas (2º) que promovem a "dor pelos pecados" na *primeira semana*, "ou a Paixão de Cristo" na *terceira semana*. Além disso, a alusão a "outras coisas diretamente ordenadas a seu serviço" (3º) se refere antes à dinâmica própria da *segunda semana*, ao passo que a que promove "o louvor de Deus" diz respeito especificamente à quarta semana e às primeiras regras de ortodoxia. EE 316 engloba, assim, toda forma de consolação típica de cada "semana", para além da experiência própria da semana inaugural[121]. Além disso, a última definição sobrepaira às duas primeiras, na medida em que recorre às três virtudes teologias, ao mesmo tempo em que afirma nitidamente que tais virtudes elevam a alma a ponto de oferecer-lhe essa graça de júbilo (*letiçia*) que desemboca na "aquietação e pacificação" da alma "em seu Criador e Senhor", o que condiz perfeitamente com a graça mais sublime, oferecida pela *quarta semana*.

2º) A segunda forma de originalidade dessas definições será mais do âmbito de um subentendido de caráter polêmico. A nosso ver, essa questão disputada foi particularmente alimentada pela interpretação da *Suma teológica* de Tomás de Aquino, tal como se propagou ao menos até o século XVI. Juntando tanta linguagem e tanto vocabulário, essa grande obra de síntese do doutor medieval suprime resolutamente o termo *consolatio* e seus derivados, ao mesmo tempo em que se refere com frequência à alegria (*laetitia*). Em contrapartida, constatamos que o vasto comentário tomasiano do Livro de Isaías se pro-

---

120. A *Versio prima* embota o caráter incisivo dessa tomada de posição pessoal quando traduz o *Llamo* do *Autógrafo* por *vocamus*.

121. Cf. Daniel Gil, *Discernimiento* [...], 134, mostra também como esses três tipos de consolações espirituais abarcam, cada qual à sua maneira, a especificidade de cada semana dos Exercícios.

punha integrar a experiência da dita "consolação", visto que esse Livro contém "o livro da consolação de Israel" (caps. 40 ss.). Como explicar o enigma dessa dupla linguagem?

A diferença de sentido entre os termos *consolatio* e *laetitia* é relativamente fácil de identificar, pelo fato de que a consolação descrita em Isaías implica em si mesma a emancipação de uma desolação anterior, enquanto o segundo termo não pressupõe isso, visto que designa puramente a alegria. Aliás, em Inácio reencontramos essa diferença de sentido, na medida em que os dois primeiros tipos de *consolationes* correspondem ao sentido dado pelo Profeta, ao passo que o terceiro conflui para o sentido da *laetitia*: *toda letícia interna*.

Tentemos primeiramente explicar o apagamento, na *Suma teológica* de Tomás de Aquino, do termo *consolatio*, em proveito de *laetitia*. Essa obra não segue os meandros da história da salvação descritos por Isaías, mas pretende elaborar um discurso teológico que goze do estatuto de "ciência" teórica e prática em que a totalidade do universo é apreendida "sub ratione Dei"[122]. Essa "Ciência" já é a "dos bem-aventurados" (*comprehensores*) que desfrutam plenamente da "visão da essência de Deus" em sua "Pátria", ao passo que os que caminham ainda para ela nesta terra (*viatores*) já desfrutam de seu "antegozo" (*praelibatio*) pela fé, "que é um modo de possuir desde agora o que se espera, pelo conhecimento das realidades que não se veem" (Hb 11,1)[123]. Essa é a beatitude suscitada pela promessa da "visão da essência divina", a única que sacia o coração do homem[124]. A partir daí, a *laetitia* ultrapassa infinitamente toda forma de *consolatio* que se contentaria em libertar o homem de uma desolação passageira; fenomenologicamente, só se "con-sola" quem está "de-solado", isto é, "i-solado" numa solidão mortífera.

Em contrapartida, os *Exercícios* abordam a mesma realidade total, primeiramente em referência à experiência e ao itinerário humano e espiritual da liberdade, e assim a contemplação da própria Paixão exigirá que a pessoa se deixe engolfar pelo sofrimento voluntariamente suportado por Cristo "na humanidade" (2º). Compreende-se assim por que os *Exercícios* inacianos integram a experiência própria à *laetitia* tomasiana no terceiro tipo de "consolação", que se abre à "esperança" da glória.

Essa diferença entre a perspectiva inaciana e tomasiana nos remete a partir daí ao estatuto da *temporalidade*. Quando Tomás de Aquino se pergunta se a *laetitia* pode ser situada no tempo, responde que o prazer reside em todo caso "por acidente" no bem possuído, que é o termo de seu movimento. E como esse bem da visão da essência divina é "in-transmutável" (*intransmutabile*) como o é esse Bem divino, essa *laetitia* não estará no tempo, nem em si nem por acidente[125].

---

122. O "Prólogo" joanino (Jo 1,1-18) dá a demonstração disso, o que é salientado pela *Lectura* tomasiana.

123. No ensaio intitulado *Une autre connaissance de Dieu, Le discernement chez Ignace de Loyola*, Sylvie Robert não parece, a nosso ver, ter captado toda o alcance espiritual e escatológica do conhecimento "especulativo" tomasiano, 296-297.

124. *S. T.*, Ia, qu. 3 e qu. 26.

125. *S. T.*, Ia IIae, qu. 31, a. 2: "*Sic igitur dicendum est quod delectatio secundum se quidem non est in tempore, est enim delectatio in bono iam adepto, quod est quasi terminus motus. Sed, si illud bonum*

Sem contradizer Tomás, Inácio põe ênfase maior no impacto factual da graça própria dessas formas de "consolações", sempre enraizadas no tempo. Qual tempo? A consolação inaciana não é absorvida evidentemente pela platitude linear do tempo comum, mas alcança aquela forma de temporalidade propriamente espiritual no momento em que se atesta o mistério da visitação[126] de Deus na alma, chegando a arrebatá-la em Deus, isto é, por uma graça que torna a alma agradável a Deus: *gratia gratum faciens*.

d. O ordenamento interno dessas três definições

A ordem dos três tipos de consolação é enquadrada pela dupla referência ao "Criador e Senhor"[127]: a primeira dinamiza o amor exclusivo do "*Criador* de todas as coisas" (1º), a segunda atrai aquela ação criadora para seu fim último, isto é, "para as coisas celestes e para a salvação da própria pessoa" (3º). Entre esse Alfa e esse Ômega se situa um meio que traça o caminho da história da salvação na qual o discípulo é impelido (2º).

Assim é que a primeira "moção" se concentra na *origem divina* desta última, ao suscitar o próprio amor do *Criador*, para que se renda homenagem a seu Senhorio criador, de modo que tudo o que não é Deus só pode subsistir como criatura em razão de sua participação na amabilidade do Criador (EE 23). O segundo tipo de consolação traça o caminho que primeiramente permitirá ao discípulo "verter lágrimas por seus pecados", a fim de detestá-los (*semana 1*), e assim essa purificação das afeições desordenadas o ajudará a discernir "outras coisas diretamente ordenadas para seu serviço e louvor" (*semana 2*), e depois a contemplar a própria Paixão "de Cristo nosso Senhor", derramando lágrimas de compaixão (*semana 3*)[128]. O terceiro tipo de consolação evidencia o caráter *escatológico* da consolação, e assim sua natureza propriamente "espiritual", como o indica claramente "a atração para as coisas celestes": *atrahe a las cosas çelestiales*[129]. Nesse sentido, o *enfim* que o introduz não deve ser interpretado no sentido do último tipo de uma série, mas como aquilo que designa a suprema finalidade e o fundamento de toda alegria: "a atração para as coisas celestes e para a salvação da própria pessoa, aquietando-a e pacificando-a em seu Criador e Senhor". Os frutos dessa atração serão contemplados e efetivamente

---

adeptum transmutationi subiaceat, erit delectatio per accidens in tempore. Si autem sit omnino intransmutabile, delectatio non erit in tempore nec per se, nec per accidens".

126. O *Diário espiritual* de Santo Inácio está repleto de expressões que designam essas "visitas" de Deus à alma. Eis por que será apropriado nos referirmos a ele no término de nossas análises das duas séries de regras de discernimento.

127. *Criador y Señor* reaparece nas anotações 5, 15, 16 e 20; no exame geral em 38 e 39; durante a primeira semana, em EE 50,52 e na segunda semana em EE 184; nas regras de discernimento apropriadas à primeira semana em EE 316 e 317 e na segunda em EE 324 e 351. Hugo Rahner, *Ignatius von Loyola als Mensch und Theologe*, cap. 13, encontra nessa hendíade o argumento principal para sua tese de que a cristologia dos Exercícios se aparenta a uma visão scottista, mais que tomista.

128. Em seu imenso poema intitulado *Ève* (Eva), Charles Péguy, modula essa encantação: "[…] o espiritual é, ele próprio, carnal, e a árvore da graça se enraíza nas profundezas […]"

129. Jerônimo Nadal, Mnad IV, 843, assinala a esse respeito: "*Vocatio vero tractio quaedam Patris est gratuita*", evocando assim Jo 6,44: "Ninguém pode vir a mim se o Pai que me enviou não o atrair".

recebidos por ocasião das quatorze aparições do Senhor ressuscitado na *quarta semana*. Em última instância, *su Criador y Señor* equivale propriamente ao Ressuscitado.

Observemos, por fim, que o *Autógrafo* rompe a ordem clássica das virtudes teologais, atribuindo a precedência à esperança, porque a glória celeste é precisamente visada por ela; "Pois nós fomos salvos, mas o fomos em esperança" (Rm 8,24), sendo ao mesmo tempo "consolados em nossos corações" graças àquela "consolação eterna e boa esperança" (2Ts 2,16)[130].

Por fim, a progressão das consolações repousa no dinamismo do *amor*, que unifica a partir do interior esses três tipos de consolação; "inflamar-se no amor de seu Criador e Senhor" (1º), "derramar lágrimas motivadas pelo amor do seu Senhor", "aumento final da caridade". É assim que as consolações descritas em EE 316 levarão o exercitante à "contemplação para alcançar o amor" (EE 320 ss.). Não obstante as divergências filosóficas entre eles, Tomás de Aquino e Boaventura ratificaram a excelência da virtude teologal da caridade, combinada ao dom do Espírito Santo constituído pela sabedoria[131].

4. A contrariedade da *desolação* (EE 317)

Analisaremos menos detalhadamente as diferentes formas da desolação, até porque estas últimas não parecem ordenadas como o exato decalque negativo dos três tipos de "consolação". Será que essa carência de ordem não está ligada ao fato de que a própria natureza de toda desolação é desordenada, em comparação com a coordenação "sapiencial" das "consolações"?

> EE 317: A desolação espiritual. Chamo desolação tudo o que é contrário da 3ª regra, como escuridão interna [*ceguedad*], perturbação, moção para coisas baixas e terrenas, inquietude, com diversas agitações e tentações, movendo à desconfiança, sem esperança, sem amor, achando-se a pessoa toda preguiçosa, tíbia, triste e como que separada de seu Criador e Senhor.
>
> Pois assim como a consolação é contrária à desolação, do mesmo modo os pensamentos provenientes da consolação são contrários aos pensamentos provenientes da desolação[132].

---

130. Todas as outras versões dos *Exercícios* (a *Vulgata*, *P1* e *P2*) procederam, e equivocadamente, à restauração da ordem clássica; assim, na *Vulgata*: "*consolatio quoque dici potest fidei, spei et caritatis quodlibet augmentum*". Essa ordem comumente fixada pelo discurso dogmático se impôs em referência a 1 Coríntios 13,13, quando o próprio Paulo coordena as três virtudes teologais atribuindo a precedência à esperança, principalmente em Romanos 4,18; 5,2-5 e 8,24; Colossenses 1,5 e, sobretudo, em 2 Tessalonicenses 2,16.

131. Tomás de Aquino, S. T., IIa-IIae, qu. 23 e Boaventura, *Itinerarium mentis ad Deum*, IV, nºs 5 e 8.

132. EE 317: "*Llamo desolación todo el contrario de la tercera regla, así como escuridad del ánima, turbación en ella, moción a las cosas baxas y terrenas, inquyetud de varias agitaciones y tentaciones, moviendo a infidencia, sin esperanza, sin amor, hallándose toda peresoza, tibia, triste, y como separada*

Visto que se trata de descrever os efeitos da desolação propriamente "espiritual", o mais esclarecedor é evidenciar a razão última dessas formas de desolação: sentir-se *como que* separado de seu Criador e Senhor", ao término de um movimento que contraria "a atração para as coisas celestes", impondo a inclinação "para coisas baixas e terrenas". Essa forma de privação do Bem divino provoca a "tristeza", contrariamente à consolação, que dinamiza a "alegria". O motor dessa atração já não é, portanto, "o aumento de fé, esperança e caridade", mas o sentimento de sua perda: *infidencia, sin esperanza, sin amor*. E em vez de satisfazer "o bem próprio da pessoa, aquietando-a e pacificando-a em seu Criador e Senhor", essa desolação provoca na alma "escuridão interna, perturbação e inquietude", associadas a uma desmobilização de todo engajamento: "achando-se a pessoa toda preguiçosa, tíbia, triste".

Essa breve descrição inaciana da "desolação espiritual" contém em si todos os traços da "acídia"[133], tanto é que a *Vulgata* a agregou à "tepidez": *tepidationem atque acediam*. Tal vício foi descrito por Evágrio Pôntico[134] (século IV), João Cassiano (século V) e Gregório Magno (VI século), como algo tipicamente monástico; segundo sua forma gravemente permanente, a acídia chegou a ser classificada entre os sete pecados capitais, sendo assimilada por vezes à tristeza infernal: "a tristeza segundo este mundo produz a morte" (2Cor 7,10). Tomás de Aquino tratou desse vício em *S. T.*, IIa-IIae, qu. 35[135]. E a partir do século XV, autores laicos aplicarão a seu meio a sintomatologia da acídia, interpretando-a antes no sentido da "melancolia".

No entanto, a doutrina inaciana da "desolação espiritual" adota um distanciamento das doutrinas monásticas da acídia. Desligada desse contexto, "a desolação espiritual" já não será julgada como "último pecado capital", pois os *Exercícios* a abordam primeiramente como *paixão* da alma e só depois como resultado do *habitus* adquirido. Além disso, o redator dos *Exercícios* salientará o domínio que a vontade crente pode exercer

---

de su Criador y Señor. Porque así como la consolación es contraria a la desolación, de la misma manera los pensamientos que salen de la consolación, son contrarios a los pensamientos que salen de la desolación".

133. Cf. o verbete "Acedia" do DS, I, col. 166-169, e o artigo mais completo da Wikipedia dedicado ao mesmo tema; João Cassiano, *Institutions cénobitiques*, col. SC nº 109, Paris, Cerf, 1965, 530 p. Tomás de Aquino, *S. T.*, IIa-IIae; Jean-Charles Nault, *La saveur de Dieu, L'acédie dans le dynamisme de l'agir*, col. Cogitatio fidei nº 248, Paris, Cerf, 558 p. (esse livro é o tratado mais completo dedicado à acídia); Bernard Forthomme, *De l'acédie monastique à l'anxio-dépression, Histoire philosophique de la transformation d'un vice en pathologie*, Les Empêcheurs de tourner en rond, Paris, 2000. Christian Poirier, *Le combat spirituel*, Paris, Salvator, 2009, 347 p. O *Catecismo da Igreja Católica* lhe dedica o parágrafo 4733.

134. Evágrio Pôntico evidencia o entrelaçamento complexo de duas dinâmicas contrárias: "A acídia é um movimento simultâneo, de longa duração, do irascível e do concupiscível, ficando o primeiro furioso quanto ao que está à sua disposição, e o segundo languescente pelo que é inacessível".

135. Em *S. T.*, IIa-IIae, qu. 20, Tomás estima que "a desesperança é o mais grave dos pecados". E em seu *prólogo* da questão 35, o doutor explana a gravidade da acídia como recusa da alegria, "que é o primeiro fruto da caridade, virtude teologal por excelência". A Wikipedia, consultada em 16/11/2014, aponta também esta afirmação tomista de que "a acídia é louvável quando é motivada pela tristeza pelos próprios pecados, mas condenável quando cobiça um bem impossível", o que nos aproxima mais do contexto espiritual da primeira semana inaciana.

quando tratar das "três causas" da desolação (EE 322); nós as analisaremos em primeiro lugar, a fim de esclarecer os conselhos dados ao exercitante sobre como suportar a "desolação" e esperar a "consolação" (EE 318-324)[136].

É notável que Inácio não aborde a *duração* da desolação da mesma maneira que os antigos mestres da espiritualidade monástica. João Cassiano enfrentava os eremitas e os monges provados pelo "demônio do meio-dia", capaz de submetê-los a uma acídia que não raro se estendia por anos, ao passo que Inácio trata de um lapso de tempo acumulado em algumas semanas, e assim os *Exercícios* introduzem uma aceleração do ritmo da vida espiritual suscitada pela iminência da consolação, ligada à capacidade de dominar vitoriosamente a desolação: quem está desolado "deve pensar que logo [*presto*] será consolado, pondo em prática as diligências contra a desolação" (EE 321)[137]. Essa maneira de tratar a alternância dos estados de desolação e de consolação privilegia nitidamente a consolação, como o demonstra o fim da 5ª regra (EE 318), dado que comumente esta última é suscitada pelo bom espírito.

5. As três causas da *desolação* (EE 322)

> EE 322: 1º) Por sermos tíbios, preguiçosos ou negligentes [*tibios, perezosos o negligentes*] em nossos Exercícios espirituais, e assim a consolação espiritual se afasta de nós por nossas faltas;
>
> 2º) Para nos mostrar o quanto valemos e progredimos em seu divino serviço e louvor, sem tanta recompensa de consolações e maiores graças;
>
> 3º) Para dar-nos verdadeira noção e conhecimento e a fim de que sintamos internamente não estar em nós termos grande devoção, intenso amor, lágrimas ou qualquer outra consolação espiritual, mas que tudo é dom e graça de Deus nosso Senhor [*mas que todo es don y gracia de Dios nuestro Señor*]. Deste modo, não faremos ninho em casa alheia[138], elevando nosso entendimento com alguma soberba ou vanglória, atribuindo a nós mesmos a devoção ou outros aspectos da consolação espiritual[139].

---

136. S. Arzubialde, em *Ejercicios Espirituales de S. Ignacio, Historia y Análisis*, 637-650, apresenta essas regras respeitando a ordem de sua apresentação inaciana e visualizando sua estrutura binária. A partir daí é possível salientar os principais conselhos que permitirão resistir à desolação (EE 318-321). Mudar-se intensamente a si mesmo (319) e cultivar a paciência, confiando no poder da graça (320-321). Por outro lado, as regras 323 e 324 dizem respeito à consolação. O autor tratará depois da regra relativa às três causas da desolação (322), e por fim de três "parábolas" da tentação (653-665). Nossa interpretação pressupõe a compreensão dessa ordem estabelecida por Arzubialde.

137. Evidentemente, os *Exercícios* não tratam das graves depressões de tipo paranoico ou histérico, que hoje são julgadas incuráveis pelos psicanalistas. No entanto, temos o direito de considerar que esse diagnóstico não impede Deus, para quem "nada é impossível", de comunicar graças místicas aos que estão inexoravelmente presos nesse estado psicótico, de modo que as pessoas assim gratificadas possam discernir a origem divina delas, não obstante os filtros impostos por sua doença.

138. Essa imagem já estava presente na *Imitação de Cristo*, livro III, cap. 7.

139. Essa série de causas não integra em absoluto a influência possível do mau espírito ou do inimigo da natureza humana na desolação, uma problemática que será exposta em outra parte do texto, as "parábolas", próprias das três últimas regras, 325 a 327.

A primeira causa não exige nenhuma explicação, na medida em que remete às regras quinta e sexta (EE 318 e 319a). A *segunda causa* se situa no nível de EE 319b: "[...] muito aproveita o mudar-se intensamente [*el intenso mudarse*] contra a mesma desolação. Por exemplo, insistir mais [*más*] na oração, meditação e em examinar-se muito, bem como nos dedicarmos mais a alguma penitência conveniente". À denúncia de uma falta de gratuidade (EE 322, 2º) corresponde um suplemento de compromisso com os exercícios próprios da vida espiritual, além da manutenção das resoluções passadas.

A terceira causa já não focaliza a generosidade da resposta do homem ao chamado de Deus, mas antes a gratuidade absoluta da "consolação" divina sob todas as suas formas[140]. Assim como em relação à primeira causa, é essencial não se contentar com um "saber e um conhecimento" teórico, mas expor-se à prova enraizada no "sentir interior", a fim de reconhecer que "tudo é dom e graça de Deus". A desolação também faria parte, portanto, desses dons e dessas graças? A última proposição estabelece firmemente a utilidade pedagógica e espiritual dessa desolação, na medida em que visa a erradicar a última razão para cultivar "alguma soberba ou vanglória"[141].

A sétima regra (EE 320) explicita a pertinência de uma expressão central da desolação: "como que separada de seu Criador e Senhor" (EE 317), e atinge a um só tempo a segunda e a terceira causa da desolação.

> EE 320: Quem está na desolação considere como o Senhor, nesta provação, lhe deixou o uso de suas potências naturais [*en sus potencias naturales*[142]] para que resista às várias agitações e tentações [*agitaciones y tentaciones*[143]] do inimigo, pois pode fazê-lo pelo auxílio divino, que nunca lhe falta [*pues puede con el auxilio divino, el qual siempre le queda*], embora não seja sentido claramente. Porque o Senhor lhe tirou [*abstraydo*] o muito fervor, o grande amor e a graça intensa[144], ficando-lhe contudo graça suficiente para a salvação eterna [*quedandole tamen graçia suffiçiente para la salud eterna*].

As expressões "auxílio divino" e "graça suficiente para a salvação eterna" pertencem à linguagem escolástica ocidental, que busca constantemente equilibrar a "colaboração" da graça de Deus com o livre-arbítrio do homem. Assim, quando o homem consente no oferecimento de Deus, sua escolha será inspirada e apoiada pela "graça suficiente e eficaz" para obter a salvação eterna, ao passo que sua recusa é exclusivamente do âmbito de sua própria responsabilidade.

---

140. S. Arzubialde, *Ejercicios Espirituales de S. Ignacio, Historia y Análisis*, 662-665.

141. Por volta de 550, o bispo Diádoco de Foticeia, em *Les cent chapitres*, Cerf, col. SC nos 4ª e 4b, caps. 86-87, foi o primeiro a distinguir dois tipos de desolação, a "pedagógica" e a "de derrelição". Diante dessa distinção, o redator dos *Exercícios* considera antes que esta última causa da desolação, que pode ser assimilada à "derrelição", também comporta uma utilidade pedagógica.

142. A *potencia* que designa esta ou aquela faculdade se encontra em EE 20, 45, 51, 177, 238, 246 e 320.

143. Esses substantivos são retomados em EE 317.

144. Esses qualificativos são do âmbito da descrição da consolação em EE 316.

A dogmática atual da graça permite fundamentar e esclarecer a pertinência desta última causa[145] em conformidade com a doutrina de Tomás de Aquino, que distingue "a graça operante" da que é "cooperante"[146].

> Se compreendemos essa graça como *auxílio divino* pelo qual Deus nos move a bem querer e bem agir, é preciso compreender que o *ato interior* da vontade está, em relação a Deus, como o que é movido em relação ao que o move; para a vontade, trata-se sobretudo de começar a querer o bem, enquanto antes ela queria o mal. A partir daí a graça pela qual Deus move o espírito humano para esse ato é dita *operante*[147].
>
> Por outro lado, há também o *ato exterior* à vontade; nesse sentido a operação se faz sob o impulso da vontade. E como também para esse ato Deus nos ajuda — tanto interiormente, firmando a vontade para que ela o queira até o fim, como exteriormente, para torná-la realizadora —, o auxílio divino nesse caso é chamado graça *cooperante*[148]. Portanto, se entendemos por graça a moção gratuita de Deus pela qual ele nos move *ao bem meritório*, é com razão que nós a dividimos em graça operante e graça cooperante.

Esta interpretação tomasiana permite esclarecer o paradoxo que Inácio ressalta singularmente no plano de sua incidência existencial, isto é, *pneumática*. Como conjugar a ordem das "potências *naturais*" às quais Deus confiou o exercitante desolado, e convidá-lo ao mesmo tempo a se apoiar na ajuda *sobrenatural* do "socorro divino", do qual ele espera "a graça suficiente para a salvação eterna"? A relação entre essas duas ordens é vivamente esclarecida por esta formulação chave do Aquinense: "A graça não suprime a natureza, mas aperfeiçoa-a"[149].

---

145. Segundo Karl Rahner e Herbert Vorgrimler, *Petit dictionnaire de théologie catholique*, Paris, Seuil, 1970, 208-209: "O fundamento da diferença entre a graça simplesmente suficiente e a graça atual eficaz deve ser buscada, não obstante a liberdade que o homem tem de aceitar ou de recusar a graça anteriormente a essa aceitação e a essa recusa, do lado da eleição divina. A graça atual é iluminação e inspiração. É considerada 'sobrenatural', não apenas como não devida, mas também no mesmo sentido que a graça da justificação. Em conformidade com isso, ela não reside apenas nas circunstâncias exteriores dispostas pela Providência divina para favorecer a atividade religiosa do homem; ela é graça 'interior', no mesmo sentido que a graça santificadora. [...] De fato, não é apenas a possibilidade do ato de salvação (o *habitus infus* ou a graça preveniente e suficiente) que é uma graça de Deus, mas a aquiescência livre para realizar atos de salvação, tanto para a possibilidade (graça suficiente) como para o ato efetivo (graça eficaz), e assim a situação da liberdade diante do sim ou do não para com Deus não é a de um ser perfeitamente emancipado e autônomo na escolha que tem a fazer". Rahner apoia suas afirmações no *Decreto sobre a Justificação* proclamado no Concílio de Trento, que evidentemente não foi conhecido por Inácio. Mas o *Indiculus* já propunha em 431 todo um tratado da graça contendo o essencial da doutrina exposta por Karl Rahner (cf. *Chapitres pseudo-célestiniens ou Indiculus*, cap. 9, Dz 247-248).

146. *S. T.*, Ia-IIae, qu. 111, a. 2, co.

147. Essa tese será explicitamente retomada nas versões *P1* e *P2* dos *Exercícios*, quando se tratar de justificar "a consolação sem causa precedente" (EE 330): "Hoc probat B. Thomas p.ª 2ᵉ, q. 9ª, art. 1 [et] 6, et q. 10, art. 4."

148. Tomás cita aqui Agostinho, *De gratia et libero arbitrio*, 17, PL 44, 901: "Deus opera para que queiramos, e quando queremos, Deus coopera conosco para que realizemos".

149. Ver, em especial, *S. T.*, Ia, qu. 1, a. 8, ad 2: "*Cum enim gratia non tollat naturam, sed perficiat...*".

Até que perfeição a graça conduz a natureza? Inácio responde de maneira concisa: pela "graça suficiente *para a salvação eterna*", ao passo que Tomás explicita seu sentido: "a moção gratuita de Deus pela qual ele nos move *ao bem meritório*". Isso significa que Deus nos faz adquirir salvação eterna como algo devido, graciosamente oferecido[150], precisamente por sua graça operante *e* cooperante[151].

Por fim, ao referir a graça operante à iniciativa do querer humano, e sua graça cooperante à perseverança desse querer "até o fim", Tomás esclarece singularmente a "firmeza e a constância" (*estar firme y constante*, EE 318), recomendada por Inácio no estado de desolação.

6. A gestão da alternância desolação-consolação (EE 318-324)

Abordemos agora a oitava, a décima e a décima primeira regra:

> EE 321: Quem está na *desolação* empenhe-se em ter paciência, que é contrária aos vexames pelos quais passa. E pense que logo será consolado, pondo em prática as diligências contra esta desolação, como se diz na 6ª regra.
>
> EE 323: Quem está na *consolação* pense como procederá na desolação que virá depois, renovando as forças para a ocasião.
>
> EE 324: Quem está *consolado* procure humilhar-se e abaixar-se o quanto puder, pensando como pode pouco no tempo da desolação sem essa graça ou consolação. Pelo contrário, quem está em *desolação* pense que pode muito, com a graça suficiente, para resistir a todos os seus inimigos, tomando forças no seu Criador e Senhor.

As duas primeiras regras citadas atraem a atenção do iniciante, que corre o risco de projetar numa duração indefinida sua experiência presente de desolação ou de consolação, sobretudo quando fica tentado a pensar que não tem influência alguma sobre elas. Por isso, recomenda-se que, quando desolado, espere a iminência da consolação, contanto que use os meios de lutar contra a desolação presente. Essa ênfase na responsabilidade humana e espiritual vale igualmente na experiência da consolação, durante a qual convém então "renovar as forças", como preparação para a próxima desolação. Essas duas regras visam, portanto, à ascendência sobre o caráter efêmero desta e daquela experiência de desolação ou de consolação. Tal superação se realiza concretamente pela memória prospectiva ou pelo engajamento apropriado a este ou aquele estado.

---

150. Em cristologia, Tomás desenvolve essa tese em *S. T.*, IIIa, qu. 48, a. I, co: "Por sua paixão, Cristo mereceu ser exaltado, não apenas como pessoa singular, mas como cabeça da Igreja, a fim de que essa graça se derramasse [*redundaret*] sobre os membros de seu corpo. Por isso as ações de Cristo têm para seus membros, bem como para ele, os mesmos efeitos que as ações de um homem em estado de graça surtem para ele próprio. Ora, é evidente que todo homem em estado de graça [*in gratia constitutus*] que sofre pela justiça merece por isso mesmo a salvação para si próprio, segundo Mateus 5,10: 'Felizes os perseguidos por causa da justiça'".

151. Essa referência ao *mérito* é usual nos *Exercícios*, principalmente nas anotações e durante a primeira semana: *merito* EE 40, 44 (bis); *merecer* EE 20, 33, 34, 48, 50; *meritorio* EE 14; *meritoriamente* EE 15.

A última regra (EE 324) determina mais profundamente a atitude que em cada estado deve equilibrar a vida espiritual, a fim de prevenir as tentações do orgulho[152] ou do desânimo, compensando-as alternadamente com a humildade ou com a confiança no poder da "graça suficiente"; uma forma de *agere contra* típica da espiritualidade de Santo Inácio, inspirada aliás pela exegese tropológica do Magnificat. De fato, tais regras se inspiram amplamente na sabedoria secular da Igreja e na *devotio moderna*, da qual a *Imitação de Cristo* é um modelo exemplar[153].

7. Três parábolas da resistência ao inimigo (EE 325-327)

Essas últimas regras — *doze* (325), *treze* (326) e *quatorze* (327) — distinguem-se das anteriores por esclarecerem a estratégia do mau espírito e a maneira de resistir a ele, ilustrando-as sucessivamente pelo simbolismo da mulher histérica (Pr 19,13)[154], do Dom Juan seduzindo em segredo[155] e do chefe de bando que escolhe invadir um forte atacando no ponto mais vulnerável de suas muralhas[156].

---

152. Cf. EE 322, 3º.

153. S. Arzubialde, *Ejercicios Espirituales de S. Ignacio, Historia y Análisis*, 645, cita duas proposições de Tomás de Kempis, *L'imitation de Jésus-Christ*, livro III, cap. 7, nº 4: "*Consilium bonum est ut, fervoris spiritu concepto, mediteris quid futurum sit abcedente lumine...*"; "*Cogita in gratia quam miser et inops esse soles sine gratia*".

154. EE 325: "O inimigo procede como mulher, fraco na força e forte na vontade. Pois como é próprio da mulher, quando briga com algum homem, perder o ânimo, pondo-se em fuga quando o homem a enfrenta, e, pelo contrário, se o homem começa a fugir, perdendo ânimo, a ira, a vingança e ferocidade da mulher é enorme e desmedida; *assim* é próprio do inimigo enfraquecer-se e perder o ânimo, desaparecendo com suas tentações, quando quem se exercita nas coisas espirituais enfrenta com muito ânimo as tentações do inimigo, fazendo o diametralmente oposto. Pelo contrário, se a pessoa que se exercita começa a temer e desanimar quando sofre as tentações, não há animal tão feroz na face da terra como o inimigo da natureza humana em alcançar sua danada intenção com tão grande malícia". Essa representação da mulher pertence a uma longa tradição, retomada por Bernardo de Claraval, *Traité de la conversion*, col. SC nº 457, Paris, Cerf, 2000, 349: "Ela surge, então, a velha mulher enfurecida: esquecida de toda languidez, avança, com os cabelos eriçados, as vestes rasgadas, o peito nu; escorchando as úlceras, rangendo os dentes, com a boca ressequida, infecta o ar com seu hálito envenenado. Como, então, a razão, ou ao menos o que resta dela, não seria confundida com tal assalto, com tal ataque da infeliz vontade".

155. EE 326: "O inimigo procede também como um sedutor, querendo permanecer escondido, sem ser descoberto. Pois o sedutor age maliciosamente, quando solicita à filha de bom pai, ou à mulher de bom marido. Ele quer que suas palavras e insinuações permaneçam secretas. Pelo contrário, muito o desagrada que a filha revele ao pai, ou a mulher ao marido, suas palavras levianas e intenção depravada, porque logo conclui que não poderá levar adiante o empreendimento começado. *Do mesmo modo*, o inimigo da natureza humana quer e deseja que suas astúcias e insinuações sejam recebidas e conservadas em segredo pela pessoa justa. Mas muito lhe pesa, quando ela as descobre a seu bom confessor, ou a outra pessoa espiritual, que conheça seus enganos e malícias, pois conclui que não poderá levar adiante sua malícia começada, uma vez que foram descobertos seus manifestos enganos".

156. EE 327: "O inimigo procede também como um chefe de bando, para conseguir roubar o que deseja. Pois um chefe ou comandante se prepara, observando as forças e posição de uma fortaleza, para

Para serem existencialmente compreendidas, essas homologias devem ser enraizadas no contexto das *meditações* próprias da primeira semana, que envolvem o exercitante numa leitura simbolizada do pecado, "invisível" em si. A representação negativa da mulher, e depois do homem, não remete ao casal dos nossos primeiros pais, que perdeu sua inocência e harmonia (EE 51)? Seja como for, o exercitante moderno resistirá a essa comparação mulher-homem, julgando-a obsoleta. Ser-lhe-á retrucado que a mentalidade atual contesta mais ainda a autoridade paterna e a fidelidade do casamento em que se funda a analogia apresentada em EE 326. Será preciso sobretudo que ele admita, por meio dessas simbolizações corporais apresentadas em primeiro lugar por Inácio, que todo comportamento propriamente espiritual permanece intrinsecamente influenciado pela maneira como gerenciamos nossas pulsões suscitadas por Eros (EE 325-326) ou Thanatos (EE 327). Assim ele poderá entender melhor a intenção inaciana refletida no enunciado dessas últimas regras: "a via purgativa" percorrida nessa semana implica uma libertação "das afeições desordenadas" em todos os âmbitos da existência humana. Nesse sentido, notemos que essas três últimas regras descrevem as tentações a que a alma já "começou" a ceder em razão das atrações do "inimigo da natureza humana"[157].

Independentemente dessa interação do psicológico e do espiritual, nossa interpretação terá sua principal fonte de inspiração em Gaston Fessard, que salientou claramente "a tática do demônio" e a maneira de resistir-lhe pela fé[158].

Comecemos por mostrar o ordenamento das duas primeiras regras. A vontade só alcança sua verdadeira liberdade espiritual ao integrar esse duplo aspecto de seu ser, como "*animus*" e "*anima*". Por isso ela deve mobilizar com virilidade "*a intrepidez de sua fé*" (Fessard) para opor-se desde o início, e frontalmente, às ameaças de "temor e desânimo" simbolizadas pela atitude da mulher; sem isso, "não há animal tão feroz na face da terra como o inimigo da natureza humana em alcançar sua danada intenção com tão grande malícia" (EE 325).

No entanto, uma vez engajada nessa via da intrepidez, a vontade deve se preservar do perigo "inverso" que a espreita: o de libertar-se de toda desconfiança de si, a ponto de recusar qualquer controle exercido por outrem[159]. Assim, corre-se o risco de perder aquela "humildade radical" (Fessard), tipicamente feminina, que se enraíza na abertura de consciência "para um bom confessor"; pois "o inimigo da natureza humana quer e deseja que suas astúcias e insinuações sejam recebidas e conservadas em segredo pela pessoa justa" (EE 324). Tais recomendações de discernimento já haviam sido prodigalizadas por Inácio

---

atacá-la do lado mais fraco. Assim, também, o inimigo da natureza humana nos rodeia, observando todas as nossas virtudes teologais, cardeais e morais. E nos ataca, procurando vencer-nos, onde nos acha mais fracos e necessitados para a salvação eterna".

157. EE 325: "[…] se o homem *começa* a fugir, perdendo o ânimo…"; EE 326: "…pois conclui que não poderá levar adiante sua malícia *começada*"; EE 327: "o chefe de guerra *a ataca* do lado mais fraco".

158. G. Fessard, *La dialectique des Exercices spirituels*, I, 246-255.

159. Os Padres gregos denominaram essa exigência de abertura da consciência *exagoreusis*; tal doutrina foi particularmente salientada por Teodoro Estudita, *Grande catéchèse*, 623-624, como nota Tomas Spidlik, *Ignace de Loyola et la spiritualité orientale*, 199-203.

a propósito da gestão alternada das "desolações" e das "consolações": quem se beneficia momentaneamente com a consolação deve "humilhar-se e abaixar-se", enquanto quem é provado pela desolação deve pensar "que pode muito, com a graça suficiente, para resistir" (EE 324). Em comparação com as duas regras anteriores, observa-se que estas últimas salientam a dimensão relacional, principalmente quando EE 326 recomenda a abertura "a seu bom confessor, ou a outra pessoa espiritual".

Se as duas primeiras regras dizem respeito ao domínio do *eros* representado pelo casal, a última atinge a pulsão própria de *thanatos*. Afinal, a caminhada para a liberdade espiritual não é uma luta de morte, "não apenas contra o sangue e a carne, mas contra os Principados, as Potestades, os Dominadores deste mundo de trevas, contra os Espíritos do Mal" (Ef 6,12)? Ao inspirar-se na descrição desse "adversário" que, "como um leão que ruge, ronda, procurando a quem devorar" (1Pd 5,8), Inácio avisa o eu de que ele deve sempre considerar-se como uma cidadela espionada pelo inimigo, o qual pretende atacá-la em seu ponto mais fraco[160]. Em vez de cochilar numa segurança enganadora, é preciso manter-se alerta e zelar de todos os lados pela solidez das minhas posições: no centro, suster o torreão das "virtudes teologais" que me ligam diretamente a meu fim divino: na periferia, preservar "as virtudes cardeais e morais" que comandam a escolha e o exercício dos meios necessários para alcançar esse fim. Em suma, cumpre-me assegurar *"uma vigilância constante"* (Fessard) sobre meus pontos fracos, pois o inimigo "nos ataca, procurando vencer-nos, onde nos acha mais fracos e necessitados para a salvação eterna" (EE 327). Esta última regra, a 14ª, destaca o verdadeiro desafio do "exame particular e cotidiano" (EE 24-31). Tais recomendações introduzidas no início desta semana se concluem nas últimas.

C. RUMO A UMA TEOLOGIA DA PRIMEIRA SEMANA

Esta recapitulação tentará responder a algumas perguntas suscitadas pela primeira semana inaciana, no intuito de especificar sua originalidade, e se necessário justificá-la. 1. Essa semana inaugural se inspira na Escritura? 2. Que concepção das coordenadas espaço-temporais ela implica? 3. É possível conciliar interpretações diferentes de sua finalidade? 4. É verdade que um único pecado mortal cometido pode acarretar a condenação infernal? 5. A prática da hora de oração implica um círculo hermenêutico? 6. O alinhamento frequente de uma tríplice causa ou motivação corresponde à tripartição própria da antropologia bíblica?

---

160. Essa doutrina é tradicional, como o demonstra TOMÁS DE AQUINO, *Opusc. Theologica II*, Marietti 1069 b, *In Orationem dominicam expositio, petitio sexta: Et ne nos inducas in tentationem*: "*In tentatione autem sua callidissime procedit. Ipse enim, sicut bonus dux exercitus qui obsidet aliquod castrum considerat infirma eius quem impugnare vult, et ex illa parte unde magis est homo debilis, tentat cum. Et ideo tentat de illis vitiis ad quae conculcata carne magis proni sunt, ut de ira, de superbia, et de aliis spiritualibus vitiis. Cf. I Petr. 5,8*".

1. **Essa semana se inspira na Escritura?**

Quando confrontamos essa semana inaciana com a *Vida de Cristo* escrita por Ludolfo, o Cartuxo, tivemos de admitir que a compreensão inaciana da vida purgativa jamais se apoia em perícopes evangélicas que mostrem palavras e gestos de cura e de perdão que o próprio Nosso Senhor Jesus Cristo prodigou desde o início de seu ministério público. Essa carência é confirmada pela ausência de toda referência explicitamente escriturística, mesmo extraída do Antigo Testamento, enquanto a "seção sobre os mistérios" contemplados durante as três últimas semanas sempre veiculará seu enraizamento preciso no Novo Testamento.

Nossa interpretação teve o intuito de suprir esse silêncio, sublinhando que, ao longo das meditações de sua lavra, Inácio se inspirou indubitavelmente em formulações sálmicas, apocalípticas ou sapienciais, principalmente no âmbito em que a apreensão *noética* do universo criado por Deus postula uma compreensão complementar de tipo *pneumático* simbolizado pelo corpo vivido até em sua carne de pecado, implicando o compromisso existencial, pessoal e integral do exercitante. O primeiro colóquio com Cristo na cruz (EE 53) condensa de modo insuperável essa forma de personalização, ao passo que o tríplice colóquio, inserido nas relações eclesiais próprias da Vida da Igreja, desdobra a atualidade espiritual dela.

Ainda assim, essa bruma escriturística se torna mais espessa quando nos perguntamos por que a consideração inaciana dos pecados jamais se apoia explicitamente na autoridade suprema das palavras e dos gestos de Cristo, testemunhados exclusivamente pelo Evangelho. Tentamos responder a essa indagação especificando que "a lógica existencial" dos *Exercícios* postulava muito rigorosamente que "a purificação das afeições desordenadas" e pecadoras do exercitante fosse consumada *antes* que ele pudesse "buscar e encontrar a verdade divina na disposição de sua vida para sua salvação" (EE 1). Essa primeira definição dos "Exercícios espirituais" já descortinava o projeto inaciano de iniciar seu exercitante numa receptividade plena da "história" da salvação, a fim de que aquele que a contempla seja imediatamente capaz de entender aí o Chamado do Rei eterno (EE 91 ss.) como interpelação pessoal que mobiliza a totalidade de sua vida, e assim esse exercitante deve ser classificado desde o início na categoria privilegiada dos "discípulos postos à parte da multidão".

Para garantir a pertinência neotestamentária dessa transição da primeira à segunda semana, referimo-nos muitas vezes aos primeiros capítulos da Carta de Paulo aos Romanos[161]. Dirigindo-se, como Apóstolo dos gentios, "a todos os diletos de Deus que estão em Roma, aos santos pelo *chamado* de Deus" (Rm 1,1-15; EE 91 ss.), Paulo considera necessário reavivar primeiramente a memória da "manifestação da cólera[162] de Deus"

---

161. Joseph A. Fitzmayer, *Spiritual Exercices Based on Paul's Epistle to the Romans*, New York, Paulist Press, 1995, 235 p., já havia proposto ilustrar o conjunto das etapas da vida espiritual com base na Epístola aos Romanos, sem contudo pretender convergir com o itinerário próprio dos *Exercícios* inacianos. Por outro lado, Bernard Mandiboure, *Lire la Bible avec Ignace de Loyola*, Atelier, Paris, 2005, 252 p., inspira-se nesses *Exercícios* inacianos adotando uma perspectiva mais pastoral.

162. Como fino conhecedor dos *Exercícios* e biblista renomado, Jerônimo Nadal, estabeleceu o vínculo entre a cólera de Deus e a manifestação de sua justiça em *Contemplatifs dans l'action, Écrits*

(Rm 1,18-32; 3,9-20), que "inclui todos os homens na desobediência para conceder a todos misericórdia" (Rm 11,32[163]), pela "gratuita justificação obtida pela fé em Jesus Cristo, predestinado por Deus para servir de expiação por seu sangue" (Rm 3,21-26). Da mesma maneira, a primeira semana inaciana impõe prioritariamente que se leve em conta a Justiça divina em todo o seu rigor, porque somente ela permitirá que se aprecie por seu justo valor a surpreendente gratuidade de sua misericórdia para conosco (EE 60 e 71). Desse ponto de vista, a realidade visada pela dialética paulina, que articula constantemente a Lei e a Fé, vê-se integrada nessa semana inaciana, ainda que sua linguagem quase não saliente o confronto entre essas duas economias. Nossa interpretação da transição do primeiro "exercício" (EE 45 ss.) ao segundo (EE 55 ss.) se orientava para a apreensão de tal relação Lei-Fé, expressa em termos de Justiça-Misericórdia.

O que Inácio ousa propor ao exercitante empenhado na primeira semana é precisamente que aceite essa espécie de *enclausuramento* psicoespiritual no mistério de iniquidade como condição *sine qua non* para alcançar a surpreendente percepção da misericórdia vislumbrada no questionamento suscitado pelo confronto com o Cristo Criador posto na cruz "por meus pecados" (EE 53). Tal mergulho no abismo da gravidade dos pecados será reiterado no segundo exercício, na medida em que este desemboca no outro questionamento aberto pela intercessão das criaturas em meu favor (EE 60). Assim, minha experiência da primeira semana me assimila aos "vasos de cólera, suportados com muita paciência por Deus, a fim de manifestar a riqueza de sua glória para com vasos de misericórdia" (Rm 9,22-23).

Por fim, ressaltemos a semelhança entre a autoridade de Paulo e aquela de que se serve o redator dos *Exercícios*, que pretende guiar seu exercitante "com uma segurança inaudita" (Hugo Rahner), não apenas iniciando-o progressivamente na doutrina cristã, como chegando a compreender seu desejo mais profundamente ancorado, a fim de teleguiá-lo para a experiência existencial de sua purificação espiritual: "Pedir a Deus nosso Senhor o que quero e desejo: […] Aqui, pedirei sentir vergonha e confusão a meu próprio respeito" (EE 48). Sem assimilar a autoridade de Inácio como mestre espiritual àquela propriamente apostólica de Paulo, é impressionante constatar a homologia entre suas respectivas experiências místicas e trinitárias de Deus. A de Paulo, expressa em Gálatas 1,15-16 — "Aquele que me pôs à parte desde o seio de minha mãe e me chamou por sua graça houve por bem revelar em mim o seu Filho, a fim de que eu o anuncie entre os pagãos" —, não é intrinsecamente idêntica à revelação de que Inácio desfrutou em Manresa, na capela de La Storta?

---

spirituels ignatiens (1535-1575), col. Christus-Textes nº 81, Paris, 191-192: "Que homem infeliz e mau, aquele que fecha em si mesmo a porta para a misericórdia infinita, e de certa forma força Deus a servir-se de justiça e cólera contra ele!"

163. Romanos 11,32-33: "[…] Pois Deus incluiu [*sunecleisen*] a todos os homens na desobediência [*eis apeitheian*] para conceder a todos misericórdia. Ó profundeza da riqueza, da sabedoria e da ciência de Deus! Quão insondáveis são os seus julgamentos e impenetráveis os seus caminhos!"

2. As coordenadas espaço-temporais dessa semana

Consagrada "à consideração e à contemplação dos pecados" (EE 4), por si "invisíveis", a experiência propriamente espiritual da primeira semana está indissoluvelmente ligada a um mergulho no simbolismo corporal da falta, segundo todas as suas coordenadas espaço-temporais.

a. *O confronto com diferentes formas de temporalidade*

Os *Exercícios* propõem ao exercitante que trave uma verdadeira batalha de resistência, que visa a respeitar tanto a duração do tempo *cósmico* durante a hora inteira de meditação — pressupondo assim um autodomínio pouco comum (EE 12) —, como a duração do tempo *psicológico* da desolação, que envolve "empenhar-se em ter paciência" (EE 321) até que sobrevenha a consolação que somente Deus suscita comumente durante esta primeira semana.

Tal disciplina não é comandada apenas pela exigência de tornar o espírito do exercitante disponível para a meditação dos pecados sob todas as suas formas. Isso porque as primeiras regras de discernimento também iniciam o exercitante na significação propriamente *teologal* da prova temporal da desolação, como algo que acarreta por si uma percepção "vivida, reconhecida e favorecida" (EE 313) de "aumento de esperança, de fé e de caridade" (EE 316). Elas lhe ensinarão de maneira privilegiada como *a natureza e a graça* se encontram estreitamente implicadas por ocasião da prova quase interminável da desolação. Isso porque esta última exigirá dele uma forma de "paciência" tão pouco confinada na resignação, que exigirá por parte dele a mobilização "de suas potências naturais" (EE 320), estando ele ciente de que elas sempre serão sustentadas "pela graça suficiente" (EE 324), constantemente prodigalizada por Deus, a fim de torná-lo capaz de "mudar-se intensamente" (EE 319). A partir daí, tal experiência temporal lhe permitirá interpretar judiciosamente o sentimento de estar "como que separado de seu Criador e Senhor" (EE 317), resistindo à pressão devoradora de um imaginário que o fará pensar que ele foi realmente abandonado por Deus. A duração penosa da desolação será então imbuída da esperança "de logo ser consolado" (EE 321 e 319).

Por outro lado, o colóquio do último exercício do dia, dedicado à pena do inferno, agregará a essas formas de temporalidade cósmica, psicológica e teologal a de um outro tempo, propriamente *axial*, fundado na iniciativa divina de instaurar um Começo fundador, registrado no tempo cronológico da história da salvação (EE 71), a fim de constituir "três grupos de homens caídos no inferno após sua morte, antes, durante e depois da vinda do Verbo feito homem"[164]. No entanto, essa não é a ponta dessa consideração ancorada na história, pois o exercitante é convidado a reconhecer que a gravidade do pecado encontra sua medida suprema na recusa de Jesus Cristo, dado que este exige uma

---

164. Inspiramo-nos aqui nos instrumentos conceituais sintetizados por PAUL RICŒUR em seu artigo L'initiative, reeditado em *Du texte à l'action, Essais d'herméneutique II*, col. Essais-Points nº 377, Paris, Seuil, 1986, 289-307.

resposta do homem tão integral, que não basta crer nele para ser salvo; essa fé exige a submissão aos mandamentos: "a fé que não tivesse obras estaria morta no seu isolamento" (Tg 2,17).

Esta última meditação da primeira semana prepara o exercitante para entrar na contemplação da história da salvação encontrada durante as semanas seguintes, convidando-o a reconhecer pela primeira vez a ação imediatamente providencial e pessoal de "Cristo nosso Senhor", "porque não me deixou cair em nenhum desses grupos pondo fim à minha vida". A décima terceira regra de ortodoxia (EE 365) garantirá o fundamento dessa interpretação, referindo-se "ao mesmo espírito que nos governa e dirige para a nossa salvação", "o mesmo Espírito e Senhor nosso, que deu os Dez Mandamentos, rege e governa a nossa santa Mãe, a Igreja". Do ponto de vista escriturístico, essa lógica da condenação infernal pode ser igualmente justificada em Marcos 3,29: "Mas se alguém blasfema contra o Espírito Santo, fica para sempre sem perdão: é réu de pecado para sempre".

Este último colóquio pode também inspirar a ação de graças, "porque Ele teve sempre tanta misericórdia e piedade para comigo". O fato inegavelmente atual de minha manutenção em vida exclusivamente graças à intervenção de meu Criador não me permite, portanto, projetar no futuro sua benevolente misericórdia para comigo, como se minha atitude presente fosse a garantia de uma promessa que englobaria toda a minha vida futura. Esse fato me permite apenas reler minha vida passada como atestação da "superabundante piedade [*piedad*] e misericórdia divina". Esse limite intransponível ratifica rigorosamente a regra imposta por Inácio ao exercitante durante as quatro semanas dos *Exercícios*:

> EE 11: Ao que se exercita na primeira semana aproveita nada saber do que fará na segunda. De tal modo trabalhe na primeira semana, para alcançar o que busca, como se na segunda nada de bom esperasse encontrar[165].

Essa anotação especifica o alcance exato da concentração exclusiva no objeto das orações de petição contidas em EE 48, 56, 63 e 65, cujas realizações são expressas pelos respectivos colóquios. Não se trata, portanto, de pôr em causa a releitura especificamente anamnésica do Evangelho, que se fundamenta em última instância na exaltação de Jesus Cristo à direita do Pai, mas de circunscrever o limite dessa via purgativa sem extrapolar os múltiplos pedidos expressos nesta semana: "vergonha e confusão", "detestação (ou execração) do pecado sob todas as suas formas".

b. *A experiência do espaço é igualmente impositiva, dotada de pregnância e abrangência*

Trata-se primeiramente de investir o espaço real ou material do quarto onde rezarei a Deus no oculto, consagrando pessoalmente "o lugar onde farei a contemplação" (EE 75).

---

165. EE 11: "*La undecima. Al que toma exercicios en la primera semana, aprovecha que no sepa cosa alguna de lo que ha de hazer en la secunda semana; más que ansí trabaje en la primera, para alcançar la cosa que busca, como si en la 2ª ninguna buena sperarse hallar*".

Trata-se também daquele outro espaço "imaginário", o único que permite abrir um campo de visibilidade simbólica capaz de penetrar a bruma da invisibilidade do pecado. Um espaço interior de *aprisionamento* de minha alma em meu corpo corruptível, associado àquele espaço de exílio no "vale de lágrimas" que engloba a realidade social da humanidade inteira, quando cada um de seus membros experimenta o encontro com os outros como enfrentamento "de animais ferozes" (EE 47b). Justificamos essa dupla experiência de "encerramento na desobediência" em referência a Romanos 11,32. Notemos, porém, que tal contextualização simbólica não contradiz, mas favorece a criação de um espaço material que será eleito como lugar privilegiado do contato com Deus iniciado pela oração de petição (EE 48), culminando nos colóquios (EE 53). O espaço assim modelado já não é apenas material e psicológico, mas propriamente teologal, visto que cumpre à meditação dos pecados ser sempre inspirada pela graça, a fim de que o sentir do pecado não se torne ocasião para ceder a uma nova tentação. Que a memória dessas coordenadas espaço-temporais nos baste para apreender corretamente os frutos contrastados dessa semana.

3. **Será possível encontrar a solução ao debate sobre o fruto espiritual dessa semana?**

a. A primeira interpretação do fruto a ser recolhido dessa semana estaria mais exclusivamente concentrada na incessante passagem da justiça à misericórdia, que se manifesta nas "lágrimas pelos pecados" e na obtenção da graça de "detestar seus pecados", associada ao firme propósito de se emendar (EE 43).

1º) Durante a vida de Inácio, essa interpretação parece condizer em vários aspectos com a leitura luterana da Epístola de Paulo aos gálatas. Primeiramente porque o Reformador não cessou de repetir que "a justificação pela fé em Cristo, independentemente das obras da Lei" (Gl 2,16), dizia respeito em Paulo a uma experiência existencial e espiritual, mais que a uma teoria especulativa e dialética sobre a relação entre a Lei e a Graça. Consequentemente, "o verdadeiro teólogo tem de distinguir entre a Lei e a Graça própria da Fé" no próprio âmbito do combate espiritual em que, "à hora da morte", o perigo de confundir essas duas formas de economia é maior[166]. Lembremo-nos também de que o

---

166. Tais afirmações não poderiam aparecer mais claramente do que no Prólogo do terceiro e último *Comentário de Gálatas*, publicado em 1535: Martinho Lutero, *Werke*, WA 40 I, 49. Lucien Febvre, *Martin Luther, un destin*, Paris, PUF, 1928, reeditado em 2012 na col. Quadrige), descreveu de modo notável a incidência existencial e pessoal da "descoberta" de Martinho, denominada *Turmerlebnis*, tal como ocorrida por volta de 1513-1514. Em vez de esgotar-se obedecendo estritamente às regras conventuais impostas pelos agostinianos, ele só foi libertado da *cólera de Deus* (Rm 1,18) que o ameaçava com o inferno em razão da persistência de sua oposição a Deus, realizando aquela "revolução total de uma audácia singular, que o levou à margem desconhecida da paz oferecida gratuitamente somente por Deus" (33). Lutero garantia a autenticidade dessa experiência espiritual recorrendo a Romanos 1,16-17: a promessa segundo a qual *aquele que é justo pela fidelidade viverá* (Hab 2,4) se realiza plenamente pelo Evangelho, *poder de Deus para a salvação de todo aquele que crê*, pois *nele a justiça de Deus se revela, pela fé e para a fé*. "Compreende-se, a partir daí, que Lutero tenha sempre apresentado

Reformador foi confrontado desde 1517 com a prática eclesial devidamente organizada na Alemanha da venda de "indulgências", encarregada de apaziguar a baixo custo da consciência do cristão, enquanto ao mesmo tempo o ensino regular dos clérigos difundia o medo do inferno. Será que tais maquinações não provocavam infalivelmente uma confusão entre "a justiça passiva" postulada pela recepção crente da graça e "a justiça ativa", acessoriamente requerida, da observância social da Lei? O exegeta de Wittenberg só precisava demonstrar, portanto, a atualidade eclesial da Epístola aos Gálatas para confirmar seu papel de profeta e de reformador encarregado de convocar a Igreja inteira a reconhecer seus pecados para então se converter. Em seu terceiro Comentário de Gálatas, datado de 1535, Lutero chegará a criticar seus próprios discípulos dissidentes como "sectários", em sua pretensão de ampliar a crítica à Igreja romana para além do que autorizava a estrita aplicação da Epístola aos Gálatas, isto é, o retorno às exigências morais impostas por toda forma de Lei em detrimento da proclamação da plena Justificação gratuitamente oferecida pela graça da fé em Jesus Cristo, na medida em que esta contém a promessa de consumação de toda liberdade espiritual pela eternidade[167].

A primeira semana inaciana não situa o exercitante no mesmo nível experiencial e espiritual, quando o convida a submeter-se ao rigor da Justiça divina (EE 48), a fim de ser levado à surpreendente gratuidade da misericórdia de Deus em Jesus Cristo (EE 60)?

Ademais, para Lutero, esse acesso ao mistério da Justificação pela Fé não poderia ser experimentado pessoalmente sem expor quem ainda permanecesse pecador ao perigo de apropriar-se orgulhosamente dessa graça, que permanece "forense" (cf. EE 322, 3º), de modo que a segurança assim oferecida gratuitamente deve ser alimentada de maneira contínua pela memória humilhante das transgressões da Lei. Inácio não salienta o mesmo perigo de ser tentado pelo orgulho, ao recomendar a quem é consolado "humilhar-se e abaixar-se o quanto puder, pensando como pode pouco no tempo da desolação" (EE 324)?

---

sua 'descoberta' da torre como uma 'revelação'. O homem que, subitamente, depois de haver buscado tanto, encontra o remédio soberano para os males que o afligiam; o homem que concebe com uma força irresistível uma verdade... infalível, porque ela provém de Deus" (25). Essa *Turmerlebnis*, portanto, tem uma natureza totalmente distinta de uma descoberta teológica que conduz tão somente a uma reorganização de conceitos. Será que a experiência inaciana não se situa originalmente no mesmo nível existencial e espiritual?

167. "É *também*", diz ele, "o que nos acontece hoje. No início de nossa pregação do Evangelho, foram muitos aqueles a quem nosso ensino sorria e que tinham uma opinião favorável e respeitosa a nosso respeito, seguindo a pregação do Evangelho, as virtudes e os frutos da fé. O que ocorreu então? Subitamente, surgiram espíritos fanáticos, os anabatistas, os sacramentalistas, que rapidamente derrubaram o que havíamos elaborado por um longo período ao preço do suor do nosso rosto. Eles põem tanta animosidade contra nós no coração dos que antes nos amavam com tão viva afeição e recebiam nosso ensinamento com ações de graças, que agora nada lhes parece mais odioso do que nosso nome. Mas é o diabo o autor desse mal, ele que produz em seus membros potências opostas, que lutam contra a potência do Espírito Santo. Vossa experiência, ó gálatas", diz o apóstolo, "deveria ter-vos ensinado que prejuízos tão consideráveis não vinham das obras da Lei. Pois assim como não os tínheis antes da pregação da fé, tampouco os tendes, agora que os pseudo-apóstolos reinam entre vós" (WA 50, nº 353).

No entanto, como o demonstra a confrontação entre Lutero e Erasmo sobre a questão do livre ou do servo-arbítrio[168], é evidente que o exegeta de Wittenberg não compartilha em absoluto a opinião tomasiana e católica de Inácio a respeito da "liberdade do livre-arbítrio" (EE 23). Essa problemática propriamente antropológica teve repercussões muito notáveis na interpretação da Escritura, no âmbito que toca à relação entre graça e natureza, centrada na liberdade, no que concerne à hermenêutica em todas as suas formas. A partir daí, ainda que Inácio pareça salientar, assim como Lutero, a dramática responsabilidade da liberdade humana, que sempre corre o risco de ser arrastada ao inferno, este e aquele autor não concebem da mesma maneira, em absoluto, as condições espirituais prévias à meditação sobre os pecados. "A oração preparatória" (EE 46) formulada por Inácio é inconciliável com a doutrina luterana do "servo-arbítrio". Não é que Lutero não reconheça o poder infinito da graça oferecida pelo Espírito Santo, que realiza "a nova criação" (Gl 6,15); no entanto, a seu ver, essa memória, essa inteligência e essa vontade renovadamente criadas só podem ser radicalmente distintas daquelas que nos encadeiam até nossa morte ao servo-arbítrio[169].

Ao longo de nossos comentários dos *Exercícios*, privilegiaremos, ao contrário, uma leitura inspirada na tese principal de Tomás de Aquino, segundo a qual "a graça não destrói a natureza, mas eleva-a" até ser capaz de "alcançar" a revelação de Deus em Jesus Cristo pela virtude teologal da caridade. A partir daí, nos *Exercícios*, o pedido final de "detestar" o pecado já é para Inácio uma forma de participação real no conhecimento pleno que somente "Deus três vezes santo" possui do pecado (cf. Nadal). Já para Lutero esse conhecimento permanece oculto no mistério de Cristo, e como que reservado, enquanto os homens estão submetidos à ignorância e à servidão do pecado até o fim da vida terrestre deles.

2º) No século XX, a leitura cristocêntrica e de tipo scottista da primeira semana proposta por **Hugo Rahner**[170] insere-se numa linha de interpretação análoga, na medida em que a primeira semana salienta a extrema gravidade da responsabilidade humana, pois o que está em jogo é o céu ou o inferno, sem que exista nenhuma alternativa intermediária, isto é, o purgatório. Essa semana anuncia a partir daí o combate espiritual em que Lúcifer, disposto contra Jesus, disputa pelo destino final da alma de todo homem (cf. EE 136 ss.: Meditação das duas bandeiras).

É somente a partir dessa Meditação das duas bandeiras, que constitui o cerne dos *Exercícios* espirituais, que podemos, ao olhar para trás, compreender o sentido e o lugar da primeira semana [...]. A vocação para o "mais" — já significada no "Princípio

---

168. Martinho Lutero, *Du serf arbitre*, seguido de Desidério Erasmo, *Diatribe: Du libre arbitre*, apresentação, tradução francesa e notas de Georges Lagarrigue, col. Essais nº 376, Paris, Gallimard, 2001, 714 p.

169. Martinho Lutero, *Werke*, WA 40, II, 178-179. Heinz Schilling, *Martin Luther, biographie*, Paris, Salvator, 2014, 155-192, salientou de modo notável o contexto histórico que motivou a publicação, em outubro de 1517, das 95 teses escriturísticas de Lutero, destinadas a esclarecer a exigência da penitência no momento em que o povo cristão se via diante da prática mercantil das indulgências.

170. *Ignatius von Loyola als Mensch und Theologe*, cap. XIII.

e Fundamento" (EE 23), depois especificada no Exercício do Reino (EE 97) — só pode ser compreendida sobre o pano de fundo obscuro da culpa pessoal. Por isso, a primeira semana é dedicada à compreensão psicológica e teológica da culpa pessoal, com o olhar fixo no Crucificado, para que o exercitante chegue logo àquela disponibilidade total que o faz dizer: "O que devo fazer por Cristo?". E no coração assim aberto ressoa o chamado do reino. [...] Pois céu e inferno são divididos pela fé naquele que veio[171].

b. A segunda interpretação salienta mais os frutos da ternura paterna, que envolve o exercitante agraciado no perdão da confissão sacramental. Pierre Gervais caracterizou com pertinência o alcance dessa graça:

> A coerência dos cinco exercícios da primeira semana remete à graça da conversão cristã, que encontra sua consumação no sacramento da penitência e da reconciliação. Liberdade humana e liberdade divina aí se conjugam para pôr em presença do mistério da salvação operada em Jesus Cristo. [...] A primeira semana fez disso um sabor de vida nova. [...] Decerto, esta última passa pelo caminho estreito da resistência que devemos opor aos próprios fardos e medos humanos. Por outro lado, seu único horizonte é a descoberta comovente daquilo que supera qualquer desejo: o dom da graça de Deus. Por isso ela é ampla. Abre para espaços interiores insuspeitados. Desenlaça a liberdade de seus entraves. Na força e na doçura do Espírito, o exercitante pode, a partir daí, abrir o livro dos Evangelhos[172]...

Será que essas duas interpretações se excluem mutuamente? No plano de suas respectivas teorias, parece que sim. Quanto a isso, de bom grado daríamos nossa preferência à primeira, na medida em que respeita mais o conjunto da dinâmica espiritual proposta nessa semana, a saber, o incessante vai e vem entre a Justiça e a Misericórdia divinas, o pedido recorrente "de detestar o pecado sob todas as suas formas, a fim de que eu me corrija e me ponha em ordem" (EE 63 ss.) e o colóquio final de misericórdia e de piedade (*piedad*) que jamais extrapola o limite do sursis concedido até ali ao exercitante (EE 71).

Por outro lado, a escuta dos que têm a experiência prática dessa semana nos leva a constatar que essas duas interpretações podem conciliar-se na prática, e até mesmo que a segunda se revela dotada de maior pregnância em razão do poder das consolações espirituais (EE 316) que a graça divina é capaz de prodigalizar.

4. Será que um único pecado mortal pode acarretar a condenação ao inferno?

Cumpre agora verificar o alcance escatológico do julgamento da condenação infernal enunciado em EE 52. Nós nos referiremos inicialmente a Tomás de Aquino (A), depois a H. Urs von Balthasar (B) e Karl Rahner (C).

---

171. Ibid., 252-253 e 278.
172. Cf. *Les Exercices spirituels de saint Ignace, Un commentaire littéral et théologique*, 179-180. Ver também PIERRE GERVAIS, Les exercices spirituels d'Ignace de Loyola et la contrition chrétienne, *NRT* 136/1º (janvier-mars 2014) 26-47.

a. No artigo 12 da questão 24 da *IIa-IIae* da *Suma teológica*, **Tomás de Aquino** se pergunta se um único pecado mortal pode acarretar a perda da caridade, dado que essa virtude teologal é a mais excelente das virtudes, porque "alcança Deus tal como ele subsiste em si mesmo". Sua resposta se apoia neste *sed contra*:

> Pelo pecado mortal, o homem se torna digno da morte eterna segundo a palavra do Apóstolo em Romanos 6,23: *"Pois o salário do pecado é a morte"*. No entanto, quem quer que tenha a caridade possui o mérito da vida eterna, segundo João 14,21: *"Quem me ama será amado pelo meu Pai; e eu amá-lo-ei e a ele me manifestarei"*. Ora, a vida eterna consiste precisamente nessa manifestação, segundo esta outra palavra do evangelho em João 17,3: *"Esta é a vida eterna: que Te conheçam como único Deus verdadeiro e [conheçam] aquele que enviaste, Jesus Cristo"*. Contudo, ninguém pode ser digno ao mesmo tempo da vida eterna e da morte eterna. É impossível, portanto, que alguém tenha a caridade junto com o pecado mortal. Sendo assim, a caridade é retirada por um único ato de pecado mortal.

Essa citação do doutor medieval sustenta a validade teológica da afirmação feita por Inácio no último parágrafo de EE 52: "Refletir *com a inteligência* como (esse homem, que pecou mortalmente antes de morrer), ao *pecar*, agindo *contra a bondade infinita*, foi *com justiça* condenado para sempre".

Ademais, essa tese permanece verdadeira, ainda que certas traduções latinas do *Autógrafo* tenham deixado em suspenso este outro raciocínio comparativo de Inácio, que se apoia na multidão daqueles que foram ou teriam "talvez" (*forte*) sido efetivamente condenados por Deus ao inferno: "Fazer a mesma coisa em relação ao terceiro pecado particular, o pecado de cada pessoa que por um único pecado mortal foi (talvez[173]) para o inferno. E muitas outras incontáveis pessoas que para lá foram por menos pecados dos que cometi".

Como muitos outros santos doutores e escritores oriundos da *devotio moderna*, Inácio provavelmente foi influenciado pela autoridade de Agostinho em seu comentário de Mateus 22,14 — "É que muitos são chamados; mas poucos, escolhidos" — na célebre passagem da *Cidade de Deus*, XXI, cap. 12[174]. O próprio Tomás de Aquino retoma a parte essencial do ensinamento dele, mas evitando a referência à *massa dam-*

---

173. O advérbio *forte* foi inserido na versão latina da *Vulgata* e da *P2*. Observemos ainda assim que a versão *P1* mantém o cunho incisivo do *Autógrafo*: "*Tertium punctum est, idem facere circa tertium peccatum cuiusvis, qui ob unicum mortale est damantus, et aliorum sine numero damnatorum ob pauciora quam mea peccata* […]".

174. AGOSTINHO, *De civitate Dei*, XXI, 12: "Assim se divide o gênero humano: em alguns aparece o que pode a graça misericordiosa, em outros uma justa vingança. Uma e outra coisa não poderiam mostrar-se em todos, pois se todos permanecessem nas penas de uma justa condenação, em nenhum apareceria a graça misericordiosa e, em contrapartida, se todos fossem transferidos das trevas à luz, em nenhum apareceria a realidade da vingança. Esta última encerra um número muito maior de homens do que aquela, para que assim seja mostrado o que era devido a todos". Ver também JEAN DELUMEAU, *Le péché et la peur*, 273-338. O historiador remete aqui às *Homilias* de São Bernardo, ao *Breviloquium* de São Boaventura e à *Vida de Cristo* de Ludolfo, o Cartuxo.

nata, pois considerava que o número de condenados é do âmbito exclusivo do segredo de Deus[175].

Ademais, na seção mais original de sua cristologia, tal como se perfila em narrativa histórica dos mistérios da vida de Cristo[176], o Aquinense concentrou essa questão do pequeno número de eleitos no "poder judiciário" que Deus Pai entregou a seu Filho, "porque ele é o Filho do homem" (cf. Jo 5,27)[177]. Tomás explicita a pertinência dessas palavras de Jesus, remetendo a três razões, uma das quais retoma este comentário muito pouco conhecido de Agostinho:

> Como, então, o próprio Pai não viria? Porque ele não será visto por ocasião do julgamento: *Erguerão, então, o olhar para mim, aquele a quem traspassaram* (Zc 12,10). Será juiz o homem que foi submetido ao julgamento; aquele que foi julgado julgará: de fato, ele sofreu um julgamento iníquo, e julgará com justiça. Virá na forma do servo [*forma servi*] e é nessa forma que se mostrará. Com efeito, como a divina natureza se mostraria aos justos e aos injustos? Se o julgamento fosse só para os justos, a divina natureza se mostraria a eles na medida em que são justos, mas como o julgamento será para justos e injustos, e como não é possível aos injustos ver Deus — *Felizes os corações puros: eles verão a Deus* —, o juiz aparecerá, portanto, de sorte que possa ser visto tanto pelos que ele coroará como pelos que ele condenará (cf. Mt 5,8). É, portanto, "a forma do servidor" que será vista, e a "forma de Deus" permanecerá oculta. O Filho de Deus estará oculto no servidor e o Filho do Homem aparecerá, visto que o Pai *lhe deu o poder de fazer o julgamento, porque ele é o Filho do Homem* (Jo 5,27). E é pelo fato de que ele aparecerá tão somente na "forma de servidor" e de que o Pai não aparecerá, visto que ele não assumiu a "forma de servidor", que ele declarou antes: *O Pai não julga ninguém, mas todo o julgamento ele deu ao Filho* (Jo 5,22)[178].

Essa focalização cristológica do julgamento permite também explicar o *colóquio com Cristo na cruz* (EE 53), que se refere exclusivamente ao movimento kenótico descrito pelo Hino aos filipenses, sem deixar vislumbrar a exaltação oriunda dele. Essa referência tomasiana reforça, portanto, a ideia de que esse colóquio deve ser interpretado como confrontação com o julgamento de Cristo, segundo o propósito imposto pela oração de petição formulada em EE 48, e não antes de tudo, nem diretamente, como um colóquio de misericórdia, inspirado numa cristologia de substituição segundo EE 61.

---

175. Delumeau se refere à *S. T.*, Ia, qu. 23, a. 7, ad 3, p. 314. Não cita, porém, a resposta principal deste artigo em que Tomás conclui que o número dos anjos caídos e dos homens condenados é conhecido somente por Deus: "*Melius dicitur quod: 'soli Deo est cognitus numerus electorum in superna felicitate locandus'*".

176. O tratado dos *acta et passa* de nosso Salvador: *S. T.*, IIIa, qu. 27 a 59; cf. J.-P. TORRELL, *Le Verbe incarné en ses mystères*, t. 4: *Le Christ en sa résurrection et son exaltation*, col. Revue des jeunes, Paris, Cerf, 2005, 185-192; R. LAFONTAINE, *La réssurrection et l'exaltation du Christ chez Thomas d'Aquin*, tese de doutorado, Roma, PUG, 1983, 430-433.

177. *S. T.*, IIIa, qu. 59, a. 2.

178. *Homélies sur l'Évangile de saint Jean, Tractatus* XIX, 16, tradução francesa de M.-F. Berrouard, col. Bibl. Augustinienne nº 72, Paris, DDB, 1977, 209 e 211.

Por outro lado, na *Prima Pars*, dedicada à "essência" de Deus (*De Deo uno*), Tomás de Aquino indaga sobre a articulação entre os atributos divinos de "justiça" e de "misericórdia" na pergunta 21[179]. Será que essa reflexão tomasiana é realmente aplicável à primeira semana inaciana, ainda mais ao abster-se de considerar o drama do pecado?

O artigo 3 dessa questão 21 focaliza a articulação entre esses dois atributos na comunicação das perfeições divinas à criatura, na medida em que estas atestam a Bondade de Deus:

> A comunicação das perfeições, considerada absolutamente, é do âmbito da *Bondade*. No entanto, na medida em que tais perfeições são dadas às coisas criadas em razão da estrutura interna delas [*proportionem*], pertencem à *justiça*. Por outro lado, na medida em que Deus lhes atribui tais perfeições não para seu benefício, mas unicamente em razão de sua Bondade, falaremos de *liberalidade*. Por fim, na medida em que tais perfeições dadas por Deus às coisas preenchem uma deficiência, falaremos de misericórdia[180].

O quarto e último artigo é dedicado à interpretação da precedência da misericórdia sobre a justiça, como sugere o Salmo 25,10: "Todos os caminhos do Senhor são misericórdia e verdade (no sentido da justiça)". Ressaltemos aqui os pontos essenciais da demonstração própria do *respondeo*:

> Em toda obra de Deus, é necessário encontrar sua misericórdia e sua justiça, quando se trata de preencher a deficiência própria da criatura dotada de razão (misericórdia), na medida em que ela aspira conforme à sua natureza à felicidade (à justiça). Nesse sentido, nada pode ser subtraído daquilo que é devido, seja a Deus, seja à criatura, pois Deus nada pode fazer que não convenha à sua Sabedoria e à sua Bondade, e tudo o que ele opera na criatura é conforme a uma ordem e a uma proporção própria à justiça.
>
> No entanto, a obra da divina justiça sempre pressupõe a obra da misericórdia que é seu fundamento. Pois nada é devido (por Deus) à criatura, senão em razão do que preexiste a ela ou do que lhe é pressuposto. No entanto, visto que nesse âmbito a regressão ao infinito é impossível, é necessário que essa obra dependa em última instância da exclusiva vontade da Bondade divina, que é o fim supremo.
>
> A partir daí, em toda obra de Deus aparece a misericórdia como sua raiz primordial [*quantum ad primam radicem*]. E esse poder original se encontra em tudo que dele deriva, ainda mais porque ele opera de maneira mais incisiva [*vehementius*] nessas consequências, como causa primeira que influencia a causa segunda.
>
> Por essa mesma razão, quando se trata do que é devido à criatura, Deus, em sua bondade superabundante, distribui mais amplamente seus dons do que o exigiria a estrutura interna da coisa criada [*proportio rei*]. Com efeito, o que se revelava suficiente para observar a equidade própria da justiça é inferior ao que é conferido pela Bondade divina, a qual supera tudo o que é proporcional à criatura[181].

Então Tomás de Aquino aplica essa doutrina ao ato criador de Deus, com o qual a criatura é favorecida:

---

179. *S. T.*, Ia Pars, qu. 21.
180. Ibid., qu. 24, a. 3, resp.
181. Ibid., qu. 21, a. 4, resp.

> Embora nada seja pressuposto à criação segundo a natureza das coisas, contudo, é preciso pressupor algo no conhecimento de Deus. Nesse sentido, a razão de justiça é aí salvaguardada, pois Deus produz seres segundo convém à sua Sabedoria e à sua Bondade. Além disso, de certa maneira a razão de misericórdia é aí salvaguardada, pois a criatura se vê modificada do não-ser ao ser[182].

Esta última asserção tomasiana dedicada ao mistério da criação nos remete à exegese da "criação em graça" dos Anjos e dos homens, que buscamos valorizar por ocasião de nossa primeira meditação sobre o tríplice pecado (EE 55-61). Além disso, na segunda meditação, a consideração dos "atributos" de Deus contra o qual pequei (EE 59) leva existencialmente o exercitante à "exclamação admirativa" por ter sido até então "deixado com vida" (EE 60), o que sugere que a justiça distributiva de Deus foi como que suspensa. Em paralelo, Tomás havia especulativamente estabelecido que a "mudança" radical do não-ser à existência oferecida à criatura já poderia ter sido interpretada como um efeito singular da misericórdia de Deus, desconsiderando o pecado.

Assim, a metafísica tomista do ato criador entendida como efeito misericordioso da Bondade divina permite confirmar e unificar a primeira semana, libertando-a de uma compreensão demasiado simplista da relação dialética entre a justiça e a misericórdia de Deus, como se essa semana se caracterizasse apenas pela passagem incessantemente repetida da justiça divina à sua misericórdia, sendo o primeiro momento sentido mais como "desolação", e o segundo, como originador da "consolação".

Na realidade, a experiência inaciana dessa semana privilegia a atestação e o reconhecimento da primazia da misericórdia sobre a justiça, não apenas pelo enraizamento primordial da "criação em graça", mas também, por fim, na manutenção pelo Criador dessa "vida" recebida (cf. EE 61 e 71), e isso não obstante a recusa de submissão à Lei imposta pela justiça divina. A partir daí a gravidade do pecado é medida pela Graça,

---

182. Ibid., a. 4, ad 4: "[…] *Et salvatur quodammodo ratio misericordiae inquantum res de non esse in esse mutatur*". O *esse* significa aqui "o ato de existir" (*actus essendi*) que é a perfeição primeira da qual depende toda "forma" essencial de um ente. Desse ponto de vista, a ontologia tomasiana do ato de existir permite integrar a mutação fundamental da criatura em sua passagem do não-existir ao existir como puro dom mais radical da Bondade divina, visto que desse dom dependerá toda perfeição ulterior, inclusive o da maior que existe, a saber, a união com Deus (cf. *S. T.*, IIIa Pars, qu. 1, art. 1, ad 1: "*sicut creatura, cum prius non esset, in esse producta est, convenienter, cum prius non esset unita Deo, postmodum fuit ei unita*"). Também nesse sentido, o ato criador já atesta a suprema Bondade de Deus como ato de misericórdia, mais que de justiça, na medida em que o dom do ato de existir no início do não-existir ultrapassa qualquer "proporção" exigida pela justiça e medida pela excelência da essência, isto é, da substância definível de um ente. Assinalemos ainda que essa ontologia do ato de existir confere à "primeira via" da analogia uma densidade incomparável, porque estabelece a criatura racional em pé de igualdade com Deus, estando pressuposto que não se existe mais ou menos. É só depois que a discursividade racional pode tomar a "via negativa", a fim de aprofundar a diferença entre o ato de existir próprio da criatura e o do *Ipsum esse subsistens* reservado a Deus, ao passo que "a via de eminência" será encarregada de reconhecer a que ponto esse Deus criador se comunica à criatura. Somos a partir daí convidados a interpretar a interrogação de EE 58 3º — "*mirar qué cosa es todo lo criado en comparación de Dios; pues yo solo qué puedo ser?*" — não em referência a uma ontologia de tipo "essencialista", mas antes a uma ontologia "existencialista", no sentido tomasiano do termo.

como o confirma o procedimento inaciano sobre "a maneira de praticar o exame geral" em EE 43.

b. Se é verdade que a primeira semana encontra seu fundamento escriturístico mais sugestivo em Romanos 1 a 3, precisamos explicar, no entanto, por que Inácio jamais se refere à "manifestação da cólera de Deus" (Rm 1,18), enquanto a teologia de **Hans Urs von Balthasar** tentou restaurar sua credibilidade. Na segunda parte de sua monumental *Trilogia*, intitulada *Teodramática*, o autor versa sobre "a taça inebriante" como símbolo da Cólera divina[183], referindo-se primeiramente à antiga obra de Lactâncio consagrada à "cólera divina"[184], mas também às análises exegéticas dos grandes Profetas propostas por Abraham Heschel[185]. Balthasar comenta essas redescobertas nestes termos:

> Contrariamente às declarações superficiais de certos teólogos modernos, é preciso sustentar que a cólera é um traço essencial e irrevogável [...] mesmo nas representações neotestamentárias de Deus. Se é dito que coisa terrível é cair nas mãos do Deus vivo (Hb 10,31), que este detém o poder de salvar e de perder (Tg 4,12), que ele é temido porque pode, para além da morte corporal, também fazer a alma perecer no inferno (Lc 13,3; Mt 10,28), fala-se de maneira equivalente da cólera de Deus. É justamente a revelação mais íntima do coração de Deus que demonstra sua determinação absoluta de se opor a tudo o que o magoa[186] (EE 63). Da mesma maneira, é a figura trinitária dessa revelação de amor que nos permite perceber a necessidade de estabelecer esse vínculo entre o amor e a cólera[187].

Balthasar assinala ainda que esse "pathos" divino nada tem de antropomórfico, visto que se funda na santidade e no zelo ciosamente amoroso de Deus por seu povo. Evidentemente, o teólogo contesta assim a ideia de uma divindade filosoficamente percebida como "impassível"; todavia, esse *pathos* divino não é um sentimento irracional: ao contrário, é idêntico à natureza profunda de Deus que, ao se expressar como "lei" das coisas, jamais, no entanto, deve ser separado de seu compromisso livre, "regulado pelo amor e pela justiça"[188].

Em contrapartida, Inácio se abstém de transferir a cólera para Deus. Ao contrário, ele a mantém dentro dos limites dos sentimentos humanos, remetendo em especial ao "inimigo mortal da natureza humana", quando emprega a figura de uma mulher histérica que impõe ao homem medroso "uma ira, uma vingança e uma ferocidade enorme e desmedida" (EE 325). Essa oposição será confirmada na segunda semana na *Meditação*

---

183. H. U. von Balthasar, *La dramatique divine*, vol. 3: *L'action*, III C: Sotériologie dramatique, tradução francesa de R. Givord e C. Dumont, série Horizon nº 3, Namur, Culture et Vérité, 1990, 314-326.
184. Lactâncio, *De ira Dei*, texto e tradução francesa de Christiane Ingremeau, col. SC nº 289, Paris, Cerf, 1982, 415 p.
185. A. Heschel, A., *The Prophets*, New York, Harper & Bow, 1955.
186. Cf. EE 63.
187. *La dramatique divine*, III, 318 (cf. EE 65).
188. Ibid., 319.

das duas bandeiras, em que "Lúcifer" usurpará os atributos divinos simbolizados pelo campo de Babilônia: "sentado num trono de fogo e fumaça, com um aspecto horrendo e espantoso" (EE 140), enquanto o "supremo chefe dos bons, Cristo nosso Senhor, se coloca num vasto campo daquela região de Jerusalém, num lugar humilde, belo e gracioso" (EE 144).

Uma interpretação igualmente típica dos *Exercícios espirituais* se insere na linha da exegese tomasiana de Romanos 1,18 e de João 2,11 ss., quando o Evangelista descreve a expulsão dos vendilhões do Templo desta maneira:

> Quando Paulo diz: "*Com efeito, a cólera de Deus se revela do alto do céu*" (Rm 1,18), ele significa primeiramente a pena: digo realmente que a justiça de Deus se revela nele, de fato a cólera de Deus se revela nele, isto é, sua vingança, a que chamamos cólera divina por sua similitude com a cólera humana, que busca derramar sua vingança.
>
> No entanto, Deus não cai na vingança em razão de sua tranquilidade de alma: "*Mas tu, que controlas tua força, julgas com serenidade*" (Sb 12,18). A respeito dessa cólera, é dito: "*aquele que se recusa a crer no Filho não verá a vida, mas a cólera de Deus permanece sobre ele*" (Jo 3,36).
>
> O Apóstolo fala de cólera divina, porque certos filósofos pretendiam que as penas dos pecadores não se deviam a Deus. Em sentido contrário, diz o Salmo: "*Ele corrigiu nações, será incapaz de punir?*" (Sl 93,10).
>
> Paulo acrescenta: "*Do céu*", para mostrar a iniquidade deles, porque é sobretudo pela grandeza do céu que eles tiveram de compreender o poder do Criador: "*Os céus revelarão sua iniquidade*" (Jo 20,27). Ou ainda: *Do céu*, para vir julgar: "há de vir do mesmo modo como o vistes partir" (At 1,11)[189].

Notemos também que Tomás tampouco qualifica o gesto de Jesus que expulsa violentamente os animais vendidos no recinto do Templo como uma manifestação da cólera divina que seria inspirada pelo "zelo ciumento" (*zelus*) de reservar "a casa de seu Pai" à oração. Inspirando-se em Orígenes, Tomás interpreta da seguinte maneira essa expulsão:

> A potência divina de Jesus podia, quando ele queria, abafar a cólera inflamada nos homens, assim como podia acalmar a agitação dos espíritos[190].

Por outro lado, em seu livro *Espérer pour tous*[191], Balthasar explica a doutrina comum da Igreja independentemente de suas próprias opções teológicas. O autor aí demonstra

---

189. Tomás de Aquino, *Commentaire de l'épître aux Romains*, traduzido em francês por Jean-Éric Stroobant, Paris, Cerf, 1999, 105-106.

190. Tomás de Aquino, *Commentaire sur l'Évangile de saint Jean*, I, prefácio, tradução e notas de M.-D. Philippe, Paris, Éd. de l'Agneau, 1977, 322. Quando Tomás trata dos diferentes efeitos salutares da Paixão de Cristo — em *S. T.*, IIIa, qu. 49 —, que oferece "nossa reconciliação com Deus", ele assinala no artigo 4, ad 3: "*Sicut occisores Christi homines fuerunt, ita et Christus occisus. Maior autem fuit caritas Christi patientis quam iniquitas occisorum. Et ideo passio Christi magis valuit ad reconciliandum Deum toti humano generi, quam ad provocandum iram*".

191. Paris, DDB, tradução francesa do alemão *Was dürfen wir hoffen?* por H. Rochais e J.-L. Schlegel, 1987, 149 p.

o alcance universal da esperança cristã, afastando-se tanto da doutrina da apocatástase atribuída a Orígenes como da doutrina da *massa damnata* agostiniana. Em sua última conclusão, o autor relembra essas palavras de Joseph Pieper, insigne intérprete de Tomás de Aquino:

> A antítese entre a justiça e a misericórdia é, por assim dizer, "suspensa" na esperança teológica; ela o é menos na "teoria" do que na existência: a esperança sobrenatural é a resposta existencial, proporcionada ao homem, diante da constatação de que esses atributos divinos sejam opostos aos olhos da criatura. Quem vê somente a justiça de Deus é tão pouco capaz de esperança quanto quem vê unicamente sua misericórdia: ambos sucumbem à desesperança; a do desespero para um, a da presunção para o outro. Somente a esperança está à altura da realidade de Deus, que reconcilia todos os contrários: sua misericórdia é sua justiça, e sua justiça é sua misericórdia[192].

As meditações inacianas próprias da *primeira semana* dos *Exercícios* não se referem explicitamente a essa esperança cristã. No entanto, a última definição inaciana da *consolação espiritual*, já aplicável a essa semana inaugural, refere-se ao "aumento" das virtudes teologais ao designar em primeiro lugar "a esperança" (EE 316). De fato, esta última está altamente implicada no destino espiritual do exercitante, até em seu confronto com as penas infernais: EE 71:

> E, assim, agradecer-lhe porque não me deixou cair em nenhum desses grupos pondo fim à minha vida. Dar-lhe também graças porque Ele teve sempre tanta *misericórdia* e piedade para comigo.

Em Inácio, "pôr fim à minha vida" se entende primeiramente no sentido mais direto de interromper minha vida terrestre. No entanto, o ato divino da minha criação, implicando a mudança radical do *não-ser ao ser*, não pode ser entendido exclusivamente pelo recurso ao encadeamento de causalidades secundárias, de modo que a criação do universo em que minha vida se desdobrou dependesse de Deus apenas no empurrão inicial que a projetou na existência. A dependência de meu "existir" em relação à sustentação permanente do ato criador de Deus é ainda mais verdadeira pelo fato de minha alma ter sido criada e permanecer criada diretamente por Deus (Dz 2285), razão metafísica pela qual "somente Deus nosso Senhor causa moção na alma" (EE 330).

5. Será que a oração implica um círculo hermenêutico?

A primeira semana envolve o acionamento de certo "círculo hermenêutico", na medida em que o corpo da meditação solicita, por um lado, após a "oração preparatória", o trabalho das "potências naturais" da memória, do entendimento, da vontade em cada um dos "três pontos" de cada exercício e, por outro, um "colóquio" final implorando a tríplice intercessão dirigida a Nossa Senhora, ao Filho e ao Pai.

---

192. J. Pieper, *Über die Hoffnung*, Leipzig, Hegner, 1935, 73.

a. Essa estrutura permanente tantas vezes repetida se insere na tradição patrística, da qual Agostinho foi testemunha privilegiada no Ocidente. Seu sermão 43 tipificou esse círculo hermenêutico da seguinte maneira:

> Justificadamente me fazem esta objeção: é necessário que eu compreenda primeiro, para então crer. Não tenho menos razão de responder com o profeta (cf. Is 7,9): antes crê, para então compreender. Ambos temos razão. Portanto, compreende para crer; crê para compreender. É inútil dizer mais: esforça-te, para ter a fé de compreender minha palavra de pregador; tenha fé, a fim de obter a compreensão na Palavra de Deus[193].

Para Agostinho, a compreensão da *Palavra* de Deus deve passar previamente pela compreensão da Escritura, que contém todas as vozes proféticas expressas em linguagem humana, inclusive "a voz" (Jo 8,43) do "Verbo que se fez carne" (Jo 1,14). Ora, é o "pregador" que, inspirado pelo dom da ciência, é encarregado de conjugar "o conhecimento das Escrituras com o conhecimento da fraqueza do homem; ele pode então 'chorar sobre si mesmo e implorar a ajuda divina'". O grau de ciência é igualmente atestado nas *Confissões*; para interpretar corretamente a Escritura, é preciso primeiro se deixar julgar e transformar por essa Palavra[194]. Comentando a fala de João Batista: "É preciso que ele cresça e eu diminua" (Jo 3,30), Agostinho assinala também que "as vozes dos profetas, dos Apóstolos e do Evangelho diminuem à medida que aumenta *o Verbo que era no início! Esse Verbo que era Deus!* (Jo 1,1); a voz interrompe, portanto, gradualmente seu ofício, quando a alma progride para Cristo"[195].

Essas poucas alusões à hermenêutica agostiniana nos oferecem a ocasião de mostrar a que ponto a estruturação inaciana da primeira semana confirma e reforça, por um lado, a prioridade atribuída tanto à apreensão racional da matéria própria dos três tipos de pecado quanto ao encadeamento dos meus pecados pessoais e, por outro, aquele despojamento final requerido pela imploração "do socorro divino", expressa no tríplice pedido da graça de detestar o pecado. É notável, aliás, que esse tríplice colóquio integre em sua própria demanda o conhecimento do pecado entendido previamente pelas três faculdades humanas do exercitante.

b. Diante dessa compreensão tradicional do "círculo hermenêutico", a originalidade dos *Exercícios* consiste aqui em haver instaurado um procedimento de atitudes concretizado em atos sucessivos que responsabilizam o próprio exercitante, conforme à justificação dada na 2ª Anotação: "*...quer pelo seu próprio raciocínio, quer porque seu entendimento é iluminado pela virtude divina*". A releitura pragmática desse círculo é ainda mais necessária pelo fato de que "falar da fé e da graça" envolvia uma prudência tal que

---

193. Agostinho, *Sermo 43*, 7, 9 em CCL 41, 512.
194. Isabelle Bochet, Le fondement de l'herméneutique augustinienne, em G. Nauroy; M.-A. Vannier (dir.), *Saint Augustin et la Bible*, col. Recherches en littérature et spiritualité nº 15, Genève, Peter Lang, 2008, 44. Ver também Isabelle Bochet, Le cercle herméneutique, em "*Le firmament de l'Écriture*", *L'herméneutique augustinienne*, col. Antiquité nº 172, Paris, Institut d'Études Augustiniennes, 2004, 91-154.
195. *Sermo 288*, 5, em PL 38, col. 1307-1308.

"principalmente em nossos tempos tão perigosos as obras e o livre-arbítrio não sofram prejuízo ou se tenham por nada" (cf. EE 369). É evidente que Inácio visava aqui a doutrina luterana do servo-arbítrio e que essa regra de ortodoxia foi primeiramente praticada pelo próprio redator dos *Exercícios*.

c. A fim de situar essa época passada diante da nossa, denominada a da "modernidade", inaugurada desde o século do Iluminismo, Paul Ricœur adaptou esse círculo hermenêutico ao tratar da relação tradicional do conhecimento e da fé, valorizando a pertinência de uma "segunda ingenuidade" que suplanta uma "primeira ingenuidade pré-crítica". Eis a reflexão do grande hermeneuta do século XX:

> É preciso compreender para crer, mas é preciso crer para compreender. Esse círculo não é um círculo vicioso, e muito menos mortal; é um círculo bem vivo e estimulante. É preciso crer para compreender: de fato, jamais o intérprete se aproximará do que diz o seu texto se não viver na *aura* do sentido indagado. E, no entanto, é somente compreendendo que podemos crer. Pois o segundo conhecimento direto que buscamos, a segunda ingenuidade que esperamos só nos são acessíveis numa hermenêutica; só podemos crer interpretando. Eis a modalidade "moderna" da crença nos símbolos; expressão da aflição da modernidade e remédio para essa aflição. Este é o círculo: a hermenêutica procede de uma pré-compreensão exatamente daquilo que, ao interpretar, ela se empenha em compreender. Mas é graças a esse círculo da hermenêutica que posso ainda hoje comunicar ao Sagrado, explicitando-o, a pré-compreensão que anima a interpretação... Essa segunda ingenuidade pode ser o equivalente pós-crítico da hierofania pré-crítica[196].

Os diferentes reformadores do século XVI já haviam iniciado uma crítica igualmente virulenta contra a tradição tomista, de modo que essa noção de "segunda ingenuidade" pode ser transplantada para o tempo de Inácio. Suas regras de ortodoxia não são inspiradas naquela outra forma de ingenuidade que Mateus 10,16 já recomendava nestes termos antitéticos: "sede, pois, astutos como as serpentes e simples como as pombas" (cf. EE 281)?

6. As referências de uma antropologia tripartite

A bênção final de 1Tessalonicenses se enuncia assim: "Que o Deus da paz em pessoa vos santifique totalmente, e que vosso espírito [*pneuma*], vossa alma [*psyche*] e vosso corpo [*sarx*] sejam perfeitamente guardados para serem irrepreensíveis por ocasião da vinda do nosso Senhor Jesus Cristo".

Como leitor assíduo da *Vida de Cristo* de Ludolfo, é provável que Inácio tenha sido sensibilizado para essa hierarquização da antropologia bíblica por intermédio das inúmeras citações de Boaventura. De fato, a teologia mística do Doutor Seráfico atribui importância decisiva a essa "hierarquia" quando a graça da redenção a restaura em nós pela infusão das virtudes teologias e pelos dons do Espírito Santo[197].

---

196. Paul Ricœur, *Le conflit des interprétations, essais d'herméneutique*, Paris, Seuil, 1969, 294.
197. O estudo "muito importante" (É. Gilson) do teólogo franciscano Ephrem Longpré, intitulado *La théologie mystique de saint Bonaventure*, col. Arch. Franc. Hist. nº 14, Florença, Quaracchi, 1921,

Na primeira semana inaciana, essa tripartição da antropologia espiritual se encontra invertida, pois não procede das alturas de *pneuma*, mas das bases de *sarx*, como o exige toda forma de conversão, devendo "a cobiça da carne" ser mortificada no "velho homem", a fim de que reine "esse novo homem" regido pelo espírito[198].

Verificaremos a aplicação dessa tripartição invertida nas quatro passagens em que o redator dos *Exercícios* justifica triplamente o comportamento que o exercitante deve adotar, já a propósito da tríplice vantagem da "separação" anterior à entrada plena nos *Exercícios* (EE 20b), depois a propósito do fruto a ser extraído da confissão geral (EE 44) e da "penitência exterior" (EE 87) e, por fim, nas regras de discernimento apropriadas para essa semana, no que tange à tríplice causa da desolação (EE 322)[199].

a. O primeiro nível sempre se confronta com as deficiências do homem, estejam elas ligadas às relações familiares marcadas pelas afeições "mal ordenadas" (20), a "todos os pecados e malícia da vida inteira" (44), "aos pecados cometidos" (87) ou ao fato de que no presente somos "tíbios, preguiçosos ou negligentes em nossos Exercícios espirituais" (322).

Tal constatação convoca a vontade, a fim de que ela se disponha a: romper seus apegos "pelo afastamento de todos os amigos" (20), preparar uma confissão geral apta a provocar "maior dor dos pecados" (44), praticar a penitência corporal destinada a "reparar" os pecados passados (87): esses três tipos de mortificação permitem então discernir a primeira causa da "desolação", que é principalmente do âmbito das negligências atuais na prática dos exercícios (322).

No entanto, tal trabalho não está confinado à sua penosidade, pois já oferece a aquisição de *méritos* que, pelo afastamento, não são pequenos diante de sua Divina Majestade (20), ou que, pela confissão geral, oferecem "maior aproveitamento e mérito em fazê-la" (44), o que deixa subentendida a penitência "satisfatória" (87); tais exercícios confirmam que no nível das moções psico-espirituais a "desolação" seja atribuída "a nossas faltas" e que, em consequência, "a consolação espiritual se afaste de nós" (322).

Em suma, nesse primeiro nível é sempre "a carne do pecado" que deve ser mortificada em seus efeitos perversos, como o detectaram a primeira meditação, ao relatar o pecado original (51), e a segunda meditação, encarregada de identificar o encadeamento dos pecados pessoais (63). Essa carne de pecado pode ser convertida em carne de graça por tais atos "meritórios". Paradoxalmente, a teologia tradicional reúne, nessa noção de

---

41-52 sublinha esse aspecto essencial da espiritualidade boaventuriana. Por sua vez, o Pe. Henri de Lubac, estudou particularmente essa trilogia desde Paulo até nossos dias em *Théologie dans l'histoire*, vol. I, *La lumière du Christ*, II: *Anthropologie tripartite*, Paris, DDB, 1990, 115-199; o autor dedica algumas páginas a Erasmo e Lutero, sem se referir aqui aos *Exercícios* inacianos.

198. Por vezes, Inácio remeterá mais à *razón* que à *ánima* (psyche), exceto em EE 20, 2º, em que essa alma será compreendida como a sede das *potencias naturales*.

199. Referimo-nos aqui ao artigo já citado de François Roustang, Pénitence et liberté, que se concentra nos três efeitos da penitência corporal, ao mesmo tempo em que os esclarece pelas três causas da desolação e pelas regras de discernimento relativas à gestão da desolação decorrente de três causas diferentes.

"mérito", a recepção gratuita e crente dos méritos adquiridos pela Paixão de Cristo nosso Senhor em favor dos membros de seu Corpo eclesial, ao combiná-la com o direito de adquirir a recompensa futura prometida aos eleitos de Deus[200]. A obtenção de tal mérito não é a garantia da restauração da inocência original da própria carne?

b. O segundo nível explana o restabelecimento do domínio da razão sobre o corpo. Assim, o segundo fruto do "afastamento" diz respeito à liberação "das potências naturais" da alma (20), como o propõe a antropologia do "Princípio e Fundamento". Da mesma maneira, a segunda vantagem da confissão geral salienta maior conhecimento interior, em particular maior conhecimento e dor dos pecados do que no passado de ser humano pecador (44). O segundo efeito da penitência é também "vencer-se a si próprio, fazendo com que a sensualidade obedeça à razão", o que também é meritório[201] (87). Por fim, a segunda causa da desolação tem por objetivo testar "o quanto valemos e progredimos em seu divino serviço e louvor, sem tanta recompensa de consolações e maiores graças" (322).

Esta última explicitação esclarece de modo decisivo o objetivo próprio e supremo da "razão". Esta não está apenas encarregada de dominar a sensualidade, mas abrange também a capacidade de ordenar esse domínio para a Bondade infinita de Deus, almejada por si mesma, de maneira desinteressada. Colocar as coisas assim em perspectiva condiz com a demonstração paulina de que, mesmo na prova em que "o que eu quero, não o faço, mas o que odeio, faço-o" (Rm 7,15), atesta-se em mim o fato de que "estou sujeito pela inteligência à lei de Deus" (v. 25). A partir daí, "as potências naturais" têm em si mesmas a capacidade de iniciar nesse "conhecimento interior" e nessa "dor pelos pecados", na medida em que essas próprias faculdades são "elevadas pela graça" (Tomás de Aquino). Em termos mais práticos, quanto ao discernimento a ser exercido durante o tempo da desolação, o exercitante deve se lembrar de que "pode muito, com a graça suficiente, para resistir a todos os seus inimigos, tomando forças em seu Criador e Senhor" (324b). Tal poder atribuído à razão assistida pela graça justifica por sua vez "a oração preparatória" (47), na medida em que esta pede, nada mais nada menos, que nossas faculdades naturais, que ativam "nossas intenções, ações e operações sejam puramente ordenadas a serviço e louvor de sua divina Majestade" (47). É assim que a inocência primordial oferecida desde a criação se vê restaurada na carne e na razão.

---

200. Cf. *S. T.*, IIIa, qu. 48, a. 1: "*Utrum passio Christi causaverit nostram salutem per modum meriti? Respondeo: Christo data est gratia non solum sicut singulari personae, sed inquantum est caput ecclesiae, ut scillicet ab ipso redundaret ad membra. Et ideo opera Christi hoc modo se habent tam ad se quam ad sua membra, sicut se habent opera alterius hominis in gratia constituti ad ipsum* [...]".

201. Em *Pénitence et libération*, notas 15 e 16, Roustang observa que os termos *razón, ratiocinar* (EE 2, 181 e 182) ou *racional* (EE 182) são sempre opostos à *sensualidad* ou ao *sensual* (EE 87, 96-97, 182 e 314). Essa *razón* não deve ser compreendida como uma faculdade puramente intelectual ou moral, mas já espiritual, visto que na segunda semana, no terceiro tempo propício à eleição vivida em período tranquilo (EE 177), tratar-se-á de seguir a *moción racional*, ao invés da *moción* oriunda da sensualidade. O impulso da razão, sempre bom quando esta é emancipada de sofismas, converge para o bom espírito, enquanto *amor sensual y juicio erroneo* se opõem a ele, segundo EE 314.

c. O terceiro nível alcançado é o do "espírito", designado como *pneuma*, que detém o privilégio de exceder, ao conectar diretamente a pessoa com o Espírito de Deus: "Esse espírito é quem atesta ao nosso espírito que somos filhos de Deus", "um Espírito pelo qual nós clamamos: Abba, Pai" (Rm 8,16 e 15b). Inácio traduz essa conivência divina de múltiplas maneiras. Assim, a última vantagem da "solidão da alma assim afastada" é que "mais apta se torna para se aproximar e chegar a seu Criador e Senhor. Quanto mais assim se achega, tanto mais se dispõe para receber graças e dons de sua divina e suma bondade" (20). Da mesma maneira, o último fruto da confissão geral é tornar a alma "mais apta e preparada para receber o Santíssimo Sacramento, mas também para que se conserve no aumento da graça" (44; cf. 316, 3º). Por último, a prática da penitência tem por sua vez o objetivo de "procurar e alcançar alguma graça ou dom que a pessoa quer e deseja" (87). Por fim, a desolação tem por objetivo supremo comunicar-nos "verdadeira noção e conhecimento" dessa extrema pretensão orgulhosa do homem de querer tomar o lugar daquele que é a Fonte única de toda "consolação espiritual" (322). Por isso, "quem está consolado procure humilhar-se e abaixar-se o quanto puder, pensando como pode pouco no tempo da desolação sem essa graça ou consolação" (324). No entanto, são principalmente as definições inacianas da consolação espiritual que enaltecem mais perfeitamente a conivência do *pneuma* humano com o *Pneuma* do Espírito Santo.

d. Ainda que "a primeira semana seja sem fim"[202] (Jerônimo Nadal), ela conduz à restauração da primazia do *pneuma* no homem agora perdoado. E a apresentação inaciana dos três tipos de "consolação espiritual" abre o acesso à liberalidade de Deus, cuja magnanimidade e alegria excedem toda forma de prova desoladora. Estas não vêm cedo demais, visto que a conversão exigida nessa semana inaugural leva a isso pela moção de Deus, a única capaz de influenciar de maneira decisiva a liberdade de Deus. Essa semana, portanto, pode ser vivida tanto na aspereza da desolação como na doçura de uma consolação quase permanente, ou ainda segundo a alternância de uma e de outra.

---

202. Assim como a maioria dos santos, o próprio Inácio confessava que, "conhecendo o quanto ele pecava e ofendia Nosso Senhor, não raro desejava que sua divina Majestade lhe retirasse a abundância de consolação, como castigo por suas faltas, para que com esse freio ele alentecesse o ritmo e se tornasse mais vigilante" (MHSI, *Fontes narrativi*, II, 477).

Capítulo II

A SEGUNDA SEMANA

A segunda semana é dedicada à contemplação da vida de Cristo nosso Senhor, desde sua concepção até sua entrada em Jerusalém. A meditação que visa a mostrar como "o chamado do rei temporal ajuda a contemplar a vida do rei eterno" (EE 91-98) é seu pórtico de entrada e sua chave hermenêutica[1]. Os *Diretórios* reunidos em 1599 já haviam captado a importância dessa contemplação como "fundamento, prefácio e resumo" de toda a segunda semana, apoiando-se na oração de Cristo relatada em João 17.

O exercício do Reino é como que o *fundamento* e o *prefácio* de todo esse tratado, e ao mesmo tempo o *resumo* de toda a vida e das obras de Cristo nosso Senhor. Essa obra que o Pai lhe havia confiado e sobre a qual Isaías afirma: *diante dele está sua obra* (Is 62,11); e o próprio Senhor diz: *Eu te glorifiquei sobre a terra, concluí a obra que me deste para fazer* (Jo 17,4). E ele chama todos os homens para participar, cada um em seu grau, de uma obra tão grandiosa.

A partir daí começa a aparecer a diversidade na maneira de imitar Cristo. Quanto às disposições requeridas na alma de quem faz os *Exercícios*, consistem nisto: que, naquilo que depende dele, o exercitante tende para o que é mais perfeito, contanto que o Senhor lhe conceda essa graça e lhe dê a força para isso.

A. O REINO (EE 91-98)

Em que tempo Cristo precisa de tua ajuda para combater, mais do que agora, quando o mau inimigo inflama a guerra contra a Esposa de Cristo? Ele já não precisará disso nos tempos futuros, quando terá triunfado definitivamente e reinará como Rei. Todo homem, ainda que pouco dotado de entendimento, compreende que é agora. Oferece ao bom Rei, portanto, de todo o teu coração, teu auxílio de combatente; o Senhor te dará, após a vitória, a grande recompensa[2].

---

1. Os estudos das fontes tradicionais do "Reino", de sua interpretação e de sua prática foram reunidos por Michele Lavra, em *Il Regno, Atti del Convegno nazionale 18-20 ottobre 1991*, PUG, col. Appunti di Spiritualitá nº 34, Esercizi Spirituali-XII, 56 p. O estudo comparativo de Pedro de Leturia, El "reino de Cristo" y los Prólogos del "Flos Sanctorum" de Loyola, em *Estudios Ignacianos* II, BIHSI, Roma, 1957, 57-72, é particularmente sugestivo.

2. *Epistola Clementis ad Jacobum*, 4, 3, séc. III, citado por Hugo Rahner, *Ignatius von Loyola als Mensch und Theologe*, 294.

O *primeiro preâmbulo* (EE 91) abre o espaço desse "agora", assinalando que Cristo nosso Senhor pregava (*predicava*[3]), não apenas nas *sinagogas* e *cidadezinhas*, mas também nas *cidadelas* (*castillos*); tal alusão "rompe a referência ao tempo da vida pública de Cristo, abrindo para o da Palestina das peregrinações, para o de Inácio e do exercitante, e portanto para o nosso"[4].

Esse "agora" é igualmente dinamizado pela urgência de responder ao chamado de nosso Senhor, notificado no *segundo preâmbulo* em EE 91:

> Pedir a graça que quero. Pedirei a Nosso Senhor a graça de não ser surdo a seu chamado, mas pronto e diligente para cumprir sua santíssima vontade[5].

Introduzido como todo segundo preâmbulo, esse enunciado comporta especificações excepcionais quanto ao destinatário do pedido, ao próprio objeto dessa demanda e à nova relação que ela instaura com seu emissor. Ela se dirige designadamente a "Nosso Senhor" como tal, e não apenas ao Jesus de Nazaré que outrora pregou na Palestina. Esse pedido é, de fato, uma graça a ser implorada (*pedir*), que diz respeito a seu Chamado dirigido ao próprio emissor, na medida em que visa sua pessoa singular. O efeito produzido por essa graça é expresso primeiramente de modo negativo: "não ser surdo", pois a audição requerida por esse tipo de chamado ultrapassa a evidência oferecida pelos ouvidos comuns, visto que diz respeito à atestação e ao reconhecimento do mistério insondável[6] de "sua santíssima vontade". A partir daí, "ser pronto e diligente para cumprir sua santíssima vontade" expressa a excelência dessa graça, que abarca novas dimensões temporais (a prontidão) e espaciais (a diligência), simbolizando o dom da Sabedoria. Notemos, por fim, que esse pedido de graça precede "o exemplo do rei humano", como se esse primeiro chamado humano devesse passar "como uma parábola do Reino dos Céus".

a. O exemplo do rei temporal: EE 92-94

Pode-se ao menos pressupor que essa transição libere na pessoa do exercitante o dinamismo natural e social de sua própria generosidade, enquanto sua memória permanece obcecada pelo pedido formulado na meditação sobre o inferno (EE 65c). Convém, portanto, que seu coração seja subjugado de modo novo por um futuro cujo horizonte foi e permanece sempre fascinado pela utopia de instaurar em nossa terra o Reino de Deus.

---

3. EE 91b: "*El primer preámbulo es composition viendo el lugar; será aquí ver con la vista ymaginativa sinagogas, villas y castillos, por donde Xpo nuestro Señor predicava*". Notemos que o verbo *predicava* é conjugado no imperfeito e não no passado.

4. J. ROUWEZ, Le Règne (91-100) em *Exercices spirituels de saint Ignace, Un commentaire littéral et théologique*, 185-187.

5. EE 91c: "*El 2º preámbulo, demandar la gracia que quiero; será aquí pedir gracia a Nuestro Señor para que no sea sordo a su llamamiento, mas proto y diligente para cumplir su sanctíssima voluntad*".

6. As referências que sustentam tal afirmação são recorrentes na Bíblia. O apóstolo Paulo enaltece esse mistério, por exemplo, citando Jeremias 23,18 em Romanos 11,34.

> EE 92: *1º ponto*. Imaginar, diante de mim, um rei humano, escolhido pela mão de Deus Nosso Senhor, a quem reverenciam e obedecem todos os príncipes e homens cristãos.
>
> EE 93: *2º ponto*. Observar como este rei fala a todos os seus, dizendo: "Minha vontade é conquistar toda a terra dos inimigos. Portanto, quem quiser vir comigo há de contentar-se com imitar-me no comer, beber, vestir, e assim por diante. Do mesmo modo, há de trabalhar comigo de dia e vigiar de noite, a fim de que tenha depois parte comigo na vitória, como a teve nos trabalhos".

O enraizamento feudal dessa parábola cultiva a nostalgia do Império Cristão do Ocidente, suscitado por um poder real único e universal, ratificado pela bênção de Deus. Essa projeção deliberadamente utópica condiciona por sua vez a generosidade de todos, na medida em que esta última é submetida ao código social que a engendra. Essa é a regra à qual já se submetia a corrente messiânica do povo judeu e que permanece hoje tão incisiva na política sionista. Essa é igualmente a regra que não cessa de inspirar todo mito pagão. O exercitante de todas as épocas adaptará esse exemplo à sua própria cultura e aos projetos que dinamizam essa projeção, sem reduzir sua dimensão político-religiosa. Existem hoje inúmeros líderes que programam a sinergia dos valores evangélicos com a promoção da justiça humana. A propaganda desse rei "eleito" e "tão generoso" é habilmente apresentada: compartilhar o desconforto do rei até obter uma vitória, mascarando ao mesmo tempo o perigo de morte que ele pode acarretar.

> EE 94: *3º ponto*. Considerar o que os bons súditos [*súbjectos*] devem responder a um rei tão generoso [*tan liberal*] e humano. E, pelo contrário, quanto seria digno de ser censurado por todos e tido por perverso cavaleiro quem recusasse o apelo de um rei como ele [*peruerso caballero*].

A resposta a essa mobilização é apresentada como algo que se impõe por si só numa sociedade estruturada pelo código de honra que liga o vassalo a seu suserano, e assim a recusa provocaria a reprovação unânime daqueles que se unem a ele. A dinâmica interna desse primeiro chamado está estreitamente ligada ao do Rei eterno, na medida em que somente a utopia é capaz de mobilizar a inteira generosidade de qualquer súdito:

> Sua economia é tal que deixa todo espaço ao exercitante, a seus cuidados e a sua "diligência" (EE 91), para que preencha com seus móbiles e motivos esse vazio onde se instaura toda forma de resposta. E o vínculo racional de consequência que conclui essa primeira parte do exercício tem por efeito mover a afeição para esse fim. [...] Vê-se melhor, agora, que o primeiro ponto do "chamado do rei temporal" (EE 92) constitui a apropriação parabólica e existencial da primeira composição de lugar (EE 91), situada no espaço-tempo universal e singular do Cristo exaltado[7].

b. A aplicação do exemplo a Cristo nosso Senhor: 95-98

A passagem da realeza humana à realeza divina tende a subjugar a razão, propondo-lhe, "como algo mais digno de consideração", o chamado universal e singular do Rei

---

7. J. Rouwez, J., em *Les Exercices spirituels de saint Ignace, Un commentaire littéral et théologique*, 187.

eterno, na medida em que envolve um suplemento de utopia, e ao mesmo tempo emancipa-se do irrealismo do primeiro chamado.

> EE 95b: *1º ponto*. Se julgamos esta convocação do rei deste mundo digna de ser tida em conta, quanto mais será digno de consideração ver Cristo Nosso Senhor, Rei eterno, com o mundo inteiro diante dele, que chama todos e cada um em particular [*en particular*], e diz: "Minha vontade é conquistar o mundo inteiro, vencendo todos os inimigos, e alcançar a glória do Pai. Portanto, quem quiser vir comigo há de trabalhar [*trabajar*] comigo, a fim de que, seguindo-me na luta também me siga na glória"[8].

Em comparação com EE 94, certos deslocamentos de ênfase são imediatamente observáveis no âmbito do tempo (rei temporal, Rei eterno) e do espaço: extensão humanamente limitada a "seus súditos", seguida do *universo inteiro*, diante do qual ressoa este novo chamado. Mais notável é a substituição do termo *vitória* pelo de *glória*, e sobretudo o de *Deus nosso Senhor* por *Cristo nosso Senhor*, prometendo entrar com ele na *glória de meu Pai*. Esse recentramento eminentemente pessoal encontra o mistério mais central do cristianismo, e a partir daí torna mais pertinente a referência à oração de glorificação do Pai pelo Filho apresentada por João 17, tal como foi introduzida pelo *Diretório* citado em epígrafe. Eis que vem a "hora"[9] do atendimento pelo Pai da oração de Jesus situada por João antes de sua Paixão, para ressoar até o fim dos tempos em sua Igreja militante.

Consequentemente, nem "o julgamento" (*juicio*) individual, nem a razão (*razón*) universal, independentemente do código humano pelo qual sejam sustentados, estão aptos a captar existencialmente esse mistério de nosso pertencimento pessoal ao Senhorio de Cristo nosso Senhor, ainda mais porque este último nos leva até a intimidade mais singularmente misteriosa do Filho com seu próprio Pai[10]. A partir daí o *segundo ponto* (EE 96), calcado na resposta ao rei temporal (EE 94), deverá ser superado por um *terceiro* (EE 97).

---

8. EE 95b: "*Y quanto al primer punto, si tal bocación consideramos de rey temporal a sus súbditos, quánto es cosa más digna de consideración ver a Xpo nuestro Señor, rei eterno, y delante dél todo universo mundo, al qual y a cada un em particular llama y dize: My voluntades de conquistar todo el mundo y todos los enemigos, y así entrar en la gloria de mi Padre; por tanto, quien quisiere venir comigo, a de trabajar comigo, porque siguiéndome en la pena, tanbién me siga en la gloria*".

9. Dir1599 nº 147 e 148, MI II, 2, 508f, tradução francesa de É. Gueydan. Esse mistério é eminentemente condensado naquela "Hora" de oração de glorificação do Pai pelo Filho, segundo João 17,1-2: "Pai, é chegada a hora, glorifica o teu Filho, a fim de que o teu Filho te glorifique e, segundo o poder que tu lhe deste sobre toda carne, ele dê a vida eterna a todos os que lhe deste". O exercitante é assim remetido àquela mesma hora em que, desde antes de sua morte, nosso Senhor implorou a seu Pai, e assim seu pedido permanecerá até o fim do tempo como o ato de intercessão celeste do Sumo Sacerdote que entrou de uma vez por todas na intimidade paterna pela exaltação de sua humanidade, segundo Hebreus 9,11-14: "[…] Deste modo, as imagens [*hypodeigmata*] do que está nos céus são purificadas" (ibid., v. 23). Essas "imagens" podem ser comparadas com a primeira parte da contemplação do Reino que propõe o apelo "do rei temporal".

10. Em João, todas essas controvérsias de Jesus com seus interlocutores desembocam na denúncia de uma fé incapaz de entrar nesse mistério: "Vós não me conheceis e não conheceis a meu Pai" (Jo 8,9.47.54-55).

EE 96: *2º ponto*. Considerar como todos os que tiverem juízo e razão se oferecerão inteiramente para esse trabalho.

EE 97: *3º ponto*. Os que quiserem afeiçoar-se e distinguir-se mais em todo serviço do seu Rei eterno e Senhor universal não apenas se oferecerão inteiramente para esse trabalho, mas ainda, agindo contra sua sensualidade e contra o seu amor carnal e mundano, farão oferendas de maior valor e importância, dizendo:

EE 98: Eterno Senhor de todas as coisas, eu me ofereço, com vossa graça e ajuda, diante de vossa infinita bondade, de vossa Mãe gloriosa e todos os santos e santas da corte celestial: Quero e desejo, e é a minha determinação deliberada, desde que seja para o vosso maior serviço e louvor, imitar-vos em passar todas as injúrias, todas as afrontas e toda a pobreza — tanto material quanto espiritual — se vossa santíssima Majestade me quiser escolher e receber nesta vida e estado[11].

1º) O *terceiro ponto* atesta um excedente de generosidade que extrapolará a inteira consagração de si ao trabalho penoso (*trabajo*). O fundamento bíblico da encenação inaciana pode ser sustentado por Ezequiel 36,25-26[12], que profetizou a realização da Nova Aliança. Nessa perspectiva, o termo *affectar* abrange esse duplo sentido passivo e ativo que remete a essa vulnerabilidade nova de um "coração de pedra transformado em coração de carne", e em conjunto àquele suplemento significado por essa vontade deliberada de "se distinguir fazendo oferendas de maior valor e importância"[13].

Essa consagração de si passa, portanto, pela íntima purificação do coração, como sede de uma sensualidade narcísica e de um "amor carnal e mundano", envolvendo aquele "*agere contra*" tipicamente inaciano. Tal combate prolonga o que foi iniciado na primeira semana (EE 327), a fim de "detestar todos os próprios pecados" (EE 63). Aqui, porém, a confirmação da contrição assume a envergadura ilimitada do Reino eterno, universal e pessoal instaurado por "Cristo nosso Senhor", solicitando a colaboração de seus discípulos[14]. Segundo João 17,23, esse pedido de intercessão envolve em si todos os

---

11. EE 96: *"El 2º, considerar que todos los que tuvieren juizio y razón, offrescerán todas sus personas al trabajo"*. EE 97: *"El 3º, los que más se querrán affectar y señalar en todo servuitio de su rey eterno y señor vniuersal, no solamente offrescerá sus personas al trabajo, mas aun haziendo contra su propria sensualidad y contra su amor carnal y mundano, harán oblaciones de mayor stima y mayor momento, deziendo:"* (EE 98) *"Eterno Señor de todas las cosas, yo hago my oblación, delante vuestra infinita bondad, y delante vuestra Madre gloriosa, y de todos los sanctos y sanctas de la corte çelestial, que y quiero y deseo y es my determinación deliberada, sólo que sea vuestra mayor seruitio y alabanza, de ymitaros en pasar todas iniurias y todo vituperio y todas pobreza, así actual como spiritual, queriéndo vuestra sanctíssima maiestad eligir y recibir en tal vida y estado"*.

12. "Farei sobre vós uma aspersão de água pura e ficareis puros; eu vos purificarei de todas as vossas impurezas e de todos os vossos ídolos. Eu vos darei um coração novo e porei em vós um espírito novo; tirarei de vosso corpo o coração de pedra e vos darei um coração de carne. Infundirei em vós o meu Espírito e vos farei caminhar segundo as minhas leis [...]."

13. Como verificamos a propósito das regras de discernimento particularmente aplicadas na segunda semana (cf. EE 333), o redator dos *Exercícios* conjuga assim o *critério* afetivo com o que qualificaremos de *racional* ou de mais objetivamente evangélico.

14. Em João, essa consagração do coração assume a forma da liberdade oferecida pelo Filho (Jo 8,31-36) aos discípulos, de modo que sejam "consagrados pela verdade"; "eu não te peço que os tires do mundo, mas que os guardes do Maligno" (Jo 17,15-17).

que crerão em Cristo, para concluir-se por aquele hino ao amor: "a fim de que o amor com que me amaste esteja neles, e eu neles"[15].

Será surpreendente que esse novo domínio do Rei eterno sobre o coração de seus súditos seja expresso, não pelo próprio Rei, mas antes pelos que "quererão afeiçoar-se e distinguir-se mais"? Aqui também a sequência imediata de Ezequiel 36,25-26 é esclarecedora; v. 27: "Infundirei em vós o meu Espírito e vos farei caminhar segundo as minhas leis, guardar e praticar os meus costumes".

2º) Analisemos agora a resposta que Inácio põe nos lábios do exercitante, constatando primeiramente que essa *instrução* do colóquio só reaparecerá uma única outra vez nos *Exercícios*, a propósito da oferenda definitiva, formulada em resposta ao "desejo do Senhor de dar-se a mim": "Tomai, Senhor, e recebei toda a minha liberdade…" (cf. *Contemplatio ad amorem* em EE 234).

Essa oblação do exercitante é imediatamente imantada pelo entorno celeste daqueles e daquelas que chegaram ao termo glorificante de sua própria oferenda: "diante de [*delante de*] vossa infinita Bondade", e não mais motivada pela oposição do pecado a essa Bondade (EE 52c). Estar assim "diante de Deus nosso Senhor, dos anjos e dos santos que intercedem por mim" permanecerá como a "morada" (Jo 13,33-35) suprema do exercitante, selada em cada tríplice colóquio (EE 147) e dinamizada por esse pedido "de obter um conhecimento interior do Senhor que por mim se fez homem, para que mais o ame e o siga" (EE 104). De fato, a contemplação do Reino é, portanto, "o fundamento, o prefácio, mas também o resumo de toda a vida e das obras de Nosso Senhor". Mais imediatamente, essa iniciação à glória do Pai já prepara o exercitante para entrar na compreensão trinitária da Encarnação proposta como primeiro mistério a ser contemplado (EE 101 ss.).

3º) Essa instrução evidencia o compromisso do exercitante, expresso pela reiteração excepcional de três atos: *yo quiero y deseo y es my determinación deliberada*[16]. Enquanto o processo comum dos pontos de contemplação mobiliza sucessivamente o trabalho das três "potências", passa-se imediatamente ao registro do voluntário imbuído de um desejo fixado em sua confirmação deliberada (cf. EE 3). Minha liberdade é como que subjugada pela irradiação da Bondade infinita, "que coroa seus próprios dons" na Mãe bendita e em todos os santos. Tudo se passa como se minha memória, meu entendimento e minha vontade já houvesse alcançado o término de sua busca em sua "Pátria celeste", visto que Cristo nosso Senhor já me "preparou uma morada", segundo João 14,1-2.

---

15. Quanto a esse combate travado contra *o inimigo da natureza humana*, podem-se também evocar outros textos do Novo Testamento, como 2 Tessalonicenses 2,7 e Hebreus 2,14.

16. *Deseo* e *desear* aparecem 30 vezes nos *Exercícios*, a tal ponto que ANTONI BLANCH considera esse *corpus* inaciano "uma escola do desejo" (*DEI*, verbete "Deseo", 567). Nesse contexto, o sujeito que deseja pode ser Deus, "que quer dar-se" (EE 234), ou o mau espírito (EE 326, 327). No entanto, ele é mais usualmente atribuído ao exercitante, em sua oração de petição (EE 48, 98: "quero e desejo"), que busca "encontrar" (EE 73, 87, 89, 130, 133) determinada graça ou determinado grau de humildade (EE 166, 167, 168) na aspiração para "progredir mais" (EE 350) e no desejo de honrar o fim para o qual foi criado (EE 23, 177).

Essa forma de sedução não pressupõe que eu seja gratificado com visões místicas extraordinárias, visto que, mesmo ao aplicar "por medo servil" meus sentidos carnais às penas infernais, aprendi que o Senhor me preservou delas graças àquela "fé que age pelo amor" (Gl 5,6), a única coisa requerida por meu único Juiz misericordioso (EE 71). Agora, basta que "minha decisão deliberada" se coadune "pronta e diligentemente" com "a santíssima vontade do Senhor eterno", de acordo com o *segundo preâmbulo* (EE 91c).

4º) A instrução desse colóquio prossegue com a descrição do próprio conteúdo de minha decisão deliberada: seguir Cristo no caminho de suas humilhações, conduzindo-me à pobreza "atual", para além da exigência primordial de pobreza "espiritual". É a primeira vez que aparece o critério da *imitação* de Cristo como norma da existência humana. O alcance desse verbo — *imitar* — será esclarecido durante toda a segunda semana em EE 109, 139, 147, 167 e 168, e assim podemos considerar que tal vocabulário rege espiritualmente todo o caminho traçado por essa segunda semana[17]. No estágio em que se encontra confrontado com esse oferecimento de si, o exercitante já terá captado que essa imitação de Cristo em seu caminho de Cruz não faz parte da submissão aos mandamentos de Deus imposta ao crente sob pena do inferno (cf. EE 71), mas é do âmbito de um acréscimo (*más*) de serviço e de louvor a Deus que corresponde à via dos "conselhos".

Esse *magis* já havia sido introduzido na segunda seção do "Princípio e Fundamento", quando se tratava de ampliar o campo da indiferença até abraçar a eventualidade "da enfermidade, da pobreza, da desonra, de uma vida breve, desejando e escolhendo somente aquilo que *mais* nos conduz ao fim para o qual fomos criados" (EE 23b). No entanto, nesse estágio prévio da "purificação de todas as afeições desordenadas" (EE 1b) ainda não emergia o critério da imitação de Cristo, em sua identificação explícita com o caminho de sua Cruz.

5º) Temos o direito de nos perguntar, no entanto, se neste colóquio a excessiva generosidade de meu próprio desejo, atestado até em minha decisão deliberada, já não antecipou e mesmo suplantou a vontade soberana e universal do Rei eterno, levando as ordens de minha eleição ao ponto de substituir essa vontade divina! Será que sou eu ou Deus quem preside minha eleição? Responder destacando que o redator dos *Exercícios* aí encontra a ocasião de pôr nos lábios do exercitante a dupla proposta condicional que abre todo o trabalho do discernimento não nos parece suficiente, pois ela ainda não justifica o fato de que minha liberdade seja subjugada pelo desejo de imitar Cristo em suas renúncias. É mais pertinente recorrer aqui àquela Norma celeste que manifesta a Bondade eterna de Deus, pois ela já levou à glória eterna "vossa Mãe gloriosa e todos os santos" por haverem seguido Cristo em seu sofrimento (EE 95)[18].

---

17. *Imitar* reaparecerá ao longo de certas regras, como aquelas "para ordenar-se no comer de agora em diante" (EE 214) ou as que descrevem "o modo de orar primeiro" aplicado "aos cinco sentidos" (EE 248).

18. Hugo Rahner respondeu a essa pergunta referindo-se à graça própria do discernimento da eleição: *Ignatius von Loyola als Mensch und Theologe*, 291-292: "Com uma segurança inaudita, Inácio proporciona nessa meditação o desenvolvimento da perspectiva da cruz: escolha decisiva iniciada e

B. OS TRÊS PRIMEIROS DIAS (EE 101 A 134; 262 A 272)

Segundo o modelo predeterminado na segunda semana, Inácio propõe no primeiro dia a contemplação de dois mistérios — o da *anunciação a Nossa Senhora* (EE 262) e o do *nascimento de Nosso Senhor Jesus Cristo* (EE 264) —, enquanto a "seção dos mistérios" oferece igualmente a *visitação de Nossa Senhora a Isabel* (EE 263), *os pastores* (EE 265) e *os três reis magos* (EE 267). O segundo dia seleciona *a purificação de Nossa Senhora* e *a apresentação do menino Jesus* (EE 268), integrando a esses pontos as palavras de Simeão e Ana e a *fuga para o Egito* (EE 269), sem evocar, porém, o *retorno de Cristo Nosso Senhor do Egito* (EE 270). O terceiro dia inverte a ordem histórica proposta por Lucas, a fim de salientar "o primeiro estado de obediência a seus pais" (cf. 135) *de Cristo Nosso Senhor dos doze anos aos trinta anos* (EE 271), depois *a vinda de Nosso Senhor Jesus Cristo ao templo quando tinha 12 anos* (EE 272), a fim de comunicar sua passagem ao segundo estado de "perfeição evangélica, quando permaneceu no Templo, deixando seu pai de criação e sua mãe natural para dedicar-se ao puro serviço de seu Pai eterno" (EE 135).

1. O primeiro dia: a encarnação e o nascimento (EE 101-131; 262-264)

a. O mistério da Encarnação: EE 101 a 109 e 262

1º) preâmbulo

> EE 102: Lembrar a história[19] do que quero contemplar: como as Três Pessoas divinas olhavam toda a superfície plana ou curva do mundo, cheia de gente. Vendo como todos desciam ao inferno, determinam, em sua eternidade, que a Segunda Pessoa se faça

---

consumada na morte do Verbo eterno (cf. EE 53) entre o Pai eterno e o pai da mentira (Jo 8,31 ss.). Trata-se, portanto, de entender na vida de Cristo a maneira como a graça da divina Majestade quer chamar o exercitante a participar da construção do Reino de Deus, tomando parte no combate contra a carne, o mundo e Satanás, para além do que é necessário à salvação… Essa graça consiste em que Cristo 'escolhe e recebe' quem ora, exatamente como na oferenda definitiva o exercitante dirá: 'tomai e recebei'. Eis a estrutura indissociável da graça, quando Deus dispõe do homem receptor da graça e no fato de que o homem dispõe de si mesmo. Tudo isso é ordenado sem tergiversação para um único fim, que já se manifesta com uma clareza resplandecente no chamado do Reino: a conformação ao Cristo crucificado, e assim vencedor de Satanás".

19. A nosso ver, é capital constatar que "a história" intervém aqui pela primeira vez no interior de um primeiro preâmbulo de contemplação, tal como será retomado até o fim da quarta semana. O Dir1599, nº 150, MI, série II, 1111-1178, tradução francesa de R. Rouquette, Chantilly, 1986, especifica: "O sentido exato desse preâmbulo, novo desde o início da segunda semana, cumpre a função de propor desde o início a história em geral, e como toda história de conjunto, a fim de conhecer o assunto sobre o qual depois se vai meditar: a alma começa a tornar-se presente em relação a ele, a elevar-se a ele e depois, na meditação propriamente dita, detém-se em cada parte do assunto, pesa-os e aprofunda-os. Da mesma maneira, quando lançamos os olhos num quadro que retrata objetos variados, à primeira vista vemos tudo de maneira confusa e sabemos o que o quadro contém; depois fixamos os olhos em cada objeto particular representado na tela e examinamos cada um, por sua vez, melhor e mais cuidadosamente".

homem, para salvar o gênero humano. Assim, chegada a plenitude dos tempos, o anjo Gabriel foi enviado a Nossa Senhora (nº 262)[20].

Os exegetas desse gênero de procedimento de oração não tardam em fundamentar biblicamente o olhar que as Pessoas divinas dirigem aos homens[21], enquanto o Antigo Testamento está repleto de expressões que iniciam seu leitor no olhar de Deus. Por que proibirmo-nos de pensar que Inácio, como leitor assíduo das Escrituras, tenha sido inspirado por elas? Algumas referências bíblicas nos permitirão aprofundar essas questões. Será que Deus vê e enxerga o destino dos homens? Será que esse olhar divino provoca uma decisão de sua parte? De que modo o homem pode entrar nesse olhar de Deus, como que se apropriando dele?

O redator do Gênesis apresenta o Deus Criador verificando a bondade de suas criaturas, submetendo-as ao teste de seu olhar: "Deus viu que isto era bom". Depois, no momento do dilúvio, "Deus *olhou* a terra e a viu corrompida, pois toda carne tinha pervertido sua conduta na terra" (Gn 6,12), e assim "o Senhor arrependeu-se de ter feito o homem sobre a terra" (Gn 6,6). Pronto para sacrificar o filho Isaque, Abraão dedicará o lugar do holocausto do carneiro: "'O Senhor vê': por isso se diz hoje em dia: 'É sobre a montanha que o Senhor foi visto'" (Gn 22,14). Antes de ser visto e reconhecido, Deus vê e prevê por sua providência.

Os Salmos confessam que "lá dos céus, o Senhor olha e vê todos os homens" (Sl 33,13); "Ele inclinou-se do alto do seu santuário; o Senhor, lá dos céus, olhou para a terra" (Sl 106,44). Esse olhar divino é oferecido àquele que o contempla: "Olhou para a angústia deles quando ouviu o seu grito" (Sl 106,44). Esse olhar divino é oferecido àquele que o contempla: "eles veem o Senhor olhando Sião" (Is 52,8), e assim "o Senhor me fez ver..." (Jr 38,21; Ez 11,25; Am 7,1-8), pois "em tua luz vemos escuta! Abre os olhos, Senhor, e vê!" (Is 17,10; 63,15). "Em a luz" (Sl 36,10)? Tais confissões estimulam a partir daí esta súplica: Dá ouvidos, Senhor, e todo caso, é o olhar de Deus que carrega a decisão de seu comportamento diante dos homens, seja castigando-os com sua ira, seja perdoando-os com amor.

O primeiro preâmbulo inaciano convida o exercitante não apenas a registrar esse olhar divino como um dado de sua revelação, mas a entrar no mistério de sua maneira de olhar: *cómo...*, a exemplo do primeiro colóquio com Cristo na cruz (EE 53). No entanto, aqui esse *como* é triplicemente repetido, porque diz respeito a três atos distintos, todos atribuídos às Três Pessoas divinas: *miravan* (imperfeito plural), *se détermina* (presente

---

20. EE 102: "*El primer preámbulo es, traher la historia de la cosa que tengo que contemplar; quees aquí cómo las tres personas divinas miravan toda la plancia o redondez de todo el mundo llena de hombres, y cómo, viendo que todos descendiam al infirno, se determina en la su eternidad que la segunda persona se haga hombre para saluar el género humano; y así, venida la plenitud de los tiempos, embiando al ángel san Gabriel a nuestra Señora*". Notemos a maneira como a tipografia do *Autógrafo* salienta a passagem da *eternidade* à plenitude dos *tempos*.

21. J. GUILLET, La gloire du Sinaï, *Christus* 11 (1956) 293-309; D. MOLLAT, Nous avons vu la gloire, ibid., 310-327.

singular), *embiando* (gerúndio). O sujeito não é, portanto, o Cristo Criador chegado à morte temporal (EE 53), mas a própria Trindade, o que constitui a novidade principial da "história" a ser contemplada até o fim da quarta semana.

Inácio deve ter lido em Ludolfo as explicações que justificam essa passagem do plural ao singular[22], que permite decifrar como a mesma sabedoria divina e trinitária inspirou a obra da criação e a da "restauração do mundo" pela Encarnação do único Filho de Deus, que se tornou filho do homem. Na opinião de Jerônimo Nadal, Inácio teve o cuidado de verificar a correção dogmática de seu *Autógrafo* quando se instalou definitivamente em Roma. Em todo caso, a descrição envolvida nesse preâmbulo é conforme à doutrina sustentada no Concílio de Latrão IV, que em 1215 condenou Joaquim de Fiori por haver preconizado que Deus formava uma quaternidade, pois a essência divina comum se acrescentaria às três pessoas (Dz 803-804). Não é nesse sentido, portanto, que Inácio passa do plural das pessoas ao singular da essência comum, nem ao "Um da Trindade" que se encarnou, visto que o *se determina* se combina com *en ellas*, que visa explicitamente a esse acordo que reúne as Três Pessoas distintas da *Trinitas*. Em todo caso, tanto a obra da Encarnação como a da criação devem ser consideradas "uma obra *ad extra*, que mobiliza nessa qualidade a vontade única da essência divina", sendo assim "atribuída" a cada uma das três Pessoas[23].

A partir daí "a história" a ser rememorada abarca todas essas dimensões em que o imperfeito do olhar das Pessoas divinas vai ao encontro do perfeito temporal pela mediação de um presente decisório que consagra "a plenitude dos tempos". Na perspectiva do Prólogo joanino, poder-se-ia postular que Inácio "extrai a memória da história" de seu *Princípio* (Jo 1,1) eterno, assim como factualmente consumado, para aí discernir a origem da "plenitude dos tempos", no sentido em que esse Princípio engendra em seu Filho a história do "Verbo que se tornou carne" (1,14), que nos iniciará no sentido profundo (*exegésato*) dessa *história* "plena de graça e de verdade", decifrável em sua Pessoa (1,17-18)[24].

---

22. LUDOLFO DA SAXÔNIA, *La Vida de Cristo*, I, 5, nº 19, 47: "*La obra excelsa de la Encarnación fue obra de toda la Trinidad, porque como las personas, así también las obras de la Trinidad son inseparables e indivisas, de modo que lo que obra una persona, lo obra también la otra; pero solo el Hijo se encarnó, y no el Padre, ni el Espíritu Santo; para que la restauración del mundo se hiciera por la misma sabiduría con que Dios la creó. También para que el que era Hijo del hombre en la humanidad; y asi el nombre de Hijo de Dios en la divinidad, se hiciera hijo del hombre en la humanidad; y así el nombre de Hijo no pasara a otro, que no fuera Hijo en su nacimiento divino*".

23. Cf. TOMÁS DE AQUINO, *S. T.*, Ia, qu. 43, a. 1 e 2.

24. Essa apreensão inaciana da "história" pode apoiar-se na luminosa compreensão tomasiana da missão *eterna e temporal* da segunda Pessoa, elaborada em *S. T.*, Ia, qu. 45, a. 2, ad 3. Segundo sua *origem*, a missão é a processão eterna, pois o Filho é o enviado do Pai como tal, e assim essa missão permanece imanente (*ad intra*), exatamente como a processão eterna. Por outro lado, se considerarmos o *termo* histórico desse envio, tal missão deve ser compreendida em seu conjunto como *eterna*, visto que Cristo é e permanece em sua encarnação o *unigênito* do Pai, e *temporal*, visto que sua humanidade é realmente criada *ad extra* como "um efeito adjunto à processão", e assim sua concepção humana depende de Maria, sua mãe.

2º) O segundo preâmbulo inaugura uma nova forma de *composição de lugar*:

> EE 103: Ver a grande extensão e a curvatura do mundo, na qual estão tantas e tão diversas populações. Do mesmo modo, mais em particular, a casa de Nossa Senhora e suas divisões, na cidade de Nazaré, região da Galileia.

Embora o olhar do exercitante seja tão extenso quanto o olhar de Deus, não tem contudo o privilégio de "considerar que todos os homens descem ao inferno" (EE 106, 2º), visto que por si mesmo o pecado é "invisível" (EE 47) aos olhos dos homens, e que "somente o Espírito de Deus sonda os rins e os corações". Guiado pelo processo contemplativo desse exercício, o olhar do homem é capaz, no entanto, de constatar o encolhimento cósmico imposto pela encarnação da "segunda Pessoa da Trindade": "*Non coerceri maximo, contineri autem a minimo divinum est*".

3º) O terceiro preâmbulo

> EE 104: Pedir o que quero: pedirei aqui conhecimento interno do Senhor que por mim se fez homem, para que mais o ame e o siga [*conocimiento interno del Señor, que por mi se ha hecho hombre, para que más le ame y le siga*].

Esse "conhecimento interior" (EE 63) já havia sido requerido a propósito dos *meus* pecados pessoais. Aqui, porém, esse *conhecimento* é dilatado às dimensões do mistério divino da Encarnação do Senhor. Ademais, cumpre-lhe ser *interiorizado*, não mais para favorecer a exploração do eu pecador, mas a fim de reconhecer que essa Encarnação do Senhor me está pessoalmente destinada. Por fim, esse conhecimento interior se consuma no *amor* do Senhor assim encarnado, que me convidará a seu seguimento. Tal processo de interiorização é sustentado pela experiência triforme das "consolações espirituais" em EE 316, que analisaremos posteriormente.

É notável que Inácio inicie o "seguimento" do Senhor pela resposta do amor, sem se referir primeiramente à fé nele, que no entanto, segundo EE 71, precede a observância de seu mandamento de amor; a segunda semana se dirige, portanto, ao crente que quer progredir ativamente no caminho do amor segundo a formulação concisa de Paulo em Gálatas 5,6: "a fé que age pelo amor"[25].

4º) Os três pontos da contemplação

a) Constatemos primeiramente a complexidade da cena contida em EE 106-108. Três *pontos* pautam a abordagem do mistério da encarnação em três etapas, cruzando a cada vez três ângulos de vista diferentes. *O primeiro ponto*: "ver as pessoas, umas após outras". *O segundo*: "ouvir o que falam as pessoas". *O terceiro*: "olhar o que fazem as pessoas".

---

25. Em nossa "Primeira parte", comparamos a cena inaciana da Encarnação com as de Cisneros, Gerson e Ludolfo, o Cartuxo.

Ademais, cada um dos pontos se aplica primeiramente aos homens sobre a terra, depois às três Pessoas divinas, e por fim a "Nossa Senhora e ao Anjo".

Tais etapas são certamente pontuadas pela gênese da liberdade, levando primeiramente em conta a *situação* ou as características das pessoas, depois as *palavras* que expressam suas intenções, por fim seus *atos* (cf. EE 32-42). A partir daí o exercitante é convidado a assistir ao vivo à tomada de decisão de cada uma dessas categorias de pessoas. Mais profundamente, tratar-se-á de contemplar "a restauração do mundo" (Ludolfo) após a perda da justiça original, ou ainda a "redenção" (Inácio) da liberdade humana por Deus.

Sutilmente, a descrição das situações "tão diferentes" dos homens sobre a terra se inspira nas sequências que o primeiro capítulo do Gênesis dedicou à criação, concebida como obra de "separação" da origem vazia (*tohu, bohu*), tenebrosa e suspensa sobre o abismo (*tehum*), conduzindo à criação do homem: "Façamos o homem à nossa imagem, segundo a nossa semelhança [...] Deus criou o homem à sua imagem" (Gn 1,26; 2,1). Chegado ao último diálogo contido nessa "história", tratar-se-á de reconhecer, após Ireneu de Lyon, como o *Protoevangelho* da vitória da mulher sobre a serpente (Gn 3,15) se consumou naquela que será imediatamente designada por Inácio como *Nuestra Señora*.

b) Percorramos agora cada um desses pontos. Para facilitar a apresentação, analisaremos os *três pontos* correspondentes propostos na *seção sobre os mistérios* em EE 262, somente após havermos analisado EE 101 a 109.

EE 106: No *primeiro ponto*, Inácio propõe primeiramente "ver as pessoas, umas após outras".

> **Primeiro**, as da face da terra, em tanta diversidade de roupas e de fisionomias: uns brancos, outros negros; uns em paz, outros em guerra; uns chorando, outros rindo; uns sãos, outros enfermos; uns nascendo, outros morrendo.

São tantos os destinos que fissuram a unidade e a solidariedade humana. Esse tipo de fragmentação inexorável do espaço e do tempo foi incomparavelmente deplorado no Eclesiastes: "Todas as palavras estão gastas, não se consegue mais dizê-las; o olho não se sacia do que vê, o ouvido não se enche do que ouve. O que foi é o que será, o que se fez é o que se fará: nada de novo sob o sol!" (Ecl 1,8-9). Por sua vez, Hans Urs von Balthasar retrata essa época que é tema da literatura sapiencial como uma "época vazia, privada da manifestação da glória divina"[26]. Tal interpretação bíblica permitirá que situemos o *segundo momento* da contemplação inaciana como convocação inesperada dessa glória divina:

> **Segundo**: ver e considerar as Três Pessoas divinas como que *entronizadas em sua divina Majestade*[27], olhando toda a face e curvatura da terra, com todas as pessoas que, vivendo em tanta cegueira, morrem e descem ao inferno.

---

26. *La gloire et la croix, Les aspects esthétiques de la révélation*, III: *Théologie*, t. 1: *L'Ancien Testament*, cap. VII: L'aujourd'hui sans gloire, 313-321.

27. Cf. Salmos 11,4; 45,7; 47,9 etc.

Mesmo neste início do século XVI, em que a consciência planetária despertou, o olhar do homem permanece superficial, pois ele não tem o privilégio de penetrar "a invisibilidade" (EE 47) do pecado, avaliando como a Trindade a *cegueira* dos homens e sua propensão para *descer ao inferno* (cf. EE 314). O crente, no entanto, pode considerar (*considerar*) aquilo de que a Escritura dá testemunho. "E o Senhor feriu os arameus de cegueira" (2Rs 6,18); "e o seu coração insensato se tornou presa das trevas [...] Embora conheçam o veredicto de Deus, que declara dignos de morte os que cometem tais ações [...]" (Rm 1,21.32). Isso porque "a justiça e o direito são as bases do teu trono" (Sl 89,15), de tal modo que todos os homens sejam "incluídos na desobediência" (Rm 11,32). No entanto, tal cena deixa entrever que ela não será uma tragédia sem escapatória.

> **Terceiro**: Ver Nossa Senhora e o anjo que a saúda. Refletir para tirar algum proveito do que é visto [*refletir para sacar prouecho de tal visto*].

O *Autógrafo* acrescenta em sobreposição à narrativa lucana o título marial de *Nuestra Señora*, "Nossa Senhora", atribuindo-lhe uma precedência em relação ao anjo, contrariamente a Lucas 1,26 ss. Esse acréscimo é ainda mais impressionante por inserir-se na extrema abreviação da narrativa inaciana. Ademais, esse lembrete da história da Anunciação é associado a um convite para que se tire proveito do que é oferecido aos olhos. Aliás, tal recomendação será retomada e ligeiramente modificada nas duas etapas seguintes. Inácio guia assim seu exercitante, sem jamais justificar *a priori* a ordenação de suas sequências, a fim de que o exercitante possa descobrir por si mesmo a fecundidade espiritual da contemplação (cf. EE 2). Cabe a nós compreendê-la, ligando a atribuição do anúncio do anjo a "Nossa Senhora" com esse proveito a ser extraído. O "Senhorio" que Maria exerce sobre "nós" não se verifica pelo fato de que a história da concepção singular de seu "Filho e Senhor" possa ser contemplada como o engendramento espiritual de nossa própria vida?

De fato, esse verbo *refletir*[28], por vezes enriquecido com seu complemento *refletir en si mismo*[29], é sempre aplicado às contemplações e jamais às meditações. Sua significação não se limita, portanto, à reflexão intelectual ou *noética* do discurso do entendimento, mas converge para a maneira como o sujeito orante deixará que se reflita em sua própria vida o mistério que ele contempla, visto que a Vida do Senhor é por excelência o "Sacramento" de toda vida, antes mesmo de ser um modelo exemplar de virtudes a ser imitado[30]. Esse "deixar refletir-se em mim" está enraizado num sentir que aceita ser envolvido nessa Vida, segundo Filipenses 3,12: "arremeto para tentar alcançá-lo, porque eu mesmo fui alcançado por Jesus Cristo". É assim que a própria maneira de contemplar cada mistério tem em grande estima o "para mim" da Encarnação do Senhor.

O segundo ponto:

> EE 107: [...] Ouvir o que falam as pessoas sobre a face da terra, a saber, como falam uns com os outros, como juram e blasfemam etc.

---

28. A. CHERCHOLES, verbete "Refletir", em *DEI*, II, 1544-1546.
29. Cf. EE 115, 123, 124, 194, 234 a 237.
30. HUGO RAHNER, *Ignatius von Loyola als Mensch und Theologe*, 283.

> Do mesmo modo, o que falam as pessoas divinas, dizendo: "Façamos a redenção[31] do gênero humano…".
>
> Depois, como falam o anjo e Nossa Senhora. Em seguida, refletir para tirar proveito de suas palavras.

Desta vez, a audição das palavras blasfematórias já não salienta a extrema diversidade das situações humanas, mas, ao contrário, a unanimidade de um pecado grave cometido por todos, como se o exercitante se tornasse capaz a partir de agora de verificar a pertinência do olhar do Deus contemplado desde o primeiro ponto: "com todas as pessoas que morrem e descem ao inferno". Aliás, essas palavras infernais já haviam sido ouvidas pelo exercitante, quando este aplicou seus sentidos carnais às penas repulsivas do inferno (cf. EE 67).

Tais palavras atribuídas ao plural das três Pessoas da Trindade ecoam o surpreendente plural de Gênesis 1,26: "Façamos o homem à nossa imagem, segundo nossa semelhança". Desde Orígenes, os Padres da Igreja sabiam que o sentido espiritual da Escritura faz surgir de sua Letra, no coração de cada um, a Palavra trinitária de Deus em sua vivacidade original. Aliás, essa é a razão pela qual o Senhor nada escreveu com suas mãos, a fim de significar o cumprimento desta Profecia: eles serão todos diretamente ensinados por Deus[32].

Notemos, sobretudo, que a Encarnação futura é inteiramente finalizada pela "redenção de todo o gênero humano", o que corresponde literalmente à afirmação de Tomás de Aquino, segundo a qual "a Sagrada Escritura assinala sempre como único motivo da Encarnação a libertação ou ainda a 'redenção' do pecado dos homens"[33].

O terceiro ponto.

> EE 108: Depois, olhar o que fazem as pessoas sobre a face da terra, assim como matar, ferir e ir para o inferno etc. Do mesmo modo, o que fazem as Pessoas divinas, realizando a santíssima encarnação etc. E o que fazem o anjo e Nossa Senhora. A saber: o anjo, executando o seu serviço de embaixador, e Nossa Senhora, humilhando-se e dando graças à divina majestade. Em seguida, refletir para tirar algum proveito de cada um destes pontos.

O olhar do exercitante é agora capaz de apreender, sob o olhar de Deus, que a agressividade homicida conduz ao inferno. Essa atitude mortífera contrasta no mais alto grau com o que fazem as Pessoas divinas, ao realizar a Encarnação, pela qual o próprio Filho de Deus se torna filho do homem, para comunicar sua solidariedade com os que são golpeados e mortos, no prolongamento do colóquio com Cristo na cruz enunciado em EE 53: *cómo de Criador es venido a hazerse hombre, y de vida eterna a muerte temporal*[34].

---

31. Citando Anselmo de Cantuária, Ludolfo evoca a finalidade da concepção de Jesus nos seguintes termos: *consumar a obra de nossa salvação*, ou ainda *obra de redenção e restauração* (VC I, 52 e 55).

32. Orígenes, *Commentaire sur saint Jean*, col. SC 120 bis, Paris, Cerf, 1966, tradução francesa por Cécile Blanc, Lectio I: Introduction, nº 21-24, 69-73.

33. *S. T.*, IIIa, qu. 1, a. 3.

34. Note também que Inácio reserva a qualificação de "santíssimo" ao *Sacramento* (EE 42), ao *Corpo de Jesus* consagrado na Última Ceia (EE 191), à Encarnação (EE 108), à Ressurreição e seus efeitos

Notemos também que Inácio reserva a qualificação de "santíssimo" ao *Sacramento* (EE 42), ao *Corpo de Jesus* consagrado durante a Ceia (EE 191), à Encarnação (EE 108), à Ressurreição e a seus efeitos (EE 223), à Majestade divina (EE 98) e mesmo ao temor filial (EE 370), sem omitir a vontade divina (EE 5, 91 e 180). Todas essas aplicações eram usuais na linguagem escolástica, exceto no que tange à vontade divina; a Escritura jamais qualifica de "santa" a vontade de Deus, tampouco Tomás de Aquino[35].

4º) O colóquio

> EE 109: Finalmente, fazer um colóquio, pensando no que devo falar às Três Pessoas divinas, ou ao Verbo eterno, feito carne, ou à Mãe e Senhora nossa. Pedir, segundo aquilo que sentir em si, para mais seguir e imitar a Nosso Senhor, recém feito carne [*nuevamente encarnado*]. Dizer um Pai nosso.

Em latim, o *colloquium* designa uma entrevista ou conversa que envolve um diálogo, o que corresponde à maneira como Inácio caracterizava em geral um colóquio (cf. EE 54). Este enumera de modo muito rigoroso as Pessoas a quem podemos nos dirigir: ao "Verbo eterno feito carne", enquanto "Nosso Senhor recém feito carne" deve ser seguido e imitado. Com efeito, o Filho permanece mais do que nunca, desde sua encarnação, o Verbo que chama como "o Rei eterno de todas as coisas", ao passo que em sua ocultação embrionária, tornou-se o *infans* incapaz de entrar num colóquio. No entanto, é também graças a esse estado que ele se torna disponível para a imitação "durante o tempo de minha contemplação, que me faz entrar realmente na novidade eterna do instante temporal da encarnação. Nesse sentido místico e preciso, o exercitante se torna contemporâneo do mistério: este se revela na contemplação como sinal evidente de uma comunhão transformadora na história e na vida de Jesus"[36].

Essa imitação inaugura igualmente o aprendizado da palavra livre do exercitante, em gestação desde que ele foi tomado pelo chamado do Rei e que o redator dos *Exercícios* ainda lhe instruía sua resposta. Agora, Inácio confia à vontade de seu exercitante, guiado pelo seu sentir espiritual, essa tarefa que "requer, de nossa parte, maior reverência do que ao usarmos o entendimento para compreender" (EE 3). O retraimento de "quem dá os Exercícios" corresponde também ao espírito da *15ª Anotação* (EE 15), que será em última instância confirmado pela *Contemplação para alcançar o amor* (EE 234): "que o Criador e Senhor se comunique à alma…".

(EE 223), à Divina Majestade (EE 98) e até ao medo filial (EE 370), sem omitir a vontade divina (EE 5, 91 e 180). Todas essas aplicações eram correntes na linguagem escolástica, exceto aquela que diz respeito à vontade divina; A Escritura, de fato, nunca qualifica a vontade de Deus como "santa".

35. Tomás de Aquino salienta que certos milagres são diretamente reveladores do mistério de Deus, como o nascimento virginal, a ressurreição e a presença real do Corpo de Cristo na Eucaristia. Ele próprio caracterizará a santidade pela *munditia* e pela *firmitas* (S. T., IIa-IIae, qu. 81, a. 8, co), assinalando também que a santidade de Deus significa: *puritas divinae bonitatis* (S. T., IIIa, q. 36, a. 1, ad 1). Jamais encontramos nas obras do Aquinense a expressão *sancta* ou *sanctissima voluntas divina*.

36. Cf. Albert Chapelle, *Les Exercices spirituels de saint Ignace, Un commentaire littéral et théologique*, 218.

5º) Eis os *três pontos* do mesmo mistério consignados na *seção dos mistérios* em EE 262:

> A anunciação a Nossa Senhora, segundo o que escreve São Lucas, no capítulo 1.
> *Primeiro ponto*: O anjo S. Gabriel, saudando a Nossa Senhora, anunciou-lhe a concepção de Cristo nosso Senhor: Entrando o Anjo onde estava Maria, saudou-a, dizendo: Deus te salve, cheia de graça! Conceberás em teu ventre e darás à luz um filho.
> *Segundo ponto*: o anjo confirma o que disse a Nossa Senhora, anunciando a concepção de S. João Batista: Vê como Isabel, tua parenta, concebeu um filho na sua velhice.
> *Terceiro ponto*: Nossa Senhora respondeu ao anjo: Eis aqui a servidora do Senhor: faça-se em mim segundo a tua palavra[37].

Como conciliar esses três níveis de perspectiva distinguidos na cena desdobrada em EE 106-108 com esses três pontos inspirados na narrativa lucana (EE 262)? A esse respeito, o número 156 do Diretório de 1599 transmite um conselho judicioso: "A contemplação das pessoas, de suas palavras e de seus atos (cf. EE 106-108) deve ser compreendida à luz da divisão em pontos (EE 268), isto é, refletiremos sobre esses três tipos de coisas na ordem segundo a qual elas se apresentam em cada ponto; não será necessário, portanto, meditar separadamente, primeiro sobre todas as pessoas do mistério inteiro, depois sobre todas as palavras, e por fim sobre todas as ações delas. Esse método produziria confusão, principalmente em certas meditações".

Concentremo-nos agora nos respectivos enunciados dos três pontos, notando que eles contêm, cada qual, uma dupla proposição. A primeira explana a interpretação eclesial e espiritual que Inácio atribui a esse mistério, enquanto a segunda ilustra essa releitura seguindo mais literalmente as palavras trocadas entre o anjo e Maria.

a) De fato, *a primeiríssima proposição* confere a Maria e a Jesus títulos que não figuram na narrativa evangélica: ao Senhorio feminino de Maria corresponde o Senhorio masculino de Jesus. Ambos são qualificados de "nosso", sugerindo assim ao exercitante que sua contemplação atual e pessoal desse mistério é situada sob a fidelidade desse duplo Senhorio.

A primeira e a décima terceira regra "para o verdadeiro sentido que devemos ter na Igreja militante" enraizarão essa forma de contemplação na Igreja, cujos membros se desprenderão de todo juízo próprio, a fim de "ter o ânimo preparado e pronto para obedecer em tudo à verdadeira Esposa de Cristo nosso Senhor, que é nossa santa Mãe, a Igreja hierárquica" (EE 353). Sendo *Nuestra Señora*, Maria é, portanto, aquela que na maternidade da Igreja engendra o exercitante contemplativo confomando-o a seu próprio *fiat*.

---

37. EE 262: "*El primer puncto es, que el ángel Sant Gabriel, saludando a nuestra Señora, le significó la conceptión de Xpo nuestro Señor. (Entrando el ángel adonde estaba María, la saludó, diziéndole: Dios te salve, llena de gracia; conçibirás en tu vientre y parirás vn hijo). El secundo, confirma el ángel lo que dixo a nuestra Señora, significando la conceptión de Sant Joán Baptista, diziendo: (Y mira que Elisabet, tu parienta, ha conçebido vn hijo en su vejez). El tercio, respondió al ángel nuestra Señora: (He aquí la sierva del Señor; cúmplase en mí según tu palabra).*"

No contexto da *anunciação a Nossa Senhora*, o exercitante pode a partir daí captar em que sentido essa Encarnação é "santíssima", não ainda contemplando a suprema dignidade de Jesus tal como o Evangelista a proclama de múltiplas maneiras em Lucas 1,30-35, mas entrando nesse mistério de intimidade oculta e de engendramento eclesial, para assim ser iniciado no "sentir verdadeiro" que lhe permite ser tomado pelo Cristo "recém feito carne" nele próprio, isto é, em sua própria pessoa no ato de contemplá-lo agora. De fato, ele pode obter de *Nossa Senhora esse conhecimento interior em que se realiza* em si mesma e por ela mesma "a santíssima encarnação".

Basta então que o exercitante *se humilhe* como "a serva do Senhor", ao mesmo tempo em que *rende graças à divina Majestade*. Quem recebe os Exercícios já havia aprendido a adotar essa atitude de humildade na primeira semana, quando foi gratificado de consolação: "Quem está consolado procure humilhar-se e abaixar-se o quanto puder" (EE 324). Não é tampouco a primeira vez que ele encontra a "primeira mediadora" (Cf. *Diário inaciano*) de toda graça, visto que já se exercitou várias vezes no tríplice colóquio durante a primeira semana[38].

A tradição viva e secular da Igreja sustenta tal interpretação, quando não cessa de repetir que Maria havia concebido o Salvador *espiritualmente antes de o conceber corporalmente*[39]. Em sua singularidade exclusiva, o privilégio da mãe de Jesus é oferecer a todos a possibilidade de contemplar quem ela pôs fisicamente no mundo, a fim de que todos ouçam da boca do Verbo encarnado que "necessário vos é nascer do alto" (Jo 3,7), ou ainda, pela palavra do apóstolo Paulo, que somos "filhos, e portanto herdeiros", "para participar da liberdade e da glória dos filhos de Deus" (Rm 8,17.21)[40].

A audaciosa perspectiva eclesial do *Autógrafo* espanhol é aqui confirmada pelo contraexemplo da *Vulgata*, que se apega à letra da narrativa lucana, a ponto de suprimir as referências a Nossa Senhora[41]. A nosso ver, o Pe. des Freux assim eliminou a principal intuição de Inácio, e além disso fragmentou a unidade da cena proposta em EE 106 a 108, visto que a omissão de "Nossa Senhora" e de "Nosso Senhor" já não permite garantir a continuidade entre os três níveis de percepção e o convite para que o exercitante deixe refletir-se nele próprio o mistério contemplado.

---

38. P.-H. KOLVENBACH, Ne cachez pas la vie cachée du Christ e Notre Dame dans les Exercices spirituels de saint Ignace, em *Fous pour le Christ, Sagesse de Maître Ignace*, col. Au singulier nº 1, Bruxelas, Lessius, 1998, 78-104.

39. *S. T.*, IIIa, qu. 30, a. 1, ad 3.

40. Num dos sermões para a festa da Anunciação, BERNARDO DE CLARAVAL interpreta o anúncio do Anjo: "obtiveste graça junto a Deus" (Lc 1,30), no sentido de que essa plenitude de graça é ainda mais singular por ser universal: "*Singularem, quod sola hanc inveneris plenitudinem; generalem, quod de ipsa plenitudine accipiant universi*". LUDOLFO, GV I, 53-54, também havia captado "o sentido místico" dessa concepção virginal, quando convidava a alma a receber o Verbo encarnado num espírito virginal santificado pelo Espírito Santo, a fim de ser bem-aventurada como "os corações puros que verão Deus".

41. A *Vulgata* traduz o primeiro ponto da seguinte maneira: "*Primo. Quomodo angelus Gabriel beatam Virginem salutans, divini Verbi conceptionem ei nuntiavit: (Ingressus angelus ad eam dixit: Ave Maria gratia plena etc. Ecce concipies in utero et paries filium etc.)*".

b) Se considerarmos agora a maneira como *as segundas propostas* inacianas ilustram as primeiras citando Lucas, admitiremos com Jacques Rouwez que o redator dos *Exercícios* se autoriza a salientar apenas o caráter humano dessas duas concepções de João Batista e de Jesus, eliminando toda alusão ao nascimento virginal e espiritual do segundo, o que contrasta no mais alto grau com a maneira como Ludolfo exaltava todos os títulos mencionados por Lucas[42]. Por outro lado, Rouwez também salientou a maneira como Inácio reforçou o *fiat* de Maria por *cúmplase en mi*[43].

O caráter oculto e inteiramente humano da concepção de Jesus não contradiz em absoluto os títulos eclesiais que regem a contemplação inaciana: *Nuestra Señora et Xpo nuestro Señor*, mas confirmam o ocultamento da Encarnação a tal ponto que os *Exercícios* só exaltarão a "Virgem" uma única vez, no momento em que seu Filho ressuscitado lhe aparecerá: "Ele apareceu à Virgem Maria" (EE 299, 1º). Essa leitura inaciana da Escritura ressalta a gênese de sua redação, que só pôde desvelar seu sentido pleno nesse termo para o qual ela conduz. Além disso, essa gênese não diz respeito apenas à objetividade da composição progressiva dos Evangelhos tal como a exegese crítica de hoje pôde confirmar, mas antes à gênese espiritual que ela engendra em todo cristão no interior da Igreja que é "nossa Mãe". Solicita-se então ao exercitante que acolha em si mesmo a concepção como mistério oculto, antes de contemplar o esplendor de sua Inocência. Essa hermenêutica se verificará ao longo de todos os mistérios próprios da *segunda semana*, e mais ainda na *terceira*.

b. O nascimento: EE 110-117 e 264

1º) O primeiro preâmbulo

> EE 111: A história: como de Nazaré partiram [*salieron*] Nossa Senhora grávida de quase nove meses, montada numa jumenta (conforme se pode piedosamente meditar), com José e uma criada, levando um boi, para ir a Belém pagar o tributo que César lançara sobre aquelas terras. (Ver também EE 264)

---

42. Ludolfo insere nos títulos cristológicos relatados por Lucas toda uma reflexão dogmática, mística, moral e litúrgica. Além disso, designa *Maria* de preferência como a *Virgem Mãe*, mas também como *a Rainha* e *a Estrela da manhã*, jamais como *Nossa Senhora*.

43. J. Rouwez, *Les Exercices spirituels de saint Ignace, Un commentaire littéral et théologique*, 471-472: "Falta aí singularmente tudo o que, tanto na concepção de Jesus como na de João Batista, diz respeito ao mistério divino deste e daquele nascimento. Tudo se passa na humanidade do nascimento humano; 'Conceberás em teu ventre e darás à luz um filho'. (EE 262, 1º). Inácio tampouco registra a inquietação e a pergunta de Nossa Senhora sobre o mistério divino do nascimento virginal. Por outro lado, essa dupla 'notificação' por parte do anjo, à guisa de confirmação, desemboca no terceiro Ponto na 'resposta' de Nossa Senhora, enunciada com um termo muito mais forte que o do Evangelho: 'faça-se em mim segundo a tua palavra'. Pareceria assim que o jogo e a progressão das duas 'notificações' evidenciam ainda mais o papel primordial de Nossa Senhora e de sua resposta, que cumpre os avisos do anjo. Se o mistério divino do nascimento de Jesus parece ausente deste 'mistério', não estaria ele presente, segundo a concepção inaciana, na 'resposta' de cumprimento de Nossa Senhora?"

Transgredindo a concisão de seu estilo, Inácio integra a essa descrição esses detalhes lendários da jumenta e do boi, transmitidos por Tiago de Voragine e Ludolfo, o Cartuxo[44]. Essa tradição cristã é altamente significativa, se a inserirmos em sua origem profética.

> Isaías 1,1-2: Ouvi, ó céus! Terra, presta ouvido! É o Senhor que fala: Fiz filhos crescerem, criei-os, mas eles se revoltaram contra mim. Um boi conhece o seu proprietário, e um jumento a manjedoura na casa do seu dono; Israel não conhece, meu povo não compreende.

Essa lenda não tem, portanto, nada de bucólico, mas confirma a cena da primeira contemplação do dia (EE 101 ss.) e prefigura o combate das *Duas Bandeiras* (EE 136 ss.).

Certos comentaristas dos *Exercícios*[45] atentos à tradição oriental notaram que o realismo corporal da contemplação inaciana condiz com o hesicasmo bizantino sustentado por Gregório Palamas. Este defendeu firmemente a participação do corpo do orante, contrariamente ao filósofo platônico Barlaam, segundo o qual a oração devia ser uma pura atividade do espírito e da alma[46]. Em Inácio, o constante enraizamento da oração num "lugar físico" e histórico impede igualmente que seu método de oração seja assimilado a essa teologia apofática, defendida em especial pelo autor inglês anônimo do século XIV: *Le nuage d'inconnaissance, en lequel l'âme est unie à Dieu*[47].

2º) O segundo preâmbulo

> EE 112: Composição, vendo o lugar: com o olhar da imaginação, ver o caminho de Nazaré até Belém, considerando seu comprimento, sua largura, se era plano, ou ia por vales e encostas. Do mesmo modo, ver também o lugar ou gruta do nascimento: seu tamanho, se grande ou pequeno, se alto ou baixo, e como estava preparado.

Enquanto Inácio fornece esse tipo de investigação geográfica ao exercitante na forma de perguntas, Ludolfo sempre se empenhou em responder por si mesmo por intermédio

---

44. Cf. A. Codina, *Los orígines de los Ejercicios espirituales de S. Ignacio de Loyola, Estudio histórico*, Barcelona, Bibl. Balmes, 1926, 141-142. O estudo de Raitz von Frentz, Ludolphe le Chartreux et les *Exercices spirituels* de saint Ignace de Loyola, em *RAM* 97 (janvier-mars 1949) 377, permite verificar que Inácio se inspirou aqui em Ludolfo (GV 1,9), até em detalhes que não figuram literalmente no Evangelho de Lucas.

45. I. Hauherr, Les Exercices spirituels de saint Ignace et la méthode d'oraison hésycastique, em *Hésycasme et prière*, Roma, Pontificalium Institutum Orientalium Studiorum, 1966, 134-153; ver também o livro já citado de T. Spidlik, *Ignace de Loyola et la spiritualité orientale*.

46. Nessa linha palamita, incorreríamos em grande engano se interpretássemos a expressão inaciana da "alma aprisionada neste corpo corruptível" (EE 47) como a ratificação da célebre imagem de Platão, quando na primeira semana o corpo deve ser entendido no sentido paulino de "corpo de pecado", segundo Romanos 6,6.

47. Cf. a tradução francesa de A. Gueldre, col. Club du livre religieux nº 12, Paris, Cahiers du Sud, 1957, 218 p.

das inúmeras investigações realizadas pelos padres e doutores da Igreja[48]. Para o redator dos *Exercícios*, a passagem pelo segundo preâmbulo é antes de tudo a condição indispensável de uma representação realista e contextualizada dos personagens; estes, portanto, não foram projetados "numa nuvem de inconsciência" nem nimbados com uma auréola que os protegeria da aspereza do meio circundante. Por outro lado, as respostas exigidas do exercitante não pressupõem que ele tenha visitado Jerusalém, como Inácio, mas que tenha sido capaz, pela simples potência de sua imaginação, de entender a insegurança e os perigos da viagem da sagrada família, enquanto o "peregrino" escolheu experimentá-las por si mesmo "sem provisão e sem guia"[49].

Pressupondo-se esse realismo, nada nos impede de detectar o sentido moral e místico desse percurso laborioso, assim como a tradição sapiencial enfatizou o caráter estreito ou amplo do caminho que leva à salvação ou à perdição (cf. Sl 1; Sl 25; Mt 7,13-14). A esse respeito, a contemplação dessa "composição de lugar" por Jerônimo Nadal se impõe como um modelo de inteligência cristã e inaciana. Retranscrevemo-la na íntegra[50].

---

48. Ludolfo, GV, 1,9: "Maria deixou Nazaré com a permissão de José para ir rumo ao sul, para as montanhas; pois a Judeia se situa nas montanhas em relação à Galileia, de onde Maria partiu. Era, portanto, nesse país escarpado que se localizava a casa de Zacarias e ali se chegava por caminhos escarpados, por entre os rochedos".

49. *O relato do peregrino*, nº 45 a 48.

50. Em seu *Diário espiritual*, 76-78, Jerônimo Nadal descreve magistralmente essa "composição de lugar", em referência à história relatada pelo Evangelho de Lucas: "A leitura do Evangelho fornecerá a história e a representação dos lugares. Ao considerar simplesmente as coisas, contempla Nazaré na tribo de Zabulon, perto do monte Tabor, cidade situada na montanha, do lado do norte; a estrada passa por Isacar, Manassés, Efraim e Samaria, pela tribo de Benjamim e de Jerusalém, pela tribo de Judá, até Belém Efrata, situada nas alturas. Considera a casa e a choupana, a manjedoura escavada na gruta, o caminho plano ou ascendente; esses lugares, esse caminho fazem nascer em ti sentimentos pios: foi por aí que a Virgem Mãe de Deus passou, carregando em seu ventre o Verbo de Deus, Jesus Cristo; foi por aí que caminhou São José, impelindo o boi e conduzindo o jumento no qual a Virgem Maria estava sentada. Junta-te a esse grupo santo e divino, beija o rastro de seus passos, contempla os anjos que os precedem e segue-os voando no ar. O que podemos encontrar de mais venerável do que esse grupo? O quê, de mais divino? Mas também, o quê de mais pobre e de mais simples? Vê ao mesmo tempo, em teu espírito e em teu coração, qual é o propósito dessa meditação: encontrar no Nascimento forças espirituais e esclarecimentos; na maneira como nasceu o Salvador, encontrar um exemplo. Abre teu coração para que Cristo o preencha. Jesus virá com dons maiores do que você pode imaginar em teu espírito. Considera, piedosa e atentamente, os personagens: é o Filho de Deus que nasce aqui, a luz e a força infinitas; Deus todo-poderoso, eterno, imortal. Recebe dele a luz do espírito, a força divina, a grandeza de alma, abraça a vida eterna, deixa-te tomar suavemente por essa criança divina, na alegria e na simplicidade de teu coração. Esse Deus é também um homem verdadeiro, sujeito a sofrimento, frágil, uma criança que não fala, que chora, sente frio, envolvida em panos, deitada no feno quando saiu do ventre de sua mãe, privada de todos os bens; o aspecto das coisas humanas muda, o valor e a dignidade delas também: regozija-te em todas as tuas fraquezas e em todas as tuas necessidades. Ó homem, tua humanidade participa da divindade de Cristo, tua mortalidade se torna imortal, tua fraqueza se torna forte; tua infância se torna sábia; tua tristeza e tuas lágrimas se transformam em júbilo espiritual; tua frieza dá lugar ao fervor do amor e do Espírito Santo. Tua nudez, tua pobreza se enriquece das riquezas divinas; reconhece tudo isso, saboreia-o piedosamente afugentando de teu espírito os erros e as pusilanimida-

3º) O terceiro preâmbulo será o mesmo e terá a mesma forma que na contemplação anterior

4º) Os três pontos do mistério

> EE 264: O nascimento de Nosso Senhor Jesus Cristo (Lc 2,1-14).
>
> 1º) Nossa Senhora [*Nuestra Señora*] e José seu esposo vão [*ban*] de Nazaré a Belém. *Subiu* [*ascendió*] *José de Galileia a Belém, para obedecer a César, com Maria, sua esposa e mulher já grávida.*
>
> 2º) Deu à luz a seu Filho primogênito [*parió su Hijo primogenito*] e o envolveu com panos e o colocou na manjedoura.
>
> 3º) Chegou, então, uma multidão do exército celestial, que dizia: glória a Deus nos céus.

A originalidade da versão Autógrafa aparece imediatamente quando comparada à *Vulgata*, na introdução do primeiro ponto: *De Christi nativitate. 1º. Beata Maria cum Joseph sponso suo e Nazareth profiscitur Bethlehem*[51]. Foram suprimidas as referências a "Cristo Nosso Senhor" e a "Nossa Senhora", visto que o texto lucano não se refere a eles. Foi igualmente eliminada a especificidade temporal do ato contemplativo, que aborda o mistério com a vivacidade do presente (*ban*), enquanto a narrativa lucana adota o pretérito perfeito. No entanto, a *Vulgata* respeita fielmente essa correção imposta por Inácio na introdução da primeira citação evangélica, em que a iniciativa ou a precedência de Maria suplanta a de José. No entanto, será que basta justificar essa precedência de Maria denominando-a "a bem-aventurada Maria", provavelmente em memória da bem-aventurança da mãe do Salvador proclamada por Isabel (Lc 1,45)? Ou será preciso recorrer ao título de *Nuestra Señora*, que insere antecipadamente a contemplação do exercitante sob a fidelidade do Senhorio de Maria[52]?

---

des vãs. Somente a alma purificada deve se aproximar desses bens. Contempla ao mesmo tempo o interior dessa criança, no que tange à sua humanidade. Contempla a alma bem-aventurada dessa criança que vê todas as coisas em Deus: o passado, o presente, o futuro em seu gênero próprio, nas próprias realidades, pelas divinas ideias; alma plena de graça, de sabedoria e verdade, de todos os dons, mas que ao mesmo tempo aprendia a conhecer pela experiência as coisas que se apresentavam a ela. De fato, essa criança não se servia de suas faculdades como as outras crianças, mas sua razão era tão desenvolvida — compreendamos isso — que no ventre de sua mãe, na manjedoura, durante sua infância, era dotada de uma inteligência perfeita e de uma vontade sem falha, e trabalhava em seu coração na salvação dos homens. Acrescenta que ela sofria com o frio e as intempéries; mas sofria ao mesmo tempo por entrar num mundo assolado por tantas misérias, ela que viria a morrer de uma morte tão infamante. Via o quanto seu sofrimento e sua morte trariam poucos frutos para muitos homens. Poderás então juntar-te a esses ensinamentos luminosos de Cristo e impregnar teu coração com essa doçura [...]".

51. As versões *P1* e *P2* se alinham com a Vulgata.

52. P.-H. KOLVENBACH, Notre Dame dans les Exercices spirituels de saint Ignace, em *Fous pour le Christ, Sagesse du Maître Ignace*, 95-96, denuncia a infidelidade da *Vulgata* que, por haver eliminado a denominação de Nossa Senhora presente no *Autógrafo*, "rompeu essa associação de Cristo e Maria na obra da salvação... e assim a figura da Virgem Maria permanece, no fundo, muito biográfica e incoativa, enquanto o *Autógrafo* pede que se contemplem esses mistérios em seu cumprimento eclesial [...]. Logo de saída, a criatura Maria não passa de uma personagem da qual o exercitante evoca os feitos e

Essa denominação de Maria como "*Nuestra Señora*" constitui a maior originalidade da apresentação inaciana do nascimento e dos mistérios da vida oculta, sobretudo porque remete ao mistério da Igreja, Esposa de "Cristo Nosso Senhor", seu Esposo, segundo as regras da ortodoxia enunciadas em EE 353, 363 e 365. Surgido na linguagem do "amor cortês" e promovido pela teologia mariana de Bernardo de Claraval[53], esse título — *Nossa Senhora* — será, no entanto, ignorado por Tomás de Aquino, Tiago de Voragine e Ludolfo, o Cartuxo, e mais tarde criticado por Lutero[54]. Um Senhorio que engloba todo o itinerário dos *Exercícios*, e que desde o primeiro dia da primeira semana introduz o exercitante, por sua intercessão, no mistério divino do "Filho do Pai"[55]. Pelo senhorio que Nossa Senhora exerce sobre todo cristão como membro da Igreja, Nossa Senhora inicia o exercitante na transparente inocência e no frescor de seu acolhimento do mistério, quando todo o contexto de sua manifestação exterior confirma antes o velho endurecimento pecaminoso dos homens. É ela também que, como "*Servidora* do Senhor" (EE 262, 3º), sugere ao cristão contemplativo que não olhe para as cenas evangélicas mantendo-as à distância, mas nelas se introduza adotando a atitude do humilde *servidor*. Inácio se inspira aqui em toda uma tradição franciscana de devoção à manjedoura, cujo alcance ele confirma ao destacar que "o primeiro modo de orar" permite aplicar aí os cinco sentidos, de modo que quem "queira imitar Nossa Senhora se encomende a ela na oração preparatória, para que alcance para tanto graça de seu Filho e Senhor" (EE 248).

> [...] fazendo-me eu um pobrezinho e criadinho indigno, olhando-os, contemplando-os e servindo-os em suas necessidades, como se estivesse lá presente[56], com todo o acatamento e reverência possível. (EE 114: *1º ponto*)

Os dois outros pontos seguem a ordem já instaurada na primeira contemplação da Encarnação. O terceiro considera "o que fazem as pessoas":

> [...] caminhar e trabalhar, para que o Senhor nasça na maior pobreza, e depois de tantos trabalhos, passando fome e sede, calor e frio, injúrias e afrontas, morra na cruz. E tudo isso por mim. Em seguida, refletir em mim mesmo para tirar algum proveito espiritual. (EE 116)

---

gestos, pertencente a um passado para sempre decorrido: como 'Nossa Senhora', criatura consumada em graça, ela permanece como um 'hoje' para nós. É nesse 'eterno agora' que Inácio nos faz contemplar o mistério de 'Nosso Senhor, recém feito carne' (EE 109) e de 'Nossa Senhora', 'humilhando-se e dando graças à divina Majestade' (EE 108)".

53. J. Auniord; R. Thomas, Citeaux et Notre Dame, em H. du Manoir, *Maria. Études sur la Vierge Marie*, t. 2, Paris, 1952, 579-624; B. Martelet, *Saint Bernard et Notre Dame*, Paris, Médiaspaul, 1985, 423 p.; J. M. Alonso, La devoción de s. Bernardo a nuestra Señora, em *De cultu mariano saeculis XII-XV, Acta congressus mariologici-mariani*, Roma, 1979-1981, 131-151; P.-H. Kolvenbach, Notre Dame dans les *Exercices spirituels*, em *Fous pour le Christ*, 92-104.

54. *Œuvres*, t. IX, Genève, Labor et Fides, 1961, 346. Lutero aí critica a devoção de São Bernardo expressa pelo "tríplice colóquio" adotado por Inácio.

55. Cf. P.-H. Kolvenbach, Notre Dame dans les *Exercices spirituels* de saint Ignace, 92-104.

56. Nossa "Primeira parte" mostrou a que ponto o "Prólogo" da *Vida de Cristo* de Ludolfo insistia nessa maneira de tornar presente o mistério a ser contemplado.

Verifica-se assim a anterioridade do trabalho em relação à glória, tal como já havia sido proclamada no Reino, como "lei fundamental" (*Grundgesetz*) de toda vida cristã e como critério essencial da "*Discretio spirituum*"[57]. A série de provações aqui mencionadas não pode ser fundada numa exegese literal da narrativa lucana, mas evoca, como que em superposição, as provações sofridas pelo Apóstolo Paulo[58]. O *colóquio* retoma, por fim, o da primeira contemplação. Depois, o redator dos *Exercícios* descreve a maneira de praticar as "repetições" dessas contemplações.

> EE 118: Depois da oração preparatória e dos três preâmbulos, fazer a repetição do primeiro e do segundo exercício. Notar sempre as partes mais importantes, onde a pessoa tenha sentido algum conhecimento, consolação ou desolação. Terminar com um colóquio e o Pai nosso.

c. A aplicação dos cinco sentidos: EE 120 a 126

O que Inácio designa como "a aplicação dos sentidos" pertence a uma tradição que data de Orígenes e que encontrou seu campo de exploração privilegiado na exegese espiritual e mística do Cântico dos Cânticos, particularmente em Gregório de Nissa e Bernardo de Claraval. É o que demonstra o "Prólogo" (11º e 12º) da *Vida de Cristo* de Ludolfo, o Cartuxo, como mostramos em nossa primeira parte. Para nos convencermos da importância desse exercício dentro da vida comum do cristão, independentemente da via mística, basta nos referirmos à experiência da liturgia eucarística, cujo pão "alcança todos os sentidos interiores; desperta-os de maneira tal que cada um possa alcançar seu objeto, pois todos esses sentidos reconhecem o Deus feito homem oculto no sacramento"[59].

Diante dessa farta tradição espiritual e teológica, a *aplicação dos cinco sentidos* proposta por Inácio confirma a novidade de seu estilo: uma sequência de breves recomendações práticas organiza aqui os cinco sentidos segundo uma ordem usualmente admitida pelos doutores medievais.

> 1º ponto: Ver as pessoas, com o olhar da imaginação [*con la vista ymaginativa*], meditando e contemplando em particular as circunstâncias em que estão, para tirar algum proveito do que vê.
>
> 2º ponto: *Ouvir o que falam*, ou poderiam falar, refletindo sobre si mesmo [*y refletiendo em sí mismo*] para tirar algum proveito.
>
> 3º ponto: *Sentir e saborear com o olfato e o paladar* a infinita suavidade e doçura da divindade, da alma e de suas virtudes, e de tudo o mais, conforme for a pessoa que se contempla. Refletir em si mesmo para tirar proveito.

---

57. H. Rahner, *Ignatius von Loyola als Mensch und Theologe*, 285.

58. 2 Coríntios 11,27: "Fadigas e sofrimentos, vigílias frequentes; fome e sede; jejum, muitas vezes; frio e indigência [...]".

59. Essa doutrina foi desenvolvida no século XIV por Rodolfo de Bilberach, em sua obra *De septem itineribus aeternitatis*.

4º ponto: *Sentir com o tato*, assim como abraçar e beijar os lugares onde tais pessoas pisam e tocam, deste modo sempre procurando tirar proveito. Terminar com um colóquio, como na 1ª e na 2ª contemplação, e o Pai nosso.

1º) O Pe. Joseph Maréchal considerava "delicada a interpretação teórica" desse conjunto[60]. Notemos primeiramente essa quádrupla insistência, favorecida por uma espécie de extensão dada em dois pontos. No primeiro ponto: "tirar algum proveito do que vê" (*sacando algún provecho de la vista*), depois no segundo e no terceiro: "refletindo sobre si mesmo [*refletiendo en si mismo*] para tirar algum proveito", ao passo que o quarto retoma a primeira sugestão. Assim, os "mistérios" do Verbo encarnado podem por si mesmos propiciar um benefício espiritual, e além disso refletirem-se na vida de quem os contempla, como já o salientava Ludolfo, o Cartuxo[61], e muito antes dele Ireneu de Lyon[62].

Essa repetição dos frutos a serem extraídos a propósito de cada um dos sentidos merece ser esclarecida. A apreensão sensorial e subjetiva de cada sentido fornece um acesso imediato ao mundo objetivo da pura singularidade (*en particular*), como o demonstrou Maurice Blondel nesta fórmula sugestiva: "Eu sou o que eu sinto e eu sinto o que existe"[63]. É somente *a posteriori* que o intelecto buscará compreender essa surpreendente conjugação, desemaranhando a parte do sujeito e a do objeto.

No entanto, a experiência vivenciada por cada um dos sentidos sempre resistirá a essa forma de abstração; o cego de nascimento jamais saberá a diferença entre o vermelho e o verde, seja qual for a maneira como se tente explicar-lhe isso, mesmo que se estabeleçam correspondências com as sensações provocadas por outros sentidos. Isso vale para a heterogeneidade de cada uma das sensações provocadas por cada um deles, e por essa razão Aristóteles teve de inventar um "sexto sentido", capaz de interconectar cada um deles, visto que num único ato o sujeito dotado de sensibilidade é capaz de captar um mesmo objeto por intermédio de vários sentidos. Inácio conjuga esse tipo de interface associando estreitamente o olfato e o paladar, em seu terceiro ponto, e abstém-se de descrever com exatidão o perfil (*algún provecho*) a ser extraído da aplicação de cada um dos sentidos, confiando assim na iniciativa de cada exercitante, ou mais ainda na inspiração da graça: *pati divina*.

2º) O terceiro ponto é notável, pois privilegia o conjunto formado por olfato e paladar, concedendo-lhes a possibilidade de alcançar a infinita suavidade e doçura da própria divindade: "*oler y gustar con el olfato y con el gusto la infinita suavidad y dulçura de la divinidad, del ánima y de sus virtudes y de todo, según fuere la persona que se contempla;* [...]"[64].

---

60. Cf. DS, vol. 1, 811.
61. Cf. nossa "Primeira parte", I, A, 1º: Ludolfo, VC, "Prólogo", 7º e 10º.
62. Tal lógica de comunhão existencial já havia sido definida por Ireneu de Lyon, que inventou o conceito de "habituação recíproca" aplicado ao Verbo que se humaniza a fim de que o homem, por sua vez, seja divinizado.
63. Maurice Blondel, *L'action* (1893), Paris, PUF, 1950, cap. 1, 46.
64. Preferimos respeitar a pontuação proposta por C. de Dalmases, em MHSI, vol. 100, que introduz uma vírgula entre *de la divinidad* e *del anima*, em vez daquela de É. Gueydan, que a suprime.

Um privilégio assim, claramente notificado pelo *Autógrafo*, foi contestado pela *Vulgata* do Pe. des Freux, que se apressa em contornar o caráter brusco dessa aplicação imediata, explicando que esses sentidos só alcançam a alma quando esta está imbuída de dons divinos implementados pelas virtudes[65]. Tal interpretação redutora se inspira em toda a tradição espiritual da radiância dos santos, que difunde "o agradável aroma de suas virtudes".

O "mistério" exemplar dessa aplicação própria do terceiro ponto é "a ceia em Betânia" (EE 286), durante a qual o Senhor autorizou Maria "a derramar perfume sobre sua cabeça" para honrar antecipadamente seu próprio sepultamento. É, portanto, pelo contato com "a divina Majestade" de "Cristo Nosso Senhor", manifesta em sua Encarnação, que os sentidos físicos e imaginativos, noéticos e místicos[66], encontram o lugar arquetípico de seu derradeiro florescimento, como mostra o estudo de François Marty[67].

3º) Desde o século XVI — e provavelmente já durante a vida de Inácio —, é o conjunto dessa "aplicação dos cinco sentidos" que foi submetido a interpretações por vezes muito divergentes. O Diretório de 1599 adotou uma posição minimalista, afirmando que a contemplação que requer um investimento intelectual é mais perfeita do que a que se contenta em apoiar-se na sensibilidade; nesse sentido, ao figurar como último exercício da noite, essa aplicação dos sentidos era bem-vinda, por ser mais repousante, ao mesmo tempo em que oferecia a possibilidade de grande consolação espiritual pelo contato com os mínimos detalhes oferecidos pelas cenas assim contempladas sensivelmente[68].

Mark Rotsaert, (Ignatius van Loyola, *Geestelijke oefeningen*, Averbode, 1994, 87), também retoma a pontuação de Dalmases: "*Ruiken met de reuk en smaken met de smaak van oneindige zachtheid en lieflijkheid van de godheid, van de ziel et haar deugden* […]".

65. EE 124: "*Interiore quodam gustu et olfactu sentire, quanta sit suavitas et dulcedo animae, divinis donis ac vitutibus imbutae, iuxta rationem personae, quam consideramus* […]".

66. I. Iparraguirre, *Vocabulario de Ejercicios Espirituales, essayo de hermenéutica ignaciana*, Roma, CIS, 1972, 150.

67. François Marty, logrou explorar os recursos da fenomenologia contemporânea em seu livro *Sentir et goûter, Les sens dans les "Exercices spirituels" de saint Ignace*, col. Cogitatio fidei nº 241, Paris, Cerf, 2005, 318 p. No entanto, seria vão recorrer aos requintes da fenomenologia contemporânea se nos ativermos estritamente à doutrina de Husserl, visto que esta não autoriza abertura alguma para uma revelação transcendente, como a da Encarnação do Verbo, em quem "habita corporalmente toda a plenitude da divindade", segundo Colossenses 2,9.

68. Destaquemos dois parágrafos desse *Diretório*. O nº 156 trata da diferença entre a meditação e a aplicação dos sentidos: "A meditação é mais intelectual e dá um espaço maior ao raciocínio; é superior na ordem absoluta, pois examina pela via do discurso as causas dos mistérios e seus efeitos, pois neles busca os atributos de Deus, tais como bondade, sabedoria, amor etc. Já a aplicação dos sentidos não procede por meio de discurso, atendo-se apenas ao que se relaciona com os sentidos […]". O nº 157 destaca, por conseguinte, a dupla utilidade dessa aplicação: "Por vezes a alma não é capaz de fazer profundas considerações, ao passo que ao se fixar em coisas sensíveis dispõe-se pouco a pouco a ocupações mais elevadas. Por vezes, ao contrário, a alma já está satisfeita, o conhecimento desses profundos mistérios a preenche de devoção e fervor; ela desce então ao que toca os sentidos e encontra por toda parte alimento, consolação, fruto espiritual, pois pela abundância do amor as mínimas coisas e até um gesto se tornam grandes e fornecem matéria ao amor e à consolação".

Entre as interpretações mais recentes[69], focalizaremos primeiro a de Mark Rotsaert:

> A afirmação de João 1,18: "Ninguém jamais viu a Deus" (Jo 1,18) não significa que Deus e o homem estejam separados um do outro. Em contrapartida, existe um íntimo contato de amor entre Deus e o homem, segundo João 17,23: "Eu neles e eles em mim", "Criado à imagem e à semelhança de Deus", o homem é capaz de reconhecer a presença e a intervenção de Deus. Por isso os traços de sua vinda coincidem paralelamente com a experiência da aplicação dos sentidos, tanto é que a tradição se expressa em termos de "aplicação dos sentidos espirituais".
>
> Esse contato íntimo entre Deus e o homem pode sobrevir, portanto, sem elo intermediário [*tussenschakel*], quando essa aplicação dos sentidos da alma é imediatamente conectada à realidade das coisas. Daí decorre uma indubitável certeza, no próprio momento em que essa aplicação dos sentidos espirituais é ativa. Por fim, nesse contato o homem experimenta uma espécie de fruição [*een soort genot*], comparável à da aplicação dos sentidos prodigalizada pela escuta de uma bela música, pelo sabor de algo prestigioso [*iets heerlijks*], provocada pelo toque de alguém a quem somos afeiçoados[70].

4º) Quanto a nós, sabendo que o próprio Jerônimo Nadal propôs uma interpretação da aplicação inaciana dos sentidos inspirando-se na de Boaventura, nossa pesquisa retornará aos dois doutores medievais: Tomás de Aquino e Boaventura. Cada um deles concorda em entender o ordenamento dos cinco sentidos físicos em função do dinamismo propriamente espiritual das três virtudes teologais retomadas segundo a ordem tradicional: a fé, a esperança e a caridade. Essa leitura apresenta a vantagem insigne de mostrar como os sentidos *físicos* são transfigurados no mesmo número de sentidos *espirituais*, não pelo simples fato de que tais sentidos *físicos* adquiram por si próprios uma nova potencialidade, ao entrar em contato com uma contemplação que é do âmbito do sagrado, mas antes por serem dinamizados ou inspirados por uma graça espiritual oferecida distintamente por cada uma das virtudes "teologais". De múltiplas maneiras, Boa-

---

69. Quanto à interpretação da aplicação dos sentidos, recomendamos sobretudo J. Maréchal, *Études sur la pshychologie des mystiques*, t. II, Museum Lessianum, seção filosófica nº 19, Paris, DDB, 1937, 377-384 e do mesmo autor, verbete "L'application des sens", em DS, t. 1, col. 810-828. Convém igualmente consultar A. Solignac, L'application des sens, em *NRT* 80/7 (1958) 726-738. H. Pinard de la Boullaye, Sentir, sentimiento y sentido dans le style de S. Ignace, em AHSI 25 (1956) 416-430. Hans Urs von Balthasar, *La gloire et la croix, Les aspects esthétiques de la révélation*, I, Apparition, 316-322. Hugo Rahner, Die Anwendung der Sinne in der Betrachtungsmethode des hl. Ignatius von Loyola, ZKTh 79 (1957) 434-456. Ignacio Iparraguirre, VEE, *Ensayo de hermenéutica ignatiana*, Rome, CIS, 1972, em particular o verbete "Oración", 6º: Aplicación de sentidos, 150-151. Étienne Lepers, L'application des sens, EE 121-126, *Christus* 105 (1980) 83-94. P.-H. Kolvenbach, Image et imagination dans les *Exercices spirituels*, CIS nº 54, Rome, 1987, 9-24. Joseph Sudbrack, Die Anwendung der Sinne als Angelpunkt der Exerzitien, em M. Sievernich, e G. Switek, G., *Dem Andenken an Ignatius von Loyola zum Fünfhundertsten Jahrestag seine Geburt (1491-1991)*, 96-119. S. Arzubialde, *Ejercicios Espirituales de S. Ignacio, Historia y Análisis*, 293-302. François Marty, *Sentir et goûter, Les sens dans les "Exercices spirituels" de saint Ignace*, col. Cogitatio fidei nº 241, Paris, Cerf, 2005, 57-61. Por fim, não omitiremos a menção da tese de Louis Peeters, *Vers l'union divine par les Exercices de S. Ignace*, Louvain, Museum Lessianum, 1931, 105-106.

70. Mark Rotsaert, em Ignatius van Loyola, *Geestelijke oefeningen*, 251-252.

ventura explicou essa passagem obrigatória pela graça[71]. E ainda que Tomás entenda de outra maneira o ordenamento dos cinco sentidos corpóreos em função do dinamismo insuflado pelas virtudes teologias, sua doutrina pressupõe que ele esteja de acordo, quanto a esse fundo, com Boaventura. Apresentaremos sucessivamente a doutrina de Tomás de Aquino, depois a de Boaventura, por fim a de Nadal.

a) *Tomás de Aquino* sintetizou sua compreensão desse ordenamento físico e espiritual comentando o hino cristológico de Filipenses 2,5-11, introduzido nestes termos: "Senti em vós o que Cristo sentiu em si"[72]. Sua interpretação, aqui teorizada, pode explicar-se pelo fato de que Tomás atribui imediatamente ao sentido espiritual da *visão* e da *audição* tudo o que diz respeito à fé como "Ciência dos bem-aventurados, da qual a teologia é um antegozo"[73]. Para isso, porém, é preciso compreender que tal Ciência prometida à "visão da essência divina" é oferecida à inteligência, como faculdade *compreensiva* da Verdade do que Deus mesmo é como Amor. Consequentemente, os três outros sentidos espirituais organizar-se-ão a partir desse centro irradiante, convidando primeiramente o *olfato* a "correr" para o Bem-amado na esperança de poder, por fim, *provar o gosto* da mansidão de Cristo oferecida a seus irmãos humanos, e de ser então tocado pelo poder divino que emana do corpo de Jesus, a fim de tornar o crente capaz de imitá-lo até em suas obras de misericórdia. A lógica tomista atribui a precedência à contemplação da Verdade, que por sua vez estimula o compromisso do contemplativo com o maior benefício dos homens. Compreende-se a partir daí por que essa contemplação encontra sua plena realização na prática de obras de misericórdia inspiradas pela caridade. Essa interpretação corresponde à vocação dominicana: *contemplata aliis tradere*.

b) *Boaventura* se engajou numa interpretação que inverte a dinâmica tomista dos sentidos espirituais, privilegiando os últimos sentidos, não os primeiros: o êxtase e o enlace prometido aos sentidos do paladar e do tato transfigurados pela virtude da caridade

---

71. Ephrem Longpré, em *La théologie mystique de saint Bonaventure*, 51-52, salientou sobremaneira essa doutrina do Doutor Seráfico: "os sentidos espirituais não são novos órgãos espirituais de percepção, mas levam à perfeição hábitos anteriores relacionados às três virtudes teologais".

72. Tomás de Aquino, *Super Epistolas s. Pauli Lectura*, vol. II, Roma, Marietti, 1953, 100: "*Sitis humiles, ut dixi, ideo hoc sentite, id est experimento tenete quod fuit in Christo Jesu. Notandum quod quinque modis debemus hoc sentire, scilicet quinque sensibus. / Primo videre eius charitatem, ut ei conformemur illuminati. Is 33,17*: Regem in decore suo videbunt *etc. e 2Cor 3,18*: Nos autem omnes revelata facie gloriam Dei speculantes *etc. / Secundo,* **audire** *eius sapientiam, ut beatificemur. III R, 10,8: Beati viri tui, et beati servi tui, hi qui stant coram te et audiunt sapientiam tuam; Sl 17,45: In auditu auris obedivit mihi. / Tertio, odorare gratias suae mansuetudinis, ut ad eum curamus; Ct 1,3: Trahe me post te, curremus in odorem unguentorum tuorum. / Quarto,* **gustare** *dulcedinem eius pietatis, ut in Deo semper dilecti simus. Sl 33,9: Gustate et videte quoniam suavis est Dominus. / Quinto* **tangere** *eius virtutem, ut salvemus. Mt 9,21: Si tetigero tantum fimbriam vestimenti eius, salva ero. Et sic sentite quasi tangendo per operis imitationem*".

73. Cf. *S. T.*, Ia, qu. 1, a. 1 a 7 e IIa-IIae, qu. 180, a. 7c, em que o autor trata da contemplação deleitosa: "A vida contemplativa consiste principalmente na contemplação de Deus à qual a caridade nos impele. Deleitosa em razão da contemplação em si, a vida contemplativa o é também em razão do amor de Deus".

permitem que a alma se una a Deus, "que é Amor". Essa doutrina se encontra exemplarmente elaborada no capítulo IV da obra *Itinerário da mente para Deus*[74].

Essa mística boaventuriana condiz com a maneira como os *Exercícios* sempre propõem a prática da "aplicação dos sentidos" depois de o exercitante ter sido iniciado na contemplação dos "mistérios" centrados na Pessoa de Cristo nosso Senhor; *traer los cinco sentidos sobre la primeira y secunda contemplación, applicatio sensuum ad praedictas*. Já animadas pelas três virtudes teologais, essas contemplações anteriores são assim conduzidas a seu último desdobramento, transfigurando os sentidos físicos em sentidos espirituais capazes de acolher o Verbo até em sua carne.

c) Aliás, *Jerônimo Nadal* sintetizou essa leitura boaventuriana, para aplicá-la aos *Exercícios* inacianos:

> *Los sentimientos spirituales principales son las extensiones de las tres virtudes theologales. De la persuasión de la fe viene el audito, y de la intelección della viene el viso. De l'esperança, viene el odorato. De la union de la charidad viene el tacto; y del gozo de la misma viene el gusto*[75].

Essa doutrina de Nadal garante o fundamento teológico das recomendações práticas fornecidas ao exercitante em EE 121-125. De fato, os dois primeiros pontos inacianos são dinamizados pela virtude da fé, conforme à doutrina paulina, que distingue a persuasão nascida da escuta obediente à Palavra de Deus (cf. Rm 10,8-11), daquilo que pertence ao registro da *intelecção* que se desdobra em visão (cf. Rm 11,33). Depois, a propósito do

---

74. O texto original se encontra em S. BOAVENTURA, *Opera Omnia*, vol. V., Florença, Quaracchi, 1891, 306. Retomamos a tradução de Henri Duméry publicada em *Bibliothèque des textes philosophiques*, Paris, Vrin, 1967, 75: "Nossa alma deve se revestir, na qualidade de imagem de Deus, das três virtudes teologais que lhe proporcionam purificação, iluminação, perfeição. Assim a imagem divina é reformada na alma; ela se torna conforme à Jerusalém do alto e membro da Igreja militante, que é a filha da Jerusalém celeste, segundo as palavras do Apóstolo: 'A Jerusalém do alto é livre; ela é nossa mãe'. A alma deve, portanto, crer em Jesus Cristo, esperá-lo e amá-lo, ele que é o Verbo encarnado, incriado e inspirado, o caminho, a verdade e a vida. Pela *fé* ela crê em Cristo como no Verbo *incriado*, Verbo e esplendor do Pai; recupera a audição e a visão espirituais, a audição para colher os ensinamentos de Cristo, a visão para contemplar os esplendores de sua luz. Pela esperança, suspira pela vinda do Verbo *inspirado* [*inspiratum*]; o desejo e o fervor lhe conferem o olfato espiritual. Por fim, pela caridade abraça o verbo encarnado, de que extrai suas delícias e que a faz nele passar ao êxtase do amor [*per ecstaticum amorem*]; recupera *o paladar e o tato espirituais*. Uma vez alcançado esse estágio em que a alma recuperou seus sentidos interiores para contemplar a beleza suprema, ouvir essas harmonias inenarráveis, aspirar seus perfumes inebriantes, saborear sua suavidade infinita e abraçá-la como um bem supremo, ela encontra-se apta para os arrebatamentos [*disponitur anima ad mentales excessus*], por sentimentos de devoção, de admiração e de alegria que correspondem às três exclamações do Cântico dos Cânticos". Ver também KARL RAHNER, *La doctrine des sens spirituels au Moyen Âge, en particulier chez saint Bonaventure*, RAM 14 (1933) 269ss.

75. J. NADAL, MNad, IV, *Epistolae*, 677-678, tradução francesa de Antoine Lauras, em JERÔNIMO NADAL, *Contemplatifs dans l'action, Écrits spirituels ignatiens (1535-1575)*, col. Christus-Textes nº 81, Paris, DDB, 104-125. Polanco interpreta igualmente a aplicação dos sentidos inacianos na linha de Boaventura em seu *Directorium Granatense*: MHSI, Mon. Ignatiana, séries II, 812-813 e 961.

terceiro e do quarto ponto inaciano, o comentador dos *Exercícios* restaura a distinção entre a *esperança* que estimula o olfato, e a *caridade* que convoca o tato, de onde nasce a alegria que oferece o sabor do gosto. O confidente de Inácio se inspira, como tudo indica, em Boaventura.

5º) Ficamos então inclinados a dar nossa preferência à versão boaventuriana retomada por Nadal, visto que o quarto e último ponto inaciano recomenda "*sentir com o tato*, assim como *abraçar* e *beijar* os lugares onde tais pessoas pisam e tocam". Deve ter sido notado, porém, que Inácio não se demora na descrição da plenitude do êxtase e do enlace que consuma a união amorosa com Deus e em Deus, visto que tais atos de abraçar e beijar se aplicam prosaicamente aos lugares em que tais pessoas "passam e tocam".

É verossímil, portanto, que Inácio conduza o exercitante embarcado nessa segunda semana não à *via unitiva*, correspondente a esta última ascensão contemplativa da alma em Deus, como parecia prometer o privilégio divino já concedido ao olfato e ao paladar (EE 124), mas resolutamente a essa *sequência* do Menino, que já anuncia o término crucificante de seu caminho, como o salienta de maneira evidente o terceiro ponto da contemplação do nascimento (EE 116). Essa leitura também esclarece o alcance da "oração de petição" constantemente retomada na segunda semana: "[...] para que mais o ame *e* o siga" (EE 104).

A partir daí a composição inaciana da "aplicação dos sentidos" distinguir-se-ia muito nitidamente de uma concepção demasiado neoplatônica da ascensão da alma para Deus, que comportaria o risco de ceder à tentação de desconsiderar o caminho histórico que levou Jesus Cristo e seus discípulos para a kênosis da Cruz.

6º) No entanto, cumpre-nos ainda esclarecer esta pergunta deixada em suspenso: por que Inácio privilegia o alcance propriamente teologal e infinitamente divino do olfato e do paladar espiritual? Uma primeira resposta nos é oferecida pela exortação do Salmo 34,9a, citada aliás por Tomás de Aquino: "*Gustate* et videte, quam *suavis* est Dominus". Apoiando-se em inúmeras outras citações da Bíblia, esse doutor reconhece que a "suavidade" qualifica o sabor (*sapor*) do *gosto* que se recebe da participação na Bondade divina, graças ao Espírito Santo, bem como a doçura (*dulcedo*). Essa doçura será preferencialmente aplicada ao olfato, o que parece condizer com a doutrina de Aristóteles[76]. Tomás distingue igualmente esses dois sentidos espirituais, sustentando que a suavidade está mais ligada à contemplação "especulativa", ao passo que a doçura pertence antes ao âmbito da "experiência afetiva"[77], o que Inácio não contradiz formalmente, situando tais qualidades ao mesmo tempo no plano da experiência espiritual (EE 124), isto é, "do coração", segundo Boaventura. De todo modo, nossos dois doutores medievais antecipam-se a Inácio ao afirmar que tais qualidades infusas provêm da própria Bondade divina: "Psalmus dicit *suavis* et *dulcis* Dominus"[78]. A partir daí o terceiro ponto inaciano

---

76. *De anima*, II, lect. 19, 9º.
77. *S. T.*, IIa-IIae, qu. 97, a. 2, ad 2.
78. Tomás de Aquino, *Lect. in Ps 34*, nº 10.

sugere melhor que os dois primeiros a que ponto "a infinita suavidade e doçura da divindade", refletindo-se na "alma" como em "suas virtudes", é propriamente do âmbito dos dons infusos. O exercitante é assim convidado a transpor um limiar que somente a graça pode lhe oferecer[79].

7º) Se procedermos agora à revisão do percurso contemplativo deste primeiro dia da segunda semana, a partir do último ponto oferecido à aplicação dos sentidos ao âmbito do nascimento, perceberemos melhor como todo o procedimento inaciano é desde o início dinamizado pelo sentido da visão e da audição, a fim de convergir para o mistério da Cruz. A primeira contemplação da Encarnação é guiada por uma espécie de *travelling para frente* sugerido pelo convite para "*ver* as pessoas que estão sobre a face da terra, *ouvir* o que elas falam, *olhar* o que elas fazem" (EE 106, 107 e 108).

Com efeito, a *visão* já tem o poder de circunscrever num instante uma presença situada no mais longínquo horizonte do mundo, ao passo que a *audição* da voz já requer uma proximidade maior, associada a uma escuta paciente. Esses dois sentidos físicos e imaginativos são por sua vez transfigurados em sentidos espirituais pela graça própria da fé, que é escuta da Palavra de Deus a inspirar uma visão capaz de adotar o próprio olhar de Deus, o único apto a discernir a dramática "descida ao inferno" de todos os homens, sejam quais forem suas diversidades aparentes. Depois, a adoção desse Olhar próprio da Trindade permite que se ouça de modo inteligente sua Palavra, na expressão de sua intenção de operar a Redenção pela Encarnação. Esse lembrete nos convida a compreender que o exercício especificamente intitulado "aplicação dos sentidos" diz respeito apenas ao aspecto terminal e "perfeito" de uma dinâmica dos "sentidos espirituais" que irriga todo o processo contemplativo de um dia inaciano.

Concluamos. A experiência mais mística da aplicação dos sentidos não deve ser desprendida de suas ancoragens mais imediatamente sensíveis, a partir do momento em que os sentidos oferecem, cada qual em seu respectivo nível, uma iniciação a essa ciência que somente Deus possui, a saber, a da singularidade. *O relato do peregrino* fornece o testemunho da concordância entre eles a propósito das visões do Cardoner.

> Foi como se ele visse a Santíssima Trindade na figura de três teclas. [...] Não podia evitar falar da Santíssima Trindade com uma profusão de comparações de toda espécie e com muita alegria e consolação. [...] Certa vez, foi-lhe dado ver *em seu entendimento*, com grande alegria espiritual, como Deus havia criado o mundo; parecia-lhe ver uma coisa branca de onde saiam alguns raios e de onde Deus tirava a luz[80].

---

79. A esse respeito, inúmeras obras místicas de Boaventura permitem sustentar o convite inaciano para "sentir e saborear com o olfato e o paladar a infinita suavidade e doçura da divindade" (EE 124), por exemplo, no *De perfectione vitae*, V, 5º: "[...] quando, tendo adentrado o tabernáculo admirável até a Morada de Deus, a alma pode degustar o quanto o Senhor é suave e até onde se estende a profusão de sua doçura", citado por LONGPRÉ, La théologie mystique de saint Bonaventure, 77.

80. *Autobiographie de saint Ignace de Loyola*, refeita por André Thiry, Paris, DDB, ³1956, 71-72. As outras visões do Cardoner são igualmente ilustradas por imagens extraídas dos sentidos.

No contexto das narrativas da vida "oculta", esse mesmo mistério da singularidade das pessoas — "o Menino Jesus, nosso Senhor, Maria, esposa de José, e Nossa Senhora" — é mais bem compreendido pela aplicação dos sentidos espirituais, pois estes nos abarcam na radiância de sua presença em seus "lugares físicos".

8º) Antes de iniciar o segundo dia, o livro dos *Exercícios* propõe algumas *observações*, bem como a modificação de certas *adições*. A primeira observação (EE 127) recomenda ao exercitante que concentre sua atenção exclusivamente no mistério que é convidado a contemplar na hora prevista, "a fim de que a consideração de um mistério não atrapalhe a do outro". A segunda *adição* relembra que a contemplação dos mistérios envolve "o desejo de conhecer mais o Verbo eterno feito carne, para mais o servir e seguir" (EE 130, 2º); a sexta *adição* recomenda a rememoração frequente "da vida e dos mistérios de Cristo Nosso Senhor, começando por sua encarnação até o lugar ou o mistério que estou contemplando" (EE 130, 6º). Essa concentração no Verbo eterno feito carne é mistagogicamente confirmada pela intercessão de "Nossa Senhora" que conduz a "seu Filho e Senhor" (EE 147).

2. O segundo dia: a apresentação no Templo e a fuga para o Egito (EE 132 e 268-270)

a. A apresentação de Jesus no Templo: EE 268

> EE 268: A purificação de Nossa Senhora e a apresentação do Menino Jesus (Lc 2,21-40).
> 1º) Trazem o Menino Jesus ao Templo, para que seja apresentado ao Senhor como primogênito, e oferecem por ele um par de rolas ou duas pombinhas.
> 2º) Simeão, vindo ao Templo, tomou-o nos braços, dizendo *Agora, Senhor, deixa o teu servidor ir em paz*.
> 3º) Ana, *chegando depois, proclamava sua fé no Senhor e falava dele a todos os que esperavam a redenção de Israel*.

O retraimento de "Nossa Senhora" e de sua "purificação segundo a lei de Moisés" (Lc 2,22a) é cada vez mais perceptível ao longo dos três pontos. O fato de não serem citados os que tomaram a iniciativa de conduzir o Menino Jesus ao Templo para que ele fosse apresentado como primogênito (v. 22b) ainda é um indício muito tênue disso (EE 268, 1º). No entanto, na sequência Inácio não junta às primeiras declarações de Simeão, inspiradas pelo Espírito (v. 26 e 27), nem "a admiração do pai e da mãe do menino" (v. 33), nem a outra profecia dirigida à "Maria, sua mãe": "Ele está aí para a queda e o soerguimento de muitos em Israel e para ser um sinal de contradição — a ti mesma, uma espada te transpassará a alma [...]" (v. 34 e 35). Será verdadeiro, então, que o redator dos *Exercícios* filtra o testemunho evangélico ao eliminar toda antecipação dos mistérios (cf. EE 11), a ponto de só selecionar nas confissões de Simeão e de Ana o que diz respeito ao presente?

Em todo caso, o segundo ponto, dedicado a Simeão, focaliza a atenção do exercitante num único de seus gestos, associado a uma única fala: vindo ao Templo, Simeão "o tomou nos braços" (Lc 2,28a), e disse: "Agora, Soberano Senhor, podes despedir em paz o teu servo" (cf. v. 29). Além disso, enquanto os versículos correspondentes de Lucas distinguem nitidamente o Menino desse "Deus" a ser bendito como "Senhor", autorizando a partida de seu servo, Inácio supõe que eles sejam um, visto que convida o exercitante a cultivar uma memória vívida do mistério da Encarnação já contemplado (EE 108).

Essa "santíssima Encarnação" inteiramente ordenada para a "redenção do gênero humano" (EE 107) é particularmente destinada, durante esses primeiros dias, a libertar a natureza de todo homem do *eros* primitivamente narcísico. Para isso, basta seguir o exemplo de Simeão, que conjuga simultaneamente o gesto de ternura paterna com a vontade deliberada[81] de partir serenamente. Não se trata, portanto, de libertar-se de todo enternecimento, mas de dedicá-lo a esse Menino cuja radiante "Majestade divina" só poderá ser contemplada para além da morte[82].

Quanto ao terceiro ponto, salienta tão somente o testemunho de Ana, citando apenas o remate de Lucas 2,38. Inácio ressalta à sua maneira a iniciativa que ela tomou após Simeão, atribuindo-lhe também um movimento, veiculado por "sua *vinda* ao Templo". Essa maneira de configurar sua iniciativa contraria a narrativa de Lucas 2,37: "[...] tinha atingido a idade de oitenta e quatro anos. Ela não se afastava do Templo, participando do culto, noite e dia, com jejuns e orações"[83]. Por outro lado, a relação inaciana da confissão quase universal de Ana segue mais fielmente a versão de Lucas: "proclamava sua fé no Senhor e falava dele [*confessaba al Señor y abla dél a todos*] a todos os que esperavam a redenção de Israel"[84]. Eis outra maneira de liberar a afetividade da introversão.

Segundo Peter-Hans Kolvenbach, esse mistério "transpira vida, paz e salvação", ainda mais porque Inácio elimina estas duras palavras de Simeão: "Ele está aí para a queda e o soerguimento de muitos em Israel e para ser um sinal de contradição — a ti mesma, uma espada te transpassará a alma [...]". Em contraste com a atmosfera desta narrativa, a apresentação da fuga para o Egito "transmite apenas morte, fuga e exílio" (EE 269).

---

81. Lucas 2,29 não salienta essa vontade deliberada de Simeão: "Agora, Soberano Senhor, podes despedir em paz o teu servo, conforme a tua palavra".

82. O *segundo modo de fazer eleição em tempo tranquilo* (EE 184-186) confirmará a exigência de purificar meu apego a determinada escolha de vida, sem se contentar em fazer ingenuamente referência ao "amor de Deus que desce do alto", mas impondo-lhe o teste dessa hora de entrega radical imposto por minha morte e meu julgamento por Deus.

83. JACQUES ROUWEZ, Pour un récit ignatien de l'Évangile, em *Les Exercices spirituels de saint Ignace, Un commentaire littéral et théologique*, 462: "As duas ablações — 'bendito seja Deus' e 'segundo tua palavra' — têm por efeito concentrar a contemplação no fato de 'tomar a criança em seus braços' e de entrar numa liberdade serena. Nesse ponto do retiro, e talvez do discernimento da segunda semana, o traço ganha relevo e pertinência". A análise de Rouwez encontra assim a de Kolvenbach.

84. Notemos, de passagem, que Inácio substitui a referência a "Jerusalém" pela referência a "Israel".

b. *A fuga para o Egito: EE 269*

> EE 269: A fuga para o Egito (Mt 2,13-18)
> 1º) Herodes queria matar o Menino Jesus, e por isso matou os inocentes. Antes da morte deles, o anjo avisou a José que fugisse para o Egito: Levanta-te, toma o Menino e sua Mãe e foge para o Egito.
> 2º) Partiu para o Egito: E, levantando-se de noite, partiu para o Egito.
> 3º) Ali permaneceu até a morte de Herodes.

Este novo mistério opõe às serenas proclamações anteriores as invejosas reações homicidas de Herodes.

Primeiramente, essa ameaça provoca a aceleração de uma narrativa que salta da intenção à ação, do Menino Jesus aos Inocentes. É bem assim que "fazem as pessoas sobre a face da terra [...] matar, ferir e ir para o inferno" (EE 108) e por isso o anjo teve de advertir José "antes da morte deles". No entanto, cumpre acima de tudo compreender o mistério: "como" (EE 102) a intenção divina "de salvar o gênero humano" se cumpriu na "santíssima Encarnação" (EE 107-108) desse Menino Jesus, que se solidarizou com a humanidade a ponto de ter sido, ele próprio, exposto a essa ameaça de morte. A narrativa desse novo anúncio angélico conserva apenas a ordem de fugir para o Egito, ao mesmo tempo em que altera a precedência de Nossa Senhora sobre o anjo Gabriel (EE 106-108): "Toma o Menino e sua Mãe". Assim como o segundo mistério do primeiro dia já prefigurava a Cruz no nascimento do Menino Jesus, esta fuga pressagia a Paixão do Senhor, que sofrerá o destino de todo homem que é vítima de uma condenação iníqua (EE 292-298).

O *segundo ponto* apenas ressalta com que "prontidão e diligência" (EE 91c) ele se submeteu à ordem do anjo "levantando-se durante a noite" (EE 269, 2º). O exercitante é assim posto na escola da "Mãe, servidora do Senhor" (EE 262, 3º) e de José, encarregado de preservar a vida do "Menino".

O *terceiro ponto* seleciona apenas a duração do exílio no Egito: "até a morte de Herodes". A menção desse fato dá a entender que o redator dos *Exercícios* quer preservar a coerência de uma história abreviada da semana tipo, compensando a omissão do mistério consagrado à "volta de Nosso Senhor do Egito" (EE 270).

A dimensão dramática já encontrada por ocasião do primeiro dia se vê aqui reforçada, pois já não são apenas as circunstâncias inóspitas do parto do Menino que lhe fazem iniciar seu caminho de cruz, mas o comportamento deliberado de Israel, representado pelo todo-poderoso Herodes, que tropeça no "sinal de contradição". Ademais, o redator dos *Exercícios* selecionou deliberadamente esse mistério da "fuga para o Egito" como segundo mistério do segundo dia, a fim de destacar a extrema oposição entre a atitude de Herodes e às de Simeão e Ana. Ao contemplar esses dois mistérios "da vida oculta", um após o outro, o exercitante já é iniciado no chamado do Rei eterno (EE 91 ss.), que ressoará durante sua "vida pública", confirmando a contrariedade das respostas humanas e a maneira de "receber a graça de ser posto sob a Bandeira de Cristo", contrapondo-se "às seduções mentirosas" de Lúcifer (EE 136 ss.): desde já, "fazer-me um pobrezinho e criadinho indigno, olhando-os" (EE 114), centrando minha atenção no "Senhor" já submetido "à maior pobreza", para que, ao termo de seu caminho de sofrimento, "morra na cruz" (EE 116). O que falta então a esses mistérios da infância, visto que já são orientados para esse término? A ratificação da decisão tomada pelas três Pessoas divinas (EE 107) por esse Menino quando, uma vez adulto, poderá dispor da "liberdade de seu livre-arbítrio" (EE 23) para consagrar-se plenamente a seu Pai.

3. O terceiro dia: a vida em Nazaré e a permanência no Templo (EE 134 e 271-272)

Todos os comentadores dos *Exercícios* notaram que Inácio inverteu a ordem da narrativa lucana ao apresentar como primeiro mistério (EE 271): "A vida de Nosso Senhor Jesus Cristo dos 12 anos até os 30" segundo Lucas 2,52-52 e depois, como segundo mistério (EE 272): "A vinda de Nosso Senhor Jesus Cristo ao Templo quando tinha 12 anos" segundo Lucas 2,40-50. Também justificaram a pertinência dessa inversão cronológica recorrendo ao processo de eleição do exercitante, a quem se pede que imite o exemplo de Cristo, que passou de um "primeiro estado de obediência aos mandamentos ao segundo estado, próprio da perfeição evangélica" (cf. EE 135).

Diante do testemunho lucano, essa inversão é evidente. Note-se, no entanto, que Lucas entrelaça estreitamente esses dois mistérios quando os emoldura com um par de versículos que tratam do crescimento de Jesus em sabedoria e estatura. No entanto, enquanto o retorno de Jesus a Nazaré atesta somente seu "progresso em sabedoria" (*proecopten sophia*) (v. 52), a narrativa anterior de sua permanência no Templo confirma que já aos doze anos ele é "cheio de sabedoria" [*pleroumenon sophia*] (v. 40)[85]. A interpretação de Lucas, bem como a de Inácio, põe em jogo a relação entre essa plenitude e esse crescimento sapiencial.

a. A vida de Cristo nosso Senhor até os trinta anos: EE 271

> EE 271: A vida de Nosso Senhor Jesus Cristo dos 12 anos até os 30 (Lc 2,50-52).
> 1º) Era obediente a seus pais e crescia em sabedoria, idade e graça.
> 2º) Parece que exercia o ofício de carpinteiro, como indica [*como muestra significar*] S. Marcos 6,3: "Será que este não é o carpinteiro?".

Primeiramente, a narrativa inaciana adota a cláusula imposta por Lucas 2,51, mas suprime a conclusão, "diante de Deus e dos homens". Não ficaremos surpresos em constatar que Inácio aborda cada mistério despojando-o de toda projeção profética, para que o ocultamento no anonimato da vida em Nazaré seja percebido em toda sua nudez.

O único ponto seguinte nada faz senão confirmar a entrada nesse anonimato. Será que basta invocar aqui "o realismo inaciano"? Mais profundamente, convém sondar o abismo que intensifica o contraste permanente entre três Pessoas divinas "como que en-

---

[85]. Lucas 2,40: "Quanto ao menino, ele crescia e se fortalecia, cheio de sabedoria, e o fervor de Deus estava com ele"; v. 52: "Jesus progredia em sabedoria e em estatura, e em graça diante de Deus e dos homens".

tronizadas em sua divina Majestade" (EE 106, 2º) e a extrema pobreza dos meios escolhidos pelo soberano e verdadeiro Capitão a fim de comunicar sua Vida (EE 139 e 146)[86].

No único ponto seguinte, Inácio seleciona, não sem reserva, uma passagem de Marcos. Ao consentimento da vida oculta vivida até os trinta anos se acrescenta a agressividade de um questionamento que põe em dúvida a origem divina do "Filho de Deus", atestada contudo no momento de seu batismo por João Batista (Mc 1,1-11).

b. *A vinda de Cristo ao Templo aos doze anos: EE 272*

> EE 272: 1º) Cristo nosso Senhor, tendo 12 anos, subiu de Nazaré a Jerusalém.
> 2º) Cristo nosso Senhor ficou em Jerusalém, sem que seus pais o soubessem.
> 3º) Passados três dias, acharam-no no Templo sentado entre os doutores, ouvindo-os e dialogando com eles. Perguntando-lhe seus pais onde tinha estado, respondeu: "Não sabeis que convém que eu me ocupe das coisas de meu Pai?" [*No sabéis que en las cosas que son de my Padre me conviene estar?*].

Primeiramente: logo de saída, Inácio ressalta a autoridade soberana de "Cristo nosso Senhor", que se torna o único agente responsável de seus atos: "subiu…; ficou…; respondeu…", enquanto Lucas situa sua subida no encalço de seus pais, ao obedecer à observância anual da peregrinação pascal a Jerusalém (Lc 2,41): "*Es ist: Freisein als Einsamkeit*"[87].

O *segundo ponto* condiz inicialmente com a narrativa lucana, mas sem se demorar na aflição dos pais (Lc 2,44-45). Esse cristocentrismo permite acentuar o constante pedido de "conhecimento interno do Senhor que por mim se fez homem, para que mais o ame e o siga" (EE 102). *Es ist stärkeren Einsamkeit: Einsamkeit im Gottes-Stand.*

O *terceiro ponto* resume o epílogo dessa narrativa (Lc 2,46-49), atenuando em primeiro lugar as reações dos ouvintes presentes na sinagoga: "Todos os que o ouviam se extasiavam com a inteligência de suas respostas", depois a repreenda dirigida a ele por seus pais: "Meu filho, por que agiste assim conosco? Vê, teu pai e eu, aflitos, te procurávamos"[88]. No entanto, Inácio mantém a menção dos "três dias", que tanto para Lucas como

---

86. Na esteira de Hugo Rahner, P.-H. Kolvenbach não cessou de repetir em Ne cachez pas la vie cachée du Christ, em *Fous pour le Christ*, 91: "Reencontramos os dois traços que marcam os mistérios da infância: os traços do Cristo do Reino, conquistador majestoso, plenamente resoluto e responsável em sua missão, e os traços do Cristo das duas bandeiras, posto em marcha na maior humildade de meios. A esse poder de Deus que se revela em sua fraqueza (1Cor 1,27ss.), cada um é convidado a se unir, servindo-o como *un pobrecito y esclavito indigno* (EE 114). É possível que Inácio não repita as palavras de São Bernardo: *magnus Dominus et laudabilis nimis; parvus Dominus et amabilis nimis*, justamente porque o autor dos *Exercícios* contempla menos o menino, sua gentil pequenez e sua sujeição total, que o caminho que esse menino-Salvador já está percorrendo como sua missão. Inácio dirá, em vez disso, com a Escola francesa, que nesse sentido não se deve apenas adorar o escândalo da cruz, mas já o escândalo da manjedoura".

87. E. Przywara, *Deus semper maior*, I, 288.

88. J. Rouwez, *Les Exercices spirituels de saint Ignace, Un commentaire littéral et théologique*, 468: "A questão dos pais relatada por Inácio é desprendida do contexto da angústia e da procura de que Jesus foi objeto, relembradas pelo versículo 48 e mencionadas pelos versículos 44-45. Assim, todo o texto

para os exegetas patrísticos[89] não se contenta em antecipar o acontecimento histórico do *triduum pascal*, mas descortina "a intenção de Cristo nosso Senhor" de se consagrar, desde aquele momento, ao serviço de seu Pai (Lc 2,49 e EE 135). Eis por que a primeira palavra que ele pronunciou foi transcrita literalmente. *Es ist Einsamkeit als Stand Willens "Meines Vaters"*[90].

Como de hábito, esse terceiro dia é seguido por duas repetições, associadas ao tríplice colóquio e a uma aplicação dos sentidos. Sem confundir esses dois mistérios (EE 127), o exercitante pode ser convidado a aprofundar o significado do retorno de Cristo a Nazaré, após sua permanência no templo, e assim a obediência aos pais é integrada na soberana liberdade de "Cristo nosso Senhor". Sem pôr em causa a superação do "primeiro estado de obediência" à lei e a seus pais, esse desdobramento de uma longa vida oculta manifestará a *Bandeira* sob a qual o exercitante deverá viver, aceitando a pobreza dos meios que lhe será oferecida por seu soberano capitão (EE 138 e 146).

Nesse sentido, Kolvenbach confirma o contraste permanente que põe sob tensão os dois mistérios contemplados nesse *terceiro dia*, quando Nossa Senhora conheceu a obediência (EE 271) e a desobediência de seu filho (EE 272), a harmonia do trabalho familiar (EE 271) e a ruptura constituída pelo trabalho para o Reino (EE 272).

> Ao longo de todos os Exercícios, Nossa Senhora, estreitamente associada ao mistério pascal de seu Filho, vive no hoje do cumprimento da Glória por suas penas. Pode-se então captar por que os pontos inacianos de contemplação não salientam nenhum traço bíblico que descreva os sentimentos íntimos da Virgem, ou mesmo sua vida interior, tal como foram abundantemente explorados pela devoção medieval[91].

4. Conclusão desses mistérios

Concluamos nossas análises desses mistérios acrescentando a eles duas observações.

a. A recomendação inaciana relativa à rememoração frequente do mistério da Encarnação em seu desdobramento trinitário (EE 130, 3º) é sempre decisiva, porque proporciona ao exercitante a possibilidade de ser tomado pela autocompreensão que "Cristo

---

proposto faz da pergunta dos pais, desprovida da procura 'dramática', uma pergunta que se enraíza mais nitidamente na profundeza da origem do menino: 'onde tinha estado'". Notemos que o Evangelho joanino aprofunda constantemente esse enigma do lugar onde Jesus está: cf. João 1,38; 6,26; 7,11.27.35; 8,19; 14,5; 16,17.30 etc.

89. Cf. Ludolfo da Saxônia, *La vida de Cristo*, I, 15, 7º, 146.

90. E. Przywara, *Deus semper maior*, 290-291.

91. P.-H. Kolvenbach, *Fous pour le Christ*, 98-99: "Maria não é a filha de Sião, à espera do Salvador; tampouco está em adoração diante da manjedoura; não é a que conserva todas aquelas coisas em seu coração; não é apresentada como o modelo de uma virtude particular e não está em oração em meio à jovem Igreja. [...] Assim como seu Filho deve 'deixar sua mãe natural para dedicar-se ao puro serviço do Pai eterno' (EE 135), Nossa Senhora, progredindo na peregrinação da fé, acima dos puros vínculos da carne e do sangue, associa-se ao serviço de seu Filho para o Reino. É por essa única 'devoção' que Nossa Senhora zela".

nosso Senhor" tem de si mesmo dentro de sua relação tão singular como direta com *seu Pai*. Se, por outro lado, a narrativa inaciana priva o exercitante das lições espirituais que todo cristão tem o direito de extrair das pessoas que cercam Jesus, é para que aprenda a discernir por si mesmo, em sua própria vida, a maneira como o Espírito Santo o conduz, desenredando o que vem de Deus "sem causa precedente" (EE 330) daquilo que, "com causa", pode influenciá-lo de modo ambíguo (EE 331 ss.). Essa distinção capital entre a contemplação dos mistérios de Cristo e as regras do discernimento dos espíritos nos ocupará até a conclusão final de nossa hermenêutica.

b. A iniciação nos mistérios ocultos do Menino Jesus implica, da parte do contemplativo, que este se torne como uma criança, visto que o Reino dos céus se identifica melhor com ela (cf. Mc 9,36-37). A contemplação desses mistérios é a partir daí o berço onde é gerada a vida espiritual do exercitante, especialmente quando este ousa conceber uma palavra pessoal que pretende dirigir às Pessoas divinas:

> EE 109: Finalmente, fazer um colóquio, pensando no que devo falar às Três Pessoas divinas, ou ao Verbo eterno, feito carne, ou à Mãe e Senhora nossa. Pedir, segundo aquilo que sentir em si, para mais seguir e imitar a Nosso Senhor, recém feito carne.

Os *Exercícios* compartilham, assim, a tradição franciscana notavelmente expressa por Boaventura[92]. Sustentam o fato de que esse nascimento espiritual não é introvertido para uma forma de interioridade que se permita libertar-se do corpo do Menino entregue à pobreza extrema (cf. 116); ao contrário, o exercitante é instado a adotar, diante da manjedoura, a postura "de um pobrezinho e criadinho indigno, olhando-os, contemplando-os e servindo-os em suas necessidades" (EE 114). "O espiritual é, ele próprio, carnal".

c. Albert Chapelle respondeu à carência de toda contemplação futura de cenas de cura, afirmando que os mistérios da vida oculta "são a escola por excelência da afetividade espiritual, e portanto da liberdade amorosa que é iniciada 'como um pobrezinho' (EE 114) na conversa familiar e realista (EE 54, 109, 119) com as três Pessoas divinas, o Verbo encarnado e Nossa Senhora"[93]. Nessa linha de interpretação, relembramos que é o Senhorio feminino de "Nossa Senhora" que envolve e remodela espiritualmente a afetividade do exercitante ferido desde seu nascimento humano. Ser concebido como filho de Deus pressupõe que deixemos pai e mãe, sendo liberados das feridas recalcadas desde a infância, a fim de sermos acolhidos e curados pela "santa família", que é o meio privilegiado de

---

92. BOAVENTURA, *Opera omnia*, vol. VIII: *De quinque festivitatibus pueri Iesu*, 88-94. O prólogo desse opúsculo IV, 88, introduz os cinco capítulos da seguinte maneira: *"Incidit menti meae secretuis quod anima Deo devota benedictum Dei Patris Verbum et Filium unigenitum gratia Spiritus sancti spiritualiter posset virtute Altissimi concipere, parere, nominare, cum beatis Magis quaerere et adorare et demum Deo Patri secundum legem Moysi in templo feliciter praesentare, et sic tamquam vera christianae religionis discipula uinque festa, quae de puero Iesu agit Ecclesia, mente devota cum omni reverentia valeat celebrare"*.

93. A. CHAPELLE, *Les Exercices spirituels de saint Ignace, Un commentaire littéral et théologique*, 226-227.

nosso "novo nascimento" (Jo 3,16). Essa família nos liberta "das afeições desordenadas" que estão escondidas no inconsciente pulsional do *eros*.

A escola dos *Exercícios* não tem de substituir o trabalho oferecido pela psicanálise, especialmente a freudiana; mas a contemplação evangélica na qual ela imerge o exercitante, conforme todas as suas dimensões corporais e psíquicas, oferece a possibilidade de entender o alcance místico real da histeria e da paranoia.

C. O QUARTO DIA (EE 136-157)

No quarto dia da segunda semana, Inácio insere no meio das contemplações evangélicas propriamente ditas duas meditações de sua lavra, a das "duas bandeiras" e a dos "três tipos de pessoas" (EE 149-156), associadas a uma consideração relativa aos "três graus de humildade" (EE 165-167). Tais exercícios têm por objetivo concentrar a atenção do exercitante em sua própria "eleição", sem subtraí-la da contemplação da vida de Cristo, visto que durante o *terceiro dia* ele já pôde se dar conta de que Cristo nosso Senhor passou "do primeiro estado de vida, que é a obediência aos mandamentos, à perfeição evangélica", permanecendo no Templo "para dedicar-se ao puro serviço do Pai eterno" (cf. EE 135a). Deduz-se daí que Jesus Cristo sintetiza em sua Pessoa o Rei eterno, que *chama* soberana e simultaneamente Aquele que temporalmente *respondeu* com perfeição a seu Pai. Lembremo-nos também de que os mistérios da "vida oculta" eram ritmados a cada dia pela memória da recepção exemplarmente humana de "Nossa Senhora" como "Servidora do Senhor", ao passo que o segundo mistério diário já enfrentava o drama da cruz em razão da rejeição da Encarnação. No início do quarto, a segunda parte do "Preâmbulo para considerar estados" confirma essa inserção do trabalho preparatório da eleição pessoal do exercitante, inserindo-o na "eleição" exemplar de "Cristo *nosso* Senhor".

> EE 135b: Começamos, agora, *enquanto contemplamos a sua vida*, a investigar e perguntar em que vida ou estado sua divina Majestade se quer servir de nós. Como introdução, no primeiro exercício seguinte veremos a intenção de Cristo nosso Senhor e, pelo contrário, a do inimigo da natureza humana. E também como nos devemos dispor para chegar à perfeição em qualquer estado ou vida que Deus nosso Senhor nos der a escolher.

Sendo esse quarto dia inteiramente mobilizado por meditações propriamente inacianas, estamos no direito de nos perguntar o que significa concretamente esta oração intercalada: "enquanto contemplamos a sua vida". Esse contato permanente com a vida do Senhor pode ser gerado de várias maneiras. Ao respeitar literalmente a programação dos Exercícios previstos neste quarto dia, o exercitante será convidado a rememorar os mistérios de Cristo já contemplados como ilustrações exemplares de sua própria eleição (cf. EE 135). A partir daí, o retorno às contemplações evangélicas propostas nos dias seguintes confirmará o alcance dessa "perfeição evangélica" (EE 135) pelo "batismo de Cristo" (EE 273) no quinto dia (EE 153), e "as tentações do deserto" (EE 273) no sexto dia (EE 161), ao mesmo tempo em que se beneficia com o esclarecimento trazido pelas

Bandeiras[94]. A nosso ver, essa particularidade do quarto dia poderia ser posta em correspondência com as cenas evangélicas em que Jesus chama à parte os discípulos, a fim de lhes desvelar o alcance verdadeiro do que ele ensinava à multidão com "parábolas".

No entanto, não se pode imaginar que Inácio confia ao critério de "quem dá os Exercícios" o cuidado de inserir neste quarto dia uma ou outra dessas novas contemplações do batismo ou das tentações no deserto; portanto, a meditação das bandeiras, dos tipos de pessoas e dos três graus de humildade se estende por vários dias. A partir daí, essa outra programação dependeria mais do grau de maturidade espiritual deste ou daquele exercitante.

Entremos agora no cerne da "meditação das duas Bandeiras".

1. As duas Bandeiras (EE 136-147)

a. Uma cena excepcional

> EE 136: A meditação das duas bandeiras [*banderas*]: a de Cristo, supremo chefe [*summo capitán*] e Senhor nosso, e a de Lúcifer, inimigo mortal de nossa natureza humana [*mortal enemigo de nuestra humana natura*].
> A oração preparatória como de costume.
> EE 137: 1° preâmbulo. A história: como Cristo chama e quer a todos sob sua bandeira, e Lúcifer, pelo contrário, debaixo da sua.
> EE 138: 2° preâmbulo. Composição vendo o lugar: ver um vasto campo naquela região de Jerusalém, onde Cristo nosso Senhor é o supremo chefe dos bons. Outro campo, na região da Babilônia, onde Lúcifer é o chefe dos inimigos.

1°) Esse simbolismo dos dois citados foi abundantemente explorado por Santo Agostinho, não apenas em sua obra principal, *A Cidade de Deus*, mas igualmente em seus *Comentários dos Salmos*, em especial o do salmo 86: "À beira do rio de Babilônia [...]"[95]. Bem depois da queda do Império Romano, a epopeia das Cruzadas voltou a atualizá-lo. Entre os autores medievais que o exaltaram, Ferdinant Tournier[96] selecionou a obra de Werner de Küssenberg († 1174), intitulada *Flores dos santos Padres*, propondo um paralelo entre citações de Agostinho e de Werner e a meditação das duas Bandeiras de Inácio[97]. Essa pesquisa o levou à seguinte conclusão:

> Inácio se inspira, é claro, em toda uma tradição católica, mas renovando-a: *non nova, sed nove*. Isso porque o autor dos *Exercícios* não se contenta em descrever o combate

---

94. Parece-nos que FRANÇOIS MARTY salienta em demasia esse aspecto de ruptura: *Sentir et goûter*, cap. 3: Quand le récit s'interrompt...

95. *Enarr. In Ps LXXXVI*, PL 37, 1761 ss.

96. F. TOURNIER, Les "Deux Cités" dans la littérature chrétienne, *ET* 123 (1910) 645-665.

97. ALEKSANDER GIEYSZTOR, Le mythe de croisade, 7-17; ANDRÉ VAUCHEZ, Les composantes eschatologiques de l'idée de croisade, 19-37; ANDRÉ CHOURAQUI, Jérusalem, *umbilic mundi*, em Fr. CROUZET; Fr. FURET, (dir.), *L'Europe dans son histoire, la vision d'Alphonse Dupont*, Paris, PUF, 1998, 39-49.

espiritual em que a Igreja está mergulhada, mas oferece-nos um conceito novo das duas cidades: o apostolado. Já não se trata apenas da oposição e do combate espiritual; trata-se da conquista, do *commendando ut omnes velint adjuvare*.

Nosso comentário bíblico dessa meditação das Bandeiras privilegiará as aproximações com os discursos apocalípticos dos Sinópticos e de João. Estes não se justificam apenas pela crítica interna, mas também em razão do clima cultural, espiritual e político que reina neste início do século XVI na Espanha, bem como em Paris, onde os primeiros companheiros de Inácio farão seus estudos entre 1528 e 1535; um clima que reaviva o mito das Cruzadas, propondo a reconquista militar da Jerusalém terrestre, comportando o risco de confundi-la com a outra, espiritual, "que desce do céu", porque ambas constituem o "*umbilic mundi*"[98]. Os motivos da peregrinação de Inácio a Jerusalém não podem ser dissociados desse ambiente apocalíptico. Eis como Philippe Lécrivain descreve o clima parisiense.

Esse período de paz relativa entre dois períodos de guerra (o confronto entre Francisco I e Carlos V) não exime a população da prova das intempéries, da peste e da fome. É um tempo de uma angústia escatológica e da gênese de uma consciência profética, com o mundo afundando na desgraça e no pavor.

As grandes procissões de reparação de 1529 e de 1535, mas também todas as outras das quais Inácio participa, são ritos tranquilizadores. Essas grandes deambulações permitem a quem faz procissões desenhar uma geografia sagrada, reencontrar seu passado longínquo, evocar seus heróis fundadores. É também para afugentar seus fantasmas que a multidão em oração caminha em ordem, por vezes atrás de seu rei, seu clero e sua universidade, suas confrarias, suas cruzes e seus estandartes, que acompanham a hóstia, as relíquias ou as estátuas de cantos e de litanias, mas também de luzes, de músicas, e até de descargas de mosquete[99].

Esse combate repercutiu igualmente na retórica protestante. Martinho Lutero publicou em 6 de outubro *O prelúdio ao cativeiro babilônico da Igreja*, em que o Reformador se bate em duelo com um franciscano de Leipzig a propósito da comunhão sob as duas espécies, proibida aos leigos[100]. Em 1529, o Reformador publicará igualmente vários sermões que interpretam a invasão da Europa pelos turcos muçulmanos prontos para sitiar Veneza como "sinal prenunciador do combate escatológico".

Deplorando as divisões provocadas pelas discussões sobre o sacramento da Ceia no próprio interior das comunidades de obediência reformada, Calvino retomará essa com-

---

98. A. Chouraqui, *Jérusalem, umbilic mundi*, 41.

99. Philippe Lécrivain, *Paris au temps d'Ignace de Loyola (1528-1535)*, Facultés jésuites de Paris, 2006, 141; Denis Crouzet, *Les Guerriers de Dieu, la violence au temps des troubles de religion, vers 1525*, Paris, Champ Vallon, 1990.

100. WA 6, 497-573; *La captivité babylonienne de l'Église, Prélude*, Intr. Thomas Kaufmann, trad. R.-H. Esnault, Genève, Labor et Fides, 2015, 573 p. A expressão "cativeiro babilônico" já havia sido empregada por Lutero para criticar o direito do papa de interpretar a Escritura em seu *Sermão sobre a dupla justiça*, datado de 1519.

paração em 1536, quando redigirá, primeiro em francês, seu *Petit Traité*, convidando os crentes que querem ater-se à "pura verdade do Evangelho" a fugir dos que travestem os sacramentos ao submetê-los à autoridade do "Anticristo", que outro não é senão o papa, esse novo chefe dos "babilônios"[101].

Em contrapartida, a meditação inaciana adota um distanciamento em relação a essas polêmicas tipicamente sacramentais, provavelmente porque o mistério do "santíssimo Sacrifício da Eucaristia" só será contemplado no momento da celebração da última ceia, inaugurando a *terceira semana* dos *Exercícios*.

2º) Fora desse quadro polêmico, temos o direito de perguntar quais palavras evangélicas inspiram ou justificam a oposição do "discurso" (*sermón*) proferido por *Lúcifer* ao de *Cristo nosso Senhor*, como "soberano e verdadeiro capitão dos bons"[102]. Será que podemos referi-los "ao sermão [*sermón*] na montanha, dedicado às oito bem-aventuranças" (EE 278), proposto no oitavo dia (EE 161, 3º)? Em todo caso, o mistério consagrado "à maneira como Cristo ensinava no templo" (EE 288), no décimo dia (EE 161, 5º), abstém-se de qualquer referência evangélica precisa.

O título da meditação e dos dois primeiros preâmbulos já nos permite reconhecer "o campo" onde se encontra "Cristo nosso Senhor", localizado no Templo de Jerusalém, desde o ciclo da infância e da vida oculta de Jesus (EE 134 e 272). Em contrapartida, é a primeira vez que se encontra descrito o campo que lhe faz frente: "na região da Babilônia, onde o chefe dos inimigos é Lúcifer" (EE 138), a saber, "o inimigo mortal da natureza humana".

Stanislas Lyonnet[103], exegeta renomado, estimava que "Inácio, ao designar o demônio como 'o inimigo da natureza humana', quase não pode encontrar expressão mais conforme à Escritura, pois o Novo Testamento reflete fielmente o ensinamento do Antigo, quando na Septuaginta chamava Satanás de 'o diabo', isto é, aquele que calunia ou acusa falsamente os homens no tribunal de Deus, ou quando emprega o termo que Inácio preferirá: 'o mau'". Além disso, a Bíblia nos ensina que sua arma preferida é a mentira[104].

Tais referências bíblicas não visam apenas o âmbito histórico da provação do exílio, durante o qual Israel foi submetido a Nabucodonosor, "rei de Babilônia", e a partir daí levado a "levantar a bandeira contra as muralhas de Babilônia" (Jr 51,12). No entanto,

---

101. CALVINO, *Œuvres choisies*, Paris, Éd. O. Millet, Gallimard, 1995: *Petit Traité*, 127-181.

102. Esse *"sermão"* remete ao "sermão na montanha sobre as oito bem-aventuranças" (EE 161, 2º) e ao *"sermão"* de adeus após a Ceia (EE 209).

103. Cf. S. LYONNET, La méditation des deux étendards et son fondement scripturaire, *Christus* 12 (1956) 437: "Está reservado ao exercício das duas bandeiras revelar ao exercitante de que por trás dessa sensualidade (cf. 'Reino': EE 97) se esconde 'um poder eminentemente inteligente e pessoal', que trabalha de seu lado, ao mesmo tempo que Cristo, pela conquista do mundo e se esforça em ganhar colaboradores para sua causa. Entre Satanás e Jesus Cristo, nesse momento dos *Exercícios*, o exercitante já não tem de escolher; sua opção por Jesus Cristo não poderia ser renegada [...]. Trata-se agora de escapar das artimanhas de Satanás, de não militar de fato sob a bandeira de Satanás, imaginando que se está a combater sob a de Jesus Cristo".

104. Ibid., 445-446.

tais provações se tornaram o símbolo do combate propriamente espiritual que, em todos os tempos e em todos os lugares, "Lúcifer" trava contra a "natureza humana" universal, arrogando-se o título de "portador da luz", como o atesta o Saltério.

3º) O agir de Lúcifer, identificável por sua *bandeira* de valores antievangélicos, será objeto do discernimento pessoal do exercitante, chamado a reconhecer seu extremo contraste com a outra *bandeira, do soberano e verdadeiro capitão dos bons*, estando subentendido que os "pensamentos" de minha alma se encontram entregues à influência de cada um desses dois protagonistas onde se emaranham os dois "campos". O recurso à *quarta regra de discernimento* própria dessa semana é aqui indispensável:

> [...] É próprio do mau anjo, assumindo a aparência de anjo de luz, introduzir-se junto à pessoa devota para tirar vantagem própria. Isto é, sugerir pensamentos bons e santos, conforme a esta pessoa justa, e depois, pouco a pouco, procurar sair com a sua, atraindo-a para seus enganos escondidos e perversas intenções. (EE 332)

O conjunto dessas regras próprias da segunda semana já não se contenta, portanto, em esclarecer a rivalidade dos "espíritos bons ou maus" no espaço íntimo da alma, como foi comumente o caso na primeira semana, mas em referência a essas criaturas puramente espirituais — "os anjos bons ou maus". Se, no entanto, as duas meditações iniciais dessa primeira semana já se referiam "ao pecado dos anjos" (EE 50), bem como aos "anjos (bons) que são a espada da justiça divina" (EE 60), é provavelmente para iniciar aos poucos o exercitante no combate universal travado pelo "inimigo da *natureza humana*", que se opõe à vontade do "Rei Eterno" de "conquistar o mundo inteiro e todos os inimigos" (EE 95, 1º). Agora, em todo caso, a contemplação "das duas Bandeiras" revela incomparavelmente a altura e a profundidade, o comprimento e a largura (cf. EE 65, 2º) de um combate de caráter espiritual, em que a própria alma particular do exercitante se encontra inserida como uma ínfima parte do todo. É também nesse sentido que os *Exercícios* interpretam o caráter "iluminativo" da segunda "via", subsequente à primeira, denominada "via purgativa".

Seu fruto de iluminação não remete de modo prioritário ao agir propriamente espiritual "de Deus e de seus anjos", como o deduzirá a primeira regra de discernimento específica da segunda semana em EE 329, mas ao testemunho evangélico da Anunciação pelo Anjo Gabriel à Virgem Maria (cf. Lc 1,26-38), um papel angélico que a cena inaciana destaca singularmente, visto que somente sua intervenção na "história" (EE 106, 107 e 108) permite lançar uma ponte entre esses dois mundos tão diferentes: o universo dos homens e o mistério das Três Pessoas divinas. Daí resulta que o combate travado pelo "soberano e verdadeiro capitão", em sinergia com todos os anjos bons, é o único capaz de vencer não apenas os pecados dos homens, mas principalmente aquele que é seu primeiro instigador, a saber, Lúcifer, "pai da mentira desde o princípio" (Jo 8,44), travestido em "anjo de luz" (Jo 1,4-5). Esse combate ocorre entre duas luzes, uma autêntica, a outra, falsa, e no fim entenebrecedora. O triunfo de Cristo sobre o tentador, no deserto, ilustrará perfeitamente essa estratégia de "Lúcifer", por ocasião do sexto dia (EE 161): "*Se és filho de Deus*, dize a essas pedras que se mudem em pão; joga-te daqui para baixo; tudo o que vê, eu te darei se te prostrares e me adorares" (EE 274). A topografia de Babilônia e de Jerusalém será carregada da alegoria desse tipo de combate.

b. O terceiro preâmbulo

> EE 139: *Terceiro preâmbulo*. Pedir o que quero: conhecimento dos enganos do mau chefe e ajuda para me defender deles. E conhecimento da vida verdadeira que o supremo e verdadeiro chefe mostra com graça para o imitar[105].

Em relação ao caminho proposto ao exercitante desde a primeira semana até a contemplação do Rei eterno (EE 91 ss.), a meditação das duas Bandeiras inaugura um tempo muito singular, tanto para Cristo, que escolhe estar "na casa de seu Pai", como para o exercitante, convidado a seguir seu "exemplo" (EE 135). De fato, uma coisa era "receber a graça de detestar" meus próprios pecados, enraizados no pecado de Adão e no pecado do "mundo", a ponto de receber o perdão deles segundo EE 63; outra coisa é haver aquiescido a essa intensificação do desejo suscitada pela escuta do Chamado do Rei eterno segundo EE 98.

A dupla reserva, atestada pelas orações intercaladas expressas pelo colóquio do Reino, indicava realmente o caminho que resta a ser percorrido para a entrada, sem presunção nem "falsa humildade"[106], no trabalho responsabilizador e realista da eleição pessoal. Por isso é necessário que aquele que já deixou transbordar sua generosidade seguindo, custe o que custar, "o Senhor eterno de todas as coisas" não seja enganado quanto à identidade daquele que ele toma por guia e capitão, visto que Lúcifer é capaz de sequestrar o lugar de Cristo desviando o imaginário, depois o entendimento, e por fim a vontade daquele que pretende querer seguir tão somente o verdadeiro Cristo. A partir daí a estratégia do "inimigo da natureza humana" será descrita *em primeiro lugar*, a fim de que o exercitante aprenda a desemaranhar as projeções de seu próprio desejo das representações de um deus tão fascinante como superpoderoso, projetando a utopia de um messianismo terrestre e mundano.

A anterioridade dessa primeira petição poderia ser muito mal interpretada, se dela deduzíssemos que Lúcifer detém o poder absoluto de iniciar o combate contra nosso Senhor, obrigado a partir daí a adotar uma posição defensiva, como se se tratasse de defender uma cidadela sitiada (cf. EE 327). Essa interpretação não cessou de influenciar em todas as épocas o julgamento dos historiadores da Igreja, quando estes denunciaram as graves traições de alguns de seus membros em relação à fidelidade ao Evangelho.

---

105. EE 139: *"El 3º, demandar lo que quiero: y será aquí pedir conocimiento de los engaños del mal caudillo, y ayuda para dellos me guardar; y conocimiento de la vida verdadera que muestra el summo y verdadero capitán, y gratia para le imitar"*.

106. A carta dirigida por Inácio à irmã Rejadella em 18 de junho de 1536 é considerada a apresentação mais ampla e mais límpida da doutrina do discernimento, em Hugo Rahner, *Ignace de Loyola, Correspondance avec les femmes de son temps*, II, Paris, DDB, 1964, 116-121.

No entanto, se nos ativermos à lógica espiritual e teológica desdobrada até aqui na segunda semana, o que ocorre é exatamente o inverso, pois Lúcifer só intervém *depois* que o exercitante foi tomado até em seu desejo mais pessoal de seguir Cristo a qualquer preço. É o "Rei eterno", portanto, que sempre toma a iniciativa propriamente divina de chamá-lo, a ponto de nele tornar esse chamado eficaz em sua resposta. O fato, porém, é que tal resposta deve ser purificada à luz da verdade do Evangelho e da percepção íntima das consolações que serão oferecidas pela graça de Deus. Essa lógica espiritual encontra seu fundamento no Evangelho. A primazia absoluta do Rei eterno de todas as coisas sobre o poder das trevas luciferianas foi soberbamente demonstrada por Karl Barth.

> No conflito em questão, trata-se primeira e essencialmente da ofensiva da luz contra as trevas, e não o inverso. Ao contrário, o adversário, seja qual for, já se encontra de saída atacado, antes mesmo que se dê conta de ter sido posto em pé de guerra. Diante da luz absoluta, as trevas não possuem força de radiância alguma, dinamismo algum, autoridade e dignidade alguma; existem tão somente em sua oposição à luz, e é somente a partir da luz que a existência delas é cognoscível [...] Essa ofensiva ocorre na Palavra da graça de Deus, porque esta proclama uma transformação decisiva, radical e universal de toda a constituição do mundo e do homem, e porque a partir dela se anuncia um novo porvir[107].

Outro aspecto dessa oração de petição merece ser destacado: "pedir o *conhecimento* da verdadeira vida *ensinado*...". O objeto de ensino de Cristo é a própria Vida. O Evangelho joanino articula exemplarmente esses dois aspectos distintos da realidade revelada desde seu Prólogo: "Nele (o Verbo) estava a vida e a vida era a luz dos homens, e a luz brilha nas trevas, e as trevas não a compreenderam" (Jo 1,4). E o próprio conteúdo da confissão de fé de Pedro confirma essa identificação, visto que diz respeito ao ensinamento do "pão de Deus, que desce do céu e dá a vida ao mundo" (Jo 6,33): "Tu tens *palavras de vida* eterna" (Jo 6,68). Por fim, em sua grande oração por unidade, Jesus remembra a obra que realizou antes de ir ao encontro do Pai: "segundo o poder que tu lhe deste sobre toda carne, a fim de que dê a vida eterna a todos os que lhe deste. Ora, a *vida eterna* é que eles te *conheçam* [...]" (Jo 17,2-3)[108].

---

107. Karl Barth, *La dogmatique ecclésiastique*, IV: *La doctrine de la réconciliation*, § 69, Terceira parte: Jésus Christ, le Témoin véridique, 3º, Christ est vainqueur, tradução francesa de F. Ryser, Genève, Labor et Fides, 1972, 259-301.

108. Também Karl Barth analisou a equivalência estabelecida pelo Evangelho joanino entre o Conhecimento "noético" e a Vida "ôntica". Deduziu daí que a apreensão racional e dogmática da Verdade só pode ser uma primeira abordagem da realidade que ela veicula, conduzindo então necessariamente à narrativa de uma História que, em Jesus Cristo, "potencializa a si mesma" iniciando o crente na liberdade de Vida que o Espírito oferece: Jésus Christ, le Témoin véridique, 2º: La lumière de la vie, 39-179. Quanto a Karl Rahner, ele estimulou a reflexão sobre a lógica do conhecimento existencial em Santo Inácio de Loyola num ensaio homônimo em *Éléments dynamiques dans l'Église*, Paris, DDB, 1967, 75-133. Por fim, Christoph Theobald prolongou essa reflexão, a fim de tipificar a maneira inaciana de ensinar teologia em Une manière de faire de la théologie, NRT 119/3 (1997) 375-396.

c. O desenrolar da meditação

As *composições de lugar* já são carregadas pela contrariedade da oposição delas, simbolizada por estas duas cidades: Babilônia ou Jerusalém.

> EE 140: *1º ponto*. Imaginar o chefe de todos os inimigos, naquele enorme campo de Babilônia, sentado num trono de fogo e fumaça, com um aspecto horrendo e espantoso [*como en una grande cátedra de fuego y humo, en figura horrible y espandosa*].
>
> EE 143: De modo contrário se há de imaginar o chefe supremo e verdadeiro, Cristo nosso Senhor.
>
> EE 144: Considerar como Cristo nosso Senhor se coloca num vasto campo daquela região de Jerusalém, num lugar humilde, belo e gracioso [*en lugar humilde, hermoso y gracioso*].

O campo "do chefe dos inimigos" se situa em Babilônia, que o Gênesis retrata como a torre de Babel, simbolizando o empreendimento mais orgulhoso da humanidade: "Construamos para nós uma cidade e uma torre cujo nome atinja o céu. Conquistemos para nós um nome, a fim de não sermos dispersados sobre toda a superfície da terra" (Gn 11,4). Depois, o profeta Isaías apresenta o retorno do exílio como banimento de Judá, que cedeu à tentação de vingar-se do opressor babilônico: "Eu subirei aos céus, altearei o meu trono acima das estrelas de Deus, eu estarei sentado sobre a montanha da assembleia divina no extremo norte, eu subirei ao cume das nuvens, eu serei como o Altíssimo. Mas foste obrigado a descer ao Sheol, ao mais profundo do Fosso" (14,13-15). Por fim, o Apocalipse prediz a queda de Babilônia (Ap 18,2.10.16-17.19.21):

> Caiu, caiu Babilônia, a grande [...]. Ó grande cidade, Babilônia, cidade poderosa, bastou uma hora para seres julgada! [...] Ai! Ai! A grande cidade, vestida de linho, de púrpura e escarlate, resplandecente de ouro, de pedras preciosas e de pérolas, bastou uma hora para devastar tamanha riqueza! [...] Ai! Ai! A grande cidade, cuja opulência enriqueceu todos os que têm navios no mar, bastou uma hora para que fosse devastada! [...] porque em ti se encontrou o sangue dos profetas, dos santos, e de todos os que foram imolados sobre a terra.

Virtualmente terminada, a luta prossegue, porém, com "o resto da descendência da mulher" (Ap 12,17). Por isso, segundo Paulo não é "contra a carne e o sangue" de homens fracos e perecíveis que os cristãos combatem, mas "contra os Principados, as Potestades, os Dominadores deste mundo de trevas, os espíritos do mal que estão nos céus" (Ef 6,12). 1 Coríntios 15,24 descreve a partir da ressurreição de Cristo sua obra de conquista libertadora, que só se concluirá no fim dos tempos, "quando ele entregará o Reino a Deus, seu Pai, depois de haver reduzido à impotência Principados, Dominações e Potestades". Tais referências a Babilônia dão suficientemente a entender que o chefe dos inimigos continua a arrogar-se as aparências de Deus.

Essa substituição típica do "anjo da luz" se encontra igualmente atestada pelos discursos apocalípticos dos três sinópticos, que predisseram a hora em que "virdes instalado no lugar santo o Abominável Devastador...":

> Mateus 24: Haverá então uma grande aflição, tal como não houve desde o começo do mundo até agora e nunca mais haverá. [...] De fato, levantar-se-ão falsos messias e falsos profetas e produzirão sinais formidáveis e prodígios, a ponto de induzir em erro, se fosse possível, até os eleitos (v. 21 e 24). Assim também vós, quando virdes tudo isto, sabei que o Filho do Homem está próximo, às vossas portas (v. 34). Eis por que, também vós, estai preparados, pois numa hora que não pensais é que vem o Filho do Homem (v. 44).

Contrariamente a essa arrogância babilônica que pretende escalar os céus a ponto de assemelhar-se ao Altíssimo, o Apocalipse descortina (Ap 21,1-14) esta visão de um dos sete anjos:

> Vi então um céu novo e uma nova terra... É a cidade santa, a nova Jerusalém, eu a vi descendo do céu, de junto de Deus, preparada como uma noiva que se enfeitou para seu esposo. E ouvi uma voz forte, vinda do trono, que dizia: "Eis a morada de Deus com os homens..." "Aproxima-te, vou mostrar-te a noiva, a esposa do Cordeiro..." As muralhas da cidade tinham doze fundamentos, e sobre eles os doze nomes dos doze apóstolos do Cordeiro.

Quanto ao exercitante, ele é chamado a entender a surpreendente beleza nova de Cristo nosso Senhor "num vasto campo daquela região de Jerusalém, num lugar humilde, belo e gracioso", lembrando-se de que esse "Rei eterno doravante acompanhado de sua corte celeste" (EE 97) coadunou-se com a decisão das Três Pessoas divinas "de realizar a santíssima encarnação" (EE 108). A partir daí a contemplação do próprio lugar em que ele se mantém expressa incomparavelmente a glória secreta do Esposo régio exaltado por sua Esposa no Salmo 45,2: "Tu és o mais belo dos homens, a graça escorre dos teus lábios; por isso Deus te abençoou para sempre". Notemos de passagem que toda a estética inaciana está resumida na descrição desse "lugar físico", *lugar corporeo* (EE 47), pois os termos "*hermoso et gracioso*" são dois hápax do livro dos *Exercícios*. O redator dos *Exercícios* convida, assim, o exercitante a concentrar sua atenção a partir daí nesse lugar onde Cristo se mantém e por onde ele passa, como morada onde ele residirá sempre, pois é o lugar indubitavelmente distintivo e sacramental de sua humildade filial. Esse é, segundo João 10,1-19, "o bom [*kalos*] pastor, que se despoja da própria vida por suas ovelhas", "que tem o poder de se despojar da vida e o poder de retomá-la", contrariamente aos ladrões e aos salteadores vindos para matar e para pôr a perder, por instigação de Lúcifer. Esse será o lugar de ancoragem da "verdadeira *esposa* de Cristo nosso Senhor, que é nossa santa *mãe*, a Igreja hierárquica" (EE 353), visto estar ela destinada a lavar os pés para seguir "o exemplo de humildade" de seu Senhor (EE 289, 2º)[109].

Diante da composição de lugar típica da contemplação do Reino (EE 91: *primeiro preâmbulo*), a das Bandeiras junta à glória celeste do chamado do Rei eterno a espessura e a ambiguidade do combate específico da *história* universal da salvação, na medida em que mergulha a imaginação, o entendimento e a vontade de cada homem na rivalidade

---

109. Essa descrição de Cristo pertence a toda uma tradição espiritual cuidadosamente recolhida por Ludolfo em GV Pról. 13º e 14º e por Cisneros em seus *Ejercitarios*, c. XLIX, 177.

mortífera e mentirosa que Lúcifer, "príncipe deste mundo", opõe ao Reino de Cristo, selado em sua humanidade[110]. Os pontos seguintes descreverão paralelamente as estratégias de seus respectivos colaboradores.

d. Duas mobilizações contrárias

> EE 141: *2º ponto*. Considerar como ele [Lúcifer] chama inúmeros demônios, espalha-os pelas diversas cidades e pelo mundo todo, sem deixar região, lugar, estados de vida e nenhuma pessoa em particular.
>
> EE 145: *2º ponto*. Considerar como o Senhor do mundo inteiro escolhe tantas pessoas, apóstolos, discípulos etc. E como os envia por todo o mundo, difundindo sua santa doutrina entre todos os estados de vida e condição de pessoas[111].

O chefe do primeiro campo age com eficácia e quase espiritualmente, na medida em que aliena as pessoas, enviando inúmeros "demônios"[112]. Sua ação parece bem mais universal que a do anjo Gabriel, enviado apenas a uma casa, de uma única Província (EE 103).

> [Satanás] sairá para seduzir as nações que estão nos quatro cantos da terra, Gog e Magog. Ele as reunirá para o combate: seu número é como a areia do mar. Eles invadiram toda a extensão da terra e investiram contra o acampamento dos santos e a cidade bem-amada (Ap 20,7-9).

Por outro lado, "o Senhor do mundo inteiro" (EE 98: "o Rei eterno e Senhor universal") é quem preside à escolha de inúmeras pessoas, sem se servir de intermediário estrangeiro algum em seu chamado pessoal, sendo ele o "Verbo encarnado" (EE 98). A identidade dessas pessoas chamadas corresponde à hierarquia mais fundamental da Igreja: a autoridade dos "Apóstolos" garante a dos "discípulos", de quem se espera que respondam com retidão a uma autêntica "vocação divina" (cf. 172)[113]. Foi a eles que se confiou a tarefa de transmitir a Palavra de Vida, no sentido preciso de que o próprio Se-

---

110. Quem busca captar as principais abordagens hermenêuticas modernas da Apocalíptica poderá tirar proveito da leitura de CHRISTOPH THEOBALD, Apocalyptique et théologie contemporaine, em *NRT* 115/6 (1993) 848-469.

111. EE 145: *"El 2º, considerar cómo el Señor de todo el mundo escoje tantas personas, apóstolos, discípulos etc. y los envía por todo el mundo, espaciendo su sagrada doctrina por todos estados y condiciones de personas"*.

112. S. LYONNET, La méditation des deux étendards et son fondement scripturaire, *Christus* 12, 436: "Coisa surpreendente, o demônio ocupa nos *Exercícios* um lugar deveras limitado. Praticamente só se fala a seu respeito a propósito do discernimento dos espíritos (EE 7, 8, 12 e 32; regras de discernimento dos espíritos: 315, 318, 325, 327, 331, 336; regra dos escrúpulos: 347, 349, 350). No entanto, na apresentação dos mistérios, ele só aparece nas tentações do deserto (EE 274) e a propósito da missão dos apóstolos, encarregados de 'afugentar os demônios' (EE 281, 1º)." Ver também S. LYONNET, verbete "Démon", em DS, cc. 14ss.

113. É provavelmente a razão pela qual nem o sumo pontífice, nem os bispos são citados, omissões confirmadas pelas "regras para o verdadeiro sentido que devemos ter na Igreja militante" (EE 352-370).

nhor os envia, "como ele próprio foi enviado por seu Pai" (cf. Jo 20,21) para difundir sua própria e "santa doutrina"[114].

Comparemos agora cada *terceiro ponto*, em que se confrontam as "doutrinas" adversárias. A metáfora das "duas Bandeiras" tem a função de permitir que esses homens discirnam qual é o chefe sob cuja influência eles se encontram[115], isto é, para quais ações foram levados ou se arriscam a serem levados.

> EE 142: *3º ponto*. Considerar o discurso [*sermón*] que lhes dirige: como os exorta a lançar redes e cadeias. Primeiro, a tentar com a ganância de riquezas, como costuma fazer na maioria das vezes, para que assim facilmente, cheguem à honra vã do mundo e daí a uma grande soberba. De modo que o primeiro grau seja o das riquezas; o segundo, o das honras; o terceiro, o da soberba. E desses três níveis induzir a todos os outros vícios[116].

> EE 146: *3º ponto*. Considerar as palavras [*sermón*] de Cristo nosso Senhor a todos os servidores e amigos que envia para esta jornada. E como lhes recomenda que queiram ajudar a todos, trazendo-os primeiro à maior pobreza espiritual, e se sua divina Majestade for servida e os quiser escolher, não menos à pobreza material. Segundo, ao desejo de afrontas e desprezos, pois destas duas coisas se segue a humildade. De modo que sejam três graus: 1º pobreza contra riqueza; 2º afrontas ou desprezo contra honra mundana; 3º humildade contra soberba; e destes graus levem a todas as outras virtudes[117].

A primeira bandeira é a de Lúcifer. Ela permitirá compreender em que sentido "os demônios" alienam o ser humano, "lançando redes e cadeias".

> Enquanto as cadeias evocam escravidão, as redes parecem antes insinuar o método que os subalternos de Satanás devem empregar. Assim, Paulo pretende precaver seu discípulo Timóteo contra as "redes do diabo" (1Tm 3,7; 2Tm 2,26) ou suas "armadilhas" (1Tm 6,9). É sobretudo em 2 Coríntios 2,11 que Paulo suplica a seus fiéis que não nos

---

114. Cf. EE 145, 164 e 363.

115. A fim de ampliar a compreensão atual dessa meditação inaciana, pode-se referir com proveito ao artigo Raices de teología espiritual en Dos Banderas, de S. Arzubialde, *Manresa* 56 (1984) 291-319, em que o autor remete a K. Rahner, a E. Przywara e a H. U. von Balthasar. No entanto, essa meditação merece também ser confrontada com a psicanálise. A propósito, recomendamos os estudos de L. Beirnaert, Discernement et psychisme, *Christus* 4 (1954) 50-61; A. Vergote, *La psychanalyse à l'épreuve de la sublimation*, col. Passages, Paris, Cerf, 1997, 278 p.; igualmente, D. Struyf; e B. Pottier, *Psychologie et spiritualité, Enjeux pastoraux*, col. Donner raison nº 35, Bruxelles, Lessius, 2012, 317 p.

116. EE 142: "*El 3º considerar el sermón que les hace, y cómo les amonesta para echar redes y catenas; que primero ayan de tentar de cobdicia de rriquezas, como suele ut in pluribus, para que más 'facilmente engan al vaso honor y despues a crescida soberbía; de maniera que el primer escalón sera la riquezas, el 2º de honor, el 3º de soberbía y destos tres escalones enduce a todos los otros vicios*".

117. EE 146: "*El 3º considerar el sermón que Cristo nuestro Señor haze a todos sus servios y amigos, que a tal jornada embía, encomendándoles que a todos quieran ayudar en traerlos, primo a suma pobreza spiritual, y si su divina Majestad fuere servida y los quisiere eligir, no menos a la pobreza actual; 2º a deseo de opprobios y menosprecios, porque destas dos se signe la humilidad; de maniera que sean tres escalones; el primero pobreza contra rriqueza; el 2º opprobio y menosprecios contra el honor mundano; el 3º humilidad contra la soberbia; y destos tres escalones ynduzgan a toda las otras virtudes*".

"deixemos enganar por Satanás", "o deus deste mundo que cega a inteligência dos incrédulos" (4,4), inimigo ainda mais temível, pois "disfarça-se em anjo de luz" (11,14), como outrora soube "seduzir Eva com sua astúcia" (11,3). É nesse mesmo sentido que João 8,44 chama Satanás não apenas de "homicida desde o princípio", mas também de "mentiroso e pai da mentira"[118].

Para Inácio, esse tipo de encadeamento corresponde à "maneira usual" como diferentes vícios arrastam os que os cometem para outros vícios mais graves. Assim, a primeiríssima regra de discernimento já especificava que "o inimigo costuma propor *prazeres aparentes* às pessoas que vão de pecado mortal em pecado mortal, *fazendo-as imaginar deleites e prazeres sensuais, a fim de mais as manter e aumentar em seus vícios e pecados*" (EE 314).

Quais vícios? O simbolismo de Babilônia, cuja queda é predita em Apocalipse 18-20, descreve tal cidade como aquela "que se tornou morada de demônios, abrigo de todos os espíritos impuros" (v. 2). Dois tipos de vício são particularmente visados: a prostituição e a acumulação das riquezas[119]. A gravidade deles não se mede apenas pelo estalão do orgulho e por sua oposição aos "valores evangélicos", mas pelo fato de haverem provocado a morte dos Profetas: "[...] em ti se encontrou o sangue dos profetas, dos santos, e de todos os que foram imolados sobre a terra" (Ap 18,21); e assim Deus "vingou o sangue de seus servos" (Ap 19,2) e "as almas dos que tinham sido decapitados por causa do testemunho de Jesus e da palavra de Deus, e os que não tinham adorado a besta nem sua imagem [...] tornaram à vida e reinaram com Cristo durante mil anos" (Ap 20,4).

Embora o exercitante já tenha contemplado a ação mortífera de Herodes (cf. EE 269, 1º), Inácio se contenta aqui em denunciar uma lógica de crescimento dos vícios que leva da "ganância de riquezas [...] para que assim os homens facilmente, cheguem à honra vã do mundo e daí a uma grande soberba", assinalando que se trata de três níveis que conduzem a todos os vícios[120].

e. O escalonamento dos vícios e das virtudes

Duas perguntas merecem ser tratadas a propósito desse escalonamento.

1º) A primeira diz respeito ao teor estritamente moral dessa gradação dos vícios, sobretudo porque Lúcifer não é apresentado como inimigo direto da economia da graça oferecida no Espírito de Jesus Cristo, mas apenas como "inimigo *da natureza humana*"

---

118. S. LYONNET, La méditation des deux étendards et son fondement scripturaire, 446.

119. Cf. Apocalipse 18,3: "Porque deu de beber a todas as nações do vinho do furor de sua prostituição; os reis da terra prostituíram-se com ela, e os mercadores da terra enriqueceram-se com o poder do seu luxo". Ver também os versículos 7, 9, 11 a 17.

120. Agostinho refletiu tanto o encadeamento dos vícios como o das virtudes em referência a três categorias: *ab exterioribus ad interiora, ab interioribus ad superiora* (cf. *Enarr. in Sl 145*,5, PL 37, 1887). Assim, a atratividade do ter *exterior* leva à honra interpessoal e *interior*, favorecida pelo entorno daqueles que buscam a glória do mundo, até alcançar a *altura* de um imenso orgulho.

(EE 136). Já abordamos essa matéria ao tratar dos "primeiros pressupostos da antropologia inaciana" e, depois, da doutrina dos "pecados" na primeira semana. A ênfase no valor ético de todo ato humano será exemplarmente verificada na apresentação das "oito bem-aventuranças" (EE 278, 1º) como exigências morais, sem que jamais seja explicitada sua incidência beatificadora futura ou já atual[121].

2º) Outra pergunta diz respeito à primazia concedida a esse primeiro escalão dos vícios constituído pela "ganância de riquezas". Em 1269-1272, Tomás de Aquino abordou essa questão ao comentar o episódio dos vendilhões expulsos do Templo em João 2,11 ss.[122]. Por sua vez, o Pe. Arthur Codina se empenhou num estudo pormenorizado de inúmeras passagens em que Ludolfo trata das bandeiras na *Vida de Cristo*[123], a fim de estabelecer as correspondências literárias mais sugestivas com cada um dos pontos inacianos[124]. No entanto, é preciso render-se à evidência de que os três escalões dos ví-

---

121. Assim, portanto, a moral envolvida durante essa semana inaciana não condiz à primeira vista com o propósito teologal da *Cidade de Deus* de Agostinho: "Dois amores fizeram duas cidades: o amor de si até o desprezo de Deus, a Cidade terrestre; o amor de Deus até o desprezo de si, a Cidade de Deus". No entanto, como assinala PIERRE PIRET (*La destinée de l'homme: la Cité de Dieu, Un commentaire de la "Cité de Dieu" d'Augustin,* Bruxelles, Institut d'Études Théologiques, 1991, 226-227): "'O amor de si até o desprezo de Deus' não é o verdadeiro amor de si; é a complacência orgulhosa consigo mesmo. A contrapartida de tal amor que despreza Deus não é, na frase de Agostinho, o desprezo de si até o amor de Deus, mas antes 'o amor de Deus até o desprezo de si'. De fato, o desprezo de si não suscita nenhum amor a Deus, ao passo que o amor dirigido a Deus salva o si de sua complacência orgulhosa, pelo amor verdadeiro". Assim, portanto, as *duas Cidades* de Agostinho nos levam a essa distinção primordial, reconhecida na moral natural e sobrenatural em que a natureza humana, criada por Deus, pode ser ferida de morte por esse vício supremo que é o orgulho.

122. *Commentaire sur l'Évangile de saint Jean*, I, prefácio, tradução francesa e notas de M.-D. Philippe, Éd. de l'Agneau, 1977, 318-326: "Entre os diferentes meios de que o diabo se serve para corromper as coisas santas, o principal é o vício da avareza (381º). No sentido místico, as palavras do Evangelista podem ser entendidas de três maneiras. 1º) *As ovelhas, os bois e as pombas* simbolizam os bens eclesiásticos espirituais e o que se relaciona com eles, isto é, a própria doutrina dos Apóstolos, o sangue dos mártires e os dons do Espírito Santo. 2º) Certos prelados ou intendentes das Igrejas se vendem, não abertamente, por simonia, mas inconscientemente, por negligência: por exemplo, quando cobiçam coisas temporais e se ocupam com elas, a ponto de negligenciar a salvação espiritual daqueles que lhes estão submetidos. 3º) Por Templo de Deus pode-se também entender a alma espiritual, quando esta se abstém de ceder aos instintos bestiais pelos quais ela se vende ao diabo" (383º).

123. A. CODINA, *Los orígines de los Ejercicios espirituales de S. Ignacio de Loyola, Estudio historico,* Barcelona, Bibl. Balmes, 1926, *Anexo I*, nº 20 a 22, 227-331. Ludolfo trata das "bandeiras" quando analisa a missão dos discípulos encarregados de expulsar demônios, mas também a propósito do poder das chaves entregue a Pedro em GV II, 1, 7º, e da cura do hidrópico no sábado em GV II, 2, 2º. O Cartuxo se refere também a *Lúcifer* quando trata de sua queda original (GV 1, 2, 1º), de sua iniciação particular no orgulho (GV I, 42, 1º), de Jesus que viu Lúcifer cair do céu (GV I, 58, 3º) e do homem criado à imagem de Deus e, no entanto, tentado a imitar Lúcifer (GV I, 68, 3º).

124. A. CODINA estabelece um paralelo entre cada ponto dessa meditação inaciana com 16 passagens difíceis de Ludolfo, situadas em 13 capítulos distintos, enquanto o Pe. RAITZ VON FRENTZ acrescenta outros quatro: Ludolphe le Chartreux et les *Exercices* de saint Ignace de Loyola, em *RAM* 97 (1949) 383-384.

cios mencionados nos *Exercícios* jamais condizem exatamente com os apontados por Ludolfo[125]. Codina conclui daí que, se a leitura de Ludolfo e de Tiago de Voragine pôde influenciar Inácio no início de sua conversão em Loyola, depois disso, graças às excepcionais iluminações místicas em Manresa, Inácio já não lhes deve nada no que tange às "coisas essenciais", ainda que lhe ocorra citar, por vezes literalmente, certos elementos "acessórios" extraídos da *Vida de Cristo* ou da *Legenda dourada*.

Deduziremos daí que, ao situar no topo dos vícios e das virtudes a riqueza em oposição à pobreza, o redator dos *Exercícios* avançou por uma via original, que será confirmada pelo tríplice colóquio: "pedir a graça de ser recebido [...] 'na maior pobreza espiritual', e se sua divina Majestade for servida e me quiser escolher, não menos na pobreza material" (EE 147, 1º). Embora essa expressão ternária — *summa pobreza espiritual* — possa apoiar-se na primeira bem-aventurança recenseada por Mateus, ela foi indubitavelmente forjada pelo próprio Inácio[126]. Aquilo que está decisivamente implicado nessa noção aparecerá na meditação seguinte, relativa aos "três tipos de pessoas" (EE 149 ss.).

Por outro lado, essa escolha da pobreza "atual" ou efetiva corresponde ao estilo de vida deliberadamente escolhido por Inácio e seus primeiros companheiros. Codina remete à experiência de Inácio, que vivenciará a bem-aventurança de estar puramente entregue à Providência de Deus em sua peregrinação à Terra Santa, uma precariedade pela

---

125. Ludolfo adota esses escalões numa grande variedade de perícopes. Assim, a propósito das três tentações de Jesus no deserto, propõe em 1º *gula*, em 2º *vanagloria*, em 3º *avaricia* (GV 1, 22, 9º). A *oratio* de conclusão da GV 1, 80 faz com que se peça para lutar contra essa tríplice hipocrisia dos falsos profetas constituída por "*la volundad carnal, o la avaricía, o la soberbía*". Nesse âmbito, A. CODINA propõe posicionar diante de EE 140 uma referência extraída do comentário de João 4,1-41 (cf. GV I, 85), que trata globalmente da iluminação do cego de nascimento. Ludolfo aí especifica que a cegueira nata pode designar "misticamente" (cf. 6º) o fato de que o gênero humano seja submetido por Adão a três formas de cegueira espiritual. Após essa referência, Codina acrescentará ainda uma frase extraída de GV I, 22, 9º, comentando as tentações de Jesus no deserto, segundo Marcos 4,1-11: "*La ceguedad espiritual se causa en tres maneras: la primera del polvo de la cobdicia (cupidez) terrenal; la secunda del huego de la cobdicia carnal; la tercena del hinchamiento de la soberbia. Procede [de las cosas pequeñas] a las más graves, e de las graves a las más pesadas, et finalmente tienta de las gravíssimas y muy más difíciles*". Por outro lado, Ludolfo já propunha que se escalonassem as virtudes ilustradas pela viagem exemplar de Maria e José para Belém, assinalando 1º a pobreza, 2º a humildade, 3º a paciência (GV I, 9, 9º), passagem que Codina escolhe pôr em paralelo com o discurso proferido por Cristo nosso Senhor em EE 146: "*Con tres exemplos nos muestra el Señor la carrera por la cual le debemos servir. El uno es ejemplo de pobertad, porque en este mundo no quiso tener riquezas; es este ejemplo nos face la carrera ligera e sin embarazo, porque más sin estorbo el huombre corra por ella. El secundo es de humildad, ca menosprécio toda la gloria del mundo, lo cual no es poco socorro para tener escondío e no destruído de la vanagloria todo el bien que hiciémons. El tercero es la paciencia, porque sufrió con alegre corazón las adversidades, e esto hace al hombre fuerte y robusto para sofrir*".

126. Nenhuma obra de Tomás de Aquino apresenta esses três termos conjuntamente, ao passo que o doutor comum é reconhecido por haver recapitulado a tradição teológica e espiritual. É preciso voltar a DIÁDOCO DE FOTICEIA, *Les cents chapitres*, col. SC 5 bis, Paris, Cerf, 145, para encontrar a seguinte afirmação: "Quando o lutador atou em si todas as virtudes, e sobretudo a perfeita pobreza [*ten teleian aktemosunen*], então a graça ilumina com um sentimento profundo [*aisthesei bathutera*] toda a sua natureza e aquece-a a partir daí num grandíssimo amor de Deus".

qual ele também passou durante sua estada em Paris, quando compartilhou seu quarto de estudante com Francisco Xavier. E Hugo Rahner mostrou em que estado de espírito viveram Inácio e "seus nove amigos no Senhor", quando em Veneza, em meados de janeiro de 1537, se dispuseram a ser ordenados padres, escolhendo viver na mais extrema pobreza[127]. Uma carta enviada pelo Mestre Jaio reflete muito bem o estilo de vida adotado pelos companheiros naqueles tempos:

> O mundo busca amealhar ouro e dinheiro e neles deposita sua glória. Bem-aventurado o que não corre atrás de ouro e não se confia ao dinheiro e aos tesouros. O mundo se deleita nos louvores dos homens, mas o servidor de Deus se regozija em sofrer humilhação por amor a Cristo. A cruz de Cristo parece uma loucura ao mundo, e o mundo trata como loucos os que, seguindo a Cristo, carregam sua Cruz, mas Paulo dizia: "não aconteça gloriar-me senão na cruz de nosso Senhor Jesus Cristo" (Gl 6,14).

Esse trecho da carta que Inácio endereçou a Pedro Contarini em agosto de 1537 confirma essa bem-aventurança reservada aos pobres:

> Se tudo é prometido aos que buscam *primeiro* o Reino de Deus e sua justiça, o que poderia faltar aos que buscam *tão somente* a justiça do Reino e o próprio Reino? O que faltará àqueles que não estão interiormente divididos, aqueles cujos olhos estão fixos no céu? Essa graça nos é dada por aquele que, rico de todas as coisas, se despojou para nos instruir […][128].

Quanto a essa mesma pobreza, A. Codina apontou o julgamento de Ludolfo a respeito da obtenção "de benefícios eclesiásticos", que não raro dispensavam os prelados de uma verdadeira responsabilidade pastoral por sua diocese ou abadia. O Cartuxo trata da "ambição e dos males próprios dos eclesiásticos e dos religiosos", que contrariam o exemplo dado por Cristo durante sua vida[129], e considera que "conquistar dignidades eclesiásticas é um grande pecado" e que, portanto, "quem deseja a honra e a dignidade eclesiástica não está em estado de graça [*no esta de gracia*]"[130]. A tais referências assinaladas por A. Codina, acrescentaremos a seguinte passagem extraída de VC I, 68, 2º:

> O primeiro mal é a falta de vocação. De fato, vários, seja por si mesmos, seja por pessoas interpostas, trabalham ativamente para serem promovidos às dignidades e aos cargos eclesiásticos, antes de serem chamados para isso; não aguardam a vocação com humildade, mas antecipam-na por ambição.

---

127. H. RAHNER, La vision de saint Ignace à la chapelle de la Storta, *Christus* 1 (1954) 46-65. Esse artigo resume em francês quatro artigos publicados na revista *Zeitshrift von Aszese und Mystik*, Die Vision des heiligen Ignatius in der Kapelle von La Storta, X (1935) 17-35; 124-129; 202-220; 265-282.

128. MI, *Epistolae et instructiones*, I, 124ss.

129. Em GV I, 68, Ludolfo se apoia no severo julgamento emitido por Bernardo de Claraval, citando inúmeros excertos de suas cartas, seus sermões e seus comentários escriturísticos.

130. Tal julgamento pode ser posto em paralelo com EE 169: "Há também outros que querem, primeiramente, ter posições rendosas, e depois servir a Deus nelas. Deste modo, eles não vão diretamente a Deus, mas querem que Deus venha diretamente às suas afeições desordenadas".

Ludolfo já identificou em sua raiz o mal de que sofre a sociedade cristã de seu tempo: ausência de discernimento da "vocação divina", que Inácio qualificará de "tendenciosa" em EE 172. O Cartuxo nos leva a considerar o modo como Inácio tratará os "benefícios eclesiásticos" em seu *tratado da eleição* (EE 169-189). Embora o redator dos *Exercícios* condene com a mesma firmeza o apego desordenado às honras e aos benefícios eclesiásticos[131], deixará aberta, no entanto, a possibilidade de escolher cargos eclesiásticos acompanhados de benefícios, contanto que tal eleição seja conforme à pura intenção de servir a Deus (EE 169), contanto "que ela milite em favor do combate travado pela Santa Mãe, a Igreja hierárquica" (EE 170) e que tal escolha seja animada pela graça da "maior pobreza espiritual", ainda que não se concretize na "pobreza material" (EE 147)[132].

Essa questão do dinheiro e dos meios financeiros parecerá decisiva quando o primeiro *Prepósito Geral* da Companhia de Jesus iniciar a fundação dos colégios em diversos países europeus. Nesse âmbito, a pesquisa realizada pelo Pe. Dominique Bertrand[133] mostra por que o apego à pobreza real e pessoal, demonstrado por um trecho do *Diário espiritual* de Inácio, pôde aliar-se a seu compromisso como *gestor* de uma espécie de multinacional, que implicava relações contínuas com o mundo pré-capitalista dos mercadores e dos banqueiros fanáticos por "negociações". Nessa matéria, era essencial que fosse rigorosamente estabelecida e mantida a subordinação do *meio* privilegiado constituído pelo dinheiro, diante do único fim transcendente constituído pela maior glória de Deus, para poder "estar no mundo sem ser do mundo" (Jo 17,14-15).

Também nessas áreas a obra de Inácio se distingue cada vez melhor da do Cartuxo, visto que os *Exercícios* propõem um traçado absolutamente original do caminho libertador da liberdade espiritual, pontuado por *quatro semanas*. Durante esse quarto dia, a segunda meditação, dita *dos binários* (três tipos de pessoas), confirmará a importância dessa primeira bifurcação em que se entra pela recusa da cobiça das riquezas. Terminemos primeiramente a análise das duas bandeiras, apresentando seu tríplice colóquio.

f. O tríplice colóquio

> EE 147: *Um colóquio a Nossa Senhora* para alcançar-me de seu Filho, nosso Senhor, graça para que eu seja recebido sob sua bandeira. Primeiro, na maior pobreza espiritual, e se sua divina Majestade for servida e me quiser escolher e receber, não menos na pobreza material. Segundo, em passar afrontas e injúrias, para mais imitá-lo nisto, desde

---

131. Cf. EE 169, 171 e 178.

132. Não obstante sua brevidade, o livro dos *Exercícios* contém igualmente "regras para a distribuição de esmolas" (EE 337-344), que se inspirarão na segunda maneira de fazer eleição em "tempo tranquilo" (EE 184-188).

133. DOMINIQUE BERTRAND, *La politique de saint Ignace de Loyola, L'analyse sociale*, Deuxième partie: *Une lecture attentive de la société; le vif des relations*, cap. 5: Les chevaliers du commerce et de la finance, Paris, Cerf, 1985, 251-292.

que as possa passar sem pecado de ninguém ou desagrado de sua divina Majestade. Rezar uma Ave Maria[134].

Segundo colóquio, pedindo ao Filho que me alcance isso mesmo do Pai [*pedir otro tanto el Hijo, para que me alcançe del Padre; y con esto dezir*]. Rezar "Alma de Cristo".

Terceiro colóquio, ao Pai, para que ele me conceda o mesmo [*pedir otro tanto al Padre, para que él me lo conced; y dezir*]. Rezar um Pai nosso.

Já praticado na *primeira semana*[135], o tríplice colóquio retoma essa forma de intercessão alternada pelas três pessoas, "Nossa Senhora", "o Filho" e "o Pai". Nos *Exercícios* inacianos, somente "o tríplice colóquio" atribui a Cristo o título de "Filho"; isso pressupõe que não é pela intercessão de Maria, reconhecida como "Nossa Senhora", que o exercitante tem acesso a essa identidade propriamente divina e trinitária daquele que durante a contemplação é designado como "o soberano e verdadeiro Capitão". O movimento ascensional de intercessão presta homenagem à corrente que desce imediatamente da graça. Além disso, contém a confissão dos limites de nosso conhecimento "das enganações do mau capitão", daquele "da verdadeira vida ensinada pelo soberano e verdadeiro capitão", e mais radicalmente a consciência da fragilidade de nossa vontade de rejeitar a influência do primeiro em benefício da exclusiva imitação do segundo. Eis por que esse tríplice pedido desemboca unicamente no Pai do "Deus Filho único" (Jo 1,18), "de quem tudo procede, e para o qual nós vamos" (1Cor 8,6).

O enunciado desse pedido permanece sempre associado a uma dupla proposição condicional, como na contemplação do Reino. A primeira, visando à escolha pessoal de servir sua divina Majestade "pela via da pobreza material", permanece estritamente submetida à escolha pessoal de Deus, discernível no trabalho da eleição pessoal. A segunda diz respeito à capacidade de suportar humilhações e injustiças, que só pode ser motivada pela vontade de imitar ainda mais o Senhor, de modo que assim "eu as possa passar sem pecado de ninguém". Imaginemos, por exemplo, a revolta que poderia ser suscitada por meu entorno ou até por mim mesmo caso o fardo assumido fosse tão insuportável que provocasse outras desordens pecaminosas, em razão da ausência prolongada de consolação. Inácio acrescenta, por fim, "o desagrado de sua divina Majestade". O respeito do homem que pretende imitar Cristo até o fim é aqui intimamente dependente do respeito da divina Majestade, na medida em que o Pai só alista alguém para "carregar a cruz" de seu Filho na medida em que lhe oferece a graça de suportá-la "facilmente" como "um fardo leve" (Mt 11,30). As regras de discernimento próprias da segunda semana evidenciarão magistralmente o caráter decisivo do critério afetivo que sustenta essa "facilidade", isto é,

---

134. EE 147: "*Un colloquio a Nuestra Señora, porque me alcance gracia de Hijo y Señor para que yo sea recibido debajo de su bandera y primero en summa pobreza spiritual, si su divina Majestad fuere servido y me quisiere eligir y recibir, no menos en la pobreza actual; 2º, en pasar opprobrios y iniurias, por más en ellas le ymitar, sólo que las pueda pasar sin pecado de ninguna persona ny displazer de su divina Majestad; y con esto una Ave María*".

135. P.-H. Kolvenbach, Notre Dame dans les Exercices spirituels de saint Ignace, em *Fous pour le Christ*, 92-104; R. Lafontaine, Les répétitions et le triple colloque (EE 62-64), em *Les Exercices spirituels de saint Ignace, Un commentaire littéral et théologique*, 119-125.

que "é próprio de Deus e dos seus anjos dar verdadeira alegria e gozo espiritual com suas moções" (EE 329)[136].

Esse pedido pela graça insigne de ser colocado sob a bandeira da cruz do Filho corresponde à que Inácio obteve na capela de La Storta. Hugo Rahner a caracteriza como o ponto culminante de uma iniciação numa "mística sacerdotal" vivida pessoalmente e com os primeiros companheiros. Contrariamente à experiência árida dos estudos feitos em Paris, Inácio recebeu, durante aquele ano de 1537, marcado por sua ordenação em Veneza e pela preparação de sua primeira missa, graças análogas às de Manresa[137]. "Desde então, uma imensa certeza se apoderou dele: seus companheiros e ele estão associados para sempre ao Cristo portador de sua cruz. [...] e toda sua vida orienta sua vida de oração para uma mística trinitária", como o confirma Nadal:

> Sei por parte do próprio Inácio que ele permanecia em relações constantes com as Pessoas divinas, recebendo de cada uma delas graças distintas. Essa graça de oração trinitária, nosso Pai a havia recebido por um raro privilégio. Da mesma maneira, a graça de experimentar e de contemplar em todas as coisas, em todas as atividades, em toda conversa, a presença de Deus e o amor das coisas espirituais, de ser contemplativo na ação, o que ele expressava comumente por estas palavras: "encontrar Deus em todas as coisas"[138].

---

136. Um parágrafo do *Diretório de 1599* comenta de modo esclarecedor essas palavras dos *Exercícios*. Dir1599 nº 196, 79: "Entre os indícios que mostram que a vontade divina chama ao estado mais perfeito, o melhor, note-se o seguinte: a alma se dá conta de que um 'numerário espiritual' lhe é prometido em quantidade suficiente para construir a torre da perfeição evangélica; isto é, que os trabalhos desse tipo de vida que parecem penosos aos outros homens, e que ela própria costumava anteriormente considerar tais, ser-lhe-ão tornados mais leves e mais fáceis: a pobreza voluntária, por exemplo, a abnegação da vontade própria ou a observação da castidade, e a prática das outras virtudes já não lhe parecerão tão duras, como o próprio Santo Agostinho afirma nas Confissões (L. VI, c. 12; L. VIII, c. 5 e 11 etc.). O fato de que tais pensamentos impulsionem para o bem de modo contínuo constitui um segundo indício; de fato, embora Satanás dissimule suas intenções no início, posteriormente não é capaz de esconder-se por muito tempo sem começar a cuspir seu veneno".

137. Eis o testemunho de LAINEZ sobre essa visão, em *Fontes narrativi II*, 133: "Quanto estávamos a caminho pela estrada de Siena a Roma, ocorreu ao nosso Pai sentir muitas consolações espirituais, principalmente na Santíssima Eucaristia [...]. Ele me disse então que Deus Pai havia gravado em seu coração estas palavras: 'Eu vos serei propício em Roma'. Como nosso Pai não sabia o sentido dessas palavras, observou: 'Não sei o que nos acontecerá. Talvez sejamos crucificados em Roma'. Depois, outra vez, ele me disse que lhe parecera ter visto Cristo carregando sua cruz, e ao lado dele o Pai que lhe dizia: 'Quero que tu o tomes por companheiro'. E Jesus acolheu o pedido e disse: 'Quero que tu nos sirvas'. O que lhe deu tamanha devoção ao nome de Jesus que ele quis nomear seu grupo 'Companhia de Jesus'". Por outro lado, *O relato do peregrino*, nº 96, contém apenas uma breve relação dessa graça de La Storta.

138. MNad IV, 451. Em *La vision de saint Ignace à la Storta*, *Christus* 1 (1954) 61-62, HUGO RAHNER nota que "sua união ao Deus Trindade, 'Criador e Senhor', não é simplesmente um repouso que se entrega aos mistérios da contemplação. É 'uma descoberta de Deus em todas as coisas' ou, mais exatamente, uma contemplação de todas as coisas a partir da Trindade. Essa visão sintética e concreta já data de Manresa: um olhar que penetra junto com a Trindade criadora todas as coisas criadas, que descobre o sentido místico de todas as relações entre elas, da proveniência de todas as coisas de Deus e do retorno delas à fonte. Santo Tomás definiu o dom da Sabedoria como uma disposição para julgar

A mística inaciana é dominada por essa Sabedoria que contempla a Trindade da qual cada coisa e cada graça procede, a fim de que cada homem possa livremente retornar para ela. É também nessa visão arquitetônica e sapiencial que se perfila a *Santíssima Humanidade* de Jesus como meio privilegiado para "mais nos conduzir ao fim para o qual somos criados". Nesse fluxo e refluxo, Jesus já é essencialmente o guia e o caminho para o Pai, como o tríplice colóquio convida a vivê-lo na oração[139].

Chegando ao termo da contemplação das Bandeiras, apreendemos mais nitidamente a originalidade do itinerário dos mistérios da infância. Diante das narrativas de Lucas e de Mateus, a memória inaciana reforçou em especial dois traços aparentemente muito distantes um do outro: de um lado, a Encarnação foi aí relida na perspectiva da decisão tomada pelas três Pessoas divinas, "como que entronizadas em sua divina Majestade" (EE 106, 3º), enquanto, do outro, a concepção e o nascimento do Menino Jesus não são atestados por nenhum traço miraculoso, virginal e espiritual de sua humanidade. Tal despojamento é confirmado pela antecipação real de seu caminho de cruz (EE 116) e pela posição que ocupará "Cristo nosso Senhor, num lugar humilde, belo e gracioso" (EE 144).

g. A questão da antecipação proléptica do mistério da Cruz

1º) A *décima primeira* anotação impõe ao exercitante que permaneça plenamente na semana em que se encontra, sem antecipar as semanas seguintes, "como se nada de bom esperasse encontrar" no futuro. A meditação das bandeiras não transgride esse princípio, na medida em que já remete o exercitante ao início do caminho da cruz, e além disso à atualidade do tempo eclesial em que o discípulo aprende que durante sua eleição será confrontado com a verdade de que "o servo não é maior do que o seu senhor" (Jo 15,20)? A bem dizer, tal meditação sempre situa o exercitante no presente da Igreja, engendrada pela intercessão de "Nossa Senhora" na *verdadeira vida* ensinada pelo soberano capitão, que é também "o Filho" encarnado do Pai.

Em consequência, as Bandeiras antecipam não apenas as contemplações do batismo e das tentações do deserto, mas também o chamado dos primeiros discípulos, a fim de que o exercitante receba progressivamente, ao se tornar disponível para os diversos "tempos propícios para a eleição" (EE 175-188), a confirmação da graça de imitar Cristo, repetindo esse pedido da graça "de ser recebido sob a bandeira da cruz" não apenas du-

---

todas as coisas segundo 'seu parentesco com o divino'. Essa é também a graça de Inácio. Esse é o caráter próprio da mística trinitária". Ver também MARK ROTSAERT, *God vinden in alles*, Gooi en Sticht/Altiora, Baarn/Averbode, ⁵2003, 111 p.

139. Nós mesmos observamos que a referência de Hugo Rahner à doutrina tomasiana da Sabedoria pode igualmente ser confirmada pela compreensão de Cristo em sua humanidade, tal como finalmente sintetizada na *Suma*, porque o doutor medieval concebe o papel *mediador* de Cristo (IIIa, qu. 26) como algo identificado à função *sacerdotal* (IIIa, qu. 22), ambos lhe sendo atribuídos, não em sua qualidade de Deus, mas *em sua qualidade de homem* "pleno de graça e de verdade", "que por seu sangue se ofereceu a Deus" por todos os homens (IIIa, qu. 26, a. 2 e qu. 48, a. 1 a 6).

rante o quarto dia, mas também depois disso (cf. EE 168). Essa forma de antecipação, já instaurada pelo Reino, justifica-se pelo fato de que para todo crente Cristo já salvou todo homem por sua Cruz, seja qual for a "perfeição" (cf. EE 135) que cada exercitante venha a discernir como sua: a dos mandamentos ou a dos conselhos evangélicos.

Diante do desenrolar da revelação evangélica, a contemplação das Bandeiras antecipa os discursos apocalípticos dos Sinópticos e do Apocalipse, pois põem o coração e a mente do exercitante em estado de "vigília" (cf. Mt 24,42 e 25,13), já o confrontando com os embates que sobrevirão pouco *antes* da hora do advento derradeiro do Senhor: "Então, se alguém vos disser: 'O Messias está aqui!' ou então 'Ele está ali'!, não deis crédito. De fato, levantar-se-ão falsos messias e falsos profetas" (Mt 24,23-24). "Lúcifer" não é esse falso Cristo por Excelência? "Também vós estais preparados, pois numa hora que não pensais é que vem o Filho do Homem" (Mt 24,44).

No entanto, *pedir* essa graça de ser posto sob a bandeira de Cristo, alternando-a por uma tríplice intercessão, ainda não é sentir interiormente que Deus Pai a concederá a mim ou me *"será propício"*[140]. Tal atendimento só pode ser reconhecido por meio do discernimento pessoal de cada exercitante, por meio da análise da autenticidade divina das "consolações" que lhe serão prodigalizadas, seja de maneira divinamente transparente nas "consolações sem causa precedente" (EE 330), seja de maneira ambígua por meio do discernimento dos tipos de "consolações com causa" (EE 331 ss.).

Não seria assim que a contemplação das Bandeiras, associada a tais regras de discernimento, reinterpreta os discursos apocalípticos, distinguindo o verdadeiro advento de Cristo (EE 330) do combate que o anuncia (EE 331 ss.)? De todo modo, as Bandeiras entregam o exercitante à solidão requerida diante de Deus somente, como o assinala este *diretório* que comenta a 15ª Anotação:

> Uma eleição tão importante como a de um estado de vida não deve apoiar-se numa influência ou sugestão humana, mas tão somente na vontade de Deus; caso contrário, seria possível temer o que diz o Senhor: "Toda planta que meu Pai não plantou será arrancada" (Mt 15,13). Como num caminho assim, árduo por excelência e *exposto ao furor dos demônios, haverá provavelmente tentações e inúmeras dificuldades*, não se pode esperar socorro algum nem alívio algum do homem que nos induziu por esse caminho, a menos que se levantem os olhos ao céu e que se possa dizer: "O Senhor foi meu único guia", visto que é preciso esperar, segundo o Apóstolo, que aquele que opera o querer opere também o fazer (cf. Fl 2,13) e fortaleça até o fim[141].

2º) Outra pergunta igualmente suscitada por essa 11ª Anotação inverte a anterior. A entrada na segunda semana pressupõe que esteja concluída a primeira. No entanto, quem teria a audácia de pensar que um exercitante realmente recolheu todos os frutos de graça propostos até o momento? Inácio está bem consciente dessa dificuldade. O exercício seguinte, intitulado "os três tipos de pessoas", convidará quem espera apenas de Deus

---

140. Esse adjetivo — *propício* — reaparece seis vezes no *Diário espiritual* de Inácio, que analisaremos por ocasião do estudo das regras de discernimento da segunda semana.

141. Dir1599, nº 174, em *Directoires des Exercices spirituels*, 72.

a confirmação em sua eleição que mortifique sua vontade, a ponto de chegar à perfeita indiferença, a fim de perfazer assim a via purgativa proposta na primeira semana.

2. Os três tipos de pessoas (três binários de hombres) (EE 149-157)

EE 149: No mesmo 4º dia. Fazer a meditação dos três tipos de pessoas, para abraçar o melhor[142].

O exercitante será aqui convidado a se posicionar em relação à comparação entre "três binários de homens". Essa expressão técnica, literalmente retomada pelo *Autógrafo* e pela versão latina *P1*, pertence ao jargão da moral casuística aqui aplicada ao âmbito mercantil. Que fazer com 10 mil ducados, uma soma equivalente à renda anual de um marquês na Espanha de Carlos V, e à metade da renda de um prelado na Roma de Paulo III? É provável que tais casos tenham sido criados por Inácio desde sua estada como estudante em Paris, onde tal problemática casuística se havia estabelecido no âmbito universitário[143]. Não pensamos que o redator dos *Exercícios* tenha encontrado sua inspiração na leitura anterior da *Vida de Cristo* de Ludolfo[144], ainda que o Cartuxo introduza ao longo de seus superabundantes comentários casos destacados pela tradição, pois estes não condizem com essa originalidade inaciana de haver situado tais casos particulares no momento preciso em que o discernimento da "eleição" pessoal do exercitante exige cada vez mais desapego em relação a toda "afeição desordenada" relativa prioritariamente à fortuna adquirida. A maneira de abordar aqui essa problemática não tem relação alguma, portanto, com a moral econômica estudada por Leonardus Lessius, SJ, professor da Universidade de Louvain, quando este estabeleceu em 1605 critérios de licitude para o empréstimo a juros em seu *De iustitia et jure*.

É indispensável, portanto, situar a apresentação desses casos na esteira do combate espiritual descrito pela meditação das duas Bandeiras; esta se rematava pelo tríplice colóquio, que pedia "a graça de ser recebido sob a bandeira de Cristo", não apenas na "maior pobreza espiritual" (requerida de todo cristão), mas principalmente na "pobreza material" ou efetiva (EE 146-147). Aliás, Inácio sugerirá ao exercitante que conclua sua segunda meditação retomando o mesmo tríplice colóquio (EE 156).

No entanto, a consideração desses casos completará as duas Bandeiras ao salientar a parte de responsabilidade humana envolvida nos diferentes tipos de resposta dada à exigência de "tornar-se indiferente", pois a recepção da graça gratuitamente oferecida (*gratia gratis data*) solicita "a liberdade do livre-arbítrio" (cf. EE 23), a fim de que a própria

---

142. EE 149: "*El mismo quarto dia se haga meditación de tres binarios de hombres, para abraçar el mejor*".
143. Cf. ARZUBIALDE, *Ejercicios Espirituales de S. Ignacio, Historia y Análisis*, Meditación de tres binarios de hombres [149-157], 331-348.
144. ADREAS FALKNER, Nota sobre los Binarios [ES 149], Relaciones de san Ignacio con los Cartujos como causa de influjo de la tradición cartujana sobre los Ejercicios Espirituales, em *Las fuentes de los Ej. Esp.* [...], *Simposio Loyola*, 421-452.

pessoa se torne agradável a Deus (*gratia gratis faciens*). Essa mudança de perspectiva é nitidamente transmitida na intenção dos três binários: "todos querem salvar-se" [*salvar-se*] (EE 150), enquanto o "Princípio e Fundamento" adotava uma expressão mais neutra: "salvar sua alma" (23).

a. Os três preâmbulos

EE 150: *O primeiro preâmbulo* enraíza os três casos numa história passada idêntica: todos adquiriram uma fortuna de dez mil ducados "sem ser pura ou devidamente por amor a Deus", mas querem "salvar-se e encontrar a Deus nosso Senhor em paz, tirando de si o peso e impedimento que têm para isso na afeição à soma adquirida"[145].

EE 151: *O segundo preâmbulo* transfere os temas concernidos nessa "história" aplicando-a ao próprio exercitante: "ver a mim mesmo, como estou diante de Deus nosso Senhor e de todos os seus santos, para desejar e conhecer o que é mais grato à sua divina bondade". O exercitante reencontra assim o lugar diante do qual fora chamado a fazer seu oferecimento, no fim da meditação do Reino (EE 98). Qual é o alcance espiritual dessa postura? O *Diretório* redigido pelo próprio Inácio responde: "Durante todo o tempo da deliberação, o exercitante é instado a se recolher por inteiro em si mesmo, fechando seus sentidos e sua alma a todas as outras coisas, de modo que nada queira ver nem ouvir que não venha do alto"[146].

EE 152: *O terceiro preâmbulo*: "Pedir o que quero: pedir graça de escolher o que mais for para a glória de sua divina Majestade e minha salvação".

---

145. O Dir1599, nº 211, 84 esclarece esse subentendido de que tal fortuna não foi adquirida ilicitamente, o que obrigaria a restituí-la ao legítimo dono. Além disso, o número 214 especifica: "Visto que esse exercício (dos três tipos de pessoas) é de tamanha importância, sobretudo para dispor a alma à eleição que se aproxima, o exercitante poderá, a fim de ter mais clareza, não se contentar com a alegoria dos mercadores e propor outras comparações análogas, por exemplo, o caso dos três enfermos. Todos querem curar-se; mas o primeiro não quer tomar remédio algum em razão do amargor dele e recusa toda intervenção cirúrgica por causa da dor; o segundo quer usar todos os remédios, mas apenas o que julga bons, não os que convêm à sua doença; o terceiro, por fim, confia-se inteiramente a seu médico para que este prescreva a dieta, ainda que implique cauterização ou mesmo corte dos membros, se necessário". A nosso ver, esse gênero de alternativa não permite relativizar o que Inácio escolheu apresentar nos *Exercícios*, que salientam a importância atribuída ao desapego de coração em relação a esse primeiro escalão constituído pela riqueza.

146. Tais palavras de Inácio são comentadas em Dir1599, nº 173, 70-71 nos seguintes termos: "1º) A alma não deve se deixar arrastar a pensamentos estranhos, mas aplicar-se exclusivamente à eleição e rejeitar todas os outros assuntos; 2º) Nessa deliberação, não se devem admitir razões que não venham do céu, isto é, não se deve admitir nenhuma razão que recenda carne ou sangue ou algo de humano ou terrestre, pois tudo deve decorrer de um único princípio: o desejo de glorificar a Deus e cumprir sua vontade. Esses são os recursos necessários para construir a torre de que fala o evangelho (Lc 14,28). Essa disposição confere à alma uma grande confiança; Deus não a deixará enganar-se, visto que ela o busca de verdade e com todo coração; como ele poderia desviar-se dela, ele cuja bondade e cujo amor por sua criatura são tão grandes que não raro chega a vir ao encontro daqueles que não buscam essa verdade".

b. Os três casos

> EE 153: *O primeiro tipo de pessoa* "desejaria tirar o afeto pela soma adquirida, para encontrar em paz a Deus nosso Senhor e poder salvar-se. Mas até a hora da morte não usa os meios necessários". Permanece indeciso e "surdo" ao chamado do Rei eterno, na medida em que não aquiesceu à graça "de ser pronto" (*presto*) para responder incondicionalmente (EE 91). O *Diretório de 1599* descreve essa dificuldade psicoespiritual de submeter-se a essa urgência[147].
>
> EE 154: O segundo tipo de pessoa não sofre dessa surdez, visto que quer tirar o afeto desordenado, mas não é "diligente" (EE 91) em sua resposta, pois quer ao mesmo tempo se libertar dessa afeição e manter o bem adquirido, pressupondo erroneamente que pode receber "a graça da maior pobreza espiritual" (EE 147) sem ser ele próprio obrigado a se libertar efetivamente desse apego. Inácio entende o caráter dual desse querer, considerando ser seu desejo "que Deus venha até onde ele quer"[148].

Por fim, somente o *último tipo* de pessoa alcançará a mudança radical que tal situação impõe, restaurando a primazia da ordem teologal do fim em relação aos meios, não apenas em teoria, mas segundo a exigência de uma prática diretamente inserida no tempo. O exercitante aí encontrará o modelo do que é "o melhor": *para abraçar el mejor* (EE 149). Por essa razão tentaremos depreender a lógica interna disso[149]. Nossa tradução reproduz o *Autógrafo* o mais fielmente possível, permitindo-nos destacar dois parágrafos.

> EE 155a: O terceiro quer tirar o afeto [*affecto*], mas de tal modo que não tenha afeição em ter ou não ter a quantia adquirida. Apenas quer querê-la ou não, conforme o que Deus nosso Senhor puser em sua vontade, e o que lhe parecer melhor para o serviço e louvor de sua divina Majestade.

---

147. Dir1599, nº 184, 75: "Quanto ao momento de responder ao chamado divino, existe por vezes uma dificuldade particular em determiná-lo, visto que nos assuntos pelos quais se experimenta uma repugnância sensível, a fraqueza humana tem o costume de postergar tanto quanto possível, forma um tecido de motivos para autorizar tais atrasos, engana-se a si mesma buscando razões para adiar. Em tais condições, o melhor é cortar as asas dessa dificuldade nos Exercícios e refletir sobre as palavras de Santo Ambrósio: 'A graça do Espírito Santo ignora os adiamentos' (*In Lucam*, lib. II, PL XV, 1560). É preciso imitar a prontidão dos Apóstolos, que largaram imediatamente suas redes e o pai. Por fim, pode-se propor este raciocínio muito poderoso: 'Se devemos fazê-lo algum dia, por que não hoje? E se não o fizermos hoje, talvez não o façamos jamais': de fato, Deus hoje nos impele e nos ajuda poderosamente; depois, é bem possível, e isso ocorre com frequência, que esse ímpeto se enfraqueça; assim, será muito mais difícil resistir aos ataques da carne e do demônio. Tudo o que precede diz respeito à eleição dos conselhos".

148. No "preâmbulo para fazer eleição" (EE 169), o redator dos *Exercícios* explicitará mais esse diagnóstico, entrelaçando estreitamente a ordem *cronológica* do processo voluntário com a relação *metafísica* e ética entre o fim e os meios: "Há também outros que querem primeiramente ter posições rendosas, e *depois* servir a Deus nelas. Deste modo, eles não vão diretamente a Deus, mas querem que Deus venha diretamente às suas afeições desordenadas [...]".

149. Cf. RENÉ LAFONTAINE, La méditation des trois binaires (149-157), em *Les Exercices spirituels de saint Ignace, Un commentaire littéral et théologique*, 250-252.

EE 155b: Entretanto, quer proceder como quem deixa tudo afetivamente, esforçando-se em não querer aquilo ou qualquer outra coisa, a não ser movido somente pelo serviço de Deus nosso Senhor, e, assim, que o desejo de melhor poder servir a Deus nosso Senhor o mova a tomar a soma ou deixá-la[150].

Todo o dinamismo espiritual, afetivo e racional dessa meditação leva àquele momento supremo da liberdade em que a indiferença requerida pela preparação iminente da eleição tem em grande estima todas as suas exigências. Sua amplitude pode ser verificada quando se demonstra como recapitulam o conjunto das quatro semanas dos *Exercícios* espirituais, na medida em que cada uma delas, sem perder sua originalidade, integra a anterior e convoca as seguintes.

EE 155a. Assim como o segundo tipo de pessoa, o terceiro quer se envolver na purificação "tirando o afeto", em conformidade com as exigências da *primeira semana*. Além disso, e contrariamente a esse segundo tipo, não faz questão de guardar a coisa adquirida, pois quer "tornar-se indiferente", a fim de deixar o campo livre para a Vontade de Deus. Assim, o enunciado de Inácio condiz com a lógica espiritual própria da *segunda semana*. De fato, essa dupla referência à afeição (já comprometida, depois anulada) salienta a exigência racional de restaurar a finalidade da criação em consonância com o objetivo da reta razão (cf. 23), que a vontade deve assumir na pureza de sua "intenção" (135). Além disso, esse trabalho de indiferença é esclarecido pela revelação do *Chamado do Rei eterno de todas as coisas*, capaz de imprimir pessoalmente sua vontade no coração de cada um, reivindicando uma disponibilidade incondicional à sua Vontade, segundo EE 98.

EE 155b. Seja como for, essa programação das intenções voluntárias permanece insuficiente, na medida em que o homem jamais domina totalmente sua afetividade, e mais ainda porque a manifestação da vontade divina pressupõe uma inteira docilidade às moções espirituais. Entre o *antes* e o *depois* da eleição se abre um tempo misterioso, no qual está em jogo a morte da vontade própria e sua recriação, conforme ao dinamismo pascal das *duas últimas semanas*, ancoradas nos mistérios da agonia do Senhor Jesus (EE 290) e de suas aparições próprias para promover o envio dos discípulos (EE 304).

De fato, a primeira proposição de EE 155b começa por preconizar a renúncia total do querer. Essa suspensão de todo querer relativo a um ou outro termo da alternativa só

---

150. EE 155: "*El 3º quiere quitar el affecto, mas ansí le quiere quitar, que también no le tiene affectión a tener la cosa acquisita o no la tener, sino quiere solamente quererla o no quererla, según que Dios nuestro Señor le pondrá en voluntad, y a la tal persona le paresçerá mejor, para seruicio y alabanza de su diuina maiestad; y, entre tanto, quiere hazer cuenta que todo lo dexa en affecto, poniendo fuerça de no querer aquello ny otra cosa ninguna si no a Dios nuestro Señor le mueva a tomar la cosa o dexarle*". Notemos que a *Vulgata* explicita o alcance dessa conjunção, expressa nestes termos pelo *Autógrafo*: "*según que Dios nuestro Señor le pondrá en voluntad, y a la tal persona le paresçerá mejor*", transformando-a da seguinte maneira: "*prout ad divinum cultum commodius fore, vel ex divino instinctu vel ex rationis dictamine, animadverterit*". Tal distinção das duas vias "pelo instinto divino ou pela sindérese" remete àquela estabelecida na 2ª Anotação: "quer pelo seu próprio raciocínio, quer porque seu entendimento é iluminado pela virtude divina", que a *Vulgata* traduziu nestes termos: "*sive ex discursu proprio, sive ex divina mentis illustratione id contingat*".

é efetiva se nos engajarmos a lutar até o fim contra toda afeição desordenada, a ponto de que sua mortificação se estenda a todas as coisas e que seja extinta (*extinguir*) sua intensidade, como o assinala EE 157[151]. Sob esse aspecto, a primeira semana só se conclui na terceira: "não a minha vontade, mas a tua".

A segunda proposição de 155b se abre, por fim, para o florescimento do desejo ordenado ao puro serviço divino. A vontade então se descobre livre em sua opção criadora, uma vez que se tornou receptiva à ação determinante de seu Criador e Senhor.

Concluamos essas análises retomando termos próprios das Bandeiras. A "maior pobreza espiritual" não se adquire como um bem que a liberdade humana pudesse atribuir a si mesma, muito menos se essa pretensa aquisição autorizasse a manutenção incondicional de um bem material, o que seria contraditório[152]. Ao contrário, essa forma de "pobreza de espírito" é uma pura graça de Deus que só pode ser plenamente recebida dele (cf. EE 147) num coração totalmente desembaraçado de todo apego[153]. A partir daí, mesmo que a consideração desses três casos diga respeito a uma matéria em si *revogável*, o modelo final do terceiro tipo de pessoa incita o exercitante a uma disponibilidade total extensiva a todas as coisas, e assim a indiferença pode dizer respeito a um estado de vida que abarca a irrevogável decisão de se comprometer com a pobreza material sob a forma eclesial dos conselhos evangélicos traduzidos pela vida religiosa.

---

151. EE 157: "Ter presente que, quando sentimos afeto ou repugnância à pobreza material, não estamos indiferentes à pobreza ou riqueza. Muito aproveita ao exercitante, para extinguir essa afeição desordenada, pedir nos três colóquios, embora seja contra a sensualidade, que o Senhor o escolha para a pobreza material. E que quem faz os Exercícios quer, pede e suplica somente o que for para o serviço e louvor de sua divina bondade".

152. Na mesma linha, tratando da terceira causa da desolação nas regras de discernimento comumente previstas para a primeira semana, Inácio assinalava que ela tinha por objetivo "dar-nos verdadeira noção e conhecimento e a fim de que sintamos internamente não estar em nós termos grande devoção, intenso amor, lágrimas ou qualquer outra consolação espiritual, mas que tudo é dom e graça de Deus nosso Senhor. Deste modo não faremos ninho em casa alheia..." (EE 322).

153. Será que Ludolfo antecipou essa doutrina inaciana que toca ao processo de eleição, entrelaçando tão existencialmente a relação entre a liberdade humana e a vontade de Deus na história da salvação tão logo esteja envolvida a posse quase imediata dos bens materiais? Em GV I, 68, o Cartuxo denuncia severamente os membros do clero que estimulam a própria ambição pela conivência com sete males distintos (3º a 9º), sem abordar a questão do discernimento prévio do estado de vida. A oração final que conclui seu capítulo 68 confirma esse diagnóstico, visto que ratifica como uma realidade duas categorias de membros do clero: "Senhor Jesus, que resistis aos soberbos e favoreceis os humildes, concedei vossa graça no tempo e vossa glória na eternidade a todos que, pelo bem da obediência, aceitam e guardam com modéstia e sem ambição o estado de dignidade ao qual vós os elevastes e o poder de direção que vós lhes haveis confiado. Resisti aos ambiciosos, obstruindo seu caminho com espinhos, por medo que prosperem, e afim de que já não experimentem satisfação em comandar outros homens, nem prazer em desfrutar de honras, mas que assim, esclarecidos do alto e entrando em si mesmos, renunciem a esse vício pernicioso da ambição; e por fim, depois de os haver convertido, que vossa misericórdia os preserve da eterna perdição. Amém".

3. Os três tipos de humildade (EE 165-168)

a. Por que Inácio propõe que se considerem três tipos de humildade?

Preocupada em balizar o progresso ascético e místico dos que se aventuram no caminho espiritual individualizado, a corrente da *devotio moderna*, associada a escolas e a ordens religiosas, elaborou diferentes escalões da perfeição cristã, referindo-se em especial às virtudes centrais da humildade e da caridade[154]. Será que ocorre o mesmo com Inácio, quando este propõe três "graus" de humildade? Será que ele pretende assim abraçar a totalidade dos graus de perfeição da vida cristã? Para responder a essa investigação, referir-nos-emos sucessivamente a duas observações que apresentam essas três humildades (EE 163 e 164) num número do *Diretório de 1599*, e por fim à interpretação proposta por Francisco Suárez.

1°) EE 163 assinala que o trabalho de discernimento das eleições pode ser desencadeado "a partir da contemplação do quinto dia, a que vai de *Nazaré ao Jordão*" (EE 158), isto é, a partir do momento em que Cristo nosso Senhor concretizou sua passagem do primeiro estado de observância dos mandamentos ao da perfeição evangélica (EE 135a), ao aceitar com toda humildade ser ele próprio batizado por João Batista, como todo homem pecador. Essa referência contemplativa aos "mistérios" já mostra que Inácio pretende levar seu exercitante àquela maneira "perfeitíssima" de humildade do próprio Cristo, que corresponde ao "terceiro modo de humildade".

2°) EE 164:
> Antes de entrar nas eleições, para que a pessoa se afeiçoe [*affectarse*] à verdadeira doutrina de Cristo nosso Senhor, é de muito proveito considerar atentamente [*considerar y advertir*] os três seguintes modos de humildade. Considerá-los várias vezes ao longo do dia.

Inácio situa essa consideração no âmbito da preparação imediata das eleições, cujo objetivo é promover a afeição à verdadeira doutrina de Cristo. Será que essas diferentes humildades teriam então por função balizar a purificação dos apegos afetivamente desordenados? O redator dos *Exercícios* se abstém de designar três "graus" no sentido usualmente admitido nessa época, preferindo falar de "maneiras" (*Autógrafo*), traduzidas por "modi" (*Vulgata*), ou ainda por "species" (*P1 e P2*). Todos esses modos são, no entanto, graduados a partir do primeiro, declarado já "perfeito" em seu gênero, e assim os seguintes só podem ser qualificados diferentemente segundo um grau de perfeição superior[155]. Será porque o primeiro já pode exigir, se for o caso, que se sacrifique a própria vida em nome da proibição de cometer um único pecado mortal? Pode-se perguntar, por

---

154. Cf. Ramón Rodriguez Lara, Las Tres Maneras de Humildad, calco di un texto de Erasmo elaborado por san Ignacio, em *Las Fuentes de los Ej. Esp.*, Simposio Loyola 1997, 453-466.

155. B. Pottier tratou dessa questão na análise por ele dedicada aos "três graus de humildade", em *Exercices spirituels de saint Ignace, Un commentaire littéral et théologique*, 296-305. O autor se pergunta como interpretar essa progressão dos três graus como um suplemento de perfeição, visto que o segundo

fim, por que essa "consideração" não é enquadrada pelo procedimento usual da hora de oração, a exemplo dos três tipos de pessoas.

3º) Um parágrafo do *Diretório de 1599* pretende abarcar a finalidade única das *Bandeiras*, dos três *Tipos de pessoas* e dos três "modos" de *humildade* sob a requisição da mais perfeita "indiferença" (cf. EE 23), assimilando finalmente esta última com a humildade.

> Se o exercitante parecia mais inclinado às riquezas que à pobreza, suas disposições não seriam boas e não se poderia esperar um sucesso feliz para a eleição, pois essa aversão à via mais perfeita e esse apego à menos perfeita levariam a inteligência a fornecer razões conformes a essa afeição. Isso porque, segundo o axioma: *quidquid recipitur, recipitur admodum recipientis*, esse exercitante facilmente correria o risco de tomar por vontade de Deus algo que é sua própria vontade. É preciso, portanto, que ele alcance o terceiro grau de humildade, ou ao menos o segundo, visto que as meditações das Bandeiras e das Três Classes servem para que sejam adquiridos os graus de humildade[156].

4º) Na seção em que trata de uma série de questões controversas sobre os *Exercícios* inacianos, o comentário da *Suma* escrito por Francisco Suárez analisa longamente "o dilema suscitado pelos três graus de perfeição ou humildade", confrontando essa tripartição com as tradições da "moral filosófica ou teológica"[157]. O autor conclui sua pesquisa delimitando a originalidade inaciana de EE 165 a 167:

> Inácio é o único a haver distinguido os graus de humildade em função da afeição interior [*affectum interiorem*], na medida em que ela seja perfectível. De fato, ele é o único a haver estabelecido esse tipo de distinção como algo prévio à eleição, visto que esta depende ao máximo da afeição mais ou menos dependente de Deus, e desconsiderando as circunstâncias temporais[158].

b. A ordem das três espécies de humildade

> 1º) EE 165: O primeiro modo de humildade é necessário para a salvação eterna: que eu me abaixe e humilhe tanto quanto me seja possível, para obedecer em tudo à lei de Deus nosso Senhor. E, assim, que eu me recuse deliberar [*no sea deliberar*] em cumprir ou não um mandamento, divino ou humano, que seja matéria de pecado mortal. Eu não aceitaria, ainda que me fizessem dono de todas as coisas criadas neste mundo e ainda que me custasse a própria vida[159].

---

já é qualificado de "mais perfeito", respondendo que os dois primeiros graus já são aspirados para o terceiro, na medida em que já estão prontos para sacrificar tudo.

156. Dir1599, nº 171, 69-70.

157. F. Suárez, *Opera Omnia*, t. XVI, vol. 2, IX: *De religione Societatis Iesu*, c. V a VII: "De dubiis circa doctrinam exercitiorum", Éd. Breton C., 1860, 1018 a 1042. Ver em particular nºs 22 a 29: "Nonum dubium", relativo aos três graus de humildade, 1025-1027.

158. Ibid., 1027.

159. EE 165: "*La primera manera de humilidad es necesaria para la salud eterna, es a saber, que así me humille, quanto en mý sea possible, para que en todo obedesca a la ley de Dios nuestro Señor, de tal*

Uma formulação assim se inspira manifestamente no *logion* sinóptico que apresenta, imediatamente após o anúncio por Jesus de sua morte e ressurreição, as condições para segui-lo (cf. Mt 16,21-28). Por outro lado, espera-se que a distinção entre pecado mortal e pecado venial já tenha sido captada pelo exercitante tão logo ele se comprometeu em praticar "o exame geral de consciência" na primeira semana[160]. Os *Exercícios* integram aqui, em toda a sua radicalidade, essas condições para seguir Jesus, e assim a semana *típica* poderá abster-se de propor tal ensinamento evangélico no âmbito de um "mistério" a ser contemplado. A título de contraexemplo, uma "troca" análoga será sugerida "pelo inimigo" por ocasião da terceira tentação de Cristo no deserto: "tudo o que vês, eu te darei se te prostrares e me adorares" (EE 274, 2º).

2º) EE 166: *O segundo grau* é declarado "mais perfeito que o primeiro", não apenas porque eu me comprometo a não cometer um único pecado, nem mesmo "venial", segundo as mesmas condições estabelecidas no primeiro grau, o que corresponde ao estado de "indiferença" exigido desde o "Princípio e Fundamento" (EE 23). A partir daí espera-se que eu esteja incondicionalmente disponível para discernir com franqueza a vocação para a qual sou chamado[161]. A nosso ver, o segundo grau de humildade pressupõe que tenham sido enaltecidas as exigências próprias do "terceiro tipo" de pessoa, isto é, a extinção de toda afeição desordenada (cf. EE 155 e 156).

Até aqui, Inácio avaliou o progresso da humildade de acordo com a Lei de Deus. Assim, o primeiro estágio "de obediência aos mandamentos de Deus" (EE 135) já dispõe a uma humildade mais perfeita, na medida em que corresponde à exigência de ser "sábio" e mesmo "prudente" (cf. EE 167).

O terceiro grau abarca uma forma de humildade que a Lei já não pode ditar sob pena de pecado mortal ou venial, pois essa humildade "mais perfeita" é medida pelo modo de vida adotado por Cristo nosso Senhor, quando escolheu se dedicar "ao puro serviço de seu Pai", reconhecido como "a perfeição evangélica" (EE 135). Essa passagem dos dois primeiros modos ao terceiro significa nem mais nem menos que a transição do Antigo ao Novo Testamento, isto é, do Decálogo às Bem-Aventuranças; é o que verificaremos posteriormente ao analisarmos o sermão de Jesus na montanha em EE 278. Eis o enunciado desse terceiro modo de humildade.

3º) EE 167: O terceiro modo é a humildade perfeitíssima: Incluindo o primeiro e o segundo modos, sendo de igual louvor e glória de sua divina Majestade, para mais imitar e assemelhar-me [*parescer más actualmente*] de fato a Cristo nosso Senhor: quero e es-

---

suerte que, aunque me hiziersen senor de todas las cosas criadas en este mundo, ny por la propria vida temporal, no sea en deliberar de quebrantar un mandamiento, quier divino, quier humano, que me obligue a peccado mortal".

160. EE 36-37 e 41. Cf. *Catecismo da Igreja Católica*, nos 1854-1864.

161. EE 166: "*La 2ª humilidad es más perfecta humilidad que la primera, es a saber, si yo me hallo en tal puncto, que nos auer ny me afecto más a tener rriqueza que pobreza, a querer honor que deshonor, a desear vida larga que corta, siendo ygual servicio de Dios nuestro Señor y salud de mý ánima; y, con esto, que por todo lo criado ny porque la vida me quitasen, no sea en deliberar de hazer un peccado venial*".

colho mais pobreza com Cristo pobre do que riqueza; mais injúrias com Cristo injuriado do que honras. E também desejo ser considerado inútil e louco por Cristo, que primeiro foi tido por tal, antes de ser tido por sábio e prudente neste mundo[162].

Essa proposição define de maneira muito precisa o excesso de perfeição do terceiro modo de humildade. Sua demonstração se apoia no caso em que o exercitante seria convidado a discernir "segundo o terceiro tempo propício à sua eleição", qualificado de "tranquilo" (EE 177), uma maneira de fazer a balança pender no sentido "para onde se inclina mais a razão" (EE 182). No entanto, é possível que tais critérios sempre motivados "unicamente pelo louvor de Deus nosso Senhor e minha salvação" (EE 181) não permitam decidir quanto à alternativa de escolha dos meios mais adaptados. Em caso de igualdade (EE 167), o terceiro grau de humildade introduz um critério que nomeadamente ultrapassa toda racionalidade, visto que é qualificado de "loucura"[163]. Uma forma de desatino puramente motivada pela expressão: "a fim de mais imitar e *assemelhar-me* [*parescer*] de fato a Cristo nosso Senhor". Tal reforço da imitação por semelhança aparece aqui pela primeira vez nos *Exercícios*[164], no momento da última preparação da eleição do exercitante. A terceira semana dos *Exercícios* confirmará essa exigência de semelhança (cf. EE 203), e assim a contemplação inaciana da Paixão de Cristo impor-se-á como o fundamento mais decisivo desse terceiro modo de humildade.

A apresentação desses três graus é associada a uma *nota* final (EE 168) que reforça a adoção desse terceiro modo de humildade:

> Para quem deseja alcançar esse terceiro modo de humildade, é muito proveitoso fazer os colóquios do exercício dos três tipos de pessoas (156; 157). Pedir que Nosso Senhor o queira escolher para esta terceira e maior e melhor [*mayor y mejor*] humildade, a fim de mais o imitar e servir, se for de igual ou maior serviço e louvor de sua divina Majestade.

---

162. EE 167: "*La 3ª es humilidad perfectíssima, es a saber, quando, incluyendo la 1ª y 2ª, siendo ygual alabança y gloria de la diuina majestad, por imitar y parescer más actualmente a Xpo nuestro Señor, quero y elijo más pobreza con Xpo pobre que rriqueza, opprobrios con Xpo lleno dellos que honores, y desear más de ser estimado por vano y logo por Xpo, que primero fue tenido por tal, que por sabio ny prudente en este mundo*".

163. Diante de 1 Coríntios 1,18-25, salientaremos que, na esteira de Paulo, esse terceiro grau de humildade é excepcionalmente marcado com o selo da vaidade e da loucura, a exemplo da linguagem da cruz, "escândalo para os judeus, loucura para os pagãos" (v. 23). No entanto, enquanto o Apóstolo exalta a supereminente sabedoria *divina* da Cruz "em Cristo, poder de Deus e sabedoria de Deus" (v. 24), Inácio propõe ao exercitante apenas este motivo de imitação e de maior parecença *humana* com esse Cristo pobre e carregado de opróbrios, isto é, confronta-o com o caráter factual e alienador dessa humildade que, no entanto, é declarada "a mais perfeita".

164. C. de Dalmases, em MHSI, vol. 100, 770, assinala que o verbo *parascer* tanto pode explicitar o sentido de *imitar* em EE 167, como assumir o sentido de *aparecer* e *ser visto* (EE 74, 223), e até, por fim, o de *considerar conveniente* por si mesmo ou segundo a opinião alheia (EE 86, 172b, 211, 275). Ver também DME, II, 1472. Outros matizes de sentido serão decifrados posteriormente, ao longo de nossas análises.

c. O alcance espiritual e histórico desses três modos de humildade

1º) Contrariamente aos autores da *devotio moderna*, os *Exercícios* inacianos parecem restringir a humildade à preparação imediata da eleição, enquanto esta última rege evidentemente todo o conjunto da vida cristã. De fato, uma vez realizada, essa eleição abrirá o acesso à via unitiva inaugurada na contemplação da Paixão de Cristo nosso Senhor, na qual o exercitante será instado a adotar por sua vez a sublime expressão da humildade dele: "Lavou os pés dos discípulos, inclusive os de Judas [...] assim dava exemplo de humildade". Esta forma de gradação pedagógica da humildade faz parte da originalidade dos *Exercícios* e do gênio de seu redator, embora muitos outros autores creram dever multiplicar em todos os sentidos os graus de humildade[165].

2º) A oração intercalada inaciana, a qual declara que "o terceiro modo de humildade inclui o primeiro e o segundo" (EE 167: *incluyendo la 1ª y 2ª*), também merece ser esclarecida pelo contexto histórico de que dão testemunha as últimas regras de ortodoxia. Para Inácio, tal inclusão da *Lei moral* na "Lei de Cristo" nos adverte do perigo de opor de maneira demasiado luterana a economia da Lei, que outra função não teria senão denunciar a incapacidade humana de observá-la perfeitamente, à economia da Graça, que salva o homem de modo incondicional, não obstante o encadeamento permanente de seu *servo arbítrio* (cf. EE 369).

Não respeitaríamos o espírito "católico" do redator dos *Exercícios* se radicalizássemos a diferença entre as duas espécies de humildade, fundando-as exclusivamente na autossuficiência da ordem moral, no intuito de destacar a excelência da terceira humildade como a única capaz de responder ao chamado dos conselhos evangélicos. Será que essa "inclusão" inaciana não nos convida a reconhecer que o primeiro mandamento já propõe amar a Deus "com todo o coração, com todo o ser, com todas as forças" (Dt 6,4) e "o próximo como a si mesmo", de modo que a via dos "conselhos" só possa ultrapassar esse excesso já requerido por tal mandamento tomando por modelo Jesus Cristo, que recebeu em sua humanidade "a suprema pobreza espiritual", a ponto de endossar a "pobreza material"?

3º) A fim de delimitar a unidade do pensamento inaciano, concluiremos citando a reflexão do Pe. Georges Dirks, que por sua vez também atesta a coerência desses modos de humildade com as exigências da indiferença[166].

Nos três casos, uma indiferença proporcional é psicologicamente necessária como uma condição *sine qua non*. Essa indiferença é, portanto, obrigatória, no primeiro e no segundo caso, porque, estando obrigados a evitar o pecado mortal e mesmo venial, devemos nos pôr em condições de assumir nossas obrigações. No entanto, no terceiro caso, trata-se de perfeição e, portanto, o terceiro grau de indiferença, embora psicologicamente

---

165. Cf. A. Codina, 149, e A. Raitz von Frentz, 10, que remete a Ludolfo, GV 1, 71, 11º.
166. O autor se apoia no *Diretório autógrafo* de Inácio, na seção dedicada às *eleições*, MHSI, MI, ser. 2ª: *Exercitia spir. et eorum directoria*, 778 ss. Ver a tradução do Dir1599, nº 171 e 172, 69-70.

necessário para que possamos alcançar a perfeição, é apenas aconselhável como a própria perfeição.

É evidente que Santo Inácio queria levar seu exercitante ao serviço perfeito. Tanto é perfeito esse serviço que ele menciona expressamente e define admiravelmente no final de seu texto: *Eligendo unice quae magis conducunt ad finem*. O perfeito serviço de Deus, entre as coisas que a Providência divina pôs a nossa disposição, escolhe apenas aquelas que ajudarão a melhor servir. No entanto, e consequentemente, Santo Inácio deve desejar e deseja conduzir seu exercitante a uma indiferença perfeita, isto é, ao terceiro grau de humildade. A sequência dos *Exercícios* prova que, de fato, assim é[167].

D. A SEÇÃO PARA FAZER ELEIÇÃO (EE 169 a 174)

A seção para fazer eleição contém um "preâmbulo" (EE 169, "um parecer" relativo à maneira de fazer eleição (EE 170-174), uma caracterização dos "três tempos" propícios a essa eleição (EE 175-177), sendo o terceiro tempo passível de ser gerenciado de "duas maneiras" (EE 178-188).

1. O preâmbulo para fazer eleição (EE 169)

O "preâmbulo para fazer eleição" enuncia o princípio de validade de uma "boa eleição", que implica a submissão do meio ao fim. Em seguida, esse critério assume a forma de uma advertência, ilustrada pela frequente inversão prática dessa relação.

> EE 169: Em toda boa eleição, o olhar de nossa intenção deve ser simples, quanto depender de nós. Somente devo olhar aquilo para o qual sou criado: o louvor de Deus nosso Senhor e minha salvação. Assim, qualquer coisa que eu escolher deve ajudar-me a atingir o fim para o qual sou criado, sem ordenar e trazer o fim para o meio, mas o meio para o fim. Muitos, no entanto, escolhem primeiro casar-se — o que é meio — e em segundo lugar servir a Deus nosso Senhor no casamento — o que é fim. Há também outros que querem primeiramente ter posições rendosas, e depois servir a Deus nelas. Deste modo, eles não vão diretamente a Deus, mas querem que Deus venha diretamente às suas afeições desordenadas. Por conseguinte, fazem do fim meio, e do meio, fim. Assim, o que deviam ter como primeiro, colocam como último[168].

---

167. GEORGE DIRKS, L'interprétation du fondement des Exercices, excerto de *Mélanges Marcel Villers*, RAM nº 99-100 (avril-déc. 1949) 374.

168. EE 169: "*En toda buena elección, en quando es de nuestra parte, el ojo de nostra intención deve ser simple, solamente mirando para lo que soy criado, es a saber, para alabanza de Dios nuestro Señor y salud de my ánima; y así qualquier cosa que yo eligiere, deve ser a que me ayuda para el fin para que soy criado, no ordonando ny trayendo el fin al medio, mas el medio al fin. Así como acaece que muchos eligen primero casarse, lo que es medio, y secundario servir a Dios nuestro Señor en el casamineto, el qual servir a Dios es fin. Assimismo ay otros que primero quieren aver beneficios, y después no van derechos a Dios, mas quieren que Dios venga derecho a sus affecciones desordenadas, y, por consiguiente, hazen del fin medio*

1º) Essa advertência retransmite o "Princípio e Fundamento" (EE 23) quanto a tudo que servirá para discernir "a boa eleição [...] quanto depender de nós" (EE 169), assim como a "indiferença" dizia respeito à nossa "livre vontade, em tudo o que lhe é permitido e não lhe é proibido" (EE 23). Além disso, EE 169 relembra a única finalidade teologal da criação do homem: "o louvor de Deus nosso Senhor e a salvação da alma". Por fim, os dois textos aplicam esse princípio moral, segundo sua extensão universal, a "todo o criado", como algo que afeta minha liberdade pessoal: "em tudo o mais, desejando e escolhendo somente aquilo que mais nos conduz ao fim para o qual somos criados" (EE 23).

Esses paralelismos também salientam vários deslocamentos de ênfase de um a outro enunciado. Em EE 169 já não se trata de "tornar-se indiferente", visto que o período de desbaste do desejo foi amplamente aberto, e assim, contrariamente à conjugação "desejar e escolher" (EE 23), resta tão somente "escolher" (EE 169). A iminência da "escolha" decisiva justifica outras modificações. Por exemplo, a expressão universal: "as outras coisas são criadas para o ser humano e para o *ajudarem* a atingir o fim para o qual é criado" (EE 23) assume um torneio particular em EE 169: "Assim, qualquer coisa que eu escolher deve ajudar-me a atingir o fim" (EE 169)[169]. Além disso, essa relação de ajuda, aqui aplicada ao projeto específico de eleição, encontra-se substantivada pela primeira vez como "o meio" (*el medio*), repetido quatro vezes como ordenado "ao fim" (*el fin*)[170]. Por último, esse meio é ilustrado com dois exemplos, que abarcam os dois tipos de eleição — "irrevogável" como o casamento, ou "revogável", como o uso de "benefícios" (cf. EE 170-174).

---

y del medio fin; de suerte que lo que habián de tomar primero, toman postrero. Porque primero hemos de poner por objecto querer servir a Dios, que es el fin, y secundario tomar beneficio o casarme, si más me conviene, que es el medio para el fin; así ninguna cosa deve mover a tomar los tales medios o a privarme dellos, sino sólo el servicio y alabanza de Dios nestro Señor y salud eterna de mý ánima".

169. *Ayudar* (verbo): EE 23 (2), 41, 44c, 65, 72, 91, 130c, 146, 169, 177, 205, 229c, 345, 370. *Se ayudar* (verbo reflexivo singular ou plural): EE 1, 18ab, 22, 50 (encontrar ajuda), 177, 213 (encontrar ajuda), 345, 363 (obter os meios). *Ayuda* (substantivo): EE 14, 98, 139, 240, 243.

170. A linguagem do ou dos "meios" (*medio/medios*) proporcionais ao fim (*fin*) sempre singular é próprio da segunda semana, e mais particularmente da eleição, com uma excepcional concentração no "preâmbulo para eleição" (EE 169). Encontramo-la também na apresentação do "primeiro tipo de pessoa" (EE 153): "*medios para...*". Também a propósito do terceiro tempo propício à eleição (EE 177): "*elije por medio una vida o estado dendro de los límites de la Yglesia*". A isso se acrescenta o discernimento relativo às matérias subsequentes à eleição, como na "segunda regra para distribuir esmolas" (EE 339): "*él tuviese medio*". Por outro lado, sempre compreendido como meio, o *medio* já havia sido empregado no "pressuposto favorável" (EE 22) relativo à transparência do diálogo travado entre quem dá e quem recebe os Exercícios. O *medio* pode igualmente significar o "meio", como exigência própria da indiferença requerida de quem recebe os Exercícios no "primeiro modo de fazer eleição em tempo tranquilo" (EE 179), e de quem os dá (EE 15): "*estando en medio, como un peso*". Analogicamente, o *medio* pode também ser compreendido como "o justo equilíbrio" que pondera o uso do alimento (EE 83), do sono (EE 83) e da penitência (EE 85 a 87) ao longo das quatro semanas. No mesmo sentido, quando confrontado aos escrúpulos, o exercitante deverá "procurar firmar-se no meio" entre esses dois excessos contrários aos quais o inimigo quer impeli-lo: "tornar grosseira a consciência" ou "refiná-la, levando-a ao extremo" (EE 350). Por fim, o *medio* pode aplicar-se ao "processo dos pensamentos" segundo EE 333: "*si el principio, medio y fin es todo bueno*", exigência especialmente aplicada ao discernimento próprio da eleição.

No entanto, a diferença mais importante entre esses dois textos é o aparecimento da expressão "o olhar da nossa intenção deve ser simples": *el ojo de nostra intención deve ser simple*. Esse hápax aplica a metáfora do olhar à intenção, que deve ser "simples" — e não apenas "ordenada" (EE 40) ou "puramente ordenada" (EE 46) — e "sã" (EE 41)[171], isto é, "somente olhar [*mirando solamente*] aquilo para o qual sou criado" (EE 169).

Uma concentração tão exclusiva no único fim relembra "o exemplo de Cristo nosso Senhor, que se dedicou ao *puro* serviço do *Pai eterno*" quando permaneceu no Templo (EE 272 e 135), e mais precisamente sua "*intenção*" (EE 135) de enfrentar a intenção contrária do "inimigo da natureza humana" (*Bandeiras*), a fim de nos dispormos "para chegar à perfeição em qualquer estado ou vida que Deus nosso Senhor nos der a escolher" (EE 135). Tudo isso foi existencial e espiritualmente registrado pelo exercitante.

2º) Eis, porém, que a iminência da eleição acarreta o perigo de confundir o fim com o meio, invertendo-os: "sem ordenar e trazer o fim para o meio, mas o meio para o fim" (EE 169). Inácio fundamenta esse risco de confusão na constatação de frequentes eleições que praticamente inverteram essa relação de subordinação do meio ao fim pela escolha inicial do meio, e depois, do fim. Será que ele focaliza em particular a prática corrente na sociedade cristã de seu tempo, em que a vocação ao sacerdócio era tão nitidamente determinada por imperativos sociais estranhos ao discernimento de um Chamado divino personalizado? Veremos que em EE 172 o redator dos *Exercícios* denunciará claramente "uma vocação divina" que, ao invés de ser "reta", é "oblíqua (tendenciosa) e desordenada". Infelizmente a história da Igreja atesta que esse tipo de inversão sempre ameaça a vocação sacerdotal e a conjugal.

Seja como for, se voltarmos ao processo inaciano da preparação para a eleição na segunda semana, precisaremos ainda nos perguntar por que o redator dos *Exercícios* explicita esse perigo de inversão no próprio momento em que a eleição é iminente! É bem nessa linha que se situa a pesquisa realizada por Gaston Fessard. Esta começa por mostrar a extrema gravidade dessa inversão, que seríamos levados a qualificar de idolátrica[172]. Depois ele explica a pertinência dessa crise na véspera da escolha. De fato, é nesse momento que se impõe à consciência a desproporção entre o verdadeiro fim e o verdadeiro meio que ajuda a alcançá-lo, pois o Fim verdadeiro de minha liberdade transcende toda temporalidade ao envolver a eternidade de meu louvor a Deus, bem como a *eternidade* da salvação de minha alma, ao passo que todo meio escolhido para chegar a isso se enraíza necessariamente no nível do processo de intenção e discernimento na precariedade da *temporalidade* vivida.

---

171. Tais qualidades se opõem evidentemente à intenção "depravada", "danada" e "maliciosa" (EE 331) ou "perversa" (EE 332), instigada pelo "inimigo da natureza humana" (EE 326), Por outro lado, o qualificativo "simples" só ocorre em EE 281: "simples como pombas".

172. Cf. G. Fessard, *La dialectique des Exercices spirituels*, I, 71: "O fim visado pela liberdade é o infinito, a posição de si por si, que supera definitivamente a divisão do tempo. Já o meio é, como tal, passagem do nada ao Ser por meio do Antes e do Depois. Inverter a relação fundamental entre o meio e o fim é, portanto, querer que o Infinito esteja a serviço dessa passagem e prolongue essa divisão do Antes e do Depois, ao invés de superá-la".

Essa solução proposta por Fessard merece ser aprofundada, pois tal desproporção já deve ter sido registrada racional e espiritualmente pelo exercitante ao longo de toda a primeira semana, e mais ainda nas meditações propostas durante o quarto dia da segunda semana. De onde provém, então, essa tentação monstruosa de inverter o meio e o fim? Não de uma decisão clara e deliberada de efetuar tal inversão, o que seria impensável, dada a vivência espiritual dos Exercícios, mas daquela tentação que consiste em efetuar primeiro o discernimento do meio, como a urgência da eleição aparentemente impõe, e somente depois o do fim. É principalmente em matéria de eleição "irrevogável" que essa tentação *sub specie boni* perverte a ordem do fim e do meio, pois "eles não vão diretamente a Deus, mas querem que Deus venha diretamente às suas afeições desordenadas" (EE 169b retomado em EE 154).

A propósito disso, Gaston Fessard admira a maneira como Inácio submete a exigência da prioridade temporal à primazia racional, visto que ela "concilia a dimensão histórica e a dimensão lógica" no interior do desdobramento da liberdade; no entanto, a nosso ver a pertinência dessa reflexão permanece circunscrita por uma antropologia reflexiva e dialética que não abrange suficientemente o âmbito teológico da revelação de Cristo e de suas graças[173]. Explicitemos o alcance dogmático dessa afirmação. A referência inaciana às "afeições desordenadas" atesta que no cristão batizado e "que sobe de bem a melhor" (EE 315), como é o caso do exercitante, a concupiscência jamais está perfeitamente extinta[174], mas sempre permanece desperta, a ponto de imiscuir-se no discernimento do meio a ser escolhido como matéria de eleição, e assim o interesse suscitado pelo desenvolvimento natural da sensualidade e a atração do dinheiro pode precipitar a decisão de "casar-se" ou de obter "benefícios".

Retrospectivamente, compreende-se melhor por que Inácio advertiu o exercitante desde o saguão de entrada da segunda semana que ele não pode responder plenamente ao chamado do "Rei eterno e Senhor universal" senão agindo "contra sua sensualidade e seu amor carnal e mundano" (EE 97), o que foi radicalizado em EE 157: "para extinguir [*extinguir*] essa afeição desordenada, pedir nos três colóquios que o Senhor o escolha para a pobreza material".

---

173. Ibid., 71: "Semelhante insistência na prioridade do fim e na posterioridade do meio, no momento em que se trata, para a liberdade, de passar do Antes ao Depois, não será significativa no mais alto grau? Será que não demonstra que, aos olhos de Inácio, há em princípio uma correspondência perfeita entre prioridade e posterioridade *racionais*, de um lado, e prioridade e posterioridade *temporais*, de outro, sendo o papel da liberdade no *hic et nunc* de sua escolha o de realizar, de fato, essa correspondência de direito? Não estaríamos errados em ver nos *Exercícios* uma análise existencial passível de conciliar o histórico e o lógico". Observamos que tal análise existencial e antropológica da liberdade se encontra, no próprio interior dos *Exercícios*, fortemente influenciada ou sobre-elevada pela graça da contemplação da vida de Cristo "como exemplo" insuperável da eleição, segundo o enunciado do "preâmbulo para considerar os estados" em EE 135. Tal influência da graça permanece ativa, ainda que EE 169 trate do "olhar de nossa intenção" na perspectiva da responsabilidade humana, "no que depende de nós", "*em quanto es de nuestra parte*".

174. Cf. KARL RAHNER, Zum theologischen Begriff der Konkupiszenz, *Schriften I*, Zurich, Benziger, 1954, 377-414.

2. A circunscrição da matéria da eleição (EE 170-174)

O conjunto das matérias próprias da eleição abarca quatro pontos acompanhados de uma nota. Os dois primeiros pontos exigem pouca justificação, pois pertencem à doutrina corrente da Igreja. De fato, Inácio assinala que a alternativa aberta pela eleição deve cobrir o campo das coisas "indiferentes ou boas" e que elas devem ser "aceitas pela santa Mãe, a Igreja hierárquica" (*que militen dentro de la sancta madre Yglesia hierárchica*). Tais normas remetem aos principais critérios das "regras para o verdadeiro sentido que devemos ter na Igreja militante" em EE 352, 353 e 365, o que analisaremos posteriormente, respeitando a ordem das seções incluídas nos *Exercícios*. Por outro lado, o segundo ponto também pertence a uma doutrina classicamente ensinada na Igreja contemporânea de Inácio, qual seja, a distinção entre uma eleição "irrevogável", característica do casamento e do sacerdócio, e uma eleição "revogável", "como assumir uma posição rendosa ou deixá-la, adquirir bens materiais ou renunciar a eles" (EE 171).

Convém, no entanto, dedicar mais atenção ao terceiro ponto (EE 172), pois ele atesta particularmente a originalidade do juízo feito por Inácio sobre o comportamento da Igreja em sua época, sobretudo em seu segundo parágrafo:

> EE 172: Uma vez que se fez uma eleição imutável, nada há mais que decidir, pois não se pode desfazer. Desse modo, o sacerdócio, o matrimônio etc. Apenas devemos observar que se alguém não fez uma eleição devida e ordenadamente, sem afeições desordenadas, arrependa-se, e procure levar uma vida boa naquilo que escolheu. Uma eleição dessas não parece ser vocação divina [*vocación divina*], pois é uma eleição desordenada e tendenciosa [*oblica*]. De fato, muitos cometem este erro: tomam por vocação divina uma eleição má e tendenciosa. Porque toda vocação divina é pura e limpa [*pura y limpia*], sem mistura de sensualidade [*sin mixtión a carne*] ou qualquer outra afeição desordenada.

Inácio denuncia aqui a opinião equivocada e comumente admitida em sua época de que a ratificação pela Igreja de um chamado ao sacerdócio ou ao casamento pela celebração sacramental apropriada constituiria por si só "uma vocação divina" no sentido pleno do termo, isto é, "pura e límpida". Ao emitir tal juízo, o redator dos *Exercícios* traça nitidamente a fronteira entre o poder da Igreja, que julga no foro exterior, e a autenticidade de uma "vocação divina", que só pode ser verificada no foro íntimo, sendo este último um campo aberto de maneira privilegiada pela prática dos Exercícios qualificados de "espirituais" segundo EE 1. A esse respeito, já relembramos que a autoridade de "quem dá" esses Exercícios é distinta da do superior usual e do confessor sacramental (cf. EE 17 e 44). O critério de autenticidade de uma vocação "reta" se estende também à eleição revogável, como o assinala o quarto ponto e a nota adjacente (cf. EE 173 e 174).

3. Os três tempos propícios à eleição (EE 175-177)

Atenhamo-nos agora aos "três tempos [*tiempos*]", durante os quais se pode "fazer boa e sadia eleição" (EE 175-177). Por que Inácio designa como "tempos" diferentes de eleição o que espontaneamente caracterizaríamos como "maneiras" de fazer eleição? Essa qualificação inaciana nos desperta imediatamente a atenção para o caráter factual de toda eleição, como o assinalam os Diretórios: "tempos favoráveis e oportunos"[175].

A língua grega do Novo Testamento expressa muito precisamente esse tipo de tempo por *kairós*, por aí designando a *iminência* do Reino que se aproxima (Mc 1,15; Mt 26,18; Gl 4,4; Ap 1,3), como algo antecipadamente fixado por Deus (Rm 5,6; 1Tm 2,6). Tendo alcançado sua consumação, esse *kairós* pode estender-se a todo o tempo vivido na presença do Ressuscitado, requerendo que se ore incessantemente (Ef 5,16; Fl 4,4). Na tradição espiritual da Igreja, quase não conhecemos equivalente a essa doutrina inaciana, exceto a maneira como João Cassiano caracterizou três tempos de "vocações": algo que proviria "de Deus, ou de um intermediário humano, ou por fim da necessidade", o que está longe de corresponder aos "três tempos" dos *Exercícios*[176].

A ordenação desses três tempos foi muito diversamente interpretada, como já o demonstram os *Diretórios* reunidos em 1599; um debate que ainda permanece aberto atualmente, sobretudo porque, na esteira de seu irmão Hugo, Karl Rahner destacou poderosamente que a hierarquização deles pertence a uma "lógica do conhecimento existencial tão original" que não se pode enquadrá-la em nenhuma teologia espiritual, passada ou presente[177]. Por isso, é preferível analisar na sequência, e literalmente, esses três tempos notificados no *Autógrafo*.

---

175. Dir1599, nº 187, 76.
176. João Cassiano, *Conférences*, I-VII,III: Conférences de l'Abbé Pafnuce, Intr., texto, latino, tradução francesa e notas de E. Pichery, col. SC nº 42, Paris, Cerf, 1955, 138-145: "A vocação vem *diretamente de Deus*, todas as vezes que ele envia diretamente ao nosso coração alguma inspiração que, encontrando-nos por vezes adormecidos num sono profundo, subitamente nos desperta para o desejo da vida e da salvação eternas e nos impele, pela compunção salutar que faz nascer, a segui-lo e a nos manter ligados a seus preceitos. Assim, Abraão foi chamado pela voz divina para longe de sua terra natal... Assim, o bem-aventurado Antônio foi chamado somente por Deus, ouvindo a palavra do Senhor dirigir-se a ele em conformidade com Lucas 14,26... Transpassado até o fundo do coração, renunciou de imediato a tudo e seguiu Cristo, sem que conselhos nem ensinamentos humanos o tivessem convidado a fazê-lo. A vocação de *segundo tipo* é a que ocorre por intermédio dos homens. São então os exemplos ou as exortações dos santos que acendem em nós o desejo da salvação. A *terceira espécie* nasce da necessidade. Cativos das riquezas e dos prazeres do mundo, somos alvo de uma prova que se abate sobre nós. É um perigo de morte que nos ameaça, a perda de nossos bens ou a proscrição que nos desfere um grande golpe, ou ainda a morte dos que nos são caros, a ponto de nos lancinar. Havíamos desdenhado o seguimento de Deus na prosperidade; contra a nossa vontade, a infelicidade nos obriga a nos lançar em seus braços (cf. Sl 77,34-35 e 106). Dessas três vocações, *as duas primeiras*, ao que parece, podem vangloriar-se de uma origem mais nobre. No entanto, inúmeras vezes encontramos aqueles que, partindo da *terceira*, em aparência menos gloriosa e exalando mornidão, mostraram-se perfeitos em sua vida e admiravelmente fervorosos, iguais em todos os pontos aos que, tendo entrado no serviço de Deus pela mais bela porta, perseveraram nesse fervor pelo resto de seus dias. Muitos, ao contrário, depois de terem sido favorecidos pela vocação mais alta, dela descaíram por sua mornidão e tiveram um final infeliz".
177. Karl Rahner, Die Ignatianische Logik der existentiellen Erkenntnis, em *Ignatius von Loyola, Wurtzburg*, 1956, 343-405; La logique de la connaissance existentielle chez Ignace de Loyola, em *Élé-*

EE 175: 1º) Deus nosso Senhor move a atrair a vontade, de tal modo que a pessoa espiritual segue o que lhe foi mostrado, sem duvidar nem poder duvidar. Assim aconteceu com São Paulo e São Mateus, quando seguiram a Cristo nosso Senhor.

EE 176: 2º) A pessoa chega a bastante clareza e conhecimento pela experiência de consolações e desolações, e pela experiência do discernimento de vários espíritos.

EE 177: 3º) O terceiro tempo é o tranquilo. Antes de mais, considera para que nasceu o ser humano: para louvar a Deus nosso Senhor e salvar-se. Com este desejo, escolhe como meio uma vida ou estado dentro dos limites da Igreja, a fim de ser ajudado no serviço do Senhor e na própria salvação. Disse "tempo tranquilo", pois a pessoa não se encontra agitada por vários espíritos [*potencias naturales*], podendo usar suas faculdades livre e serenamente.

Notemos que se trata realmente de "tempos" marcados por um acontecimento: "quando…" (cf. 175 e 176), mesmo que o terceiro pareça à primeira vista caracterizado por um estado de "tranquilidade", pois ainda se trata de um dom da graça[178]. Além disso, esses três tempos se encadeiam um após o outro segundo uma ordem hierárquica decrescente, visto que o segundo tempo já não se caracteriza pela evidência imediata ("sem duvidar nem poder duvidar"), mas por uma espécie de difração dessa evidência numa variedade contrastada de experiências que se estendem no tempo e cujas constantes a memória se encarregará de recolher: "clareza e conhecimento *suficientes*". É também "por falta" de uma evidência instantânea e de uma acumulação sucessiva de experiências suficientemente concordantes que é definido o terceiro tempo, qualificado de "tranquilo": "quando a alma não é agitada por diversos espíritos". Pode-se então supor que o primeiro tempo seja a *norma normans* dos tempos seguintes.

A fim de identificar a complexidade desses tempos, nós nos confrontaremos com os *diretórios escritos por Gonzales Davila* em 1587 e retomados como tais no *Diretório de 1599*, porque eles nos transmitem uma interpretação radicalmente diferente da que é hoje proposta por alguns grandes comentadores modernos, como E. Przywara, G. Fessard, Hugo e Karl Rahner, autores nos quais S. Arzubialde se apoia[179].

O Pe. Davila começa por salientar o caráter assaz extraordinário do primeiro tempo, que escapa a qualquer regra e "só se encontra nos livros. Não cabe, portanto, demorar-se nele"[180]. Mais fiel ao espírito inaciano, o Pe. Gagliardi concorda, no entanto, com este

---

ments dynamiques dans l'Église, 75-133. Hugo Rahner, Zur Christologie der Zweiten Woche, nº 4: Zur Christologie der Wahl, em *Ignatius von Loyola als Mensch und Theologe*, 303-307.

178. Enquanto a *Vulgata* intitula "De tempore triplici ad elelctiones recte faciendas magis opportuno", P1 e P2 falam imediatamente de "Tria tempora ad faciendam sanam et optimam electionem".

179. E. Przywara, *Deus semper maior*, I, 326-334; G. Fessard, *La dialectique des Exercices spirituels*, I, 73-87; S. Arzubialde, *Ejercicios Espirituales de S. Ignacio, Historia y Análisis*, 385-335. Ver também Benigno Juanes, *La Elección Ignaciana por el Segundo y el Tercer Tiempo*, Roma, CIS, 1980, 174 p.

180. O Dir1599, nº 187, 76: "Há pouco a dizer sobre o primeiro tempo: a vontade de Deus aí se manifesta com tal clareza que não se pode sequer duvidar a seu respeito. Ora, embora não se encontrem vocações desse gênero tão miraculoso (cf. a de Mateus e a de Paulo), os livros, no entanto, as relatam e vemos algumas que parecem delas se aproximar; o espírito é tão iluminado e satisfeito, a vontade divina

julgamento: "O primeiro tempo é puramente espiritual, quando um homem, iluminado por uma revelação divina, se acha determinado por uma verdadeira eleição. Esse é o caso de poucas pessoas"[181].

Por outro lado, Davila caracteriza o segundo tempo como se segue:

> [...] mais comum: a alma é movida por inspirações e movimentos tão eficazes que, sem nenhum discurso da inteligência, ou quase, a vontade se dirige ao serviço de Deus e da perfeição. No terceiro tempo, a inteligência reflete e pesa as razões pró e contra, esclarece — de certa forma — a vontade e permite-lhe escolher, por fim, aquilo que, considerando-se todos os aspectos, será julgado o melhor[182].

Esse intérprete aborda também o caso em que o resultado da eleição praticada de acordo com o segundo tempo não concordaria com o do terceiro tempo[183]. Nesse caso, Davila considera que seria preciso atribuir mais crédito ao terceiro tempo, isto é, "ao testemunho da razão". Isso porque, segundo ele, os dois primeiros tempos estão sujeitos à supremacia da vontade sobre a inteligência, ao passo que o terceiro dá primazia à inteligência[184]. Julgaremos severamente esse posicionamento de Davila, por várias razões.

1º) A distinção entre "extraordinário e ordinário" é estranha aos *Exercícios*. A propósito disso, Inácio ilustra o primeiro tempo pelas vocações de Mateus e de Paulo, não

---

é tão clara e certa, que não parece possível que uma dúvida seja suscitada a seu respeito. Esse tipo de vocação, porém, é deveras extraordinário e não se encaixa na regra; não devemos, portanto, pedi-lo a Deus nem esperá-lo; por essa mesma razão, dado que esse primeiro tempo se apresenta tão raramente, não cabe demorar-se nele para examiná-lo; basta expô-lo de passagem a quem faz os exercícios".

181. *Commentaire des Exercices spirituels*, 1590, 112-113.
182. Ibid., nᵒˢ 188-189, 76.
183. Ibid., nº 207, 82: "Quando se vê claramente que a razão aprova a eleição feita no terceiro tempo, é mais seguro segui-la; de fato, não é garantido que a moção do segundo tempo venha de Deus, principalmente quando a razão persuade do contrário. No entanto, se as razões determinantes no terceiro tempo são fracas; se as moções do segundo tempo parecem vir de Deus quando bem examinadas de acordo com essas regras, e não são contrárias à reta razão, a eleição feita de acordo com o segundo tempo deve ser inteiramente preferida. Com efeito, embora de início a vontade de Deus não fosse evidente, é possível que ela assim se torne quando tudo houver sido mais bem examinado e discutido e se houver acrescentado o testemunho da razão".
184. Ibid., nº 190, 77 explicita o alcance dessa distinção: "Embora ambas as potências da alma sejam tão unidas que uma não possa influenciar a eleição sem a outra, no primeiro e no segundo tempo, é a vontade que precede, ao passo que o intelecto segue e se deixa impelir pela vontade sem discurso algum [*sine vllo suo discursu*], nem hesitação alguma. Já no terceiro tempo, é o próprio intelecto que precede, ao apresentar à vontade as inúmeras razões que a estimularão e impelirão para o lado que ela julga melhor. Estando pressuposto que essa moção vem diretamente de Deus [*motio illa sit immediate a Deo*], quando a vontade divinamente esclarecida precede e impele o intelecto, não há dúvida alguma de que essa seja a melhor via, e a mais elevada. De fato, mesmo Aristóteles, citado por Santo Tomás, considera que os que são movidos pelo instinto divino [*instinctum divinum*] não precisam deliberar segundo a razão humana, porque o princípio que os move é melhor que a razão humana. Já a última via, que procede por modo de raciocínio e discursividade, é mais garantido e menos exposto ao perigo [*securior et tutior*]".

apenas para sublinhar o fato de que o Senhor chamou tanto durante sua vida terrestre como "depois de sua vinda a este mundo" (cf. EE 71), mas também a fim de relativizar a diferença entre o caráter familiarmente humano da vocação de Mateus e a transformação quase miraculosa da vocação de Paulo (cf. At 9). A partir daí, opor o caráter "muito extraordinário" do primeiro tempo ao caráter "ordinário" do segundo tempo nos parece artificial. Muitos "instrutores" dos *Exercícios* poderiam testemunhar a frequência dessas vocações vivenciadas segundo o primeiro tempo. A autoridade de Inácio reforça essa opinião, na carta escrita à irmã Teresa Rejadella:

> Com frequência nosso Senhor abre nossa alma, move-a e força-a a uma ação ou outra. Fala no interior dela sem nenhum ruído de palavra, eleva-a inteira a seu amor divino sem que seja possível, ainda que quiséssemos, resistir a esse sentimento. Tal sentimento [...] é pleno de humildade, pois é o mesmo espírito que está presente em todas as coisas[185].

2º) Davila avalia tais situações "extraordinárias" ou "ordinárias" por uma regra, mais que por um espírito: os primeiros, supostamente não corresponderiam a nenhuma regra, ao contrário dos segundos, balizados pelas "regras do discernimento dos espíritos". Além disso, o autor parece enredar-se numa contradição ao afirmar que o terceiro tempo, dirigido a seu ver pela "razão", é "o mais seguro", admitindo concomitantemente que, em caso de conflito entre esses dois tempos, convém privilegiar o segundo, ainda que o terceiro venha confirmar racionalmente a incerteza do discernimento anterior. Essa última convocação da autoridade conferida à "razão" nos permite denunciar o *tuciorismo* dessa interpretação, que suscita uma desconfiança diante de toda leitura mística dos *Exercícios*[186]. Essa forma de redução nasce de uma falta de aprofundamento da lógica propriamente espiritual e mistagógica do conjunto dos Exercícios[187], lógica esta reforçada pelo paralelismo do primeiro tempo com EE 15, 63 e 316 (primeira semana) e EE 98, 124, 147 e 330 (segunda semana).

3º) Para além dessa confrontação com Davila, precisamos apreender o alcance exato da hierarquização desses três tempos. Seu desafio não é decisivo apenas do ponto de vista de sua justificação teórica ou teológica, mas sobretudo em razão de sua finalidade prática, pois não cabe nem a quem se prepara para a eleição, nem a quem guia decidir *a*

---

185. Hugo Rahner, *Ignace de Loyola, Correspondance avec les femmes de son temps*, II, carta a Teresa Rajadella datada de 18 de junho de 1536, col. *Christus*, nº 14, Paris, DDB, 1964, 120.

186. Em Davila, essa valorização excessiva da razão é reforçada pela autoridade da filosofia aristotélica, em que Tomás de Aquino se apoia. Notemos, porém, que, ao versar sobre a vocação divina, esse doutor se apoia prioritariamente no testemunho profético: "O Senhor Deus abriu-me o ouvido. E eu, não me revoltei, não me virei para trás" (Is 50,5); cf. *S. T.*, Ia-IIae, qu. 68, a. 1. Nesse contexto relativo à analogia entre os "dons do Espírito Santo e as virtudes", Tomás de Aquino e Boaventura concordam em sustentar que todo cristão está habilitado a receber esses dons para garantir seu destino sobrenatural (cf. a. 2).

187. O Dir1599, nos 169 a 173, 69-71 especifica que antes de aceitar que um exercitante se envolva nesse trabalho de eleição, solicita-se ao Instrutor que leve em conta conselhos reunidos sob o título do capítulo XXIII: "quem são os admitidos à eleição".

priori segundo que tempo esse tipo de discernimento se fará mais frutuosamente[188]. Essa hierarquização, portanto, tem por primeira função verificar de acordo com que tipo de tempo o Senhor conduz o exercitante, quais graças ele está obtendo pela Providência de Deus em função da maneira como será tocado pela contemplação dos mistérios de Jesus "desde seu batismo por João" (EE 273). É de fato "Cristo nosso Senhor", portanto, que por sua via supereminentemente exemplar tocará quem contempla tais cenas evangélicas segundo uma ou outra forma descrita em cada um desses "tempos", até que receba essa graça de perceber "a circularidade deles"[189] e sua complementaridade.

Passemos agora a nossa própria análise dos três tempos.

a. O primeiro tempo

> EE 175: *El primer tiempo es, quando Dios nuestro Señor así mueve y atrahe la voluntad que, sin dubitar ny poder dubitar, la tal ánima devota signea los que es mostrado; assí como San Pablo y S. Matheo lo hizieron en seguir a Xpo nuestro Señor.*

1º) Esse tempo se caracteriza pelo ato de *mover* e *atrair* a vontade, atribuído exclusivamente a *Deus nosso Senhor*. O primeiro verbo, "mover", caracteriza o estímulo original da vontade, enquanto "atrair" (cf. Jo 6,44) orienta seu movimento para o fim, na medida em que a origem e o fim de toda criação e recriação é Deus. Posteriormente estabeleceremos um paralelo entre esse "mover e atrair" e a "consolação sem causa precedente" (EE 330) que caracteriza a moção de Deus na alma pelo ato de "entrar e sair dela".

2º) Como na 15ª Anotação, o beneficiário dessa intervenção direta de Deus é "a alma fiel" (*ánima devota*), mas aqui o impacto desse ato divino alcança a terceira potência do homem, isto é, a vontade, que é a sede da decisão livre e responsável da pessoa, mas também a faculdade que tem o privilégio de ser mais diretamente conectada a Deus, exigindo então uma "reverência maior" que a inteligência, sobretudo por ocasião da interlocução vivenciada no colóquio (EE 3).

3º) A autenticidade da influência quase criadora de Deus sobre a vontade se verifica em sua eficácia de dupla maneira, "de tal modo que a pessoa espiritual [*ánima devota*] segue o que lhe foi mostrado, sem duvidar nem poder duvidar". A extensão dessa vontade à alma dá a entender que essa intervenção imediata na vontade repercute na inteligência e na memória; "*en la qual* ánima devota" salienta o impacto individualizado da intervenção divina.

---

188. Cf. S. Arzubialde, *Ejercicios Espirituales de S. Ignacio, Historia y Análisis*, 395, refere-se quanto a isso a Karl Rahner e a Maurice Giuliani: Se décider sous la motion divine, *Christus* 14 (1957) 181-183.

189. Lembremos que essa 15ª Anotação, dirigida ao orientador dos Exercícios, o proíbe de influenciar a eleição do exercitante, justificando essa "indiferença" (cf. Dir1599, nº 174 e 175) pela primazia a ser concedida ao agir de Deus, para que "o mesmo Criador e Senhor se comunique à pessoa espiritual, abraçando-a em seu amor e louvor e dispondo-a para o caminho em que melhor poderá servi-lo depois". Foi provavelmente inspirando-se nessa 15ª Anotação que o jesuíta Karl Rahner caracterizou a revelação oferecida peoa cristianismo como "*Selbstmitteilung Gottes*".

4º) "Sem duvidar nem poder duvidar."¹⁹⁰ A certeza que decorre dessa experiência é tão perfeita que o espírito humano só pode expressá-la negativamente. Ademais, esse hendíadis deve ser respeitado em sua progressão. Da mesma maneira que "não morrer" é reforçado por "já não poder morrer" quando se trata de designar a entrada definitiva na vida eterna, a constatação do não duvidar é reforçada pela impossibilidade de ser alcançado por qualquer dúvida. A regra 336 assinalará que esse tipo de evidência permanece pontualmente circunscrito por esse "tempo", sendo preciso, por isso, distingui-lo do tempo seguinte, em que a alma já não desfrutará dessa graça, a ponto de ficar então sob a ameaça da dúvida.

5º) Essa ascendência imediatamente divina sobre a alma se verificará na submissão imediata quanto a "seguir o que lhe foi mostrado", como o atestam a vocação de Mateus e a de Paulo. Além disso, "o que é mostrado" se situa no registro do "seguir" e da imitação de Cristo, de modo que esse "tempo" determina a forma concreta da eleição. A alegria que se pode extrair daí não corresponde, portanto, ao primeiro tipo de "consolação" descrito em EE 316, a um só tempo mais vasto e menos preciso¹⁹¹.

6º) Nesse primeiro tempo, o mais impressionante é o que ele não pode expressar: "Tu me seduziste, Senhor, e eu me deixei seduzir". Essa forma de sedução é tão singularmente divina, que sempre permanecerá envolvida em seu mistério indizível¹⁹². Toda a vida mística de Santo Inácio demonstra o advento desse tipo de encontro, como Piet Penning de Vries magnificamente o mostrou¹⁹³.

b. O segundo tempo

> EE 176: *El secundo, quando se toma hasaz claridad y cognoscimiento, por experientia de consolationes y dessolationes, y por experientia de discretión de varios espíritus.*

---

190. Cf. KARL RAHNER, Éléments dynamiques dans l'Église, III, La logique de la connaissance existentielle chez Ignace de Loyola, C: Nature et certitude de cette expérience, 113-122.

191. EE 316: "[...] quando se produz alguma moção interior, pela qual a pessoa se inflama no amor de seu Criador e Senhor, e, portanto, quando não pode amar em si mesma nenhuma coisa criada na face da terra, exceto no Criador de todas elas".

192. M. IVENS, *Understanding the Spiritual Exercices*, 136, agrega às características habitualmente reconhecidas a propósito desse primeiro tempo as seguintes observações: "*1º there is no explicit mention of consolation. 2º the fact that the genuine First Time experience leaves no room for doubt does not mean that every experience which does not contain doubt is inspired by God; and hence the third characteristic does not rule out the need for reflexion on one's experience, or for discernment on the part of the director. 3º nor does the fourth characteristic is necessarily on the dramatic quality of the Damascus road. But if the definition is vulnerable to interpretations beyond its strict content, and if the content itself leaves unanswered questions, the definition nevertheless makes clear the essencial quality of the First Time and its distinction in relation to the other times: it is a situation in which the evidence consists in being shown, decisively and unambiguously, the course to follow, and the response is one of simple assent*".

193. PIET PENNING DE VRIES, *Discernement des esprits, Ignace de Loyola*, 218 p.

Na falta de tal evidência instantânea, o exercitante pode também "chegar a bastante clareza e conhecimento pela experiência de consolações e desolações, e pela experiência do discernimento de vários espíritos". Em seu *Diretório autógrafo*[194], nosso Pai Inácio explicava esse segundo tempo comparando-o à conduta de um servidor, que apresenta a seu Príncipe determinado tipo de iguaria, para saber até que ponto esta lhe será agradável.

> Da mesma maneira, a alma com profunda humildade, ardente amor e desejo de agradar a Deus oferece a seu Criador em diversas ocasiões ora um partido, ora outro: observa então qual é o que Deus aceita e recebe de mais bom grado: ela diz sem cessar: "Senhor, que queres que eu faça?". É preciso que essas sejam palavras e sentimentos que vêm não apenas da boca, ou antes de uma afeição espiritual mais fraca, mas sim de todo o nosso coração e mesmo de todos os nossos corações, se nos fosse possível ter vários.

Esse segundo tempo recolhe, assim, por meio do período da experiência, não raro contrastada e parcial, critérios suficientes de ordem afetiva ("consolações e desolações") e racional ("os espíritos e os bons anjos"), que lhe permitem aproximar-se da evidente clareza oferecida no primeiro tempo (EE 176). As regras 331 a 336 "com maior discernimento dos espíritos" terão por objetivo esclarecer essa memória.

c. O terceiro tempo

> EE 177: *El tercero tiempo es tranquillo, considerando primero para qué es nascido el hombre, es a saber, para alabar Dios nuestro Senôr y saluar su ánima; y esto deseando elije por medio una vida o estado dentro de los límites de la Yglesia, para que sea ayudado en servitio de su Señor y salud de su ánima.*
>
> *Dixe tiempo tranquillo, quando el ánima no es agitada de varios spíritus, y usa de sus potencias naturales líbera e tranquilamente.*

No entanto, é possível que o exercitante não seja nem mesmo agitado por esses diversos espíritos, e que assim seu estado seja qualificado de "tranquilo" (EE 177). A propósito disso, Karl Rahner assinala:

> O terceiro tempo, portanto, não é escolhido porque o homem teria *a priori* a liberdade de escolher a seu bel prazer o modo de eleição, mas em virtude de uma autorização de Deus, que atribui de novo ao homem essa situação. Essa mesma experiência em que a consolação é recusada ao homem constitui, portanto, um componente da escolha do terceiro tempo, seja porque em razão desse componente a indiferença existencial do objeto da escolha se manifestou e, POR ISSO, pode ser escolhido exclusivamente pelas forças da razão, seja porque o silêncio de Deus é também uma resposta: sua vontade de permanecer ainda na obscuridade da incerteza, do provisório e da experiência imperfeita, seja porque, no fundo, o segundo tempo se cumpriu de maneira discreta, embora real, no tempo que o homem interpreta como "tranquilo".
>
> Inácio designa esse tempo justamente de *tiempo tranquillo* (EE 177); não se poderia contestar legitimamente que ele tenha previsto por aí que a *tranquilidade e quietude*

---

194. *Mon, Ign.*, ser. 2a, 781, cf. Dir1599, n° 195, 78-79.

(EE 333) devam ser consideradas como sinal da moção devida ao bom espírito. Essa lucidez serena, alegre e calma, a única que nos permite esperar descobrir o que, segundo a razão, convém em circunstâncias importantes de ordem existencial, pode também ser um fruto do Espírito, dessa suave abertura para Deus, enquanto o homem não o percebe em absoluto e pensa, por conseguinte, haver descoberto o que convém porque refletiu de maneira penetrante e clara, com lápis na mão, sem ser movido por este ou aquele espírito[195].

Nesse caso, bastará empregar "*suas faculdades livre e serenamente*"[196] considerando, a exemplo do "Princípio e Fundamento", "para que nasceu o ser humano […]; escolhe como meio uma vida ou estado dentro dos limites da Igreja" (EE 177). Deduz-se daí que a prática do segundo tempo pode ser confirmada pelo terceiro, se ao menos, ao longo dos Exercícios, determinado exercitante experimenta esse tipo de passagem. Inácio propõe que se gerencie esse último tempo de acordo com "dois modos de fazer eleição". Analisaremos especialmente o primeiro modo.

4. O primeiro modo em tempo tranquilo (EE 178-184)

Este diz respeito tão somente à eleição sobre questão revogável, assim como a meditação sobre os três tipos de pessoas. A nosso ver, isso significa concretamente que a escolha da vida religiosa ou do sacerdócio ministerial, ambos associados ao celibato consagrado em vez do casamento, é antes chamada a se concretizar em referência aos dois primeiros tempos, porque envolvem a mais profunda intimidade da pessoa, sendo esta alcançada pela moção imediata de Deus na alma ou ainda pela alternância das consolações e desolações.

Por outro lado, a escolha da pobreza efetiva pode ser esclarecida ou confirmada pelos critérios aplicados pelo terceiro tempo, pois este abarca mais a situação socioeclesial do exercitante, e a partir daí os meios dos quais a Igreja dispõe atualmente em sua relação com o mundo, segundo os critérios de justiça espiritual e social atestados pelas Bem-aventuranças e pela Lei "natural". Assim, para quem houver escolhido entrar na vida religiosa segundo o primeiro ou o segundo tempo, o terceiro tempo permitirá que se especifique em que ordem ou congregação lhe será conveniente pronunciar seus votos, o que requer a informação necessária ao conhecimento delas e, se preciso for, o julgamento crítico a respeito de sua vitalidade atual[197].

---

195. K. Rahner, La logique de la connaissance existentielle chez saint Ignace de Loyola, 131-134. Ver também P. Gervais, em *Les Exercices spirituels de saint Ignace, Un commentaire littéral et théologique*, 332: "Esse tempo, portanto, também está dentro da contemplação evangélica e ao que ela realiza na alma. Deus, em sua moção que 'apazigua e pacifica a alma', concede ao exercitante que se sirva livremente de suas faculdades naturais: entendimento e vontade, que ele restaurou em sua graça, para que encontre e escolha por si mesmo o que nos dois tempos anteriores lhe comunicava e significava por sua própria moção".

196. Ver também EE 20b.

197. O Dir1599, nº 204, indica as razões pelas quais o terceiro tempo pode confirmar uma eleição já feita no primeiro ou no segundo tempo. "O emprego desses dois métodos que constituem o terceiro

1º) Organizado em seis pontos, o procedimento da primeira maneira se inspira na ordem estabelecida em cada contemplação, e mais precisamente na dos "tipos de pessoas" (cf. EE 150-153), implicando a partir daí um enquadramento preciso da oração. Assim, o *primeiro ponto* (EE 178) corresponde ao primeiro preâmbulo, consagrado à memória da história, isto é, "o objeto sobre o qual quero fazer eleição", significando o modo como me encontro *hic et nunc* inserido na história de uma salvação que está em curso rumo a seu termo.

2º) O *segundo ponto* (EE 179) compõe o lugar simbólico em cuja presença sou vinculando ao fim para o qual fui criado, devendo manter-me incondicionalmente indiferente "como o fiel de uma balança pronto para abraçar o que sentir ser maior glória e louvor de Deus nosso Senhor e minha salvação" (cf. EE 23).

3º) O *terceiro ponto* (EE 180) corresponde à oração de petição:

> Pedir a Deus nosso Senhor que queira mover minha vontade e dispor-me ao que devo fazer em relação à coisa proposta [*mover my voluntad y poner en my ánima lo que yo devo hacer acerca de la casa propósita*], conforme seu maior louvor e glória. Refletir bem e fielmente, escolhendo conforme a sua santíssima e bondosa vontade.

O objeto desse pedido se identifica nada mais nada menos com experiência já caracterizada pelo primeiro tempo de eleição e compreendida como consolação sem causa precedente (EE 330).

4º) Os dois pontos seguintes descrevem a tarefa do entendimento que procede nessa matéria segundo sua própria autonomia discursiva e racional, e assim o sujeito reconhece para que partido a própria razão se inclina mais, estando entendido que a posse ou a renúncia a determinado bem material implica que cada um dos ramos da alternativa seja duplamente avaliado em função de suas vantagens e seus inconvenientes.

> EE 181: Buscando razões, considerar as vantagens e proveitos que terei em tal emprego ou renda propostos, olhando unicamente para o louvor de Deus nosso Senhor e minha salvação. Inversamente, considerar também as inconvenientes e perigos em

---

tempo não é exclusivamente reservado ao caso de não haver decisão de acordo com o segundo tempo; mesmo que a eleição tenha sido feita, tais métodos se revelam úteis para confirmar a escolha e torná-la definitiva. Se, de fato, a alma tiver certeza de ter sido determinada por Deus no segundo tempo, não resta dúvida de que ela nada mais teria a procurar; no entanto, como o anjo de Satanás por vezes se disfarça em anjo de luz (2Cor 11,4), deve-se estabelecer como regra geral que é perigoso para o homem querer dirigir-se unicamente pelos movimentos da vontade e por sentimentos interiores, sem refletir como lhe cabe fazer. Deve-se, portanto, submeter a eleição à prova e ao controle da luz, porque, segundo as palavras do Apóstolo: 'tudo o que é manifestado é luz' (Ef 5,13)". Essa luz, depois da luz da fé, é também a razão humana (ou seja, a luz de que fala o Apóstolo não é apenas a luz da fé, mas também a da razão, segundo a afirmação do Pe. Gonzales Davila: "Essa luz é a palavra de Deus, a Igreja, o magistério público e a razão humana: tudo isso é de Deus e não pode haver aí contradição entre os elementos" [MI II, 927-928]). Ver também BENIGNO JUANES, *La Elección Ignaciana por ele Segundo y Tercer Tiempo*, Roma, CIS, 1980, caps. VIII-IX, 117-137.

possuí-los. Em seguida, procedendo do mesmo modo, levar em conta as vantagens e proveitos em não os possuir, e inversamente ver aí os inconvenientes e riscos[198].

5º) Estando esse trabalho realizado, trata-se de ver para onde a razão se inclina mais (*mirar donde más la razón se inclina*); a última proposição de EE 182 explicita o alcance dessa autonomia reservada à razão, a saber, sua emancipação diante de toda moção sensual, o que define propriamente a realização prática da "deliberação". Assinalemos a esse respeito que a avaliação do peso deste ou daquele argumento em favor ou em desfavor de uma ou outra alternativa se revela particularmente delicado e decisivo. Nesse sentido, a oração final tem por objetivo confiar a Deus o cuidado de "confirmar" a decisão tomada.

6º) De fato, o último ponto (EE 183) se aparenta a um colóquio (cf. EE 156 e 147) e faz ressoar a primeira oração de petição introduzida antes do trabalho de "deliberação" regulado em EE 180. Tratar-se-á de "apresentar [a eleição ou decisão feita] com muito empenho a Deus Nosso Senhor em oração", de "oferecer-lhe a eleição feita para que sua divina Majestade a queira receber e confirmar [*recibir y confirmar*], sendo para seu maior serviço e louvor".

Tendo chegado ao termo deste percurso, pretendemos salientar o caráter factual e salutar de tal processo decisório. Este não deve ser avaliado apenas pelo estalão de uma balança racional, mas antes à luz da intervenção antecedente, permanente e consequente de Deus, cuja vontade está sempre expressa na voz ativa: "que ele queira mover minha vontade e dispor-me ao que devo fazer" (EE 180) e "que sua divina Majestade a queira receber e confirmar" (EE 183). Até nesse caso de deliberação racional, somos remetidos a essa doutrina capital relativa à influência direta que somente o Deus Criador pode exercer na alma, inclusive em suas "potências" ou faculdades, segundo a regra de discernimento expressa em EE 330[199].

5. O segundo modo (EE 184-188)

Esse segundo modo de fazer eleição em tempo tranquilo não segue o procedimento da oração envolvida na primeira semana, mas contenta-se em indicar quatro regras, associadas a uma nota (EE 188) que aconselha a terminar a consideração dessas quatro

---

198. EE 181: "*Considerar, raçioçinando, quántos cómmodos o provechos se me siguen con el tener el offitio o beneficio propuesto, para sola la alabanza de Dios nuestro Señor y salud de my ánima; y, por el contrario, considerar assimismo los incómodos y peligros que ay en el tener. Otro tanto haziendo en la segunda parte, es a saber, mirar los cómodos y provechos en el no tener, y assimismo, por el contrario, los incómodos y peligros en el mismo no tener*".

199. Esse é, também, o parecer de Karl Rahner, La logique de la connaissance existentielle chez Ignace de Loyola, 83: "O terceiro tempo dessa eleição conduz a um retorno ao primeiro, ou ao menos ao segundo tempo. Isso porque, mesmo nesse momento da eleição é preciso ainda pedir a Deus que mova a vontade do exercitante e lhe ponha na alma a vontade divina; de fato, é preciso que, mesmo depois de haver tomado sua decisão em dado momento, o exercitante peça a Deus o poder de assumir essa escolha e de ratificá-la".

regras conforme o sexto ponto do primeiro modo [183]. A nosso ver, esse segundo modo pressupõe que o primeiro já tenha sido levado a cabo, sendo o segundo encarregado de confirmá-lo[200]. Essas quatro regras estão dispostas segundo certa lógica espiritual. A primeira regra condensa, segundo Jerônimo Nadal, o *"unicum principium et finis omnium et verum et solidum et perfectum"*[201].

> EE 184: Que o amor que me move e faz escolher desça do alto, do amor de Deus. Assim, quem escolhe sinta primeiro em si como o amor maior ou menor ao que elegeu seja motivado apenas pelo seu Criador e Senhor[202].

A centralidade dessa regra se verifica nas *Constituições* da Companhia de Jesus e nas *Cartas* de Inácio[203], quando evocam a *discreta caritas*, que é a "Lei" de todo discernimento diretamente inspirado pelo Espírito Santo, identificado ao Amor personificado, segundo Romanos 5,5[204]. Essa regra primordial se enraíza em última instância no quarto ponto da *Contemplatio ad amorem*: "Olhar como todos os bens e dons descem do alto" (EE 237). No entanto, assim como o primeiro tipo de consolação espiritual, ao inflamar a pessoa "no amor de seu Criador e Senhor" a ponto de ela "não poder amar em si mesma nenhuma coisa criada na face da terra, exceto no Criador de todas elas" (EE 316, 1º), convoca o terceiro tipo (316, 3º), "aumentando a caridade, que chama e atrai para as coisas celestes e para a salvação da própria pessoa" (EE 316, 3º), essa regra 184 requer como complemento uma tríplice confirmação: transferir a ipseidade de meu desejo ao de uma terceira pessoa desconhecida (EE 185); reportar-me à hora de minha morte (EE 186), e por fim ao dia de meu julgamento (EE 187). É assim que poderei purificar o sentir desse amor eletivo — experimentado como algo que desce do alto — de todo narcisismo desordenado.

E. A CONTINUAÇÃO DOS MISTÉRIOS ATÉ O DÉCIMO SEGUNDO DIA (EE 273-288)

Embora *as regras de discernimento próprias da segunda semana* tenham estreita afinidade com a *seção sobre a eleição*, escolhemos apresentar previamente a sequência dos

---

200. Cf. Dir1599, nº 233, 88.
201. No contexto de sua interpretação dos "três tempos" da eleição, JERÔNIMO NADAL, MNad IV, 846-851, afirma que essa regra expressa o princípio mais central e mais universal da Revelação cristã, apoiando-se em Gálatas 5,4 e 1 Coríntios 13.
202. EE 184: *"La prima es, que aquel amor que me mueve y me haze eligir la tal cosa, desceinda de arriba, del amor de Dios; de forma que el que elige sienta primero en sí que aquel amor más o menos que tiene a la cosa que elige, es sólo por su Criador y Señor"*.
203. *Const.*, nºˢ 209, 237, 269 e 582; em suas *Cartas*, a expressão ocorre 24 vezes, segundo IGNACIO IGLESIAS, verbete "Discreta caritas", *DEI*, I, 616-623.
204. S. ARZUBIALDE, Casiano e Ignacio. Continuidad e ruptura. Una original importación de Ignacio en la historia de la Tradición espiritual, D: La peculiar interpretación de la *discretio* tradicional por parte de S. Ignacio, em JUAN PLAZAOLA (dir.), *Las fuentes de los Ejercicios espirituales de San Ignacio*, Bilbao, Mensajero, 1998, 169-177.

mistérios de Cristo a partir do quinto dia, a fim de evidenciar o critério mais fundamental desse discernimento, que é a Vida de *Cristo nosso Senhor*[205].

Na primeira parte deste ensaio já confrontamos "a exaustividade da *Vida de Cristo* de Ludolfo com a seleção realizada nos *Exercícios*". Dessa seleção, retenhamos apenas os fatos seguintes. Inácio foi influenciado pelo Cartuxo quanto ao tríplice chamado de alguns Apóstolos (EE 271, 1º) e ao sermão na montanha (EE 278). A ausência notável de certos tipos de mistérios que fazem parte do dinamismo essencial de todos os Evangelhos — como as curas, as controvérsias, o tríplice anúncio da paixão-ressurreição do Senhor, a confissão de fé de Pedro, as condições para seguir Jesus e a transfiguração — pode ser justificada por sua integração em certas meditações propriamente inacianas, situadas no quarto dia.

Na segunda semana *tipo*, confrontaremos os *mistérios* a serem contemplados empenhando-nos em justificar a interpretação escriturística deles em função do objetivo atribuído a essa semana: preparar a eleição pessoal do exercitante, levando em conta tempos favoráveis a seu discernimento e sua confirmação, desde o quinto dia até o décimo segundo dia.

1. O quinto dia: Jesus batizado por João (EE 158 e 273)

>EE 158: 5º dia. Contemplação da partida de Cristo nosso Senhor de Nazaré para o rio Jordão e de como ele foi batizado.
>
>EE 273: Como Cristo foi batizado, segundo o que Mateus escreveu em 3,13-17.
>
>1º) Depois de se haver despedido de sua bendita Mãe [*después de auerse despedido de su bendita Madre*], Cristo nosso Senhor foi de Nazaré ao rio Jordão, onde estava João Batista.
>
>2º) S. João batizou a Cristo nosso Senhor. Como queria se recusar, considerando-se indigno de o batizar, disse-lhe Cristo: Faze isto agora, pois é preciso que cumpramos toda a justiça [*Haz esto por el presente, porque assí es menester que cumplamos toda la iusticia*].
>
>3º) Veio o Espírito Santo e do céu a voz do Pai afirmando: Este é o meu filho amado, com o qual estou muito satisfeito [*del qual estoy muy satisfecho*].

1º) O modelo da contemplação (EE 106-108) recomenda primeiramente "ver as pessoas, umas após outras". A nosso ver, essa visão engloba os títulos respectivos de cada uma delas, não raro ausentes em Mateus. Assim, em vez de designar "Jesus" como o ator principal (Mt 3,13.15-16), o *Autógrafo* lhe reconhece em duas ocasiões esse título de "Cristo nosso Senhor", enquanto a *Vulgata* pressupõe que se trata mesmo de Jesus, substituindo igualmente "sua bendita Mãe" por "*Matri*".

Segundo a ordem de entrada das pessoas em cena, o *Autógrafo* designa duas vezes a santidade de "João, o Batista", enquanto a *Vulgata* fala apenas de "João", reconhecendo,

---

205. Em *Ignatius von Loyola als Mensch und Theologe*, HUGO RAHNER trata da "cristologia que constitui o núcleo mais central da teologia e da mística inaciana" (cap. 13) antes de abordar "o discernimento dos espíritos" (cap. 14).

porém, a vinda do "Espírito Santo", ao passo que Mateus 3,16 nomeia este último como "o Espírito de Deus". Por fim, o *Autógrafo* identifica o autor da voz vinda do céu como o "Pai", enquanto nem Mateus nem a *Vulgata* designam o autor dessa fala, vinda no entanto do céu.

Inácio se concentra, portanto, nos títulos de glória das pessoas, explicitando de bom grado a relação delas conosco (*nuestro Señor*) ou ainda a da Mãe (*su Madre*) com seu Filho. A atestação da obra comum de cumprimento (*menester que cumpliamos*) designa a Trindade, como o havia sugerido a cena da Encarnação (EE 108) — um plural que a *Vulgata* mantém por fidelidade a Mateus 3,15.

Tal registro dos títulos permite que Inácio omita a descrição das circunstâncias exteriores — ainda que altamente simbólicas — indicadas por Mateus 3,16, como a saída da água, a abertura dos céus e a descida do Espírito sobre Jesus. Esse tipo de supressão pode ser justificado por EE 102: "pedir o conhecimento *interior* do Senhor que por mim se fez homem". Será que um recurso assim é convincente? Em todo caso, a contemplação inaciana do *batismo de Jesus* convoca todas as pessoas instauradoras do *Reino* pela *Encarnação* do Filho, inclusive as que estão sob a *Bandeira* do "supremo e verdadeiro Chefe dos apóstolos, dos discípulos" e do próprio exercitante, a quem se pede constantemente que pratique o tríplice colóquio (EE 147 e 159). Assim, o *Autógrafo* garante perfeitamente a continuidade da presença ativa dessas Pessoas divinas e humanas, para além da suspensão da contemplação evangélica durante o quarto dia, enquanto a *Vulgata* não é tão propício à garantia dessa continuidade.

2º) As outras perguntas feitas a quem contempla a cena dizem respeito às palavras ditas pelas pessoas, e depois às suas ações.

No primeiro ponto, Inácio não busca inventar, como Ludolfo, a palavra de adeus dirigida por Jesus à sua *bendita Mãe*. Afinal, a única coisa que conta é o ato de separação que se anunciava desde o terceiro dia.

O *segundo ponto*. Curiosamente, a menção ao batismo de "Cristo nosso Senhor" por "São João" precede a recusa de João em realizar tal ato, bem como a resposta de Jesus. A propósito disso, Inácio concentra a atenção apenas na fala de Cristo reproduzida em Mateus 3,15: "Deixa (*Aphés arti*), agora é assim que nos convém cumprir toda justiça". Inácio se autoriza a retranscrever essa fala, inflectindo-a da seguinte maneira[206]: "*Haz esto por el presente, porque assí es* menester *que cumplamos toda* la *justicia*". 1º Essa transcrição salienta menos o caráter provisório e mais o caráter definitivo do procedimento de Cristo: *por el presente*; 2º tende a transformar a conveniência em necessidade; 3º singulariza "toda justiça", designando-a como *la justicia*. Assim, o primeiro mistério da "vida pública" de Jesus salienta singularmente a Cristo nosso Senhor como referência pessoal e exemplar do cumprimento de toda justiça em sua justiça singular.

O *terceiro ponto* vem confirmar essa eleição crística da humildade. "Veio o Espírito Santo e a voz do Pai desde o céu, afirmando: Este é o meu filho amado, com o qual estou

---

[206]. Não foi a *Vulgata* de Jerônimo que aqui pôde inspirar Inácio: "*Respondens autem, dixit ei: Sine modo; sic enim decet nos implere omnem justiciam*".

muito satisfeito": *muy satisfecho*. Esse verbo se inspira mais no vocabulário teológico da "satisfação" jurídica do que nas diferentes versões evangélicas que relatam as palavras do Pai. Perguntamos, então, em relação a qual ato de Jesus seu Pai está satisfeito, ou ainda o que regula essa justiça, ainda mais porque Inácio não menciona sua "saída da água". Seria, então, em razão de seu "mergulho na água" que ele estaria satisfeito, ou seja, de seu abaixamento humilhante e obediente à ordem de "São João"? Já abordamos essa hermenêutica particular de Inácio durante o *terceiro dia*, quando ele fez contemplar o retorno de Jesus de Jerusalém a Nazaré até os trinta anos. E nós a encontraremos quando se tratar, no *sexto dia*, de interpretar as tentações de Cristo no deserto.

Até agora, a interpretação "do batismo de Cristo nosso Senhor por São João" nos convida a pensar que a *Bandeira* sob a qual ele convida todos os homens a receberem a graça da "suprema pobreza espiritual", e não menos da "pobreza material", é realmente a bandeira sob a qual ele próprio quis posicionar-se em todos os mistérios de sua vida. A bandeira que simboliza seu Reino é primeiramente a dele, e assim a todo aquele que quiser segui-lo cabe apenas adotar a maneira pela qual ele próprio satisfez a exigência da "justiça" divina.

2. O segundo dia: as tentações sofridas no deserto (EE 161 e 274)

EE 161: 6º dia. Contemplar como Cristo Nosso Senhor foi do rio Jordão ao deserto inclusive, procedendo do mesmo modo que no 5º dia.

EE 274: Como Cristo Nosso Senhor foi tentado (Lc 4,1-13; Mt 4,1-11).

1º) Depois de ter sido batizado, foi ao deserto, onde jejuou 40 dias e 40 noites [*donde ayunó quarenta días y quarenta noches*].

2º) Foi tentado três vezes pelo inimigo: aproximando-se dele, o tentador disse: Se és Filho de Deus [*Si tú eres Hijo de Dios*] dize a estas pedras que se mudem em pão; joga-te daqui para baixo; tudo o que vês, eu te darei se te prostrares e me adorares.

3º) Os anjos vieram e o serviram.

1º) Nesse novo dia, a visão das pessoas envolvidas nesse mistério já impõe um primeiro contraste em relação ao dia precedente. Jesus é como que despojado de seu título de "Cristo Nosso Senhor", a ponto de ser designado ao longo dos pontos por um simples "ele" quase anônimo.

2º) Além disso, essa forma de abaixamento é confirmada pelo fato de que Inácio escolhe citar as *palavras* do "inimigo tentador", evitando mencionar as respostas dadas por Jesus em nome da Escritura; isso aliás fora anunciado pelo título do mistério: "como Cristo foi tentado": *contemplación cómo Xpo fue tentado*. Designado no singular, "o inimigo" só pode ser o próprio Lúcifer, segundo EE 135-136. Suas tentações são sintetizadas em torno da mesma fala, introduzida no condicional: "Se és Filho de Deus…", e depois condensadas em três sugestões que se concluem por aquela da idolatria: "se me adorares". O exercitante se lembrará que é chamado a combater "o imenso orgulho" (EE 142), pedindo a graça de ser recebido sob a Bandeira de Cristo pela intercessão de *Nossa Senhora, Mãe Bendita*, até em seu apagamento em benefício de seu "Filho e Senhor".

3º) No nível dos *atos* realizados pelos personagens, Inácio relata *primeiramente* a iniciativa tomada por Jesus de ir ao deserto, sem mencionar a introdução lucana da narrativa: "Jesus, repleto do Espírito Santo, voltou do Jordão e estava no deserto, conduzido pelo Espírito" (Lc 4,1), nem a de Mateus 4,1: "Então Jesus foi conduzido pelo Espírito ao deserto, para ser tentado pelo diabo", e muito menos a de João 1,31-34. Além disso, interpretando os "quarenta dias" de modo realista, em vez de simbólico, o redator dos *Exercícios* explicita a duração ininterrupta desse jejum: "quarenta dias e quarenta noites".

Em *segundo lugar*, Inácio assinala unicamente aquilo por que Jesus passou: "Foi tentado três vezes pelo inimigo". Em terceiro lugar, o epílogo retoma laconicamente Mateus 4,11b: "Então o diabo o deixou, e eis que anjos se aproximaram e o serviam", o que permite supor que Jesus de fato triunfou sobre o tentador.

No entanto, não podemos nos impedir de perguntar com que direito o redator dos *Exercícios* se autoriza a propor tais pontos sem jamais mencionar, nem mesmo sucintamente, nenhuma das três respostas de Jesus! De fato, a súbita transição ao terceiro ponto pode ter o efeito de aprofundar a indagação relativa à obliteração de toda e qualquer resposta de Jesus, sendo esse silêncio, a nosso ver, deliberado por parte de Inácio.

Em seu comentário tão escrupulosamente fiel ao conteúdo de cada ponto inaciano, Franz von Hummelauer[207] antecipa-se a esse problema recorrendo à contemplação das *duas Bandeiras*, que ilustra perfeitamente as tentações aqui propostas por Satanás, visto que o próprio Soberano e verdadeiro Chefe se comprometeu a lutar contra os três vícios luciferinos aqui concretizados, segundo a mesma ordem, nas três tentações satânicas. Hummelauer não resolve, no entanto, a questão da supressão das palavras da Escritura escolhidas por Cristo para triunfar sobre essas tentações. Pierre Clorivière[208], por sua vez, considera necessário minorar essa carência, enquanto Erich Przywara[209] salienta de maneira radical o propósito kenótico da interpretação inaciana do batismo por João e das tentações.

A nosso ver, para além do contraste que acabamos de evidenciar entre a narrativa inaciana do *batismo* e a das *tentações*, sublinharemos agora a continuidade entre elas e a coerência de sua interpretação. Desde o batismo, o Pai se declara "satisfeito" com o fato de Jesus haver "cumprido toda a justiça" sendo batizado por João. Além disso, a atribuição desse cumprimento é notificada no plural, conforme a versão de Mateus 3,15, e assim esse ato só pode ser atribuído às três Pessoas divinas na perspectiva trinitária da contemplação da redenção pela Encarnação (EE 107 e 108). Essa é a razão decisiva pela qual a narrativa inaciana se abstém de mencionar a saída da água — unanimemente tes-

---

207. *Meditationum et contemplationum S. Ignatii de Loyola puncta*, 297-307.
208. *Les exercices de trente jours*, do Pe. Pierre de Clorivière, obra impressa em 1924, que gozou por ocasião de sua difusão de ampla audiência entre os jesuítas francofônicos, pois "nela tudo é correto, sábio e pleno". Ainda assim, ao tratar do batismo e das tentações de Cristo, esse jesuíta considera normal completar os pontos inacianos desdobrando o Evangelho na íntegra: pp. 151 a 157. Por outro lado, Karl Rahner, *Betragtungen zum ignatianischen Exerzitienbuch* não se detém na justificação da interpretação inaciana do batismo e das tentações no deserto.
209. Erich Przywara, *Deus semper Maior*, I, *Zweite Woche*, 335-346.

temunhada pelos Sinópticos, especialmente em Marcos 1,10-11: "No momento em que ele subia da água, viu os céus rasgarem-se (cf. Is 63,19) e o Espírito como uma pomba descer sobre ele. E dos céus veio uma voz: 'Tu és o meu Filho bem-amado, aprouve-me escolher-te'". A omissão voluntária dessa teofania não põe em causa a cena trinitária da Encarnação redentora, mas até evidencia o caminho de humilhação que "Cristo nosso Senhor" escolheu livremente, a fim de manifestar por si mesmo e em si mesmo que "a justiça" é "satisfeita" por sua humilhação pessoal, como o atesta sua Bandeira.

Ora, esse mesmo tipo de desbaste kenótico é reproduzido no mistério seguinte, que ressalta igualmente a livre iniciativa assumida por Cristo de submeter-se às tentações do inimigo. E visto que Satanás é da mesma maneira "o inimigo da natureza humana", é de fato nesse terreno de humanidade orgulhosamente pecadora que se desenrola o combate universalmente travado contra "a Bandeira de Lúcifer". Será que esse tipo de hermenêutica evangélica será seguido nos "mistérios" seguintes?

3. O sétimo dia: o chamado dos apóstolos (EE 162 e 275)

Ao comparar a exaustividade dos "mistérios" mencionados por Ludolfo com a seleção inaciana, já observamos que em EE 275a Inácio se inspira diretamente na descrição ludolfiana do tríplice e sucessivo "chamado dos apóstolos" (cf. VC I, 30, 1º), uma doutrina tradicionalmente adotada por Tomás de Aquino[210]; *Tres vezes pareçe que...* Perguntamo-nos agora como conciliar a dinâmica da segunda semana com a apresentação dos três primeiros pontos propostos em EE 275a.

> EE 275a: 1º) Parece que S. Pedro e Santo André foram chamados [*son llamados*] três vezes: primeiro, para um certo conhecimento [*a çierta noticia*], como consta em João 1; depois, para seguir a Cristo de algum modo, mas com o propósito de voltar a possuir o que tinham deixado [*con propósito de tornar a posseer lo que habían dexado*], como diz Lucas 5; finalmente, para seguir sempre [*para siempre*] a Cristo nosso Senhor, segundo S. Mateus 4 e S. Marcos 5.
>
> 2º) Chamou [*llamó*] a Filipe, como está em S. João 1, e a Mateus, como o próprio Mateus diz no capítulo 9.
>
> 3º) Chamou os outros apóstolos, cuja especial vocação [*especial vocación*] não é mencionada pelo Evangelho.

1º) De acordo com os *Evangelhos sinópticos*, o chamado dos primeiros apóstolos por Cristo é sempre expresso como ordem de seguir: "Vinde atrás de mim", diz Jesus a Simão e a André, a Tiago e a João, a Mateus, e sua autoridade provocou a adesão imediata por parte deles (Mc 1,17-20 e 2,14). Uma vez discípulos de Jesus, serão progressivamente iniciados no mistério da missão deles, intimamente ligada à sua Pessoa, uma missão cuja condição primordial será compartilhar seu destino não apenas em seu desfecho glorioso (cf. Mt 19,27), mas também suportando seus sofrimentos e sua Paixão. Jesus exige deles

---

210. Cf. *In Mat.* IV, lec. 2º; *In Ioa* I, Pról., lec. 1º e 15º.

o desapego total: renúncia à riqueza e à segurança, abandono dos seus (Mt 8,19-22; 10,37 e 19,16-22), sem espírito de divisão nem de retorno (Lc 9,61)[211].

2º) Os *dois primeiros preâmbulos* (EE 111-112) da segunda semana concretizam essa ordem de "seguir" Cristo em cada um de seus "mistérios", combinados a um deslocamento ininterrupto, e além disso repetido a cada dia. Esse ritmo diário impõe então ao exercitante que reitere constantemente sua resposta. Por outro lado, o risco de uma volta atrás (Lc 9,62), validado pela retomada dos bens antes deixados (Lc 5,1-11.29-32), evidencia a dificuldade em aceitar a "pobreza material" (*Bandeiras*: EE 197; *tipos de pessoas*: 153-155; *preâmbulo para fazer eleição*: EE 169)[212]. Convinha então que tais meditações propriamente inacianas encontrassem sua base nos Evangelhos.

Por outro lado, esse chamado a "seguir" o Rei eterno (EE 91) foi concretizado pela "imitação" de Cristo (EE 98). O verbo "chamar", no sentido de provocar uma adesão, é muito frequente no Novo Testamento e expresso de modo geral pelos verbos *kaleo* ou *proskaleo*. Por outro lado, o termo *imitar* se inspira principalmente em Paulo, em cuja epistolografia a referência mais significativa se encontra em 1 Coríntios 11,1: "Sede meus imitadores, como eu o sou de Cristo"[213]. No início de sua conversão em Loyola, Inácio ficou fascinado com os feitos de São Francisco e São Domingos[214], ao passo que os *Exercícios* mostram a maturidade de toda vida espiritual, fazendo com que a mimese seja estritamente centrada em Cristo[215].

3º) Mais representativa ainda da originalidade dos *Exercícios* é a maneira como Inácio transpõe esse enquadramento espaço-temporal do caminho a seguir para um número equivalente de etapas do caminho interior do exercitante quando este projeta diversas formas de eleição possíveis. Em linguagem inaciana, tratar-se-á de manter a atenção no "acompanhamento" interior dos pensamentos (*discurso de los pensamientos*). O pedido constante de "conhecimento interno do Senhor que por mim se fez homem, para que mais o ame e o siga" (EE 104) implica essa vigilância interior, sobretudo quando a alma está submetida à influência contrária "do bom e do mau anjo" (EE 331-332). A partir daí a doutrina do "chamado tríplice de certos apóstolos" é eminentemente sugestiva para o exercitante, que logo será convidado ao trabalho interior de discernimento de sua própria eleição.

Dirigido pessoalmente "por Cristo nosso Senhor", "Rei eterno", esse Chamado poderá atestar tanto sua soberana liberdade de convocar aqueles que ainda não estão prontos

---

211. *VTB*, verbete "Suivre", col. 1259.

212. F. Hummelauer explicita em detalhes o alcance dessa tríplice vocação de Pedro e de André, em *Meditationum* [...], 310-316.

213. Ver também Filipenses 3,3.17; 1 Tessalonicenses 1,6 e 2,14; 2 Tessalonicenses 3,7.9; Hebreus 6,12 e 13,7, onde Paulo declina o verbo *mimeomai*.

214. *O relato do peregrino*, nº 7.

215. A recomendação de realizar uma "oração preparatória" a fim de "imitar Nossa Senhora no uso dos sentidos" (EE 248) não diminui esse cristocentrismo, visto que desde a primeira semana o primeiro pedido de intercessão oferecido por Nossa Senhora se dirige a "seu Filho e Senhor" (EE 64, 130, 2º, 147, 156 e 159).

para responder definitivamente como sua paciência condescendente de reiterar por três vezes essa mesma convocação para segui-lo. Consequentemente, esse tipo de repetição abrirá o espírito do exercitante para a complementaridade dos "três tempos" propícios à sua eleição pessoal (cf. EE 175 a 177).

4º) Por fim, Inácio considera que todos os outros Apóstolos foram por sua vez gratificados com uma vocação singular (*especial vocación*), não obstante o silêncio dos Evangelhos. Esse hápax — *especial* — ecoa o *en particular* formulado na contemplação inaugural da "vida do Rei eterno" (EE 91, 2º)[216]. (EE 95, 1º). Ao comentar esse texto, já havíamos sublinhado o caráter eminentemente pessoal desse chamado, em razão de sua origem paterna (*mi Padre*) e de seus destinatários, o que é confirmado pela contemplação das *duas Bandeiras* (EE 136-147), quando esta especifica que "o Senhor do mundo inteiro escolhe tantas pessoas, apóstolos, discípulos etc." (EE 145), dirigindo palavras "a todos os servidores e amigos que envia para esta jornada" (EE 146). O Chamado diretamente pessoal não está, portanto, reservado a certos apóstolos, mas se amplia a todos que são seus *discípulos, servidores e amigos* (cf. EE 54). À luz da distinção blondeliana já mencionada, a contemplação da *especial vocación* de todos os outros *Apóstolos* leva a uma percepção *pneumática* desse tipo de Chamado, enquanto o *en particular* se contentava ao mens com uma abordagem *noética*.

5º) Excepcionalmente, Inácio junta a essa primeira contemplação outra "consideração", que valoriza a promoção humana e espiritual desses Apóstolos:

> EE 275b: E também sejam consideradas três outras coisas: a *primeira*, como os apóstolos eram de condição simples e humilde [*de ruda e baxa condición*];
> a *segunda*, a dignidade a que foram tão suavemente [*tan suavemente*] chamados;
> a *terceira*, os dons e graças em que foram elevados acima de todos os santos do Antigo e Novo Testamento.

Inácio sintetiza aqui os dados comuns à tradição teológica mais antiga relativa à excelência da dignidade à qual foram chamados os Apóstolos[217]. Esse tipo de reflexão teológica foi mais inspirado no *corpus* dos Evangelhos e das Epístolas do que nos Atos dos Apóstolos, exceto na obra de certos Padres pré-niceanos como Orígenes de Alexandria e Ireneu de Lyon. Assim é que o testemunho dado por Lucas do envio e da obra do Espírito nos Atos pôde sofrer de um cristocentrismo demasiado pronunciado. Será que os *Exercícios* inacianos também padeceriam dessa carência pneumatológica? Tal questionamento, tão amplo quanto incisivo, mobilizará nossa atenção até a última conclusão de nosso ensaio.

Observemos desde já que os pontos dois e três de EE 275b merecem ser esclarecidos. São regras de discernimento espiritual próprias da segunda semana que especificarão

---

216. EE 91, 2º: "[…] *ver a Xpo nuestro Señor, Rey eterno, y delante dél todo universo mundo, el qual y a cada uno en particular llama y dice: 'Mi voluntad […]'*".

217. A excelência dos dons e das graças recebidas pelos Apóstolos sobre qualquer outro profeta pertence à tradição comum da Igreja, como o atesta TOMÁS DE AQUINO em *Super Rom*, VIII, lec. 5, remetendo a 1 Coríntios 12,28.

o critério de autenticidade de um chamado divino, apontando os frutos de paz e de repouso que ele oferece gratuitamente quando acolhido em profundidade (EE 335). A esta altura, Inácio generaliza o modo como todos os Apóstolos foram chamados "tão suavemente". Essa suavidade se encontra sob diferentes formas: substantiva (EE 124 e 334), adjetiva (EE 275) ou adverbial (EE 335), em contextos que dizem respeito aqui à vocação dos próprios Apóstolos, ao passo que outras ocorrências se aplicam à vida cristã e à vocação do próprio exercitante, e excepcionalmente à atitude do diretor dos Exercícios (EE 7). A partir daí a excelência do chamado dos apóstolos, elevados *sobre todos los padres del nuovo y viejo testamento*, não impedirá o exercitante de reconhecer a maneira como o Senhor o chama tão dircta e pessoalmente, de maneira "suave", como já o propunha o terceiro ponto da "aplicação dos sentidos" em EE 124.

4. O oitavo dia: o sermão na montanha (EE 161 e 278)

A semana *tipo* passa sem transição do "chamado dos apóstolos" ao sermão feito por Cristo na montanha, segundo o que escreve São Mateus, no capítulo 5,1-48 (EE 161), ao passo que a *seção dos mistérios* propõe igualmente as duas cenas intermediárias descritas pelo capítulo 2 de João: "o primeiro milagre, feito nas bodas de Caná na Galileia" (EE 276) e "como Cristo expulsou os vendilhões do templo" (EE 277). Tais escolhas são deixadas a critério do orientador dos Exercícios.

Contentemo-nos aqui em captar a pertinência da seleção proposta pela semana *tipo*. Seu ordenamento tem a vantagem de explicitar o conteúdo da doutrina de Cristo logo depois de cenas que relatam exclusivamente a eficiência do ato de chamamento dos Apóstolos. Na Primeira Parte já havíamos destacado que, em comparação com a Escritura e os comentários de Ludolfo, Inácio ressalta principalmente a exigência moral das Bem-aventuranças;

> EE 278: 1º) Fala em particular a seus amados discípulos [*a sus amados discípulos*] das oito bem-aventuranças: "Felizes os pobres de espírito [*pobres de espíritu*]; os mansos; os misericordiosos; os que choram; os que passam fome e sede de justiça; os puros de coração [*limpios de corazón*]; os pacíficos; e os que sofrem perseguição".
>
> 2º) Exorta-os para que usem bem seus talentos: "De tal modo brilhe a vossa luz diante das pessoas, que vejam as vossas obras e glorifiquem vosso Pai, que está nos céus".
>
> 3º) Mostra-se não como transgressor da lei, mas consumador [*consumador*], declarando o preceito de não matar, não fornicar, não perjurar e de amar os inimigos: "Eu, porém, vos digo que ameis vossos inimigos e façais o bem aos que vos detestam".

A seleção inaciana desses três pontos provém unicamente do capítulo 5 de Mateus, sem incluir aí os capítulos 6 e 7 que, de costume, são interpretados como o conjunto que compõe a "carta do Reino". Será que a lógica espiritual da segunda semana permite justificar essa seleção?

O *primeiro ponto*, inteiramente dedicado às bem-aventuranças, enumera as exigências morais que acarretam a tolerância de múltiplos sofrimentos, sem associá-las às promessas correspondentes de bem-aventurança. Algumas delas garantem a pertinência dos pedidos de graça sugeridos pelas contemplações próprias do quarto dia. Assim, o pedido de "maior pobreza espiritual" (EE 147, 1º) é nitidamente fundamentado na *primeira* bem-aventurança, ao passo que o terceiro ponto de aplicação dos sentidos, relativo à "infinita suavidade e doçura" (EE 124), pode apoiar-se na *segunda*. O pedido para "sofrer afrontas e injúrias, para mais imitar a Cristo nisto" (EE 147, 2º) segue o caminho traçado pelas bem-aventuranças *três* a *cinco* e *oito*. A exigência primordial de ter uma intenção puramente ordenada ao fim teologal da criatura humana, purificada de todo apego desordenado (EE 155, 157, 169), é ilustrada pela bem-aventurança oferecida aos "corações puros". Por fim, a bem-aventurança prometida aos que sofrem perseguição antecipa a graça da compaixão oferecida na terceira semana (cf. EE 291, 2º).

Pode-se igualmente imaginar por que Inácio seleciona no *segundo ponto* os versículos 14 a 16 de Mateus, relativos ao "bom uso dos talentos". Qualificada de "iluminativa" (EE 10), a segunda semana não solicita apenas a luz imediata oferecida pela graça de Deus, mas igualmente o compromisso das "potências naturais" requeridas ao longo das contemplações e especialmente durante "o tempo tranquilo" da eleição, no qual se solicitará ao exercitante que siga "a inclinação da razão" (EE 182). Por fim, essa recomendação de "usar bem os talentos" é motivada, por fim, pela missão universal prometida por Cristo: "*ajudar* a todos, trazendo-os primeiro à maior pobreza espiritual" (EE 146). A lógica espiritual da segunda semana vincula estreitamente a primeira bem-aventurança do *primeiro ponto* com o ensino próprio do *segundo ponto*.

O *terceiro ponto* seleciona o essencial dos versículos mateanos 17 a 20 consagrados à consumação integral da Lei por Cristo, integrando aí "o amor aos inimigos" que conclui este capítulo 5 pelos versículos 43 a 47. Essa integralidade da observância da Lei foi reinterpretada pelos três graus de humildade, na medida em que o terceiro grau pressupõe o que já foi alcançado nos dois primeiros (EE 165-167). Por outro lado, "o amor aos inimigos" jamais será mencionado nos *Exercícios*, mas a atitude que ele requer estará abrangida na graça de imitar a Cristo em sua Paixão, pois Ele se absteve de usar o poder da divindade "para aniquilar seus inimigos", a fim de "deixar padecer tão cruelmente sua sacratíssima humanidade" (EE 196).

5. O novo dia: a aparição sobre o mar (EE 161, 4º e 280)

A seção dos mistérios destaca a possibilidade de selecionar duas cenas aparentadas: "Como Cristo nosso Senhor acalmou a tempestade do mar (Mt 8,23-27)" e "Como Cristo andava sobre o mar (Mt 14,22-33)" (EE 280).

Por que a semana *tipo* dá preferência à segunda? Não se pode responder a essa pergunta sem integrar aí a questão da relação entre a revelação do estatuto do Reino de Deus anunciado nas Bem-aventuranças no oitavo dia com a desse nono dia. Ora, é unicamente o *primeiro ponto* desse segundo mistério (EE 280, 1º) que garante a transição local da montanha para o mar[218], enquanto o primeiro ponto da "tempestade acalmada" (EE 279, 1º)

---

218. O testemunho concordante de Marcos 6,45-46 e Mateus 14,22-23 fundamenta essa identidade de lugar: "Logo em seguida (à multiplicação dos pães), Jesus obrigou os discípulos a entrarem no barco

não autoriza tal passagem, ao apresentar imediatamente Cristo dormindo quando chega a tempestade (EE 279, 1º). Além disso, a vinculação desse segundo mistério à escuta do ensino de Cristo oferecerá a possibilidade de entender essa cena da caminhada de Jesus sobre o mar no sentido em que a exegese tradicional o desdobrou, bem antes de Ludolfo e Inácio.

De fato, o pensamento semítico tem o costume de interpretar o mar como algo que simboliza a instabilidade angustiante da descrença, ao passo que o sereno autodomínio de Cristo ensina aos discípulos como resistir ao pavor que pode ser provocado pelas exigências morais das Bem-aventuranças[219]. Cumpre-nos agora verificar a pertinência dessa interpretação ao longo dos pontos inacianos.

> EE 280: 1º) Estando [*Stando*] Cristo nosso Senhor no monte, fez com que seus discípulos entrassem na barquinha [*nauezilla*]. Despedida a multidão, começou a orar sozinho.
>
> 2º) A barquinha era combatida pelas ondas. Cristo vem [*viene*] até ela andando sobre a água. Os discípulos pensavam que fosse um fantasma [*fantasma*].
>
> 3º) Disse-lhes Cristo: Sou eu, não temais [*Yo soy; no querays temer*]. S. Pedro, à sua ordem, veio [*vino*] até ele, andando sobre a água, mas, duvidando, começou a afundar. Cristo nosso Senhor o salvou e o repreendeu por sua falta de fé. Depois, entrando na barquinha, cessou o vento.

O *primeiro ponto* evidencia principalmente o fato de que para Jesus a montanha é o lugar privilegiado onde "Cristo nosso Senhor" fica (*stando*) para orar a Deus a sós. O olhar contemplativo é, portanto, primeiramente convidado a reconhecer esse Senhorio de Cristo, o qual impõe a "separação" de todas as criaturas familiares (cf. EE 20). Notemos de passagem que a *Vulgata* dos *Exercícios* se apressa em omitir essa titularidade gloriosa e eclesial, pois esta não pertence ao âmbito da narrativa evangélica.

No *segundo ponto*, a vinda do Senhor surge no presente, enquanto o tempo relatado pelo Evangelho rememora um acontecimento expresso no pretérito perfeito. Inácio aqui se separa da *Vulgata* de Jerônimo, traduzindo literalmente Marcos 6,48 e Mateus 14,25: "*venit ad eos ambulans supra mare*". Esse advento súbito impele o exercitante a contemplar esse mistério da liberdade soberana com que "o Rei eterno de todas as coisas" (EE 98) se permite intervir temporalmente, a ponto de dissipar a impressão de ver um "fantasma" (Mc 6,49 e Mt 14,16). A exegese patrística associou espontaneamente essa narrativa à maneira como Lucas relatará as aparições do Ressuscitado aos Onze, salientando o realismo da corporeidade, a fim de dissipar qualquer projeção fantasmagórica (Lc 24,36-42). Inácio foi iniciado por Ludolfo nesse tipo de interpretação pré-pascal dos dois "mistérios" relatados em EE 279 e 280[220].

---

e precedê-lo rumo à outra margem, enquanto ele despedia as multidões. E depois de ter despedido as multidões, subiu ao monte para orar, à parte".

219. Cf. *Christus* 243 (juillet 2014) *La mer, délices et dangers*, 380 p.

220. Essa é a interpretação de HILÁRIO DE POITIERS en PL IX, 1002. Essa é também a leitura proposta por TOMÁS DE AQUINO em *Lectura super Evangelium Matthaei*, XIV, Marietti, 1253º à 1276º, onde o doutor salienta "o poder de libertação próprio da doutrina de Cristo": "'*Et statim impulit Iesus discipulos*'. Hic figuratur virtus doctrinae Christi, quia liberativa esta a periculis, *quia discipulos a pe-*

O *terceiro ponto* revela ainda melhor a afinidade misteriosa dessa narrativa com as aparições pascais, quando "Cristo nosso Senhor" diz aos discípulos: "Eu sou, não tenhais medo"[221]. Num tal contexto pré-pascal, parece-nos mais pertinente traduzir o *Yo soy* pelo "Eu Sou" teofânico e respeitar a sequência do enunciado do *Autógrafo*: *no querays temer*. Inácio se autoriza assim a explicitar a ordem vinda do alto — "não temais" (cf. Mt 14,27: "*mè phobeîsthe*" — no sentido da solicitação "da liberdade do livre-arbítrio" (EE 23): "*queiram* não temer". Essa adaptação do texto mateano é significativa da lógica existencial dos *Exercícios*: "pedir o que quero [*lo que quiero*]" (EE 48). Assim, essa teofania pode prescindir do trecho final de Mateus 14,33: "Os que estavam no barco prostraram-se diante dele e disseram: 'Verdadeiramente, tu és o Filho de Deus'".

O fim da narrativa inaciana reforça a interpretação patrística de que o mar simboliza a falta de segurança na fé, enquanto Mateus 13,30-31 propõe: "Mas, à vista da violência do vento, [Pedro] teve medo, e começando a afundar, exclamou: 'Senhor, salva-me'. Logo Jesus, estendendo a mão, o pegou, dizendo-lhe: 'Homem de pouca fé, por que duvidaste?'". Já a narrativa inaciana recorre a verbos que abrem o sentido espiritual da narrativa: "el qual *dudando*, começou a *sampuzarse*; mas Xpo nuestro Señor lo *libró*…"

Consideraremos, portanto, que Inácio dá sua preferência à segunda narrativa, porque esta se presta melhor a uma interpretação da libertação espiritual das perturbações ligadas à descrença provocadas pelo mau espírito, graças à intervenção imediata de "Cristo nosso Senhor", solicitando a própria vontade do exercitante, a exemplo da de Pedro. Já a primeira narrativa, que descreve "como Cristo andava sobre o mar" (EE 279), desemboca principalmente no reconhecimento do poder divino que Jesus detém sobre a ordem cósmica: "Que homem é este, para que até os ventos e o mar lhe obedeçam?" (Mt 8,27).

A originalidade da narrativa inaciana se atesta igualmente pelo fato de que Inácio se autoriza a salientar o aparecimento no presente da vinda "de Cristo Nosso Senhor", o que os comentários patrísticos praticamente não ousaram propor. Essa forma de atualização está longe de ser acidental em Inácio, pois se encontra aplicada ao agir de Cristo em inúmeros pontos descritos na *seção dos mistérios*, que não comentaremos em razão de sua ausência na semana *tipo*[222]. Durante a quarta semana, reencontraremos o surgimento do mesmo presente, quando da aparição do Ressuscitado na comunidade dos Apóstolos reunidos com Tomé em EE 305, 2º: "*Se les aparece…*". Quando comentarmos as regras de discernimento próprias da segunda semana, teremos a ocasião de destacar o caráter factual e, portanto, atual do dinamismo espiritual inspirado pelo Espírito do Senhor.

---

riculis liberavit". Esse comentário tomasiano é enriquecido com inúmeras referências aos Salmos, que interpretam o perigo do mar em termos de combate espiritual. Em GV I, 46, Ludolfo cita igualmente outros autores que adotaram esse mesmo tipo de leitura pré-pascal e espiritual, ao mesmo tempo em que privilegia o sentido do "barco" como algo que representa a Igreja militante e o combate espiritual.

221. Nossa tradução se distancia da de Gueydan, que propõe: "Sou eu, não temais!". Por outro lado, a *Vulgata* de Jerônimo traduzia Mateus 14,27 nestes termos: "*Statim Jesus locutus est eis, dicens: 'Habete fiduciam: ego sum, nolite timere'*".

222. Ver EE 281, 1º, 2º e 3º; 282, 1º e 3º; 286, 1º, 2º e 3º; 285, 1º, 2º e 3º.

6. O décimo dia: a pregação no Templo (EE 161, 5º e 288)

A seção dos mistérios agrega a possibilidade de contemplar "como os apóstolos foram enviados a pregar", segundo Mateus 10,1-42 (EE 281); "a conversão de Madalena", segundo Lucas 7,36-50 (EE 282); "como Cristo nosso Senhor deu de comer a cinco mil homens", segundo Mateus 14,13-21 (EE 283) e "a Transfiguração de Cristo", segundo Mateus 17,1-9 (EE 284). Além disso, "a ressurreição de Lázaro", segundo João 11,1-45 (EE 285), "a ceia em Betânia", segundo Mateus 26,6-10 (EE 286) e "o domingo de Ramos", segundo Mateus 21,1-17 (EE 287).

Já a semana tipo seleciona apenas "a pregação do Senhor no Templo", no décimo dia, "a ressurreição de Lázaro", no décimo primeiro, e "o domingo de Ramos", no décimo segundo, conforme a oportunidade de abreviar ou prolongar essa semana (cf. EE 162).

> EE 288: A pregação no Templo (Lc 19,47)
> 1º) Ensinava cada dia no Templo.
> 2º) Acabando de pregar, porque não tinha quem o recebesse em Jerusalém, voltava a Betânia.

Esses dois versículos de Lucas se situam logo depois de o Evangelista haver relatado como Jesus expulsou os vendedores do Templo (v. 45 e 46). Depois, ele prossegue:

> Ele ficava cada dia a ensinar no Templo. Os sumos sacerdotes e os escribas procuravam fazê-lo perecer, e também os chefes do povo; mas não achavam nada que pudessem fazer, pois todo o povo, suspenso de seus lábios, o escutava (v. 47-48).

Ainda que o *primeiro ponto* reproduza 47a, o *segundo* se esquiva da mensagem lucana. A referência aos "sumos sacerdotes", aos "escribas" e aos "chefes do povo", como também a "todo o povo" é deixada na obscuridade ao longo de toda a narrativa, provavelmente para não distrair o exercitante da relação estabelecida por "Cristo nosso Senhor" com seus discípulos. Consequentemente, toda referência ao tríplice anúncio da paixão que implica a responsabilidade homicida das autoridades judaicas é suprimida, pela razão complementar de que Inácio proíbe a seu exercitante qualquer forma de antecipação das semanas posteriores. Tal redução contextual e temporal é, ao ver do redator dos *Exercícios*, indispensável para que o exercitante possa *hic et nunc* extrair o máximo proveito espiritual da contemplação em que está imerso.

Não é verdade que Deus chama a todos os homens, privilegiando o chamado que dirige a cada um "em particular", e exemplarmente "a Nossa Senhora", pela mediação das palavras do anjo Gabriel na contemplação da encarnação segundo EE 103-109? No entanto, tal contemplação da Encarnação poderia ainda fazer com que se alimentasse a esperança consoladora (EE 316) de ser testemunha da conversão iminente do mundo. Ora os pontos consagrados à pregação diária de Jesus confrontam o exercitante com essa notícia dramática da recusa de sua Palavra.

O Templo de Jerusalém e a casa de Betânia se tornam os dois locais simbólicos em que se opõem a recusa ou o acolhimento da Palavra, como o atesta essa excepcional cesura do mistério em apenas dois pontos. O que resta, então, a extrair da constatação registrada por Lucas 19,47-48? Unicamente este fato, deduzido da retirada de Jesus para Betânia, de que "não tinha quem o recebesse em Jerusalém" (*porque no hauía quien lo reçibiense en Hierusalem*), estando subentendido que tal "recepção"[223] implica a disponibilidade amistosa (cf. Jo 15,15 e EE 54) do discípulo para com o Mestre, a exemplo daquelas e daqueles que estão sempre prontos para acolhê-lo na própria casa em Betânia. O exercitante interpretará tal fato no sentido em que as palavras de ensinamento do Verbo encarnado são, no fim das contas, recebidas por raros discípulos que vivem fora de Jerusalém.

> Mateus 23,27: Jerusalém, Jerusalém, tu que matas os profetas [...] quantas vezes eu quis reunir os teus filhos como uma galinha reúne seus pintinhos sob as asas, e vós não quisestes! Pois bem! Vossa casa será deixada deserta.

Qual ensinamento? Inácio se abstém de qualquer referência escriturística, confiando o exercitante a partir daí à sua memória vivificada durante toda essa semana; de todo modo, "pois não é o muito saber que sacia e satisfaz a pessoa" (EE 2). Entregue durante todo este décimo dia a essa extrema brevidade dos pontos (EE 288), o exercitante é instado a "permanecer" no amor de seu Senhor e de seus irmãos (Jo 15,5-7). Provavelmente será assim convidado a buscar a confirmação de sua eleição recente ao apreender melhor o alcance concreto do terceiro grau de humildade: "desejar ser considerado inútil e louco por Cristo, que primeiro foi tido por tal": ficar isolado com Cristo isolado... nessa "Sião onde, no entanto, todo homem nasceu" (Sl 87,5).

7. O décimo primeiro dia: a ressurreição de Lázaro (EE 161, 6º e 285)

A segunda semana tipo propõe apenas esse único milagre da ressurreição de Lázaro, a menos que nela se tenha escolhido integrar precocemente "o primeiro milagre feito nas bodas de Caná na Galileia" (cf. EE 276). João 11,1-45 apresenta a ressurreição de Lázaro como o sétimo e último "sinal" oferecido ao crente:

> EE 285: 1º) Marta e Maria fazem saber a Cristo nosso Senhor a enfermidade de Lázaro. Sabendo disso, Jesus demorou-se por dois dias, para que o milagre fosse mais evidente.

---

223. Nos *Exercícios*, o verbo *reçibir* é conjugado com muita frequência. Não destacaremos aqui todas as ocorrências, salientando apenas algumas de suas aplicações mais típicas. De forma prioritária, o verbo *reçibir* tem por sujeito a Majestade de Deus, no âmbito da eleição. Assim, EE 98: "[...] se vossa santíssima Majestade me quiser escolher e *receber* nessa vida e estado", o que EE 147 especifica nestes termos: "[...] se sua divina Majestade for servido e me quiser escolher e *receber* [...]" (ver também EE 183). Por fim, na *contemplação para alcançar o amor*, o pedido será relativo ao "conhecimento interno de tanto bem *recebido*" (EE 233) a fim de que eu possa dizer: "Tomai, Senhor, e *recebei* toda a minha liberdade [...]" (EE 234). *Receber* pode também aplicar-se ao exercitante, "mais apto para se aproximar e chegar a seu Criador e Senhor, quanto mais se acha a sós e afastado" de toda relação familiar (EE 20); essa disponibilidade lhe permitirá discernir "as boas moções para as *receber*" (EE 313) ou ainda "*receber* o Santíssimo Sacramento" (EE 354). Na *seção dos mistérios* próprios da segunda semana, esse verbo é retomado em EE 267, 281, 287 e 288.

2º) Antes de ressuscitá-lo, pede a uma e outra que creiam, dizendo: Eu sou a ressurreição e a vida. Quem crer em mim, ainda que esteja morto, viverá.

3º) E o ressuscita depois de haver chorado e rezado. Ressuscitou-o ordenando: Lázaro! Vem para fora!

O estilo narrativo desses três pontos é realmente particular. Contrariamente à narrativa joanina e à maneira habitual como os pontos inacianos relatam os mistérios, as intervenções de todos os personagens envolvidos na trama são, desde o *incipit*, sempre expressas no presente: "*Hazen saber a Xpo nuestro Señor Marta y María la enfermidad de Lazaro*"[224]. Além disso, cada um dos pontos restabelece a ordem temporal das sequências introduzindo a cada vez uma oração intercalada que justifica a contestação da *urgência* de cuidar do doente (1º), ou a necessidade de crer *antes* de assistir à ressurreição de Lázaro (2º), ou a anterioridade dos prantos e da oração de Jesus que ordena a Lázaro que saia (3º).

Tal arranjo é altamente significativo do mistério celebrado, pois a tríplice intervenção de Cristo nosso Senhor não se sobrepõe à série temporal da narrativa, como se poderia imaginar — considerando que a eternidade de Deus reduz toda duração temporal: "mil anos são como um dia". Ao contrário, esse Presente divino fortalece e consagra cada momento da narrativa, segundo a ordem programada de suas sequências. Da mesma maneira, no plano *noético*, o mistério transcendente do "Eu sou a Ressurreição e a Vida" é atestado na veracidade deste último sinal (*semeion*). O hermeneuta moderno abster-se-á de separá-los como o "númeno" e o "fenômeno", tanto mais que tal distinção kantiana diz respeito apenas ao nosso conhecimento natural, ao passo que a narrativa joanina trata de sinais "expressamente escritos para que creiais que Jesus é o Cristo, o Filho de Deus, e para que, crendo, tenhais vida em seu nome" (Jo 20,30-31). A partir daí, é todo "o tempo relatado" pelo Evangelista, e mais ainda o "tempo do relato" propriamente inaciano que expressa o mistério do "Eu Sou a Ressurreição e a Vida" no menor sinal atestado por sua narrativa.

O *primeiro ponto* assinala o fato de que o atraso "de dois dias", e não de três, imposto por "Jesus" para sua intervenção, se dá para que "*el milagro fuese más evidente*". Aqui encontramos o advérbio que comanda toda a dinâmica espiritual dos *Exercícios*: consagrar-se "à *maior* glória de Deus". Acima de tudo, esse milagre deve aparecer "com evidência", isto é, impor-se a todos os que têm olhos para ver, o que confirma a cegueira dos sumos-sacerdotes e dos fariseus, quando tomam a decisão irrevogável de "fazê-lo perecer" (Jo 11,45-54). Inácio se abstém de relatar tal consequência, provavelmente para não antecipar a dimensão dramática da terceira semana.

O *segundo ponto* seleciona da narrativa joanina a única revelação confiada a Marta (Jo 11,20-27), sem relatar a iniciativa instante de sua irmã Maria (Jo 11,28-33). Essa abreviação tem por objetivo concentrar a atenção do exercitante no entendimento decisivo do "sinal", remetendo a um significado que ultrapassa infinitamente o retorno à vida terrestre: "*Yo soy resurrección y vida; el que cree en mi, aunque sea muerto, vivirá*". Esse é, de fato, o sentido supremo do agir do Rei eterno (EE 95 ss.) que, sob a Bandeira de soberano

---

224. Já não será surpreendente que a *Vulgata* suprima esses tempos presentes e substitua "Cristo nosso Senhor" por "Cristo".

e verdadeiro Chefe, "mostra a Vida verdadeira" (EE 139: *la vida verdadera que muestra*) segundo a perspectiva dessa via iluminativa constituída pela segunda semana.

Destaquemos também este outro traço que diz respeito à precedência mútua das três virtudes teologais: "quem *crê* em Mim". Até o presente, a segunda semana atribuía à fé um lugar discreto, antes salientando que o "conhecimento interno do Senhor, que por mim se fez homem" tinha o propósito de fazer com que o Senhor fosse "mais amado e seguido" (EE 104). Chegada a seu termo, a fé por fim encontra seu enraizamento pleno na identidade de Cristo, que é em sua Pessoa acontecimento de Ressurreição e advento da Vida eterna já oferecida a quem crê, sem aliás dispensar Lázaro de morrer como Cristo (cf. Jo 11,53 e 12,10).

O *terceiro ponto* não se demora na descrição do mau cheiro precoce do cadáver (11,39b), nem no simbolismo do desatamento de suas ligaduras (v. 44), mas concentra a atenção em Jesus, relembrando sobriamente que ele chorou e orou (v. 41-42) antes de pronunciar esta ordem: "*Lázaro, ven fuera*" (Jo 11,43).

Em suma, a "narrativa do relato" de Inácio justifica aos olhos do crente a gloriosa prolepse da segunda semana constituída pelo *Reino* ao atestar a vitória conquistada pelo soberano e verdadeiro Chefe dos bons sobre Lúcifer, encenada nas *duas Bandeiras*.

8. O décimo segundo dia: o domingo de Ramos (EE 161 e 287)

A exegese contemporânea costuma intitular a perícope de Mateus 21,1-27 como "A entrada messiânica em Jerusalém", enquanto Inácio enquadra essa narrativa no interior da memória eclesial e litúrgica desse mistério constituído pelo "domingo de Ramos" (EE 161). Segue-se que a releitura inaciana de Mateus (EE 287) não se contentará em designar seu ator principal como "Jesus" (Mt 21,1.6.7.10), designando-o como "o Senhor".

> EE 287: 1º) O Senhor manda buscar a jumenta e o jumentinho, dizendo: "Desamarrai-os e trazei-os. Se alguém disser alguma coisa, dizei que o Senhor precisa deles".
>
> 2º) Montou na jumenta, coberta com os mantos dos apóstolos.
>
> 3º) (Muitos) vão recebê-lo, estendendo seus mantos pelo caminho e ramos de diversas árvores, dizendo: "Hosana ao Filho de Davi! Bendito o que vem em nome do Senhor! Hosana no mais alto dos céus".

Sem ser elegante, a versão *Autógrafa* relata uma série de falas e fatos. O *primeiro ponto* reduz a narrativa à performatividade da ordem do Senhor, sem se deter na missão prévia confiada a "dois discípulos". Inácio omite também a importante referência a Zacarias 9,9, a única passagem que fornece a chave dessa forma de entrada messiânica do rei em sua Cidade em Mateus 21,4-5:

> Isto aconteceu para que se cumprisse o que falou o profeta: "Dizei à filha de Sião: Eis que teu rei vem a ti, humilde e montado numa jumenta e num jumentinho".

No entanto, o exercitante poderá recorrer a essa profecia, a fim de encontrar aí a confirmação de que "o verdadeiro e soberano Chefe dos bons" se situa sempre sob sua Bandeira, "num lugar humilde, belo e gracioso" (EE 144).

O *segundo ponto* se distancia francamente da narrativa mateana: "depois [os discípulos] dispuseram sobre eles [a jumenta e o jumentinho] suas vestes, e Jesus sentou-se em cima" (Mt 21,7b), ao passo que a versão *Autógrafa* especifica: "*Subió sobre el asna, cubierta con las vestiduras de los apóstoles*". Essa releitura inaciana apenas salienta a aquiescência dos Apóstolos a essa entrada imbuída de humildade, tão contrária ao fausto triunfal que caracteriza "o imenso orgulho" luciferino (EE 142).

O *terceiro ponto* abrevia a última sequência relatada por Mateus 21,8-11, ao mesmo tempo em que retém dois elementos essenciais: o gesto unânime da multidão que estende as vestes e ramos de árvores sobre o caminho e seu júbilo expresso nos termos do Salmo 118,25-26. No entanto, o exercitante já foi advertido da superficialidade desse acolhimento, visto que no dia anterior o redator dos *Exercícios* já havia registrado o fato de que em Jerusalém "não tinha quem o recebesse" (EE 288, 2º). Não é necessário, portanto, que a narrativa inaciana se estenda até o fim do testemunho do Evangelista: "Quando Jesus entrou em Jerusalém, toda a cidade ficou alvoroçada: 'Quem é', diziam: e as multidões respondiam: 'É o profeta Jesus, de Nazaré da Galileia'" (Mt 21,10-11). A bem dizer, esse reconhecimento não é o "do Cristo nosso Senhor".

F. AS REGRAS DE DISCERNIMENTO NA SEGUNDA SEMANA (EE 328-336)

Ao exigir de nós mesmos que seguíssemos a ordem das *seções* dos *Exercícios*, estamos cientes do caráter artificial dessa apresentação, visto que tais regras de discernimento próprias da segunda semana devem ser dadas ao mesmo tempo que os "mistérios" a serem contemplados. No entanto, essa repartição das duas séries de regras correspondentes à primeira e à segunda semana não é automática. Com esse intuito, as *Anotações 8 a 10* salientam a responsabilidade de quem dá os Exercícios, única pessoa capaz de julgar sobre a aplicação a este ou aquele exercitante, "por ser de matéria mais sutil e elevada demais" para que ele possa entendê-las (EE 9). Tais regras mais convenientes para a segunda semana só serão dadas quando o orientador dos Exercícios julgar que quem as recebe "é assaltado e tentado sob a aparência de bem": *que es batido y tentado debaxo de especie de bien* (EE 10). Nosso comentário dessas regras fará constantemente referência, portanto, às "contemplações" e aos "mistérios" propostos na segunda semana, supondo-se que o exercitante esteja de fato submetido a essa forma nova de tentação *sub specie boni*.

A titulação dessas regras se enuncia desta forma: "Regras para o mesmo efeito, com maior discernimento dos espíritos, e mais condizentes com a segunda semana" (EE 328).

1. A primeira regra da consolação (EE 329)

> EE 329: É próprio de Deus e dos seus anjos dar verdadeira alegria e gozo espiritual com suas moções, tirando toda a tristeza e perturbação induzidas pelo inimigo. Deste é

próprio combater essa alegria e consolação espiritual, trazendo razões aparentes, sutilezas e frequentes enganos[225].

1º) Uma oposição tão nítida entre o júbilo e a tristeza remete à meditação das duas Bandeiras, em que o exercitante pedia "conhecimento dos enganos [*engaños*] do mau chefe, e conhecimento da vida verdadeira [*la vida verdadera*] que o supremo e verdadeiro chefe mostra, e a graça para o imitar" (EE 139). Em contrapartida, a tristeza foi assimilada às penas do inferno desde a primeira semana, em EE 69. Tais aproximações permitem assimilar "a vida *verdadeira*" ao "*verdadeiro* júbilo". Além disso, a especificação do que é "próprio de Deus e de seus anjos" (bons) se aparenta mais à terceira definição da "consolação espiritual" já presente em EE 316, 3º: "… todo aumento de esperança, fé e caridade" correspondente a "toda alegria interna, que atrai para as coisas celestes e para a salvação da própria pessoa".

2º) Nesta primeira regra, Inácio não introduz terceiro agente entre Deus e o inimigo, como foi o caso quando os *Exercícios* tipificaram os três modos de pensamentos (*pensamientos*) em EE 32, estabelecendo em primeiro lugar os pensamentos que surgem da própria liberdade do sujeito humano. Em 329 o poder "de tirar toda a tristeza e perturbação" pertence a Deus, na medida em que ele detém a iniciativa de conceder o verdadeiro júbilo e a verdadeira alegria espiritual, sendo estas capazes de vencer toda oposição ao sentimento contrário da tristeza. A alma assim gratificada não deve intervir, portanto, na eliminação da tristeza, mas deixar agir o ato gratuito de Deus e de seus anjos, encarregados de deixar transparecer esse júbilo segundo a verdade de sua própria eficiência divina. Esse dom não deve, porém, ser recebido de forma puramente passiva, visto que estimula a transmissão dessa energia "de júbilo", capaz de suscitar aquele dinamismo que eleva a alma, transportando-a amorosamente para as realidades celestes (cf. 316, 3º).

3º) Essa primeira "regra" restaura a primazia hierárquica das moções em ação na alma, ou seja, aquilo que é "próprio de Deus e de seus anjos", antes de opor-lhe a estratégia mentirosa do "inimigo" da natureza humana. Ao contrário, o ordenamento da oração de petição das duas Bandeiras (EE 139) exige que o exercitante discirna primeiramente a estratégia mentirosa do inimigo, por razões que analisamos em nosso comentário anterior.

É essencial, portanto, integrar na compreensão dessa primeira regra tal forma de restauração da hierarquia. Esta pode fundamentar-se nas Escrituras, pelo recurso, por exemplo, a Romanos 5,12-21. O apóstolo Paulo aí caracteriza a influência contrária dos dois Adãos, apresentando primeiramente o agir mortífero do primeiro, salientando logo depois: "Mas não acontece com o dom da graça o mesmo que com a falta" (v. 15 ss.). O Evangelho e as Cartas joaninas confirmam, à sua maneira, o poder vitorioso dessa verdade de Deus como júbilo e alegria, que associam estreitamente Vida, Verdade

---

225. EE 329: "*La primera. Proprio es de Dios y de sus ángeles, en sus mociones, dar verdadera alegría y gozo spiritual, quitando toda tristeza y turbación, que el enemigo induze; del qual es proprio militar contra la tal alegría y consolación spiritual, trayendo razones aparentes, sotilezas y assíduas falacias*".

e Luz de Deus com o dom por Cristo de sua própria Paz e de sua própria Alegria (Jo 15,11; 17,13)[226].

4º) Embora o tipo de dom que Deus oferece por sua própria conta — *dar verdadera alegría y gozo spiritual* — possa ser aproximado da *vida verdadera que muestra el summo y verdadero capítan* (EE 139), deve-se notar, contudo, que o tríplice colóquio dessa contemplação iniciado pela contemplação das *duas Bandeiras* ainda não integrava em seus pedidos de graça o de júbilo e alegria espiritual (EE 147), mas antes "maior pobreza espiritual" e mesmo "material", associada à experiência de "afrontas e injúrias" (EE 147). Além disso, aquilo que é mostrado pelo "supremo e verdadeiro chefe" nos "mistérios" de sua vida pública analisados por Inácio não promovia em maior grau a transmissão desse júbilo e dessa alegria. Que baste aqui lembrar a interpretação inaciana do batismo dele por João (EE 273) e das tentações pelas quais passou no deserto (EE 274), e por fim de sua pregação no templo (EE 288). Em contrapartida, tal fruto de graça será explícita e exclusivamente pedido e obtido ao longo de toda a quarta semana: "pedir graça de sentir intensa e profunda alegria por tanta glória e gozo de Cristo nosso Senhor" (cf. 221)!

O enigma dessa antecipação promovida por certas regras de discernimento nos parecerá tão fundamental para a compreensão da "lógica existencial espiritual" dos *Exercícios* em sua totalidade que a ele dedicaremos a parte essencial da nossa conclusão.

2. A consolação sem causa precedente (EE 330)

A primeira regra da segunda semana leva imediatamente à explicitação do que seja "a consolação sem causa precedente", ao permanecer no âmbito dos dons propriamente oferecidos por Deus. Em EE 330, a expressão "sem causa precedente" não ocorre em nenhum outro lugar nas obras de Inácio, mas a realidade agora concebida como ação estritamente reservada a Deus é evocada de várias maneiras no *Relato do peregrino*, no *Diário espiritual* e em uma das *Cartas* dirigida à irmã Teresa Rejadella[227]. Recorremos a

---

226. Rudolf Bultmann salienta o caráter escatológico, mais factual que estatutário, dessa Paz e dessa "Alegria perfeita" oferecidas pelo Senhor Jesus a seus servidores transformados em "amigos" e, a partir daí confiantes em "tudo o que o Pai lhes fez conhecer" (Jo 15,15). O exegeta assinala também o caráter triunfante dessa Alegria, capaz de apagar todo desânimo, segundo João 16,20-22. Cf. RUDOLF BULTMANN, *Theologie des Neuen Testament*, Tübingen, Mohr, ⁶1968: *Die Theologie des Johannes Evangeliums*, c: Der Glaube als eschatologische Existenz, 435-436.

227. A bibliografia relativa às regras de discernimento se enriquece aqui com vários estudos exclusivamente dedicados a EE 330. O Pe. JEAN GOUVERNAIRE dedicou um livro inteiro à exegese dessa regra: *Quand Dieu entre à l'improviste. L'énigme ignatienne de la "consolation sans cause"*, col. Christus nº 50, Paris, DDB, 1980, 166 p. O Pe. KARL RAHNER propôs sua própria interpretação do "sem causa precedente" em *Das Dynamische in der Kirche*, III: *Die Logik der existentiellen Erkenntnis bei Ignatius*, col. Questiones disputatae 5º, Freiburg im Breisgau, Herder, 1958, 74-148; Éléments dynamiques dans l'Église, III, La logique de la connaissance existentielle chez Ignace, 75-133. JOSÉ GARCIA DE CASTRO VALDES, *El Dios Emergente, sobre la consolación sin causa [EE 330]*, Bilbao/Santander, Mensajero/Sal Terrae, 2001.

tais referências ao longo de nosso comentário. Eis o enunciado mais literalmente traduzido do *Autógrafo*, ao passo que as outras versões dos *Exercícios* expressam globalmente o mesmo pensamento.

> EE 330: Somente Deus nosso Senhor dá consolação a uma pessoa sem causa precedente, porque é próprio do Criador entrar, sair, causar moção nela, atraindo-a toda ao amor de sua divina Majestade. Digo "sem causa" quando não há nenhum prévio sentimento e conhecimento pelo qual venha essa consolação, por meio dos atos de entendimento e vontade da pessoa[228].

Essa regra EE 330 explicita a origem ou a causa de um tipo de consolação, excluindo que ela provenha de qualquer objeto, mesmo espiritual, previamente sentido ou conhecido pelo exercitante[229]. Um acontecimento assim, tão abrupto quanto surpreendente, é atribuído somente a Deus a título de Criador; por isso os próprios anjos não podem tornar-se partícipes desse ato criador, contrariamente ao caso evocado na primeira regra.

Assim como a propósito do "primeiro tempo" favorável à eleição (cf. EE 175), os comentadores se perguntaram se essa consolação "sem causa precedente" seria excepcional, a ponto de ser raríssima e apenas reservada à experiência mística extraordinária. Veremos que Karl Rahner recusa tal reserva, bem como os padres Louis Peeters[230] e Hervé Coathalem[231].

Quanto a S. ARZUBIALDE, ele propõe caracterizar esse tipo de consolação pela seleção de suas características mais notáveis: sua imediatidade[232], gratuidade, imprevisibilidade, desproporção em comparação com seus efeitos, o silêncio total que ela impõe à linguagem conceitual, sua certeza evidente, e por fim o fato de que ela é o fundamento da verdadeira liberdade "para alcançar o amor"[233].

---

228. EE 330: "*Solo es de Dios nuestro Señor dar la consolación en la ánima sin causa precedente; porque es proprio del Criador entrar, salir, hazer moción en ella, trayéndola toda en amor de la su divina Maiestad. Digo sin causa, sin ningún previo sentimiento o conoscimiento de algún obiecto, por el qual venga la tal consolación, mediante sus actos de entendimiento y voluntad*".

229. Cf. ARZUBIALDE, *Ejercicios Espirituales de S. Ignacio, Historia y Análisis*, 714-719.

230. *Vers l'union divine par les Exercices de S. Ignace*, Louvain, Museum Lessianum, ²1931, 216-218: "O que pensa o autor dos *Exercícios* sobre a vocação ao estado místico? Impossível admitir que ele a considere uma exceção quase anormal. O simples fato de apresentar, num livro único, um ensinamento apropriado a todos os graus da vida espiritual, não é significativo? Certamente Inácio nos adverte contra as artimanhas e as fraudes do demônio transfigurado em anjo de luz, mas em absoluto contra os sublimes favores da liberalidade divina. As graças de ordem transcendente, a intervenção direta de Deus, não são mencionadas casualmente: elas são, por assim dizer, esperadas. [...] Tais graças transcendentes, Santo Inácio as julga, portanto, universalmente oferecidas, embora numa medida indeterminada, como o desenvolvimento da vida espiritual. É conhecida sua confiança otimista na liberalidade divina: '*Poucos homens*', dizia ele, '*suspeitam o que Deus faria deles se não opusessem obstáculo*'".

231. *Commentaire du livre des Exercices*, col. Christus-Suppl. nº 18, Paris, DDB, 1965, 309: "Consolações raras, embora não exatamente 'extraordinárias', pois situam-se na perspectiva normal da vida espiritual e não constituem um simples aspecto concomitante periférico e acidental, como as visões, aparições, locuções interiores etc."

232. Em francês, *immédiateté*. A palavra significa aqui "ausência de intermediários". (N. da T.)

233. Ibid., 716-717.

A fim de entrar mais diretamente na singularidade desse tipo de consolação "concedida somente por Deus", tentaremos antes de tudo esclarecer o sentido dos verbos *"entrar e sair"*, porque descrevem em primeiro lugar a ação operada por Deus Criador na alma, observando também que tais verbos não eram empregados pela tríplice definição inaciana da "consolação espiritual" proposta desde a primeira semana (cf. EE 316).

a. *"… porque é próprio do Criador entrar, sair…"*

Essa expressão antitética merece toda a nossa atenção, tanto mais que será retomada no outro tipo de "consolação com causa" em EE 332[234]. Aqui, esses dois verbos são provavelmente retomados de João 10,9: "Eu sou a porta: se alguém entra por mim será salvo, sairá e voltará" (Jo 10,9). Nesse contexto, esse par de termos opostos designa a total liberdade do crente[235], não a de Deus, como em EE 330. No entanto, essa parábola joanina sugere que essa liberdade de que gozam "as ovelhas" é, na realidade, uma participação na liberdade ou na soberania do "bom Pastor, que chama suas ovelhas, e as ovelhas escutam a sua voz, e elas o seguem, mas fugirão dos mercenários, que só aparecem para roubar, matar e levar à perdição"[236]. Notemos, por fim, certo paralelismo de anterioridade: "Todos os que vieram antes de mim são ladrões e assaltantes, mas as ovelhas não os escutaram" (Jo 10,8) e "'sem causa' quando não há nenhum prévio sentimento e conhecimento pelo qual venha essa consolação, por meio dos atos de entendimento e da vontade da

---

234. Nos *Exercícios*, o verbo *entrar* pode significar "o ato de iniciar um exercício": EE 5: "entrar neles [nos Exercícios]"; EE 76: "entrar em contemplação"; EE 131: "entrarei nele [no Exercício]"; EE 164: "entrar nas eleições"; EE 228: "entrar na contemplação"; EE 239: "entrar em oração". Pode também designar um deslocamento espacial num lugar fechado, que sempre tem uma incidência espiritual: EE 262: "Entrando o anjo onde estava Maria"; EE 282: "Madalena entrou onde Cristo nosso Senhor estava sentado"; EE 302: "Pedro, no monumento". Entrar pode também ter por sujeito Cristo que, após seus sofrimentos, entrou na glória: EE 95: "Minha vontade é conquistar o mundo inteiro, vencendo todos os inimigos, e assim entrar na glória de meu Pai"; EE 303: "Não era necessário que Cristo padecesse e assim entrasse em sua glória?". Por fim, "entrar" pode ser atribuído a Deus ou a um anjo bom ou mau, capaz de mover a alma: EE 330: "Porque é próprio do Criador entrar na alma"; EE 332: "É próprio do mau anjo, assumindo a aparência de anjo de luz, entrar nas visões da pessoa devota"; EE 335: "leve e suavemente, como a gota de água que entra na esponja".

235. Cf. Xavier Léon-Dufour, *L'Évangile selon saint Jean*, II, Paris, Seuil, 1990, 366-367. Em sua *Lectura in Joannem*, Tomás de Aquino já havia privilegiado esse sentido da liberdade oferecida aos crentes, proposta por Crisóstomo como o mais conforme à intenção do evangelista, ao contrário de três outras interpretações patrísticas: "*Apostoli adhaerentes Christo, cum securitate ingrediuntur, conversando cum fidelibus qui intra ecclesiam sunt, et cum infidelibus qui sunt extra, quando totius orbis terrarum facti sunt domini* […]".

236. João 10,3-5.10: "[…] as ovelhas que lhe pertencem, ele as chama, cada uma por seu nome, e as leva para fora. Quando ele as fez sair, caminha à frente delas e elas o seguem, porque conhecem a sua voz. Elas nunca seguirão um estranho; não só, mas fugirão dele, porque não conhecem a voz dos estranhos; […] O ladrão só aparece para roubar, matar e levar à perdição; eu vim para que os homens tenham a vida e a tenham em abundância". Encontramos aqui os temas centrais que inspiraram a meditação do "Reino" e das "Duas Bandeiras".

pessoa" (EE 330). Se é verdade que a consolação "com causa" não deve ser *a priori* atribuída a falsos profetas vindos antes do único Pastor, será essencial discernir sua origem, considerando a hipótese de que possa por vezes ser atribuída ao mau anjo travestido de "anjo de luz" (EE 331-332). A partir daí essa referência joanina nos permite justificar essa estrita reivindicação de Deus de ser o único a poder entrar e sair da alma *sem intermediários* (EE 330), excluindo os anjos (EE 329).

A fim de assegurar o fundamento dessa ação direta de Deus na alma, as *versiones prima* e *secunda* dessa regra acrescentaram aí, como "prova", várias referências à *Suma teológica* de Tomás de Aquino: Ia-IIae, qu. 9, art. 1 e art. 6, bem como qu. 10, a. 4. Esse recurso à autoridade teológica de um doutor medieval é único nos *Exercícios*.

Para captar o alcance dessas referências tomasianas, convém situá-las uma vez mais no movimento geral de toda a *Segunda parte* da *Suma*, em comparação com a *Primeira parte*, como o propõe o Prólogo desta segunda imensa seção[237]. Esse prólogo especifica que o homem é criado "à imagem" de seu Criador, isto é, como ser que dispõe, pelo dom de sua inteligência e de seu livre-arbítrio, do poder de se autodeterminar, pois tem "o domínio de seus atos". Depois de haver determinado a envergadura da beatitude derradeira constituída pela "visão da própria essência de Deus" (qu. 1 a 5), o doutor passa a considerar os atos pessoais pelos quais cada homem alcançará tal finalidade (qu. 6 a 48). Por essa óptica, a questão 9 (e 10) tratará do "princípio motor da vontade", indagando primeiramente se a vontade é movida pela inteligência (art. 1), e por fim "somente por Deus na qualidade de princípio exterior", pois "nada pode ser causa da vontade senão Deus. Em primeiro lugar, porque a vontade é uma potência da alma intelectiva, a qual só é causada por criação unicamente por Deus" (art. 6, resp.). Esse artigo é, portanto, decisivo para justificar teologicamente "a intervenção direta na alma somente por Deus, como Criador" (EE 330). De fato, por um lado Deus respeita verdadeiramente a natureza livre do homem, não pode forçá-lo por uma espécie de determinismo imposto do exterior, no sentido de aceitar ou recusar essa bem-aventurança à qual ele é convidado; por outro, contudo, compreende-se que o Criador respeite a atração inata por essa bem-aventurança divina que ele próprio insuflou na vontade do homem desde sua criação. Por conseguinte, segundo Tomás, no ato criador da liberdade humana somente Deus se encontra tanto no *princípio* da vontade livre como em seu *termo*, sendo confiada exclusivamente ao homem a determinação do *meio*[238].

---

237. "Visto que o homem foi criado à imagem de Deus, no sentido em que 'à imagem' significa dotado de inteligência, de livre-arbítrio e de um poder autônomo; depois de haver tratado do Exemplar, que é Deus, e do que procede desse poder divino segundo sua vontade, resta-nos tratar dessa imagem constituída pelo homem, na medida em que ele próprio é o princípio de seus próprios atos, em que detém o livre-arbítrio e o domínio de seus atos".

238. F. SUÁREZ se empenhou em comentar as regras 329 e 330 no âmbito de seu monumental comentário da *Suma Teológica* de Tomás de Aquino, nele inserindo uma longa digressão sobre "a Religião da Companhia de Jesus" em que se encontra incluída uma série de "questões disputadas" sobre os *Exercícios* espirituais. A décima primeira delas trata das referências tomistas que fundamentam as regras 329 e 330: cf. *Opera omnia*, t. XVI, v. 2, 1028-1029. Em particular, o autor aí revela a diferença entre essas duas regras: "*Denique optima et certa doctrina est, inter alias hanc esse differentiam inter Deum et quemcumque spiritum creatum, quod Angelus solum potest excitare voluntatem, medio intellectu et appe-*

No entanto, essa doutrina de Tomás de Aquino se contenta em garantir o fundamento propriamente filosófico da intervenção direta de Deus na alma, tal como justificada por uma compreensão racional dos efeitos do ato criador, enquanto a regra inaciana se apoia numa teologia da graça que ao menos pressupõe a compreensão da distinção tradicional entre a *gratia gratis data* e a *gratia gratum faciens*. Tal distinção permite abordar por um duplo ponto de vista uma mesma graça: por um lado, em seu princípio, como "gratuitamente" oferecida por Deus somente — e, portanto, sem nenhum mérito humano anterior; por outro, em seu termo, como algo que torna o homem "agradável a Deus", transformando e ajustando sua liberdade à vontade de Deus. Assim se pode explicar a "consolação sem causa precedente", como algo que *move* a alma, "atraindo-a por inteiro ao amor de sua divina Majestade", segundo EE 15.

O *Diário espiritual* de Inácio, ao qual recorreremos logo adiante, convida-nos a investigar mais profundamente o mistério dessa "entrada e saída" de Deus na alma, qualificando o acontecimento de "visitação" da Trindade ou desta ou daquela Pessoa divina. É assim que somos remetidos à teologia mística e trinitária das "missões invisíveis" em Tomás de Aquino em *S. T.*, Ia, qu. 43.

Será que essa "saída" deve ser interpretada como o fim dessa visita, salientando assim seu caráter pontual? Ou será que significa o poder extasiante da "vinda", no sentido de que o advento de Deus na alma provoca por si só o arrebatamento da alma para seu fim propriamente divino, supondo-se que desse modo a alma tenha saído de si mesma, cedendo à atração tão amorosa de sua divina Majestade? Alcançamos assim o debate patrístico, o medieval e o contemporâneo relativos à "habitação das Pessoas divinas na alma" sugerida por João 16,14-16.

No fim de seu tratado sobre "a Trindade das Pessoas divinas", Tomás de Aquino vem a falar das "missões *invisíveis*" do Verbo e do Espírito de Amor, distinguindo-as das "missões *visíveis*" atestadas pelos eventos históricos da Encarnação e de Pentecostes[239]. O doutor medieval começa por demonstrar sob que ângulo o "processo eterno e a missão temporal" podem ser idênticos:

> A missão inclui a processão eterna, à qual agrega um efeito temporal; isso porque a relação da Pessoa divina com seu princípio só pode ser eterna. A partir daí, falar de uma "dupla processão eterna e temporal" não significa que haja uma dupla relação com seu princípio, mas com seu termo, a um só tempo eterno e temporal. (A. 2, ad 3.)
>
> A partir daí, "visto que só há santificação da criatura pela graça que torna agradável a Deus [*gratia gratum faciens*], segue-se que só há missão da Pessoa divina pela graça santificadora, e justamente por esse dom da graça santificadora, é o Espírito Santo que é dado e enviado à alma". (Ibid., a. 3)

---

titu sensitivo, et utrumque horum mediis phantasmatibus, seu objectis sensibilibus et imaginariis; Deus autem immediate potest movere ipsum intellectum et voluntatem juxta illarum facultatum capacitatem; ipse enim solus habet infinitam efficaciam, et solus etiam est auctor harum potentiarum, quae, sicut ab ipso solo immediate pendent in esse, ita etiam ab ipso solo immediate possunt moveri et excitari".

239. *S. T.*, Ia, qu. 43, a. 2, 3 e 5.

O doutor mostra também que esse envio do Espírito não se reduz ao *estado* de graça habitual, mas implica "uma nova maneira de existir ou de habitar na alma" (*novo modo existit in aliquo*), que oferece ao homem a possibilidade de usar livremente desse dom, que autoriza a fruição da própria Pessoa divina assim enviada (cf. a. 3, ad 1[240]).

Por fim, o artigo 5 da mesma questão 43 permite esclarecer a distinção entre essas duas missões invisíveis próprias do Filho concebido como Verbo ou do Espírito de Amor. "Visto que o Espírito Santo é Amor (cf. qu. 37), é o dom da caridade que assimilará a alma ao Espírito Santo", e visto que o Filho e o Verbo procedem por modo intelectual (qu. 34), "toda nova iluminação do intelecto" lhe é apropriada. Para isso, porém, é preciso compreender que essas duas missões distintas se conjugam numa "percepção" de tipo "experimental" (a. 5, ad 2), em que o Filho não é um verbo qualquer, mas aquele Verbo que inspira o Amor: "O Verbo que procuramos fazer ouvir", diz Santo Agostinho, "é um conhecimento pleno de amor", que se verifica quando o intelecto é instruído "de tal forma que ele provoque o impulso da afeição amorosa [*prorumpat in affectum amoris*]"[241].

Na regra inaciana da "consolação sem causa" (EE 330), bem como na anotação 15, e por fim na "contemplação para alcançar o amor" (EE 233-234), Inácio destaca mais o fruto último da missão do Espírito como Amor.

b. "... *causar moção nela, atraindo-a toda ao amor de sua divina Majestade*"

Essa expressão designa o móbil divino da entrada de Deus na alma, ou seja, a vertente da graça que torna a alma agradável a Deus.

> Essa atração é a única nota sublinhada pelo *Autógrafo*; a versão *P2* o confirma e a *Vulgata* outra coisa não faz senão explicitar esse movimento de atração, assinalando o que o inicia (conversão) e o que resulta dele (transformação da alma). Que essa nota seja essencial, isso é igualmente confirmado pela regra 336; de fato, no tempo seguinte a alma permanece toda ardente e favorecida pelo benefício e pelos desdobramentos da consolação passada; *dilatatus*, acrescenta P2; essa ampliação, esse florescimento, é realmente a consequência do amor "com que a alma ainda arde" (*Vulgata*)[242].

Ainda que EE 316 não empregue os termos *entrar* e *sair* para definir os três tipos de "consolação espiritual", tais efeitos produzidos pela moção divina que entra na alma condizem mais com o terceiro tipo:

---

240. "*Per donum gratiae gratum facientis perficitur creatura rationalis, ad hoc quod, non solum ipso dono creato utatur, sed et ipsa divina Persona fruatur. Et ideo missio invisibilis fit secundum donum gratiae gratum faciens, et tamen ipsa Persona divina datur.*"

241. "*Non igitur secundum quamlibet perfectionem intellectus mittitur Filius: sed secundum talem instructionem intellectus quo prorumpat in affectum amoris, ut dicitur Jn 6,45: 'Omnis qui audivit a Patre, et didiscit, venit ad me' et in Ps 38,4: 'In meditatione mea exardescet ignis'. Et ideo sigmanter Augustinus dicit (De Trinitate, IX, 10, resp. ad 1) quod Filius mittitur 'cum a quoquam cognoscitur et percipitur': perceptio enim experimentalem quandam notitiam significat. Et hoc proprie dicitur 'sapientia', quasi 'sapida scientia [...]'.*"

242. Jean Gouvernaire, *Quand Dieu entre à l'improviste*, 74-75.

[...] todo aumento de esperança, fé e caridade, bem como toda a alegria interna, *que chama e atrai para as coisas celestes* e para a salvação da própria pessoa, aquietando-a e pacificando-a em seu Criador e Senhor.

Note-se, porém, que a regra 330 depura ainda mais o alcance escatológico dessa consolação espiritual mencionada desde a primeira semana, deixando de referir-se diretamente ao amor, "que é a maior das virtudes teologais, visto que permanecerá pela eternidade", segundo 1 Coríntios 13[243]. Além disso, esse amor já não atingirá somente Deus como "Criador e Senhor" segundo seus atributos que qualificam seu agir em favor dos homens, mas antes "a divina Majestade" visando à transcendência absoluta da divindade de Deus, estritamente incomensurável em sua própria singularidade[244].

Esse é o horizonte supremo dessa graça "sem causa precedente", segundo a qual a atração ou o arrebatamento amoroso da alma inteira significa não apenas seu retorno para a fonte criadora dessa graça, como também e mais ainda para a penetração do mistério de Deus constituído pelo Amor. Por fim, nos *Exercícios* é somente na Contemplação para alcançar o amor (EE 230 ss.) que um amor como esse, destinado à sua divina

---

243. Em EE 15, é também o amor que justifica a discrição recomendada ao orientador dos exercícios: "Que o próprio Criador e Senhor se comunique à pessoa espiritual, abraçando-a em seu amor e louvor e dispondo-a [...]".

244. O *DEI* não concede privilégio algum à *divina Majestad*, o que justifica nossa investigação. Próxima do termo "Glória divina", e consequentemente do "louvor" e do "serviço" que lhe são devidos, a "divina Majestade" atravessa todos os *Exercícios* como referência primordial e derradeira de todo procedimento espiritual. Saliente-se sobretudo que "amar sua divina Majestade" só aparece em EE 330 e no interior da "Contemplação para alcançar o amor", em EE 233. Ademais, ao percorrer a totalidade das citações da "divina Majestade", as que dizem respeito à "oração preparatória" em toda hora de oração bem como ao "tríplice colóquio" revestem-se de uma importância crucial, visto que são repetidas no início ou no fim de cada exercício durante todo o período dos trinta dias. Na "seção das eleições", a divina Majestade exige particularmente o "serviço e o louvor".

• "Anotações": EE 5: "para que sua d. M. se sirva, conforme Sua santíssima vontade"; EE 16: "a não ser que sua d. M. ponha em ordem os desejos"; EE 20: "não pouco merece diante de sua d. M.".
• "Oração preparatória": EE 46: "puramente ordenadas a serviço e louvor de sua d. M.".
• "Mistério da encarnação": EE 106: "como que entronizadas em sua d. M."; EE 108: "Nossa Senhora humilhando-se e dando graças à d. M.".
• "Seção das eleições": EE 135: "em que estado sua d. M. quer se servir de nós"; EE 146: "se sua d. M. for servida"; EE 147: *tríplice colóquio*: "se sua d. M. for servida" e "sem desagrado de sua d. M."; EE 152: "graça de escolher o que mais for para a glória de sua d. M."; EE 155: *terceiro tipo de pessoa*: "o que lhe parecer melhor para o serviço e louvor de sua d. M."; EE 167: *terceiro grau de humildade*: "de igual louvor e glória de sua d. M."; EE 168: "se for de igual ou maior serviço e louvor de sua d. M."; EE 183: "para que sua d. M. a queira receber e confirmar, sendo para seu maior serviço e louvor".
• "Contemplação para alcançar o amor": EE 233: "possa em tudo amar e servir à sua d. M."; EE 235: "fazendo de mim o seu templo, criado à semelhança e imagem de sua d. M.".
• "Três modos de orar": EE 240: *oração preparatória*: "para maior glória e louvor de sua d. M."; EE 248: "encomende-se a sua d. M. na oração preparatória".
• "Regras de discernimento": EE 330: "ao amor de sua d. M.".
• "Regras de ortodoxia": EE 369: "para o maior louvor de sua d. M."; EE 370: "devemos louvar grandemente o temor de sua d. M.".

Majestade, responderá ao amor primordial de nosso Criador e Senhor, já compreendido, porém, por quem dá os Exercícios, e que lhe impõe de não se interpor por ocasião do "abraço da alma fiel por Deus" (EE 15)[245].

Destaquemos, por último, que a descrição dessa consolação não diz respeito à própria matéria da eleição, que sempre concerne aos *meios* de escolher para melhor alcançar o único *fim*, a exemplo do *primeiro tempo da eleição* (EE 172), embora este último não se coadune com a apresentação direta de Deus de EE 330. Estamos assim preparados para a interpretação de Karl Rahner.

c. "...sem causa, sem objeto algum"

O irmão de Hugo Rahner tentou captar o que caracteriza propriamente essa "consolação sem causa precedente", chamando a atenção para a dupla negação explicativa de Inácio: *sin causa, sin algun objecto*, "sem causa, sem objeto algum"[246]. Enquanto a consolação com causa (cf. EE 331 ss.) exige que se distinga o objeto da consolação discernido pela inteligência e a vontade da própria consolação, a originalidade intrínseca da "consolação sem causa" não é tanto o *caráter súbito* da experiência ligada à ausência de *anterioridade* de uma causa proporcional, mas

> para dizê-lo com clareza de uma vez por todas, o que é capital é sua ausência de objeto (*Die "ungegenständliche" Gotteserfahrung*) [...] isto é, a pura abertura a Deus, a experiência sem nome e sem objeto do amor do Deus superior a todo ser individual, a tudo o que é visível e discernível, do amor de Deus em sua qualidade de Deus. Já não há objeto algum, mas atração da pessoa inteira, com as profundezas de seu ser no amor, para além de todo objeto determinado e definível, na medida em que ele é a *divina majestad: trayéndola todo en amor de la su divina Majestad*. Essa frase expressa precisa e claramente o aspecto positivo do *sin causa*. (p. 108)

Este teólogo jesuíta especialista em dogmas indaga depois sobre "a natureza e a certeza dessa experiência", referindo-se à expressão que introduz a frase antes citada: *"es proprio del Criador entrar, salir, hazer mocíon en ella..."*. Não é uma justificação exterior ou discricionária da consolação divina de que se trata:

> O sinal é o fato de ir e vir, em que Deus é dado absolutamente como Deus (e nada além disso), e essa moção pela qual a alma é "por inteiro" atraída ao amor de Deus, em

---

245. O capítulo 7 do *Itinerarium mentis ad Deum* de BOAVENTURA traduz esse arrebatamento amoroso nestes termos: "*In hoc autem transitu, si sit perfectus, oportet quod relinquantur omnes intellectuales operationes, et apex affectus totus transferatur et transformetur in Deum*". O *apex affectus* designa o ponto culminante, o ápice do sentimento que arrebata o *pneuma* do homem.

246. KARL RAHNER, *Das Dynamische in der Kirche*, III: Die Logik der Existentiellen Erkenntnis bei Ignatius von Loyola, 74-136; *Éléments dynamiques dans l'Église*, III: La logique de la connaissance existentielle chez Ignace de Loyola, 105-133. Pode-se encontrar uma recensão da posição de KARL RAHNER em JULES J. TONER, *A Commentary on S. Ignatius "Rules for the Discernment of Spirits"*, Appendix IV, Consolation without a Preceding Cause, 294-299.

sua qualidade de Deus. Se, portanto, isso é um dom de Deus, é preciso que traga em si o caráter de irredutibilidade de sua própria justificação. [...] Com toda segurança teológica, podemos supor que tal experiência da transcendência como tal, tendo alcançado uma força expressiva única, e sempre elevada pela graça sobrenatural, seja uma transcendência rumo ao Deus trinitário da visão beatífica [...]. Esta traz em si sua própria evidência e não pressupõe nenhuma outra. É essa experiência que É [*sic*] a consolação, visto que ela é a própria liberdade, porque é o consentimento do espírito, elevado de modo sobrenatural, que sendo espírito, toma posse de si mesmo em sua natureza verdadeira[247].

Mais adiante, Rahner, assimila essa experiência à forma mais elevada da "percepção". Essa forma de *aisthesis*, já evocada a propósito da teologia das três formas de pensamento em EE 32, foi coligida por Tomás de Aquino, quando este caracteriza a "percepção experimental" e espiritual vivenciada pelo sentir das "missões invisíveis" do Verbo e do Espírito de Amor que visita a alma.

Concluamos estas análises das duas primeiras regras da segunda semana, assinalando que elas não se sobrepõem nem no nível de seus atores, nem no nível da experiência proporcionada. A primeira abarca a propriedade da ação de Deus, associada à de seus anjos, e diz respeito à consolação verdadeira do júbilo e da alegria espiritual. A segunda é estritamente reservada a Deus, o Criador, e diz respeito a seu poder pessoal de "produzir" diretamente "na alma moções" que a levam a seu fim supremo: o amor de sua divina Majestade, sem que seja mencionado nenhum dom de consolação particular. Essa diferença se repercutirá igualmente pelo fato de que na terceira e na quarta semana Inácio não introduzirá nenhuma nova regra de discernimento. Em todo caso, a primeira dessas regras (EE 329) condiz exemplarmente com o pedido que será expresso ao longo de toda a quarta semana, ao passo que a segunda (EE 330) permanecerá válida até o fim dos *Exercícios*.

3. A consolação com causa precedente (EE 331 a 334)

A compreensão do ato de *entrar* e *sair* foi escolhida por Inácio em EE 330 não apenas para caracterizar a influência que somente Deus pode exercer diretamente na alma, mas também porque esse tipo de ação permitirá que se descrevam aquelas, com causa, que podem ser atribuídas seja ao bom anjo, seja ao mau anjo. Lembremos aqui o pressuposto inaciano expresso em EE 32, que opõe a interioridade pessoal dos pensamentos "que nascem exclusivamente de minha liberdade e exclusivamente do meu querer" à exterioridade daqueles que vêm "seja do bom espírito, seja do mau espírito".

Segundo Karl Rahner, esse outro tipo de consolação já não permite que o ato de consolar seja pura e simplesmente identificado com sua manifestação evidente na pes-

---

247. Ibid., 114-115. Promotor e intérprete da teoria do sujeito transcendental, Karl Rahner mostra também que essa consolação divina é o fundamento supremo e o ponto culminante de todo dinamismo da inteligência e da vontade, como liberdade e amor. Aproxima tal compreensão da formulação típica da mística inaciana: "Encontrar Deus em todas as coisas", remetendo ao artigo de E. CORETH, In actione contemplativa, *ZKTh* 76 (1954) 55-82.

soa, nem com sua causa divina, nem com seu objeto e tampouco com seus efeitos. Isso porque,

> "a consolação com causa", que constitui a matéria do discernimento próprio do "segundo tempo" propício à eleição, obriga a distinguir o ato de entrada e de saída na ou da alma, atribuído seja ao bom seja ao mau anjo, como algo que pressupõe a entrada em jogo da "distinção entre a consolação e o objeto que a motiva, assim como a experiência de um valor se distingue do valor em si". (p. 107)

Além disso, a consolação com causa não tem o poder exclusivamente atribuído a Deus, de arrebatar a alma inteira como a consolação "sem causa precedente". A alma conserva, no caso, sua autonomia própria ou sua capacidade de introduzir uma distância crítica em relação aos fenômenos de ordem psicológica e espiritual que nela se produzem. Essa espécie de autonomia de julgamento (cf. EE 32) é indispensável para que o próprio sujeito em questão possa aplicar as regras de discernimento que lhe permitirão julgar a origem das consolações e das desolações em função de seus efeitos, envolvendo uma "experiência" da duração que o primeiro tempo não implicava.

As regras inacianas cuja exegese faremos inserem-se no tronco comum do discernimento espiritual atestado pela tradição monástica mais antiga, tal como encontrada já em Antônio, venerado como o "pai do monaquismo", que servirá de modelo hagiográfico e iconográfico ao menos até o final da Idade Média[248].

> EE 331: Tanto o bom anjo quanto o mau podem consolar com causa, mas para fins opostos: o bom anjo para o proveito da pessoa; o mau anjo para o contrário, e mais adiante para atraí-la à sua danada intenção e malícia.
>
> EE 332: É próprio do mau anjo, assumindo a aparência de anjo de luz, introduzir-se junto à pessoa devota para tirar vantagem própria. Isto é, sugerir pensamentos bons e santos, conforme a esta pessoa justa, e depois pouco a pouco procurar sair com a sua, atraindo-a para seus enganos escondidos e perversas intenções[249].

Desde o enunciado desta primeira regra, saímos do âmbito da simplicidade e da eficiência própria da consolação oferecida diretamente por Deus, por meio da introdução de várias distinções: a de dois agentes diferentes que produzem na alma uma "consolação" idêntica em aparência, mas cujos efeitos são divergentes, reconhecíveis pelos "fins contrários" perseguidos por eles. A ambiguidade dessa forma de consolação esclarece

---

248. ATANÁSIO, *Vie d'Antoine*, intr., texto crítico, tradução francesa e notas de G. J. M. Bartelink, col. SC nº 400, Paris, Cerf, 1994, 432 p. Quanto ao discernimento das consolações que podem vir seja do bom espírito, seja do mau, consultem-se sobretudo os capítulos 35, 36 e 43. Essa doutrina seria retomada pelos "Padres do Concílio de Calcedônia" (451), DIÁDOCO DE FOTICEIA, *Cent chapitres sur la vie spirituelle*, cap. 26-35, in: *Oeuvres spirituelles*, E. des Places, pp. 97-105.

249. EE 331: "*Con causa puede consola el ánima así el buen ángel como el malo, por contrarios fines: el buen ángel por provecho del ánima, para que cresca y suba de bien en mejor; y el malo ángel para el contrario, y adelante para traerla a su dañada intención y malícia*". EE 332: "*Proprio es de ángel malo, que se forma sub angelo luçis, entrar con la ánima devota y salir consigo; es a saber, traer pensamientos buenos y santos, conforme a la tal ánima iusta, y después poco a poco procura de salirse, trayendo a la ánima a sus engaños cubiertos y perversas yntenciones*".

a reserva já expressa na quinta regra própria da primeira semana: "na consolação, mais [*más*] nos guia e aconselha o bom espírito" (EE 318), estando subentendido que nem sempre é esse o caso.

Os fins contrários perseguidos pelo bom anjo ou pelo mau anjo não são descritos de maneira estritamente paralela em EE 331. Quanto ao bom anjo, praticamente não se faz menção à "intenção" ou ordem temporal, significada por "primeiro e depois", mas apenas a essa única finalidade de servir para o proveito da alma. O exercitante já se exerceu no "aproveitamento" de cada ponto de contemplação. Esse proveito (*provecho*) é primeiramente caracterizado pelo ato de crescimento[250], que desde a primeira semana sempre qualificava a intensidade do afeto, em especial da dor pelos pecados; por outro lado, "o progresso de bem em melhor" remete antes a uma escala quase objetiva estabelecida pela ordem moral e espiritual. Será necessário relembrar que o ato de "elevar" é sustentado pela compreensão tomasiana da moral natural, tal como finalmente promovida pela graça sobrenatural?

Em contrapartida, a descrição da ação consoladora do *mau anjo* introduz uma complexidade nova em relação à simplicidade primordial e permanente do bom anjo, que participa da simplicidade absoluta da consolação oferecida por Deus, ou ao menos ajusta-se a ela. Essa ambiguidade é atestada pelo fato de que ele revela "sua intenção de prejudicar e sua malícia"[251], não desde o primeiro momento de seu oferecimento de consolação, mas "depois". Assim é que a regra seguinte (EE 332) dirá respeito tão somente a essa consolação produzida sob a instigação do "mau anjo". É raro que, fora da *seção dos mistérios*, Inácio se refira à Escritura, retomando aqui a única citação do Novo Testamento que evoca "o anjo da luz" segundo 2 Coríntios 11,15. Paulo aí acusa "os falsos apóstolos, falsários, disfarçados em apóstolos de Cristo; nada há de estranho nisso: o próprio Satanás se disfarça em anjo de luz".

A meditação das *duas Bandeiras* havia apresentado a ação exercida por esse portador de luz, designado como "Lúcifer", identificando-o como "o inimigo mortal da natureza humana". A expressão "entrar com a alma devota e sair consigo" (*entrar con la ánima devota y salir consigo*[252]) é comentada com se segue:

> [...] apresentando pensamentos bons e santos, condizentes com essa alma justa, e depois tentar pouco a pouco aprontar das suas, atraindo a alma para seus enganos dissimulados e suas intenções perversas.

O mau anjo é assim personificado[253], na medida em que é sujeito de uma ação que lhe é própria, e portanto distinta dos pensamentos que são "propriamente meus", segundo

---

250. O verbo *creçer* costuma ser declinado como adjetivo na primeira semana: no segundo exercício em EE 55 e 50, e nas regras 320, 322, 325 (bis). Já não aparecerá na segunda semana, exceto nessa regra 331.

251. Em moral clássica, "a malícia" significa a intenção de querer deliberadamente o mal.

252. S. Arzubialde, *Ejercicios Espirituales de S. Ignácio, Historia y Análisis*, 723-724, nota 4, recolhe várias passagens das cartas ou instruções dadas pelos companheiros da primeira geração e que recorrem à doutrina por eles sustentada.

253. A psicanálise não pode aderir à verdade da existência dos anjos bons e dos anjos maus de que dão testemunho as Escrituras do Primeiro e do Novo Testamento, bem como a literatura intertes-

EE 32. No entanto, sua influência já não pode ser exercida por meio de uma tentação grosseira, visto que essa alma se tornou "justa", tendo recebido "a graça de detestar o pecado" (EE 63). Ademais, espera-se que o exercitante envolvido na segunda semana tenha captado a pertinência universal do combate espiritual descrito nas *duas Bandeiras* (EE 136 ss.)[254]. A partir daí, terá compreendido que a influência exercida pelo "mau anjo" travestido de "anjo de luz" como "Lúcifer" só pode invadir a alma *sub specie boni*, isto é, pela atração das riquezas e da vanglória mundana que levam irremediavelmente a um "imenso orgulho" (EE 142), o que não poderia contrariar mais nitidamente a palavra de Cristo nosso Senhor, que abre sua Bandeira ensinando as Bem-aventuranças (EE 278). No entanto, esse ensinamento foi capaz de provocar uma perturbação que somente a fé e a segurança serena do Cristo "que caminha sobre o mar" podem dissipar (EE 280). Esses dois "mistérios" justificam, portanto, a vigilância requerida pela quarta e pela quinta regra do discernimento dos espíritos na segunda semana, quando o exercitante é subjetivamente submetido ao "mau anjo", cujo poder permanece limitado, visto que ele "*tenta pouco a pouco aprontar das suas, atraindo a alma para seus enganos dissimulados e suas intenções perversas*" (segundo a tradução de Gueydan): *provoca de salirse*[255].

Essa interpretação inaciana do combate espiritual se situa, portanto, nos antípodas de espiritualidades que concederam a Satanás ou ao mau anjo uma ascendência quase infalível sobre a alma, como constataremos em Lutero, ao passo que tal recriminação não pode ser dirigida a Ludolfo, o Cartuxo: "*el diabolo puede persuadir, no obligar*"[256].

Segundo Pierre Gervais, "os mistérios da vida oculta manifestam o alcance da consolação sem causa; os da vida pública tornam presente o desafio no âmago da consolação com causa"[257]. Essa correspondência é sugestiva à luz da interpretação que o próprio autor fornece dela[258]. No entanto, nossa análise exaustiva dos mistérios da vida dita "ocul-

---

tamentária. Muitos dos grandes teólogos contemporâneos, como Karl Barth, reconhecem a realidade dos bons anjos com seu ser-espírito pessoal, e destinados ao louvor de Deus e ao discernimento dos homens.

254. O pensamento de Inácio sobre essa "entrada na alma" do anjo mau condiz com a doutrina já expressa por LUDOLFO, O CARTUXO, em GV II, 55, 8º: "*Cuando el diabolo puede entrar con alguns complacentia, abre la puerta del consentimiento, y así entra el diabolo y despoja el anima de sus bienes*".

255. *Procurar* deve ser tomado em seu primeiro sentido, traduzido por *conatur* nas versões *P1* e *P2*, ao passo que a *Vulgata* o evita.

256. GV I, 22, 14º.

257. P. GERVAIS, *Les Exercices spirituels de saint Ignace, Un commentaire littéral et théologique*, 328.

258. Ibid., 329: "A contemplação daquele que é 'recém feito carne' (109) se origina na decisão do Deus trinitário, que só tem fundamento em Deus mesmo. Deus se torna diretamente presente aos homens na fragilidade da condição humana deles na Pessoa 'do Senhor que por mim se fez homem' (104) e a contemplação não tem outro fim senão em quem ela se origina". Isso porque os mistérios da vida oculta comportam "um elemento de gratuidade, constitutivo da relação que Deus instaura com o homem, assim como a consolação sem causa precedente, 'porque é próprio do Criador entrar, sair, causar moção nela, atraindo-a toda ao amor de sua divina Majestade' (330). O elo entre os mistérios da vida pública e a consolação com causa é ainda mais tangível. Há paralelismo entre a graça pedida na meditação das duas Bandeiras e as regras de discernimento que versam sobre a consolação com causa (333-334)".

ta" atesta que cada um desses três dias integra em si um mistério particular que já leva o Senhor Jesus para um combate que prefigura o das *duas Bandeiras*. Ademais, a contemplação do Senhor "recém feito carne" se insere num diálogo em que a meditação do Anjo é essencial. Por outro lado, se é verdade que as regras de discernimento relativas à consolação com causa costumam, "regra geral"[259], coadunar-se com as contemplações da vida "pública", o fato é que essa segunda semana integra em si *a seção da eleição*, dando a primazia ao "primeiro tempo", que oferece uma graça análoga à "consolação sem causa precedente" (EE 175 e 330).

A regra seguinte sintetiza mais nitidamente a doutrina inaciana do discernimento da consolação com causa.

> EE 333: Devemos dar muita atenção ao curso dos pensamentos: se o princípio, o meio e o fim forem inteiramente bons, inclinados a todo bem, este *é sinal do bom anjo*. Mas, se o curso dos pensamentos termina em alguma coisa má, ou que distrai, ou menos boa do que a pessoa se havia proposto a fazer, ou a enfraquece, inquieta, ou perturba, tirando-lhe a paz, tranquilidade e quietude, que antes tinha, *é sinal claro de que procede do mau espírito*, inimigo do nosso proveito e salvação eterna[260].

A origem dos *pensamientos*, associada a causas ou influências provocadas pelo bom anjo ou pelo mau, só pode ser discernida no termo para o qual conduzem, conforme ao dito evangélico: "Reconhece-se a árvore pelos seus frutos". Além disso, o reconhecimento da influência do bom anjo pressupõe que durante todos os seus respectivos processos, os pensamentos respondem positivamente ao duplo critério racional e afetivo de bondade e de paz, e basta que um único desses dois critérios esteja ausente — como a perturbação progressiva ou o desvio para o menos bom — para que se discirna com certeza a influência do mau espírito. Essa regra inaciana é confirmada pelo axioma tantas vezes retomado pela tradição moral da Igreja: *quilibet singularis defectus causat malum; bonum autem causatur ex integra causa*[261]: "Qualquer defeito particular causa o mal; já o bem provém de uma causa integralmente boa".

> EE 334: Quando o inimigo da natureza humana for sentido e conhecido por sua cauda de serpente [*cola serpentina*] e pelo mau fim a que induz, muito aproveita à pessoa que foi tentada por ele observar [*mirar*] logo o curso [*discurso*] dos bons pensamentos

---

259. Cf. Dir1599, n° 187.

260. EE 333: "*La quinta. Debemos mucho advertir el discurso de los pensamientos; y si el principio, medio y fin es todo bueno, inclinado a todo bien, señal es de buen ángel; mas si en el discurso de los pensamientos; mas si en el discurso de los pensamientos que traee, acaba en alguna cosa mala, o distrativa, o menos buena que la que el ánima antes tenía propuesta de hazer, o la enflaqueze, o inquieta, o conturba a la ánima, quitándola su paz, tranquilidad y quietud, que antes tenía, clara señal es proçeder de mal spíritu, enemigo de nuestro provecho y salud eterna*".

261. Esse ditado, extraído de Dionísio Areopagita, *De div. nom.*, IV, 30, PG 3, 729, é citado quase 20 vezes por Tomás de Aquino, especialmente em *S. T.*, Ia-IIae, qu. 18, a. 4, ad 3: "[…] *nihil prohibet actioni habenti unam praedictarum bonitatum, deesse aliam. Et secundum hoc, contingit actionem quae est bona secundum speciem suam vel secundum circumstantias, ordinari ad finem malum, et e converso. Non tamen est actio bona simpliciter, nisi omnes ex integra causa*". Ver também *S. T.*, Ia-IIae, qu. 35, a. 6, co; IIa-IIae, qu. 110, a. 3, co; *De malo*, qu. 10, a. 1.

que lhe vieram e onde principiaram. Assim, observar também como pouco a pouco o inimigo procurou fazê-la descer da suavidade e gozo espiritual em que se encontrava, até trazê-la à sua depravada intenção. Assim, conhecendo e notando esta experiência, guarde-se doravante de seus costumeiros enganos [*acostumbrados engaños*][262].

Diante da regra anterior, a utilidade dessa "releitura" das tentações passadas introduz poucos elementos novos de discernimento, pois considera-se que o inimigo da natureza humana ataca determinada pessoa tentando-a sempre da mesma maneira, seja atacando os pontos fracos de sua "fortaleza" moral (EE 327), seja projetando diante dela um ideal de um bem pretensamente melhor que "o que é bom, o que é agradável a Deus, o que é perfeito" (Rm 12,2); convém, portanto, "guardar-se, no futuro, de seus *costumeiros* enganos".

Essa memorização das estratégias do mal oferece em particular o "sentir e conhecer" até onde elas conduzem inevitavelmente, e a partir daí captar a pertinência dessa imagem nova e única nos *Exercícios*: "a cauda serpentina". Esta nos remete a certas visões do Apocalipse[263] em que o poder satânico, mesmo já vencido por Cristo, é simbolizado pela cauda venenosa de animais monstruosos. Nesse contexto, tais projeções apavorantes visam a desmistificar as tentações, demonstrando que Satanás não detém outro poder senão o de impressionar o imaginário humano: "Provoque-me medo, para que eu aprenda a desprezar toda angústia".

Note-se, por fim, que essa regra sempre entrelaça cada um dos dois critérios, o racional e o afetivo, ao mesmo tempo em que salienta mais aqui a degradação da paz — a fim de que a alma "desça da suavidade e gozo espiritual em que se encontrava". Essa "suavidade" caracterizava a experiência mística descrita no terceiro ponto da aplicação dos sentidos (EE 124), evocando ao mesmo tempo "a dignidade a que os apóstolos foram tão suavemente chamados" (EE 275). Tal suavidade será retomada na regra seguinte.

4. O diagnóstico direto do tato espiritual (EE 335)

A sétima regra de discernimento se distancia da linguagem mediatizada por critérios racionais e afetivos, passando à experiência direta do "toque" ou tato espiritual no qual culmina a *aplicação dos sentidos* (EE 125), da mesma maneira que as quatro contemplações diárias mobilizavam as faculdades da memória, da inteligência e da vontade, concluindo-se na aplicação dos sentidos.

A experiência de cada um dos cinco sentidos físicos é por si mesma infalível: "os sentidos não enganam". Lembremos que, no primeiro capítulo da obra *L'action* (1893), Mau-

---

262. EE 334: "*La sexta. Quando el enemigo de la natura humana fuere sentido y conoscido de su cola serpentina y mal fin a que induze, aprovecha a la persona que fue dél tentada, mirar luego en el discurso de los buenos pensamientos que le truxo, y el principio dellos, y cómo poco a poco procuró hazerla descendir de la suavidad y gozo spiritual en que estava, hasta traerla a su intención depravada; para que con tal experientia conoscída y notada se guarde para adelante de sus acostumbrados engaños*".

263. Cf. Apocalipse 9,10.19 e 12,4. Essa imagem da "cauda da serpente" foi com frequência retomada por autores espirituais, a exemplo de Cassiano, J., *Conl. II*, 10, 1º a 3º e Clímaco, J., *Scala Paradisi* 3, 35, segundo J. Pegnon, DS III, 1271.

rice Blondel sintetizou o poder de cada sentido corporal de selar intimamente a aliança entre esses dois mundos aparentemente tão estranhos um ao outro e tão independentes, o da subjetividade e o da objetividade: "eu *sou* o que eu sinto e eu sinto o que *é*". Tal evidência se impõe antes mesmo que a razão crítica se apodere deles para distingui-los. Essa espécie de infalibilidade se verifica principalmente no âmbito do tato, pelo qual esses dois mundos atestam juntos sua máxima proximidade, e ao mesmo tempo a distinção inevitável entre eles, como o demonstra exemplarmente a experiência amorosa e interpessoal.

Aquilo que já ocorre no âmbito corporal se amplia ao extremo no plano do toque espiritual. Em nossa análise dos cinco sentidos espirituais, recorremos à autoridade de Jerônimo Nadal, que compreende o tato como a expressão própria da virtude da caridade, em que toda vida cristã encontra sua morada derradeira. Por esse tato próprio do Amor se realiza a Aliança Nova entre o mundo divino historicamente objetivado pela revelação do Filho de Deus "saído" do Pai "para salvar o mundo" e a esfera humana da experiência subjetiva e extática da salvação. A Bíblia confessa que tal Aliança se efetuou graças à iniciativa de Deus, "que nos amou primeiro" e então nos "tocou". O prólogo de 1 João 1,1 recapitula todo o mistério da recepção da encarnação do Verbo pelos sentidos espirituais:

> O que era desde o princípio, o que *ouvimos*, o que *vimos* com nossos olhos, o que *contemplamos* e nossas mãos *tocaram* [*epselaphésan*] do Verbo da vida [...].

Nessa linha da receptividade amorosa, a interpretação alegórica do Cântico dos Cânticos explorará as ricas metáforas táteis da mística do toque. Assim, *tactus* (carícia): *ad tactum eius venter meus intremuit* (5,4); *osculum* (beijo): *osculetur me osculo oris sui* (1,1); *amplexus* (abraço): *dextera illius amplexabitur nie* (2,6)[264].

Na *seção dos mistérios*, Inácio evoca uma única vez o "toque" de Cristo de que os discípulos desfrutam após a Transfiguração[265]. Isso quase não surpreende, na medida em que a doutrina cristã atribui a obra divina da comunicação do Amor à missão do Espírito Santo, que o redator dos *Exercícios* traduz nas regras de discernimento distinguindo as consolações sem ou com causa precedente. Neste último caso, a mediação dos anjos bons ou maus parece essencial. Releiamos esta sétima regra:

> EE 335: Nas pessoas que procedem de bem a melhor, o anjo bom as toca doce, leve e suavemente, como a gota d'água que entra na esponja. E o anjo mau toca agudamente, com rumor e inquietude, como quando a gota de água cai sobre a pedra.
>
> No entanto, nos que procedem de mal a pior, os sobreditos espíritos tocam [*tocan*] de modo contrário. A causa é a disposição [*disposición*[266]] das pessoas ser contrária ou

---

264. Cf. DS, Pierre Adnès, verbete "Toucher, touches", t. XV, col. 1073-1098; Karl Rahner, Le début d'une doctrine des cinq sens spirituels chez Origène, *RAM* XIII (1932) 134-135. Ver também a síntese apresentada por H. U. von Balthasar, *La gloire et la croix*, t. 1, Les sens spirituels, 309-360. Quanto ao EE 335, é proveitosa a referência à análise pormenorizada de Daniel Gil, *Discernimiento según San Ignacio*, 352-371.

265. Cf. EE 284, 3º: após a Transfiguração do Senhor, Inácio destaca que "os discípulos, aterrorizados, caíram de rosto por terra. Cristo nosso Senhor tocou-os e lhes disse: 'Levantai-vos e não temais'".

266. O termo — *dispusición* — é retomado em EE 1, 18, 72, 205, 213, 252, 327, 335.

semelhante aos referidos anjos: quando é contrária, entram com barulho e se fazem sentir perceptivelmente. Quando é semelhante, entram silenciosamente, como pela porta aberta da própria casa[267].

Será que esse enunciado deve ser interpretado como um simples lembrete que se contenta em recapitular elementos de discernimento já evocados nas duas primeiras regras próprias da primeira semana (EE 314-315), acrescentando-lhes a evocação da *aplicação dos sentidos* (EE 124-125)? Em prol dessa interpretação, salientemos o retorno à distinção fundadora dos "que vão de pecado mortal em pecado mortal" (EE 314), ou "de mal a pior" (EE 335), e "nas pessoas que vão se purificando intensamente de seus pecados, e subindo de bem a melhor" (EE 315), ou "nas que procedem de bem a melhor" (EE 335). No entanto, EE 335 inverte esses casos, porque "somente os que procedem de bem a melhor experimentaram a fecundidade espiritual da *aplicação dos sentidos*". Ademais, como Pierre Gervais observou:

> Somos postos na presença de situações antitéticas, como nas duas primeiras regras da primeira semana (314-315). No entanto, naquela semana o modo de ação dos espíritos era definido em função de atitudes *contrárias* da pessoa, atitudes essas devidamente identificadas; dispunha-se então de uma referência para reconhecê-las. Já aqui os modos de ação dos anjos são em todos os pontos correlativos à disposição semelhante da pessoa a quem afetam, tanto é que o que é dito a respeito de um pode sê-lo a respeito do outro. Já não há referência estável a partir da qual situá-los. O "subjetivo" se assimila ao "objetivo"[268].

Por outro lado, a qualificação da ação do bom anjo se inspira nos termos reservados à *aplicação dos sentidos*, como "a infinita suavidade e doçura da divindade, da alma e de suas virtudes" (EE 124), agregando-se aí ao mesmo tempo "a leveza e o silêncio"[269]. Inversamente, EE 315 qualificava o toque do *mau* anjo, retomando apenas "a inquietação", sem se referir a nenhuma causa ligada a "falsas razões", como as que podem provocar o desânimo. Assim também, EE 335 deixa de lado a tentação "de imaginar prazeres aparentes" (EE 314), agregando aí, porém, esta descrição, única nos *Exercícios*, do toque sentido "agudamente, com rumor", ou ainda "com barulho, com sensações, perceptivelmente"[270].

Aprofundemos mais a afinidade de EE 335 com a "aplicação dos sentidos" apresentada em EE 121-126. A primeira diz respeito ao sujeito ativo do "toque", que já não é o

---

267. EE 335: "*La septima. En los que proceden de bien en mejor, el buen ángel toca a la tal ánima dulce, leve y suavemente, como gota de agua que entra en una esponja; y el malo toca agudamente y con sonido y inquietud, como quando la gota de agua cae sobre la perdra; es la dispusión del ánima ser a los dichos ángeles contraria, o símile; porque quando es contraria, entran con estrépito y con sentidos, perceptiblemente; y quando es símile, entra con silencio, como en propria casa a puera abierta*".

268. Les règles de deuxième semaine, em *Les Exercices spirituels de saint Ignace, Un commentaire littéral et théologique*, 277, nota 26. Essa opinião é confirmada por DANIEL GIL, *Discernimiento según San Ignacio*, 355 e 369.

269. Neste sentido, "*leve*" e "*silêncio*" são dois hápax dos *Exercícios*.

270. "*Agudamente, con sonido*", bem como "*con estrépito, perceptiblemente*", são todos hápax dos *Exercícios*.

exercitante que "aplica cada um dos sentidos", mas o bom e o mau anjo. Quem contempla é submetido a um tipo de "toque" do qual não tem a iniciativa. A segunda diz respeito ao qualificativo exclusivo do "toque", e assim, diante da dinâmica própria da *aplicação dos cinco sentidos*, a "doçura" e a "suavidade" são transferidas do "sentir e saborear com o olfato e o paladar" (EE 124) exclusivamente para o *tato* (EE 125).

Na mística dos Padres gregos, representada por Orígenes, Evágrio e Pseudo-Macário, tal transferência era inadmissível, na medida em que essa tradição de tipo neoplatônico privilegiava o sentido da visão. Em contrapartida, Gregório de Nissa e Diádoco de Foticeia pretenderam associar aí o olfato e o paladar. Na Idade Média, Boaventura foi o primeiro Doutor a haver estabelecido uma doutrina completa dos cinco sentidos espirituais, atribuindo a primazia derradeira ao sentido do tato: "[...] o tato emana da virtude da caridade, do dom da sabedoria e da bem-aventurança da paz"[271]. A seu ver, êxtase e tato espiritual se identificam, pois o tato espiritual outra coisa não é senão o ato de amor em êxtase, que floresce na união direta e experimental da vontade com Deus. Este último sentido é, então, do âmbito da afetividade: "*Sola affectiva vigilat et silentium* (cf. EE 335) *omnibus aliis potentiis imponit; ibi non entrat intellectus sed affectus*"[272]. Contrariamente ao que ocorre na ordem material e corporal, o tato é o sentido corpóreo mais perfeitamente espiritual, superior até mesmo à visão, porque procede da caridade, que é, entre as virtudes teologais, a mais unitiva, "*maxime unitiva*"[273]. Na Espanha, Francisco de Osuna[274], um dos promotores da via do *recogimiento*, com frequência retratou esse agir divino nestes termos: *tocar Dios el alma con su gracia*; Deus inflama a parte afetiva da alma ao mais alto de si mesma e, sem pensamentos nem imagens, eleva-a a ele diretamente pelo beijo do amor (cf. EE 15 e 330)[275]. A interpretação dos sentidos espirituais por Jerônimo Nadal é herdeira dessa tradição franciscana.

Analisemos, por fim, a dupla metáfora, excepcional nos *Exercícios*, que descreve a *entrada* do bom ou do mau anjo na alma dos que progridem de bem a melhor: "como a gota de água que entra na esponja"[276] ou "como a gota de água que cai sobre a pedra"[277]. O desafio dessas metáforas é demonstrar que a "pessoa espiritual" (cf. EE 336), fortalecida no exercício habitual do discernimento das consolações com causa, já não precisa esperar

---

271. *Breviloquium*, V, 6.
272. Ibid.
273. Todas essas citações provêm de P. Adnès, DS XV, Toucher, touches, col. 1077 ss.
274. Cf., nossa "Abertura".
275. *Les noces spirituelles* e *Le royaume des amants de Dieu*, de Jean Ruusbroec, representam o apogeu dessa corrente mística do "toque divino" de onde provêm todas as graças e todos os dons: "aqui temos consciência de tocarmos e de sermos tocados, de amarmos e de sermos amados".
276. Essa imagem da esponja que absorve a água vivificante não é nova. Encontra-se em particular em Catarina de Siena, por exemplo, na carta 87 — enviada a uma de suas companheiras, a Sra. Joana Pazzi; tratando aí prolificamente do sangue purificador de Jesus Crucificado, a Santa fala "do coração que, como uma esponja, ao mergulhar nesse sangue, absorve o sangue e o ardor da caridade com que foi derramado" (*Lettres*, vol. 5, "à la famille, aux disciples et aux 'mantelatte'", Paris, Cerf, 2012, 158).
277. A origem dessas expressões antitéticas é difícil de identificar. No entanto, essa dupla alegoria é suficientemente límpida, se levarmos em conta o contexto de sua aplicação.

os efeitos destas para reconhecer suas origens (cf. EE 333), pois adquiriu a sensibilidade (*feeling*) necessária para identificá-las desde sua *entrada* na alma. Um discernimento tão direto quanto infalível é fruto de uma longa e pacificadora familiarização da alma com o bom anjo, e assim a entrada do mau anjo é imediatamente captada em sua contrariedade. Penning de Vries caracterizou bem a superioridade desse "segundo modo de discernimento"[278], o que Pierre Gervais ratifica nestes termos:

> A alma humana é maleável e porosa à ação do bom anjo, à maneira de uma esponja que se dilata sob o efeito da água que a penetra; em contrapartida, é firme e dura como a pedra diante dos ataques do inimigo que vêm se chocar contra ela; ela é, acima de tudo, aquela casa hospitaleira em que o bom anjo pode entrar livremente, e o silêncio expressa o acordo das vontades, lugar de uma intimidade de Deus com o homem e do homem com Deus[279].

Quanto a Arzubialde, ele caracteriza EE 335 nestes termos: *El discernamiento por connaturalidad*[280]. Essa noção de "conaturalidade" foi particularmente estudada por Jacques Maritain, que classificou diferentes tipos de conaturalidade identificáveis na obra de Tomás de Aquino[281]. Nessa regra 335, trata-se de uma conaturalidade afetiva que diz respeito à afinidade espiritual da caridade, em sua capacidade de "atingir Deus em si mesmo e para si mesmo"[282], sem por isso ter de passar pela conceptualização dessa experiência segundo EE 333. Essa sétima regra também se coaduna com a regra inicial e mais fundamental do discernimento dos espíritos na segunda semana do EE 329: "É próprio de Deus e dos seus anjos dar verdadeira alegria e gozo espiritual com suas moções, tirando toda a tristeza e perturbação induzidas pelo inimigo". Passemos agora à oitava e última regra.

---

278. Piet Penning de Vries, *Discernement des esprits. Ignace de Loyola.*, 76-77: "Ela é naturalmente mais importante que a primeira, como se fosse a última 'preparação' para o trabalho e a ação direta de Deus. Proporciona a mesma visão, porém é mais bem acabada, menos discursiva, mais espontânea; trabalha mais rápida e diretamente e previne todo mal. Envolve o toque direto e a conaturalidade plena da alma com a origem da moção".

279. Pierre Gervais, Les règles de deuxième semaine, em *Les Exercices spirituels de saint Ignace, Un commentaire littéral et théologique*, 278-279.

280. Ejercicios Espirituales de S. Ignacio, Historia y Análisis, 743, se refere a Piet Penning de Vries, *Discernement des esprits. Ignace de Loyola*, 77.

281. Jacques Maritain, *Œuvres complètes*, vol. VII, Fribourg, 1988, 159-195. É possível se referir mais precisamente à maneira como Tomás trata do "dom da Sabedoria", considerando-o inspirado pela caridade, pressupondo assim uma "conaturalidade" do espírito com o Espírito Santo. Cf. *S. T.*, IIa-IIae, qu. 45, a. 2: "*Rectum iudicium habere de eis secundum quandam connaturalitatem ad ipsa pertinet ad sapientiam secundum quod est donum Spiritus Sancti: sicut Dionysius dicit (De div. nom., cap. 2, 9) quod Hierotheus est perfectus in divinis non solum discens, sed et patiens divina. Huiusmodi autem compassio sive connaturalitas ad res divinas fit par caritatem, quae quidem unit nos Deo: secundum illud 1 Co 6,17: Qui adhaeret Deo unus spiritus est*". Ao evocar tão somente o "toque" dos anjos, a regra 335 aproxima-se do "patiens divina" de Dionísio.

282. Cf. *S. T.*, IIa-IIae, qu. 23.

5. A vigilância requerida no tempo seguinte (EE 336)

> EE 336: Quando a consolação é sem causa, embora nela não haja engano, por pertencer somente a Deus Nosso Senhor, como foi dito [330], a pessoa espiritual [*persona espiritual*] a quem Deus deu esta consolação deve observar e discernir com muita atenção e vigilância o tempo mesmo em que consolação estava presente do tempo seguinte, em que a pessoa permanece afervorada e favorecida com o dom [*fauorescida con el fauor*] e efeitos da consolação passada. Porque, muitas vezes no segundo tempo ela segue o próprio curso habitual e as deduções de seus conceitos e juízos, sob a influência do bom ou do mau espírito. Assim, forma diversos propósitos e parecares que não são dados imediatamente por Deus nosso Senhor. Por isso mesmo, devem ser muito bem examinados, antes que lhes sejam dados todo crédito e sejam postos em execução[283].

a. A quem se dirige esta última recomendação?

Em EE 326, Inácio havia sugerido ao exercitante iniciante que abrisse sua consciência "a um bom confessor, ou a outra *pessoa espiritual*, que conheça seus enganos e malícias [do inimigo]", que "deseja que suas astúcias e insinuações sejam recebidas e conservadas em segredo". Agora, é o próprio exercitante que é honrado com o título de *pessoa espiritual*[284] pela única e exclusiva razão, devidamente pressuposta, de que ele tenha efetivamente experimentado "a consolação sem causa precedente" (EE 330). O redator dos *Exercícios* e do *Diário espiritual* considera, portanto, que essa experiência arquetípica de transcendência e de transparência divinas é o momento em que a personalidade espiritual do homem é concebida e conformada ao *Pneuma* do Espírito Santo em seu próprio *pneuma* mais íntimo (cf. Rm 8,26-27). No entanto, visto que essa consolação sem causa é pontual como "entrada e saída" de Deus na alma, a *pessoa espiritual* imporá a si mesma a tarefa imperativa de não confundir o *kairós* do "primeiro tempo da eleição" (EE 175) com a recaída na temporalidade comum que inevitavelmente se seguirá[285].

---

283. EE 336: "*La octava. Quando la consolación es sin causa, dado que en ella no aya engaño, por ser de solo Dios nuestro Señor, como esta dicho, pero la persona espiritual, a quien Dios da la tal consolación, deve con mucha vigilancia y attención mirar y discernir el propio tiempo de la tal actual consolación, del siguiente, en que la ánima queda caliente y favorecida con el favor y reliquias de la consolación passada; porque muchas vezes, en este segundo tiempo, por su proprio discurso de habitúdines y conseqüencias de los conçeptos y juizios, o por el buen espíritu, o por el malo, forma diversos propositos y paresçeres, que no son dados inmediatamente de Dios nuestro Señor; y por tanto han menester ser mucho bien examinados, antes que se les dé entero crédito ny que se pongan en efecto*".

284. Essa expressão — "*persona espiritual*" — pertence ao vocabulário clássico das literaturas ascética e mística grega e latina, inspirando-se em Gálatas 6,1: "Irmãos, se acontecer a alguém ser surpreendido em falta, a vós, os *espirituais*, compete corrigi-lo, com espírito de mansidão; acautela-te consigo mesmo: tu também não podes ser tentado?". Da mesma maneira, em 1Coríntios 2, o Apóstolo considera que "a sabedoria de Deus, misteriosa, escondida" (v. 7b), "nos foi revelada pelo espírito, que a tudo sonda, até as profundezas de Deus" (v. 10), de modo que "o *homem espiritual* [*pneumatikós*] julga sobre tudo e ele mesmo não é julgado por ninguém (v. 15)".

285. G. Fessard, *La dialectique des Exercices spirituels*, I, 299-304.

b. A distinção de dois tempos indivisos é necessária e possível?

O primeiro parágrafo dessa regra 336 não propõe primeiramente que se diferenciem de maneira categórica o tempo da consolação sem causa precedente e o subsequente, visto que o beneficiário guarda a memória viva do tempo anterior, a tal ponto que "a pessoa permanece aferoada e favorecida com o dom e efeitos da consolação passada"[286]. Tais expressões evocam a experiência dos peregrinos de Emaús, que será contemplada por ocasião da quarta semana, em EE 303: "*Não ardia* em nós o nosso coração quando ele nos falava no caminho e nos explicava as Escrituras?" (Lc 24,32)[287]. No entanto, enquanto Lucas salienta mais a coincidência entre o fervor dos peregrinos com a escuta desse exegeta que misteriosamente se torna um companheiro de estrada, a regra 336 focaliza antes a permanência dos efeitos da consolação sem causa precedente, que "atrai a pessoa toda ao amor da divina Majestade de Deus" (EE 330). A partir daí a questão suscitada por essa regra inaciana diz respeito à possibilidade de "distinguir" dois tempos, justamente na medida em que esse tempo subsequente parece ainda bendito por Deus, pois continua a colher os efeitos espirituais do primeiro tempo.

c. A oportunidade dessa distinção

É com prudência que Inácio justificará a necessidade dessa distinção, pois reconhece que ela não se impõe de modo absoluto, mas apenas "em muitos casos". A exclusividade da inspiração divina (cf. EE 330) pode, portanto, ser preservada pela memória durante o tempo seguinte, mas esta última não raro corre o risco de ser dispensada pela intervenção humana. Inácio explicita tais casos referindo-se aos três tipos de pensamentos (*pensamientos*), que fundamentam todo discernimento espiritual segundo EE 32.

De acordo com essa ordem estabelecida, podem imiscuir-se pensamentos meus, "que provêm simplesmente de minha liberdade e querer" (cf. EE 32), isto é, segundo EE 336, "seguindo seu próprio curso habitual e as deduções de seus conceitos e juízos: *por su proprio discurso de habitúdines y consecüencias de los conçeptos y juizios*". Essas quatro noções, excepcionalmente reunidas aqui, merecem ser analisadas com precisão, tanto mais que as três *versões latinas* do *Autógrafo* dela propõem traduções diferentes[288].

O substantivo, aqui no plural, *habitúdines*, parece inusitado em espanhol medieval, sendo assim preferível detectar aí o conceito latino de uso corrente na escolástica me-

---

286. Nos *Exercícios*, *fauorescida* e *favor* remetem à meditação do Reino em EE 98.

287. Inácio leu este comentário de Ludolfo em GV II, 76, 8: "Nonne cor nostrum ardens erat in nobis *scilicet ardore caritatis*, dum loqueretur in via, et aperuit nobis Scripturas. [...] *Unde ait Gregorius: 'Ex audito quippe sermone inardescit animus, torporis frigus recedit, fit mens in superno desiderio anxius, a concupiscentiis terrenis aliena; audire ei libet praecepta coelestia, et quod mandatur instruitur, quase tota inflammatur*".

288. A *Vulgata* se contenta em abreviar a expressão do *Autógrafo*: "*vel ex habitu, discursu et iuditio*"; a *versio prima P1* explicita a relação entre as quatro noções evocadas pelo *Autógrafo*: "*vel discursu habitudinum et consequentiarum, quas hausit ex conceptibus et judiciis praehabitis*"; a *versio P2* retoma *P1*, mas traduzindo *habitúdines* por *similitudines*. Preferimos a tradução proposta por *P1*.

dieval. Derivado de *habitus*, o *habitudo* pode designar a simples relação noeticamente reconhecida entre uma dada qualidade, "acidental" ou "entitativa", e seu sujeito de atribuição natural. Já no âmbito da moral, o *habitudo* significa a disposição mais ou menos constante de um sujeito de agir desta ou daquela maneira[289], o que condiz mais com os *pensamientos*, que provocam *consequências* práticas.

Inácio assinala depois que tais hábitos provêm de *conceptos y juizios*, "de conceitos e juízos", a fim de salientar a origem "propriamente minha" (EE 32) dessas mediações. "Tais ideias" devem ser captadas não como conceitos abstratos, mas como o primeiro sentido etimológico de *conceptos*, isto é, o que é "concebido pelo espírito", como projeto a ser realizado. Tais conceitos podem acarretar um tipo de julgamento (*juizios*) que não é do âmbito do julgamento sobre a verdade de uma realidade, mas do âmbito do julgamento prático (*sindérese*[290]), aplicado a um projeto de ordem moral e talvez espiritual[291].

Além daquilo que o sujeito humano é capaz de conceber livremente, podem igualmente surgir *pensamientos* devidos às intervenções do bom ou do mau espírito (EE 32), pelos quais "formamos diversos propósitos e pareceres [*propósitos y pareceres*] que não são dados imediatamente por Deus Nosso Senhor [*que no son dados inmediatamente de Dios nuestro Señor*]" (EE 336). O substantivo *propósitos* só reaparece no singular no enunciado do *mistério da vocação dos apóstolos*, que num segundo tempo tiveram a intenção de retomar posse do que haviam deixado: EE 275, 1º: "[...] *a seguir en alguna manera a Xpo cón el propósito de tornar a posseer lo que habían dexado*". O outro termo — *pareceres* — só aparece aqui em sua forma substantiva, embora o verbo *parescer* reapareça com frequência como sinônimo de opinião, de apreciação de valor[292]. Segundo Daniel Gil, os *propósitos* visam imediatamente uma ação a ser praticada, ao passo que os *pareceres* apresentam argumentos aptos a creditar a realização deste ou daquele projeto[293].

Ao considerar que todas essas intervenções provêm seja do raciocínio próprio, seja do bom ou do mau espírito, é evidente que elas não podem ser assimiladas aos dons "dados imediatamente por Deus Nosso Senhor". Inácio retorna assim ao critério central de referência de toda essa regra 336, como aliás a 15ª Anotação já o havia anunciado. É, portanto, pelo estalão desse caráter direto da intervenção exclusivamente divina que esses diversos "propósitos e pareceres devem ser muito bem examinados antes que lhes seja dado todo crédito" (EE 336).

Na época de Inácio, esse tipo de exame crítico corria o risco de ser negligenciado pelos *alumbrados*. Compreende-se, portanto, que tal exigência de desmistificação esteja

---

289. Cf. L. Schütz, *Thomas-Lexikon*, Stuttgart, 1958, 349-355; Ph.-M. Margelidon, DPTThom, Parole et Silence, 2011, verbete "Habitus", 193-195.

290. Cf. EE 314. Lembremos que a primeira regra inaugural, própria da primeira semana, apresenta a ação do bom espírito como contrária à tendência daqueles que vão de pecado mortal em pecado mortal: "*punzándoles y remordiéndoles las conscientias por el sindérese de la razón*".

291. É sempre neste último sentido que os *Exercícios* designam o "*juizio*": EE 41, 89, 96, 187, 336, 341, 346, 353.

292. Cf. EE 86, 155, 172, 209b, 211, 223, 239, 271, 275, 347 e 349.

293. Cf. *Discernimiento según San Ignacio*, 380-381.

à altura da eminente graça de iluminação que o Senhor está pronto para oferecer pessoalmente a todo aquele que a isso se dispuser: "recordar [...] quanto o Senhor me tem dado daquilo que tem [...] como o mesmo Senhor quer dar-se a mim quanto pode" (EE 234). Assim, cabe ao "homem espiritual" receber de Mestre Inácio essas vigorosas recomendações, a fim de verificá-las por si mesmo, visto que a pertinência delas só é compreensível por aquele que já fez a experiência da consolação sem causa precedente ou do primeiro tempo de eleição. Encontra-se então confirmado o provérbio paulino: "O homem espiritual julga a tudo, sem ser julgado por ninguém".

Se buscarmos ilustrar com um exemplo o alcance concreto dessa regra, poderemos evocar o testemunho daqueles que deram os Exercícios de trinta dias. Segundo o primeiro tempo, ocorre com frequência que um exercitante recebe diretamente de Deus a certeza de ser "inteiramente atraído ao amor de sua divina Majestade" (EE 330), enquanto num segundo tempo deduzirá por si mesmo que é chamado à vida religiosa. É precisamente essa transição interpretativa que é submetida à maior das vigilâncias espirituais.

Para corroborar a compreensão dessas regras, recorreremos agora à experiência pessoal de Inácio, relatada em seu *Diário espiritual*.

G. O *DIÁRIO ESPIRITUAL* DE INÁCIO

Esse *Diário espiritual,* de que possuíamos tão somente um excerto, "encontrado num cofrezinho após a morte de seu autor em 1556"[294] se estende de 5 de fevereiro de 1544 a 27 de fevereiro de 1545[295], período durante o qual o fundador da Companhia de Jesus redigiu a parte das *Constituições* que devia definir a condição de pobreza das casas e das igrejas jesuítas: "A questão era: a igreja teria uma renda? E a Companhia poderia tirar proveito dela?".

A matéria desse diário estritamente pessoal diz respeito principalmente ao impacto afetivo (*sentir*) ou iluminativo (*ver*) das graças recebidas de Deus. O primeiro reúne a experiência global das *moções* que provocam a *devoção*, não raro associada ao dom das *lágrimas* e sentida como *sabor, doçura, calor, gosto* ou ainda como *regozijo interior*. O se-

---

294. P. Ribadeneira, MHSI, *Fontes narrativi* IV, 610. *Diario espiritual*, Introduccíon de los PP. Iparraguirre-Ruiz Jurado, BACmaior 104, Madrid, 2013, 271-289. I. Iparraguirre, *Práctica de los Ejercicios de S. Ignacio en la vida de su autor (1522-1556)*. AHSI, Bilbao/Roma, 1946, 52-320.

295. *Ephemeris S.P.N. Ignatii*, em MHSI, *Constitutiones*, I, ed. A. Codina, Roma, 1934. Quanto à tradução francesa, à história do manuscrito, a seu esclarecimento pela vida de Inácio e à interpretação de suas próprias supressões no texto, nós nos apoiaremos no último parecer crítico dessas questões abordadas por Pierre-Antoine Fabre, em Inácio de Loyola, *Journal des motions intérieures*, seguido de Papier des élections e de Feuillet de Madrid, col. Au singulier nº 15, Bruxelles, Lessius, 2007, 286 p. Ver também P.-H. Kolvenbach, Langage et anthropologie: Le *Journal spirituel* de saint Ignace, em Fous pour le Christ, 181-192; À l'école du Journal spirituel d'Ignace de Loyola, Actes du XXIᵉ Congrès annuel des Cahiers de spiritualité ignatienne, CspIg nº 48 (1998) 141 p., e em particular Marie-Paul Dion, La fascinante énigme du *Journal spirituel* d'Ignace de Loyola, 12-54.

gundo evidencia a clareza nova que ilumina a inteligência graças à intervenção de Deus encontrada em sua *Essência* única ou como *Santa Trindade*, ou ainda na singularidade desta ou daquela *Pessoa* distinta. Essa luz divina pode esclarecer determinado discernimento a ser feito, isto é, orientar a deliberação encarregada de pesar os prós e os contras de uma decisão, ou ainda "confirmar" a eleição já feita graças às visitas[296] da Trindade na alma[297]. A distinção entre esses dois tipos de graça[298] se impõe tanto mais que o *sentir* nem sempre está associado a um *ver* e vice-versa[299].

Dirigiremos nossa atenção ao período mais restrito que se estende de 5 de fevereiro a 31 de março de 1544[300], durante o qual o relatório cotidiano da oração é mais rico. Essa parte do diário abrange num único relato acontecimentos aparentemente heterogêneos: o trabalho de discernimento da condição de pobreza das igrejas; o pedido de reconciliação[301] com a Santa Trindade depois de um erro cometido para com ela, e por fim a relação detalhada das graças obtidas durante as horas privilegiadas da preparação e da celebração da missa.

O período de 5 a 25 de fevereiro de 1544 tem em vista exatamente esse ponto das *Constituições* que diz respeito à eleição a ser feita e confirmada: "nada ter, nem mesmo para a igreja"[302]. É aqui impressionante constatar que também um assunto socioeconômico possa ser submetido à confirmação da Santa Trindade e a cada uma das Pessoas distintas, o Pai, o Filho e o Espírito Santo. Nesse aspecto, o próprio Inácio pratica o tríplice colóquio, recomendado nos *Exercícios*. Nesse *Diário*, *Nossa Senhora* e *seu Filho* estão tão associados que Inácio os designa como dois *intercessores* e *mediadores* junto ao Pai[303]. Ademais, ao praticar esse colóquio, Inácio observa frequentemente que ele *sente* ou que ele *vê* essas pessoas *propícias*[304] na intercessão. No entanto, esse reconhecimento divino não o impede de pedir um pouco mais tarde a essas mesmas Pessoas, quando ele se prepara para celebrar a missa votiva em honra à Santa Trindade: "Pai eterno, con-

---

296. Os termos *visita, visitacíon, visitar* ocorrem 48 vezes no *Diário*.

297. Consultar o Papier des élections, em INÁCIO DE LOYOLA, *Le Journal des motions intérieures*, 225-228, ao qual o *Diário* remete em 10º, 11º, 34º e 35º.

298. Os que conhecem MAURICE BLONDEL traduzirão facilmente a distinção entre esses dois âmbitos em termos de *noética* e *pneumática*. Cf. ANDRÉ DE JAER; ALBERT CHAPELLE, Le noétique et le pneumatique chez Maurice Blondel, Un essai de définition, *Revue philosophique de Louvain*, t. 59 (nov. 1961) 609-630.

299. Assim, por exemplo, a ausência de luz proveniente das distintas Pessoas da Trindade não impede necessariamente o desdobramento da devoção afetiva; cf. *Journal*, 18º, 28º, 121º (2 vezes), 127º.

300. De 5 de fevereiro de 1544 a 31 de março de 1545, o *Diário* só menciona de maneira muito breve o dom das lágrimas ou sua ausência, o que por vezes é associado à referência à glossolalia interior, que Inácio denomina *loquella*.

301. Os termos *réconciliation* e *réconcilier* ocorrem em 76º, 78º (2 vezes), 110º, 112º, 116º, 118º e 122º, isto é, de 25 de fevereiro a 6 de março.

302. Até esta data, Inácio fala sobre a *confirmação* da eleição já feita, depois sobre a *conformação* mais geral à vontade de Deus uno e trino.

303. Cf. 6º, 23º, 25º, 28º, 32º, 35º e 47º.

304. Cf. 27º, 30º, 31º, 32º, 35º, 80º.

firma-me; Filho eterno, confirma-me; Espírito eterno, confirma-me; meu único Deus, confirma-me"[305].

Assim, a ordem habitualmente ascendente do pedido de intercessão própria do "tríplice colóquio"[306] mencionada nos *Exercícios* pode interverter-se, sendo adotada a ordem das "processões de origem"[307] das três Pessoas[308], como o sugere a liturgia eucarística quando se dirige sempre diretamente ao Pai, pelo Filho, no Espírito[309]. Quanto a isso, Inácio observa por vezes que seu espírito não logra alcançar pelo entendimento a distinção das Pessoas, explicitamente notificadas, contudo, nas orações e no cânone eucarístico:

> Entrando na missa com muita devoção e uma reverência interna e moções para chorar, e recitando *Beata sit Sancta Trinitas*, [...] o entendimento não tendo alcançado as Pessoas divinas como distintas, nem a serem distinguidas, e tampouco tendo descido à letra; mas a visita me pareceu interior, entre o lugar delas lá no alto e a letra [...][310].

Tendo a eleição da pobreza efetiva sido *concluída* e *confirmada* em 25 de fevereiro, o Diário salienta depois a mediação de *Jesus*, estritamente compreendido em sua humanidade[311], "a fim de que ele me *conforme* à vontade da Santíssima Trindade pela via que lhe parecerá melhor". Jesus é assim o *mediador* "visto ao pé da Santíssima Trindade"[312].

Essa presença de Jesus se apaga depois, a partir de 3 de março, para dar lugar a Inácio[313], num contexto em que ele é confrontado quase diretamente ao *sentir* e ao *ver* a pró-

---

305. Cf. 48º.
306. Cf. 6º, 8º, 15º, 23º, 24º, 31º, 33º, e 83º.
307. Expressão corrente na elaboração do dogma trinitário, que o *Diário* não retoma literalmente.
308. Cf. 47º, 63º e 72º.
309. Cf. 77º, 101º, 102º e 110º.
310. Cf. 127º. A propósito disso, P.-A. Fabre salienta somente a discordância entre o *alto*, de onde provêm as visitas interiores, e o baixo, da *letra* do missal: "A visita interior vem situar-se no reverso da paisagem decomposta, que já não constitui um campo visual homogêneo. Entre o alto, onde se encontra a Trindade, e o baixo, o missal sob os olhos de Inácio, onde se encontra a formulação, o meio — o lugar indeterminado do *mirar* — é uma espécie de ponto de fuga que já não refletiria o ponto de vista do olhar, segundo a ordem perspectiva da representação de um objeto exterior: Inácio nada vê aí, mas sente crescer uma devoção intensa" (nota 179º, 188). Quanto a nós, preferimos salientar o fato de que a *letra* da liturgia contém em si mesma mais do que aquilo que a fé e as visões místicas de cada uma das três Pessoas distintas podem apreender, sobretudo porque não questionam a eficácia do direcionamento ao Pai, a quem se pede que atenda à oração, pela intercessão do Filho e no poder do Espírito. Nossa leitura pode apoiar-se no dito gravado na sepultura de Inácio: *No coerceri maximo, contineri tamen a minimo divinum est*.
311. "Jesus" é citado 19 vezes de 66º a 88º: "[...] parecia-me ver em espírito que eu vira primeiro Jesus, isto é, sua humanidade [...] sua humanidade tão somente [...]".
312. Cf. 88º. Ver também P. GERVAIS, *Les Exercices spirituels de saint Ignace, Un commentaire littéral et théologique*, 335: "O ato de contemplação que, por definição, só pode ter Deus por objeto, chega assim a assumir em Cristo a história dos homens e do universo criado, para entrar com ele na glória do Pai". No entanto, é ainda assim surpreendente que a contemplação de Inácio tenha podido se concentrar exclusivamente na humanidade de Cristo, assim como seus discípulos reunidos no monte Tabor viram "tão somente Jesus" após sua transfiguração.
313. Um paralelo com os *Exercícios* pode ser aqui reconhecido, na medida em que a *Contemplação para alcançar o amor* omite o Nome de Jesus em proveito daquele que ora: "Ver como estou diante de Deus nosso Senhor, dos anjos e dos santos que intercedem por mim" (EE 232).

pria Trindade até 16 de março. Globalmente, durante esses quatorze dias é nessa Trindade que *se terminam* a devoção e o amor, bem como a compreensão de Deus, e a expressão "*terminam na Trindade*" é repetida ao menos oito vezes[314]. Por outro lado, Inácio salienta quatro vezes[315], provavelmente lastimando-o, que não sente nem vê nenhuma das Três Pessoas distintamente, por exemplo, em 110º: "[…] todas essas visitas se concluem no nome e na essência da Santíssima Trindade, e sem sentir claramente nem ver as pessoas distintas, como eu disse outras vezes antes"[316]. Todavia, Inácio destaca logo depois: "[…] nas minhas orações ao Pai, eu não podia me adaptar nem sentia encontrar devoção, exceto algumas raras vezes, quando as outras Pessoas se representavam a mim Nele, de modo que, com ou sem mediação, tudo se convertia na Santíssima Trindade".

Nesses períodos relativamente breves abarcados pelo *Diário*, pode-se postular que, tanto no plano da devoção como no da compreensão do mistério, é a Pessoa do Pai que é a articulação, o traço de união entre, de um lado a consideração do *ser* e da *essência* divina[317], e do outro, *as operações e a concepção*[318] das três Pessoas:

> […] eu via de alguma maneira as três Pessoas como havia visto a primeira, isto é, que o Pai por um lado, o Filho por outro, e o Espírito Santo por outro ainda saíam e decorriam da essência divina sem sair para fora da visão esférica[319].
>
> Durante a missa, do começo ao fim, com devoção, e por vezes moção às lágrimas, nesses diversos momentos com frequência vendo em parte o *ser* divino e, depois, algumas vezes isso se terminava no Pai, isto é, primeiro na *essência*, depois no Pai […][320].

À guisa de conclusão, salientemos a consonância do *Diário* com a distinção estabelecida nos *Exercícios* entre o âmbito das moções afetivas e o das visões intelectivas, em especial em EE 333. Isso é demonstrado pelo período de discernimento relativo à renúncia às rendas das igrejas confiadas aos jesuítas, por exemplo nas notas escritas em 8 e 11 de fevereiro de 1544.

> 8 de fevereiro, "[…] à noite, repassando as eleições, por tudo, por parte ou por nada, fazendo a oblação de nada ter, com muita devoção, *paz interior e tranquilidade de alma*, com certa *segurança* ou com um assentimento de que a eleição era *boa*" (cf. 12º e 13º).
>
> 11 de fevereiro, no momento de se preparar para celebrar a missa: "[…] *sentindo ou vendo* de certa maneira o Espírito Santo, estando a eleição consumada, e sem poder *sentir* nem *ver* dessa maneira nenhuma das duas outras Pessoas divinas; depois, na capela, antes e durante a missa, abundância de *devoções* e de lágrimas; depois, com grande *tranquilidade e segurança* de alma, como alguém cansado que descansa num grande repouso, disposto a não buscar nem querer buscar coisa alguma, tendo a coisa por con-

---

314. Cf. 104º, 106º, 108º, 109º, 115º (2 vezes), 138º e 140º.
315. Cf. 110º; 121º (2 vezes) e 127º.
316. Cf. 101º.
317. Cf. 136; 142; 143; 153; 172º.
318. Cf. 54º.
319. Cf. 123º.
320. Cf. 143º.

sumada, a não ser para render graça e por devoção ao Pai e à missa da Trindade que eu havia pensado em celebrar na terça pela manhã"[321].

H. RUMO A UMA TEOLOGIA DA SEGUNDA SEMANA

Tentaremos agora reunir alguns elementos essenciais que caracterizam a originalidade dessa segunda semana inaciana. Partiremos da questão ainda hoje debatida sobre a finalidade suprema dos Exercícios inacianos. Será que o centro deles é inteiramente recapitulado pela eleição ou será que esta última conduz, para além de si mesma, à união com Deus?

1º) Nos meios eclesiásticos mais esclarecidos reina ainda hoje a opinião de que os Exercícios inacianos têm principalmente a função de discernir a eleição irrevogável em função da qual se imporá a escolha do casamento ou da vida religiosa, da inserção profissional no mundo ou do sacerdócio. A partir daí, visto que "a segunda semana" é a única que contém em si a *seção para fazer eleição* (EE 169-189), considera-se que as outras meditações propriamente inacianas, tais como o Reino, as duas Bandeiras, os três tipos de pessoas, os três modos de humildade têm por única função dispor a alma para fazer uma eleição reta, conforme à autêntica vocação divina (EE 172), ao passo que a contemplação dos "mistérios da vida de Cristo" servirá como ilustração exemplar que permite autenticar a credibilidade dessa eleição. Consequentemente, a segunda semana será considerada a mais decisiva, tanto mais que se estende excepcionalmente por doze dias. Nessa linha de interpretação, a primeira semana serve como preparação indispensável para a segunda, de acordo com os próprios termos da primeiríssima Anotação, definidora dos *Exercícios* espirituais[322]. Por fim, as duas últimas semanas terão principalmente a função de confirmar essa eleição já feita ao contemplarem com realismo o termo para o qual ela conduziu Cristo e conduzirá o exercitante, visto que "o servo não é maior que o seu senhor" (Jo 15,20).

2º) Em reação a tal opinião, já evocamos o ensaio de Louis Peeters, *Vers l'union divine par les Exercices de S. Ignace*, que desde 1931 desenvolveu em todo seu alcance a tese

---

321. Encontramos também essas menções de *tranquilidade* e de *paz* quanto a essa mesma eleição em 16 de fevereiro (cf. 34º) e 18 de fevereiro (cf. 52º). A nota consignada em 22 de fevereiro apresenta a particularidade de fazer referência "ao tempo de tentações e perturbações", dissipadas contudo no momento da oração habitual por "muita *devoção* e satisfação da alma *com certa manifestação de claridade luminosa*" e pela memória do "momento em que o Pai me pôs com o Filho" (cf. 67º, 68º). Trata-se aqui da graça obtida na capela de La Storta em novembro de 1537, relatada no *Relato do peregrino*, nº 95: "Um dia, a alguns quilômetros de Roma, enquanto estava numa igreja em oração, *sentiu* uma tal mudança em sua alma e viu tão claramente que Deus, o Pai, o colocava com o Cristo, seu Filho, e que ele não teria a audácia de duvidar disto: de que Deus, o Pai, o punha com seu Filho".

322. EE 1: "[…] chamam-se *Exercícios* espirituais diversos modos de a pessoa se preparar e dispor para tirar de si todas as afeições desordenadas. E, depois de tirá-las, buscar e encontrar a vontade divina na disposição de sua vida para sua salvação".

oposta: tais Exercícios abrangem a eleição numa visão muito mais ampla, que leva pelo caminho da humanidade de Cristo à via unitiva e divina[323].

a) Quanto a nós, aliamo-nos sem reservas a essa segunda hipótese. A propósito disso, contentar-nos-emos em observar a diferença de objeto entre as regras próprias do discernimento da segunda semana (EE 329 ss.) e os três tempos propícios para a eleição (EE 175-177). Como devido, os três tempos articulam de maneira hierárquica e decrescente a evidência da matéria própria da eleição: "mover e atrair a vontade, de tal modo que a pessoa espiritual siga o que lhe foi mostrado, sem duvidar nem poder duvidar". "Seguir" pertence, portanto, ao vocabulário da "imitação", que encontrará sua forma concretamente pessoal pelo discernimento da matéria da eleição, devendo tal matéria ser compreendida como um meio privilegiado de honrar o único fim específico desde o *incipit* do Princípio e Fundamento.

Por outro lado, as regras de discernimento vão ao encontro da amplitude escatológica da união mistagógica do homem com Deus. De fato, se a segunda parte dessas regras diz respeito à "consolação com causa", que terá a função particular de desmontar a armadilha do "anjo de luz", que consiste em tentar a alma *sub specie boni* (EE 331-336), é a esse arquétipo que se refere "a consolação sem causa precedente" (EE 330), que transporta imediatamente a alma para seu fim supremo: "atraindo-a toda ao amor de sua divina Majestade" (EE 330), de modo que a alma desfruta de uma verdadeira "alegria e consolação espiritual" (EE 329). Consequentemente, essas duas primeiras "regras" designam de fato o que não pode ser submetido a nenhuma regra, a saber, a liberdade soberana de Deus de "dar-se quanto pode, segundo sua divina determinação" (EE 234), a quem quiser, quando quiser e como quiser, independentemente da programação ascética e mística devidamente regulada pelos próprios *Exercícios*; "o Espírito sopra onde quer, quando quer" (Jo 3,8-9); pois "aquele que Deus enviou diz as palavras de Deus, que o Espírito lhe dá sem medida" (Jo 3,34). Em razão de seus respectivos frutos escatológicos, essas duas primeiras regras se sobrepõem, portanto, de modo antecipatório à especificidade da segunda semana, visto que remetem diretamente ao júbilo e à alegria da qual o exercitante será chamado a participar na quarta semana, descobrindo então que o modo de aparição do Ressuscitado confirma o alcance dessa "consolação sem causa precedente", visto que foi de súbito, "estando todas as portas fechadas", que ele apareceu (EE 304, 2º) e que ele desapareceu, depois de dar-lhes a comunhão (303, 3º).

b) De outro ponto de vista, a apresentação inaciana dos "mistérios da vida de Cristo nosso Senhor" a partir da segunda semana não se limita tampouco à escolha do *meio* que melhor permite concretizar esse fim último constituído pela consagração de si "à perfeição em qualquer estado ou vida que Deus nosso Senhor nos der a escolher" (EE 135). De fato, já na "contemplação da vida do Rei eterno" (EE 91 ss.) — pórtico hermenêutico que determina a compreensão e a apropriação pessoal do "serviço" exigido pelo "chamado" do "Rei eterno e Senhor universal" — Inácio não apenas abre o campo de uma delibera-

---

323. Javier Melloni, SJ, (*La mistagogía de los Ejercicios*, Bilbao, Mensajero, 2001, 300 p.) retomou a mesma tese que Peeters, apoiando-se em pesquisas mais recentes.

ção que leva à escolha do melhor meio de servir, mas explica a finalidade suprema, divina e personalizadora, "de alcançar a glória de meu Pai" (EE 95). Se é verdade, portanto, que a espiritualidade inaciana se caracteriza pela união das vontades de Deus e do homem, tal união não leva apenas à concretização da eleição propriamente dita, mas à união das Três Pessoas divinas com a pessoa humana que terá honrado "a santíssima vontade de Deus" atestada pela vida de Nosso Senhor em cada um de seus "mistérios".

Nesse sentido, a teologia dos *Exercícios* se coaduna com a *cristologia de Tomás de Aquino*, na medida em que o exercício da missão sacerdotal de Cristo desempenha no ato de sua humanidade seu papel mediador, pelo oferecimento gratuito dos dons divinos aos homens ou, inversamente, pela oferenda sacrificial do homem a Deus. No entanto, os Exercícios põem o exercitante mais imediatamente em contato direto com o Evangelho, ao salientar o caráter interpelativo da "liberdade do livre-arbítrio" da missão sacerdotal e mediadora de Cristo, visto que o discurso do Rei eterno mobiliza "a colaboração" de todos os homens (EE 95-97) com o "supremo e verdadeiro chefe" (EE 145-147). A hermenêutica inaciana se desprende de uma abordagem medieval da universalidade que integra especulativa e sapiencialmente toda realidade criada *sub specie Dei*, a fim de pôr em evidência a exigência pessoal de ser confrontado diretamente com a única "História" singular de Jesus Cristo — que alcança cada pessoa humana dirigindo-se à "liberdade de seu livre-arbítrio" —, pedindo a graça "de um conhecimento interior do Senhor que *por mim* se fez homem, a fim de que *eu* mais o ame e siga" (EE 104). Tal passagem pelo encontro singular, pessoal e espiritual é para Inácio a condição *sine qua non* da compreensão real do alcance universal da salvação prometida a toda a humanidade.

Capítulo III

A TERCEIRA SEMANA

Na primeira parte de nossa obra, já opusemos a exaustividade da *Vida de Cristo* de Ludolfo à seleção dos mistérios feita pelos *Exercícios*, bem como as "três vias" exploradas pelo *Exercitatorio* de Cisneros e as quatro semanas inacianas. No entanto, esse confronto global pede uma análise mais detalhada dos mistérios da Paixão apresentados pelo redator dos *Exercícios*, que os confronte *ponto por ponto* com os testemunhos dos Evangelhos, a fim de chegar a apreender a estreiteza do caminho contemplativo e espiritual traçado pela terceira semana.

A. A PAIXÃO LIDA POR LUDOLFO E POR INÁCIO

a. Em Ludolfo, a paixão e a ressurreição do Senhor eram oportunamente introduzidas pela seguinte consideração: *De Pascha et diversis huius nominis acceptionibus* (VC II, 51). Depois de haver percorrido os diferentes acontecimentos visados pelo termo "Páscoa", Ludolfo opta pelo sentido de *Paso o Tránsito* "porque a Páscoa dos judeus significava 'a passagem' [...] e para Cristo representava a passagem da morte à vida" (ibid., 6º); este capítulo se conclui com "o retorno de Cristo a Betânia para junto de Lázaro" (cf. EE 288, 2º). Depois dessa introdução, o Cartuxo se concentra no destino de Judas: "Em que dia e por que razão Judas vendeu seu Senhor?", suscitando uma reflexão sobre o sentido místico e moral dessa traição. Depois, a Ceia reagrupa "cinco circunstâncias" tratadas em cinco capítulos distintos: VC II, 53: "a preparação da Ceia ordenada por Cristo a dois apóstolos"; 54: "o lavamento dos pés"; 55: "a caridosa recriminação dirigida por Jesus ao traidor, e sua saída"; 56: "a instituição do sacramento da Eucaristia"; 57: "o discurso e a oração do Senhor durante a Ceia".

Inácio reúne *três pontos* (EE 289): primeiro a manducação do cordeiro pascal juntamente com o anúncio da traição de Judas; depois o lavamento dos pés, "inclusive os de Judas"; por fim, "a instituição do santíssimo sacrifício da Eucaristia", combinada à menção de Judas, que, "acabada a ceia, saiu para vender a Cristo nosso Senhor". Essa versão abreviada do primeiro dia deixa de lado os discursos e a oração de Jesus relatados em João 14-17.

Antes de passar à apresentação das diferentes cenas da paixão, Ludolfo trata em doze pontos a maneira geral de meditar: "Por que e como meditar sobre a Paixão em seu conjunto" (VC II, 58). Teremos de verificar se tais recomendações se coadunam com os pontos complementares inacianos em EE 195, 196 e 197. Depois, o Cartuxo dispõe e compassa por etapas as diferentes narrativas dos quatro Evangelistas a propósito dos processos movidos contra Jesus, assinalando: "Acabamos de ver Jesus Cristo lançado de um juiz a outro, de Anás a Caifás, de Caifás a Pilatos, de Pilatos a Herodes e de Herodes a Pilatos" (VC II, 61). Inácio, por sua vez, encadeará todas essas transferências, sem seguir exatamente o mesmo recorte das cenas[1].

b. Mais importante ainda é destacar a diferença entre o *ritmo* das contemplações em Ludolfo e Inácio. O Cartuxo propõe que sejam rigorosamente seguidas as horas canônicas do *triduum* pascal, e assim todos os mistérios da Paixão serão percorridos em pouco mais de vinte e quatro horas: desde "as primeiras completas", depois, após o sono, na hora de "matinas, laudes, terça, sexta, nona e das segundas vésperas e segundas completas". Assim é distribuída a leitura dos copiosos capítulos 59 a 66, sem contar o capítulo 67 intitulado "Epílogo"!

Em contrapartida, o redator dos *Exercícios* respeita incomparavelmente melhor o *ritmo* de assimilação pessoal desses mistérios pelo exercitante, primeiro no plano de seu desdobramento em sete dias cheios conforme à sua proposição de uma *terceira semana tipo* (cf. EE 190 a 208f), de modo que cada dia de vinte e quatro horas seja consagrado a apenas dois mistérios: contemplar à meia-noite o primeiro mistério, e de manhã o segundo, sendo estes aprofundados por duas *repetições* "perto da hora da Missa e nas Vésperas", o que se conclui com a *"aplicação dos sentidos* antes da refeição da noite"[2]. Entendido está que tal programa pode ser aliviado em razão da idade, da constituição ou do temperamento do exercitante[3], ou prolongado para além de sete dias[4]. Eis a distribuição *tipo* desses sete dias.

> EE 190: *Primeiro dia*, a primeira contemplação, à meia-noite, como Cristo nosso Senhor foi de Betânia a Jerusalém, até a última ceia, inclusive (EE 200-203).
>
> EE 208a: *2º dia*. À meia-noite, a contemplação do horto até a casa de Anás, inclusive [EE 291]. De manhã, da casa de Anás até a de Caifás, inclusive [292].
>
> EE 208b: *3º dia*. À meia-noite, da casa de Caifás até a de Pilatos, inclusive. De manhã, de Pilatos a Herodes [294], inclusive.
>
> EE 208c: *4º dia*. À meia-noite, de Herodes a Pilatos [295], fazendo e contemplando até a metade dos mistérios acontecidos na casa de Pilatos. Depois, no exercício da manhã, a outra metade dos mistérios ali sucedidos.
>
> EE 208d: *5º dia*. À meia-noite, da casa de Pilatos até quando ele foi até a crucifixão [296]. De manhã, desde ser levantado na cruz até expirar [297].

---

1. A. CODINA, (*Los orígines de los Ejercícios espirituales de S. Ignacio de Loyola*, Estudio historico, Barcelona, Bibl. Balmes, 1926, 235) contou sete transferências em Inácio, enquanto Ludolfo enumerava nove.
2. EE 204, nota 1.
3. EE 205, nota 2.
4. EE 209.

EE 208e: *6º dia*. À meia-noite, da descida da Cruz até o sepulcro, exclusive. De manhã, do sepulcro, inclusive [298] à casa para onde Nossa Senhora foi, depois de sepultado seu Filho.

EE 208f: *7º dia*. Contemplação de toda a paixão no exercício da meia-noite e no da manhã.

À primeira vista, os *Exercícios* parecem seguir a repartição ludolfiana dos "mistérios", na medida em que ele salienta sempre a incessante *passagem* ou trânsito de um lugar a outro, seja de uma casa (casa) a outra, simbolizando a transferência de uma autoridade a outra: "Considerar o que Cristo nosso Senhor padece na humanidade, ou o que quer padecer, segundo o passo [*el passo*] que contemplo" (EE 195).

c. Contudo, Inácio pretende preservar sua autonomia crítica em relação às repartições dos mistérios propostas pelo autor da *Vida de Cristo*. A mudança mais decisiva diz respeito à integração do mistério da "Ceia" (EE 190 ss.) no ciclo da Paixão, a ponto de esta última condensar em si o sentido teológico e o alcance existencial ou espiritual de toda essa terceira semana[5], enquanto para Ludolfo a ceia nada mais é que uma preparação para a Paixão refletida no desdobramento dos sentidos da *Páscoa*[6].

d. Em Inácio, a própria apresentação de cada um desses "mistérios" se contenta em relatar os fatos. Esse respeito à dimensão factual chega a explicitar certas consequências indubitáveis desses acontecimentos, quando "Jesus esteve amarrado toda aquela noite" (cf. EE 292, 2º)[7], a fim de salientar a que ponto "nosso Senhor padece na humanidade ou quer padecer" (EE 195). No entanto, essa concentração crística provoca também a supressão das referências cronológicas próprias da liturgia judaica da Páscoa, pois Inácio não tarda em especificar que, por ocasião do processo na casa de Pilatos, "os judeus que o tinham trazido não entraram na residência, para não se contaminarem e poderem comer a Páscoa", segundo João 18,28b.

Essa espécie de desenraizamento histórico foi interpretada por G. Fessard, depois por P.-H. Kolvenbach, como o indício deliberadamente almejado por Inácio "de uma eterna Terceira semana"[8]. Ao final dos *Exercícios*, interpretaremos o terceiro ponto da *Contemplatio ad amorem* (EE 236) como a justificação pneumatológica da permanência dessa Paixão de Deus até o fim do tempo.

---

5. G. Fessard, *La dialectique des Exercices spirituels*, I, cap. 5, 112-115, salientou fortemente a função carnal da Ceia como transição da segunda para a terceira semana. Assim, a matéria da eleição do exercitante, simbolizada pelo pão e pelo vinho, encontra-se transubstanciada em Corpo e Sangue de Cristo destinados à oferenda e ao sacrifício de sua morte. Quanto a nós, mostramos que a Ceia constitui o único fundamento necessário de toda a terceira semana, na medida em que essa contemplação atesta o alcance salvífico e divino de toda a Paixão, ao passo que Cristo será apresentado depois na ocultação cada vez mais radical de sua humanidade sofredora; cf. R. Lafontaine, Les critères d'authenticité de la compassion dans les "Exercices spirituels" de saint Ignace, NRT 119/4 (1997) 541-558.

6. No entanto, nessas considerações sobre a Ceia, o Cartuxo salienta fortemente o alcance e a necessidade de aí comer o cordeiro pascal (GV II, 3º a 6º);

7. GV II, cap. 55, nº 22: "Quomodo noctem passionis transegit Dominus".

8. P.-H. Kolvenbach, La passion selon saint Ignace, em *Fous pour le Christ*, 114.

A observação que conclui a 2ª Anotação: "[…] pois não é o muito saber que sacia e satisfaz a pessoa, mas o sentir e saborear as coisas internamente" é particularmente incisiva em comparação com o rio carreado pelo comentário ludolfiano, quando este se empenha em reunir uma multidão de comentários patrísticos e escolásticos, recorrendo a dados arqueológicos ou epistemológicos, a reflexões teológicas ou psicológicas e ao desdobramento de todos os sentidos "místicos" ou "morais" que salientam a heroicidade das virtudes praticadas pelo Cristo sofredor. Por conseguinte, nunca salientaremos o suficiente a que ponto os *Exercícios* confiam exclusivamente ao sentir espiritual do próprio exercitante a iniciação nesse gênero de mistérios. Esse sentir espiritual não oferece a graça primordial da "suprema pobreza espiritual", tanto mais que esta última aflora num contexto de humilhações e ultrajes — e associada a uma extrema pobreza "material" — suportados por Cristo nosso Senhor em sua humanidade (cf. EE 146)?

Contrariamente a essa apreensão inaciana "kenótica" da Paixão de Jesus, durante a qual "a divindade se oculta" (EE 196), Ludolfo adota uma hermenêutica que visa a demonstrar que tal Paixão atestou em ato a potência divina do Filho de Deus e, junto com isso, a fraqueza da humanidade assumida por ele, em conformidade com a grande tradição pós-nicena do Evangelho. Nesse aspecto, sua interpretação do ato de morrer de Cristo é exemplar[9], bem como a ênfase no discurso de revelação incluído por João, o evangelista, durante o processo movido contra Jesus por Pilatos em João 18,28–19,32. Enquanto Inácio aí seleciona as humilhações sofridas por Jesus, sem sequer aludir à declaração de inocência de Pilatos, Ludolfo relata estas palavras de Cristo: "A minha realeza não é deste mundo. Se a minha realeza fosse deste mundo, meus guardas teriam combatido para que eu não fosse entregue aos judeus. Mas a minha realeza, agora, não é daqui" (Jo 18,36) e também: "Não terias poder algum sobre mim se não te houvesse sido dado do alto […]" (Jo 19,11).

E quanto à primeira citação joanina, Ludolfo prolonga a interpretação de João Crisóstomo nestes termos (VC II, 61, 10º):

> Segundo sua divindade, tudo é submetido a Cristo; mas segundo sua humanidade, ele não veio, por ocasião de seu primeiro advento, para dominar e reinar temporalmente, mas antes para servir e para sofrer. Assim, portanto, ele não nega ser Rei, mas consente nisso, pois em verdade era o Rei dos reis. No entanto, para excluir a oportunidade de se evadir, ele tempera sua resposta, dizendo que não reivindica a dominação temporal deste mundo […].

Essa interpretação ludolfiana se aparenta à de *Tomás de Aquino*, quando este elabora seu tratado dos *acta et passa Christi*, observando que uma justa e integral compreensão dos mistérios da Páscoa do Salvador exigiam que a kênosis suportada por sua paixão e sua morte fosse compensada pela explicitação das múltiplas atestações de sua divindade, ao passo que inversamente sua Exaltação na glória devia salientar o realismo com que seu Corpo glorificado preservou a natureza real do corpo humano. Inácio não se afasta resolutamente dessa tradição ancestral?

---

9. Comumente, quem morre expira antes que sua cabeça tombe, ao passo que Cristo primeiro inclina a cabeça, para transmitir seu livre consentimento à morte, antes mesmo de expirar.

B. O PRIMEIRO DIA: A CEIA E A AGONIA

Os *Exercícios* inacianos respeitam a ordem histórica dos mistérios seguindo o testemunho concordante dos três sinópticos, propondo assim a contemplação do primeiro dia da Ceia e da Agonia. Por mais surpreendente que pareça, o segundo tratado cristológico da *Suma* tomasiana — consagrado, no entanto, ao curso histórico dos mistérios de Cristo —, não aborda em absoluto esses dois mistérios, o da Eucaristia e o da Agonia, na seção dos *acta et passa Christi* relativo à sua *saída do mundo*, que abarca sua paixão, sua morte, seu sepultamento e sua descida aos Infernos: *S. T.*, IIIa, qu. 46 a 52. As razões dessa dupla omissão são tanto de natureza teológica como pedagógica. A instituição da Eucaristia por ocasião da Ceia será tratada no prolongamento desse segundo tratado cristológico, quando a Suma se dedicará à economia sacramental concentrada na excelência da Eucaristia (cf. *S. T.*, IIIa, qu. 73, a. 5). Por outro lado, o Aquinense justifica a omissão da Agonia como momento pontual da vida de Cristo recorrendo a João 6,38: "Pois eu desci do céu não para fazer a minha vontade, mas a vontade daquele que me enviou", sugerindo assim que a renúncia de Cristo à própria vontade é uma constante de sua vida inteira. A partir daí, o doutor medieval entenderá essa renúncia permanente dentro de seu primeiro tratado de cristologia, na rubrica consagrada à "unidade da vontade de Cristo": *S. T.*, IIIa, qu. 18, a. 5 e 6.

Abordemos agora a primeira contemplação inaciana dedicada à Ceia nos "três pontos complementares" abarcados por ela, cuja função é determinar o modo de contemplação válido durante toda esta terceira semana.

1. A Ceia (EE 190 a 199 e 289)

a. Comecemos por apresentar *in extenso* a contemplação da Ceia tal como proposta na *terceira semana tipo*. Os dois primeiros preâmbulos têm a mesma configuração dos que inauguraram a primeira contemplação da Encarnação. Depois, transcreveremos o enunciado dessa contemplação da ceia, em sua referência ao Evangelho na *seção dos mistérios*. Nossa tradução segue o *Autógrafo* tanto quanto possível.

> EE 191: A oração preparatória seja a de costume. *1º preâmbulo*, recordar a história como Nosso Senhor enviou dois discípulos a Jerusalém desde Betânia para preparar a ceia. Depois ele mesmo foi lá com os outros discípulos. Na ceia, tendo comido o cordeiro pascal, lavou os pés dos discípulos. Depois que Judas foi vender o seu Senhor, deu-lhes seu santíssimo corpo e preciosíssimo sangue, e lhes fez um discurso.
>
> EE 192: *2º preâmbulo*: composição vendo o lugar: considerar o caminho de Betânia a Jerusalém, se largo, estreito, plano etc. Do mesmo modo o lugar da ceia, se grande, se pequeno, de um jeito ou de outro.
>
> EE 193: *3º preâmbulo*: pedir o que quero: será aqui dor, sentimento e confusão, porque o Senhor vai à sua paixão por meus pecados.
>
> EE 194: 1º) Ver as pessoas da ceia e, refletindo sobre mim mesmo, procurar tirar algum proveito. 2º) Ouvir o que dizem, e também procurar tirar algum proveito. 3º) Olhar o que fazem e tirar algum proveito.

EE 195: 4º) Considerar o que Cristo nosso Senhor padece na humanidade, ou o que quer padecer, segundo o passo que contemplo. Começar, então, com muito empenho, esforçando-me por condoer-me, entristecer e chorar. E assim continuar trabalhando nos outros pontos seguintes.

EE 196: 5º) Considerar como a divindade se esconde: poderia destruir a seus inimigos, e não o faz; e deixa padecer tão cruelmente sua sacratíssima humanidade.

EE 197: 6º) Considerar como ele padece tudo isso por meus pecados etc. E o que devo fazer e padecer por ele.

EE 198: Concluir com um colóquio a Cristo nosso Senhor e um Pai nosso.

EE 289: 1º) Comeu o cordeiro pascal com os apóstolos, aos quais predisse sua morte. "Em verdade vos digo: um de vós há de me vender".

2º) Lavou os pés dos discípulos, inclusive os de Judas, começando por S. Pedro. Este, considerando a majestade do Senhor e sua própria baixeza, não querendo consentir, dizia: Senhor tu lavas os meus pés? Mas S. Pedro não sabia que ele assim (Jesus) dava exemplo de humildade, pelo que lhes disse: "Eu vos dei o exemplo, para que façais como eu fiz".

3º) Instituiu o santíssimo sacrifício da Eucaristia, em grandíssimo sinal de seu amor, dizendo: "Tomai e comei". Acabada a ceia, Judas saiu para vender a Cristo nosso Senhor.

A memória da história (EE 191) retoma na ordem as cinco "circunstâncias" da Ceia desenvolvidas por Ludolfo em seis capítulos (VC II, 52 a 57), enquanto a *semana tipo* (EE 289) descarta os discursos e a oração de Jesus em João 14 a 17[10]. Cada um dos três pontos inacianos ratifica a importância excepcional que Ludolfo atribuía a Judas, segundo VC II, 54, 7º.

No entanto, essa atenção ao destino dramático do traidor destaca ainda mais a tríplice iniciativa de Jesus que estrutura a dinâmica de cada um desses pontos: "comeu...; lavou...; instituiu...". O redator dos *Exercícios* quase não se demora na descrição de certos gestos de Cristo, que no entanto são altamente simbólicos na semana joanina, como a deposição do manto e a retomada do manto (cf. VC II, 54, 3º e 8º), ou ainda a significação quase sacramental do lava-pés (VC II, 54, 5º, 6º, 9º e 10º). Além disso, esses três atos sucessivos do Salvador expressam de maneira singular a relação estabelecida por Cristo nosso Senhor com "seus apóstolos", "seus discípulos", convidando-os: "Tomai e comei"[11] (cf. EE 289, 1º, 2º e 3º)[12].

---

10. No entanto, Inácio prevê que se possa estender a duração dessa semana, especialmente em relação à Ceia: EE 209a: "[...] tomar menos mistérios em cada contemplação. Assim, na 1ª, apenas a ceia; na 2ª, o lava-pés; na 3ª, quando deu o sacramento; na 4ª, o sermão que Cristo lhes dirigiu".

11. Essa concentração na comunhão dos apóstolos é ainda mais impressionante pelo fato de Inácio haver recebido em Manresa o conhecimento "com os olhos interiores [...] (de) como Jesus Cristo nosso Senhor se encontrava no Santíssimo Sacramento", enquanto ouvia a Missa, durante a elevação do Corpo do Senhor (*O relato do peregrino*, nº 29).

12. Em contrapartida, Ludolfo devia registrar as questões mais especulativas debatidas pela escolástica medieval, e em particular as que foram repertoriadas pelo *tratado sobre a Eucaristia*, de Tomás de Aquino, em *S. T.*, IIIa, qu. 73 a 83 e retomadas em GV II, 2º, 5º e 6º.

A comparação entre a definição da Eucaristia em Ludolfo e em Inácio merece atenção particular. Assim como em Ludolfo, Inácio apresenta imediatamente a Ceia como "a instituição da Eucaristia" (cf. VC II, 56, 1º). No entanto, Ludolfo define diretamente essa Eucaristia como "*sacramentum*", enquanto Inácio a define como "*el sacratissimo sacrificio*". Essa divergência de interpretação poderia decorrer do fato de que Ludolfo seria influenciado por Santo Tomás, para quem a Eucaristia é "o sacramento por excelência, pois *contém o próprio Autor* da graça"[13], ao passo que Inácio levaria mais em conta o debate travado com Lutero: a Eucaristia propõe ou não uma real renovação do sacrifício de Cristo, pelo fato de ser oferecido pela própria Igreja em memória dele?[14] Em todo caso, Gaston Fessard afirma com razão que Inácio vê a Ceia na qual a Eucaristia foi instituída como "a verdadeira causa da Paixão"[15].

Sendo assim, o exercitante inaciano é convidado a compreender que essa Ceia é o único "Fundamento" que justifica prolepticamente todo o desdobramento subsequente da terceira semana. Se a Ceia não desse seus frutos de comunhão *espiritual* no Corpo e no Sangue daquele que se entregará "em sinal supremo de seu amor", seria provavelmente suicida envolver-se naquela "noite de Deus" (Przywara) durante a qual a Palavra divina não sustentará aquele que é meramente "o homem" exposto à vingança popular (EE 295: *É aquí el hombre*). De fato, a narrativa inaciana da paixão esconderá progressivamente a identidade de "Cristo nosso Senhor" no anonimato do destino de todo ser humano cinicamente condenado à morte e como que privado de toda esperança de restauração da justiça divina pela ressurreição. A 11ª Anotação não confirma essa proibição de antecipar a passagem de uma semana a outra, "como se na segunda nada de bom esperasse encontrar"?

b. EE 195, 196 e 197: Os "três pontos complementares" perfilam o ângulo de abordagem das "considerações" a serem adotadas integral e exclusivamente durante toda essa terceira semana. Estas são anunciadas numa ordem de imbricação sucessiva, e assim a transição de uma à outra não adiciona três perspectivas diferentes; ao contrário, todas elas focalizam um mesmo assunto ou, mais precisamente, uma única maneira de contemplar "passo a passo" a narrativa da Paixão de "Cristo nosso Senhor". Inácio busca, assim, iniciar o exercitante numa forma particular de recepção do único Mistério que se atestará de modo pleno na série de cada um de seus "passos".

[1] EE 195

> *4º puncto: considerar lo que Xpo nuestro Señor padesce en la humanidad, o quiere, padesçer, segun el paso que se contempla y aquí començar con mucha fuerza y esforçarme a doler, tristar y llorrar; y así trabaxando por los otros puntos que se signem.*

---

13. Cf. *S. T.*, IIIa, q. 73, a. I, ad 3.
14. Será necessário esperar a 22ª sessão do concílio de Trento para que seja proclamado, em 17 de setembro de 1562, o decreto sobre "A instituição do santíssimo sacrifício da missa": Dz 1739-1742.
15. G. Fessard, *La dialectique des Exercices spirituels*, I, 114.

a) A *prótase* concentra a atenção no personagem principal, a ser compreendido e contemplado em seus atos como sendo "Cristo nosso Senhor", escondido na "humanidade" como sofredor ou "querendo sofrer" em cada passo de seu caminho de cruz, segundo Lucas 22,15: "E ele disse: 'Eu desejei tanto comer esta Páscoa convosco antes de padecer!'". No entanto, a última correção imposta por Inácio à versão *autógrafa* parece distanciar-se dessa apropriação pessoal do padecimento de "Cristo nosso Senhor", visto que ele substituiu "em *sua* humanidade" por "*na* humanidade". Adotamos essa *versio difficilior*[16] tentando depreender uma pluralidade de sentidos.

Para Jacques Rouwez[17], *na humanidade* designa "a natureza humana", o que condiz com a dogmática tradicional, no sentido em que somente a assunção pelo Filho de Deus dessa natureza lhe permitiu sofrer e morrer, visto que sua natureza divina é em si impassível. Em seu segundo tratado, consagrado ao curso histórico dos "mistérios" de nosso Salvador (*S. T.*, IIIa, qu. 27 a 59), Tomás de Aquino não cessa de relembrar que a eficiência propriamente divina dos *acta et passa Christi* passa pela mediação orgânica ou "instrumental" de sua humanidade.

No entanto, seria igualmente possível interpretar essa oração intercalada num sentido mais personalista, recorrendo, por exemplo, à nossa leitura kenótica do colóquio com Cristo na cruz (EE 53): "como, de Criador, se fez homem e como, da vida eterna, chegou à morte temporal". Sem pôr em causa as propriedades inalteráveis de suas duas naturezas, divinas e humana, nem a singularidade de sua única Pessoa do Verbo encarnado, tal interpretação confere mais destaque à pertinência da designação evangélica do "Filho do homem", que Jesus reivindicou para si mesmo, ou ainda ao *ecce homo* exposto por Pilatos à desforra da multidão (EE 295, 3º). Várias passagens do *Diário espiritual* de Inácio (de 11 de fevereiro a 3 de março de 1544) confirmam igualmente que seu autor se dirigia diretamente "a Jesus" em sua humanidade como "mediador" distinto das Três Pessoas da Trindade.

O terceiro sentido descortina o horizonte de uma soteriologia universal. Para além da distinção estabelecida em EE 195, em que os adversários de Cristo serão classificados como "inimigos", entender-se-á por aí que Cristo sofre igualmente "na humanidade" daqueles que o condenaram e executaram injustamente e daqueles que são ou serão sempre tentados a fazê-lo, não apenas porque ele próprio endossou o pecado deles, mas porque eles foram ou serão levados à contrição, como o assinala a profecia joanina em João 12,32: "Quanto a mim, quando eu for elevado da terra, atrairei a mim todos os homens".

---

16. C. DE DALMASES adota esta última correção: "*en la humanidad*", 281-282, ao passo que a tradução do texto autógrafo por Édouard Gueydan, 120, prefere adotar "en son humanité" (em sua humanidade).

17. JACQUES ROUWEZ, Le premier jour, la Cène et l'agonie (190-207), em *Les Exercices spirituels de saint Ignace, Un commentaire littéral et théologique*, 353, assinala: "Essa formulação do texto é uma correção da mão de Inácio. A antiga versão dizia: '[…] o que a humanidade de Cristo nosso Senhor padeceu'. Com toda a evidência, a correção indica que não se trata simplesmente de considerar os sofrimentos da humanidade de Cristo, a dele e a nossa. É preciso contemplar o que sua pessoa sofre na natureza humana. Depois, é preciso considerar 'sua vontade' de sofrer. Seu sofrimento é infinito, visto que ele *quer padecer*". "Ele quer padecer quando ainda não padece ou já não padece, e quer padecer quando já padece" (cf. J.-M. GRANERO, Las contemplaciones de la Pasion, em *Manr* 27 [1955] 38).

b) *A apódose* se aplica ao exercitante, convidando-o a estimular vigorosamente sua vontade para sofrer também. O verbo principal que introduz esse convite, *commençar*[18], marca aqui o limiar a ser atravessado por ocasião da passagem à terceira semana. Na segunda semana, espera-se que o exercitante haja integrado pessoalmente a advertência expressa pelo tríplice colóquio das *duas Bandeiras*: "contanto que possa passar afrontas e injúrias sem pecado de ninguém ou desagrado de sua divina Majestade" (EE 147, 2º), bem como a graça própria do terceiro modo de humildade: "para mais imitar e assemelhar-me de fato a Cristo nosso Senhor" (EE 167). No entanto, é chegada a hora do compromisso de seguir de muito perto Aquele que "quer sofrer", visto que o mistério da Ceia é pontuado por essa tríplice iniciativa (EE 289).

A expressão redundante — *começar com mucha fuerza y esforcarme a doler* — é indubitavelmente voluntarista. Nós a encontramos na modificação das adições 2 e 6 em EE 206, expressão do sentimento que deve invadir-me desde meu despertar, excluindo todo pensamento alegre, mesmo bom e santo; no entanto, esse compromisso vigoroso só pode ser estimulado para enaltecer a lembrança dos "trabalhos, fadigas e dores que Cristo nosso Senhor passou desde o dia em que nasceu até o mistério da Paixão, no qual estou". Se minha vontade de compaixão não se enraíza no amor daquele que foi o primeiro a amar "seus amados discípulos" (cf. EE 278, 281 e 284), meu esforço de sofrer poderia ser suspeito de sadomasoquismo. Ninguém pode ser purificado disso a não ser que seja tomado pelo amor de Jesus.

Passemos agora ao segundo ponto complementar.

[2] EE 196

> 5º *punto: considerar cómo la divinidad se esconde, es a saber, cómo podría destruyr a sus enemigos, y no lo haze, y cómo dexa padescer la sacratíssima humanidad tan crudelíssimamente.*

Erich Przywara interpretou esse texto evocando "a noite de Deus". Observemos, porém, que em Inácio não é "Deus" que se esconde, mas "a divindade" de Deus. Essa forma de kênosis não significa em absoluto que o poder divino do Senhor tenha sido aniquilado, e menos ainda que Deus se tenha alienado, mas que Deus Pai, em comum acordo com a vontade divina do Filho (cf. EE 102 e 107), decidiu abster-se de usar prerrogativas próprias da natureza divina "para destruir seus inimigos". Além disso, ainda que o campo da contemplação se reduza à consideração do ocultamento doloroso de Cristo "na humanidade" (EE 195), convirá a partir de agora adiar a adoração de Deus, considerando como "deixa padecer tão cruelmente *sua sacratíssima* humanidade" (EE 196). A eminência dessa sacralidade supera até aquela pela qual a Escritura é habitualmente designada como *Sagrada Scriptura* (EE 363) ou *Sagrada Doctrina* (EE 145).

Nos *Exercícios*, esse superlativo expresso em latim (*sacratissima*) só ocorre nesta terceira semana, atravessando-a inteira desde o primeiro dia, em que se contemplará como

---

18. Esse verbo é frequente nos *Exercícios*: EE 25, 130, 135, 163, 195, 255, 280, 282, 289, 325, 326.

Cristo nosso Senhor "instituiu o *sacratíssimo* sacrifício da Eucaristia" (EE 289, 3º), até o sétimo dia, em que se rememorará que tal sacrifício se consumou na morte de Jesus: "como o corpo sacratíssimo de Cristo nosso Senhor ficou separado e afastado da alma" (EE 208). Ademais, esse *segundo ponto complementar* (EE 196) acompanhará de maneira permanente a "consideração" iniciada nesta semana, e assim se deve reconhecer que tal vocabulário da excessiva sacralidade é próprio dos mistérios da Paixão.

Sem contestar a originalidade inaciana desse encobrimento da onipotência divina em relação à exegese tradicional da Paixão (Tomás de Aquino), convém reconhecer que o surgimento da sacralidade se apoia aqui numa longa tradição agostiniana, levada a distinguir nitidamente o "sagrado" e o "santo", ao passo que as tradições semítica e grega tendiam antes a confundir ambas as coisas, na medida em que remetiam somente aos termos *kadosh* e *hagios-hieros*. Nós interpretaremos a distinção proposta pelo *Autógrafo* à luz dessa tradição agostiniano-tomista, lamentando, nesta ocasião, que inúmeras traduções modernas dos *Exercícios* confundam "o sacratíssimo" com o "santíssimo"[19].

Segundo sua ordem de aparecimento nos *Exercícios*, a primeira ocorrência do "sacratíssimo sacrifício da Eucaristia" se inspira na etimologia agostiniana do *Sacrificium*, que significa "*sacrum facere*", e que o próprio Tomás de Aquino aplica ao *Sacramentum* da Eucaristia[20]. O doutor medieval fundamente a supereminente sacralidade da humanidade (EE 195), e mais precisamente do corpo de Cristo (EE 208, nº 10), em múltiplas razões, em especial "porque seu corpo humano o tornava apto à imolação, porque era sem pecado e, por fim, porque era o corpo próprio d'Aquele que oferece"[21]. Por conseguinte, tanto para Tomás de Aquino como para o redator dos *Exercícios*, a sublime sacralidade do Corpo de Cristo imolado depende de sua decisão de oferecer-se a si mesmo em Sacrifício, ratificando-a até seu termo por sua morte: a Instituição do Sacrifício da Eucaristia é, portanto, "a causa da Paixão"[22]. Note-se igualmente que depois de haver salientado o alcance e a intensidade excepcional dos sofrimentos suportados por Cristo, Tomás salientará de maneira muito nítida que a "superabundante satisfação" do Sacrifício de Cristo não provém do excesso de seus sofrimentos, mas de sua caridade perfeita[23], o que nos convida a apreender melhor a relevância final da breve anotação inaciana: "*en grandíssima señal de su amor*" (EE 289, 3º)[24].

---

19. É o caso da quarta edição revista e corrigida da tradução proposta por ÉDOUARD GUEYDAN (1985) e de MICHAEL IVENS, *Understanding the Spiritual Exercises* (1998).

20. Cf. TOMÁS DE AQUINO, *S. T.*, IIIa, qu. 48, a. 3: "Utrum passio Christi fuerit operata per modum sacrificii?".

21. Ibid., a. 3, resp.

22. Para o redator dos *Exercícios*, a estrita atribuição desse Corpo à Pessoa divina do Filho só se tornará manifesta por ocasião da entrada na quarta semana, quando o redator dos *Exercícios* se apoiará na mesma tradição tomasiana para afirmar que Cristo ressuscitou depois de haver descido em sua "alma bem-aventurada" até os infernos, ao passo que seu estado de morte, expresso pela separação de sua alma e de seu corpo, não impediu nem um nem outro "de continuarem unidos à divindade" (EE 219).

23. TOMÁS DE AQUINO, *S. T.*, IIIa, qu. 48, a. 2.

24. PETER-HANS KOLVENBACH, em *Fous pour le Christ*, 112-115, concluiu sua análise da Paixão segundo Santo Inácio destacando a importância primordial do amor.

A cristologia tomasiana nos convida igualmente a pensar tal sacralidade em termos de exigência que cabe ao homem honrar. Sob esse ângulo, Tomás de Aquino tratará desta questão tradicional: será que convém adorar a própria humanidade de Cristo como *adoratio latriae*, ou de maneira mais restritiva, como *adoratio duliae*[25]? Seja qual for a sutileza dessa distinção escolástica, a resposta orienta o alcance dessa sacralidade no sentido da adoração teologal. A partir daí, a terceira semana inaciana não pode ser interpretada nem como a suspensão, nem como o descentramento da finalidade do ser criado e destinado "a louvar, reverenciar e servir Deus nosso Senhor" (EE 23), pois esse corpo "tão cruelmente" machucado de Cristo nosso Senhor permanece o corpo "sacratíssimo" do Filho de Deus encarnado como Sacramento que atesta sua livre decisão (EE 289) de "se entregar a si mesmo a Deus por nós em oblação e vítima, como perfume de agradável odor" (Ef 5,2).

Em Inácio, a sacralidade se distingue da santidade na medida em que este segundo conceito remete mais à retidão da vontade inspirada pela virtude da caridade. Assim, os *Exercícios* qualificam a vontade divina de "santíssima" (EE 5, 91, 2º e 180), e não de "sacratíssima".

[3] EE 197

> *7º punto: considerar como todo esto padesce por mis peccados etc.; y que devo yo hazer y padescer por el.*

Enquanto a *segunda* consideração era inteiramente mobilizada pela cristologia como fundamento teologal de uma justa apreensão da Paixão, a *terceira* se propõe integrar a vontade de sofrer requerida do exercitante desde a *primeira* consideração. O exercitante, portanto, não terá de entrar numa forma de devoção que se contentaria em contemplar o destino solitário de nosso único Salvador, segundo João 16,32, mas de considerar que, em razão de seus próprios pecados, ele já terá sempre sido a causa de sua Paixão eterna.

A partir daí, esse último ponto começa por relembrar a destinação muito pessoal de todos os mistérios de nosso Senhor e Redentor, como já havia sido especificado desde a contemplação da Encarnação (cf. EE 104). No entanto, pode-se também retroceder mais, até a primeira semana, para compreender que a terceira semana já não remete apenas à "imaginação" de Cristo na cruz (EE 53), mas à dura e permanente realidade desse mistério, de modo que esse primeiro descentramento seja confirmado e superado pela vontade de se compadecer da própria Pessoa de nosso Senhor, o primeiro a querer sofrer. Assim, os *Exercícios* não desembocam apenas na graça de "detestar" todas as formas de pecado, nem no discernimento próprio do trabalho de "eleição", mas por fim numa mística de união com Deus particularmente centrada na conformação com Jesus "em sua sacratíssima humanidade", identificada com "a humanidade" inteira.

Tal conformação realizar-se-á numa forma de *troca*, que será por fim salientada pela "contemplação para obter o amor", visto que "quem ama e quem é amado dão um ao outro o que possuem" (EE 230 ss.). Segundo EE 197, essa troca não implica, contudo, que

---

25. Cf. *S. T.*, IIIa, qu. 25.

eu seja chamado a sofrer *como* nosso Senhor sofreu por meus pecados, o que em última instância deixaria pressupor que eu também tivesse me tornado o Salvador de meus próprios pecados. No entanto, sou convidado e me compadecer dos sofrimentos dele, visto que faço parte dessa "humanidade" (cf. EE 195) por cuja causa Cristo sofreu e pela qual ele me convida a passar do campo da inimizade ao da associação redentora, segundo Romanos 5,8-9[26].

Talvez se objete a essa doutrina da "passagem" que o exercitante já decidiu se estabelecer firmemente "no campo do supremo e verdadeiro Chefe" por sua eleição, que o elevou à dignidade de servidor e amigo? No entanto, seja qual for a lucidez com a qual esse exercitante terá consciente e deliberadamente decidido engajar-se com toda liberdade no "puro serviço de sua divina Majestade", nele restam traços, ainda que inconscientes, de "afeições desordenadas" especialmente ligadas à agressividade mortífera (*thanatos*) de que são culpados "os inimigos" de Cristo, uma forma de agressividade compartilhada mesmo por "São Pedro", quando este sacou da espada para defender seu Senhor (cf. EE 291, 1º). Nesse sentido, a terceira semana é uma escola de confirmação purificadora da eleição, isto é, de eliminação de toda tentação de violência que habita todo homem[27]. Tal libertação psíquica e espiritual só pode se realizar pela contemplação da "mansidão do Senhor" durante sua Paixão (EE 291, 2º).

Em conclusão, precisamos admitir que nenhum dos "pontos complementares" evoca o amor num sentido qualquer, mas que sua matéria diz respeito apenas ao sofrimento, precisamente pelo fato de a Eucaristia ter sido instituída "em grandíssimo sinal de seu amor" (EE 289, 3º). Essa forma de imersão do amor no sofrimento se aplicará a todos os mistérios da "Paixão", e desde a agonia (EE 203).

c. Prolongaremos agora nossas análises desse primeiro mistério próprio da Paixão confrontando-o com outras teologias, além da de Tomás de Aquino: a do quarto Livro da *Imitação de Jesus Cristo* e a de Gaston Fessard.

(1) A originalidade da contemplação inaciana da Ceia se atesta pela comparação com o **livro IV da *Imitação de Cristo***, inteiramente consagrado à "exortação devota da santa comunhão"[28], segundo a maneira como a Igreja regula suas normas ascéticas e místicas. Essa devoção para com o Sacramento por excelência pressupõe evidentemente a memória daquilo que Jesus realizou durante a última Ceia. No entanto, o livro IV se abstém de acumular palavras e gestos que circunscrevem historicamente a instituição da Eucaristia por Jesus Cristo, e assim a devoção que ele suscita se acha desenraizada do contexto

---

26. Romanos 5,8-9: "Mas nisto Deus prova seu amor para conosco: Cristo morreu por nós quando ainda éramos pecadores. E já que agora estamos justificados por seu sangue, com muito maior razão seremos por ele salvos da cólera".

27. Se a contemplação da vida oculta do Senhor purifica o *eros*, a da Paixão oferece a graça de ser liberto da pulsão oposta por *thanatos*.

28. Tomás de Kempis, *L'imitation de Jésus-Christ* (1441), tradução francesa e ritmada do texto por Charles Dietrich; prefácio sobre a gênese do texto (de 1370 a 1441) de Gérard Groote a Tomás de Kempis, por Jacques Fournier, Paris, Salvator, 2009, 511 p. O livro IV cobre as páginas 409 a 492.

evangélico que impõe historicamente sua dimensão dramática. Esse livro se contenta, portanto, em desdobrar até a intercessão em favor dos cristãos uma devoção propriamente pessoal, e até individual[29].

> Todas as vezes que tu renovas esse mistério e recebes o corpo de Cristo, tu realizas a obra da redenção e participas de todos os méritos de Cristo (II, 6º). Dá-te a mim, e isso basta (III, 2º). De fato, não há obrigação mais digna nem satisfação maior para apagar os pecados do que oferecer-se a Deus em união pura e inteira com a oferenda do corpo de Cristo na missa e na comunhão (VII, 4º; VIII, 1º e 2º). Senhor, entrego-me em tuas mãos: age comigo segundo a tua vontade, não segundo minha malícia e minha iniquidade (IX, 3º). Ofereço-te igualmente todos os desejos pios das almas devotas (IX, 5º); ofereço-te ainda minhas orações e as hóstias de propiciação, particularmente por aqueles que me feriram um pouco (IX, 6º). Nada quero reservar para mim mesmo, mas quero imolar-me a ti (XVII, 2º).

Sem contestar frontalmente a espiritualidade eucarística desdobrada por Tomás de Kempis, a pedagogia da terceira semana inaciana inverte a de seu livro IV, visto que impõe ao exercitante somente a contemplação dos "mistérios" historicamente atestados pelos Evangelhos, sugerindo apenas por meio dos "pontos complementares" (EE 195-197) a canalização de sua devoção para a obtenção da graça da compaixão. Uma inserção assim da Eucaristia instituída pelo Senhor como "causa de sua Paixão eterna" põe singularmente em relevo o caráter amoroso de seu Sacrifício.

(2) A interpretação da eucaristia inaciana proposta por **Gaston Fessard** dedica atenção privilegiada à transição da segunda para a terceira semana, que realiza na própria liberdade do exercitante a transubstanciação da matéria de sua eleição, simbolizada pelo pão e pelo vinho, em Corpo e Sangue do próprio Cristo. Em termos ônticos e dialéticos, trata-se da passagem da "primeira posição do ser até a exclusão do não-ser do pecado".

> Somos levados a conceber a Eucaristia não apenas como cerimônia comemorativa, mas como verdadeira causa da Paixão. [...] Assim como em seu ser profundo e verdadeiro a Eucaristia é o movimento profundo de transformação em Deus pelo qual os crentes passarão em seu contato, em virtude da fé deles, na sequência dos tempos, assim também sob a resolução: "serei religioso" aparece um movimento de transformação em Deus que o ser desse jovem sofrerá pouco a pouco, à medida que a vida religiosa o for penetrando, e que ele já começa a sofrer desde já.
>
> Num e noutro caso, esse movimento tem o mesmo ponto de partida e o mesmo *objetivo*: êxodo de um indivíduo naturalmente egoísta e limitado, e escoamento para uma Comunidade universal. "Isto é o Meu Corpo *dado por vós e pela multidão*", diz Cristo, e o jovem é também levado a seu sacrifício por amor a outros "eus" (pobres, pecadores,

---

29. O livro IV abrange a preparação (cf. XIII), a disposição imediata e a recepção da comunhão frequente como uma espécie de recapitulação de toda a vida cristã, desde a obtenção do perdão dos pecados (X) até o acolhimento das graças plenárias da fidelidade na fé (cf. XI), do "abrasamento do Amor" (XI, 1º; XVI, 3º e XVII, 2º) e do "desejo" estimulado pela esperança de ver Deus (XIV, 2º). Integrando "as duas tábuas da Sagrada Escritura e do Corpo de Cristo" (XI), esse livro IV é o ápice de todas as recomendações ascéticas e espirituais contidas nos três livros anteriores.

pagãos, crianças etc., segundo sua vocação), e mediante esses "eus" que lhe são vós, por amor à multidão em que Deus, a seus olhos, se objetiva. [...]

Que a Eucaristia esteja ligada à Paixão, isso é o que está contido, aliás, na representação comum [...] como meio de passagem do corpo de pecado ao corpo espiritual. Única ligação capaz de explicar a Instituição da Eucaristia como consumação do sacrifício Pascal. A *Páscoa* é o memorial da *passagem*; a Ceia, o memorial da *passagem* essencial constituída pela Paixão[30].

Estas poucas citações de Gaston Fessard explicam o poder de integração da Eucaristia em relação à "libertação do livre-arbítrio" (EE 23) do exercitante, mas revelam também as carências de uma reflexão dialética que teria como única pretensão medir o terceiro tempo da liberdade apenas pelo "trabalho de exclusão definitiva do não-ser" próprio do pecado e de suas consequências mortíferas.

Não obstante a brevidade de sua expressão, o enunciado inaciano — tradicional, no fim das contas — extrapola amplamente o enquadramento dialético que Fessard impôs a si mesmo. Primeiramente porque Inácio define esse sacramento como *Eucaristia*, a saber, como Ação de Graças perfeita e definitiva, antecipando assim o quarto e último momento da liberdade, concebido dialeticamente como "pura posição do ser". Será que a Eucaristia celebrada por ocasião da Ceia não antecipa "a consumação do Mistério pascal", a ponto de já ser ratificada do alto pela liturgia da Jerusalém celeste atestada pela visão oferecida na contemplação do Reino? O exercitante não apenas oferece, portanto, "as espécies e aparências" de sua própria eleição — para que sejam transubstanciadas pelo trabalho da Paixão de Cristo ao serem delas expulsos todos os poderes da morte que elas ainda encerram em si —, mas é também convidado a contemplar "Cristo nosso Senhor" (EE 191) em ato de Eucaristia escatológica, ao mesmo tempo em que pede muito pessoalmente "dor, sentimento e confusão porque o Senhor vai à sua paixão por *meus* pecados" (EE 193).

No espírito de Inácio, a graça assim individualizada se conjuga sempre com o alcance escatológico do ato praticado por Cristo, que é a institucionalização da Eucaristia, e portanto — como Fessard o assinala, aliás —, a inserção numa "Comunidade universal" que é progressivamente reunida pela Igreja. De fato, essa "Instituição" atesta por antecipação a influência que Cristo nosso Senhor exerce sobre o passado das instituições judaicas, significado pela manducação do cordeiro pascal (289, 1º), sobre o presente de sua humildade exemplar, ratificado pelo lava-pés (289, 2º), e sobre o por-vir eclesial da comunhão eucarística oferecida pelo "tomai e comei" (289, 3º).

No fim das contas, o que reprovamos a Gaston Fessard não é evidentemente que ele tenha renovado com genialidade a compreensão do desdobramento progressivo da "liberdade do livre-arbítrio" segundo os *Exercícios*, mas que tenha salientado muito pouco o fato de que, segundo as regras do discernimento inaciano, o Espírito de Deus seja soberanamente livre para se comunicar, mesmo a fim de transubstanciar o percurso laborioso dessa liberdade, quando ele quer e como ele quer. Voltaremos a esses dois aspectos essen-

---

30. FESSARD, G., *La dialectique des Exercices spirituels*, I, 112-115.

ciais, quando, no fim de nossa pesquisa, tratarmos do enfrentamento da contingência da História, associada à soberana liberdade do Espírito.

2. A Agonia (EE 200 a 207 e 290)

EE 200: Segunda contemplação: de manhã. Desde a ceia até o horto inclusive. A *oração preparatória* seja a de costume.

EE 201: *1º preâmbulo*, a história: será aqui como Cristo nosso Senhor desceu [*descendío*] com seus onze discípulos do Monte Sião, onde tinham tido a ceia, até o Vale de Josafá. Deixou [*dexando*] os oito numa parte, levando outros três a outra parte do horto. Começando a orar, suou [*suda sudor*] como que gotas de sangue. Depois que por três vezes fez oração [*hizo oracion*] ao Pai, despertou seus três discípulos. Em seguida, à sua voz caíram os inimigos; deu a paz a Judas [*y Judas dandole la paz*]; S. Pedro cortou a orelha de Malco, Cristo a repôs; foi preso como malfeitor; levaram-no pelo vale, e depois encosta acima para a casa de Anás.

EE 202: *2º preâmbulo*, ver o lugar: considerar o caminho do Monte Sião ao Vale de Josafá, bem como o horto, se amplo, se extenso, se de um jeito ou de outro.

EE 203: *3º preâmbulo*, pedir o que quero, o que é próprio pedir na paixão: dor com Cristo doloroso; abatimento [*quebranto*] com Cristo abatido; lágrimas, com pena interior por tanta pena que Cristo passou por mim.

EE 290: 1º) Terminada a ceia e cantando o hino, o Senhor foi para o monte das Oliveiras com seus discípulos, que estavam cheios de medo [*llenos de miedo*]. Deixou oito no Getsêmani, dizendo: "Sentai-vos aqui, enquanto vou ali para rezar".

2º) Acompanhado de S. Pedro, S. Tiago e S. João, orou [*oró*] três vezes ao Senhor dizendo: "Pai, se for possível, passe de mim este cálice [*cáliz*]! Contudo não se faça a minha vontade, mas a tua [*con todo no se haga my voluntad, sino la tuya*]!" E entrando em agonia [*agonía*], orava mais profusamente [*mas prolixamente*].

3º) Sobreveio-lhe tanto temor [*temor*] que dizia: Minha alma está triste até a morte. Suou sangue tão abundantemente [*y sudó sangre tan copiosa*] que disse S. Lucas: Seu suor era como gotas de sangue que corriam para a terra. Isto supõe que as suas roupas estavam empapadas de sangue.

a. Antes de analisar de maneira mais detalhada essa apresentação do mistério da agonia situada no caminho que leva do Monte Sião ao Jardim das Oliveiras, passando pelo vale de Josafá para terminar na casa de Anás, destaquemos três características essenciais da narrativa inaciana.

1º) O herói dessa *história* (EE 201) a ser *contemplada* (EE 290) continua sendo honrado como "Cristo nosso Senhor", ou "o Senhor", o que já não será o caso nas contemplações dos dias seguintes; correlativamente, os "três" discípulos treinados em seu seguimento já são reconhecidos como "santos". Esses títulos sugerem que Inácio pretende guiar a contemplação da Paixão segundo sua atualidade eterna no interior do pertencimento e da memória da Igreja, como já o propunham a visão e a escuta do Rei eterno (EE 91 ss.). Não será surpreendente, portanto, que "o tempo inaciano de narração" se autorize a expressar no presente: "sua como que gotas de sangue" (EE 201), o que a memória da narrativa lucana considerava que devia apresentar como "tempo narrado": "suou sangue tão abundantemente" (EE 290, 3º).

2º) Compreende-se facilmente que os *três pontos* dessa contemplação se concentrem na "agonia", sem demorar-se nos gestos de poder que a precedem (cf. EE 201) nem na aparição do anjo que vem reconfortá-lo depois de sua agonia, segundo o testemunho sinóptico. Tais abreviações são comandadas pela focalização da contemplação: considerar "sua sacratíssima humanidade [que padece tão cruelmente]" (EE 196).

3º) É mais difícil justificar a razão pela qual Inácio suprime as advertências e as reprovações dirigidas pelo Senhor quanto à vigilância com ele durante uma hora.

b. 1º) A cena evangélica da "agonia" é particularmente inspirada na narrativa lucana. Designando um combate, o termo *agonia* é um hápax do Novo Testamento, captado unicamente por Lucas 22,44, assim como a oração de Jesus dirigida ao Pai em Lucas 22,42: "não se faça a minha vontade [*to thelema mou*]", em vez de "não como eu quero", escolhido pelos outros sinópticos. Acrescenta-se a isso uma boa parte da descrição explicitamente atribuída a Lucas no terceiro ponto, embora o redator dos *Exercícios* aí insira igualmente estas palavras retomadas de Mateus 26,38 e Marcos 14,34: "Minha alma está triste a ponto de morrer" (cf. Sl 41,6), mas transferindo essa confissão para o fim da oração dirigida ao Pai, a fim de respeitar a ordem das sequências lucanas em Lucas 22,44: "Tomado de angústia, ele rezava mais instantemente". Note-se, por fim, que Inácio qualifica de outro modo o temor (*temor*) do Senhor motivado por sua morte iminente, e o medo (*miedo*) quase instintivo dos discípulos destacado no *primeiro ponto*.

2º) Outras paráfrases estranhas aos testemunhos evangélicos explicitam o alcance da narrativa inaciana, captando certos traços destacados na *Vida de Cristo* de Ludolfo[31]. Exatamente neste ponto, Inácio retoma de Ludolfo a enumeração dos discípulos que o Senhor deixa: "primeiro oito, depois três"[32], assinalando desse modo que nosso Senhor quis se encaminhar sozinho para sua agonia. Ademais, assim como Ludolfo[33], Inácio prefere designar a taça (*potêron*) como o "cálice" (*caliz*), a fim de expressar mais explicitamente o vínculo da agonia com a ceia em que foi "instituída a eucaristia" (EE 289, 3º).

3º) A interpretação de todo esse procedimento de oração deve estabelecer os paralelos e as divergências com a primeira contemplação do dia. Nesse aspecto, é a nova *oração de petição* (EE 203) que melhor manifesta a progressão dessa nova contemplação diante da anterior. Agora, já não cabe tanto ao exercitante reconhecer que seja "*por meus pecados* que o Senhor vai à Paixão", mas simplesmente "*por mim*", a partir do momento que a instituição da Eucaristia já atestou com antecedência o sentido redentor da Paixão[34].

---

31. Cf. GV II, 59, 1º a 23º.
32. Ibid., 1º.
33. Ibid., 7º.
34. Cf. J.-M. GRANERO, *Las contemplaciones de la Pasión*, 37: "*Por mi: síntesis apretandisima, mas pregnante totavia y mais profunda que el por mis pecados de la prima contemplación*".

Por outro lado, o convite para compadecer-se do Senhor é reforçado por esta quádrupla qualificação de seus sofrimentos: "dor, dilaceramento[35], lágrimas e tristeza tão grande".

4º) Percorramos agora cada um dos *três pontos* desse mistério, segundo sua sucessividade. A oração de petição (EE 203) impõe a seleção e a interpretação dos diversos testemunhos evangélicos, a fim de obter sua satisfação. O *primeiro ponto* ressalta a iniciativa do Senhor de "deixar" primeiro os oito, depois os três últimos discípulos, decisão fundada na autoridade do Senhor, que pretende isolar-se para orar, segundo Mateus 26,36b[36]. Citando Zacarias 13,7: "Fere o pastor, as ovelhas serão dispersadas", Mateus 26,31b oferece uma interpretação um pouco diferente da de Lucas.

O *segundo ponto*, central, interpreta a tríplice oração dirigida ao Pai como uma "agonia"[37], enfatizando a renúncia de Jesus à sua própria "vontade", não obstante o enunciado de seu primeiro desejo. Ratificada pelo Concílio de Constantinopla III, a interpretação ditelitista de Máximo, o Confessor, confirma a atribuição de "minha vontade" apenas à natureza humana de Cristo. Inácio foi iniciado nessa doutrina quando leu esta citação de Jerônimo apresentada por Ludolfo: o desejo de afastar "o cálice" não pode ser reduzido à emergência involuntária de um temor instintivo, nem majorado pela atribuição dele à vontade propriamente divina do Filho, mas deve ser compreendido como um ato deliberado da vontade especificamente humana de Jesus[38].

---

35. Os verbos *quebrar* e *quebrantar* significam materialmente "quebrar" ou "partir", e no sentido figurado e ativo "violar ou transgredir a lei", segundo EE 165: *quebrantar vn mandamiento*, ou ainda, no passivo, "abatimento", segundo EE 203: *demandar en la passión dolor con Xpo doloroso, quebranto con Xpo quebrantado*. Para o exercitante, esse pedido de abatimento ou de partimento do coração (*quebranto*) é novo, visto que lhe é pedido que *comece* a sofrer (EE 195), ao passo que Cristo aprendeu a sofrer desde seu nascimento (EE 116). Se, além disso, a Paixão de Cristo deve ser contemplada como um mistério quase "eterno" (cf. G. Fessard e P.-H. Kolvenbach), pode-se compreender que o terceiro ponto da *contemplatio ad amorem* (EE 236) abra o abismo do sofrimento de Deus, suportado por seu Espírito, que "geme com as dores do parto". Esse mistério do partimento suportado por Cristo durante sua Paixão é proclamado nos sinópticos, bem como em Paulo, pelo "pão partido" durante a Ceia. Ludolfo, o Cartuxo, escreve em GV, II, 56, 2º: "*Y entonces, lo partió, para mostrar, según san Beda, el quebranto de su Cuerpo, la Pasión, futura no sin su obra y voluntad. Lo partimo también nosotros, en señal de que lo partió él, pero con todo signe íntegro despues*". Por outro lado, a *Vulgata* traduz *quebrantado* por: *planctum*, e tanto P1 como P2, pelo substantivo *lassitudo*.

36. Cf. Ludolfo, GV II, 59º: "*Esta oración por muchas razones se muestra que fue perfecta. Primero, porque era en soledad, y la oración es una elevación de la mente a Dios, lo cual se hace mejor cuando un está sustraído a los otros*" (cf. EE 20).

37. Cf. GV II, 59, 9º: *La agonía de Cristo*.

38. René Lafontaine, "La liberté du Christ en agonie selon Maxime le Confesseur", em *NRT* 125/4 (2003) 574-595. Ver também a interpretação de São Jerônimo (em Mt 26) retranscrita por Ludolfo em GV II, 59, 2º, 162 ss.: "O Salvador teve naturalmente horror da morte e dos tormentos pavorosos pelos quais ele previa que passaria dali a pouco. Tais impressões, porém, embora não culpadas, não existiam nele como existem em nós. Tais paixões, que em nós costumam antecipar a razão e a vontade, seguiam-nas, ao contrário, em Jesus Cristo... Para mostrar que tais paixões não o dominavam, mas antes que ele as dominava, submetendo-as à ordem de Deus, os Evangelistas não se referem a Jesus pelo modo passivo: 'Ele se entristeceu e angustiou', mas antes, 'Ele começou a sentir tristeza e angústia'".

O *terceiro ponto* expressa a grande "pena" (EE 203) de Cristo, tal como aflora até em seu corpo, transformado em sacramento permanente de sua "tristeza" e de seu "temor", conforme as palavras consecratórias da liturgia eucarística já mencionadas por Lucas 22,20: "Esta taça é a nova Aliança em meu sangue derramado por vós"[39]. Parafraseando Lucas 22,44, a descrição final indica a que ponto Inácio deve ter-se impressionado, desde sua convalescença em Loyola, pela superabundante exegese mística relatada por Ludolfo[40]. Estimulando a "aplicação dos sentidos" (EE 121 ss.), a contemplação oferecida por essa agonia atesta imediatamente após a instituição do "sacratíssimo Sacrifício da Eucaristia" a consagração do Corpo de Cristo como Sacramento original do derramamento de seu sangue para além da espessura de suas vestes[41]. Nesse sentido, Hegel teve razão em

---

[39]. *To huper humon ekchunnómenon*. Esse particípio passado atestando a instauração da nova Aliança, associada à declaração prévia: "Doravante eu não beberei mais do fruto da vinha até que venha o Reinado de Deus" (Lc 22,18), expressa em conjunto o caráter pontual do derramamento do sangue e seu alcance eterno, até o advento final do Reino de Deus.

[40]. Cf. GV II, 59, 10°, 179 ss.: "Jesus, todo encharcado de sangue, se levanta pela terceira vez da oração, durante a qual permaneceu prostrado (Lc 22,45). Vede-o secando o rosto, talvez até lavando-o numa torrente; sua aflição é extrema. Considerai com respeito quão oprimida sua alma estava então, como o atestam as gotas de sangue que caem na terra; compadecei-vos vivamente com sua dor, pois somente os mais cruéis sofrimentos foram capazes de reduzi-lo a esse estado lamentável. Durante sua Paixão, ele experimentou tal amargor, que esse único sentimento transtornou toda a sua natureza, a ponto de arrancar-lhe um suor sanguinolento. Várias razões determinaram Nosso Senhor a verter um suor de sangue: 1°) Segundo *Santo Agostinho*, ele figurava assim que seu corpo místico, a Igreja, verteria torrentes de sangue pelo martírio dos santos. 2°) Segundo o *Venerável Beda*, ao regar a terra com seu sangue, mostrava que os homens formados dessa terra seriam lavados por seu sangue puríssimo. 3°) Segundo a *Glosa*, ele deixava correr de seu corpo para a terra um suor sanguinolento, a fim de devolver ao mundo a vida que o pecado lhe havia tirado. E como o observou *São Bernardo*, o Senhor chorou, não apenas com seus olhos, mas, por assim dizer, com todos os seus membros, a fim de purificar pelas lágrimas saídas de seu corpo inteiro todas as partes da Igreja, seu corpo místico. Além disso, ao fazer cair por terra seu sangue reparador, mostrava que o vertia por ela, isto é, pela Igreja militante, a fim de fecundá-la com esse orvalho salutar". Depois dessa explicação do sentido místico dessa perícope lucana, de acordo com o segundo sentido espiritual e alegórico, o 11° parágrafo indica como apropriar-se disso na oração, adotando o exemplo de Cristo com seu suor de sangue: "A exemplo do Salvador agonizante, devemos orar com dedicação tão forte, que arranque sangue de nós. Eis o que acontece quando na oração somos inflamados por tamanha devoção, que não recearíamos, se necessário, verter sangue por amor a Deus. O espírito arde então a tal ponto, que todo o sangue, como que para rivalizar com ele, ferve dentro do corpo e escapa prontamente pela transpiração. No entanto, como a carne, em razão de sua fraqueza natural, não pode suportar um fervor tão intenso, exala suor em vez de sangue, ou ao menos deixa escorrerem de seus olhos lágrimas ardentes. Se não somos capazes, todavia, dessas vivas afeições, juntemos nossas orações às de Jesus Cristo, a fim de que, como mediador supremo, ele não cesse de interceder por nós junto ao Pai [...]". Consulte-se igualmente, e proveitosamente, o comentário bíblico dessa contemplação, de suas repetições e de sua aplicação dos sentidos em E. PRZYWARA, *Deus semper maior*, II, 21-36.

[41]. Em seu estudo sobre a Paixão segundo Santo Inácio, PETER-HANS KOLVENBACH destaca o perigo de interpretar a compaixão fora "do Amor que a tudo explica", e portanto de uma compaixão que nada pode significar senão amor, em *Fous pour le Christ*, 112-115: "Fiel ao Evangelho, Inácio jamais sacraliza a infelicidade, mas propõe uma compaixão que santifica o sofrimento. A diferença é fundada no amor, única coisa que justifica o desejo de sofrer de Cristo (EE 195), o fato pascal de deixar a sacra-

afirmar: "O mais baixo é ao mesmo tempo o mais alto; aquilo que se manifesta emergindo à superfície é precisamente por isso o mais profundo"[42].

Ademais, tal sinal permanece eternamente atual (EE 201, 3º: *suda sudor*) como algo que mescla suor e sangue, trabalho de agonia e poder de oferecer livremente a própria vida (EE 195), e assim quem contempla de longe essa cena possa, no entanto, ser iniciado no "mistério" que irradia seu sofrimento. Um corpo prensado como a uva da Vinha de que "o Senhor esperava o direito, e eis assassinatos" (Is 5,7); um Corpo, porém, que, nessa hora, sua um sangue "de amor tão forte quanto a morte; põe-me, qual sinete, sobre teu coração" (Ct 8,6).

5º) Por fim, cabe-nos tentar justificar duas abreviações que reduzem gravemente a trama da narrativa lucana. Inácio omite seu epílogo: a intervenção de um anjo consolador (Lc 22,43), e principalmente a dramática palavra dirigida aos discípulos: "Então, não tivestes força para vigiar nem uma hora comigo! Vigiai e orai, a fim de não cairdes em poder da tentação" (Mt 26,41 e Mc 14,37b-38a). Esse tipo de desbaste será constantemente reiterado ao longo da contemplação inaciana da Paixão, visto que sua matéria será exclusivamente dedicada ao fato "de que a divindade deixa padecer tão cruelmente sua sacratíssima humanidade" (EE 196)[43].

A interpelação para vigiar por "uma hora" é o único lugar nos Evangelhos sinópticos em que se evoca a hora (*mian horan*) como duração de tempo cósmico, além de Mateus 20,12. O exercitante que tiver preparado sua hora de oração refrescando sua memória da perícope evangélica, provavelmente há de se perguntar por que o redator dos *Exercícios* não menciona essas reprovações por parte de Jesus. Será que virá a compreender de modo novo o alcance da 13ª Anotação que, desde a entrada na prática dos Exercícios, lhe foi imposta como uma disciplina ascética destinada a vencer a tentação da desolação a ponto de derrotá-la: aguentar a duração de uma hora de oração no estado de desolação, prolongando-a alguns instantes?

---

tíssima humanidade sofrer tão cruelmente (EE 196) e o sofrimento por meus pecados (EE 197) [...]. Num contexto sem amor, o termo *compaixão* pode ser perigoso e ambíguo, designando então uma pura sentimentalidade, uma espécie de piedade consoladora na qual o homem consola também a si mesmo de tantas infelicidades e misérias".

42. G.-W.-F. Hegel, *Phänomenologie des Geites*, 2ª ed., Lasson, 488-489. Ver também Przywara, *Deus semper maior*, II, 27-29.

43. É lamentável que F. Hummelauer, *Meditationum et contemplationum S. Ignatii de Loyola puncta*, Freiburg im Breisgau, Herder, ³1925, 434, tenha acrescentado a referência a esse anjo consolador como "fruto da oração de agonia", omitido em EE 203: "Fructus orationis agoniae. *'Apparuit autem illi angelus de coelo', a Patre missus, unus ex illis angelis, qui eius nativitatem celebrassent, in deserto post tentationem ministrassent, non inhibiturus sacrificium, uti inhibuerat quondam angelus Abrahae apparens, sed confortans eum, inferiorem superiorem. Intellectui inculcabat passionem a Patre reapse esse decretam, confortat enim quodam modo confirmatio veritatis aliunde iam notae; voluntati commendabat calicem, quo daretur a Patre (Io 18,11) quodque vitam esset daturus mundo; a corpore ne prae agonia anima separaretur prohibebat. Hinc voluntas Christi confortata naturamque inferiorem plene subigens absolute acceptavit calicem: volo bibere calicem. Iesus firmo gressu tendit ad discipulos firma voce eos alloquitur: 'Surgite, eanus', generosum illud iternans 'ite', quod Bethaniae ad passionem profecturus edixerat".

Tal aproximação nos permite igualmente ilustrar "a lógica existencial" (Karl Rahner) dos *Exercícios*, em sua maneira de respeitar o percurso progressivo do exercitante, que passa de uma percepção espiritual a outra ao longo da transição de uma semana a outra, sem jamais antecipar a seguinte. Assim, o que deveria ser percebido na primeira semana como uma obrigação ascética se vê agora transfigurado e cristificado na contemplação da agonia, que solicita minha compaixão durante cada hora de oração, segundo EE 197: "Considerar como ele padece tudo isso por meus pecados etc. E o que devo fazer e padecer por ele". Essa justificação esclarece também a supressão do anjo consolador. Não será ao exercitante que é confiada a partir de agora essa tarefa consoladora, no espírito do *terceiro ponto complementar* (EE 196)?

C. A CONTINUAÇÃO DOS MISTÉRIOS ATÉ O SÉTIMO DIA

1. O segundo dia (EE 208 e 291-292)

Buscaremos explicar as duas contemplações do segundo dia, uma após a outra.

> EE 208a: À meia-noite, a contemplação do horto até a casa de Anás inclusive. De manhã, da casa de Anás até a de Caifás inclusive.
>
> EE 291: 1º) O Senhor se deixa beijar por Judas [*El Señor se dexa besar de Judas*] e prender como um ladrão [*ladrón*], dizendo: "Viestes prender-me como se eu fosse um ladrão, com bastões e armas. No entanto, tenho estado convosco ensinando no Templo, e não me prendeste". Quando disse: "A quem buscais?", os inimigos caíram por terra.
>
> 2º) São Pedro feriu a um servidor do pontífice, o que fez o manso [*mansueto*] Senhor dizer: "Põe de volta a espada em seu lugar". E curou a orelha do servidor.
>
> 3º) Desamparado [*Desamparado*] por seus discípulos, ele é levado a Anás, onde S. Pedro, que o havia seguido de longe, negou-o uma vez. Cristo levou uma bofetada, enquanto lhe diziam: "É assim que respondes ao pontífice?".
>
> EE 292: 1º) Levaram-no amarrado [*Lo llevan atado*] até a casa de Caifás. Ali S. Pedro o negou duas vezes. Tendo olhado o Senhor, saiu para fora e chorou amargamente.
>
> 2º) Jesus esteve amarrado toda aquela noite.
>
> 3º) Além disso, os que o mantinham preso caçoavam dele, cobriam o seu rosto e davam-lhe bofetadas, enquanto lhe perguntavam: "Profetiza quem te bateu!". E diziam outras blasfêmias como essa contra ele.

a. Em comparação com os sinópticos, o recorte desses dois exercícios, bem como da passagem "do jardim à casa de Anás" e "da casa de Anás à casa de Caifás" (EE 292) se inspira diretamente no Evangelho joanino, o único a citar o nome de Anás como "sogro de Caifás, que era o Sumo Sacerdote naquele ano" (18,13), e o único a especificar que, depois de haver interrogado Jesus, "Anás enviou Jesus amarrado a Caifás, o Sumo Sacerdote".

EE 291: Os *três pontos da primeira contemplação* seguem também as sequências de João 18,1-24, mas contentando-se em mencionar fatos, como a primeira negação de Pedro. Se nos concentrarmos nas palavras retomadas em cada um dos pontos, o *ponto um* transcreve a primeira palavra de Jesus pronunciada quando de sua prisão, inspirando-se mais em Lucas 22,52-53[44], ao passo que a segunda — "Quem procurais?" — é mencionada apenas por João 18,4. A atribuição da queda de "seus inimigos" é própria de Inácio. A cena resumida no *ponto dois* se encontra nos quatro evangelhos; mas a palavra de Jesus — "Embainha a tua espada" — retoma Mateus 26,52, e não João 18,11, ao passo que a menção à "cura" só se encontra em Lucas 22,51b. Observemos também que o qualificativo "manso [*mansueto*] Senhor" está ausente dos Evangelhos. O *3º ponto* se inicia com "desamparado por seus discípulos", que constitui uma paráfrase propriamente inaciana, ao passo que "ele é levado a Anás" pertence unicamente à narrativa de João 18,19, assim como a bofetada associada à pergunta: "É assim que responder ao Sumo Sacerdote?", segundo João 18,23[45].

EE 292: O *ponto um* considera o destino de Pedro. A casa de Caifás evoca o lugar de sua dupla negação, ao passo que "tendo olhado o Senhor" se apoia em Lucas 22,61a, e a sequência "saiu para fora e chorou amargamente" provém de Lucas 22,62 e de Mateus 26,75. O *ponto dois* explicita o fato de que Jesus permaneceu amarrado toda aquela noite, o que a narrativa lucana é a única a pressupor, sem contudo explicitar. O *ponto três* resume as chacotas dos guardas, segundo Lucas 22,63-65, mas seguindo de mais perto Mateus 26,67-68 e Marcos 14,65. Em suma, Inácio segue mais a versão lucana dos fatos, levando em conta o itinerário traçado por João[46]. Hummelauer observa que nenhum dos evangelistas especifica que Jesus foi levado "amarrado" a Caifás, o que a seu ver constitui um dado principal da narrativa inaciana, centrada "no mistério do Redentor amarrado".

b. O que reter desse tipo de seleção, quando o comparamos à narrativa de *Ludolfo*? Manifestamente, a narrativa inaciana não segue o recorte em capítulos distintos imposto por Ludolfo, visto que *a primeira contemplação* retoma, primeiro livremente, os parágrafos mencionados no capítulo 59, quais sejam, o 14º e o 15º, depois o 20º e o 21º, e por fim o 29º e o 32º, ao mesmo tempo em que adentram o capítulo 60, 1º e 2º. Notemos de passagem que a referência ao "manso" Senhor é atribuída por Ludolfo a Anselmo.

---

44. João 18,20-21 situa a palavra de Jesus que rememora seu ensinamento público dentro do Templo, no âmbito do interrogatório conduzido por Anás.

45. F. HUMMELAUER, *Meditationum* […], 435: EE 291: "*S. Ioannes narrat inimicos humi prostratos, Iesum ad Annam perductum ibique percussum; prodit S. Petrum fuisse eum qui servum vulneravit (18,4-23). S. Lucas 22,51 vulnus servi refert esse sanatum. Reliqua ex Mt petuntur*".

46. F. HUMMELAUER, *Meditationum* […], 446: EE 292: "*Vocem pertrahunt iam havet praecedens mysterium. Primi puncti pars prior ad Io 18,24-27 propius accedit, posterior ad Lc 22,61 sq; uti etiam quod punctum tertium de blasphemiis habet (Lc 22,63-65). Quod habetur secundo, totum est S. Ignatii; tamen ad verba tota nocte* cf. *Mt 27,1 mane autem facto, Lc 22,66 et ut factum est dies. Verba* prophetiza […] *verbotenus ex Mt 26,68 petuntur. Dixerat Io 18,12 Iesum in horto fuisse ligatum; primo puncto sanctus Pater secutus Io 18,24 describit Iudaeos pertrahentes Iesum ligatum ad Caipham; Mt 27,2 et Mc 15,1 narrant vinctum esse ad Pilatum ductum. Vinculorum in ipsa Caiphae domo nullus evangelistarum meminit, quibus tamen hoc loco omnino insistit Sanctus Pater in secundo puncto, et tertio puncto unam supplet vocem captivum. An fortuita haec? An potius tamen principale, ex Sancti Patris, huius contemplationis momentum statuemus considerationem redemptoris ligati. Principale inquam, nam et agonia animae Christi in horto proposite continuatur, et iniustae condemnationes, quarum in mysteriis proxime sequentibus praecipuus locus est, sententia Caiphae incoantur*".

A *segunda contemplação* resume num *primeiro ponto* a meditação exposta nos parágrafos 17º e 18º do capítulo 60. O *ponto dois* se inspira diretamente no parágrafo 22º: "Como o Senhor passou essa noite de sua Paixão". O *ponto três* descreve os ultrajes infligidos ao prisioneiro, abreviando as longas considerações devotas de 10º a 12º e de 14º a 15º. De maneira geral, Ludolfo salienta tanto a perfídia dos judeus "deicidas" que, com o recuo do tempo, seríamos levados a denunciar o antissemitismo de tal comentário.

As sessenta e cinco colunas do comentário ludolfiano reforçam a extrema sobriedade inaciana. Nesse aspecto, destacamos os parágrafos de Ludolfo que não são retomados por Inácio, evocando seus respectivos títulos: no capítulo 59, o nº 17: "três aplicações da detenção ao comportamento de cristãos"; nº 18: "três lições a serem tiradas da traição de Judas e sugestão de adaptação da oração"; nº 19: "as figuras veterotestamentárias do beijo"; nº 22: "duas aplicações morais da entrega voluntária de Cristo e adaptação da oração"; nº 23: "por que o Senhor quis ser amarrado com correntes". No capítulo 60, destaquemos apenas as seguintes omissões; nº 4: "os falsos testemunhos contra o Senhor na presença de Caifás"; nº 6: "A abjuração do Sumo Sacerdote e a resposta de Jesus segundo Mateus 26,63-64"; nº 7: "ao rasgar suas vestes, Caifás denuncia a blasfêmia de Jesus (Mt 26,65 e Jo 18,14)" e nº 8: "necessidade para o cristão de se abster de blasfemar, em quaisquer circunstâncias"; nº 9: "condenação de Jesus à morte (cf. Mt 26,66)".

c. A interpretação inaciana desta narrativa requer que se justifiquem tais abreviações em função do segundo ponto complementar: "[…] como a divindade deixa padecer tão cruelmente sua sacratíssima humanidade" (EE 196), primeiramente no nível dos atos sofridos.

> EE 291, 1º: se dexa bejar… y prender;
> EE 291, 3º: Desamparado de sus discípulos, es llevado a Anás… y a Xto le fue dada una bofetada;
> EE 292, 1º: *Lo llevan atado…*;
> EE 292, 2º: Estuvo Jesús toda aquella noche atado;
> EE 292, 3º: Aliende desto los que lo tenían preso se burlaban dél…

Tal passividade é confirmada no plano das palavras pronunciadas pelo Senhor. Assim, à sua pergunta: "Quem procurais?" não corresponde nenhuma justificativa, a qual, no entanto, é devidamente destacada por João 18,5-10, que demonstra o domínio que o Senhor mantém sobre o destino de seus discípulos, conforme à promessa feita ao Pai: "Eu não perdi nenhum daqueles que tu me deste". Da mesma maneira, Inácio respeita o silêncio de Jesus, mencionado pelos Evangelhos quando este é confrontado com palavras de zombaria (cf. EE 291, 3º e EE 292, 3º).

Esse tipo de concentração oferece ao exercitante a possibilidade de ver atendida sua oração de petição, conforme ao *terceiro preâmbulo* da segunda contemplação do primeiro dia, uma oração totalmente imbuída pelo pedido para compadecer-se de cada uma das formas de sofrimento do Senhor (EE 203). Por isso o exercitante não tem de se sobrecarregar com detalhes circunstanciais da tríplice negação por parte de Pedro. Mesmo assim, Inácio destaca as lágrimas de contrição de Pedro (292, 2º): "pedir lágrimas, com pena interior por tanta pena que Cristo passou por mim".

d. Outras características inacianas da narrativa destacam mais a dinâmica própria dos *Exercícios* espirituais. Assim, em 291, 1º a palavra do Senhor que rememora seu ensinamento público no Templo relembra ao exercitante a última contemplação proposta na segunda semana (EE 288, 1º), ao passo que a menção aos "inimigos" que caem por terra faz referência à linguagem das contemplações do *Reino* e das *Bandeiras* (EE 95 e 138).

"Jesus esteve amarrado toda aquela noite" (292, 2º) se impõe como prova da duração real dos sofrimentos suportados por Cristo tanto de dia como de noite; pois é ao ritmo desse "passo a passo" que se realiza, a cada vez, "o mistério" da Paixão. A referência ao "manso [*mansueto*] Senhor", atestada pelo fato de ele "curar a orelha do servidor" (291, 2º), evoca também essa bem-aventurança do "Sermão na montanha" (278, 1º): "Felizes os mansos [*mansuetos*]". O exercitante compreenderá que esse "sermão" foi exemplarmente vivenciado por Cristo em sua Paixão, de modo que tal "cura" atesta a persistência do Senhor em se opor a qualquer violência, mais que o gesto milagroso relacionado ao poder divino.

Essa manifestação da brandura do Senhor pode ser aproximada do terceiro ponto da aplicação dos sentidos em EE 124, 3º: "*oler y gustar con el olfato y con el gusto la infinita suavidad y dulçura de la divinidad, del ánima y de sus virtudes y de todo, según fuere la persona que se contempla*". Ao associar assim a suavidade com a "doçura", em vez da mansidão, que mais expressa a misericórdia, Inácio designa um atributo entitativo e infinito "da divindade", de modo tal que essa doçura possa se refletir na "alma e em suas virtudes" (EE 124, 3º), como será especificado pelo último ponto da *Contemplatio ad amorem* em EE 237: "Olhar como todos os bens e dons descem do alto". Um fruto assim não poderia ser oferecido e saboreado no próprio interior da experiência da terceira semana, quando "a divindade se esconde e deixa padecer sua sacratíssima humanidade"? Um paralelo como esse poderia nos ajudar a refinar nossa compreensão do verbo "esconder-se", cujo sujeito não é Deus, mas o poder de sua "divindade", segundo EE 195. A partir daí, a "mansidão" contemplada na Paixão poderia refletir a "doçura" infinita da própria "divindade", possuída de modo inalterável por "Cristo nosso Senhor"[47].

Nossa apresentação dos mistérios seguintes apresentará em sequência os do terceiro e os do quarto dia, em razão da concordância histórica dos testemunhos evangélicos. Como de costume, este terceiro dia comportará, dois mistérios distintos, ao passo que o quarto será inteiramente consagrado a um único mistério.

2. O terceiro e o quarto dia (EE 208 e 293-295)

a. O terceiro dia

> EE 208: [...] À meia-noite, da casa de Caifás até a de Pilatos inclusive.
> EE 293: Os mistérios da casa de Caifás até a de Pilatos inclusive (Mt 27; Lc 23; Mc 15).

---

47. Uma interpretação assim pode também coadunar-se com a leitura que J. Nadal propôs da "aplicação dos sentidos", por nós apresentada ao analisarmos EE 121-126.

1º) Toda a multidão dos judeus[48] o leva a Pilatos e o acusa diante dele, dizendo: Encontramos este homem fazendo o povo se perder e proibindo pagar o imposto a César!

2º) Depois que o inquiriu, Pilatos disse: "Não encontro nele nenhuma culpa".

3º) E Barrabás, um ladrão, foi preferido a ele. Todos gritaram, dizendo: "Não libertes este, mas Barrabás!".

EE 294: Os mistérios da casa de Pilatos até a casa de Herodes.

1º) Pilatos mandou Jesus Galileu a Herodes, tetrarca da Galileia[49].

2º) Herodes, curioso, questionou-o longamente. Mas ele nada respondia, ainda que os escribas e sacerdotes o acusassem constantemente.

3º) Herodes e sua corte o desprezaram e o vestiram com uma roupa branca.

b. *O quarto dia*

EE 208: [...] À meia-noite, de Herodes a Pilatos, fazendo a contemplação até a metade dos mistérios acontecidos na casa de Pilatos. Depois, no exercício da manhã, a outra metade dos mistérios ali sucedidos. As repetições e a aplicação dos sentidos, como ficou dito.

EE 295: Os mistérios da casa de Herodes até a de Pilatos (Mt 27; Lc 23; Mc 15; Jo 19).

1º) Herodes o manda de volta a Pilatos, e assim se tornaram amigos, pois antes eram inimigos.

2º) Pilatos mandou açoitar Jesus. Os soldados fizeram uma coroa de espinhos e a puseram sobre a sua cabeça. Vestiram-no de púrpura, e se aproximavam dele, dizendo: "Deus te salve, ó rei dos judeus!". E o esbofeteavam.

3º) Foi levado para fora, diante de todos: Jesus saiu para fora, coroado de espinhos e vestido de escarlate. Pilatos disse a todos: "Eis aqui o homem!". Quando os sacerdotes o viram, gritaram: "Crucifica-o! Crucifica-o!".

1º) Comecemos por avaliar esses pontos em referência à *fidelidade deles às quatro narrativas evangélicas*. Inácio continua a privilegiar o testemunho lucano na linha do mistério da Agonia. Assim, adotará a história relatada por Lucas 23,1-18, omitindo a referência mateana ao conselho reunido pelo Sinédrio (cf. Mt 27,1ss.). Em contrapartida, a escolha de Barrabás será mencionada desde o ponto três da primeira contemplação, ao passo que Lucas só se refere a isso em 23,17-18. No entanto, essa versão lucana será adotada até o fim do *ponto um* da contemplação do quarto dia, ao passo que os *pontos dois* e *três* serão inspirados exclusivamente em João 19,2-3.5. Consideremos agora em detalhes cada contemplação.

a) EE 293. O *primeiro ponto* condensa Lucas 23,1-3, radicalizando a palavra de acusação dos judeus dirigida a Pilatos, mas omitindo a última razão de queixa. De fato, "*Nós achamos este homem tumultuando a nossa nação; ele impede de pagar o tributo a César e se diz Messias, rei.*" (v. 2) torna-se "Encontramos este homem fazendo o povo se perder

---

48. O próprio Inácio corrigiu sua primeira versão *Autógrafa*: de "*El pueblo menudo de los judios*" para "*Lo llevan toda la multitud de los judíos a Pilatos*".
49. Cf. Lucas 23,6-8.

[*hechaua a perder nuestro pueblo*]". Esse título régio só será evocado em EE 295 2º, no contexto da zombaria.

O *ponto dois* relê a palavra de Pilatos: "*Eu não acho nada que mereça condenação neste homem*" (Lc 23,4), no sentido de "Não encontro nele nenhuma culpa" (*Yo no halla culpa ninguna*). Enquanto Lucas se situa na perspectiva da suspensão de um processo iníquo, Inácio permanece atento à inocência moral de Jesus, como "mistério da inocência por fim descoberta e devolvida ao homem"[50], visto que o Senhor quer sofrer "na humanidade" (EE 195). Isso permite ao exercitante situar sua própria consciência de homem resgatado por Cristo, a fim de suportar, no seguimento dele, essa imersão "na vaidade infernal da consciência pecadora".

Por fim, o *ponto três* se inspira assaz literalmente em Lucas 23,23, sem contudo se deter na explicitação do caso de Barrabás, nem relatar em detalhes a tríplice proposta de Pilatos de soltar Jesus, evidenciando assim a recusa reiterada dos judeus.

b) EE 294. Em cada um desses três pontos, Inácio resume Lucas 23, v. 6 e 7, depois v. 8 a 10 e, por fim, Lucas 23,11. Detenhamo-nos por um instante nesse *ponto três*. Enquanto o versículo 11 de Lucas especifica: "*Herodes, em companhia de seus guardas, tratou-o com desprezo e zombou dele; revestiu-o com uma roupa esplêndida e o devolveu a Pilatos*", Inácio escreve: "Herodes e sua corte o desprezaram e o vestiram com uma roupa branca" (*vestiéndole con una beste blanca*). A diferença entre "esplêndida" e "branca" parece pouco significativa. Em contrapartida, o mistério da Transfiguração, em que "Cristo nosso Senhor transfigurou-se e seu rosto resplandecia como o sol e suas roupas como a neve" (EE 284, 1º), impõe um contraste impressionante com essa nova forma escarnecedora de "transfiguração" (EE 294, 3º).

c) EE 295. Seu *primeiro ponto* começa por seguir Lucas 23, v. 11b, encadeando neste último o v. 12. Em contrapartida, Inácio pretende favorecer a contemplação dos *dois últimos pontos* dedicando a cada um uma hora inteira de contemplação. Assim é que ele recorrerá mais a João 19,1-3.5, embora Mateus 27,27-29 e Marcos 15,15b-17 retomem certos elementos relatados pelo Evangelho joanino (cf. EE 295, 2º e 3º). Para tanto, Inácio se afasta do testemunho lucano, que não relata a flagelação, nem o coroamento com espi-

---

50. J. ROUWEZ, "Pour un récit ignatien de l'Évangile", em *Les Exercices spirituels de saint Ignace, Un commentaire littéral et théologique*, 472: "A indagação de Pilatos é transmitida pelo verbo inaciano *examinar*, não pelo verbo *interrogar*, da *Vulgata* latina, que ele traduz por *preguntar*, especialmente no mistério seguinte, do nº 294 3º: 'Herodes, curioso, interrogou-o longamente'. O traço poderia parecer secundário se aí não houvesse também o registro da palavra de Pilatos: 'Não encontro nele nenhuma culpa'. O termo 'culpa' reforça a singularidade do verbo 'examinar', na medida em que reencontramos aqui a linguagem do exame de consciência. Pilatos aparece como a testemunha da consciência humana que descobre, em vez dela e no lugar dela, não tanto — se nos ativermos ao texto abreviado de Inácio — a ausência de culpa em Jesus, mas simplesmente o mistério da inocência por fim descoberta e devolvida ao homem. Nesse caso, 'a preferência' atribuída a Barrabás assume um sentido eminentemente gracioso. Além disso, os mistérios que se seguem na casa de Herodes assumem um contorno dramático mais contundente, na medida em que Jesus lá adentra a vaidade infernal da consciência pecadora (cf. 296, 2º)".

nhos, nem o revestimento com púrpura, nem o aparecimento de Jesus "diante de todos" — associado à palavra "eis o homem"[51].

2º) A comparação global da narrativa inaciana com a narrada por *Ludolfo* em sua *Vida de Cristo* mostra primeiramente que Inácio segue os capítulos 61, e depois 62 de VC II. Isso porque, fora os *pontos dois e três* próprios de EE 295 que retomam certos elementos extraídos do capítulo 62, nº 7 a 24º, toda a primeira parte retoma, na ordem da exposição ludolfiana, o capítulo 61, nº 3 a 21º.

No entanto, Inácio não abre a série dos processos como Ludolfo, a quem cumpre relatar "o conselho matinal realizado pelo Sinédrio, a fim de fazer com que Jesus fosse executado", segundo Mateus 27,1-2 (cf. 61, nº 1), e depois "a confissão de Jesus relativa à sua identidade de Filho de Deus", (segundo Lc 22,66-71) (cf. 61, 2º). Da mesma maneira, Inácio omitirá o diálogo singular de Pilatos com Jesus, segundo João 18,33-28, que Ludolfo qualifica desta maneira: "Em que sentido o Reino de Cristo não é deste mundo" (cf. 61, 10).

Tais omissões inacianas provam que o autor dos *Exercícios* pretende suprimir das narrativas históricas da Paixão tudo o que diz respeito à divindade de Cristo (cf. EE 196), ainda que esta última seja atestada somente em palavras, não em atos pertencentes ao âmbito do poder divino. É também silenciada, portanto, a profecia lucana assim apresentada por Ludolfo:

> "Sabei, contudo", acrescentou ele, *"que doravante, a partir do momento de minha Paixão, o Filho do Homem se assentará à direita da majestade divina"* (Lc 22,69), como associado em sua própria humanidade ao poder soberano de seu Pai celeste, ao qual ele é igual em sua divindade. Justamente aqui, Ele próprio se denomina Filho do homem, porque como Filho de Deus sempre estivera sentado à direita de seu Pai, e, portanto, queria dizer: Nessa mesma natureza humana, em que me vedes comparecer com fraqueza em vossa presença, não cessarei, após minha ressurreição, de reinar com uma autoridade suprema durante toda a eternidade. (Cf. 61, 10º)

Outras omissões são menos significativas, tais como 61, nº 4: "desesperança e morte ignominiosa do traidor (Mt 27,3-5)"; nº 5: "o campo do oleiro comprado pelo preço do sangue de Cristo (cf. Mt 27,24)"; nº 17: "a prosternação diante de Cristo (Mt 27,29b)"; nº 19: "a cabeça de Cristo é golpeada por um caniço (Mt 27,30)"; nº 26: "aterrorizado pelos clamores dos judeus, Pilatos se assenta em seu tribunal (Jo 19,13)".

A importância dos *pontos dois e três* de EE 295 nos convida a levar em consideração certas interpretações ludolfianas da zombaria sofrida por Jesus. O Cartuxo trata de João 19,2-5 de maneira muito circunstanciada em 62, nº 7 a 24[52]. Suas interpretações, inspi-

---

51. Dessas cenas de zombaria sobre a realeza, Inácio não seleciona o acréscimo próprio de Mateus 27,29: "e um caniço na mão direita".

52. A título de exemplo, Ludolfo recorre pertinentemente a Isaías 1,6 e 53,2-4 para justificar a extrema desfiguração de Jesus até em sua nudez (cf. 62, 7º-8º); chega a buscar os casos de flagelação mencionados em Judite 6 e Jeremias 20 (cf. 62, 10º), antes de se concentrar em duas lições morais que se podem tirar dessa flagelação (cf. 62, 11º). A primeira se inspira no Salmo 37,18: *"Estou pronto para*

radas por uma tradição alegorizante e moralizadora, comportam provavelmente o risco de distrair o olhar do exercitante do sentido primordial das cenas de escárnio infligidas à realeza do condenado[53]. No entanto, segundo Ludolfo, o primeiro sentido, literal e histórico, jamais suplanta os outros sentidos, como o atesta a citação de Agostinho, que Inácio incluirá em sua interpretação da Paixão em EE 196: "Considerar como a divindade se esconde...":

> Assim se cumpria tudo o que Jesus Cristo havia predito sobre si mesmo; assim ele preparava seus incontáveis mártires para suportar todos os suplícios inventados por seus cruéis perseguidores; assim escondia seu temível poder [*sic paulisper occultata tremenda potentia*], para ensinar-nos a imitar sua paciência; assim o Reino que não era deste mundo vencia o orgulhoso mundo, sem combater com vigor, mas sofrendo com humildade; assim o grão que devia multiplicar-se ao infinito era lançado na ignomínia como uma semente desprezível, a fim de produzir na glória uma colheita admirável. (Agostinho, *Tract. 116, In Joan.*)

Ademais, a fim de confirmar que a divindade "deixa padecer sua sacratíssima humanidade tão cruelmente" (EE 196), Inácio tinha de concluir o conjunto dessas contemplações do terceiro e do quarto dia por esta apresentação pública de Jesus, associada à declaração de Pilatos: "Eis o homem" (Jo 19,5). Entre as inúmeras interpretações patrísticas destacadas por Ludolfo, apontemos aquela que estabelece o elo com a instituição da Eucaristia, que, em Inácio é como o "Princípio e Fundamento" da terceira semana (EE 289):

> VC II, 62, 23º: "Essa exposição de Nosso Senhor representa o padre por ocasião da elevação da hóstia, como se ele mesmo dissesse: *Eis o homem*. De fato, visto que o sacramento do altar é o memorial da Paixão do Senhor, e que Cristo sofreu segundo sua humanidade, embora fosse impassível segundo sua divindade, daí resulta que o padre, ao mostrar Cristo na missa, proclama com mais pertinência [*convenientius*]: Eis o homem, em vez de 'eis Deus', embora ele seja tanto homem como Deus, pois foi o homem a ser assim exposto, enquanto Deus se escondia".

3º) Por fim, tentemos caracterizar a lógica espiritual que comanda toda a interpretação inaciana desses "mistérios" a serem contemplados durante o terceiro e o quarto dia. A atmosfera geral desses dois dias difere da do segundo dia, na medida em que Inácio introduz cada uma de suas contemplações por traços evangélicos que salientam as intrigas ou as consequências políticas do processo movido contra Jesus[54]. Além disso, o

---

ser golpeado como castigo enviado por Deus; segundo Provérbios 3,12: *o Senhor corrige a quem ele ama*, e Hebreus 12,6: *o Senhor castiga todo filho a quem acolhe*". "O segundo ensinamento nos pede que renovemos a flagelação de Jesus Cristo, infligindo-nos penitências físicas".

53. Assim, se reunirmos os testemunhos de Mateus ou de João relativos às diversas cores das roupas de Jesus, a vestimenta branca significaria a inocência, a avermelhada, a caridade e a obediência, e a escarlate, a penitência (cf. 62, 12º). A oração que conclui esse parágrafo retorna ao essencial: "Manso Jesus, que vos deixastes cobrir pelo escárnio de uma vestimenta de púrpura, fazei com que a lembrança constante de vossa Paixão seja como a vestimenta de minha alma e que a púrpura da caridade cubra a multidão dos meus pecados (1Pd 4,8)".

54. Cf. EE 293, 1º; 294, 1º; 295, 1º.

cumprimento da Escritura ou das Palavras premonitórias de Jesus, tão importante para justificar a significação providencial da Paixão, é omitido.

Conforme à narrativa de cada Evangelho, note-se também que já não se menciona o "Senhor", mas "Jesus", ou, quando necessário, o "Galileu", como se agora se tratasse de adotar o olhar dos que o julgam, a partir do momento em que todos os "santos" apóstolos, e mesmo Pedro, desapareceram da cena. Ao que tudo indica, esse olhar culmina nesta apresentação: "Eis o homem" (295, 3º). Inácio impõe também ao exercitante que se conforme com uma apreensão kenótica dos mistérios, que não se encontra exatamente como tal nos comentários místicos ou morais dos teólogos citados por Ludolfo. Esse novo ponto de vista se impõe ainda mais porque Inácio menciona que Jesus "nada respondia" à acusação contínua dos escribas e dos sacerdotes (294, 2º).

Ademais, em 293, 2º, Inácio praticamente não propõe o registro do duplo diálogo particular entre Jesus e Pilatos, relatado por João 18,33-38; um diálogo de revelação, durante o qual Jesus proclama "que sua realeza não é deste mundo", razão pela qual ele próprio se abstém de mobilizar os poderes celestes contra seus adversários; um diálogo durante o qual Jesus previne seu juiz de que seu próprio poder político não lhe pertence, porque ele "o recebeu do alto". Essa omissão inaciana é ainda mais impressionante pelo fato de que teria permitido ao autor dos *Exercícios* justificar teologicamente seu *segundo ponto complementar*, próprio de toda a terceira semana: EE 196.

Como o exercitante poderá, então, reconhecer a pertinência desse olhar imposto *a priori* desde o início da Paixão? Essa maneira inaciana de guiar a oração de seu exercitante sem acompanhá-la de uma justificação teológica é típica dos *Exercícios* espirituais. Nesse sentido, o acesso à "verdade" de cada "mistério" contemplado só se esclarece no comprometimento pleno do homem, gratuitamente oferecido por Deus, porque essa verdade deve ser experimentada e "sentida" como fidelidade de Deus dentro do combate que lhe é oposto pelo "o inimigo da natureza humana". Nesse sentido, a verdade é algo a ser feito: "Aquele que age segundo a verdade vem à luz para que suas obras sejam manifestadas, já que tinham sido realizadas em Deus" (Jo 3,21). A noção inaciana da "verdade"[55] ultrapassa a concepção escolástica e noética "da adequação do espírito à coisa" para encontrar a noção bíblica do *emeth*.

Notemos também que o quarto dia é inteiramente mobilizado pelo escárnio dirigido ao condenado, apresentação que concede a todo o aparecer de Cristo em seu corpo uma forma sacramental e eucarística. Esta contrasta com o aparecer do "chefe supremo e verdadeiro que se coloca num vasto campo daquela região de Jerusalém, num lugar humilde, belo e gracioso" (EE 143-144). Comentando Dionísio Areopagita, Martinho Lutero terá razão em afirmar que, durante a Paixão:

> nosso bem, de fato, está oculto, e tão profundamente que é sob seu contrário que ele se esconde. Assim, nossa vida está sob a morte, o amor próprio sob o ódio de si mesmo, a glória sob a ignomínia, a salvação sob a perdição, o reino sob o exílio, o céu sob o

---

55. Nos *Exercícios*, o termo *verdadeiro* é empregado em EE 2 e 329; *vero*, em EE 164, 353 e 363; *verdad*, em EE 38, 39, 289, 305 e 366.

inferno, a sabedoria sob a loucura, a justiça sob o pecado, a virtude sob a fraqueza. E, de modo geral [*universaliter*], toda nossa afirmação de qualquer bem que seja se oculta sob a negação desse mesmo bem, de maneira tal que a fé resida em Deus, que *é essência negativa, bondade, sabedoria, justiça negativas, e que não pode ser possuído ou alcançado a não ser pela negação de todas essas afirmações*[56].

No entanto, em Inácio permanece como uma constante inalterável o aparecer da mansidão (EE 291, 2º) e da humildade de Jesus, agora confirmada pela extrema "injustiça e humilhação" que ele sofre "por mim" em "dor, abatimento, lágrimas e pena interior" (EE 203).

Esses dois últimos pontos da contemplação própria do quarto dia apresentam também inúmeras analogias com o último ponto da contemplação consagrada à agonia (EE 290, 3º), na medida em que Jesus deixa transparecer em todo o seu corpo sua humildade na humilhação livremente aceita. O exercitante só poderá verdadeiramente dimensionar o alcance de tais pontos ao aplicar neles todos os seus sentidos físicos e espirituais. Erich Przywara fornece alguns modelos muito pessoais disso[57].

3. O quinto dia (EE 208 e 296-297)

EE 208d: [...] À meia-noite, da casa de Pilatos até a crucifixão. De manhã, desde ser levantado na cruz até expirar.

EE 296: Os mistérios da casa de Pilatos até a cruz inclusive (Jo 19).

1º) Pilatos, presidindo como juiz, entregou-lhes Jesus para que o crucificassem, depois que os judeus o negaram como rei, dizendo: "Não temos outro rei senão César".

2º) Carregava a cruz nas costas, mas não podendo mais Simão, o cireneu, foi forçado a levá-la atrás de Jesus.

3º) Crucificaram-no entre os dois ladrões, colocando este título (na cruz): Jesus de Nazaré, rei dos judeus.

a. EE 296 reúne diferentes testemunhos evangélicos, cuja identificação é proveitosa. *Ponto um*: "*Pilato, sentado como juez, les cometió a Jesús, para que le crucificasen...*". Tal enunciado faz um atalho entre João 19,13: "Pilatos instalou Jesus em uma *tribuna*..." e João 19,16a: "Foi então que Pilatos lhes entregou Jesus para *ser* crucificado". Ora, é evidente que não foram os judeus que crucificaram Jesus, mas os soldados romanos, sob as ordens de Pilatos. Nesse mesmo sentido, Lucas 23,24b assinala que "Pilatos entregou

---

56. WA 56, 392-393: *Œuvres*, t. XII, 155. O texto em itálico é uma citação extraída de Dionísio Areopagita, *Théologie mystique*, cap. 3, 5.

57. Percorrendo a cada dia tais contemplações, a repetição delas e sua aplicação dos sentidos, Erich Przywara aprofundou melhor do que qualquer outro comentário o insondável abismo desses pontos em *Deus semper maior*, II, 45 a 95: "do segundo ao quarto dia". Sua exegese das aplicações dos sentidos propostas no segundo dia se refere a Dionísio Areopagita (60-61); o terceiro dia sobre o "*Liebes-Spiel der Sonne-Strahle und Quell-Wasser des 'Über-Hinaus-Geworfen' des 'Von Sinnen' der 'Torheit' Seiner Liebe*" (78-79), e o quarto dia sobre o "*entstellten Christus als 'Gottes Kraft und Gottes Weisheit*'" (94-95).

Jesus à vontade deles" (a dos judeus). Por outro lado, Inácio destaca a autoridade judiciária de Pilatos.

Sem revelar a intenção de Pilatos, "que procurava soltar Jesus", nem as circunstâncias de lugar (a "tribuna") nem de tempo (a "preparação"), segundo João 19,12-13, o redator dos *Exercícios* salienta a cumplicidade política dos dois protagonistas da condenação de Jesus, a exemplo dos outros primeiros pontos destacados nos mistérios anteriores. Aqui também, essa intriga alcança seu ápice de injustiça, não apenas porque precipita a execução da sentença de morte de um inocente, mas porque cada uma das partes envolvida negocia um contrato ao preço da negação da própria identidade; Pilatos transgride seu próprio julgamento da inocência moral de Jesus ao sacrificá-lo à razão de Estado (cf. EE 293, 2º), ao passo que os judeus negam o pertencimento deles exclusivamente à Realeza de Deus. Uma dupla negação da qual Jesus é a vítima, e ainda por cima o revelador.

Ponto dois. Inácio tenta conciliar João 19,17: "Carregando ele mesmo a sua cruz" com Lucas 23,26: "Quando o conduziam, angariaram um certo Simão de Cirene que vinha dos campos e o encarregaram com a cruz para que a levasse atrás de Jesus".

Terceiro ponto. Os *Exercícios* continuam a seguir Lucas, o único a destacar que "Jesus foi crucificado entre dois malfeitores, um à direita e outro à esquerda" (Lc 23,33), enquanto menciona, junto com os outros evangelistas: "Havia também uma inscrição acima dele: 'É o rei dos judeus'". No entanto, o redator dos *Exercícios* omite o diálogo dos dois ladrões com Jesus (cf. Lc 23,39-43); ademais, a inscrição acima da cruz não é revestida da mesma importância universal que lhe é atribuída por João 19,20-22, pois estava escrita "em hebraico, em grego e em latim", e Pilatos a manteve, não obstante o protesto dos sumos sacerdotes: "O que escrevi, escrevi".

b. Essas escolhas e abreviações inacianas são confirmadas pelo fato de que Inácio selecionou pouca coisa de sua leitura das cenas evangélicas salientadas por Ludolfo nos copiosos parágrafos 26 a 39 do capítulo 62 da *Vida de Cristo*.

Mesmo assim, destaquemos uma ou outra reflexão de Ludolfo situadas em 26-29, que cobrem o *ponto um* de Inácio. Em 26, o Cartuxo busca avaliar a gravidade do pecado de um e de outro protagonista da condenação[58], o que provavelmente inspirou Inácio quando este ressalta sobriamente a cumplicidade dos dois protagonistas. No entanto, esses fatos políticos têm consequências tão graves para Jesus, que Inácio — mesmo sendo tão apegado à "memória da história", à "composição de lugar" e à adaptação da "oração de petição" — não seleciona nada das exegeses ludolfianas do *lithostrotos* e da *parasceue*,

---

58. "Como o governador só o fez morrer para contentá-los, os próprios judeus se tornaram culpados do atentado ao qual, no entanto, se esforçavam por parecer alheios. Tampouco Pilatos está isento de crime, visto que, como juiz oficial, devia, em razão de seu encargo, observar e cumprir a justiça, sem se deixar dobrar pelo medo ou pela ambição; aliás, se ele houvesse realmente desejado assim, teria podido salvar aquele cuja inocência ele proclamara. No entanto, como fizera muitos esforços para poupar o acusado da violência dos judeus, seu pecado foi menos grave que o deles. O motivo que o fez agir foi também menos mau; pois os judeus reivindicaram por ódio e por rancor a condenação de Jesus Cristo, ao passo que Pilatos a concedeu simplesmente por medo e complacência".

nem das orações sugeridas por cada uma dessas circunstâncias. O exercitante ater-se-á, portanto, a EE 203, reforçado por EE 206b.

Ponto dois. Uma citação de Ludolfo pode esclarecer o alcance dos *três pontos complementares* (EE 195-197), mostrando a que o exercitante se compromete voluntariamente. Ao comentar o Evangelho segundo João (*Tract. 117 in Joan*), Agostinho destaca a ambiguidade do olhar que pode habitar aquele que vê Jesus carregar sua cruz:

> Que espetáculo! Aos olhos da impiedade, é uma farsa, uma demonstração de ignomínia, visto que nada há para ser visto senão um rei achincalhado, carregando sua cruz à guisa de cetro. Ao contrário, a piedade reconhece aí um grande mistério, uma fortaleza da fé, o rei desconhecido arrastando penosamente o madeiro ao qual ele próprio será cravado, a fim de fixá-lo na fronte dos reis. O que torna Jesus Cristo desprezível para os incrédulos é o que o glorificará no coração dos Santos. É por isso que Paulo proclamará: "Eu, por mim, nunca vou querer outro título de glória senão a cruz de Nosso Senhor Jesus Cristo" (Gl 6,14).

Ponto três. No intuito de abarcar todos os testemunhos evangélicos, Ludolfo devia relatar o diálogo do bom ladrão com Jesus crucificado, tão importante na perspectiva lucana do perdão, o que a Vida de Cristo comenta apenas no "sentido literal", depois no "sentido místico" ou eclesial[59], ao passo que a narrativa inaciana mantém apenas a humilhação do crucificado "entre os dois malfeitores"[60]. No mesmo sentido, os *Exercícios* se abstêm de salientar os sinais de universalidade ressaltados pela narrativa joanina quando da "elevação na cruz daquele que o Pai prometeu glorificar uma vez mais"[61].

c. Sobriamente relatado, esse processo é pontuado pelo escárnio em crucificar "o rei dos judeus", imediatamente carregado com sua cruz para ser crucificado. As circunstâncias que cercam essas três etapas têm por único objetivo ressaltar a humilhação sofrida pelo condenado.

Por fim, pode-se considerar que essa primeira contemplação, própria do quinto dia, faz a transição para a segunda, que em cada um de seus pontos condensará uma soma incomparável de mistérios. Para isso, porém, é preciso primeiro que a Cruz seja plantada: "Stat crux, dum volvitur orbis"[62]. Essa cruz perpassa todos os Exercícios desde a primeira semana (EE 53) até a última (EE 219, 1º), passando pela segunda semana, orientada para ela desde o nascimento (EE 116, 2º), até o momento presente.

> EE 297: Os mistérios na cruz (Jo 19,23-37).
>
> 1º) Disse 7 palavras na cruz: pediu pelos que o crucificavam perdoou ao ladrão; confiou S. João à sua Mãe e sua Mãe a S. João; disse em alta voz: Tenho sede!; e deram-lhe

---

59. GV II, cap. 63, 15º e 22º, depois 23º e 24º.

60. Inácio não registra nenhum detalhe circunstancial da crucificação, enquanto a tradição teológica e espiritual acumulou a esse respeito inúmeras razões de "conveniência", que GV II, 63, 1º a 13º, coleta assiduamente.

61. GV II, 63, 5º a 9º e 11º a 13º.

62. Esse lema cartuxo foi adotado por Ludolfo, o Cartuxo.

fel e vinagre; disse que estava abandonado; disse: Tudo está consumado; disse: Pai, em tuas mãos entrego o meu espírito!

2º) O sol se escureceu, as pedras se quebraram, as sepulturas se abriram, o véu do Templo se rasgou de cima abaixo em duas partes.

3º) Blasfemaram contra ele, dizendo: "Desce da cruz, tu que destróis o Templo de Deus". Repartiram as suas roupas. Seu lado, ferido pela lança, manou água e sangue.

Consideremos primeiramente o encadeamento dessas sete palavras mencionadas no **primeiro ponto**.

[1.] Inácio não recopia a série de sete palavras na mesma ordem que Ludolfo (VC II, 73, 27 a 48). Inverte, porém, a ordem ludolfiana da quarta palavra: "Tenho sede" (Jo 19,28) e da quinta, inspirada nos Sinópticos: "Disse que estava abandonado" (cf. Mc 15,34). O Cartuxo respeita mais, a partir daí, a ordem da sequência joanina que passa do "tenho sede" (cf. Jo 19,28) ao "tudo está consumado" (Jo 19,30). Em contrapartida, Inácio encaixa entre essas duas citações a menção de "seu abandono". Será que essa inversão é significativa? Ela demonstra, ao menos, que Inácio não recopia servilmente a *Vida de Cristo*.

Convém agora confrontar a narrativa inaciana com os quatro testemunhos evangélicos. Trataremos primeiramente das "sete palavras", agrupando-as no fim em função de seu endereço.

Hummelauer identificou brevemente as referências escriturísticas em que se encontra uma ou outra dessas palavras: Mt 27,46; Mc 15,34-46; Jo 19,25-30, enquanto a *seção autógrafa dos mistérios* transcrita remete tão somente a João. Notemos também que a referência "ao fel e ao vinagre" provém da *Vida de Cristo* em VC II, 63, 44º, enquanto Mateus 27,34 fala de "vinho misturado com fel" e Marcos 15,23, de "vinho misturado com mirra". Essa reunião de sete ou oito palavras é fruto de uma tradição que data ao menos de Agostinho, que assinala "que Jesus fez do madeiro em que foi suspendido uma cátedra de professor"[63]. Analisemos em detalhes, portanto, essas sete palavras.

As duas primeiras palavras relatadas por Inácio relembram primeiramente Lucas 23,34: Jesus dizia: "*Pai, perdoa-lhes, porque não sabem o que fazem*". Quem são os destinatários dessa palavra? Lucas remete a: "eles aí o crucificaram como também aos dois malfeitores, um à direita e outro à esquerda" (v. 33), designando provavelmente a multidão dos judeus que participaram da condenação de Cristo. Por outro lado, esse mesmo Evangelista é o único a relatar o diálogo de um dos malfeitores com Jesus: "'*Jesus, lembra-te de mim, quando vieres como rei'. Jesus lhe respondeu: 'Em verdade eu te digo, hoje estarás comigo no paraíso'*" (v. 42-43).

Como é possível, então, que a tradição tenha explicado essas duas palavras, de modo que Inácio distinga o conteúdo delas assim: "ele pediu pelos que o crucificavam, *perdoou ao ladrão*"? A *Catena Aurea in Lucam* de Tomás de Aquino explica essas duas passagens lucanas remetendo a catorze citações de seis teólogos gregos e latinos[64]. Diante da abun-

---

63. *Tractatus in Joan*, 119, citado por GV II, 63, 27º.
64. Cf. *Catena Aurea in quattuor evangelia, II, Expositio in Lucam*, Marietti, 1953, cap. XXIII, 6º e 7º, 304-305.

dância dessas exegeses, retenhamos que o "bom ladrão" se distinguiu de todos aqueles por quem Jesus rogou a seu Pai, por haver expressado ao Salvador do mundo seu arrependimento e "sua conversão", a ponto de ser animado "pela fé, pela esperança e pela caridade"[65]. Por outro lado, não entraremos na discussão de vários padres sobre a promessa de entrar no Paraíso "hoje", visto que Inácio a omite em proveito exclusivamente do ato de perdoar. Este silêncio, que abarca a referência ao Paraíso, corresponde rigorosamente ao recorte inaciano aplicado à terceira semana[66].

[2.] A prioridade dada a essas duas primeiras palavras se coaduna não apenas com uma tradição secular, mas também com *a lógica própria dos Exercícios*, na medida em que oferecem a resposta do Senhor à intriga política expressa nos numerosos *primeiros pontos* das contemplações anteriores[67].

A terceira palavra diz respeito ao círculo restrito dos discípulos mais próximos de Jesus, quais sejam, "sua Mãe" e "o discípulo que ele amava" (cf. Jo 19,26-27), sem destacar a presença de outras mulheres, diversamente mencionadas por Mateus 27,56, Marcos 15,40 e João 19,25. Inácio concentra assim a escuta do exercitante nesses dois destinatários, retomados de João 19,26: "Vendo assim a sua mãe, e perto dela o discípulo que ele amava, Jesus disse à sua mãe: 'Mulher, eis aí o teu filho'. A seguir, disse ao discípulo: 'Eis aí a tua mãe'", o que o *Autógrafo* condensa assim: *encomendó a San Joán a su Madre, y a la Madre a San Joán*[68].

Inácio interpreta esse ato de encargo mútuo em referência ao chamado do "chefe supremo e verdadeiro que confia [*encomendádoles*] a seus servidores e amigos o encargo de ajudar todos os homens, levando-os primeiramente à suprema pobreza espiritual" (EE 146). Além disso, o *Autógrafo* distingue primorosamente Maria como *sua* Mãe ou *a* Mãe, enquanto as outras versões a omitem[69]. Será que não é pertinente o fato de que

---

65. Cf. GREGÓRIO MAGNO, *Moralium*, 18, 25º.

66. EE 206b: "[...] não procurar pensamentos alegres, ainda que bons e santos, como de ressurreição e glória. Antes motivando-me a sentir dor, pena e abatimento, recordando frequentemente os trabalhos, fadigas e dores que Cristo nosso Senhor passou desde o dia em que nasceu até o mistério da paixão, no qual estou".

67. GV II, 63, 28º: "A primeira palavra de Jesus Cristo na cruz foi uma súplica em favor de seus três cruéis inimigos, no próprio momento em que o pregavam ao madeiro [...]. Como o Senhor havia proclamado outrora: *Orai pelos que vos perseguem*, ele próprio, elevado na cruz, o fez, dizendo: *Pai, perdoa-lhes*".

68. O verbo *encomendar* é empregado em EE 146, 297 (2 vezes), 306; *se encomiende* em 248 (2 vezes).

69. Na *seção dos mistérios*, as outras citações de *su Madre* se encontram em EE 269 e 270, quando o anjo ordena a José: "Toma contigo o menino e sua mãe e foge para o Egito", depois: "Levanta-te, toma contigo o menino e sua mãe, e põe-te a caminho para a terra de Israel"; igualmente, em EE 219: "apareceu ressuscitado à sua bendita Mãe". Por outro lado, *Madre* designa a Mulher em posição de autoridade em EE 276: a mãe assinala ao Filho a falta de vinho e ordena aos servidores: "Fazei tudo o que ele vos disser". A mesma coisa ocorre quando o exercitante é convidado a dirigir um colóquio à "Mãe e Senhora nossa" (EE 109), ou ainda a fazer três colóquios, "um com a Mãe, outro com o Filho, outro com o Pai" (EE 199). Em contrapartida, a *Vulgata* nivela essa sutileza ao afirmar a equivalência

os mistérios da infância falem da relação entre Jesus e *sua* mãe, ao passo que a cena de Caná (EE 276) e o tríplice colóquio (EE 147) situam *a* Mãe em posição de autoridade? No caso presente, será facilmente compreensível porque o discípulo que Jesus amava é convidado a acolher em sua casa ("em seus bens próprios"), a mamãe daquele que vai morrer, isto é, *sua* mãe. Em contrapartida, é de fato *a* Mãe que engendrará aquele que é reconhecido pela tradição como João. Será Maria, portanto, quem engendra a memória do Evangelista? Poderíamos duvidar disso, se evidenciarmos o fato de que João, apoiado no peito de Jesus, recebeu imediatamente de seu Senhor a confidência sobre a identidade do traidor; é também ele que assinará seu Evangelho, designando-se como "testemunha verídica do sangue e da água saídos da pleura de Jesus" (cf. Jo 19,34-35; EE 297, 3º); foi ele que aprendeu e transmitiu tudo sobre o "Verbo feito carne", "enviado pelo Pai", graças ao Espírito Paráclito, "que conduzirá à verdade plena" (Jo 16,13)! Mas não será também esse mesmo evangelista que comparará o ato de crer ao parto de um discípulo pela "mulher que dá à luz um homem", a tal ponto que poderá dirigir seus pedidos diretamente ao Pai (Jo 16,20-24)?

Quanto a esse assunto, as regras eclesiológicas de ortodoxia especificarão que Maria simboliza "a verdadeira Esposa de Cristo nosso Senhor, que é nossa santa Mãe a Igreja hierárquica" (EE 353 e 363). A partir daí, Maria é realmente "A Mãe" da Igreja, a quem é confiado (*encomendó*) o discípulo que Jesus amava, a fim de que este se torne aquele apóstolo referido na contemplação das duas Bandeiras: "*Considerar cómo el Señor de todo el mundo escoje tantas personas, apóstoles, discípulos*" (EE 145) e "*encomendádoles que a todos quieran ayudar*" (EE 146).

Essas coordenadas eclesiais e marianas envolvem, portanto, a compreensão do elo que unifica o trabalho da contemplação confiado à memória, à inteligência e à vontade do exercitante com o tríplice colóquio que o finaliza. O desdobramento dessa maternidade eclesial da "Mãe" se coaduna também com a meditação de Ludolfo, que depois de apiedar-se com a espada de dor que transpassou o coração da Mãe aos pés da cruz[70], se abre para a maternidade universal[71].

A quarta palavra segue a terceira segundo a ordem joanina. João 19,28:

---

desse encargo mútuo: "*Matrem et Ioannem sibi mutuo commendans*", como aliás as versões *P1* e *P2*. Hummelauer tampouco leva isso em conta, 483. Em contrapartida, esses títulos marianos são muito judiciosamente destacados por P.-H. KOLVENBACH, Notre Dame dans les Exercices spirituels de saint Ignace, em *Fous pour le Christ*, 92-104.

70. GV II, 63, 32º a 34º.

71. GV II, 63, 35º: "Como Maria é dada como Mãe, não apenas a João, mas também a todos os fiéis". De fato, segundo HUGO DE SÃO VITOR, *De passione Christi*, nº 35: "Ao dizer 'Eis aí o teu Filho', nosso Senhor deu Maria por mãe, não apenas a João, mas à Igreja inteira, e até a todos os pecadores. Que doce consolação! Ela é ao mesmo tempo a Mãe de Deus e dos homens, a Mãe do Juiz e dos culpados; ela não permite que a discórdia reine entre seus filhos. Se Maria é nossa Mãe, a graça que ela encontrou junto a Deus é nosso tesouro; por conseguinte, Jesus é nosso irmão e seu Pai é também o nosso, de modo que tenhamos direito a seu reino, à sua herança eterna"; e o nº 36 tratará deste assunto: "Quando e como Maria nos ajuda, como Mãe da graça".

> Depois disso, sabendo que a partir de então tudo estava consumado, para que a Escritura (cf. Sl 22,16; Sl 69,22) se cumprisse até o fim, Jesus disse: "Tenho sede"; havia lá um cântaro cheio de vinagre; fixaram uma esponja embebida nesse vinagre na ponta de um ramo de hissopo e aproximaram-na da sua boca.

Inácio se inspira prioritariamente em João, o único evangelista a transcrever em estilo direto esse "tenho sede", que suscita o oferecimento do vinagre[72]. A tradição patrística interpretou essa sede como a expressão dolorosa do desejo de Jesus de obter dos homens uma resposta justa à comunicação de seu amor, uma sede da qual o corpo desidratado pela crucifixão e dessedentado de maneira insuficiente é o mais impressionante símbolo.

Essa quinta palavra é também a primeira que Inácio transcreve literalmente, a ponto dela ser introduzida pelo acréscimo de "em alta voz" (*dixo con alta voce*), quando nenhum testemunho evangélico assinala esse traço. Seria sinal de que o redator dos *Exercícios* privilegia o "Tenho sede"? Em todo caso, a interpretação de São Bernardo lida por Inácio em Ludolfo confirma sua importância:

> Jesus Cristo não disse então: Sinto dor, mas *tenho sede*. O que isso significa, senão tenho sede de vossa fé, de vosso amor, de vossa felicidade; os males de vossa alma me afetam mais intensamente que as chagas de meu corpo; e se vós não tendes piedade de mim, tende ao menos piedade de vós mesmos. (Cf. VC II, 63, 43º).

Inácio faz questão de destacar a ressonância dessa palavra, abstendo-se ao mesmo tempo de apoiar a sexta palavra no testemunho conjunto de Mateus 27,45 e Marcos 15,34: "E às três horas Jesus *gritou com voz forte*: 'Eloi, Eloi [...]?'" Essa forma de deslocamento merece ser reconhecida, tanto mais que esse desejo atestado pela sede se alternará com uma das opções mais audaciosas e mais típicas dos *Exercícios*, quando, à altura da *Contemplatio ad amorem*, Inácio se autorizará a dizer que "o próprio Senhor quer dar-se a mim quanto pode, segundo sua divina determinação" (EE 234).

Por outro lado, em comparação com João 19,28, o redator dos *Exercícios* se abstém de qualquer referência ao "saber" profético de Jesus ou à consumação da Escritura. Portanto, a narrativa inaciana realmente confronta o exercitante com o caráter direto da brutalidade de fatos "tão cruéis" (EE 196), mesmo no que tange às palavras efetivamente pronunciadas por Jesus, privando-o assim do recuo que lhe permitirá posteriormente inseri-las na trama da consumação predita pela Palavra de Deus.

Segundo EE 330, Deus é sempre livre para comunicar-se diretamente com a alma, independentemente das exigências programadas em cada um dos exercícios espirituais. No entanto, se respeitarmos tais exercícios literalmente, estaremos no direito de nos perguntar quando essa graça do conhecimento e da confirmação profética será concedida ao exercitante. Será no "sétimo dia" do sábado santo, próprio da terceira semana, dia em que

---

72. Mateus 27,48 e Marcos 15,36 concordam em assinalar que "alguém encheu uma esponja de vinagre e ofereceu-lhe de beber", enquanto Lucas 23,36 compreende o gesto de oferecer vinagre como uma provocação: "Se és o rei dos judeus, salva-te a ti mesmo".

o exercitante será convidado a rememorar toda a Paixão, tal como agora se consumou? Ou deverá esperar a contemplação do "aparecimento de Jesus à sua bendita Mãe" (EE 299), quando suscitará nele o conhecimento da divindade que "parecia ocultar-se na Paixão", enquanto agora "aparece" nos efeitos de sua ressurreição (EE 223)? Em todo caso, como os apóstolos e os evangelistas, o exercitante deve primeiramente aprender com os fatos, visto que é nesse "fundamento histórico" (EE 2) que se elabora "o conhecimento interior" do Verbo "que por mim se fez homem" (EE 102), conhecimento este propriamente inspirado pelo Espírito, a quem cabe conduzir "à verdade plena" (Jo 16,13); conforme à décima terceira regra de ortodoxia, "é pelo mesmo Espírito e Senhor que nossa Mãe, a Igreja, é dirigida e governada".

Não é por acaso que Ludolfo, ao comentar esse "tenho sede" como consumação da Escritura, relembra nessa ocasião a regra hermenêutica que comanda o entendimento da relação entre os dois Testamentos: os fatos relatados no Novo não são causados pela profecia veterotestamentária, mas, ao contrário, são as palavras efetivamente pronunciadas por Jesus que garantem o sentido pleno do Antigo[73].

A quinta palavra retoma Mateus 27,46 e Marcos 15,34: "*Eloi, Eloi, lamá sabactáni*", que significa "Meu Deus, meu Deus, por que me abandonaste?". No entanto, Inácio parece amortecer o caráter dramático dessa palavra dirigida a Deus, preferindo transmiti-la na terceira pessoa: "disse que estava desamparado" (*dixo que hera desmanparado*). Com o significado em espanhol clássico de *desamparado*, a escolha do verbo *desamparado*, em vez de *abandonado*, condiz mais com o sentido de *estar entregue sem proteção*, segundo EE 196, ao passo que a omissão do sujeito divino responsável poderia confirmar a obnubilação da divindade, sempre de acordo com EE 196. Assim, nossa interpretação não se resigna a justificar a expressão inaciana pela necessidade de abreviar a todo custo as palavras evangélicas.

Por fim, em Mateus, tanto como em Marcos, a referência ao início do Salmo 21 precede a cena da esponja embebida em vinagre, enquanto Inácio a pospõe, sugerindo talvez que esse abandono aguça excessivamente a sede daquele que é exposto ao desprezo cruel das pessoas à sua volta. Não causará surpresa, portanto, que o *terceiro ponto* dessa contemplação, bem longe de citar a confissão de fé do centurião assinalada por todos os sinópticos[74], selecione como única palavra "blasfematória": "Desce da cruz, tu que destróis o templo de Deus".

Será que essa leitura se afasta da de Ludolfo?

> Meu Deus, vós de quem ainda sou filho segundo minha natureza divina, em virtude da união hipostática, por que me haveis abandonado aos horrores da morte? Essa pa-

---

73. GV II, 63, 43º: "*Unde cum dicitur ut consummaretur Scriptura, ut, non ponitur causative sed consecutive. Non enim ideo Christus hoc fecit, quia Scriptura hoc praedixerat, nam tunc sequeretur quod Novum Testamentum propter Vetus et ejus impletionem esset, cum tamen et converso sit: sed ideo praedictum est, quia per Christus consummandum erat; hoc enim facto impleta est Scriptura prophetiae, et sic in aliis suo modo intellige*".

74. Mateus 27,54; Marcos 15,39; Lucas 23,47.

lavra queixosa, que não vinha em Jesus Cristo da divindade impassível, a qual permaneceu inabalável durante a paixão, mas da humanidade que, estando sozinha exposta à morte, foi por fim tão abatida pela dor que pareceu desamparada pela divindade. [...] Não se pode supor, portanto, que em Jesus Cristo a divindade tenha realmente abandonado a humanidade, nem que ela tenha sido separada desta, pois como homem ele permanecia sempre indissoluvelmente unido ao Deus que ele invocava [...]. Se, no entanto, o Salvador se diz abandonado por Deus, foi por ter sido exposto sem nenhum socorro às mais intoleráveis calamidades, como se houvesse sido rejeitado por seu Pai[75].

Essa leitura ludolfiana reproduz o discurso dogmático da cristologia medieval, em particular o de Tomás de Aquino, segundo o qual o Pai abandonou o Filho no sentido historicamente circunscrito de tê-lo entregue "ao poder de seus perseguidores"[76]. No entanto, ainda que EE 196 se proponha distinguir "a divindade" e "a humanidade", a perspectiva inaciana própria da terceira semana não impõe que se projete na divindade a noção grega de impassibilidade, mas antes que se entre sem reserva nessa lógica existencial e factual de que o exercitante deve ser confrontado tão somente com os fatos verbais ou gestuais atestados pela história, que testemunham apenas o que é *manifesto*, ainda mais que a divindade *se esconde*.

A sexta palavra retorna ao testemunho joanino.

> Logo que tomou o vinagre, Jesus disse: "Tudo está consumado [*tetelesthai*]"; e, inclinando a cabeça, entregou o (E)espírito [*paredoken to pneuma*]. (Jo 19,30)

A exegese contemporânea[77] reconhece que tal descrição joanina inabitual da expiração de Jesus (cf. Lc 23,46) significa o ato de transmissão antecipada do Espírito. É pouco provável que Inácio tenha captado o alcance disso, que só aflora na versão grega de João, enquanto Tomás de Aquino e Ludolfo[78] se apoiam numa tradição latina que reduzia essa expiração a seu sentido comum. Para o redator dos *Exercícios*, trata-se tão somente de alinhar sete palavras, uma das quais é transmitida como: "disse: 'tudo está consumado'".

Em contrapartida, a raiz do verbo *acabar* de fato está integrada ao tecido vernacular dos *Exercícios*[79]. Aqui mesmo, a palavra "tudo está consumado" se torna lugar de

---

75. GV II, 63, 38º.
76. *S. T.*, IIIa, qu. 47, art. 3: "*Utrum Pater tradiderit Christum passioni? Sed contra: Rm 8,32*: Proprio Filio suo no pepercit Deus, sed pro nobis omnibus tradidit illum. Respondeo: *Sicut dictum est* (cf. a 2), *Christus passus est coluntarie ex obedientia Patris. Unde, secundum tria Deus Pater tradidit Christum passioni.* [...] *tertio modo, non protegendo eum a passione, sed exponendo persecutoribus. Unde, ut legitur in Mt 27,46, pendens in cruce Christus dicebat*: Deus, Deus, ut quid dereliquisti me? *quia scilicet potestati persequentium eum exposuit*". Notemos que a formulação própria de EE 196 se inspira mais nessa explicação tomasiana do que na de Ludolfo, na medida em que a divindade renuncia a seu poder de "destruir seus inimigos".
77. F. Porsch, *Pneuma und Wort, Ein exegetischer Beitrag zur Pneumatologie des Joanesevangelium*, Franckfurt, J. Knecht, 1974, 328.
78. Cf. Tomás de Aquino, *Lectura in Ioan.*, cap. XIX, v. 30 e GV II, 63, 46º.
79. Nós a encontramos 27 vezes ao longo dos *Exercícios* segundo o *Lexicon textus hispani* de C. de Dalmases, MHSI, vol. 100, 736.

convergência e de assunção crística de tudo o que o próprio exercitante alcançou por sua eleição.

A sétima palavra se inspira em Lucas 23,46: "Jesus deu um grande grito; ele disse: 'Pai, em tuas mãos entrego meu espírito (Sl 30,6)'. E, com essas palavras, expirou".

Inácio registra apenas isto: *Padre, en tus manos encomiendo mi espíritu*. O verbo grego *paratithemai*, vertido por *encomiendo*, ecoa a forma de testamento do Cristo que confia *sua* Mãe a São João e São João *à* Mãe, segundo a terceira palavra. É também, de acordo com o abreviamento inaciano, a única palavra que Jesus dirige a seu "Pai". A partir daí, todas as seis palavras já pronunciadas convergem para a remissão de si, por parte de Jesus, entre as mãos do Pai.

Será surpreendente que Inácio não proponha ao exercitante que contemple Jesus morrendo, como o atestam todos os evangelistas[80], ainda mais que "o amor consiste mais em obras do que em palavras" (EE 230)? Tentaremos esclarecer esse questionamento ao relembrar a identidade daquele que Morre: "o *Verbo* eterno encarnado" (EE 109 e 130) entra na morte como em seu silêncio, para além de todas as palavras pronunciadas. Assim, o ato pelo qual "o Criador passou da vida eterna à morte temporal" (EE 53) escapa a toda composição de lugar que enraíza a escuta do contemplativo. Além disso, a entrada na quarta semana confirmará essa impossibilidade de ser iniciado no "conhecimento interior" (EE 104) do momento em que Cristo morreu: "[…] depois que Cristo expirou na cruz e que o corpo ficou separado da alma, permanecendo a divindade unida a ele, a alma bem-aventurada desceu aos Infernos […]" (EE 219).

Concluamos esse percurso das sete palavras. Se considerarmos retroativamente a lógica interna que comanda o ordenamento dessas sete palavras de Jesus, reconheceremos que elas correspondem a um movimento de concentração crística que começa por reunir em seu perdão e sua oração todos os protagonistas e as testemunhas de sua execução, partindo do círculo mais amplo (1º e 2º); depois, esse perdão e essa oração se encontram testamentariamente confiados ao núcleo mais original da Igreja, simbolizado pela Mãe e por João (3º); por fim, essa "recomendação" mútua é assumida pela sede (4º) daquele que deseja dar-se a todos os homens, até na prova de sua entrega (5º) consentida até a consumação (6º), para que toda "sua grande pena interior" seja, por fim, oferecida ao Pai em espírito (7º).

Todo esse *primeiro ponto* enaltece, assim, a visão de Agostinho, segundo a qual a Cruz se tornou o Púlpito do Verbo. Em Inácio, porém, esse Púlpito não é tanto o lugar de ressonância do grito trágico de abandono, e sim a proclamação "em alta voz" de sua sede, "como *desejo* de comunicar-se a mim" (EE 234) e a todos os homens espalhados por toda a terra (EE 95 e 145).

Segundo ponto: "(1) El sol fue escurecido, (2) las piedras quebradas (3), las sepulturas abiertas, (4) el velo del templo partiddo en dos partes de arriba abaxo".

---

80. Cf. Mateus 27,50; Marcos 15,37; Lucas 23,46 e João 19,30.

Essa série de abalos cósmicos e litúrgicos reúne diversos testemunhos sinópticos. Todos mencionam "a extensão da obscuridade sobre toda a terra na sexta hora"[81], ao passo que Lucas 23,45a é o único a especificar: "tendo o sol desaparecido". Os acontecimentos seguintes (2 a 4) são situados seja antes da morte de Jesus (cf. Lc 23,45), seja imediatamente depois (Mt 27,51 e Mc 15,38). Em que ordem? Todos os sinópticos destacam primeiramente o rasgamento "ao meio" (Lc 23,45) do véu do santuário, ou seu rasgamento "em duas partes, de alto a baixo" (Mt 27,51 e Mc 15,38). Somente Mateus 51-54 acrescenta:

> A terra tremeu, os rochedos se fenderam; os túmulos abriram-se, os corpos de muitos santos já falecidos ressuscitaram: saindo dos túmulos, depois da sua ressurreição, eles entraram na Cidade Santa e apareceram a um grande número de pessoas. À vista do terremoto e do que acontecia, o centurião e os que com ele guardavam Jesus foram tomados de grande medo e disseram: "Verdadeiramente, este era o Filho de Deus".

Em (1) Inácio escolhe a menção lucana do eclipse solar, em razão do simbolismo inaciano e crístico do "Sol"[82]. Em (2) ele assimila o tremor de terra com a quebra das rochas, remetendo discretamente à metáfora bíblica da Rocha que é Deus, ou ainda ao coração de pedra a ser transformado em coração de carne, segundo Jeremias 31,31. Lembremo-nos: Inácio se serviu desse simbolismo para caracterizar a influência exercida pelo mau espírito que, contrariamente ao bom espírito, "toca agudamente... como quando a gota de água cai sobre a pedra" (EE 335). Em (3) os *Exercícios* se contentam em mencionar a abertura das tumbas, abstendo-se de interpretá-la como prelúdio da ressurreição — algo que se impõe, sendo esta a terceira semana. Por último, o rasgamento do véu do santuário (4) só é mencionado no fim, talvez por ser o mais carregado de sentido.

Por sua vez, Ludolfo havia tratado desses acontecimentos primeiramente segundo sua própria consistência histórica e simbólica em VC II, 64, 5º: "o rasgamento do véu do santuário", interpretado por Orígenes e Crisóstomo; 6º: "Os outros sinais produzidos no momento da morte" — em especial a ressurreição dos corpos de inúmeros santos —, amplamente comentados pelos Padres da Igreja. Depois, em 7º o Cartuxo se empenha mais pessoalmente em depreender "o sentido místico" desses sinais, como destinados à conversão dos pecadores inaugurada pela confissão do centurião em 8º. Por fim, em 9º, sua interpretação se conclui com um recurso a Jerônimo e Bernardo, que aí discernem o sinal "de que toda criatura se compadece do Cristo a morrer".

Será que uma ou outra dessas interpretações se coaduna melhor com a graça inaciana proposta nessa semana? Lembremos primeiramente que Inácio omite deliberadamente a confissão do centurião, registrando ao contrário apenas uma palavra blasfematória, citada no *ponto três*. Uma escolha tão nítida orienta a interpretação desses sinais cósmicos preferencialmente no sentido da manifestação da cólera de Deus, que quebra o coração de pedra do homem pecador, chama a sair do túmulo de seus pecados e rasga o véu do

---

81. Mateus 27,45, Marcos 15,33 e Lucas 23,44-45a.
82. Cf. EE 237; *O relato do peregrino*, 29º e 43º; *Journal spirituel*, nº 121.

templo de sua alma que o impede de contemplar a Deus no Santo dos Santos de sua presença[83].

Terceiro ponto: "(1) Blasphemanle, diziendo: 'Tú eres el que destruyes el templo de Dios, baxa de la cruz'; (2) fueron divididas sus vestiduras; (3) herido con lalanza su costado, manó agna y sangre".

Em (1) Inácio interpreta como uma blasfêmia a palavra provocadora dos passantes, efetivamente citada por Mateus 27,40 e Marcos 15,29-30. Na realidade, essa palavra segue o que todos os Evangelistas[84] descrevem antes de mais como a partilha das roupas, anunciada pelo Salmo 21,19: "Repartem entre si minhas vestes e sorteiam minha roupa". Quanto a isso, no entanto, Inácio silencia sobre o sentido profético desse acontecimento, que em João foi lido pela tradição patrística como sinal da preservação da unidade da Igreja: "Restava a túnica; ela era sem costura, tecida de uma só peça de alto a baixo. Os soldados disseram entre si: 'Não a rasguemos [...]'" (Jo 19,23b-24). Em (3) o redator dos *Exercícios* usa como referência o testemunho solene do evangelista, rubricando todo o seu Evangelho segundo João 19,31-37: o golpe de lança "que lhe fere o lado", de onde saiu sangue e água[85].

Em Inácio, a seleção e apresentação abreviada desses três fatos buscam unicamente demonstrar "que a divindade deixa padecer tão cruelmente sua sacratíssima humanidade" (EE 196), mesmo para além de sua morte, de modo que o exercitante seja convidado a receber a graça da compaixão até esses limites (EE 203). Mais singularmente, a lembrança do terceiro fato manifesta que, após sua última palavra pronunciada na cruz, Jesus continua a atestar a que ponto toda a sua Paixão realiza a instituição da Eucaristia como "Sacrifício" e como Sacramento original e terminal "de seu Amor" (EE 289, 3º).

Em consonância com uma tradição secular[86], Inácio sabe, ao menos por Ludolfo, que a água e o sangue saídos de seu lado simbolizam a fecundidade eclesial, sacramental e espiritual da morte do Novo Adão, e de maneira mais precisa o batismo e a eucaristia. No entanto, ao menos por ora, segundo a lógica própria da terceira semana, esse "sinal" atesta de maneira um tanto restritiva a que ponto o corpo de Jesus se esvaziou de sua vida para além do silêncio de sua morte[87]. Esse é realmente o Sacramento do sangue vertido

---

83. GV II, 6º e 7º.

84. Mateus 27,35b; Marcos 15,24b; Lucas 23,34; João 19,24b.

85. Inácio aqui não segue Ludolfo em GV II, 64, nº 12, que privilegia a versão "do sangue e da água", assim como a *Vulgata latina* do Novo Testamento, enquanto o *Autógrafo* privilegia a ordem inversa. Esse indício demonstra que o redator dos *Exercícios* não segue literalmente as citações escriturísticas propostas por Ludolfo, mas redige seus pontos a partir de outras fontes. Quanto a essa questão da ordem conferida ao sangue e à água, é proveitoso consultar Y. Simoens, *Selon Jean*, t. 3, col. IET nº 17, Bruxelles, Institut d'Études Théologiques, 1997, 853 e G. Ferraro, *Lo Spirito e Cristo nel Vangelo di Giovanni*, col. Studi biblici nº 70, Brescia, Paideia, 1984, 339.

86. Ludolfo consagra os mais longos parágrafos de GV II, 64 ao golpe de lança (12º), ao milagre e à significação do escoamento lateral do sangue e da água (13º), por fim, à maneira de extrair frutos disso para a oração (14º).

87. Atualmente, tal sinal já não será qualificado de "milagroso", como o pretendia Ludolfo, mas de natural, como escorrimento da linfa mesclada ao sangue, o que não o priva de seu excepcional valor simbólico.

"ao extremo" (Jo 13,1), pois "Cristo, no tempo determinado, morreu em prol dos ímpios […]". "Mas nisto Deus prova seu amor para conosco: Cristo morreu por nós quando ainda éramos pecadores (Rm 5,6b-8)."

4. O sexto dia (EE 208 e 298)

> EE 208: À meia-noite, da descida da Cruz até o sepulcro exclusive. De manhã, do sepulcro inclusive à casa para onde Nossa Senhora foi depois de sepultado o seu Filho.
>
> EE 298: Os mistérios da cruz até o sepulcro inclusive (Jo 19,28-42).
>
> 1º) Foi tirado da cruz por José e Nicodemos, em presença de sua Mãe dolorosa.
>
> 2º) Seu corpo foi levado ao sepulcro, ungido e sepultado.
>
> 3º) Foram postos os guardas.

Destaquemos primeiramente a mudança de ritmo: as duas contemplações habitualmente distintas, "à meia-noite e de manhã" (cf. EE 208) devem aqui compartilhar entre si o enunciado único desses três pontos (EE 298), de modo que a primeira contemplação se concluirá antes do sepultamento, enquanto a segunda incluirá esse sepultamento e o afastamento de Nossa Senhora. Essa desaceleração é evidentemente provocada pela consumação da paixão de Cristo, de modo que só nos resta assistir às consequências de sua morte, mais pesadas ainda porque será preciso "viver o luto" daquele que, no entanto, foi capaz de ressuscitar Lázaro.

O exercitante estará sob a impressão da extrema sobriedade desses três pontos, inteiramente dedicados ao destino desse corpo, apresentado aqui da maneira mais comum. Os *Exercícios* não se demoram em absoluto na descrição das circunstâncias excepcionais desse sepultamento: a iniciativa tomada por José de Arimateia junto a Pilatos para "pedir o corpo de Jesus"[88]; as tratativas dos sumos sacerdotes e dos fariseus que solicitam ao mesmo Pilatos que ponha guardas na sepultura, a fim de impedir que os discípulos roubem seu corpo para fazer crer que ele realizou sua promessa: "Depois de três dias, eu ressuscitarei"[89].

A sequência intermediária do ponto dois sublinha a passividade desse corpo, entregue ao *costume dos judeus*[90]: *Fue llevado el cuerpo al sepulcro y untado y sepulturado*. Nenhuma atenção particular é dada "ao lençol, comprado com esse fim, por José"[91], nem à enorme quantidade "(cerca de cem libras) de uma mistura de mirra e aloés, trazida por Nicodemos[92]", nem à escolha de "um túmulo novo, onde ninguém ainda havia sido posto"[93]. A divindade se oculta, a ponto de tornar insignificante o fausto régio do embalsamamento desse corpo, diante da morte inexorável que pesa até sobre o destino de Jesus: "Ó morte, onde está a tua vitória?".

---

88. Mateus 27,58; Marcos 15,43; Lucas 23,53 e João 19,38.
89. Mateus 27,62-66.
90. João 19,40.
91. Marcos 15,46.
92. João 19,39.
93. João 19,41.

Essa forma de desnudamento do destino físico de Jesus não impede, porém, que Inácio acrescente que a retirada da cruz se desenrolou *en presencia de su Madre dolorosa*, como toda a tradição cristã o contemplou e retratou[94]. A Paixão do Filho se prolonga em "sua mãe", bem como na pena do exercitante, visto que ela é "a Mãe e *Nossa* Senhora".

A partir daí, a segunda contemplação obriga o exercitante a medir o distanciamento de "Nossa Senhora" do túmulo para casa (*casa*), que pode ser, suponhamos, a sua ou a de João, que a recebeu, como "em seus próprios bens" (Jo 19,27b; *eis ta ídia*). Esse distanciamento reforça com certeza esta profecia: "Eu ferirei o pastor, e as ovelhas serão dispersas" (Mc 14,27); estas, porém, não são "dispersas a todos os ventos" (Ez 12,14), visto que Nossa Senhora é recebida na casa de João.

Irrigada pela mística de uma tradição secular, a devoção transbordante de Ludolfo não se satisfez com tal despojamento[95]. Ficamos-lhe agradecidos por haver amplamente citado alguns *sermões sobre a Paixão* em que São Bernardo explorou de forma tão eloquente a "aplicação dos sentidos". Por ocasião da deposição da cruz, o abade de Claraval contempla o corpo de Jesus da cabeça aos pés, como alguém que examina um manuscrito em que se sobrepõem todos os traços de sua vida, de sua paixão e de sua morte. Não há dúvida de que, ao ler esse testemunho por ocasião de sua convalescença em Loyola, Inácio deve ter ficado impressionado pelo imenso potencial espiritual contido nessa forma de anamnese cristã, quando ela se empenha na contemplação desse corpo "sacratíssimo". Não seria essa a razão pela qual a terceira semana não se concluirá com o sepultamento, como o propõe os Evangelhos, mas com um sétimo dia inteiramente dedicado ao memorial do que ocorreu durante a Paixão?

5. O sétimo dia (EE 208)

No último dia, Inácio não propõe pontos de contemplação, mas apenas esta diretriz:

> EE 208: 7º dia. Contemplação de toda a paixão no exercício da meia-noite e no da manhã. Em vez das duas repetições e da aplicação dos sentidos, considerar, durante o dia inteiro, com a maior frequência possível, como o corpo sacratíssimo de Cristo nosso Senhor ficou separado e afastado da alma, bem como onde e de que modo foi sepultado. Também considerar a solidão de Nossa Senhora, em tanta dor e fadiga. Depois igualmente os discípulos.

O ritmo comum dos cinco exercícios de orações é suspenso nesse "sábado Santo", durante o qual o tempo e o espaço se encontram como que imobilizados pela separação daquele que até o presente se entregou ao nosso "conhecimento interior, a fim de que mais o amássemos e seguíssemos" (EE 104). De fato, as duas primeiras contemplações serão dedicadas a "todo o conjunto da Paixão", ao passo que os três exercícios seguintes serão substituídos por uma atenção constante apenas a esse distanciamento entre o lugar

---

94. Ludolfo volta constantemente à questão do "martírio" da Virgem Maria, afligida pelos sofrimentos e pela morte de seu Filho: GV II, 63, 33º e 34º; 64, 10º; 65, 5º.

95. Cf. GV II, 65.

do sepultamento e aquele onde se encontram Nossa Senhora e os discípulos: *Cómo el cuerpo sacratíssimo de Xpo nostro Señor quedó desatado y apartado del ánima, y dónde y cómo sepulturado. Asimismo, considerando la soledad de nuestra Señora, con tanto dolor y fatiga; después, por otra parte, la de los discípulos.*

Essa memória da Paixão reforçada pelo "tudo está consumado" permanece ancorada no presente de um espaço disperso que impõe à Nossa Senhora e aos discípulos a solidão, estando eles separados do lugar em que o sacratíssimo corpo de Nosso Senhor foi sepultado. Inácio substitui aqui o termo evangélico *mnemeion*, memorial, pela "sepultura" destinada ao sepultamento sob a terra. Já não é apenas a "divindade que se esconde", portanto, mas igualmente "esse corpo" oculto na morte a ponto de ser subtraído da devoção contemplativa. Como terá sido possível notar, nessa conclusão da terceira semana ressurgem os títulos eclesiais de "Nosso Senhor" e "Nossa Senhora", que haviam desaparecido desde o terceiro dia; da mesma maneira, a denominação "do sacratíssimo corpo" permite acumular a lembrança de "todo o conjunto da Paixão", desde que o Senhor "instituiu o sacratíssimo Sacrifício da Eucaristia" (EE 289). Esse tipo particular de "sacralidade excessiva" próprio da linguagem da terceira semana mergulha neste último ocultamento, que separa e isola ineluctavelmente.

O exercitante inaciano é então instado a "permanecer" nesse espaço disperso e nesse tempo sem futuro, a fim de experimentar em sua carne a que ponto a parábola do "grão de trigo que cai na terra" (Jo 12,24) não pode ser garantida por nenhuma convicção humana, seja ela da ordem do *vitalismo* nietzschiano, seja da ordem da *Aufhebung* hegeliana. Ele experimentará, assim, o alcance realmente existencial do que Inácio definia desde a primeira semana como próprio da "consolação": "derramar lágrimas, motivadas pelo amor do seu Senhor" (EE 316, 2º).

Tal focalização no destino dos corpos nos lembra que a espiritualidade dos *Exercícios* se situa nas antípodas de toda forma de gnosticismo que pretendesse situar a questão da salvação do homem exclusivamente no nível de seu *pneuma*. Assim como Ireneu de Lyon, Inácio situa o centro nevrálgico da salvação nesse corpo singular de Cristo, o único capaz de transfigurar nosso corpo mortal em corpo espiritual. Ao descrever assim a situação e os sentimentos do círculo próximo de relações do Senhor, Inácio permanece até o fim fiel à sua hermenêutica dos mistérios dolorosos, desmistificando a maneira como a tradição espiritual glorificou a indefectível "fé e esperança da Bem-aventurada Virgem Maria", como o ilustra a citação de Agostinho extraída de VC II, 68, 1º:

> A Virgem santíssima chorava amargamente a morte injusta de seu divino Filho; mas acreditava firmemente que, como ele próprio havia prometido, sairia vitorioso do túmulo no terceiro dia, depois de lá ter sido sepultado. Durante esse tempo, somente ela conservou no fundo de sua alma a fé da Igreja. Enquanto todos os outros estavam agitados pelo medo e pela incerteza, ela jamais abandonou essa fé perfeita que lhe merecera a honra insigne de conceber em seu casto seio o próprio Deus. Por isso, esperava com confiança inabalável que ele logo ressuscitaria gloriosamente.

Apoiado na mesma autoridade de Agostinho, Ludolfo justificou a permanência de Maria "em casa", enquanto outras mulheres, no alvorecer, visitaram o túmulo. De fato, ela não poderia ter visto tão cedo o monumento funerário de seu divino Filho sem experimentar uma nova dor deveras lancinante, que teria trespassado seu coração como uma segunda espada. Pode-se presumir que São João, encarregado de ficar com ela, não a tenha deixado partir. Ademais, durante a Preparação desse *sabbat*, essa terna mãe havia vertido tantas lágrimas e soltado tantos suspiros que não se teria sustentado, a ponto "de ter sido preciso que fosse carregada pelas mãos dos discípulos da cruz até a casa, ela que então se achava semimorta" [*semiviva*][96].

E Santo Agostinho vai mais longe:

> Essa Mãe piedosa, lamentando-se de uma grande dor e golpeada no coração, tanto fatigara seus membros e suas entranhas [*había fatigado tanto sus miembros y entrañas*] que mal pôde assistir ao serviço fúnebre de Cristo. Por fim, esta é a terceira razão da permanência da Mãe de Jesus em casa: "As três Marias... queriam embalsamar o corpo conforme o costume antigo, a fim de preservá-lo de toda corrupção. No entanto, enganavam-se grosseiramente, pois o corpo sagrado, inseparavelmente unido à divindade, não podia estar sujeito à decomposição... Mas a Santa Virgem Maria sabia que ele já havia ressuscitado, imortal e incorruptível; eis por que ela não quis ir aonde ele já não estava".

Dessa descrição agostiniana, Inácio selecionou apenas "a tão grande dor e fadiga" da mãe de Jesus, abstendo-se de privilegiar sua fé excepcional e sua esperança. Essa espécie de desmitologização prolonga e consuma a hermenêutica própria da terceira semana. Evidentemente, sua solidão não é compensada em nada pelo fato de que o discípulo que Jesus amava a recebeu em sua casa (EE 297, 1º); "um único ser nos falta e tudo fica despovoado". E que ser! Ele próprio, em seu "corpo sacratíssimo", "permaneceu separado de sua alma" (EE 219) por seu sepultamento. Essa solidão dolorosa é como que entorpecida pelo esgotamento (*fatigado*). No entanto, caracteriza-se principalmente pela pessoa de "Nossa Senhora" (*Nuestra Señora*), e assim ela aumenta ao infinito "a altura, a largura, o comprimento e a profundidade" da devastação do Senhorio de seu "Filho e Senhor" que, tendo-se entregado pela multidão, "disse em alta voz: 'tenho sede'" (EE 297, 1º).

Por sua vez, ao engajar-se com coração generoso (EE 5) na empreitada dos Exercícios espirituais, o exercitante não podia imaginar até onde o levaria a resolução de dedicar-se sozinho ao único Deus (*solo soli Deo vacare*[97]), "separando-se de seus amigos e familiares" (EE 20). Isso porque, tão logo ele entrou na primeira semana, fez a experiência da desoladora tristeza de ser "uma pessoa como que separada [*como separada*[98]] de seu Criador e Senhor" (EE 317). Além disso, nesse sábado santo, eis que tal separação de Deus já não surge apenas da súplica penosa do exercitante, mas da morte que atingiu "Cristo nosso Senhor"; uma morte já experimentada antecipadamente desde o início da primeira

---

96. Cf. BERNARDO DE CLARAVAL, citado em GV II, 69, 2º.

97. MNad IV, 645.

98. O termo *apartado*, corrente em espanhol medieval, significa *retirado, distante, remoto*, ao passo que *separado* é um vocábulo inusitado nessa língua. Em EE 317, a *Vulgata* parafraseia esse versículo, ao passo que P1 e P2 traduzem: "*ad tristitiam quasi volens dividere et separare animam a Conditore suo*". Parece que *separado* é mais indicador de uma ruptura do que *apartado*.

semana: "[…] *como*, de Criador, se fez homem e como, da vida eterna, chegou à morte temporal […]" (EE 53).

Se há um momento em que "a lógica existencial" dos *Exercícios* confronta o exercitante com o ateísmo radical, é de fato nesse dia indefinidamente longo que prolonga a Paixão intemporal a ponto de ratificar a afirmação de Nietzsche: "Deus morreu". Será que nos esquivaríamos desse confronto ao pretender que o poeta de Zaratustra não visava tanto à morte histórica de "Jesus, o Galileu" (EE 294, 1º), mas antes a negação da existência de Deus na consciência humana, por fim liberada da canga de uma tradição judaico-cristã? No entanto, ao fim da terceira semana inaciana, é realmente a própria consciência do exercitante que é confrontada com o ateísmo mais agressivo, porque o redator dos *Exercícios* impõe a memória de palavras blasfematórias no lugar da confissão de fé do centurião (EE 297, 3º)! Em todo caso, permanece como sinal tangível dessa solidão de Maria a distância quase intransponível que separa esses dois "lugares físicos": o túmulo em que tudo se consumou (EE 297, 1º e 298, 2º) e essa "casa" onde se refugiou Nossa Senhora. "*Stat crux, dum volvitur orbis.*"

D. RUMO A UMA TEOLOGIA DA TERCEIRA SEMANA

1. Do "Cristo da fé" ao "Jesus da história"?

Nossa interpretação da terceira semana ressaltou fortemente que Inácio se abstém de reler os acontecimentos da Paixão à luz das justificativas escriturísticas e teológicas inseridas nos diferentes relatos de cada um dos Evangelhos. A exegese moderna reconheceu que as orações intercaladas testemunham o amadurecimento do querigma da ressurreição do Senhor no interior de cada comunidade primitiva, superando na energia de seu Espírito as perseguições que tiveram de suportar, como seu Mestre. Nesse sentido, a leitura inaciana se origina aquém da elaboração do "Cristo da fé", inclusive nos fatos que marcaram o "Jesus da história", sobretudo nas circunstâncias que trituraram o destino desse galileu, infligindo-lhe o destino de todo homem injustamente condenado à morte pela autoridade conjunta do poder religioso judaico e da razão de Estado imposta pela *pax romana*.

No entanto, o segundo ponto complementar dessa terceira semana (EE 196) só apresenta uma semelhança enganadora com essa requisição legítima da *Redaktionsgeschichte*. Se "a divindade se oculta, deixando Cristo padecer tão cruelmente na humanidade", é porque se desvelou anteriormente no Chamado do Rei eterno confirmado por sua Encarnação e simbolizado por sua bandeira, e mais imediatamente porque essa terceira semana foi inaugurada pela "Instituição da Eucaristia, como sinal supereminente de seu amor". A partir daí, "a lógica crística e espiritual" dos *Exercícios* inverte a ordem imposta pela abordagem hermenêutica contemporânea como passagem do "Jesus da história ao Cristo da fé", visto que é o Chamado do Rei eterno de todas as coisas que convoca a fé do exercitante a se entregar à brutalidade dos fatos históricos, a fim de mais imitar a liberdade com que Cristo quis enfrentá-la. Sendo assim, não é por meio da crítica histórica, que pretende garantir uma forma de neutralidade científica, mas pela fé comum à Igreja que o redator dos *Exercícios* pretende encontrar essa descida kenótica do Verbo encarnado. Além disso, se captarmos corretamente o caráter intemporal dessa Paixão como algo que se estende até o fim dos tempos, compreenderemos que a assunção dos fatos históricos se estende para muito além do que a pesquisa científica promete cumular. O terceiro ponto da *contemplação para alcançar o amor*, interpretado como memória e atualidade eterna do trabalho oneroso do Espírito que geme nas dores do parto de um mundo em espera da revelação dos filhos de Deus (cf. Rm 8,22-24a), confirmará essa perspectiva em EE 236[99].

Ademais, essa dinâmica contemplativa *já* prepara o exercitante para se expor ao "trabalho doloroso de Deus" quando ele próprio for confrontado com as tribulações decorrentes do exercício concreto da sua eleição. Isso porque, ainda que o Senhor tenha advertido seus discípulos de que enfrentariam "perseguições" como ele, a forma concreta delas sempre será imprevisível. Por isso, o caminho de confrontação com o caráter brutal dos fatos da Paixão é a melhor maneira de preparar o exercitante para enfrentar "as humilhações e as injustiças" que ele encontrará em sua vida. Uma perspectiva assim pode igualmente encontrar seu fundamento escriturístico em Romanos 8,18-39, que se conclui com um "hino ao amor de Deus".

> Romanos 8,31-36: Depois disso, que nos resta dizer? Se Deus é por nós, quem será contra nós? Ele, que não poupou o seu próprio Filho, mas o entregou [*paredoken*] por nós todos, como, junto com o seu Filho, não nos daria todas as coisas? Quem acusará os eleitos de Deus? Deus justifica! Quem condenará? Jesus Cristo morreu, não só, mas ressuscitou [...]. Quem nos separará [*chorissei*] do amor do Cristo? A tribulação, a angústia, a perseguição, a fome, a miséria, o perigo, a espada? Conforme está escrito: *Por tua causa somos levados à morte o dia inteiro* [...].

Como a terceira semana se conclui com essa vívida abordagem, aprofundada pela "solidão" de Nossa Senhora e dos discípulos e pela "separação deles" do túmulo, o hino paulino se conclui com esta pergunta: "Quem nos separará do amor de Deus, que não poupou seu Filho, mas o entregou por todos nós?".

No contexto da teologia da libertação, o padre jesuíta latino-americano Juan Luis Segundo criticou vivamente a espiritualidade dos *Exercícios* de Inácio, reprovando-a em particular pelo "dolorismo exacerbado" da terceira semana, que leva a essa concentração exclusiva na Cruz de Cristo, transformada na "capital" do sofrimento que absorve em si todo o sofrimento humano[100]. Nossa interpretação, confirmada por aquela do Pe. P.-H. Kolvenbach, não ratifica essa crítica. Em contrapartida, convém ressaltar a pertinência da resposta de Jesus quando tomou a defesa da unção por Maria, em Betânia: "Deixa-a! Ela

---

99. EE 236: "Considerar como Deus trabalha e age por mim em todas as coisas criadas sobre a terra. Isto é, como ele age [*trabaja y labora*] por mim em todas as coisas criadas sobre a terra. Isto é, como ele age à maneira de quem trabalha. Assim nos céus, elementos, plantas, frutos, animais etc.: dando o ser, conservando, fazendo vicejar e sentir etc. Depois refletir em mim mesmo".

100. J.-L. SEGUNDO, *El hombre de hoy ante Jesús de Nazaret*, II/2: "Historia y actualidad, Las cristologías en la espiritualidad", Madrid, Cristianidad, 1982, 685-770.

observa esse costume em vista de meu sepultamento. Pobres, vós os tendes sempre convosco; mas a mim não me tendes para sempre" (Jo 12,7-8).

Em comparação com toda uma vida, a brevidade da terceira semana tem pouco peso. No entanto, ela continua a ser o momento privilegiado consagrado exclusivamente ao conhecimento da "generosidade de nosso Senhor Jesus Cristo que, por vós, de rico que era, fez-se pobre, para vos enriquecer com sua pobreza" (2Cor 8,9), e assim ele "nos consola em todas as nossas tribulações, para nos tornar capazes de consolar todos os que estão na tribulação, pela consolação que nós mesmos recebemos de Deus" (2Cor 14,5). No espírito dos *Exercícios*, é a frequência da comunhão eucarística que permitirá que se reconheça a presença discreta do Pobre em todos os pobres, segundo EE 44, 3º e 303, 3º. O Pe. Cabarrús explicitou o alcance dessa semana na perspectiva atual da promoção da justiça[101].

2. A fecundidade do padecer instaurada pela Eucaristia

a. A invasão do sofrimento. No Novo Testamento, o tríplice anúncio da Paixão se delineia sempre com base no da Ressurreição, seja qual for a figura veterotestamentária que Cristo tenha levado à perfeição em sua pessoa e em sua obra (Jo 14): a do Servo sofredor (Is 53), a do Novo Moisés (Jo 14) ou ainda a do sumo sacerdote da Nova Aliança (Hb 8 e 9). O hino cristológico de Filipenses 2 dá a medida disso ao acolher a diversidade das interpretações dadas ao "eis por que", que vincula a kênosis à exaltação.

Em contrapartida, a prova da terceira semana inaciana chega a privar o exercitante da esperança da Glorificação futura, prova esta ainda maior pelo fato de que "os sofrimentos do tempo presente não têm proporção [*ouk axia pros*] com a glória que deve ser revelada em nós" (Rm 8,18). No entanto, é provavelmente em razão dessa desproporção que o apóstolo Paulo insta o crente a se consagrar quase exclusivamente à compaixão inspirada pela Cruz de Cristo. Não vivendo mais em si mesmo, mas em Cristo, que vive nele (Gl 2,20), os sofrimentos do cristão *são* os sofrimentos de Cristo nele (2Cor 1,5; Fl 3,10). A Carta aos hebreus confessa que Cristo levou à perfeição o sacerdócio da Antiga Aliança, escolhendo o caminho da obediência pela prova do sofrimento, "em vez da alegria que lhe cabia": assim como Cristo, "embora sendo Filho, aprendeu a obediência pelos próprios sofrimentos" (Hb 5,8), assim devemos "correr com persistência o certame que nos é proposto, de olhos fitos naquele que é o iniciador da fé [*archégon*] e a conduz à realização [*teleioten*], Jesus, o qual, renunciando à alegria que lhe era devida [*anti tes prokeimenés auto charas*], sofreu a cruz, desprezando a vergonha, e assentou-se à direita do trono de Deus" (Hb 12,1b-2).

Tais referências escriturísticas permitem justificar a audaciosa cesura inaciana imposta à terceira semana, durante a qual "não devo procurar pensamentos bons e santos, como de ressurreição e glória. Antes, motivar-me a sentir dor, pena e abatimento"

---

101. C. Cabarrús, Les Exercices spirituels: un instrument pour travailler à la promotion de la justice, em *La pratique des Exercices spirituels, Actes du Symposium de Bruxelles*, col. IET nº 11, Bruxelles, Institut d'Etudes Théologiques, 1991, 123-146.

(EE 206). Essa é "a lei de Cristo" (1Cor 12,26; Rm 12,15; 2Cor 1,7) que autoriza Paulo a marcar com o selo da Cruz o mundo em que vive, segundo Gálatas, 6,14: "Eu, por mim, nunca vou querer outro título de glória senão a cruz de nosso Senhor Jesus Cristo; por ela o mundo está crucificado para mim, como eu para o mundo".

b. A comunhão como alimento que fortalece os fracos. A chave da fecundidade espiritual dessa terceira semana é entregue por ocasião da Ceia, durante a qual o Senhor que se tornou Servo "lavou os pés dos discípulos" num "exemplo de humildade" e "instituiu o sacratíssimo *sacrifício da Eucaristia*, como grande *sinal* do seu *amor*, dizendo: 'Tomai e comei'. Acabada a Ceia, Judas saiu para vender a Cristo nosso Senhor (EE 289, 3º)". Um Amor assim logo se vê invadido pelo sofrimento ao qual os "três pontos complementares" remetem exclusivamente.

Depois de haver percorrido em detalhes todas as transferências de poder às quais Cristo se submeteu a cada "passo a passo", será preciso relermos a contemplação da Ceia como ato de Instituição da Eucaristia, um ato tão singular como o acontecimento da Cruz, que recapitula em sua realidade sacrificial todos os sofrimentos passados, presentes e futuros em que a história continua a triturar os homens até o fim dos tempos. Isso porque é em Cristo nosso Senhor que se concluem todos os "sacrifícios de Ação de graça": "Pai, em tuas mãos entrego o meu espírito".

Em Paulo[102], como nos sinópticos, esse convite para "comer" introduz as palavras "consecratórias". O exercitante é convidado a viver a Paixão de *nosso* Senhor como graça específica de *comunhão* espiritual tornada real por aquela forma de contemplação em que se aliam a receptividade própria da consideração dos mistérios revelados e o compromisso de sofrer o próprio sofrimento de Cristo, na linha do que Jesus proclama em João 4,34: "O meu *alimento* é fazer a vontade daquele que me enviou e realizar a sua obra".

Essa obediência substancial é relativamente independente da comunhão sacramental, porque é primeiramente o fruto privilegiado da própria contemplação da Instituição da Eucaristia, *como* sinal eminente de seu amor[103]. Nesse sentido, a tríplice distinção agostiniana de *sacramentum*, *sacramentum et res* e *res tantum* permite sustentar essa proposição inaciana[104]. O significante sacramental promove a graça de sua atualização nesse significado constituído pelo ato de amar Cristo ao qual o cristão é conformado. A partir daí, comungar no Corpo rompido e no Sangue vertido é ser capacitado para

---

102. 1Cor 11,23-26: "De fato, eis o que eu recebi do Senhor e o que vos transmiti: o Senhor Jesus, na noite em que foi entregue tomou pão, e após ter dado graças, partiu-o e disse: 'Isto é o meu corpo, partido por vós' [...] Pois todas as vezes que comerdes deste pão e beberdes deste cálice, anunciareis a morte do Senhor, até que ele venha".

103. As *adições* próprias da terceira semana (EE 204 a 207) não destacam nada em particular a respeito da assistência à missa em comparação com as semanas anteriores (EE 73 a 90 e 127 a 131), mas todas salientam a autonomia do ritmo das contemplações e as condições psico-espirituais de sua eficácia, proibindo inclusive de praticar o "colocar-se na presença de Deus" preparatória à oração "na igreja diante de outros", em vez de no secreto de um aposento individual (EE 88).

104. Inácio devia estar a par dessas distinções que se tornaram clássicas, visto que as lera na obra de LUDOLFO em GV II, 56, 6: "*Tria in hoc Sacramento*".

honrar a exigência plena da lei condensada nesses dois mandamentos do amor de Deus e do próximo (cf. Mt 22,37-40). O *Sacramentum* da Eucaristia sacrificial promove a graça de ser conformado a essa *Res* presentemente unificante da Igreja que mergulha no amor. Ao contrário, a unificação eclesial só se torna possível na única pessoa de "Cristo nosso Senhor", o único a haver perfeitamente conjugado em sua Pessoa o amor da "bondade infinita" de Deus e o amor da bondade limitada de toda criatura, com o único fim de nos "comunicar" esse único amor de Deus e dos homens, sendo ele próprio "mediador como *homem*" (1Tm 2,15), "pleno de graça e de verdade" (Jo 1,18), e justamente dessa forma, sumo sacerdote da Aliança eterna (Hb 9) "até a morte" (Jo 13,1)[105]. Esse reino do Amor transcende o da fé, a tal ponto que será sempre algo a ser alcançado, mesmo no final dos *Exercícios*: "*Contemplação para alcançar o amor*" (EE 230).

c. A carne "sacratíssima" do Cristo sofredor. Por fim, é a última parte do discurso de Cafarnaum, consagrado ao "pão da vida" (Jo 6,51-58), que permite explicitar o alcance da *morada antropológica* de toda a terceira semana: "tomai e comei". Esse discurso joanino escolheu apresentar a própria matéria da manducação eucarística, substituindo o "corpo" pela "*carne*", a fim de designar a vulnerabilidade mortal do homem inteiro, tal como foi integralmente assumida pelo ato livre de Cristo:

> João 6,54-56: Aquele que come a minha carne e bebe o meu sangue tem a vida eterna, e eu o ressuscitarei no último dia. Pois a minha carne é verdadeira comida e o meu sangue é verdadeira bebida. Aquele que come a minha carne e bebe o meu sangue permanece em mim e eu nele.

Retrospectivamente, pode-se reconhecer que todos os pontos inacianos detalhados na *seção dos mistérios* da terceira semana se concentram certamente no ser de "carne" de Cristo nosso Senhor, e que o convite para sofrer com ele nela (cf. 197) é o único caminho que leva à união nupcial do divino esposo com a alma, segundo João 6,25.

Essa graça de imanência mútua vivida como *abraço da alma por Deus* (EE 15) transborda o âmbito da união individual, se nos referirmos ao *ponto dois* da contemplação da Ceia (EE 289). Isso porque o mistério do *lava-pés*, igualmente próprio da tradição joanina, não deve ser compreendido como um sacramento que se acrescentaria ao septenário, mas como "um exemplo de humildade" (EE 289, 2º) que todo discípulo é chamado a reproduzir como expressão do amor mútuo, em homenagem ao Senhor que se rebaixou ao nível de Escravo. Esse gesto não traduz apenas a postura moral dos sacramentos particulares da Reconciliação e da Eucaristia. No entanto, constitui, no abaixamento do Servo, o "Ursakrament", o sacramento original que preside a toda a economia sacramental da Igreja, incluindo, portanto, o compromisso de vida daqueles que, batizados na morte de Cristo, exercem o sacerdócio ministerial ou o sacerdócio que consagra o mundo pela condição laica. Essa interpretação, defendida principalmente por Erich Przywara[106], permitia que se justificasse a razão pela qual Inácio apresenta o "lava-pés" *antes* da institui-

---

105. Tomás de Aquino, *S. T.*, IIIa, qu. 22 e qu. 26.
106. Erich Przywara, *Christentum gemäss Joannes*, Glock und Lutz, Nuremberg, 1964, 202-207.

ção da Eucaristia. Em todo caso, ela se coaduna bem com a mística de "serviço" defendida pela espiritualidade inaciana.

3. As duas últimas semanas no fundamento das anteriores

Já demos a conhecer os limites da dialética elaborada por Pe. Fessard, que praticamente não integra o alcance teologal e trinitário dessa "Eucaristia", como se "o crescimento da exclusão definitiva do não ser" do mal, do pecado e da morte só pudesse ser atualizado pelo Sacrifício, ao passo que este último é antes de mais "Eucaristia". Nessa dialética, é como se a contemplação inaciana da Paixão devesse ser adicionada como terceira etapa e semana dos *Exercícios*, destinada à exclusão do não-ser prévio à recepção plena do ser da liberdade. No entanto, visto que essas duas *últimas* semanas dão acesso à *via unionis*, não podemos nos contentar em situá-las no alinhamento sucessivo das duas semanas anteriores, como sugerido pela geometria racional de Fessard. Convém reconhecer, porém, que a contemplação do ato pascal de Cristo se impõe como integração recapitulativa das duas primeiras semanas no Único "que é o pioneiro de nossa fé" (Hb 2,10) e "o Primogênito entre os mortos" (Cl 1,18). De fato, é nessas duas últimas semanas que se estabelece a Primazia absoluta da misericórdia sobre a justiça — como tentamos entender a propósito da primeira semana —, e que a glória do Rei eterno de todas as coisas, aureolado pela corte celeste dos santos, será garantida pelo aparecimento do Ressuscitado à sua mãe bendita, como Esposa de Cristo e Mãe da Igreja.

Pierre Gervais captou com muita pertinência a decisiva novidade dessas duas últimas semanas, como algo que implica um "descentramento de si", estando a atenção do exercitante exclusivamente concentrada em Jesus sofredor até a morte, e não mais em seus próprios pecados[107]. No entanto, para isso é preciso integrar nesse olhar a razão pela qual Cristo foi à Paixão: "por meus pecados" (EE 193), de tal modo que agora se cruzam o "*solus Christus*" com o "*solum pro peccatis meis*", porque "a humanidade em que ele sofreu tão cruelmente" é também a minha. Nesse sentido, a iniciação à via unitiva implica muito precisamente uma união de "comunhão": "tomai e comei" (EE 289, 3º)[108].

---

107. P. Gervais, La grâce des IIIᵉ et IVᵉ semaines, em *Un commentaire littéral et théologique*, 411-425.
108. Por outro lado, Erich Przywara integra todos esses dados do texto inaciano na visão joanina: *Deus semper maior*, II, 19-21.

Capítulo IV

A QUARTA SEMANA

Esta quarta e última semana dos *Exercícios* só contém "aparições do Ressuscitado", enumeradas como catorze "mistérios" distintos. Tentaremos captar a pertinência e a originalidade de seu conteúdo. Antes de comparar essa apresentação inaciana dos mistérios gloriosos com a *Vida de Cristo* de Ludolfo, salientemos rapidamente em que aspectos a cristologia de Tomás de Aquino e a de Boaventura se apoiam em coordenadas teológicas diferentes.

Na releitura histórica dos mistérios de Cristo, **Santo Tomás** apresenta a quarta parte das *acta et passa Christi*, que abarcam "sua exaltação, desdobrada por sua ressurreição, sua ascensão, sua tomada de assento à direita do Pai e seu poder de julgar"[1]. O Aquinense se abstém, portanto, de tratar de Pentecostes, assim como os *Exercícios* inacianos. O primeiro mistério da "ressurreição" aborda sucessivamente a questão de sua necessidade, da oportunidade de seu momento "no terceiro dia", pelo fato de que Cristo devia ser o primeiro a ressuscitar, e por fim de sua causa: qu. 53, a. 1 a 4. Entrando depois no mistério próprio da ressurreição, o teólogo demonstra as "qualidades" de seu corpo: "verdadeiro, glorioso, íntegro e cicatrizado" (qu. 54, a. 1 a 4), a fim de fundamentar a verdade da "manifestação do Ressuscitado". Seria necessário que ele aparecesse a todos? Ou apenas aos discípulos? De maneira contínua? Sob outro aspecto? Demonstrando sua ressurreição com provas diversas? E satisfatórias? (qu. 55, a. 1 a 6). Por fim, a questão 56 trata da causalidade salvífica dessa ressurreição como algo que promete a dos corpos e a das almas. Abordaremos os outros mistérios da exaltação em tempo oportuno. Diante da quarta semana inaciana, notemos que o Aquinense silencia a respeito da primeira aparição do Ressuscitado à sua mãe bendita, enquanto Ludolfo a privilegia.

As principais obras tardias e místicas de Boaventura quase não evocam o mistério da ressurreição do Senhor e de suas aparições[2], exceto o *Opúsculo III*, intitulado *Lignum Vitae: De mysterio originis, passionis et glorificationis*. Em sua última sessão, o doutor seráfico afirma que o primeiro fruto próprio da *novitas resurrectionis* é o triunfo de Jesus morto, quando, pelo poder da divindade, sua alma descida aos infernos brilhou com a claridade diurna esperada por aqueles que ainda permaneciam na sombra da morte. O segundo fruto é *Iesus, resurgens beatus*, quando o Senhor apareceu em primeiro lugar às

---

1. *S. T.*, IIIa, qu. 53 Pról., estendendo-se o conjunto até a questão 59.
2. Cf. o índice do volume VIII dos *Opera omnia* de Boaventura, 740.

mulheres que o mereciam, em razão de sua intensa devoção. Os frutos seguintes designam suas outras aparições a Pedro, aos peregrinos de Emaús e aos Apóstolos, a Tomé etc.[3]. É notável que Boaventura interprete essa descida aos infernos como um mistério não apenas luminoso como também triunfal, enquanto Tomás de Aquino tenta conciliar o extremo abaixamento de Cristo descido aos infernos com sua missão de anunciar às almas justas defuntas a glória iminente de sua ressurreição. Nesse aspecto, a descida aos Infernos elaborada pelos *Exercícios* em EE 219 se coaduna melhor com a de Boaventura[4]. No entanto, nem Boaventura, nem Tomás jamais se referem à "aparição do Ressuscitado à sua bendita mãe" (EE 219).

A. A APARIÇÃO DO RESSUSCITADO À SUA BENDITA MÃE (EE 218-225 e 299)

Eis o procedimento da contemplação inicial, seguido por sua apresentação na *seção dos mistérios*.

EE 218: Primeira contemplação: como Cristo nosso Senhor apareceu a Nossa Senhora (cf. EE 299). A oração preparatória seja a de costume.

EE 219: *1º preâmbulo*. A história: depois que Cristo expirou na cruz, o corpo ficou separado da alma, a divindade sempre unida com ele. A bem-aventurada alma desceu à mansão dos mortos, também unida à divindade. Tirando dali as almas justas e vindo ao sepulcro, apareceu ressuscitado à sua bendita Mãe em corpo e alma[5].

EE 220: *Composição de lugar*: ver a disposição do santo sepulcro e da casa de Nossa Senhora, olhando em particular suas dependências como quarto, oratório etc.

EE 221: *Pedir o que quero*: graça [*pedir la gracia*] de sentir intensa e profunda alegria [*intensamente me alegrar y gozar*] por tanta glória e gozo de Cristo nosso Senhor.

EE 222: *1º, 2º e 3º pontos* sejam os mesmos de costume, como os da ceia de Cristo nosso Senhor.

EE 223: *4º ponto*. Considerar como a divindade, que parecia esconder-se durante a paixão, aparece e se mostra tão miraculosamente agora em sua santíssima ressurreição pelos seus verdadeiros e santíssimos efeitos.

EE 224: *Olhar o ofício de consolar*, que Cristo nosso Senhor exerce comparando como os amigos costumam consolar-se.

---

3. BOAVENTURA, *Opusculum III: Lignum Vitae*, em *Opera omnia*, vol. VIII, 80 ss., nos 33 e 34.

4. Em seu estudo "La théologie mystique de saint Bonaventure", 60-61, EPHREM LONGPRÉ atribui um lugar privilegiado a *In II Sent. XIII* (545), em que Boaventura estabelece uma gradação no conhecimento de Deus: "Existem quatro modos de conhecimento de Deus; pela *fé*, pela *contemplação*, pela *aparição* e pela *visão face a face*". No entanto, os exemplos que ilustram o modo de aparição não fornecem nenhum "sinal" que se refira ao ato de aparecer do Ressuscitado.

5. EE 219: "*El primer preámbulo es la historia, que es aquí, cómo después que Xpo espiró en la cruz, y el cuerpo quedó separado del ánima y con él siempre vnida la divinidad, la ánima beata descendió al infierno, assimismo vnida con la divinidad; de donde sacando a las ánimas iustas, y veniendo al sepulcro, y resuscitado, apareció a su bendita Madre en cuerpo y en ánima*".

EE 225: Concluir com um colóquio ou colóquios, segundo o assunto proposto, e um Pai nosso.

EE 299: Apareceu à Virgem Maria, o que, embora não seja relatado na Escritura, se tem por dito, quando afirma que apareceu a tantos outros. Pois a Escritura supõe que tenhamos inteligência, como está citado: "Também vós estais sem entendimento?".

1. A história como passagem pelo inferno (EE 219)

a. Um mistério doloroso ainda ou já beatificante? Concentremos primeiramente nossa atenção na memória da história excepcional relatada em EE 219. Para explicar a passagem de Cristo da morte à vida, da qual ninguém na terra foi testemunha, Inácio recorre, como Ludolfo, à tradição teológica, dogmática e espiritual da Igreja.

Como situar esse mistério dentro do itinerário dos 30 dias? O exercitante se lembrará de que durante todo o décimo primeiro dia da segunda semana contemplou a ressurreição de Lázaro (EE 285) como sinal da "Ressurreição e da Vida que é o próprio Cristo". Animado por essa fé, entenderá sem dificuldade a apreensão filosófica da passagem de Jesus pelo inferno como prelúdio da retomada de seu corpo e de sua aparição como ressuscitado; "crer para compreender vale mais do que compreender para crer" (Agostinho).

A análise lógica e gramatical das orações intercaladas que preludiam essa ressurreição foi interpretada de maneira rigorosa por Jacques Rouwez[6]. Quanto a nós, tentaremos captar o encaixe desses diversos pressupostos racionais. Ainda que esse mistério da descida ao inferno e da saída de lá possa fazer parte das iluminações do Cardoner, seu beneficiário teve de aprender a linguagem que permitiu que a tradição o expressasse. As traduções variáveis das versões latinas do *Autógrafo* reconhecem a dificuldade de captar esse mistério, tão singular como invisível.

Na história oriental e ocidental da teologia, a compreensão global da descida aos infernos e da subida de lá difere de maneira notável. No âmbito dos *Exercícios*, a pergunta pode ser formulada da seguinte forma: será que esse mistério indiviso ainda faz parte dos mistérios dolorosos — como algo que consuma no inferno a kênosis de Cristo, que se tornou obediente até a morte na cruz — ou será que ele já inaugura o ciclo dos mistérios jubilosos, ao levar os justos defuntos para a bem-aventurança celeste?

O *Autógrafo* opta nitidamente pela segunda leitura, privilegiada pela teologia bizantina e boaventuriana, especificando que foi "a alma bem-aventurada" de Cristo que inicialmente desceu ao inferno: eis por que Inácio situa essa contemplação como primícias

---

6. O Pe. Gaston Fessard captou perfeitamente o alcance metafísico dessas afirmações na perspectiva do último desenvolvimento da liberdade, tal como estabelecida na pura posição do Ser: *La dialectique des Exercices spirituels*, I, 118-130. É igualmente útil consultar a rigorosa análise gramatical proposta por Jacques Rouwez: L'apparition à Notre Dame, em *Les Exercices spirituels de saint Ignace, Un commentaire littéral et théologique*, 387 ss., bem como todos os autores que enriqueceram a interpretação de Santiago Arzubialde, em *Ejercicios Espirituales de S. Ignacio, Historia y Análisis*, Cuarta semana: de resurrección, 457-477.

da quarta semana. Em contrapartida, as versões da *Vulgata*, de *P1* e de *P2* suprimem essa referência à bem-aventurança da alma, ao mesmo tempo em que mantêm a ação realizada por ela de tirar as almas justas do inferno[7].

Essa forma de incoerência pode provir de uma leitura demasiado superficial de Tomás de Aquino, quando este trata desse mistério[8]. Ele próprio não evoca aí a "alma bem-aventurada", pois pretende recapitular simultaneamente em sua doutrina os sentidos kenótico e glorificador desse mistério. Assim ele demonstra a "conveniência" desse mistério, justificando-o triplamente:

> [...] Cristo veio carregar nossa pena, a fim de nos libertar, não apenas por sua morte, mas também por sua descida aos infernos, segundo Isaías 53,4; além isso, tendo vencido o diabo por sua paixão, libertou aqueles que, no inferno, ainda estavam acorrentados por ele, segundo Zacarias 9,11; por fim, da mesma maneira como mostrou seu poder sobre a terra ao viver e ao morrer, assim convinha que ele o mostrasse no inferno, visitando-o e iluminando-o, segundo o Salmo 23,7 e 9.

Em contrapartida, Boaventura considera "muito provável que a alma de Cristo tenha sido tornada impassível imediatamente após a separação de seu corpo"[9].

A lógica existencial desdobrada pelos *Exercícios* permite justificar a referência à "alma bem-aventurada" mencionada pelo *Autógrafo*, quando se admite que, em EE 297, 1º, Inácio evidenciou particularmente a sede de Cristo, a qual será saciada, desde sua expiração, pela retirada das almas justas do inferno graças ao brilho de sua "alma bem-aventurada". No entanto, é também a fala: "Tudo está consumado" (Jo 19,30) que indica com nitidez que em sua crucificação Cristo cumpriu plenamente a Escritura e "concluiu a obra que o Pai lhe deu a fazer" (Jo 17,4b), ao menos como empreendimento doloroso. É, por fim, a última referência "à água e ao sangue que manaram de seu lado" (EE 297, 3º) que atesta, segundo João, a fecundidade dessa morte.

b. Quem é o sujeito desse mistério? A segunda problemática tem relação com certa flutuação do *Autógrafo* (EE 219) quanto à atribuição de diversas ações a Cristo ou à sua alma: "depois que Cristo expirou na cruz" remete a *ele*, mas "desceu à mansão dos mortos" se aplica à sua "bem-aventurada alma". Depois disso, "tirando dali as almas justas e vindo ao sepulcro" deveria continuar se referindo à alma, enquanto "apareceu ressuscitado à sua bendita Mãe em corpo e alma" só pode aplicar-se ao sujeito pessoal constituído por Cristo[10].

Tomás de Aquino esclareceu essa problemática da seguinte maneira:

> [...] Cristo estava por inteiro no sepulcro, porque sua pessoa ali esteve por inteiro, em razão do corpo unido a ele; semelhantemente, esteve por inteiro no inferno, porque

---

7. *Vulgata*: "ereptisque inde iustorum animabus"; *P1* e *P2*: "unde educens animas sanctas".
8. *S. T.*, IIIa, qu. 52.
9. Boaventura, *Opera omnia*, vol. III, *In Sent. III*, dist. 21, art. 2, qu. 1, conclusio, 443.
10. A *Vulgata* resolveu a questão introduzindo "*ipse*" como sujeito do "*descendit ad inferos*", ao passo que as versões *P1* e *P2* optam por: "*secundum animam tamen unitam divinitati descendentem ad inferos*".

a pessoa inteira de Cristo lá esteve presente, em razão da alma unida a ele; ademais, Cristo está presente em toda parte, em razão de sua natureza divina[11].

c. Quais são os pressupostos nocionais estabelecidos pela tradição? Salientemos a seguir os mais importantes pressupostos pelos quais a filosofia cristã tentou explicitar um mistério muito singularmente atribuído apenas a Cristo. O primeiro diz respeito à alma e ao corpo, separados pela morte, novamente reunidos pelo retorno à vida; no estado de morte do homem, a alma separada de seu corpo, bem como o corpo separado da alma, permanecem contudo misteriosamente unidos em sua pessoa realmente idêntica à natureza divina. Se não fosse assim, a permanente identidade daquele que morreu e daquele que depois ressuscitou já não poderia ser garantida.

Tal pressuposto acarreta outros, principalmente o da criação direta da alma por Deus, a fim de assegurar essa permanência da Pessoa (cf. EE 330). Segundo Tomás de Aquino, a alma humana só é "a forma substancial" do corpo, vivo, morto e ressuscitado em razão de sua criação direta por Deus, que a sustenta assim para além da morte em sua própria autonomia relativa, como "forma subsistente". No entanto, essa alma é impotente para reanimar por si mesma seu próprio corpo, ainda mais porque não se trata de retornar à vida anterior, mas de adquirir a vida nova, definitivamente emancipada de qualquer necessidade de morrer de novo.

Todos esses pressupostos evocados anteriormente dependem, no fim das contas, da fidelidade de Deus à sua decisão original de levar à existência espíritos encarnados que paradoxalmente transcendem em perfeição toda a hierarquia dos seres criados, porque estão, cada qual, na intimidade de seu eu pessoal — "templo criado à semelhança e imagem de sua divina Majestade" (cf. EE 235) — e juntos, dotados de um "sentir" (cf. ibid.) que espera poder um dia contemplar carnalmente Deus em pessoa: "Com meus olhos de carne, verei a salvação de Deus"[12].

Tal tentativa de explicação racional, historicamente tributária de categorias próprias do pensamento grego, constitui contudo apenas uma ínfima parte do imenso empreendimento de simbolização ritual, que desde tempos imemoriais inspirou a humanidade a cada vez que ela celebra com respeito o culto de seus ancestrais falecidos. Um respeito que engloba o destino terrestre do corpo, bem como o do espírito que emigrou para o além. Um respeito que protesta contra a implacável evidência do triunfo da morte, ao mesmo tempo em que suplica a autoridade suprema daquele de quem depende, no fim das contas, o destino derradeiro de toda a sociedade humana[13].

A fortiori, tal afirmação antropológica diz respeito ao "primogênito de toda criatura", "primogênito dentre os mortos" (Cl 1,15.18), Jesus Cristo, "verdadeiro Deus e verdadeiro homem", de modo que nele "a divindade" conserva uma união transcendente singular-

---

11. *S. T.*, IIIa, qu. 52, a. 3, c.

12. Ninguém, mais do que Ireneu de Lyon buscou preservar esse paradoxo contra toda forma de denegação gnóstica, fundando-o na coerência da Palavra de Deus, consignada na Escritura do Primeiro e do Último Testamento.

13. Diante dessa tradição, o agnosticismo radical a que chega Claude Lévi-Strauss em *Tristes Trópicos* (1955) é tão somente um epifenômeno.

mente privilegiada, por um lado com sua alma, por outro, com seu corpo, em vista de sua união recíproca na ressurreição da humanidade do Filho. Cirilo de Alexandria foi o primeiro a demonstrar que o mistério crístico da descida aos Infernos pressupõe que o Verbo tenha assumido um homem completo, dotado não apenas de um corpo, mas igualmente de uma alma, contrariamente à tese de Apolinário[14].

Ludolfo, por sua vez, evocou esse mistério da descida e da subida do inferno para ilustrar de maneira muito lírica a alegria que já caracteriza esse acontecimento oculto aos olhos dos que ainda vivem na terra (VC II, 69, 1º). No entanto, sua evocação praticamente não condiz com o rigor formal da expressão inaciana. É mais verossímil que Inácio se tenha antes inspirado em Tomás de Aquino, em *S. T.*, IIIa, q. 52. No entanto, Ludolfo estabelece um vínculo de continuidade entre esse mistério e a aparição de Jesus a Maria: "O Senhor Jesus contou à Virgem Maria como ele liberou seu povo do inferno e o que ele fez durante esses três dias. É agora, portanto, a grande Páscoa"[15].

2. A aparição do Ressuscitado à sua Mãe bendita (EE 218-225 e 299)

Em Inácio, essa memória da história desemboca na primeira aparição do Ressuscitado "à sua Mãe bendita". É provável que sua "composição de lugar" (EE 220) tenha sido diretamente inspirada no capítulo 70 de Ludolfo. O Saxônico aí demonstra a pertinência dessa primeira aparição: "*El Señor Jesús se apareció a su Madre*", em referência a uma ampla tradição, tanto grega[16] como latina. Citaremos vários trechos desse capítulo, ao qual os comentadores dos *Exercícios* quase não se referem[17].

a. O Cartuxo começa por notar a diferença de comportamento das três Marias que vão ao túmulo, enquanto "Nossa Senhora continuava a derramar suas lágrimas e orações em casa". Depois, demora-se na análise do sentido místico dos diferentes perfumes trazidos por cada Maria, como algo que simboliza a homenagem prestada por "iniciantes, pelos que progridem e pelos perfeitos ou contemplativos". A exemplo dessas santas mulheres, todos nós, cristãos, segundo nosso respectivo estado, devemos buscar o Salvador para embalsamá-lo com os perfumes apropriados… Por tais disposições, como assegura São Bernardo, "mereceremos que Jesus Cristo se manifeste a nós, fazendo-nos participar da alegria de sua Ressurreição" (cf. VC II, 70, 2º a 4º).

---

14. *Dialogue christologique sur l'incarnation du Monogène*, intr., trad. e notas de G. M. Durand, PG 75: 691a-694c; col. SC nº 97, Paris, DDB, 1964, 228-241.

15. GV II, 70, nº 6 e nº 7, *in fine*.

16. C. Giannelli, Témoignages patristiques grecs en faveur d'une apparition du Christ ressuscité à la Vierge Marie, *Revue des Études Byzantines* 11 (1953) 106-119.

17. Erich Przywara, *Deus semper maior*, II, *Vierte Woche*, Erster Tag, Erste Übung, 139-152; Simon Decloux, *Notre Dame dans la spiritualité ignatienne*, CIS, XIX (2-3), 1988, 164 p.; P.-H. Kolvenbach, La Pascua de Nuestra Señora, CIS 19, 1988, 145ss.; Jacques Rouwez, L'apparition à Notre Dame, em *Les Exercices spirituels de saint Ignace, Un commentaire littéral et théologique*, 381-403; Jean-Marie Hennaux, En apparaissant à la Vierge Marie, le Christ a fondé l'Église, em *NRT* 126/1 (2004) 33-48.

Prolongando nossa leitura de Ludolfo, chegamos ao momento em que ele descreve a aparição do Ressuscitado a Maria, sua Mãe, evocando num conjunto o aspecto de seu rosto e de suas roupas, "totalmente resplandecente de glória e de beleza, decorado com as vestes esplêndidas de sua Ressurreição triunfante" (VC II, 70, 5º), o que Inácio resume muito formalmente nestes termos: "...ele apareceu em corpo e em alma".

Por fim, Ludolfo aborda a questão crítica da ausência de menção explícita dessa primeira aparição nos Evangelhos (VC II, 70, 7º). Começa por assinalar a credibilidade dessa "lenda", apoiando-se na relação íntima do Filho com sua Mãe, e ilustrando-a com a opinião teológica de Inácio de Antioquia e de Anselmo. Este último considerava que essa aparição testemunhava também a relação privilegiada do Espírito Santo com Maria: "O Espírito Santo, que havia estabelecido em Maria sua morada privilegiada, lhe revelava claramente todas as ações de seu divino Filho" (ibid.). Confrontado com essas razões de conveniência, Ludolfo escolhe a seguinte:

> O Salvador primeiro se mostrou à Virgem Maria, não tanto para lhe dar uma prova de sua Ressurreição, mas unicamente para cumulá-la de alegria por sua vinda: *no para probar su Resurrección, sino para que, viéndole, se alegrara*.

Essa interpretação é de grande alcance. Significa que a finalidade dessa aparição à Virgem Maria se distingue de toda a série de aparições seguintes, na medida em que não a convocava para ser enviada em missão para testemunhar a ressurreição do Cristo Jesus, como será o caso nas outras aparições do Senhor às três Marias, aos Apóstolos e a vários outros discípulos. Eis por que o Cartuxo salienta unicamente o fruto de "alegria e júbilo" dessa primeira aparição à mãe de Jesus.

b. Parece-nos evidente que, ao redigir o *terceiro preâmbulo* (EE 221) e seus *dois pontos complementares* (EE 223 e 224), em sua aplicação primeiro a essa aparição à sua Mãe bendita, e por extensão a toda a *quarta semana*, Inácio se inspirou nessa conclusão de Ludolfo, pois o pedido de graça se concentra unicamente na "alegria e no júbilo motivado pela Glória e pela alegria do Ressuscitado", sem evocar em absoluto a do testemunho missionário. O *segundo ponto complementar* confirmará esse fruto, na medida em que ele se focaliza no "ofício de consolador" proporcionado pelo Ressuscitado, sem evocar tampouco o envio das testemunhas em missão.

3. O espaço e o tempo próprios dessa semana (EE 223-224)

Se compararmos as apresentações da semana *tipo* da quarta semana com *a seção dos mistérios* próprios dessa semana, constataremos que o redator dos *Exercícios* já não segue o procedimento adotado nas duas semanas anteriores. De fato, a apresentação *tipo da quarta semana* já não comporta nenhuma menção de uma série numerada de dias depois da "primeira contemplação: como Cristo nosso Senhor apareceu a Nossa Senhora" (EE 218). Por outro lado, na *seção dos mistérios*, as outras aparições são devidamente repertoriadas e contadas desde a segunda até a décima quarta, sem contudo serem situadas numa sequência de dias. Por fim, contrariamente às apresentações adotadas na segunda e na terceira semana, Inácio já não prevê uma seleção *típica* de mistérios, que poderia ser completada por outros mistérios relatados na *seção dos mistérios*. Portanto, é como se fosse necessário abarcar em conjunto todas essas aparições, ao ritmo de duas por dia, exceto no primeiro dia, que será inteiramente dedicado a essa "primeira contemplação" constituída pela aparição à Nossa Senhora. Segundo esse *timing*, a quarta "semana" (cf. EE 226) abrangerá, portanto, oito dias em vez de sete, número oito que simboliza a plenitude da consumação.

A maioria dos comentários antigos e modernos praticamente não buscou resolver esse enigma da nova temporalidade da quarta semana. Preferimos adotar a *lectio difficilior*, que pretende detectar aí o traço indubitável de uma mudança de parâmetros espaço-temporais imposta pela irrupção do mistério absolutamente novo da aparição de "Cristo nosso Senhor", atestando sua soberana liberdade no Instante Presente de sua ressurreição escatológica. Começaremos, portanto, por especificar a grande mudança espaço-temporal realizada por ocasião da passagem à quarta semana.

Ao longo da contemplação de *terceira semana*, o espaço e o tempo atravessados por Jesus se impunham pela continuidade e pela duração de seu caminho de sofrimento, ditadas por aqueles que o entregaram, julgaram e crucificaram. Em contrapartida, na *quarta semana* a contemplação de cada aparição do Ressuscitado já não é determinada pela necessidade de passar de um lugar a outro, respeitando a continuidade de um tempo linear. Agora, a instantaneidade das "aparições" e das "desaparições" de Jesus atesta seu soberano domínio do tempo e do espaço comuns, ao mesmo tempo em que ele se autoriza a intervir neles em ocasiões precisas, em proveito daquelas e daqueles que esperam confusamente sua ressurreição. Além disso, as catorze aparições mencionadas pelos *Exercícios* ultrapassam a duração dos "quarenta dias", visto que o Ressuscitado apareceu a Paulo, "após a Ascensão, como a um abortivo" (EE 311, 1º).

Para esclarecer esse mistério da transfiguração das coordenadas espaço-temporais, basta apontar as primeiras palavras do capítulo 20 do Evangelho joanino: "*mia ton sabbaton*". Esse dia "um" dos sábados é um número cardeal, não ordinal, designando o Dia Único da Ressurreição e não o primeiro (*protos*) dia de uma série linear. Além disso, "o jardim" em que o "Jardineiro" aparece a Maria evoca a recriação do primeiro jardim do Gênesis.

Os *Exercícios* já transcrevem essa transfiguração espaço-temporal no procedimento da aparição a Nossa Senhora. É assim que se compreende em sua memória materna (cf. EE 221) a soberania do Senhor a partir do momento em que a "alma bem-aventurada" dele foi separada de seu corpo, como os tantos adventos sucessivos que se sobrepõem ao tempo e ao espaço antes que ele emergisse, por fim, no quarto de Nossa Senhora num instante: "*de donde (infierno) sacando a las ánimas justas, y veniendo al sepulcro, y resuscitado, apareció a su benita madre, en cuerpo y en ánima*" (EE 219).

Ademais, como já pudemos verificar durante as duas semanas anteriores, "o tempo de narrar" dos *Exercícios* nem sempre corresponderá ao "tempo narrado" dos Evangelhos. Ao longo de nossas análises futuras, teremos a ocasião de justificar a divergência entre eles.

4. Como Cristo nosso Senhor apareceu a Nossa Senhora (EE 219)

a. Segundo Ludolfo, a aparição a "Nossa Senhora em tamanha dor e tamanho esgotamento" transfigura a Mãe bendita, não antes de mais porque ela permanecera em casa, firmemente convencida de que seu Filho já havia ressuscitado[18], mas pelo único fato de seu Filho haver tomado a iniciativa de aparecer-lhe em primeiro lugar.

Inácio condensa o modo dessa vinda nestes termos: "*en cuerpo y en ánima*", a fim de significar que o corpo glorioso do Senhor está livre a partir de agora da opacidade própria de todo corpo terrestre, deixando transparecer a radiância direta de sua alma, conforme às quatro perfeições atribuídas pela escolástica aos verdadeiros corpos ressuscitados: impassibilidade, agilidade, integridade e glória. Notemos, contudo, que essa forma de perfeição na aparição de Cristo diz respeito apenas à sua humanidade, sem incluir aí sua divindade. Tal restrição significa que essa aparição ainda permanece ancorada na história terrestre de Maria, até que sua Assunção abra-a à epifania gloriosa de seu Filho, "resplendor da glória e expressão do ser do Pai" (Hb 1,3). No entanto, nossa interpretação não despoja a aparição de seus privilégios singulares, na medida em que a fé exemplar da Virgem Maria podia alcançar, mediante esse sinal do "corpo e da alma", a própria divindade do Senhor ressuscitado. Gaston Fessard caracterizou bem o alcance dessa forma de deferência com que a "Mãe bendita" foi gratificada.

> Aos olhos de Inácio, trata-se de estabelecer muito menos a *prioridade temporal* dessa aparição do que *sua primazia de ordem sobrenatural* e, por assim dizer, seu valor categorial em relação a todas as outras aparições por meio das quais prossegue o crescimento da Posição do Ser. Sua afirmação não se opõe, portanto, à prioridade da ordem social e histórica que Paulo atribui à aparição de Cristo a Pedro. Isso porque o que interessa então ao apóstolo dos gentios é reconhecer que o lugar eminente do Chefe dos apóstolos é assim confirmado[19].

Já podemos deduzir daí que a contemplação da aparição do Senhor à sua Mãe fundamenta a *historialidade* da "consolação sem causa precedente", pois "é próprio do Criador *entrar*, *sair*, causar moção na alma, atraindo-a toda ao amor de sua divina Majestade" (EE 330). De fato, a soberana liberdade do Ressuscitado não alcança apenas a intimidade da alma, mas também o espaço em que ele se manifesta "em alma e em corpo" como quer, quando quer e onde quer. Esse domínio do espaço será exemplarmente atestado quando ele aparecer a seus discípulos "estando fechadas as portas, pondo-se no meio deles" (EE 304, 2º). Sua liberdade se exerce também sobre *o tempo*, que já não se situa numa duração linear que leva implacavelmente à morte, mas coincide com o Presente doravante eterno, no qual o Ressuscitado entrou humanamente; um tempo de graça oferecido àquele que aprende a reconhecer a graça "que vem do alto" (EE 237) em cada uma de suas aparições, distintas somente em razão de sua magnânima difusão a tantas testemunhas diferentes situadas em lugares e tempos ainda distintamente "separados".

---

18. Cf. GV II, 70, 5º.
19. G. Fessard, *La dialectique des Exercices spirituels*, I, 139.

b. A composição de lugar segundo EE 220: "*[...] ver la disposición del sancto sepulcro, y el lugar o casa del nuestra Señora, mirando las partes della en particular; asimismo la cámara, oratorio, etc.*"

Os dois lugares distintos aqui evocados já não são descritos a partir de sua exterioridade, como foi o caso na cena da Encarnação (cf. EE 103), que então situava a casa de Nossa Senhora "na cidade de Nazaré, na região da Galileia", depois de haver considerado "a grande extensão e a curvatura do mundo". Agora, esse lugar real é definido a partir de sua interioridade: "o oratório". Da mesma maneira, "o sepulcro" (EE 298) se tornou "o santo sepulcro"[20]. A partir daí, esses dois lugares distintos são como que atravessados e recolhidos pela retomada de seu corpo na alma bem-aventurada, em seguida pela aparição do Ressuscitado "em corpo e em alma" à sua bendita Mãe, segundo a nova transparência do corpo glorioso que irradia a intimidade de sua alma, até "na intimidade materna daquela que guardou o Verbo e seu Filho, na solidão de sua dor e de sua fadiga"[21]. O próprio Pe. Fessard traduziu essa perfeição do parecer radiante do Ressuscitado na linguagem da dialética hegeliana.

> Para além do devir, o corpo ressuscitado contém o espaço real, assim como nosso espírito, o mundo de seus pensamentos. Mesmo determinando um *hic* ou um *illud*, qualquer outro ponto lhe é diretamente contíguo; isso porque os pontos invertidos desse mundo já não se excluem uns aos outros como conceitos no ser. Para passar de um a outro, o meio que ele deve transpor é o espírito, a ausência de meio. Visto que o meio expressa negação, e como o espírito é negação da mediação, a mediação que se tornou direta, o corpo ressuscitado, desfruta de uma agilidade infinita. *Seminatur in infirmitate, surget in virtute.* Arrastado no devir, encerrado no espaço, nosso corpo adâmico torna-se obscuridade e a própria opacidade. [...] Ao contrário, o corpo ressuscitado é meio transparente e iluminador. Uma vez que o *hoc* de Cristo nada mais é que o ser imediato do movimento livre pelo qual o Eu se estabeleceu e constituiu "Si", cada eu também só vê, nesse *hoc*, o "si", a própria história de seu devir, de sua liberdade, mas iluminada, compreendida. Conhecendo-se nesse Si, cada eu conhece por isso todos os "eus" e é conhecido por todos. *Surget in gloria* (1Cor 15,43)[22].

c. O pedido da graça segundo EE 221: "*Demandar lo que quiero; y sera aquí, pedir la gracia para me alegrar y gozar intensamente de tanta gloria y gozo de Xpo nuestro Señor*".

A qualificação do que eu quero pelo pedido explícito da "graça" não é constante nos *Exercícios*, visto que é reservada ao *tríplice colóquio* a ser repetido desde a meditação das *Bandeiras* (cf. EE 147). Aqui mesmo, por múltiplas razões essa "graça" é a mais divina e a mais humana que existe. Primeiramente por ser oferecida nessa quarta semana, para além da qual já não há outras semanas a esperar. Depois, por ativar em mim "intensamente" "o que eu quero", tornando-me alegre e regozijando-me com um júbilo e uma alegria pura e extaticamente motivada por "tanta glória e alegria de Cristo nosso Senhor". Atesta-se

---

20. J. ROUWEZ, em *Les Exercices spirituels de saint Ignace, Un commentaire littéral et théologique*, 387.
21. Ibid., 393.
22. *La dialectique des Exercices spirituels*, I, 129.

aqui a superação sublime de nossa alteridade de criatura pelo acolhimento íntimo dos afetos e dos sentimentos espirituais do próprio Ressuscitado. Por fim, repitamo-lo, encontra-se confirmada, e a partir daí enraizada nos mistérios de Cristo que se apropria da História da salvação, a excelência da "consolação sem causa precedente" (cf. EE 330), bem como a primazia do "primeiro tempo" de eleição, reconhecida na evidente transparência do brilho de sua "Vida verdadeira" (EE 175 e 139). Retrospectivamente, pode-se postular que a psicologia espiritual dos *Exercícios*, devidamente regulada pelo discernimento dos espíritos (cf. 313 a 336), é de tipo ressurrecional, em vez de kenótico.

d. O primeiro ponto complementar, segundo EE 223: "*El cuarto, considerar como la divinidad, que parecía esconderse en la pasión, parece y se muestra agora tan miraculosamente en la santíssima resurrección, por los verdaderos y santíssimos efectos della*".

Essa anamnese do ocultamento anterior da divindade na terceira semana se encontra como que justificada pelo desvelamento próprio da quarta, o que já evocamos em referência a João 18,36-38.

1º) Independentemente dessa redundância, convém primeiro explicar palavra por palavra o enunciado inaciano: *a divindade aparece e se mostra tão miraculosamente*. O verbo reflexivo — *se muestra* —, bem como o advérbio *tan miracolosamente* são dois hápax dos *Exercícios*, confirmados pela ausência de toda referência ao substantivo *miracolo* da "ressurreição de Lázaro" (EE 285)[23]. Por outro lado, o verbo *parecer* é conjugado dezesseis vezes na *seção dos mistérios*. Neste ponto, é o único milagre que o exercitante é instado a registrar como automanifestação da própria divindade. Além disso, *parece y se muestra* deve ser interpretado como um hendíadis, tendo o segundo verbo a função de permitir a adjunção de um complemento direto reflexivo, enquanto nem o espanhol nem o francês o toleram a propósito do ato de parecer, ou de aparecer. Quanto a essas aparições do Ressuscitado, será preciso notar que Inácio se autoriza a distinguir "*Apareció a María*" (EE 300, 3º) e "*se les apareció en el camino*" (EE 301, 2º). Teremos de mostrar em que medida esse ato de aparecer com ou sem reflexivo distingue dois níveis de excelência dessas aparições[24].

2º) "*En la santíssima resurreción.*" A forma superlativa desse adjetivo só se encontra aqui, dada a redundância em seus efeitos: "*por los verdaderos y santíssimos efectos della*". É permitido refinar o alcance dessas afirmações lacunares recorrendo à escolástica medieval: visto que a excelência dessa santidade só pode ser atribuída a Deus, é realmente a própria divindade que se mostra como "causa formal e exemplar" dessa ressurreição até em seus efeitos.

---

23. A título de comparação, Tomás de Aquino distingue dois tipos de milagres: por um lado, os que atestam a intervenção da potência divina dentro das leis da natureza, a fim de levar pedagogicamente à fé nos mistérios propriamente ditos da Revelação de Deus; por outro, os milagres que, por si só, são reveladores do mistério, como a concepção virginal de Maria, a transubstanciação eucarística e a ressurreição do Senhor.

24. A esse respeito, a tradução de É. Gueydan não reflete essa diferença inserida no *Autógrafo*: "*se aparesçe*" deveria ter sido traduzido por "ele próprio aparece".

3º) "*Verdadero*". Esse adjetivo atravessa as três últimas semanas dos *Exercícios*, visto que se aplica globalmente ao "fundamento verdadeiro da História" (EE 2). Ele emergirá na "verdadeira Vida" (EE 139) ensinada "pelo supremo e verdadeiro chefe" (EE 139, 143); depois, aqui mesmo e, por fim, nas regras de ortodoxia ordenadas "para o verdadeiro sentido que devemos ter na Igreja militante" (EE 352). É somente na ressurreição de nosso Senhor, no entanto, que essa Vida "se mostra" segundo sua divindade. Essa qualificação caracteriza a autenticidade e a exemplaridade da "causa eficiente", sempre divina, até em seus efeitos.

4º) No entanto, por mais preciso que seja, o enunciado de Inácio deixa pairar uma dúvida. Será que "a santíssima ressurreição" deve ser integrada como *um* dos "efeitos", entre outros, atribuídos à causalidade divina? Ou será que tal ressurreição se distingue *dos* efeitos que produz por si mesma? O enunciado gramatical do enunciado inaciano nos orienta para a segunda solução[25]. Ademais, esta última se coaduna com a compreensão joanina da "ressurreição de Lázaro" (EE 285), em particular quando o segundo ponto identifica a pessoa de Cristo ao "Eu sou a Ressurreição e a Vida" (Jo 11,25). Pode-se então deduzir que a *glória* propriamente teândrica da Ressurreição de Jesus sempre excederá a de suas automanifestações históricas, ao passo que o fruto espiritual oferecido nessas aparições mergulhará o exercitante naquele excedente de glória, transportando-o extaticamente ao cerne da alegria e do júbilo do próprio Ressuscitado. As duas observações seguintes permitirão fundamentar essa tese.

a) Para compreender a pertinência e a originalidade de toda a quarta semana, convém referir-se prioritariamente ao último ponto da *contemplação para alcançar o amor*, que para grande número de intérpretes caracteriza a "economia" própria dessa última semana como emergência decisiva da "teologia"[26]: "Olhar como todos os bens e dons descem do alto, assim como meu limitado poder provém do infinito e sumo poder do alto. [...]" (EE 237). Uma tal "descida" universalmente reconhecível em todo bem criado (Rm 1,19-21) e em todo dom vindo de Deus orienta a compreensão da *via eminentiae*, não apenas no sentido da última ascensão do espírito para Deus, mas também e principalmente como autocomunicação da excelência de Deus, "que desce" à economia da criação e da redenção. Nesse aspecto, a ressurreição de Cristo pertence arquetipicamente a essa ordem de autocomunicação de Deus "em sua divindade", sem se confundir todavia com os efeitos historicamente *limitados* que são suas aparições *em sua humanidade*.

b) Essa interpretação permite captar a originalidade existencial e espiritual dos *Exercícios*, que não pode ser plenamente compreendida por justificações de tipo nocional. Não é um fato que a escolástica medieval sempre correu o risco de reduzir o mistério da autocomunicação sobrenatural de Deus aos critérios oriundos de uma apreensão filosófica da criação que privilegia a relação de causa a efeito? Já em Inácio o excesso de milagre atestado pela ressurreição (*tan miraculosamente*) poderia muito bem significar a superação dessa moldura racional demasiado rígida.

---

25. A tradução de É. Gueydan opta claramente por essa interpretação.
26. Retomamos aqui as distinções fundamentais que marcaram os primeiros discursos dos Padres da Igreja.

e. O segundo ponto complementar, segundo EE 223: "*El quinto, mirar el oficio de consolar, que Xpo nuestro Señor trae, y comparando cómo unos amigos suelen consolar a otros*".

Gaston Fessard propôs que se interpretasse a passagem do primeiro ao segundo ponto complementar como transição da objetividade à subjetividade[27]. Esse tipo de recorte resolutamente inspirado pela conceitualidade moderna não deve ser transformado num absoluto. De fato, não raro é a mesma Palavra do Ressuscitado, objetivamente atuante e subjetivamente consoladora, que opera essa transição, por exemplo em EE 304, 2º: "*Aparece-lhes* Jesus, estando fechadas as portas. Pondo-se no meio deles, disse: 'A paz *esteja* convosco!'", e, na sequência, "Dá-lhes o Espírito Santo […]".

Inácio se permite resumir todos os dons oferecidos pelo Ressuscitado por "seu ofício de consolador"[28]. Isto deve ser compreendido no pano de fundo da compreensão inaciana da "consolação espiritual", concebida como pedra angular e arquetípica de todo discernimento: "todo aumento de esperança, fé e caridade, bem como toda a *alegria interna*, que chama e atrai para as coisas celestes e para a salvação da própria pessoa, aquietando-a e pacificando-a em seu Criador e Senhor" (EE 316, 3º).

A surpreendente primazia atribuída à esperança se fundamenta, em última instância, na historicidade das aparições do Ressuscitado, segundo 1Cor 15,13-14: "Se não há ressurreição dos mortos, também Cristo não ressuscitou, e se Cristo não ressuscitou, a nossa pregação é vazia, e vazia também a vossa fé"[29].

É igualmente notável que Inácio comente esse ofício de consolação apoiando-se numa "*comparação*" ausente na terceira semana (cf. EE 194 a 196). Enquanto a semana da Paixão impunha que se contemplasse a contrariedade do comportamento pecaminoso do homem negando a identidade daquele que se entrega em sua "doçura" (cf. EE 291, 2º), a quarta oferece agora um olhar inteiramente novo, capaz de estabelecer comparações com o comportamento comum de pessoas que, à luz do Ressuscitado, podem refletir de

---

27. G. Fessard, *La dialectique des Exercices spirituels*, I, 140-142.

28. A. Codina, *Los orígines de los Ejercicios espirituales de S. Ignacio de Loyola, Estudio histórico*, Barcelona, Bibl. Balmes, 1926, 237, critica Watriguant por haver atribuído demasiado precipitadamente a Ludolfo esse papel de consolação, visto que "o Cartuxo não nos apresenta essa partilha da consolação nem como o papel [*officio*] próprio do Ressuscitado, nem em comparação com os amigos que consolam outros".

29. Em *La dialectique des Exercices spirituels*, I, 141-143, G. Fessard tem a genialidade de formalizar assim a relação da esperança com a fé: "Com efeito, se a Fé é 'a substância das coisas que se esperam', não seria possível dizer que a Esperança é 'o fenômeno das coisas em que se crê'? Para que o sacrifício, essencial ao ato livre, seja possível, é preciso que a união final e definitiva entre a Virtude e a Felicidade, o bem moral e o bem sensível, o Dever-ser e o Ser que é e não é, o Ser e o Não-ser, não seja apenas um ideal situado no infinito, mas um ideal *presente* no *hic* e *nunc*. Se ele estivesse situado exclusivamente na conclusão de um progresso indefinido, seria propriamente inatingível para o ser finito, que se move na representação. Se estivesse presente como as coisas que se veem, não seria necessário esperar, pois 'não se espera aquilo que se vê'. A esperança é, portanto, a união desses dois elementos. E visto que ela representa o que ainda era interior e invisível à fé, ela de certa forma aumenta-a, aperfeiçoa-a. Por outro lado, visto que ela deixa a esse Presente seu caráter de ideal, de futuro, inaugura o reino da caridade, preparando a vinda do Espírito de Amor".

maneira limitada, porém real, "o sumo poder do alto, a justiça, bondade, piedade, misericórdia etc.; assim como descem os raios do sol…" (EE 237).

Essas poucas pesquisas nos convidam a não opor de maneira demasiado incisiva os dois pontos complementares, visto que estes são chamados a se adaptar com flexibilidade aos três pontos que orientam a interpretação de cada mistério. A bem dizer, é a autoridade da Escritura relida por meio da tradição viva da Igreja, da qual Inácio é um intérprete entre outros, que se impõe em primeiro lugar, ao passo que os dois *pontos complementares* têm por função relembrar ao exercitante que ele é chamado a colher os frutos próprios de todos esses mistérios de aparições do Ressuscitado, isto é, a fim de guiar o "sentir" pessoal do exercitante, sem todavia constrangê-lo a obedecer de modo "escolar" a essas normas definidas por "dois pontos complementares" (cf. 228, 1º).

5. A conjugação dos três títulos marianos

É ainda mais indispensável tratar da convergência excepcional desses três títulos — Virgem Maria (EE 299), Nossa Senhora (218), sua bendita Mãe (219) — pelo fato de o primeiro só aparecer aqui nos *Exercícios*, ao passo que na "primeira contemplação da Encarnação" Inácio preferiu denominar a beneficiária do anúncio do Anjo como "Nossa Senhora"[30]. Comecemos por situar o contexto exato do primeiro desses títulos.

a. A Virgem Maria

EE 299: "*Apareció a la Virgen Maria; lo cual, aunque no se diga en la Escritura, se tiene por dicho en dezir que apareció a tantos otros; porque la Escritura supone que tenemos entendimiento como está escrito: También vosotros estáis sin entendimiento?*".

Quando pretende responder à objeção de que a Escritura não menciona essa aparição, o redator dos *Exercícios* remete a Lucas 24,25a: "Espíritos sem inteligência, corações tardos para crer tudo o que os profetas declararam! Não era preciso que o Cristo sofresse isso para entrar na sua glória?" (v. 25b-26). Na perspectiva de Inácio, esse trecho de versículo demonstraria suficientemente que "a Escritura pressupõe que temos a inteligência [*entendimiento*]", o que traduziremos mais rigorosamente recorrendo ao "domínio (pessoal) do entendimento". Em um contexto assim, essa formulação é surpreendente, pois conjuga estreitamente o domínio por um sujeito humano de um saber ordinariamente oferecido pelo "entendimento" com a razão de crer num mistério tão secretamente divino.

Em contrapartida, a tradição representada por Tiago de Voragine e Ludolfo da Saxônia argumenta a partir da autoridade da *lex orandi*, referindo-se aqui à liturgia celebrada pela Igreja primitiva na basílica romana de Santa Maria Maior[31]. Esta última argumen-

---

30. Nossas próximas análises inspirar-se-ão especialmente em JEAN-MARIE HENNAUX, En apparaissant à la Vierge Marie, le Christ ressuscité a fondé son Église, NRT 126/1 (2004) 33-48.
31. TIAGO DE VORAGINE, La légende dorée, cap. 52, [6. 13] se apoia nessa liturgia ancestral celebrada em Santa Maria Maior, assinalando que a primeira beneficiária da aparição do Ressuscitado

tação parece bem mais concludente que o recurso inaciano ao domínio do entendimento, a menos que se faça referência à 2ª Anotação, segundo a qual o exercitante extrairá um grande proveito espiritual "sentindo a história, quer pelo seu próprio raciocínio [*por la ratiocinatión propria*], quer porque seu entendimento [*el entendimiento*] é iluminado pela virtude divina".

No entanto, essa argumentação inaciana fundada no entendimento natural, mesmo iluminado pela fé, parece distanciar-se mais ainda de sua aplicação, tanto mais que o evangelista conclui sua citação da palavra de Jesus enunciada em Lucas 24,27 evidenciando a autoridade exclusiva que o Senhor se atribui de dominar plenamente a compreensão da Lei e dos Profetas: "E começando por Moisés e todos os profetas, ele lhes explicava o que lhe concernia em todas as Escrituras". Henri de Lubac condensou essa afirmação nestes termos: "Cristo é o *exegeta* da Palavra de Deus porque ele é sua *exegese*", o que a *Vulgata* de Jerônimo traduz nestes termos: "[…] *interpretabatur illis in omnibus Scripturis, quae de ipso erant*". Essa forma de reflexão total não tem afinidade com "o domínio do entendimento" (EE 2)?

No entanto, é preciso mostrar por que esse tipo de afirmação lucana convém de maneira privilegiada, de um lado àquele que aparece como *Ressuscitado*, e de outro a Maria, que com ela se beneficia como *Virgem*. Para explicar essa "narrativa em abismo", rememoraremos o percurso dos *Exercícios*.

"A história" começou com a vasta cena do mistério da Encarnação, cujo desafio dramático por fim encontra seu desenlace no diálogo da Anunciação (EE 101 ss.). A propósito disso, Inácio se havia contentado em ressaltar esta resposta de Maria ao anjo Gabriel: "Eis aqui a serva do Senhor; faça-se em mim segundo a tua palavra" (EE 262, 3º), enquanto Lucas 1,27 introduzira a cena assinalando: "e essa *jovem* se chamava Maria". Em nosso comentário desse primeiro mistério, já havíamos destacado o impressionante silêncio que rodeia o milagre da concepção virginal de Maria, justificando essa carência pela oportunidade, imposta pela lógica inaugural do Reino, de atribuir a primazia ao *fiat* de Maria, como resposta arquetípica ao chamado do "Rei eterno de todas as coisas", de modo que em sua esteira o exercitante encontra nela suficiente audácia para fazê-lo pedir por sua intercessão a graça de ser recebido sob a Bandeira de seu Filho e Senhor.

No entanto, é somente no momento em que o Ressuscitado se manifesta "em corpo e em alma" reconciliados por seu triunfo definitivo sobre a morte que Maria pôde atestar-se como *Virgem* segundo a plenitude suprema desse termo, a saber, como inteiramente consagrada à Sabedoria divina que se irradia do "Primogênito entre os mortos". Por isso a virgindade de Maria pode deixar transparecer em seu próprio corpo, bem como na intimidade de sua alma íntima, o resplandecente Espelho da Glória inefavelmente teândrica de "seu Filho e Senhor".

---

tinha de ser "a gloriosa Virgem", segundo Ambrósio (*La Virginité*, 1, 3) e Sedúlio. Sua argumentação se fundamenta igualmente na relação privilegiada da Mãe com seu Filho, sem jamais evocar, porém, seu título de "Nossa Senhora". Por sua vez, Ludolfo da Saxônia recorre igualmente à autoridade dessa festa litúrgica em GV II, c. 70 nº 7.

Para o exercitante, tanto quanto para ela, o que há de novo, então, desde o início do percurso dos *Exercícios*? Essa virgindade já não é condicionada simplesmente pela continência carnal que permite romper o encadeamento do pecado original em suas consequências geracionais (semana I), nem pelo *fiat* consagrado por sua perfeita obediência (semana II), nem mesmo *pela* mãe que se dedicará, a partir daí, ao discípulo amado, enquanto João a reconhecerá como *sua própria mãe* (semana III), mas pela Virgem em quem se atesta agora a finalidade derradeira de todo destino humano: "louvar, reverenciar e servir a divina Majestade" perscrutando até em suas profundezas insondáveis a Sabedoria do Filho Ressuscitado, que "se comunica a si mesma" (EE 234) como "a Ressurreição e a Vida" (EE 285, 2º).

b. Nossa Senhora

Depois de haver admitido contemplar prioritariamente a aparição de Jesus ressuscitado a Maria como sendo a Virgem, o exercitante descobre que o procedimento inaciano propõe, em EE 218, este título: "*La primera contemplación cómo Xpo nuestro Señor apareció a nuestra Señora*". Essa convivência senhorial é acompanhada de dois adjetivos possessivos, os quais convirá interpretar na perspectiva teologal da quarta semana, não apenas como algo que impõe a submissão de toda criatura racional, mas como convite a receber em partilha esses dois Senhorios, intimamente associados em suas relações esponsais. A definição inaciana da "Igreja hierárquica" primeiramente como "*Esposa de Cristo*", depois "*nossa Mãe*", é aqui não apenas esclarecedora como decisiva (EE 353 e 365).

Esse título que corresponde a "*Nuestra Señora*" é, para o exercitante engajado há mais de três semanas nos Exercícios, muito mais familiar que o de Virgem, visto que, graças à eficácia do tríplice colóquio tantas vezes repetido, esse exercitante que ora deverá ter "sentido" o atendimento de sua intercessão. Primeiramente como "detestação" das consequências mortíferas do pecado (semana I); depois, como consentimento audacioso ao *fiat* que Maria foi a primeira a pronunciar, levando ao menos à "suprema pobreza espiritual" (semana II); e, agora, como arrebatamento do coração na alegria e no júbilo daquele que é "a Ressurreição e a Vida" (semana IV), depois de haver passado pelo cadinho da compaixão com seus sofrimentos (semana III).

c. Nossa Mãe

Citaremos aqui dois parágrafos recapitulativos de Jean-Marie Hennaux:

> Descobrindo a maneira como Deus quer se servir de sua pessoa, Maria se oferece por inteiro como "servidora do Senhor" e de sua missão; "cheia de graça", aquiesce com toda a sua fé à sua missão própria. Virgem, torna-se mãe pela intervenção do Espírito. A inteligência espiritual do "sim" de Maria se desdobra em toda a sua amplitude verdadeiramente universal desde a primeira contemplação da Encarnação (101-109). [...] Assim é que, no colóquio final (EE 109, 1º), Santo Inácio chama Maria simplesmente de "a mãe", como em EE 199, 4º; 276, 3º e 297, 3º. Aquela que aceitara tornar-se mãe

> do "Senhor universal" (EE 97) se torna forçosamente a mãe de todos os homens, a mãe universal. Inácio não poderia designá-la como "a mãe" (EE 199, 4º) se seu "sim" não tivesse sido dito em nome de toda a humanidade e se sua maternidade para com Cristo Senhor não a houvesse constituído no exercício de uma maternidade para com todos[32]. [...] Recorrer à denominação "Virgem Maria" no momento em que ele dá a contemplar a aparição do Cristo ressuscitado a Nossa Senhora significa, para Inácio, estabelecer sutis e inesgotáveis correspondências.

A nosso ver, a universalidade de sua maternidade ultrapassa as fronteiras visíveis e sacramentais identificáveis da Igreja, uma vez que na Encarnação o diálogo entre o anjo e Maria é situado no pano de fundo da espera de todo o gênero humano que cobre "a face da terra"[33]. Ademais, na aurora da quarta semana, é depois de haver tirado as almas justas do inferno graças à radiância da bem-aventurança de sua alma que Cristo nosso Senhor apareceu "à bendita Mãe". A visão dessa retirada para fora do inferno sugeriu a muitos Padres gregos reconhecer aí uma multidão incontável de defuntos vindos de todos os horizontes, desde o surgimento do gênero humano sobre a terra[34].

No entanto, o triunfo desse duplo Senhorio só adquire sua amplitude máxima quando, tendo ele próprio vencido o último inimigo — a morte —, Cristo pôde atestar seu Senhorio àquela que, em virtude de sua perfeita virgindade física e espiritual, pode oferecer a seu Filho e Senhor o espaço transparente e sem obstáculo onde ele poderá, à vontade, satisfazer "seu desejo de comunicar-se a si mesmo" (EE 234), aparecendo-lhe "em corpo e em alma". Como assinala o Pe. Hennaux, não existe aparição que não seja intersubjetiva. Ousaríamos até dizer, juntamente com o apóstolo Paulo, que só existe ressurreição de Cristo tendo em vista nossa própria ressurreição (1Cor 15,12-27).

> Pode-se realmente dizer, portanto, que sem esse acolhimento de Maria, a alegria e a glória do próprio Jesus ressuscitado não seriam completas. Ao falar sobre a relação entre o Ressuscitado e aqueles a quem ele aparece, Santo Inácio evoca "a maneira como os amigos costumam consolar-se" (EE 224). Existe aí um mistério de reciprocidade. Cristo consola sua mãe. Por sua vez, Maria o "consola". Ela constitui seu corpo de glória.
>
> Albert Chapelle[35] não teme afirmar: "Cristo aparece àquela que o reconhece. Por meio dele, ela renasce à Vida; reconhece a 'Glória' (EE 221-229) de seu Corpo de glória. Por isso, *toda* aparição e todo reconhecimento do Ressuscitado encontram aqui seu lugar de concepção, sua matriz originária. De fato, dar à luz o Corpo de glória é receber

---

32. O autor remete aqui a MAURICE GIULIANI, Le mystère de Notre Dame dans les Exercices, *Christus* 183 (juillet) 1999, 356. Notemos também a esse respeito que o próprio TOMÁS DE AQUINO já havia reconhecido essa universalidade da fecundidade virginal de Maria como algo que respondia à finalidade da Encarnação de Cristo constituída pelo renascimento de todos os homens como filhos de Deus, em *S. T.*, IIIa, qu. 28, a. 1, co.

33. RENÉ LAFONTAINE, Notre Dame dans les Exercices spirituels d'Ignace de Loyola, em *Marianum* XLVI (1984) 316.

34. H. U. VON BALTHASAR, *Das Herz der Welt*, traduzido por R. Givord em *Le cœur du monde*, Bruges, DDB, 1953, 240 p.

35. A. CHAPELLE, *Séminaire sur les Exercices spirituels* ministrado no IÉT em 1975, 159.

e conceber toda a alegria e todo o júbilo desse Corpo glorioso; todo o sabor (EE 227) desse Corpo. Toda palavra e todo olhar que ele despertará para sempre vêm ao mundo na afeição e na emoção (EE 227) espiritual e física da Mãe do Ressuscitado, no Verbo de seu Silêncio e na luz de seu Olhar, nesse novo anúncio feito a Maria[36]".

B. AS QUATORZE OUTRAS APARIÇÕES DO RESSUSCITADO

Já tentamos apreender certos indícios relativos à transformação do espaço e do tempo próprias da quarta semana, como irrupção do Instante em que se condensa a Eternidade no tempo físico e espiritual em que Nossa Senhora acolhe a aparição de seu Filho e Senhor, e como reunificação do espaço fragmentado entre "o oratório" de Maria e "o santo sepulcro".

Precisamos agora decifrar a regra hermenêutica que preside à escolha e à distribuição das muitas aparições do Ressuscitado durante os quarenta dias que precedem a Ascensão e extrapolam esse prazo. Encontraremos assim a originalidade dos *Exercícios*, na medida em que sua distribuição das aparições não segue *A lenda dourada*[37], nem a *Vida de Cristo*[38].

---

36. Ibid., J.-M. HENNAUX, En apparaissant à la Vierge Marie, le Christ ressuscité a fondé son Église, 43-44.

37. *La légende dorée*, cap. 52 [6.1 a 13], se propõe enumerar primeiramente *as cinco aparições no próprio dia da Ressurreição*: a Maria Madalena, às mulheres, a Pedro, aos discípulos de Emaús, aos discípulos reunidos, o que corresponde à ordem dos *Exercícios* a partir da segunda aparição até a sexta (EE 300 a 304), mas, é claro, sem atribuir a primazia à aparição à Virgem Maria (EE 299). Depois, o autor agrupa *cinco outras aparições* "que ocorreram depois": a Tomé, aos discípulos que pescavam, aos discípulos reunidos no Tabor, aos discípulos que estavam à mesa no Cenáculo (segundo Mc 16,14), aos discípulos reunidos no monte das Oliveiras (Lc 24,36ss.), o que corresponde a EE 305, 306, 307 e 312, ao passo que Inácio já não retorna a Marcos 16,14ss., mas aí intercala EE 308 a 312. Por fim, *La légende dorée* relata ainda três outras aparições "que, segundo se diz, ocorreram no próprio dia da ressurreição, sem que tais fatos sejam atestados pela Escritura: a Tiago, filho de Alfeu, a José de Arimateia e à gloriosa Virgem Maria". É aqui que aparece mais nitidamente a divergência de apreciação crítica da verdade das aparições. Tiago de Voragine tende a fazer com que a autenticidade das aparições dependa da possibilidade de integrá-las no contexto litúrgico do primeiro e do segundo domingo em que se celebra a Ressurreição do Senhor, a tal ponto que a própria aparição de Jesus à gloriosa Virgem Maria avizinha a incerteza lendária da aparição a José de Arimateia. Ademais, o autor indaga longamente sobre "a retirada dos Pais dos limbos", considerando que "o Evangelho não fornece explicação direta"; eis por que ele recorre "a um sermão de Agostinho e ao Evangelho de Nicodemos". Esse mal-estar do autor em tratar de um assunto assim está provavelmente ligado ao fato de que ele escapa a qualquer forma de temporalidade linear, evidenciada por um historiador como Lucas. Nessa linha, Tiago de Voragine pressupõe que todas essas aparições devem ser situadas no período que precede a Ascensão, excluindo a partir daí o testemunho dado por Paulo ao querigma eclesial (EE 308-309) e ao fato de que o Senhor "lhe apareceu após a Ascensão" (EE 311). Ao abordar a festa da "conversão de São Paulo" no cap. 28, o autor havia ressaltado a milagrosa intervenção de Jesus, abstendo-se, porém, de qualificá-la de "aparição", contrariamente a Inácio (EE 311).

38. Ludolfo se estende muito mais amplamente nessas aparições, visto que elas abarcam GV II, 70 a 82. Se as abordarmos exclusivamente do ponto de vista da ordenação das aparições, notaremos que

A esse respeito, contentar-nos-emos por ora com algumas observações introdutórias que salientam as diferenças entre a terceira e a quarta semana dos *Exercícios*.

1. Alguns traços originais das aparições

a. A diversificação dos testemunhos dados por cada um dos Evangelhos

Na terceira semana, o caminho da Paixão estava exposto ao olhar de todos, tanto é que o enunciado inaciano de cada mistério não raro exigia o trabalho de concordância histórica dos diferentes testemunhos evangélicos[39]. Já não será assim na quarta semana, visto que nenhuma das aparições do Ressuscitado foi manifestada em público para a grande multidão, mas apenas àquelas e àqueles que foram predestinados a acolhê-las pessoalmente segundo o olhar próprio da fé: "Ele viu e ele creu". Assim, a partir da segunda até a oitava aparição, Inácio se referirá ao testemunho singular de cada um dos quatro evangelistas, adicionando-os um após o outro[40]. Além disso, esses testemunhos se estenderão, para além dos Evangelhos, ao de Paulo em sua primeira carta aos Coríntios e ao dos Atos dos Apóstolos, sem contar o testemunho *implícito* da Escritura a respeito da primeira aparição do Senhor a Nossa Senhora, nem a *lenda devota* que descreve a aparição a José de Arimateia.

b. A compreensão dual das "aparições"

A nosso ver, a diferença entre uma simples aparição do Ressuscitado (EE 300: *apareció a María*) e uma *autoaparição* do Ressuscitado (EE 301: *se les apareció*) deve ser destacada, ainda que os comentários negligenciem essa divergência de formulação. Suporemos que a segunda formulação, sem chegar a significar dois gêneros distintos de

---

esta segue uma ordem mais racional e dogmaticamente estruturada do que as "narrativas" inacianas. Já demonstramos a que ponto os *Exercícios* se inspiraram na compreensão ludolfiana da primeira aparição à sua mãe. Contentemo-nos agora em destacar os títulos dos capítulos seguintes: c. 71: Como Maria Madalena e as outras Marias, e Pedro e João vieram ao túmulo; c. 72: Como o Senhor apareceu a Maria Madalena; c. 73: Como ele apareceu às três Marias; c. 74: Sobre a mentira proferida pelos guardas; c. 75: Como o Senhor apareceu a Pedro, e a José de Arimateia, e a Tiago, o Menor, e aos santos Padres nos limbos; c. 76: Como o Senhor apareceu a dois discípulos no caminho; c. 77: Como ele apareceu aos discípulos, na ausência de Tomé; c. 78: Como o Senhor apareceu aos discípulos num recinto fechado, na presença de Tomé; c. 79: Como o Senhor apareceu a sete discípulos perto do mar de Tiberíades; c. 80: Como o Senhor apareceu aos onze discípulos, e também a 500 irmãos; c. 81: Epílogo sobre as aparições do Senhor após a Ressurreição; c. 82: Da ascensão de nosso Senhor Jesus Cristo; c. 83: Sobre os Escritos evangélicos, o objetivo deles é fortalecer a fé e enfatizar sua utilidade. Seguem-se os outros mistérios gloriosos tais como Pentecostes, Assunção, o Juízo Final, a pena do inferno e a glória celeste. A ausência de referência à aparição do Senhor a Paulo é tão notável quanto em *La légende dorée*.

39. Cf. EE 289, 290, 293, 295.

40. Cf. EE 300: Marcos; EE 301; Mateus; EE 302 e 303: Lucas; EE 304, 305 e 306: João. Mais adiante, EE 307 retorna a Mateus; EE 308, 309 e 311: Paulo; EE 312: Atos.

aparição, expressa uma manifestação mais plenamente pessoal do Ressuscitado tanto em seu oferecimento como em seu acolhimento.

c. A consumação de cada "mistério"

Cada narrativa inaciana contida num "mistério" encontra sempre seu *cumprimento* na "aparição" do Ressuscitado[41], ao passo que a multiplicação delas diz respeito à multidão de pessoas que dela serão beneficiárias. O exercitante convidado a contemplá-las uma após a outra, sempre é instado a reconhecer aí essa forma de consumação, ao mesmo tempo em que discerne certa progressão na revelação do Ressuscitado, tanto da parte do Senhor como dos que o acolhem. Nesse sentido, a quarta semana apresenta uma analogia com a terceira, na medida em que o "passo a passo" do caminho do Cristo sofredor permitia cada vez contemplar o mistério da Paixão, ao passo que cada mistério conduzia à plena realização do Sacrifício da Cruz. Na quarta semana, pode-se supor que a revelação progrida principalmente ao atestar a extensão da missão apostólica.

d. As alternâncias do tempo ao longo do enunciado dos três pontos

Além dessa extensão espacial e missionária, será necessário que compreendamos as surpreendentes mudanças de tempo impostas pela narrativa inaciana em comparação com os testemunhos evangélicos[42].

e. O encerramento das aparições corresponde à conclusão da quarta semana

Por que Inácio se refere, por fim, ao primeiro capítulo dos Atos (1,1-12) para fundamentar o mistério da Ascensão do Senhor (EE 312), abstendo-se ao mesmo tempo de recorrer ao capítulo seguinte, que descreve o acontecimento de Pentecostes? Segundo o Evangelho joanino, esse Espírito já é dado desde a primeira aparição oficial aos Apóstolos em João 20,19-23 (EE 304). Resta a questão de saber por que o redator dos *Exercícios* aqui privilegia João em detrimento de Lucas.

---

41. É provavelmente essa a razão por que Inácio não seleciona isoladamente o início de Marcos 16,1-8, mas aí integra conjuntamente os versículos seguintes 9 a 11 (EE 300), contrariamente à opinião defendida recentemente pela exegese histórico-crítica.

42. O comentário de Franz von Hummelauer busca principalmente destacar a conformidade deles com a doutrina dogmática e espiritual da Igreja, sem se confrontar, porém, com as dificuldades suscitadas pelo enunciado literal do *Autógrafo*, suas abreviações e suas transformações do texto evangélico. Já E. Przywara cita mais literalmente os pontos consignados no *Autógrafo*, mas seu comentário se liberta da brevidade inaciana ao multiplicar com profusão as referências escriturísticas, aprofundando ao mesmo tempo sua concepção pessoal da relação entre a analogia do ser e a da fé atestada pela Pessoa de Cristo. Quanto a nós, tentaremos justificar essas sutis alternâncias de tempo formuladas no pretérito perfeito ou no presente, em sua maneira de se libertarem com frequência da literalidade das narrativas evangélicas.

f. O aliviamento do ritmo dos exercícios e da ascese imposta na terceira semana

Isso diz respeito às modificações das *Adições*: EE 227-229, apresentadas sucintamente. EE 227: reduzir o número das orações de uma hora, passando de cinco a quatro ao suprimir uma das duas repetições, mantendo, porém, a "aplicação dos sentidos"; programar a contemplação das duas novas "aparições" por dia, exceto no primeiro dia, inteiramente dedicado à "aparição a Nossa Senhora". Notemos de passagem que o último dia dessa quarta semana já não será dedicado a uma lembrança dos mistérios, análoga à que foi proposta no fim da terceira semana. EE 228: permitir ao exercitante que determine por si mesmo o número de pontos a serem contemplados, "segundo o que achar melhor". EE 229: modificar as adições 2, 6, 7 e 10, adaptando-as aos mistérios alegres da quarta semana; assim, "logo ao despertar, e durante todo o dia", convém favorecer o desabrochamento da alegria em razão de "tanto gozo e alegria de Cristo" (229, 1º e 2º), "usando da claridade e outras comodidades do tempo,... enquanto a pessoa pensa e conjetura o que a pode ajudar para se regozijar em seu *Criador e Redentor*" (EE 229, 4º); por fim, "em lugar da penitência, cuidar da temperança e da medida em tudo", respeitando, porém, os preceitos da Igreja (229, 5º).

2. O segundo dia: 2ª e 3ª aparições em Marcos e Mateus

Inácio propõe a coleta dos testemunhos distintos de Marcos e de Mateus a respeito, por um lado do grupo de três mulheres recenseado por Marcos 16,1: "Maria Madalena, Maria, mãe de Tiago, e Salomé" (EE 300, 1º), e por outro, das "duas Marias" mencionadas por Mateus 28,8 (EE 301, 1º).

a. Recém-iluminado pela "primeira aparição de Cristo nosso Senhor à Virgem Maria", neste segundo dia o exercitante é convidado a aclimatar-se ao claro-escuro de uma primeira narrativa marcana abruptamente interrompida: "Elas saíram e fugiram para longe do túmulo, pois estavam todas trêmulas e transtornadas, e não disseram nada a ninguém, pois tinham medo" (Mc 16,8b).

Em nenhum dos pontos que pontuam a lembrança dessa narrativa o redator dos *Exercícios* destacará essa reação tão contrária ao acolhimento virginal daquela que é Nossa Senhora e nossa Mãe. Se, no entanto, Inácio pretende dar a palavra a Marcos pela primeira e última vez, só pode ser a fim de abarcar todos os testemunhos evangélicos.

> EE 300: 1º) Muito cedo [*Salido el sol*], de manhã, Maria Madalena, Maria, mãe de Tiago, e Salomé vão ao túmulo, dizendo: "Quem nos moverá a pedra na entrada do túmulo?" [*Quién nos alçara la piedre de la puerta del monumento?*]
>
> 2º) Veem a pedra removida e o anjo que disse: "Procurais Jesus de Nazaré: ressuscitou! Não está aqui!" [*A Jesú Nazareno buscáis; ya es resucitado, no está aquí*].
>
> 3º) Apareceu a Maria [*aparescçio a María*], que ficou perto do sepulcro [*sepulchro*] depois da ida das outras.

Os dois primeiros pontos condensam os fatos relatados por Marcos 16,1-6, ao mesmo tempo em que saltam a descrição conclusiva. O terceiro acrescenta o início da perícope seguinte (v. 9), a fim de que essa contemplação desemboque, mesmo em Marcos, na aparição de Jesus a uma das Marias. Inácio é então obrigado a justificar essa transição das três mulheres à Maria Madalena unicamente supondo que ela é "a que ficou perto do sepulcro depois da partida das outras".

Se buscarmos agora captar o critério de seleção que norteia a abreviação inaciana desses fatos, notaremos, com Jacques Rouwez, que os *Exercícios* "destacam sistematicamente o movimento físico e espacial, bem como a fala que acompanha esse movimento", o que se verificará até a oitava aparição (EE 300-306)[43]. No entanto, em suas aparições Jesus escapa a qualquer movimento, situando-se no próprio local de onde ressuscitou, designado "*monumentum*" (v. 2 e 5), segundo a *Vulgata* de Jerônimo, ou ainda "*sepulchro*", segundo a expressão de Inácio. A denominação plural desse "lugar físico" simboliza por si só a iniciativa das mulheres: prestar homenagem à memória (*monumento*) daquele que parece irremediavelmente encerrado na morte (*sepulchro*).

No primeiro ponto, a abreviação inaciana sacrifica a referência temporal às celebrações dominicais instauradas pela Igreja primitiva: "passado o sábado" (v. 1), "e de manhã muito cedo, no primeiro dia da semana" (v. 2). Tudo parece ocorrer unicamente nesse espaço onde reina a morte, pois a iniciativa das mulheres, motivada segundo Marcos 16,1b pela "compra de aromas para embalsamar Jesus", é interpretada pela palavra do anjo como uma procura por "Jesus de Nazaré" antes que esse anjo lhes revele que ele "ressuscitou, *não está aqui*". Já familiarizado com o sentido todo humano da origem de Jesus, o exercitante captará que a procura por parte das mulheres só pode desembocar nesse não-lugar. A partir daí o *segundo ponto* aprofunda a experiência de uma busca que não pode ser bem-sucedida a partir de uma iniciativa humana, abrindo então, pelo *terceiro ponto*, para a possibilidade exclusiva de uma iniciativa reservada unicamente a Jesus, que aparecerá àquele que permaneceu na expectativa até sua realização. Todavia, Inácio se abstém de qualificar essa aparição de automanifestação: "*Apareció a María...*"; um indício do claro-escuro mantido pela primeira narrativa marcana. Em todo caso, em sua maioria as "aparições" seguintes serão expressas como "*se apareció*" ou "*se aparece*".

Passemos agora à "terceira aparição".

> EE 301: 1º) As Marias deixam o túmulo com temor e grande gozo, querendo anunciar aos discípulos a ressurreição.
>
> 2º) Cristo nosso Senhor lhes apareceu pelo caminho, dizendo: "Deus vos salve!". E elas se aproximaram, lançaram-se a seus pés e o adoraram.
>
> 3º) Jesus lhes disse: "Não tenham medo: ide dizer a meus irmãos que vão a Galileia, pois ali me verão".

Compreende-se facilmente que Inácio queira compensar a ambiguidade perturbadora e paralisante do testemunho de Marcos, apresentando no mesmo dia o luminoso testemunho de Mateus, pois o sujeito principal dessa cena já não é o "Nazareno", mas "o

---

43. Pour un récit ignatien de l'Évangile, em Les *Exercices spirituels de saint Ignace, Un commentaire littéral et théologique*, 469.

Senhor" e "Cristo nosso Senhor". Ademais, desde o *primeiro ponto* essa luz resplandece "pelos verdadeiros e santíssimos efeitos da santíssima Ressurreição" (EE 223), quando "essas Marias" são imediatamente conectadas à atualidade viva da ressurreição do Senhor: elas "deixam o túmulo com temor e grande alegria, querendo anunciar aos discípulos a ressurreição": *Salen estas Marias del monumento con temor y gozo grande, queriendo anunciar a los discípulos la resurrección del Señor*. Encontramos assim uma das originalidades essenciais da narrativa inaciana, sugerida talvez pela tradução latina proposta por Jerônimo[44], e que a *Vulgata* dos *Exercícios* se apressa em corrigir por sua preocupação de conformidade com a literalidade do Evangelho.

O *segundo ponto* reproduz quase literalmente o versículo seguinte de Mateus[45], que expressa o verdadeiro temor de Deus inspirado pelo dom da Paz oferecida pelo Senhor, ao qual responde o gesto das Marias que atestam sua adoração ao Senhor. O *terceiro ponto* permanece fiel a Mateus 28,10, especialmente no que tange à denominação dos discípulos como "meus irmãos"[46]. Assim, o não-lugar em que desembocava a primeira contemplação do dia encontra sua resolução na "Galileia", como ponto de encontro da próxima aparição do Senhor.

3. O terceiro dia: 4ª e 5ª aparições em Lucas

As duas contemplações oferecidas durante o primeiro dia já não apresentam as dificuldades encontradas durante o dia anterior, quando se tratava de conciliar, tanto quanto possível, Marcos e Mateus, visto que se trata agora de encadear o testemunho coerente do capítulo 24 de Lucas: a aparição de Cristo a "São Pedro" nos versículos 9-12 e 33-35 (EE 302), depois aos "discípulos de Emaús", nos versículos 36-52 (EE 303). Apresentemo-los na ordem:

> EE 302: 1º) Ouvindo as mulheres dizer que Cristo tinha ressuscitado, Pedro foi logo ao túmulo [*monumento*].
>
> 2º) Entrando no túmulo, viu apenas os panos que tinham coberto o corpo de Cristo nosso Senhor e nada mais.
>
> 3º) Pensando S. Pedro nestas coisas, Cristo lhe apareceu [*se le apareció Xpo*], e por isso os apóstolos diziam: "Em verdade o Senhor ressuscitou e apareceu a Simão!" [*Verdaderamente el Señor a ressucitado y aparecido a Simón*].

Notemos primeiramente como esses três pontos conferem ritmo à dinâmica da narrativa. O *primeiro ponto* explica a boa nova propagada pelas mulheres, o que estimula Pedro a ir rapidamente ao sepulcro. O segundo aprofunda a diferença entre o que é efetivamente visto por Pedro no túmulo: "apenas os panos... *e nada mais*" e o que ele esperava.

---

44. Mateus 28,7: "*Et cito euntes, dicite discipulis ejus quia surrexit* [...]".

45. Mateus 28,9: "*Et ecce Jesus occurrit illis, dicens: Avete. Illae autem accesserunt, et tenuerunt pedes ejus, et adoraverunt eum*".

46. Mateus 28,10: "*Tunc ait illis Jesus: Nolite timere: ite, nuntiate fratribus meis ut eant in Galilaeam; ibi me viderunt*".

O terceiro resolve o imenso hiato aberto por esse vazio do túmulo, preenchendo-o com o suplemento da iniciativa divina atestado pela aparição de Jesus a Pedro, o que confirma a verdade do querigma e a autoridade de São Pedro. A tensão impressa nessa narrativa pode ser traduzida como o estímulo da esperança submetida a uma prova, e sua realização final. Uma narrativa como essa confirma a doutrina de que a consolação espiritual corresponde prioritariamente ao "aumento da esperança" (EE 316).

Se seguirmos mais em detalhes essa narrativa, observaremos que o *primeiro ponto* não se demora em contar como as mulheres encontraram no túmulo "dois homens com roupas resplandecentes", não obstante a riqueza do diálogo que eles travam com elas (Lc 24,4-8). Provavelmente o exercitante deve satisfazer-se com o que já foi rememorado no dia anterior. Assim, a narrativa inaciana é desencadeada pela iniciativa de Pedro no túmulo, que segundo Lucas 24,11-12 é o único a não tomar o anúncio das mulheres por um delírio.

O *segundo ponto* remete a Lucas 24,12: "Pedro, no entanto, partiu e correu ao túmulo; inclinando-se, não viu senão faixas e foi-se embora para casa, muito surpreso com o que havia acontecido". Inácio subdivide esse versículo em dois pontos distintos, para sublinhar o contraste entre a expectativa de Pedro e sua desilusão, que ele expressa reforçando certos traços da descrição lucana: "viu *apenas* os panos [*vio solo los paños*] que tinham coberto o corpo de Cristo nosso Senhor e *nada mais* [*y no otra cosa*]".

E, como se tivesse pressa em transmitir o cumprimento de sua expectativa, enquanto Lucas interrompe essa narrativa para aí intercalar a aventura dos discípulos de Emaús, Inácio passa imediatamente à aparição de Cristo a São Pedro.

> *Pensando San Pedro en estas cosas, se les apareció Xpo, y por eso los apóstoles decían: Verdaderamente el Señor a resuscitado, y aparecido a Simón.*

Remetendo à lembrança do que foi visto no túmulo, a prótase sugere que se interprete o acontecimento da aparição de Cristo como uma "consolação sem causa precedente" (cf. 330). A apódose cita o querigma da Igreja primitiva como fundamento da "veracidade" da ressurreição de Cristo a partir dessa única aparição a "Simão". Esse primeiro nome de Pedro já havia sido mencionado por Lucas 6,14, por ocasião da escolha dos Doze: "escolheu doze deles, aos quais deu o nome de apóstolos: Simão, ao qual deu o nome de Pedro [...]". Esse querigma será retomado em Lucas 22,31-32 e depois aqui mesmo.

Quanto aos "títulos", a narrativa inaciana se absteve de acumular essa memória lucana de "Simão", visto que esse nome é aqui mencionado pela primeira e última vez nos *Exercícios*, assim como o nome da "Virgem Maria" só emergiu no momento da aparição de Cristo nosso Senhor à "Mãe bendita"[47]. Em ambos os casos, o redator dos *Exercícios* se autoriza a distinguir nitidamente entre aquilo que a análise narrativa hoje chama de "o

---

47. Essa analogia, porém, é imperfeita, na medida em que não designa de modo equivalente o prenome e o título de cada uma das pessoas visadas. No caso da "Virgem Maria", o hápax diz respeito à "Virgem" e não a "Maria", ao passo que para Simão Pedro ou "São Pedro" o hápax diz respeito a seu prenome original, "Simão".

tempo narrado" ao longo da narrativa evangélica e "o tempo da narração" proposto por ele, Inácio. Essa forma de emancipação pressupõe que o "narrador" inaciano tenha sido pessoalmente iniciado nos arcanos da produção espiritual, de modo que possa conduzir o "leitor" pelo mesmo caminho de "discernimento da santíssima Vontade de Deus". A convergência desses dois hápax merece ser esclarecida pelas regras de ortodoxia que contêm a definição inaciana da Igreja, prioritariamente mariana e virginal, sendo ao mesmo tempo "hierarquizada" na masculinidade de Simão Pedro (cf. 353 e 365).

> EE 303: 1º) Aparece aos discípulos [*Se aparece a los discípulos*] que iam a Emaús falando de Cristo.
>
> 2º) Repreende-os, mostrando pelas Escrituras que Cristo havia de morrer e ressuscitar: "Ó homens sem inteligência e lentos para crer em tudo o que falaram os profetas! Não era necessário que Cristo padecesse e assim entrasse em sua glória?".
>
> 3º) A pedido deles, demorou-se ali, e esteve com eles até que, dando-lhes a comunhão, desapareceu. E eles, voltando, disseram aos discípulos como o haviam reconhecido em comunhão.

Será possível resumir de maneira mais sucinta uma narrativa lucana que mobiliza os versículos 13 a 35 do capítulo 24? É preciso mostrar, porém, que as abreviações inacianas se justificam pela evidenciação da lógica desenvolvida durante a quarta semana, sabendo que essa narrativa lucana foi tradicionalmente interpretada como algo que se aplicava à liturgia comum da Igreja quando esta inclui, em sua celebração da Eucaristia,

> as duas mesas, doravante depositadas no tesouro da santa Igreja. Uma delas é a mesa do altar sagrado em que o pão é santificado, isto é, o corpo precioso de Cristo; a outra é a mesa da Lei divina, que contém a doutrina santa, que ensina a verdadeira fé, e que conduz, em segurança, ao interior do véu em que está o santo dos santos[48].

O *primeiro ponto* explana a iniciativa tomada por Jesus, segundo Lucas 24,14, e principalmente 15: "Ora, enquanto falavam e discutiam um com o outro, o próprio Jesus os alcançou e caminhava com eles". Inácio interpreta imediatamente esse acompanhamento de Jesus como sendo a atuação de seu aparecer, ao mesmo tempo em que omite o fato de que "seus olhos estavam impedidos de o reconhecer" (v. 16), o que não reduz em nada a pertinência de sua demonstração da verdade da Escritura, que será objeto do segundo ponto.

Do longo diálogo travado entre Jesus e seus dois companheiros de estrada (cf. v. 17 a 24), o *segundo ponto* seleciona apenas essa nova iniciativa tomada por ele de "os repreender" (*Los reprehende*), citando fielmente os versículos 25 e 26, mas omitindo a apódose (v. 27), que descreve a maneira como o próprio Jesus se apropriou do sentido de "todas as Escrituras".

O *terceiro* é antes de tudo centrado na última intervenção de Jesus que, a pedido de seus companheiros, "demorou-se ali, e esteve com eles até que, dando-lhes a comunhão, desapareceu": *Por ruego dellos se detiene allí, y estuuo con allos hasta que, en comulgán-*

---

48. Tomás de Kempis, *L'imitation de Jésus-Christ*, livro IV, cap. X, 4º.

dolos[49], *desapareció*. Inácio seleciona, dos versículos 30 e 31 de Lucas, apenas esses dois atos de Cristo de dar a comunhão, depois desaparecer, sem tratar, por ora, da impressão desses atos nos dois discípulos:

> Lucas 24, v. 30-31: Ora, quando se pôs à mesa com eles, tomou o pão, pronunciou a bênção, partiu-o e lhes deu. Então os seus olhos se abriram e eles o reconheceram, depois ele se lhes tornou invisível [*kai autos aphantos egeneto ap'autoos*][50].

Da liturgia eucarística evocada em quatro atos por Lucas, Inácio seleciona apenas o último, da mesma maneira que da Ceia havia selecionado apenas o "tomai e comei" (cf. EE 289, 3º), a fim de explanar os frutos que o exercitante pode extrair da eucaristia, na esteira dos discípulos de Emaús. Por outro lado, a segunda proposição desse *terceiro ponto* destaca desta vez o reconhecimento de Jesus por eles, atestado pelo testemunho oferecido por eles em Jerusalém.

É possível justificar essa diferença de tempos entre "aparece" (*se aparece*) e "desapareceu" (*desapareció*)[51]? Por que o "tempo de narrar" inaciano evidencia a atualidade viva da aparição do Senhor, e ao mesmo tempo retorna "ao tempo narrado" pelo evangelista quando se trata de versar sobre a desaparição? Suponhamos, portanto, que esse jogo dos tempos não esteja associado a um modo comum de tornar uma narrativa mais viva, mas que tenha por objetivo estimular a memória do exercitante, para que possa "satisfazer a alma, sentindo e saboreando as coisas internamente" (EE 2). Ora, uma coisa é acolher na fé o testemunho daqueles que no passado desfrutaram da aparição do Senhor Jesus; outra coisa é abrir a própria memória ao advento surpreendente de seu aparecer direto e pessoal. Tal diferença de abordagem condiz com a distinção entre a consolação "com causa precedente" (EE 331ss.) e a que é "sem causa precedente" (EE 330). Por meio dessas alternâncias de "tempo de narração", o exercitante será assim convidado a reconhecer a excelência da consolação sem causa e convidado a pedir essa graça suprema do aparecer de Jesus para ele, tal como o enunciam a oração de petição (EE 221) e os dois pontos complementares (EE 223-224) próprios da quarta semana. Inácio se afina, assim, com a hermenêutica espiritual da narrativa evangélica que já Ludolfo, o Cartuxo, exemplificava[52].

Essas duas contemplações próprias do terceiro dia também salientam dois atos de "aparição" no sentido forte e pleno do termo: "*se le apareció Xpo*; *se* apareçe *a los discípulos*", no sentido em que "a divindade aparece e *se* mostra agora tão milagrosamente

---

49. Tanto em espanhol medieval como em espanhol moderno, no contexto eucarístico *comulgar* pode significar dar ou receber a comunhão. Nos *Exercícios* esse verbo é um hápax.

50. Esse versículo 31 é traduzido pela *Vulgata* de Jerônimo nestes termos: "*Et aperti sunt oculi eorum et cognoverunt eum: et ipse evanuit ab oculis eorum*".

51. A versão *Autógrafa*, com a qual se afinam as versões *P1* e *P2*, menciona sempre as intervenções do Ressuscitado aparecendo no presente, exceto aquela em que "ele desapareceu", enquanto a *Vulgata* as descreve todas no passado, como Lucas.

52. GV II, 76, 7º: "*Omnes perigrini sumus, ideo perigrini conditiones adimplere debemus. Esto talis perigrinus, et apparebit tibi Christus; et haec tria faciet tibi, sicut et illis duo perigrini; tempus abbreviat, per dulce vitae colloquium; viam instruit, dans verum intellectum; ultimo pane benedicto et per seipsum fracto, reficit affectum: et hoc, si compellis ipsum se longius ire fingendum, manere tecum*".

em sua santíssima ressurreição" (EE 223). A esse respeito, EE 302, 3º é particularmente significativo, visto que em duas linhas Inácio opõe sua própria expressão e concepção do auto-aparecer de Cristo com a do querigma primitivo: "*...el Señor a resucitado y aparecido a Simón*"[53].

4. O quarto dia: 6ª e 7ª aparições segundo João

Esse quarto dia é também unificado pelo testemunho de um único Evangelho, relatado em João 20,19-29. No entanto, a narrativa joanina é diminuída dos dezoito primeiros versículos, que contam de maneira mais detalhada e mais ricamente simbólica que os outros evangelistas (cf. EE 300 a 302) o encontro progressivo de Jesus com Maria Madalena, incluindo aí a corrida de Pedro e do outro discípulo até a descoberta por parte deles do interior do túmulo. Em todo caso, Inácio não focaliza a atenção na rivalidade entre Pedro e o outro discípulo, nem na destinação final deles. Será isso porque o próprio Evangelista selecionou esta palavra de Jesus: "Se eu quero que ele fique até que eu venha, que te importa?"[54].

> EE 304: 1º) Os discípulos estavam reunidos por medo dos judeus, exceto Tomé.
>
> 2º) Aparece-lhes Jesus, estando fechadas as portas. Estando entre eles, disse: A paz esteja convosco!
>
> 3º) Dá-lhes o Espírito Santo, dizendo: Recebei o Espírito Santo! Aqueles a quem perdoardes os pecados serão perdoados.

Como em EE 300, 301 e 302, o *primeiro ponto* omite toda coordenada temporal: "Na tarde desse mesmo dia, que era o primeiro da semana", registrando apenas a reunião dos "discípulos por medo [*miedo*] dos judeus" (Jo 20,19a), ao mesmo tempo em que assinala a ausência de Tomé.

O *segundo ponto* introduz a intervenção de Jesus: "aparece-lhes Jesus": *Se les apareció Jesús*. Esse ato de auto-aparição traduz João 20,19b: "Jesus veio", sublinhando a iniciativa soberana de "Jesus", um ato expresso no pretérito perfeito, como em EE 300, 3º e 302, 3º, e não no presente, como em EE 303, 1º, e mais tarde em EE 305, 2º e 306, 1º. Por conseguinte, o redator dos *Exercícios* não se impõe como regra do "relato de narração" traduzir sistematicamente "o relato narrado" das aparições no presente.

EE 304, 3º: *Dales el Espíritu Sancto, diciéndoles: "Recibid el Espíritu Sancto; a quellos que perdonáredes los pecados, le serán perdonados"*.

Inácio não relata o que introduz imediatamente esse dom do Espírito Santo:

> João 20,20b-23: Enquanto falava, ele lhes mostrou as mãos e o lado. Vendo o Senhor, os discípulos ficaram tomados de intensa alegria. Então Jesus lhes disse de novo: "A

---

53. A *versio vulgata* traduz corretamente por: *se ostendit* et *apparuit Petro*, enquanto a *versio prima* (*P1* e *P2*) nivela essa diferença traduzindo sempre por *apparuit*.

54. Essa fala não teria influenciado a advertência contra a construção de "comparações entre nós que estamos vivos e os bem-aventurados do passado" em EE 364?

paz esteja convosco. Como o Pai me enviou, assim também eu vos envio." Tendo assim falado, soprou sobre eles e lhes disse: "Recebei o Espírito Santo. A quem perdoardes os pecados, ser-lhes-ão perdoados. A quem os retiverdes [...]".

Essa doação do Espírito Santo justifica a preferência de Inácio pela versão joanina, que atribui o envio do Espírito ao Cristo ressuscitado "que aparece pessoalmente", de modo que a quarta semana possa prescindir da narrativa de "Pentecostes" tal como relatada por Lucas nos Atos dos Apóstolos. Os *Exercícios* inacianos testemunham até o fim da última semana o "cristocentrismo" já atestado pela contemplação do *Rei eterno* em EE 91 ss.

No horizonte da disputa teológica que provocou a ruptura "cismática" da Igreja do Oriente em relação à Igreja Romana, damo-nos conta de que Inácio escolheu claramente seu campo, em razão das implicações teológicas desse *terceiro ponto* do mistério, esclarecidas pelo *primeiro ponto complementar* (EE 223). Somos assim convidados a explicar esse aspecto essencial da doutrina "católica" dos *Exercícios*, sobretudo porque "as regras para o verdadeiro sentido que devemos ter na Igreja militante" (EE 352 ss.) preferirão confrontar o exercitante com o debate contemporâneo suscitado pela doutrina dos reformadores: Calvino, Lutero principalmente, e Erasmo em menor medida (EE 366 a 370).

De onde procede o Espírito Santo? Do Pai, exclusivamente, ou do Pai e do Filho? Suscitado pelos "três discursos de despedida" segundo João, esse debate secular foi agravado pelo fato de ter pretendido situar-se não apenas no âmbito da "economia da graça" oferecida pelo envio do Filho e do Espírito, ambos provenientes do Pai, mas também no plano das processões eternas das três Pessoas divinas. Nesse plano, a teologia trinitária católica reconhece hoje que, segundo João 15,26, o Espírito "procede" unicamente do Pai. Acrescenta, porém, que "o Pai" exerce prioritariamente sua paternidade para com "o Filho", de modo que o Espírito deve igualmente proceder do Pai "pelo Filho", no sentido de que o Filho desfruta da mesma igualdade e identidade divina que o Pai[55].

Quanto à contemplação inaciana, compromete-se mais com o âmbito dessa economia, e mais especificamente no da experiência espiritual pessoal recebida como fruto da contemplação evangélica das "aparições". Nesse sentido, os *Exercícios* resolvem nitidamente essa questão da origem da *missão* do Espírito ao atribuir o dom do Espírito Santo ao próprio Jesus, segundo João 20,22: "*soprou sobre eles* e lhes disse: '*Recebei* o Espírito Santo'".

Além disso, Inácio ressalta mais que o evangelista o caráter vivamente direto desse dom: "*Dá-lhes o Espírito Santo, dizendo: Recebei...*" (EE 304, 3º), o que é ainda mais surpreendente pelo fato de o ponto anterior haver registrado essa aparição como passada: "Apareceu-lhes". Não basta evidentemente explicar esse surgimento do presente no meio de uma narrativa relatada no aoristo recorrendo ao fato de que toda a contemplação evangélica convida a que estejamos presentes no evento relatado, a exemplo de EE 109: "recém feito carne". No entanto, o presente desse ato de doação viva deve estar ligado à Pessoa do Espírito e às condições de sua recepção. Como?

---

55. *Clarification du Conseil pontifical pour la promotion de l'unité de Chrétiens*: Les traditions grecque et latine concernant la procession du Saint-Esprit, em DC nº 2125 (5 nov. 1995) 941-945.

Lembremo-nos do modo como a doutrina medieval, ainda vívida nesse início do século XVI, distinguia por um lado "a missão *visível* do Espírito" concretizada no acontecimento de "Pentecostes", e por outro, "sua missão invisível", pela maneira como o Espírito visita pessoalmente a alma em sua intimidade, a ponto de abrasá-la em seu Amor[56]. Será que basta justificar esse dom vivo do Espírito recorrendo à diferença de gênero literário entre *Exercícios* qualificados de "espirituais" e "teologias positiva ou escolástica" (EE 363)? Ao ancorar a atualidade viva do dom do Espírito no próprio cerne do testemunho historicamente visível e audível em João 20,19-23, a redação dos *Exercícios* converge para o Instante em que essa distinção encontra em João a fonte de seu desdobramento.

O *primeiro ponto complementar* próprio dessa semana (EE 223) reforça essa interpretação, pois "a própria divindade" se encontra vivamente engajada nessa auto-aparição do Ressuscitado. Pode-se deduzir, portanto, que a "humanidade glorificada" de Jesus é a partir de agora capaz de deixar transparecer nela esse dom do Espírito, tal como ele se dá na viva imediatez de cada uma de suas recepções pessoais: "dá-lhes o Espírito Santo". Assim, portanto, "os efeitos verdadeiros e santíssimos dessa santíssima ressurreição de Cristo nosso Senhor" (EE 223) culminam nesse ato de "dar o Espírito Santo".

Em suma, o presente *Dales el Espíritu Sancto* é demonstrativo da maneira como Inácio distingue e conjuga a economia da Encarnação do Filho e a economia do Espírito. Por um lado, as palavras de Jesus poderiam ser ouvidas e atestadas por todas as suas testemunhas, mesmo incrédulas, ao passo que a ação do Espírito só pode ser experimentada por aqueles que são concebidos na fé. Por outro lado, a passagem de uma a outra economia implica que somente os crentes em Jesus Cristo nosso Senhor podem receber dele, no próprio interior da contemplação de suas aparições, o dom vivificante do Espírito. Tais perspectivas serão desenvolvidas em nossa conclusão final.

> EE 305: 1º) S. Tomé, incrédulo, pois não tinha estado na aparição precedente, disse: Se eu não o vir, não crerei!
>
> 2º) Oito dias depois, aparece-lhes Jesus [*se les aparece*], estando as portas fechadas, e disse a S. Tomé: Mete aqui o dedo e vê a verdade [*vee la verdad*]: não sejas incrédulo mas fiel!
>
> 3º) S. Tomás creu, dizendo: Meu Senhor e meu Deus! Jesus lhe respondeu: Felizes os que não viram e creram.

Cada um dos três pontos conjuga a relação do "ver" com o "crer", o primeiro e o segundo justificam a prioridade do "ver" sobre o "crer", ao passo que o último inverte essa precedência, declarando felizes os que "creram", sem ter "visto". Esse macarismo final foi tradicionalmente fundamentado no maior mérito adquirido pelo crente desprovido das provas oferecidas pela visão, desfazendo assim a inveja que o caso de "São Tomé", a quem Jesus concede a verificação, se não pelo toque, ao menos pela visão, poderia provocar[57].

Mais amplamente, a interdependência da visão e da fé é um dos principais vetores de todo o Evangelho segundo João; encontra seu campo de aplicação privilegiado por

---

56. Cf. Tomás de Aquino, *S. T.*, Ia, qu. 43.
57. Cf. Ludolfo, o Cartuxo, GV II, c. 78, 3.

ocasião das aparições de Jesus ressuscitado, sobretudo em João 20,8. Depois de haver descrito o que Pedro viu, sendo o primeiro a entrar no túmulo, por sua vez o outro discípulo entrou, "viu e creu"[58], pois uma coisa é ver os traços deixados no túmulo, outra é crer que Jesus realmente ressuscitou. Ou ainda, como o propõe a interpretação agostiniana de João 14,6, uma coisa é ver na *humanidade* de Cristo que ele é "o Caminho", outra coisa é ter acesso, por esse caminho, à sua *divindade*, que é "Verdade e Vida".

Será que essa gradação oferece a possibilidade de interpretar João 20,27, tal como retomado no *segundo ponto* inaciano? Só se pode responder justificando essa excepcionalíssima oração intercalada, inserida por Inácio no centro da uma fala de Jesus: "mete aqui o dedo e vê a verdade [*y vee la verdad*]; não sejas incrédulo, mas fiel!". Essa adição não provém literalmente nem de Agostinho, nem de Tomás de Aquino, nem de Tiago de Voragine[59], nem de Ludolfo. No entanto, ela sintetiza notavelmente as nove razões patrísticas acumuladas pelo Cartuxo, quando este demonstra a verdade de que Cristo ressuscitado devia aparecer a seus discípulos em seu corpo glorificado e ainda estigmatizado[60].

É realmente nesse "lugar corpóreo" que a fé pode discernir o centro radiante de glória de todo o mistério de "Cristo nosso Senhor" como sendo nosso "Criador e Redentor" (EE 229, 4º). Em outros termos, eis de fato o lugar em que Cristo Jesus aparece em seu próprio Corpo como "o Sacramento primordial e escatológico" de nossa salvação segundo E. Schillebeeckx[61], de modo que a fé seja ela própria dotada de olhos para contemplá-lo, segundo a doutrina desenvolvida pelo jesuíta Pierre Rousselot[62]. É, por fim, o lugar de referência insuperável da "Estética" cristã, segundo Hans Urs von Balthasar[63].

O *terceiro ponto* se contenta em resumir João 20,28-29, citando as palavras de Tomé e de Jesus, amplamente dirigidas a todos os que não desfrutaram dessa visão direta das primeiras testemunhas da morte e da ressurreição do único e mesmo Senhor. Estes têm acesso à mesma bem-aventurança de todos os que creram, como Tomé, embora não o tenham visto. Tendo chegado praticamente ao termo de seu caminho, o exercitante é assim

---

58. Cf. Yves Simoens; D. Mollat, *Études johanniques*, em Fasc. BJ, Paris, 1973, 178.

59. Cf. *La légende dorée*, cap. 5, 40: Como o nome de Tomé significa "o abismo", visto que ele soube sondar a profundeza da divindade, compreende-se que foi a ele que Jesus tenha respondido: "Eu sou a verdade e a vida" (Jo 14,6). Ele é chamado "Dídimo", ou "o duplo", porque conheceu a Ressurreição de modo duplo, duas vezes mais que os outros: os outros a conheceram apenas pela visão; ele, pela visão e pelo tato.

60. Resumamos os nove motivos apresentados em GV II, 78, nº 5: 1º) Demonstrar a Ressurreição atestando a identidade daquele que morreu e ressuscitou. 2º) Suscitar a dileção para com aquele que verteu seu sangue por nós. 3º) Mostrar nesses estigmas o sinal de nossa Redenção. 4º) Suscitar nossa compaixão, a fim de que mantenhamos no espírito o que Cristo sofreu em seu corpo. 5º) Preservar nossa memória de todo esquecimento. 6º) Garantir nossa segurança de sermos reconciliados com o Pai, diante do qual seu Filho lhe apareceu estigmatizado. 7º) Confundir os ímpios que causaram tais feridas "sem aí entrar". 8º) Provocar a exultação dos eleitos. 9º) Demonstrar o triunfo eterno da Cruz nesse corpo glorificado até em seus estigmas, que simbolizam sua vitória definitiva sobre o pecado e a morte.

61. *Le Christ, sacrement de la rencontre de Dieu*, Paris, Cerf, 1960 e 1970.

62. Já evocamos a tese de Pierre Rousselot, intitulada *Les yeux de la foi*, a propósito da primeira composição de lugar (EE 47), em que Inácio afirma que Cristo é "visível", contrariamente ao pecado.

63. *Herrlichkeit, eine theologische Ästhetik*, traduzido para o francês como *La gloire et la croix*.

convencido, em última instância, de que Cristo "é visível" (EE 47) "pelos verdadeiros e santíssimos efeitos em sua santíssima ressurreição" (EE 223-224), pois ao permanecer na contemplação dos mistérios, que consiste em "ver as pessoas, ouvir o que dizem e olhar o que fazem" (EE 194 e 222), ele adquire "os olhos da fé".

5. O quinto dia: 8ª e 9ª aparições em João e Mateus

No prolongamento do capítulo 20, contemplado na véspera, a oitava aparição se propõe percorrer João 21,1-17: "Depois disso, Jesus se manifestou [*ephanerosen heauton*] de novo aos discípulos à beira do mar de Tiberíades" (Jo 21,1); seguem-se os relatos da pesca milagrosa e da refeição impregnada do simbolismo eucarístico e do diálogo de Jesus com Pedro. Por sua vez, Inácio não retoma nem a profecia sobre a morte de Pedro (v. 18-19), nem o destino reservado ao discípulo que Jesus amava (v. 20-23), nem o testemunho final desse discípulo como evangelista (v. 24-25).

> EE 306: 1º) Jesus aparece a sete dos seus discípulos que estavam pescando, e que nada haviam conseguido a noite toda. Jogando eles a rede por ordem dele, não podiam puxá-la por causa da grande abundância de peixes.
>
> 2º) Por este milagre, S. João o reconheceu e disse a S. Pedro: "É o Senhor!". Este, então, atirou-se ao mar ao encontro de Cristo.
>
> 3º) Deu-lhes a comer parte de um peixe assado e um favo de mel. Confiou as ovelhas a S. Pedro, mas antes perguntou-lhe três vezes sobre a caridade, e lhe disse: "Apascenta as minhas ovelhas".

Essa narrativa inaciana sempre se caracteriza pelo realce dado à iniciativa de Jesus ao menos no primeiro e no terceiro ponto: ele aparece (*aparece*); jogam a rede por ordem dele (*por su mandamiento*)[64]; deu-lhes de comer (*les dió a comer*) e confiou-lhe as ovelhas (*y encommendó las ovejas... y le dice*). A partir daí o convite de Pedro para irem à pesca e a concordância dos discípulos (cf. Jo 21,3).

O *incipit* do *primeiro ponto* não traduz exatamente o "*ephanerosen heauton*" de João, visto que Inácio se contenta com "*Jesús aparece*", omitindo o complemento direto reflexivo, que ele, no entanto, havia introduzido cinco vezes antes[65]. Buscaremos justificar essa diferença.

Depois de haver qualificado essa pesca de "milagre"[66], o *segundo ponto* resume os versículos 7 e 8, deixando de lado as descrições do comportamento paradoxal de Pedro, bem como o trabalho dos outros discípulos puxando por detrás do barco, que se achava cerca

---

64. No singular, *mandamiento* pode significar o mandamento divino em geral (EE 165, 241, 242) ou uma ordem pessoal e particular de Cristo (EE 280, 306); no plural, os *mandamientos* designam sempre os dez mandamentos divinos (EE 18, 42, 135, 238, 240, 241, 243, 244, 246, 365), excepcionalmente referidos a Cristo em EE 71.

65. Cf. EE 302, 3º; 303, 1º; 304, 2º e 305, 2º. Notemos também que agrada a Inácio contar o número dos discípulos, como o fez no início da terceira semana, em EE 201.

66. O termo *milagro* aparece aqui pela segunda vez, depois de "o milagre da ressurreição de Lázaro" em EE 285.

de duzentos côvados da praia, uma rede que, sem se rasgar, continha cento e cinquenta e três peixes grandes. Ludolfo se põe a recensear uma profusão de interpretações de cunho alegórico, centrando-as, porém, no destino da Igreja[67].

O *terceiro ponto* visa as duas últimas iniciativas de Jesus, a de dar de comer e a de confiar as ovelhas a Pedro (v. 12-17). Ambas merecem alguns esclarecimentos, tanto mais que Inácio aqui se distancia criticamente da narrativa ludolfiana.

a. Jesus dá de comer uma porção de peixe assado e um favo de mel: *Les dio a comer parte de um pez asado y un panar de miel*. Esse "favo de mel" traduz o diminutivo inusitado em grego clássico: *opsarion*; certos Padres da Igreja acreditaram discernir aí o sabor misterioso do alimento escatológico, enquanto a exegese contemporânea o designa prosaicamente por "peixe miúdo"[68]. Em contrapartida, a narrativa de Ludolfo negligencia esse "favo de mel", mas pretende reconhecer como "um novo milagre" a criação de brasas[69] e interpreta essa refeição como uma celebração eucarística presidida pelo Senhor ressuscitado[70].

Quanto ao resumo de Inácio, está longe de sugerir o alcance eucarístico desse gesto, sobretudo porque omite o versículo 13a: "Então Jesus vem, toma o pão e lhes dá". Tal omissão poderia ser justificada pelo fato de que o redator dos *Exercícios* não pretende competir com sua própria interpretação da Ceia como a única "instituição do santíssimo Sacrifício da Eucaristia" (EE 289). No mesmo sentido, seria possível compreender por que Inácio não pretende tratar essa nova "aparição" como automanifestação do próprio Jesus, ainda que ele mencione explicitamente que João discerniu sua presença ativa por ocasião da pesca: "É o Senhor!", pois uma coisa é reconhecer Jesus "nos verdadeiros e santíssimos efeitos de sua ressurreição"; outra é recebê-lo para além de seus dons, como alguém que "se comunica a si mesmo" (EE 234) na eucaristia.

b. Do diálogo de Jesus com Pedro, o redator dos *Exercícios* retém principalmente a ordem de sua missão, citando a própria fala de Jesus: "apascenta as minhas ovelhas", ao passo que ele resume a pergunta dirigida três vezes a Pedro por esta paráfrase, relembrando que ele "antes perguntou-lhe três vezes sobre a caridade" (*primero examinando tres vezes de la charidad*). Esse termo — caridade — traduz de modo uniforme a sutil alternância joanina dos verbos *phileo* e *agapao*, que os padres verteram por *amare* e *diligere*[71]. Quanto a Inácio, ele reforça o desafio contido nesse interrogatório referindo-se à virtude teologal da caridade (EE 316, 3º), por ele interpretada posteriormente "como fé informada pela caridade" (cf. EE 368), no intuito de combater a doutrina luterana "da Fé

---

67. GV II, 79, nº 2 e 3.
68. *Évangile selon Jean*, apresentação, tradução francesa e notas da irmã Jeanne d'Arc, col. Les Belles Lettres nº 105, Paris, DDB, 1990, 138.
69. GV II, 79, nº 4, intitulado: Novum miraculum creationis carbonum, piscis et panis et discipulorum reverentia.
70. Consultar, por exemplo, Raymond Brown, *The Gospel according to John*, The Anchor Bible, New York, 1970, 1098-1100, e Simoens, Yves, *L'Évangile selon Jean*, t. 3: *Une interprétation*, 914-915.
71. GV II, 79 nº 9.

que justifica por si só, fora das obras da Lei". Explicaremos a importância dessa confrontação dogmática quando analisarmos as regras de ortodoxia.

O mistério seguinte propõe que voltemos ao capítulo final de Mateus 28, em conformidade com o encontro marcado com seus "irmãos" na Galileia: "pois ali me verão" (cf. EE 301). Os *três pontos* registrarão apenas os versículos 16 a 20, que fundamentam na palavra do Ressuscitado o ritual batismal celebrado na Igreja primitiva[72].

> EE 307: 1º) Por ordem do Senhor [*Por mandado del Señor*], os discípulos vão ao monte Tabor.
>
> 2º) Cristo lhes aparece [*Xpo se eles aparece*] e diz: "Todo o poder [*potestad*] me foi dado no céu e na terra".
>
> 3º) Enviou-os a pregar pelo mundo todo, dizendo: "Ide e ensinai a todas as gentes, batizando-as em nome do Pai e do Filho e do Espírito Santo".

Em comparação com Mateus, o *primeiro ponto* condensa o versículo 16, ao mesmo tempo em que identifica "a montanha" como sendo o "Tabor", o que provavelmente é conforme à localização da Tentação — uma montanha muito alta (Mt 4,8) — e da Transfiguração (17,1); o Tabor é também escolhido por Ludolfo, que se apoia na "maioria dos autores"[73]. Por outro lado, Inácio deixa subentendida a reação dos discípulos mencionada no versículo 17: "Quando o avistaram, prosternaram-se, mas alguns tiveram dúvidas".

Passando ao *segundo ponto*, Inácio substitui a introdução do versículo 18: "Jesus aproximou-se deles e lhes dirigiu estas palavras" por "Cristo lhes aparece". Depois, cita literalmente a palavra de Jesus mencionada no v. 18b.

O *terceiro ponto* realiza uma cesura entre o início da palavra de Jesus (18b) e o versículo 19, que a prolonga numa continuidade. Depois, o início desse versículo 19: "Ide, pois; de todas as nações, fazei discípulos" é substituído por uma introdução em estilo indireto, que reforça a palavra de Jesus citada logo depois. Além disso, a distinção salientada por Inácio entre "pregar" e "ensinar" traduz, por um lado: "fazei discípulos [*mathéteusate*]" (v. 19), por outro, "ensinando-as [*didaskontes*] a guardar tudo o que vos ordenei" (v. 20). Por fim, o redator dos *Exercícios* nada mantém dessa última promessa, que no entanto é capital: "Quanto a mim, eis que eu estou convosco todos os dias, até a consumação dos tempos [*heos susteleias tou aionos*]". Esta última omissão se justifica facilmente pelo fato de que o mistério da Ascensão descrito por Lucas nos Atos deverá ainda ser contemplado em EE 307, enquanto a última promessa mateana integra essa partida de uma maneira completamente distinta.

> Falar de "aparição" pressupõe implicitamente que ela é momentânea, seguida de desaparição. A coisa é clara em Lucas: o Ressuscitado desaparece diante dos olhos dos peregrinos de Emaús (Lc 24,31), e na mesma noite de sua aparição oficial se separa dos seus (Lc 24,51). Com Mateus, ao contrário, trata-se de uma presença que durará até o

---

72. A propósito desse trecho final, ver X. LÉON-DUFOUR, Présence du Seigneur ressuscité (Mt 28,16-20) em *À cause de l'Évangile, Études sur les synoptiques et les Actes*, dedicado a Jacques Dupont, col. Lectio divina nº 123, Paris, Cerf, 1985, 195-209.

73. GV II, 80, 1º.

fim dos tempos. É notável que Mateus seja o único a não falar do Espírito Santo, exceto no mandamento de batizar. Após a narrativa de Mateus 28,16-20, estamos no direito de nos perguntar se resta algum lugar possível para o Espírito Santo. É Jesus que ocupa toda a cena. No entanto, existe outra maneira de expressar a função própria do Espírito: ele é a presença viva de Jesus, como o expressará claramente o quarto evangelho. Ademais, não é simplesmente uma promessa de presença por um tempo vindouro, é a garantia de uma presença dada[74].

Releiamos agora os três pontos segundo sua coerência inaciana. 1º) Toda essa cena evangélica manifesta a nova autoridade adquirida pelo Senhorio do Ressuscitado, a partir do momento em que ele ordena a seus discípulos que o encontrem no Tabor. 2º) O caráter ilimitado desse "poder" (*potesdad*) é agora simbolizado por sua extensão universal: "no céu e na terra", enquanto na segunda semana (cf. EE 281, 1º) o exercitante fora convidado a contemplar como "Cristo chama seus amados discípulos, dá-lhes o poder de expulsar os demônios dos corpos humanos e curar todas as enfermidades", restringindo, portanto, o alcance de Mateus 10,8: "Curai os doentes, ressuscitai os mortos, purificai os leprosos, expulsai os demônios". 3º) Seguindo Mateus 28,19 literalmente, o último ponto focaliza a excelência desse poder de ensinar e batizar, segundo a interpretação tradicional do caminho dos discípulos de Emaús convidados a reler a Palavra e a comungar do Pão. O Batismo "em nome do Pai e do Filho e do Espírito Santo" confirma em última instância, e retrospectivamente, a pertinência trinitária da contemplação inaugural da Encarnação (EE 101 ss.), demonstrando também por quais "dons e graças os Apóstolos foram elevados acima de todos os santos do Antigo e Novo Testamento" (EE 275b). Essa contemplação final de Mateus se impõe, portanto, como a suprema automanifestação do poder divino do Ressuscitado (*se les aparece*), tal como permanece ativamente presente no tempo da Igreja.

6. O sexto dia: as aparições aos quinhentos irmãos e a Tiago

Tais contemplações recorrem apenas ao testemunho do apóstolo Paulo, transmitido por 1 Coríntios 15,6-7, o que, lembremo-nos, constitui uma das originalidades mais marcantes dos *Exercícios* em comparação com *A lenda dourada* de Tiago de Voragine e com a *Vida de Cristo* de Ludolfo, o Cartuxo.

Esse capítulo 15 trata globalmente da "ressurreição de Cristo, primícias dos que morreram", e da interpretação da nossa ressurreição física: "semeado corpo psíquico, ressuscita corpo espiritual; com efeito, é necessário que este ser corruptível revista a incorruptibilidade, e que este ser mortal se revista de imortalidade" (v. 44 e 53). Sua introdução rememora o "Evangelho que Paulo transmitiu e que ele próprio recebeu", dando testemunho das múltiplas aparições daquele que ressuscitou dos mortos.

> 1 Coríntios 15,1-8: Eu vos lembro, irmãos, o Evangelho que vos anunciei, que recebestes, no qual estais firmes, e pelo qual sereis salvos se o conservardes tal qual vo-lo anunciei; caso contrário, teríeis crido em vão.

---

74. X. Léon-Dufour, Présence du Seigneur ressuscité (Mt 28,16-20), 208.

> Eu vos transmiti, em primeiro lugar, o que eu mesmo recebera; Cristo morreu por nossos pecados, segundo as Escrituras. Foi sepultado, ressuscitou ao terceiro dia, segundo as Escrituras.
>
> Apareceu a Cefas, depois aos Doze. A seguir, apareceu a mais de quinhentos irmãos de uma só vez; a maioria deles ainda vive, e alguns morreram. A seguir, apareceu a Tiago, depois a todos os apóstolos. Em último lugar, também apareceu a mim, que sou como um aborto.

O verbo "apareceu" (*fue visto*) traduz *ophthé*, que conjuga o verbo *horao* no aoristo passivo, isto é, literalmente: ele foi visto, "visus est", segundo a *Vulgata* de Jerônimo. No entanto, o grego clássico também permite interpretar esse passivo segundo a voz média ou reflexiva, ou seja: "ele se mostrou". Ainda que consideremos que o redator dos *Exercícios* ignorasse essas sutilezas da língua grega, encontramos aqui a fonte objetiva e escriturística dessa dupla interpretação da aparição simples ou reflexiva do Ressuscitado: *apareció a Maria* (EE 300); *se les apareció* (EE 301).

Preocupado em enumerar cada uma das aparições do Ressuscitado, a fim de contemplá-las mais distintamente — ainda que Paulo se contente em evocá-las de modo muito breve —, Inácio não receia propor em EE 308: "Depois foi visto por mais de quinhentos irmãos juntos" [*Despues fue visto de más de 500 hermanos juntos*], e na sequência esta outra contemplação em EE 309: "A undécima aparição (1Cor 15,7): Apareceu depois a São Tiago" [*apareció despues a Santiago*].

Chegado ao término dos Exercícios, o exercitante poderá se contentar com esta extrema brevidade, alimentando sua devoção no espírito da 2ª Anotação: "Não é o muito saber que sacia e satisfaz a pessoa, mas o sentir e saborear as coisas internamente". Essa afirmação capital é ainda mais pertinente porque a memória pessoal do exercitante foi irrigada pelo conhecimento vivo dos mistérios já contemplados, que nele permanecem como estigmas radiantes da Glória divina do Ressuscitado.

7. O último dia: outras aparições

Não é fácil especificar antecipadamente a duração exata da quarta semana, se seguirmos escrupulosamente a *observação* enunciada em EE 226. De todo modo, a regra que recomenda "demorar-se sobretudo onde tenha sentido maiores moções e gostos espirituais" (EE 227) ganha sua pertinência máxima nesta última semana.

A *seção dos mistérios* compreende ainda "três aparições", a de José de Arimateia (EE 310), a que Paulo desfrutou "depois da Ascensão" (EE 311) e a da própria Ascensão (EE 312).

EE 310 oferece a possibilidade de contemplar como "duodécima aparição: Apareceu a José de Arimateia, como *piedosamente se lê e se medita na vida dos santos*"[75]. Nesse tipo de aparição, a autenticidade da "piedade" não é submetida à incerteza de uma lenda, mas

---

75. Cf. TIAGO DE VORAGINE, *La légende dorée*, cap. 52 [6. 12] e LUDOLFO DA SAXÔNIA, GV II, 75, onde o Cartuxo reúne as aparições do Senhor a Pedro (1º), a José de Arimateia (2º), a Tiago, o Menor (3º) e aos santos Pais do limbo (5º).

inspira-se no "sensus fidelium" demonstrada pela "vida dos santos". Importa aqui relembrar que Inácio garantiu a verdade e a primazia da aparição do Ressuscitado à Virgem Maria com base em outro fundamento, não o da lenda devota (cf. EE 299).

EE 311. O título da contemplação seguinte diz respeito à "décima terceira aparição" de que Paulo, em 1 Coríntios 15, dá testemunho após os versículos 6 e 7, que determinam o conteúdo das aparições 10 e 11 (EE 308-309).

> EE 311: *Apareció a San Pablo, después de la Ascensión: "Finalmente a my, como abortivo, se me apareció". Apareció tanbién en ánima a los padres sanctos del limbo; y después de sacados y tornado a tomar el cuerpo, muchas veces apareció a los discipulos, y conversava con ellos.*

Um enunciado assim é surpreendente sob vários aspectos. Por que afinal o redator dos *Exercícios* multiplica "as aparições", quando apenas uma é anunciada? Por que a matéria dessa contemplação, aparentemente tão singular, não é enunciada pela distinção de certo número de *pontos*? Por que tais aparições "a uma multidão de discípulos" depois da subida do limbo são associadas à aparição a Paulo? Qual é o significado desse "depois" (*después*), que sugere uma analogia entre o momento da aparição a Paulo "*depois* da Ascensão" e este outro momento, designado como "*depois* de tirar os santos pais do limbo e voltar a assumir o corpo"? Por que é necessário repetir esse mistério da saída "do Inferno" já contemplado em EE 219, e ao mesmo tempo substituir "o Inferno" pelo "limbo"?

Quanto a Paulo, Inácio se refere ao seu testemunho dado em 1 Coríntios 15,8: "Em último lugar, também apareceu a mim, como a um aborto". O redator dos *Exercícios* traduz *eskaton de panton, novissime autem omnium* (Jerônimo), por *Finalmente a mi, como abortivo, se me apareció*.

Qual é o sentido desse *finalmente*? Enquanto Paulo visa claramente aqui o encerramento das aparições aos Apóstolos, dos quais ele se diz "o aborto" (ver também v. 9), Inácio não parece deduzir disso o fim definitivo de toda aparição possível do Ressuscitado a qualquer homem durante todo o tempo da Igreja, como o sugere a última conclusão desse mistério: *muchas veces apareció à los discipulos, y conversava con ellos*. Não é por acaso que o *Relato do peregrino* consigna este anseio de uma mulher idosa: "Ah! Queira Nosso Senhor Jesus Cristo aparecer-lhe um dia" (nº 21), visto que sua oração foi abundantemente concedida, no tempo de Manresa (nº 29) e depois disso (nº 37 e 40).

Cumpre também aprofundar a expressão derradeira dessa retomada de 1 Coríntios 15,8: *se me apareció*, na medida em que confirma a recorrência inaciana da automanifestação do Ressuscitado no sentido de EE 223. Na Epístola aos Gálatas, anterior às duas Cartas aos Coríntios, Paulo assinalava: "[…] Aquele que me pôs à parte […] houve por bem revelar em mim o seu Filho [*apokalupsai ton uion autou*], a fim de que eu o anuncie entre os pagãos…" (Gl 1,15-16). Portanto, pode-se deduzir daí que o ato de aparecer do Ressuscitado não é apenas do âmbito da iniciativa individual de Jesus Cristo glorificado em sua ressurreição, mas da Sabedoria divina originada em seu Pai, de modo que esse ato seja prioritariamente percebido como "o apocalipse do Filho". Paulo traduz assim em linguagem trinitária o que Inácio expressava formalmente em termos de essência divina em EE 223: "considerar *como* a divindade aparece e se mostra tão miraculosamente agora em sua santíssima ressurreição". Nesse enunciado programático se encontrava assim destacado o espaço infinitamente divino e humano em que a questão do "como" encontrará sua resposta ao longo de todas as "aparições" aqui compreendidas como autodesvelamento da concepção eterna e temporal do Filho, ele que é em pessoa "a Ressurreição e a Vida", segundo João 11,25a, citado em EE 285, 2º.

O redator dos *Exercícios* confia uma vez mais esse mistério da saída do Inferno à contemplação do exercitante, a fim de que seja não apenas levado em conta como transição necessária para a ressurreição de Jesus segundo EE 219, mas considerado em si mesmo, pois abre o espaço quase ilimitado do "limbo" que reúne os justos falecidos; um espaço que somente a Memória divina é capaz de recolher, enquanto a lembrança dos homens é irremediavelmente submetida à erosão do esquecimento; um espaço destinado à intercessão dos anjos e da Igreja, tanto glorificada como militante; um espaço que se distingue do inferno da danação e cuja habitação é estritamente selada pelo segredo de Deus.

Tais especificações nos ajudam a captar a intenção oculta dessa única aparição do Ressuscitado em suas formas mais diversificadas: abrir o exercitante à exploração em todos os espaços em que "aquele que é a Ressurreição e a Vida" não cessa de dar sua Vida com prodigalidade, a fim de exercer seu "ofício de consolar" (EE 224); isso porque a magnanimidade universal de Deus se estende até os confins de toda forma de coordenada espaço-temporal, quer se trate do tempo e do espaço terrestre aberto, em vez de fechado, desde a Ascensão (*después la Ascensión*), quer daquela outra forma de coordenada espaço-temporal reservada às almas dos defuntos solidárias do Corpo místico da Igreja graças à bem-aventurada radiância da alma de Cristo, mesmo no limbo.

É ainda 1 Coríntios 15,54-55 que sustenta a compreensão desse último "mistério":

> Quando, portanto, este ser corruptível tiver revestido a incorruptibilidade e este ser mortal tiver revestido a imortalidade, então se realizará a palavra da Escritura: "A morte foi tragada na vitória. Ó morte, onde está a tua vitória? Morte, onde está o teu aguilhão?".

O estado de morte de Jesus já não é apenas a consequência de um pecado mortífero, mas tornou-se ele próprio princípio de vida, primeiramente no limbo, depois na superfície da terra. Tempo e espaço são a partir daí transubstanciados nele, visto que o passado dos defuntos se torna a fonte do futuro nesse imenso Presente em que se recolhe a *Memoria futuri* (K. Rahner), ao passo que "o Universal Concreto" (Leibniz-Blondel) transfigura todo o espaço na singularidade de seu Corpo glorificado.

Passemos agora ao último mistério contemplado, a **Ascensão de Nosso Senhor**.

> EE 322: *De la Ascensión de Xpo nuestro Señor.*
>
> 1º) *Después que por espaçió de 40 días apareció a los apóstoles, haziendo muchos argumentos y señales y hablando del reyno de Dios, mandolés que em Hierusalem esperasen el Espíritu Sancto promedito.*
>
> 2º) *Sacólos al monte Olibeti, y en presençia dellos elevado, y una nuve le hizo desparesçer de los ojos dellos.*
>
> 3º) *Mirando ellos al cielo, les dizen lós ángeles: "Varones galileos, que estáys mirando al cielo? Este Jesús, el qual es llevado de vuestros ojos al cielo, asi vendrá como le vistes yr en el cielo".*

[1.] Confrontemos primeiramente essa retomada inaciana em Atos 1,2-11.

O primeiro ponto. Antes de descrever o evento da Ascensão, os Atos propõem várias perícopes, das quais selecionaremos apenas os versículos aos quais o *primeiro ponto* remete.

Atos 1,3: É a eles [os apóstolos] que Jesus se apresentara vivo após a sua Paixão; tiveram mais de uma prova disto [*parestésen heauton dzonta metá to pathein auton en pollois tekmériois*], enquanto, durante quarenta dias, ele lhes aparecera e conversara com eles sobre o Reino de Deus.

Atos 1,8: Ele lhes disse: "Recebereis o poder do Espírito Santo que virá sobre vós, para serdes minhas testemunhas em Jerusalém, por toda a Judéia e Samaria, até os confins da terra".

A exemplo da contemplação anterior, Inácio se contenta em empregar a expressão mais comum de "aparição", enquanto Lucas especifica que Cristo "se apresentara vivo", reforçando assim as afirmações em que o próprio Inácio remete a uma autoaparição. Notemos de passagem que a narrativa inaciana se permite acrescentar às provas (*argumentos*) e ao ensinamento (*hablando del reyno de Dios*) fornecidos por Jesus os sinais (*señales*), a fim de reforçar a demonstração. Sua apódose seleciona apenas a ordem de esperar em Jerusalém o Espírito Santo prometido.

Segundo ponto. A narrativa lucana só remete ao "monte das Oliveiras" no momento em que os Apóstolos deixaram essa colina após a Ascensão, para voltar "à sala superior" no centro de Jerusalém (1,12), enquanto Inácio busca constantemente explicitar a nova iniciativa daquele que "os levou ao monte das Oliveiras". Notemos também que a descrição inaciana da elevação de Jesus é tão sóbria quanto a de Lucas, v. 9: "A essas palavras, à vista deles, ele se elevou, e uma nuvem veio subtraí-lo a suas vistas"; Inácio retoma aqui o verbo *desaparecer* já aplicado a Emaús em Lucas 24,31 (EE 303, 3º), ao passo que a referência à "nuvem"[76] é aqui mencionada pela primeira vez nos *Exercícios*, tendo sido omitida quando da Transfiguração.

O *terceiro ponto* retoma literalmente a fala do "anjo" mencionado por Lucas, omitindo, porém, a descrição de "dois homens de vestes brancas", a fim de concentrar a atenção unicamente nessa promessa do retorno de Jesus transmitida pelo anjo: "Homens da Galileia, por que ficais aí a olhar para o céu? Este [*outos*] Jesus, que vos foi arrebatado para o céu, há de vir do mesmo modo [*outos*] como o vistes partir" (v. 11). Uma profecia assim ressalta o realismo histórico da abordagem lucana da ressurreição.

---

76. No AT, a "nuvem" é um elemento das manifestações de Deus (Ex 13,21-22 e 40,35) e do Filho do Homem (Dn 7,13). Lucas confirma essa forma de teofania negativa por ocasião da Transfiguração do Senhor em 9,34, bem como em 21,27: "Então, eles verão o Filho do Homem vir rodeado de uma nuvem na plenitude do poder e da glória". Quanto aos *Exercícios*, não evocam essa "nuvem" no momento da Transfiguração (EE 284), preferindo concentrar toda a atenção na Palavra do Pai, que atesta que "seu Filho amado deve ser escutado". Assim, portanto, Inácio reserva o uso desse termo "*nuve*" ao momento da Ascensão, provavelmente porque expressa o mistério divino como tal.

[2.] A compreensão inaciana dessa "Ascensão" pode ser captada como *recapitulação* e *disponibilização* da vida de "Cristo nosso Senhor", "nosso chefe supremo e verdadeiro", a todo homem pela graça do Espírito Santo. Com efeito, os três pontos reúnem sucessivamente a Vida de Cristo contemplada durante as três primeiras semanas, confirmando de passagem a utilidade de rememorar os mistérios já contemplados.

a) Os "quarenta dias" relembram e confirmam para além da morte o que Jesus de Nazaré já fez durante o tempo de sua vida oculta e pública, como Rei (EE 95) investido do poder de realizar gestos de potência que atestam a vinda do Reino de seu Pai; esses mistérios já contemplados na segunda semana são a partir de agora "abrigados na eternidade" (Balthasar), de modo que possam no futuro ser disponibilizados pelo Espírito a qualquer um que deseje imitar essa vida que se tornou a "Norma universal e concreta" de todo destino humano[77].

b) O encontro marcado por Jesus no "monte das Oliveiras" sugere a anamnese de sua "agonia" significada pelo "suor de sangue" (EE 290). A partir daí, até o fim dos tempos, são os discípulos que serão postos à prova da transcendente "Majestade divina" cuja "Vontade é insondável" (Rm 11,31), visto que seu Mestre e Senhor é inteiramente obnubilado pela "nuvem".

c) Essa retirada imposta pela "Ascensão" convida o exercitante que chegou ao fim dos 30 dias a não mais se comprazer na imediata familiaridade de seu Senhor oferecida por toda forma de "aplicação dos sentidos". Tal renúncia é, de fato, a condição indispensável para que o discípulo ainda exercitante possa obedecer plenamente à ordem do Senhor: "Enviou-os a pregar pelo mundo todo", sendo-lhe garantido que "Todo poder lhe foi dado no céu e na terra" (EE 307).

[3.] O enredo das interpretações desse mistério.

a) A primeira pergunta — de feição mais exegética — à qual não podemos escapar diz respeito à justaposição de uma teologia joanina do dom efetivo do Espírito pelo Ressuscitado que apareceu a seus discípulos (Jo 20,19-23) àquela propriamente lucana, que preconiza "a espera" desse mesmo "Espírito Santo" prometido até "Pentecostes". Sem entrar na investigação conduzida pela pesquisa histórico-crítica, Inácio torna a concentrar essa questão no plano da experiência espiritual, cujo Hermeneuta é "o Espírito da verdade", capaz por si só de sondar todo o conjunto das profundezas do mistério de Deus e a graça que ele oferece à "pessoa espiritual" (EE 336). Assim se vê estabelecida a concordância entre "o tempo da narração" próprio da contemplação inaciana dos mistérios evangélicos e a lógica da apropriação pessoal comandada pelas "regras do discernimento dos espíritos".

Nesse caso presente, a interpretação inaciana do "*soprou* sobre eles e lhes disse: 'Recebei o Espírito Santo'" como "*dá*-lhes o Espírito Santo" (EE 304, 3º) é esclarecida e justificada pela regra arquetípica do discernimento dos espíritos que define "a consolação

---

77. H. U. von Balthasar, *Theologie der Geschichte*, Einsiedeln, Johannes Verlag, 1950, traduzido para o francês por R. Givord, *Théologie de l'histoire*, pref. de Albert Béguin, Paris, Plon, 1955, 199 p. (Sobre os "quarenta dias", ver pp. 82-93.)

sem causa precedente" (EE 330). De fato, esta é experimentada no instante de sua transparente doação, de modo que no tempo seguinte a acribia do discernimento comum reencontra sua autoridade crítica (EE 331-334). Para isso, porém, é preciso compreender que tal consolação "sem causa" tem por efeito aprofundar a expectativa e a esperança de uma nova intervenção imediata desse mesmo Espírito. O *Diário espiritual* de Inácio manifesta constantemente essa forma de tensão. Sua resolução inaciana esclarece também indiretamente a questão da doação do Espírito no interior da comunidade primitiva da Igreja, reunida na espera do acontecimento histórico de "Pentecostes", bem como a da celebração litúrgica e anual de sua Festa.

b) A outra pergunta diz respeito ao sentido da "nuvem", que teve o efeito de suprimir Cristo do alcance direto do olhar. Notemos que o título inaciano de todos os mistérios contemplados na quarta semana trata sempre de "aparições", exceto o último, denominado "a Ascensão". Será que este último mistério deve ser interpretado, portanto, como uma ruptura definitiva em relação à graça própria dessa quarta semana, caracterizada pela consideração de "como a divindade aparece e se mostra tão miraculosamente agora em sua santíssima ressurreição" e de "como ele exerce seu ofício de consolar" (EE 223-224)? Ou será que esse ocultamento deve ser integrado nessas graças?

Assim formulada, a pergunta pode ser proveitosamente confrontada com a interpretação desse mistério por **Tomás de Aquino**, que explorou a oportunidade (*convenientia*) da Ascensão[78]. Para o Cristo que já entrou na glória de sua ressurreição, essa "elevação" não lhe proporcionou "nenhum aumento de glória, nem como Deus, nem como homem dotado de uma alma e de um corpo, mas apenas uma honorabilidade de tipo local" (*loci decentia*). Tendo assim "desmitologizado" esse mistério, o doutor medieval se dedica, ao contrário, a maximizar os frutos espirituais que o cristão pode extrair dessa retirada de sua presença física, ao "aumentar-lhe a fé (Jo 16,8-10), elevar-lhe a esperança (Jo 14,2) e direcionar para as realidades celestes a afeição de sua caridade (Cl 3,1-2 e Mt 6,21)"[79]. Essa teologia espiritual foi avalizada pelos *Exercícios* inacianos em EE 316, 3º, quando definem "a consolação espiritual", em última instância, como "todo aumento de esperança, de fé e de caridade". Por outro lado, nossa leitura dos dois primeiros *pontos* (EE 312, 1º e 2º) já nos fez reconhecer que eles contrapõem "as aparições múltiplas" durante os quarenta dias a essa "desaparição" provocada pela Ascensão. Ademais, esse *segundo ponto* não se demora em absoluto no caráter miraculoso dessa elevação, que suscitou o interesse constante dos Padres[80], abundantemente citados por Ludolfo. Em contrapartida, Inácio se contenta em salientar o contraste provocado nos espectadores da cena entre "*diante deles*, foi elevado" e "uma nuvem fez com que *desaparecesse aos olhos deles*".

Gaston Fessard interpreta esse mistério explorando o *paradoxo da esperança* cristã segundo a linguagem da dialética hegeliana.

---

78. *S. T.*, IIIa, qu. 57, a. 1 c.
79. Ibid., ad 3.
80. Nessa mesma qu. 57, Tomás de Aquino trata *in extenso* desse assunto em a. 2 e 3.

Se a esperança pretende cumprir a promessa, que é sua própria essência, ao tornar realmente o Futuro presente, ela prova de fato que ela não é a presença real do Futuro Absoluto, mas simplesmente de um futuro relativo. Se, ao contrário, ela deixa o Futuro no ápice inacessível de um progresso indefinido, nega a verdade da promessa que contém[81].

Fessard mostra então como a Ascensão "puxa a Esperança para abri-la à medida da Presença que deve justamente se revelar nela". Isso porque essa virtude que anima a liberdade não se esgota numa espera indefinidamente inacessível na terra, mas é imantada pela promessa do retorno daquele que já veio à terra e que voltará "da mesma maneira" (EE 312, 3º), não para se opor a essa projeção de um ideal enfim real, mas para efetuar a junção entre o Princípio eterno, que é o Pai, e o mistério do sentar-se à sua direita, do Filho eterno do Pai e Filho do homem temporal que nos conduz à sua parusia. Essa leitura fessardiana da Ascensão não condiz evidentemente com a de Hegel, para quem a *Aufhebung* acarreta necessariamente a negação irremediável de toda forma de finitude nos planos subjetivo, objetivo e absoluto, e por conseguinte a negação da realidade, criada limitada, do próprio Corpo do Ressuscitado[82].

Podemos concluir daí que para Inácio o mistério da Ascensão significa a renúncia à graça descrita no primeiro e no segundo ponto complementar próprios da quarta semana segundo EE 223-224. Esse gênero de ruptura será por isso definitivo no âmbito da experiência do exercitante? Para responder a essa pergunta, será necessário que passemos à *Contemplação para alcançar o amor* em EE 230 ss.

C. RUMO A UMA TEOLOGIA DA QUARTA SEMANA

1. A originalidade inaciana dessa semana

Por mais de uma razão, a última semana é a mais original e a mais típica das quatro. Primeiramente porque resistiu à tentação à qual cedeu toda uma corrente, representada por Osuna e Cisneros, que atribui à Paixão o auge do amor de Deus por nós, e assim só resta emancipar-se da "economia" para elevar-se ao mistério da "teologia", sem se demorar nas aparições do Ressuscitado. Os *Exercícios* captam de outra maneira a relação entre "a humanidade" e "a divindade" de Jesus Cristo, nosso Senhor, visto que a obnubilação da divindade em proveito do sofrimento suportado na humanidade durante a Paixão cederá lugar à manifestação da própria divindade em cada Aparição do Ressuscitado. Ademais, a espiritualidade inaciana integra em si uma compreensão da caridade que permanece

---

81. *La dialectique des Exercices spirituels*, I, 143-146.
82. Cf. EMILIO BRITO, *Hegel et la tâche actuelle de la christologie*, col. Le sycomore, série Horizon nº 11, Paris/Namur, P. Lethielleux/Culture et Vérité, 1978, 394 p.; ID., *La Christologie de Hegel, Verbum crucis*, trad. B. Pottier, col. Bibl. des archives de philosophie, nova série nº 40, Paris, Beauchesne/B.A.P., 1983, 696 p. [Ver em particular Résurrection et Ascension (455-464) e Issue IV: "La communion à Dieu", B: présence du Ressuscité e D: Récapitulation (639-656).]

para sempre (1Cor 13), de modo que esta não encontra seu desdobramento final no sacrifício da Cruz, mas na troca amável entre o amante e o amado, como a *Contemplacion para alcanzar Amor* se prepara para confirmar.

Por outro lado, a memória ludolfiana dos mistérios da Paixão e das Aparições do Ressuscitado se inseria nos limites temporais de sua atestação histórica, a do *triduum* pascal e dos quarenta dias, e assim seus frutos de redenção e de justificação envolviam aquela outra iniciativa espiritual que consiste em depreender suas respectivas exemplaridades no plano da apropriação pessoal, tanto moral como mística.

Sem contestar essa tradição, os *Exercícios* conjugam de outro modo a relação da história com o Espírito. De fato, a memória da história dos mistérios é aqui imediatamente percebida no Espírito que inspira a Igreja, o que abre o exercitante para uma compreensão da Paixão e das Aparições do Ressuscitado tal como os mistérios disponibilizados até o fim dos tempos, não apenas segundo a unidade dinâmica deles, oriunda dos mistérios da glória, mas também segundo a contrariedade deles, tão real como a morte e a ressurreição dentre os mortos. Daí resulta que a percepção espiritual desses mistérios compromete o exercitante a apreender as coordenadas espaço-temporais desses mistérios de acordo com a totalmente nova "potencialidade" teândrica e espiritual deles (Karl Barth), a tal ponto que a Paixão e a Ressurreição possam ser contempladas em seu cumprimento tão distinto quanto atual, graças à doação viva e vivificante do Espírito, segundo EE 304, 3º.

Essa atualidade viva do dom do Espírito é atestada nas regras de discernimento espiritual da primeira, e mais ainda da segunda semana, que decifram em termos de psicologia espiritual o que ocorre na alma. Essa comunicação espiritual foi primeiramente influenciada na consciência pecadora do exercitante pelo bom ou pelo mau espírito; depois, pelo bom ou pelo mau anjo, por ocasião da abertura da alma à percepção englobante da "história" de Jesus Cristo. Introduzida desde a segunda semana, a primazia capital da consolação "sem causa precedente" sobre a que ocorre "com causa" encontra por fim a confirmação de sua pertinência espiritual nesse modo histórico do aparecer físico do Ressuscitado, a partir de agora soberanamente livre para inserir-se de súbito no tecido espaço-temporal das solidariedades eclesiais, sem ser dependente nem da contiguidade do espaço nem de um tempo linear.

2. A submissão dos "exercícios" à liberdade de Deus

Os *Exercícios* contêm em sua literalidade esta regra (EE 330) que respeita a soberana autonomia de Deus em relação à programação apertadíssima imposta durante trinta dias, de modo que caiba ao Espírito, o único capaz de sondar as profundezas da Sabedoria divina, estimular gratuitamente a intensidade da percepção extática dos sentimentos do Cristo sofredor ou jubiloso. O testemunho daqueles e daquelas que viveram esses trinta dias confirma esse diagnóstico; pode-se viver muito serenamente a terceira semana, expondo-se à "mansidão" do Senhor sofredor (EE 291, 2º), enquanto outros viverão a quarta semana na aspereza de uma fé trabalhada pela esperança de serem um dia vivamente associados à alegria e ao júbilo do Ressuscitado.

As duas últimas semanas não comportam regras de discernimento que lhes sejam exclusivamente apropriadas. Em contrapartida, somente elas propõem "pontos complementares" (EE 195, 197 e 223-224), ausentes das duas primeiras semanas. Pode-se então captar em que sentido estes pontos substituem tais regras, abrindo a via de acesso à graça da união com a Paixão e com a Ressurreição prometida pelas orações de petição próprias de cada uma delas (EE 193 e 221). A bem dizer, esses "pontos" já não são regras de discernimento, mas evidenciam o caráter fundamentalmente sacramental dos mistérios da Páscoa do Senhor, permitindo-lhes realizar o que significam, visto que nessa "hora" Jesus Cristo se atesta como o Sacramento primordial e escatológico da salvação, conforme ao Prólogo histórico dessas duas semanas, durante o qual Cristo "instituiu o santíssimo sacrifício da Eucaristia, em grandíssimo sinal de seu amor" (EE 289, 3º).

Tanto o destino espiritual como o destino carnal de cada exercitante são englobados numa percepção da Igreja que é ao mesmo tempo "hierárquica" — como o confirma a missão apostólica daqueles que foram favorecidos pelas aparições do Ressuscitado — e arquetipicamente feminina — desde a aparição de nosso Senhor a sua mãe bendita —, Esposa de Cristo, e consequentemente nossa Mãe, como um resplandecente Espelho virginal da Sabedoria de Deus. As regras 1 e 13 do verdadeiro sentido na Igreja militante confirmarão o alcance eclesial dessa aparição à Virgem Maria.

3. "Ele próprio apareceu: *se aparesçío*"

Intrigados pela distinção inaciana entre *apareció* e *se apareció*, comumente negligenciada pelos tradutores e pelos comentários, buscamos compreender a diferença entre eles. Em suma, não se trata de induzir duas espécies diferentes de aparições do Senhor, mas de reconhecer que Inácio as encadeia uma após a outra em EE 223: "*considerar cómo la divinidad... paresce y se muestra...*", de modo que a segunda proposição se imponha como uma explicitação mais pertinente que a primeira, mais comumente empregada pela Bíblia e pela tradição teológica. A partir daí, quando ele evoca brevemente as aparições que não estão incluídas nos testemunhos evangélicos, o redator dos *Exercícios* se contenta em retomar a expressão mais comum de *aparecer* (EE 309, 310, 311). Em contrapartida, quando trata das cenas evangélicas mais expressivas do poder divino outorgado à humanidade do Ressuscitado, preferirá empregar a expressão reflexiva, desde a aparição às três Marias em EE 301 até sua aparição no Tabor em EE 307, salvo em EE 306. Nossa interpretação se aplica igualmente às duas primeiras "aparições", visto que a que beneficia sua bendita Mãe atesta particularmente a perfeição de sua automanifestação "em corpo e alma" (EE 219), ao passo que a versão marcana da aparição a Maria Madalena praticamente não podia atribuir-se tais qualidades em razão do claro-escuro de sua recepção temerosa.

É também nessas cenas reconhecidas como autoaparições do Senhor que "o tempo da narração" inaciano se emancipa do "tempo narrado" pelos evangelistas, introduzindo aí o presente de duas maneiras. A primeira diz respeito à autoaparição do Ressuscitado aos discípulos de Emaús (EE 303), na qual Inácio se autoriza a transpor sempre para o presente os verbos que Lucas declina no pretérito perfeito, provavelmente porque a interpretação tradicional dessa perícope lucana aí discerne a atualidade da prática litúrgica da Igreja, convidada às mesas da Palavra e do Pão. A segunda maneira consiste em introduzir um único presente lá onde os evangelistas sempre relatam sua narrativa no pretérito perfeito, por exemplo, desde o primeiro ponto de EE 301, 1º, quando "essas Marias deixam o túmulo", e de EE 304, 3º, em que a narrativa da autoaparição do Senhor aos onze discípulos culmina no ato vivo de envio do Espírito, demonstrando o caráter performativo atual da Palavra de Jesus: "Dá-lhes o Espírito Santo, dizendo: 'Recebei o Espírito Santo'". A leitura propriamente inaciana desse Aparecimento do Espírito, quando, estando em seu corpo glorificado, Cristo "soprou sobre eles" (Jo 20,22a) da mesma maneira que criou o homem (cf. Gn 2,7) confirma a evidência do movimento suscitado unicamente pelo Criador na intimidade da alma no próprio instante de sua doação (EE 330). Essas duas formas de atualização do envio do Espírito encontrarão seu último fundamento na contemplação para alcançar o amor (EE 230 ss.), que analisaremos adiante, seguindo a ordem do livro dos *Exercícios*.

Em todo caso, é nesta última semana das aparições do Ressuscitado que o exercitante descobrirá a magnânima generosidade de Deus, o qual "quer dar-se quanto pode" (EE 234), para além do encerramento dos quarenta dias marcado por sua Ascensão. Descobrirá assim que a espiritualidade inaciana se funda "na consolação", e primordialmente naquela que é "sem causa precedente", pois esta última é ratificada historicamente pelo modo de autoaparição do próprio Ressuscitado, como Cabeça da Igreja, que é seu Corpo.

Terceira parte

EXERCÍCIOS E REGRAS COMPLEMENTARES

Capítulo I

A CONTEMPLAÇÃO PARA ALCANÇAR O AMOR (EE 230-237)

A contemplação para alcançar o amor se situa fora da quarta semana, mas logo depois dela, como se fosse seu prolongamento natural. Os *Diretórios* de 1599 relembram que a quarta semana corresponde "à via unitiva", sendo já "inteiramente consagrada ao amor de Deus e ao desejo da eternidade" (nº 253). Recomendam então que se pratique essa *contemplatio ad amorem* imediatamente depois de iniciada essa última semana, dedicando a isso uma ou duas horas por dia, ou então, logo depois de seu término, reservando para isso um ou dois dias (nº 254). No nº 255 propõem também a leitura das duas *notas* introdutórias da seguinte maneira:

Por meio disso o exercitante deve compreender que a afeição muito terna que experimenta não pode bastar-lhe e que ele não deve contentar-se com ela: como o diz muito bem São Gregório: "a prova do amor é a obra que apresentamos" e "quando existe amor, ele faz grandes obras; se ele se recusa às obras, não é amor".

A. AS DUAS NOTAS PRÉVIAS (EE 230-231)

EE 230: Contemplação para alcançar amor.

É preciso ter presente duas coisas: a 1ª, o amor consiste mais em obras do que em palavras.

A 2ª, o amor é comunicação de ambas as partes. Isto é, quem ama dá e comunica o que tem ou pode a quem ama. Por sua vez, quem é amado dá e comunica ao que ama. De modo que, se um tem ciência, ou honras ou riquezas, dá ao que não as tem. E assim mutuamente[1].

a. No campo semântico coberto pelos *Exercícios*[2], S. Arzubialde reparte os diferentes sentidos do verbo *alcanzar* como algo que designa seja o *sentido activo*, que consiste em

---

1. EE 230: "*Contemplación para alcanzar amor. Nota. Primero conviene advertir en dos cosas. La primera es, que el amor se debe poner más en las obras que en las palabras.*" EE 231: "*La 2a, el amor consiste en comunicación de las dos partes, es a saber, en dar y comunicar el amante al amado lo que tiene, o de lo que tiene o puede, y así, por el contrario, el amado al amante; de manera que si el uno tiene sciençia, dar al que no la tiene, si honores, si rriquezas, y así el otro al otro.*"

2. A raiz do verbo *alcanzar* enunciado em EE 168 se encontra em *alcancando* EE 44b; segundo *alcançe* ou *alcance* em EE 63, 147, 248; segundo *alcancara* em EE 213 e segundo *alcanze* em EE 370.

perseguir pessoalmente um objetivo (EE 11) ou ainda determinado meio para alcançá-lo (EE 44, 6º e 213, 1º), seja o *sentido passivo*, que visa a obter de um intercessor divino uma graça (EE 63, 147 e 248) ou uma disposição pessoal (EE 168 e 230)[3].

A primeira nota se inspira diretamente em 1 João 3,18: "Filhinhos, não amemos com palavras nem com a língua, mas com obras e em verdade"[4]. Ecoando esses versículos 18 a 20, a "composição de lugar", que introduz diretamente a contemplação (EE 232), pela primeira vez convidará o exercitante a situar-se "*diante* de Deus nosso Senhor".

A preferência atribuída às "ações", mais que às "palavras", não diz respeito exclusivamente aos compromissos exteriores subsequentes à oração contemplativa, mas prioritariamente a todo o conjunto dessa contemplação, que não trata "do Amor, mas da *obtenção* do Amor"; ou seja, ela não privilegia a via do puro conhecimento refletido e expresso em palavras, mas a da virtude de reconhecimento pelos dons recebidos de Deus, e a partir do pedido de receber a graça de amar como Deus nos ama[5].

O adágio inventado por Jerônimo Nadal — *in actione contemplativus* — também pode iniciar-nos no alcance dessa *primeira nota*. Seu autor serviu-se dele primeiramente para caracterizar o estilo de vida espiritual do próprio Inácio, capaz de "encontrar Deus em todas as coisas", fossem elas "atividades" ou "conversações" com outras pessoas[6]. Esse adágio foi então estendido ao tipo de espiritualidade próprio da Companhia de Jesus. No entanto, essa formulação só é capaz de abarcar a vida inteira se for fundamentalmente inspirada pela maneira de abordar o Amor no âmago "dessa contemplação", pois é ela que lhe conferirá sua extensão universal[7]. Essa doutrina se afasta, assim, de toda forma de visão platônica da essência de *Deus-Amor*, em proveito do ato no qual "o Senhor quer dar-se a mim quanto pode" (EE 234), de modo que, em retorno, eu assuma o ato pelo qual me comunicarei por inteiro a Ele.

A contemplação de atos entrecruzados (*por el contrario*) tampouco se compromete a desdobrar os fundamentos *pneumatológicos* que justificam teologicamente tal passagem ao ato, contentando-se em remeter "a oferenda" amante e pessoal do exercitante à exigência da "justiça" segundo EE 234. Tais justificativas teológicas e trinitárias serão oportunas quando for apropriado depreender a amplitude recapitulativa desta última contemplação no plano da lógica *noética*; nesse sentido, o comentário proposto por Erich

---

3. O DME, I, 216-217 distingue treze sentidos ou campos de aplicação diferentes. Em seu VEE, IGNACIO IPARRAGUIRRE não dedica a isso uma única linha.

4. 1 João 3,19-20: "nisto reconheceremos que somos da verdade e diante dele tranquilizaremos nosso coração, porque, se nosso coração nos acusar, Deus é maior que nosso coração e percebe todas as coisas".

5. FRANZ VON HUMMELAUER, *Meditationum* […], 556-563: "Contemplatio ad obtinendum amorem"; a maneira como o autor introduz longamente essa contemplação é eminentemente sugestiva.

6. JERÔNIMO NADAL, MNad V, 1557, 162: "*Ignacio sentiá y contemplaba a Dios tanto en todas las cosas, actividades, conversaciones, a la manera de* in actione contemplativus, *lo cual soliá explicar: que encontraba a Dios em todas cosas*"; cf. ANTON WITWER, Contemplativo en la acción, em *DEI*, I, 457-465.

7. Cf. J.-M. HENNAUX, Contemplation et vie contemplative d'après les Exercices spirituels de saint Ignace, em *Vie consacrée* 62/4 (1990) 234-246.

Przywara[8] é tão insuperável quanto o de Albert Chapelle[9], reelaborado, por sua vez, por Emílio Brito. No entanto, é primeiramente requerido do exercitante que se entregue à apreensão *pneumática* de um Amor que se revelou em ato, a tal ponto que é somente respondendo a ele em ato que podemos ser pessoalmente iniciados em seu mistério inefável. A esse respeito, Agostinho concluía o capítulo XV de seu *De Trinitate* com uma oração em que implorava para que fosse libertado da multidão de palavras que assaltam o espírito humano, enquanto Deus, na simplicidade de sua única Essência, tem apenas uma Palavra idêntica a seu Ser, a seu Pensamento e a sua Vida[10].

b. Somos assim remetidos à *segunda nota*, que especificará a linguagem por meio da qual se definirá "a ação" própria do amor. Esta se enuncia pela implícita retomada da linguagem ternária da pneumatologia elaborada por Agostinho em *De Trinitate*, XV[11], uma doutrina que Tomás de Aquino sistematizará[12].

> O *amor* consiste numa comunicação recíproca, a saber, que o amante *dá* e *comunica* ao amado o que ele tem [...] e da mesma maneira, inversamente, o amado ao amante [...].

O exercitante reconhecerá facilmente que somente Deus é "o amante" que "por primeiro nos amou" (1Jo 4,19), ao passo que o homem será sempre "o amado", que poderá tão somente responder a essa primeira iniciativa do Amor divino adotando a mesma postura inspirada pelo amor que Deus é.

Esse ato de amar será definido pelo verbo "*comunicar*" um bem que se possui, a fim de "*dá-lo*" a outrem. Depois de Hilário e, sobretudo, de Agostinho, toda a tradição ocidental tentou especificar a propriedade da "processão" do Espírito Santo como sendo a do Amor "espirado" do amor mútuo do Pai e do Filho, de modo que esse Espírito seja em Pessoa o "elo" ou o "beijo" que sela e consagra o amor mútuo entre eles. Essa doutrina trinitária e pneumatológica foi igualmente sustentada e esclarecida por uma concepção filosófica do dinamismo da inteligência e da vontade, cujos movimentos se invertem ao se completarem: a inteligência reduz o objeto compreendido ao sujeito que o compreende, ao passo que a vontade amante transporta de maneira extática o sujeito amante no ser amado: "*amor simpliciter exit extra se*"[13].

---

8. E. Przywara, *Deus semper maior*, II, 299-335. I: Liebe und Dienen: 1º) Anschauung, dazu hin, zu Erlangen Liebe (ES 230); 2º) Zuerst kommt es zu, zu achten auf zwei Dinge (ES 230-231); 3º) (Vorbereitungs) Gebet wie gewöhnlich (ES 231-233). II: 1º) Geben, 2º) Einwohnen, 3º) Mühen, 4º) Absteigen (ES 234-237). Essa leitura abarcante é dominada pela *imago trinitatis* no espírito do homem.

9. A. Chapelle, Contemplation pour obtenir l'amour (230-237) em *Les Exercices spirituels de saint Ignace, Un commentaire littéral et théologique*, 429-437.

10. Cf. *De Trinitate*, XV, 28.

11. José M. Lera, Influjos patrísticos en la Contemplación para alcanzar amor de los Ejercicios de san Ignacio, em Juan Piazaola (dir.), *Las fuentes de los Ejercicios Espirituales de san Ignacio, Actas del Simposio Internacional (Loyola, 15-19 sept. 1997)*, Bilbao, Mensajero, 1998, 207-222.

12. *S. T.*, Ia, qu. 37 e 38.

13. *S. T.*, Ia-IIae, qu. 28, a. 3 co.

Se aplicamos essa nota à Aliança de Deus e do homem, inicia-se o acesso a esse enigma vertiginoso: ainda que o homem só possa responder ao Amor de Deus que tomou a iniciativa de amá-lo em primeiro lugar, sua resposta, sustentada pela graça divina, contém em si mesma aquela espécie de pretensão de oferecer a Deus o que ele próprio não teria, uma vez que ele é a Bondade e o Amor infinito! Somos assim remetidos ao mistério do "Tenho sede" *proclamado em alta voz* por Cristo na cruz (EE 297, 1º) e àquela forma de igualdade que, sem negligenciar a relação de não-reciprocidade gratuita "de amigo para amigo" em todo "colóquio", segundo EE 54.

B. A COMPOSIÇÃO DE LUGAR (EE 232)

Entremos agora no cerne dessa contemplação, tratando primeiramente da "composição de lugar" formulada em EE 232: "ver como estou diante de Deus nosso Senhor, dos anjos e dos santos que intercedem por mim"[14].

Como advérbio, preposição ou pronome, *delante* não raro se encontra aplicado nos *Exercícios* à minha situação de ser pecador ou, mais ainda, inserido na contemplação dos mistérios da vida de Cristo introduzidos pela contemplação do Reino, e assim essa vida me situa seja diante da matéria de minha eleição, seja "diante de Deus nosso Senhor", "diante da Majestade divina" ou, por fim, "diante de sua divina Bondade"[15]. A referência que melhor condiz com a postura aqui descrita é a que introduz a consideração dos *três tipos de pessoas*, em EE 151: "ver a mim mesmo, como estou *diante de Deus nosso Senhor e de todos os seus santos*". Acrescente-se ainda a oferenda anterior do Reino em EE 98: "Eterno Senhor de todas as coisas, eu me ofereço, com vossa graça e ajuda, *diante de vossa infinita bondade, de vossa Mãe gloriosa e todos os santos e santas da corte celestial*".

O exercitante já aprendeu, portanto, a situar-se, não apenas diante de "Cristo nosso Senhor" e de sua corte celeste, mas também "diante de *Deus nosso Senhor*". Agora,

---

14. EE 151: "*Ver cómo estoy delante de Dios Nuestro Señor, de los ângeles, de los sanctos, interpellantes por mý*".

15. O advérbio locativo *delante* se encontra em EE 53: "*Ymaginando a Xpo nuestro Señor delante*" e em EE 178: "*proponer delante la cosa sobre que quiero hazer elección.*" — A preposição locativa é empregada em EE 20b: "*no poco meresçe delante su divina majestad*"; EE 27: "*lo que se puede hazer aun delante muchos*"; EE 74: "*así como si un caballero se hallasse delante de su rey y de toda su corte*"; EE 78: "*mas tener delante de mý quererme doler y sentir pena*"; EE 88: "*nunca se hará en la iglesia delante de otros, sino en escondito, como en casa*"; EE 92: "*poner delante de mý un rey humano*"; EE 98: "*Eterno Señor de todas las cosas, yo hago my oblación, con vuestro favor y ayuda, delante de vuestra infinita bontad, y delante vuestra Madre gloriosa, y de todos los sanctos y sanctas de la corte çelestial*"; EE 131: "*poniendo delante de mý a donde voy y delante de quién*"; EE 183: "*con mucha diligentia, a la oración delante de Dios nuestro Señor y offrecerle de tal eleción, para que su divina maiestad*"; EE 206: "*poniendo delante de mi a donde voy a qué, resumiendo un poco la contemplación que quiero hazer, segúnd el misterio fuere*"; EE 278: "*Assi vuestra luz alumbre delante los ombres*". — O pronome remete a EE 95: "*ver a Xpo nuestro Señor, y delante dél todo universo mundo*"; EE 151: "*composition viendo el lugar; será aqui ver a mý mismo, cómo estoy delante de Dios nuestro Señor y de todos sus sanctos, para desear y conocer lo que sea más grato a la su divina bondad*".

porém, essa composição de lugar já não introduzirá a memória da "história" indicada em todo primeiro preâmbulo da segunda à quarta semana (cf. EE 102), estabelecendo-o constantemente em determinado "mistério" particular da vida de Jesus Cristo nosso Senhor. Visto que sua Ascensão fez com que "desaparecesse aos olhos deles" (EE 312, 2º), ao passo que por si ele é "visível" (EE 47) em cada contemplação de sua vida terrestre, compreende-se que os *quatro pontos* da "contemplação para alcançar o amor" suscitarão a lembrança dessa sucessão de mistérios segundo suas respectivas particularidades históricas.

No entanto, esses serão retomados como atestação do ato mútuo de amar por parte de Deus e do homem. Assim se vê respeitada a advertência expressa em Atos 1,11 e retomada literalmente por EE 312, 3º: "Homens galileus, por que estais olhando para o céu? Este Jesus, que foi levado de vossos olhos ao céu, assim virá, como vós o vistes subir ao céu". O verdadeiro sentir na Igreja militante (cf. EE 352) oferecido por essa contemplação exige, portanto, que sua dinâmica se perfile sobre o horizonte desse "retorno" de Jesus, que não é apenas uma repetição de sua primeira vinda, mas sua última "parusia". É evidente, portanto, que essa parusia deve ser decifrada pelo mistério da Trindade de Deus, que abrange em si a glória do Ressuscitado esperado nessa parusia.

C. A ORAÇÃO DE PETIÇÃO (EE 233)

EE 233: Pedir o que quero: conhecimento interno de tanto bem recebido, a fim de que, reconhecendo-os inteiramente, possa em tudo amar e servir à sua divina Majestade[16].

Essa oração adota a estrutura do *terceiro preâmbulo* que introduzia todas as contemplações das três últimas semanas segundo EE 104: "Pedir o que quero: pedirei aqui conhecimento interno do Senhor que por mim se fez homem, para que mais o ame e o siga".

Agora esse conhecimento íntimo já não será limitado ao mistério da Encarnação do Senhor, mas se estenderá a "*todo* bem recebido [*tanto bien recibido*]". E se o objetivo desse conhecimento é sempre "mais amar" (EE 104), esse amor assume aqui a forma de um "reconhecimento" cuja extensão subjetiva ([*eu*] *inteiramente* reconhecendo-os) e objetiva (em *tudo* amar) é tão perfeita que se permite ultrapassar o "mais" (*más*) que garantia a dinâmica de todas as semanas dos *Exercícios*. Por fim, esse ato de amar já não é associado ao seguir o Senhor encarnado, mas ao amar e servir sua divina Majestade. Assim, a última "oração de petição" proposta pelos *Exercícios* se extasia até na Glória da Majestade, glorificando em sua perfeição divina o inteiro reconhecimento de todo bem recebido. Precisaremos então justificar, ao longo dos quatro pontos desse exercício e do enunciado personalizado da oração do "Tomai, Senhor, e recebei" ("*Tomad, Señor, y recibid…*") repetido a cada vez, por que essa oração de petição pode reivindicar tal perfeição.

---

16. EE 233: "*Pedir lo que quiero; será aqui, pedir cognoscimiento interno de tanto bien recibido, para que yo enteramente reconosciendo, pueda en tódo amar y servir a su divina majestad*".

Nossa análise dos quatro pontos que estruturam essa contemplação será confrontada com a teologia de Tomás de Aquino, embora fosse igualmente pertinente compará-la com a de São Boaventura[17].

D. O PRIMEIRO PONTO, ACOMPANHADO DA ORAÇÃO DE OFERENDA (EE 234)

EE 234a: 1º ponto. Recordar os benefícios recebidos pela criação, redenção e dons particulares, ponderando com muito afeto quanto Deus nosso Senhor tem feito por mim, quanto me tem dado daquilo que tem. Em consequência, como o mesmo Senhor quer dar-se a mim quanto pode, segundo sua divina determinação[18].

1. Essa recomendação mobiliza a "primeira potência": a memória. Esta é primeiramente encarregada de reconhecer os dons já efetivamente recebidos por mim, tal como implicitamente classificados segundo a ordem de sua adaptação trinitária: os da "criação", atribuídos ao Pai como origem de todo "existir", os da "redenção", atribuídos unicamente ao Filho encarnado, e os que dizem respeito aos "dons particulares", isto é, singularmente pessoais, que são atribuídos ao Espírito Santo, visto que este último procede do Pai e do Filho como "Amor" personificado e, portanto, como "Dom"[19]. No entanto, essa memória se amplia como *memoria futuri* ao infinito do ato próprio de "Deus nosso Senhor"[20] de "querer dar-se a mim".

---

17. ÉTIENNE GILSON, (*La philosophie de saint Bonaventure*, Paris, Vrin, ³2006, 189-191) nos previne que "a aproximação doutrinal entre São Boaventura e Santo Tomás de Aquino é tão falaciosa quanto inevitável. Preocupado principalmente em fechar todas as vias que conduzem ao panteísmo e interditar toda comunicação substancial de ser entre Deus e a criatura, Santo Tomás insiste sempre mais prontamente na significação separadora da analogia do que na função unitiva. Ora, a tendência fundamental de São Boaventura é exatamente inversa à de Santo Tomás. Onde Santo Tomás se mostra especialmente preocupado em instalar a criatura em seu ser próprio para dispensá-la da pretensão ao ser divino, São Boaventura se mostra antes de tudo preocupado em detectar os elos de parentesco e de dependência que ligam a criatura ao criador, para impedir que a criatura atribua a si mesma uma completa autossuficiência e se estabeleça como um fim em si… A analogia tomista ordena a arquitetura sóbria e despojada das essências distintas hierarquizadas pela *Suma contra os gentios*; a analogia boaventuriana projeta mediante a aparente heterogeneidade dos seres o elo tênue, mas indefinidamente ramificado, de suas proporções conceituais e numéricas, e engendra o pululamento de símbolos constituído pelo *Itinerário da alma para Deus*".

18. EE 234a: "*1º puncto. El primo puncto es traer a la memoria los beneficios rescibidos de creatión, redemption, y dones particulares; ponderando con mucho afecto quánto ha hecho Dios nuestro Señor por mý, y quánto me ha dado de lo que tiene, y consequenter el mismo Señor desea dárseme en quanto puede, según su ordenación divina*".

19. Cf. TOMÁS DE AQUINO, *S. T.*, Ia, qu. 38: "De nomine Spiritus Sancti quod est Donum".

20. Sobre a denominação "Deus nosso Senhor", consultar J. SOLANO, Jesu Cristo bajo las denominaciones divinas de San Ignacio, *Estudios Eclesiásticos* 30 (1956) 325-342.

a. A adaptação a Deus do ato de *desejar* é um hápax dos *Exercícios*, ainda mais surpreendente pelo fato de o *Relato do peregrino* e o *Diário espiritual*[21] sempre aplicarem esse "desejar" ao sujeito humano que é Inácio. Um hápax que, além disso, escapa a toda a tradição agostiniana até Tomás de Aquino[22], na medida em que sua doutrina impede que se projete em Deus qualquer ato de desejar, visto que esse desejar traduz uma carência, inconciliável com a supereminente perfeição da Bondade infinita que é a Essência divina[23].

Não consideraremos, portanto, que esse hápax seja uma espécie de empolamento acidental e antropomórfico apropriado para destacar o caráter generosamente espontâneo do impulso dessa Vontade salvífica de Deus, e sim que é uma das chaves principais da mística inaciana. Evidentemente, tal "desejo divino" se alinha com a "Vontade divina" de realizar "seu desígnio" (*según su ordinación divina*); no entanto, traduz bem mais que um impulso da Liberdade divina. Para convencer-se disso, basta lembrar que o redator dos *Exercícios* destacou singularmente a fala de Jesus na cruz, proclamada *em alta voz*: "Tenho sede" (EE 297, 1º), de modo que o Querer inalterável de Deus seja identicamente um *Desejo* exposto à veleidade do homem, a quem ele confiou a responsabilidade de aceitar ou recusar seu Amor.

Comentadores modernos como S. Arzubialde[24], E. Przywara[25], J. Lera[26] e M. Ivens[27] concentraram sua atenção na autocomunicação de Deus, tal como pode ser justificada pela pneumatologia ocidental, negligenciando daí o fato de que esse dom de si divino possa ser assimilado ao campo do desejável atribuído a Deus. Esse mistério do desejar divino é tão paradoxal que conjuga a excessiva Bondade e Magnanimidade de Deus com sua extrema dependência do capricho de cada liberdade humana.

A esse respeito, é oportuno lembrar como Tomás de Aquino e Boaventura fundamentavam na própria natureza de Deus "a conformidade" primordial de todo discurso cristológico, recorrendo ao adágio neoplatônico explorado por Dionísio, segundo o qual "*bonum est diffusivum sui esse*", a saber, que cabe "à razão (específica) do bem comunicar-se" (cf. EE 15)[28]. Aplicada à "excelência infinita da Bondade divina" que é a Essência da natureza divina, essa autocomunicação do Bem tinha de ser a mais perfeita possível, reunindo e esclarecendo *a posteriori* o fato histórico da Encarnação do Verbo e Filho

---

21. Cf. PIERRE-ANTOINE FABRE, *Journal des motions intérieures*, Index des vocables remarquables, 211: o vocábulo "desejo" ou "desejar" ocorre 15 vezes.
22. É possível neste ponto remeter a *S. T.*, Ia, q. 2, a. 1, ad 1 e q. 20, a. 4, ad 3.
23. Essa é sem dúvida alguma a razão pela qual a versão *Autógrafa*: "*el mismo Señor desea dárseme en quanto puede, según su ordinación divina*" é traduzida pela *Vulgata* em termos que eliminam o desejo divino: "*quodque iuxta divinum suum decretum et beneplacitum seipsum mihi, quantum potest, donare velit*". Em contrapartida, as versões *P1* e *P2* respeitam a letra do *Autógrafo*: "*et consequenter quantum idem Dominus desidert communicare se mihi, in quantum esse potest ex divina ordinatione*".
24. *Ejercicios Espirituales de S. Ignacio, Historia y Análisis*, 493-494.
25. *Deus semper maior*, II, 320-322.
26. *Influjos patrísticos en la Contemplación para alcanzar amor de los Ejercicios de san Ignacio*, 218.
27. *Understanding the Spiritual Exercices*, 174-175.
28. Cf. TOMÁS DE AQUINO, *S. T.*, IIIa, qu. 1, a. 1, co e BOAVENTURA, *Itinerarium mentis ad Deum*, VI, 2º.

— que se uniu à natureza humana segundo aquela perfeita intimidade própria da "união hipostática" —, ao mesmo tempo em que respeita e confirma as propriedades distintas de cada uma das naturezas, a divina e a humana (Calcedônia)[29].

No entanto, Inácio ultrapassa essa reflexão metafísica fundada na excelência da *natureza* essencial de Deus, introduzindo-se diretamente no terreno da *relação* singular e *real* que Deus estabelece com cada criatura humana em Jesus Cristo. Essa relação já não pode, portanto, ser tratada apenas como pura "relação de *razão*", estabelecida com base no ato de Deus de criar *ex nihilo* todo o criado, e excluindo toda forma de dependência do Criador em relação ao universo criado por ele. O mistério da Encarnação de Deus feito homem, e portanto *criado* em sua humanidade, oferece a possibilidade de reconhecer aí uma nova forma de relação real de Deus com a criatura, pelo simples fato de que "as Três pessoas divinas determinam, em sua eternidade, que a Segunda Pessoa se faça homem, para salvar o gênero humano" (EE 102). Nela se entrecruzam, de fato, o soberano Chamado de Deus dirigido a todo homem (*Reino*), bem como a resposta perfeitamente humilde da criatura a Deus (*Duas Bandeiras*).

A partir daí, a tese muito originalmente inaciana do desejo de Deus não pode ser fundada nesse pré-requisito do ato criador de Deus, como propunha Tomás[30]; ela pressupõe, no entanto, a compreensão "interior" oferecida pela contemplação espiritual de todos os mistérios de Cristo durante quatro semanas. Em Cristo, "primogênito de toda criatura" (Cl 1,15), Inácio pode se permitir atribuir mesmo a Deus o ato de "desejar", não como algo que revela uma carência a ser preenchida para ele próprio, mas como a comunicação excedente de si infinitamente gratuita e livre ao outro além dele que é o homem na expectativa de perfeição. É por amor de caridade, portanto, que Deus deseja comunicar-se[31].

b. Além disso, esse "desejar" de Deus encontra sua medida nesta expressão: *en quanto puede, según su ordenación divina*. Esse "quanto pode" deve ser compreendido segundo a desmedida que qualifica a infinitude do poder divino, e não em referência ao poder sempre limitado da receptividade humana. Ademais, a expressão que regula o alcance desse desejo — "segundo sua divina determinação" — deve ser interpretada em referência à hermenêutica estabelecida durante as quatro semanas dos *Exercícios*. Não será de surpreender, portanto, que os quatro pontos da *Contemplatio ad amorem* recapitulem à

---

29. O ponto mais delicado desse tipo de "demonstração" é que esse adágio nascido da filosofia platônica parece ditar a Deus a necessidade da Encarnação como uma Lei interna da própria natureza da Bondade infinita. No entanto, Tomás não pretende aqui fundar "a necessidade", mas apenas a "conformidade" da Encarnação, a saber, uma forma de raciocínio que decifra, *post factum Incarnationis*, relações de tipo sapiencial que pertencem à ordem da *analogia fidei*, tal como suscetível de integrar aí a *analogia entis*.

30. Cf. *S. T.*, IIIa, qu. 1, ad 1.

31. Ademais, em Inácio esse *ágape* parece de fato fazer parte dos valores transcendentais do *eros*, como assinalava Karl Rahner,: "*Weil diese Liebe den Abstieg Gottes in den Dienst an seiner Kreatur mitvollzieht, landet sie nicht in einem bloß verzückten Aufschwung eines metaphysischen Eros bei Gott, sondern im Dienst, der sich einfügt in das Wirken Gottes in seiner Welt*", em *Betrachtungen zum ignatianischen Exerzitienbuch*, 272.

sua maneira essas quatro semanas. Por fim, convém perfilar esse desejo de Deus na expectativa do retorno de Jesus, o Cristo nosso Senhor, na parusia.

2. Passemos agora ao enunciado que introduz a "resposta" do exercitante.

> EE 234b: Daí, refletir em mim mesmo, considerando com muita razão e justiça o que devo oferecer e dar de minha parte a sua divina Majestade. A saber: todas as minhas coisas, e com elas a mim mesmo, assim como quem oferece com muito afeto[32].

a. A subdivisão deste parágrafo relembra a estrutura dos pontos enunciados como resposta ao chamado de "Cristo nosso Senhor, Rei eterno" em EE 96, 97 e 98. No entanto, convém registrar a diferença entre eles, a fim de avaliar o caminho percorrido da segunda semana até esta contemplação final. Agora, a resposta do homem é surpreendentemente simplificada. Inácio suprime aí a progressão de dois tipos de respostas mencionadas em EE 96 e 97. A primeira era inspirada pelo "juízo [*juizio*] e pela razão [*razón*]" pessoal e orientada para a consagração inteira da pessoa à fadiga do trabalho (*trabajo*). A segunda era motivada pela vontade de "afeiçoar-se e distinguir-se mais [*más se querrán afectar y señalar*] no serviço de seu Rei eterno e Senhor universal [...] agindo contra sua própria sensualidade e contra seu amor carnal e mundano".

Pressupõe-se agora que esse combate foi levado a seu termo. A partir daí, esse tipo de amostragem de duas respostas é apagado, pois a única resposta conveniente passou a ser a que entrelaça estreitamente razão e afetividade. Ademais, essa razão já não se apoiará apenas na capacidade de julgamento, sempre subjetiva, do sujeito que se oferece, mas naquela noção de "justiça" propriamente concebida como um "atributo divino" (cf. EE 51, 59 e 60). Paralelamente, a afetividade já não será mobilizada pelo *agere contra* necessário à purificação do coração, nem pela vontade de "distinguir-se" em relação a outros, mas será puramente transfigurada pelo oferecimento do dom de si à "divina Majestade". Por outro lado, essa nova conjugação racional e afetiva confirma retrospectivamente o duplo critério que permitia, desde a segunda semana, reconhecer que uma "consolação com causa" pode ser atribuída ao bom anjo (cf. EE 333).

b. No entanto, essa comparação com as respostas do Reino ainda não esgota toda a originalidade da contemplação presente. Isso porque, no contexto do Reino, tratava-se tão somente de responder ao Chamado do Rei, "sem ser surdo, mas pronto e diligente para cumprir sua santíssima vontade" (EE 91). Agora, já não se tratará apenas de ajustar minha própria vontade à do Rei, discernindo a eleição que será a minha. A mística inaciana dos *Exercícios* não para, portanto, nesse ajustamento voluntário. Tratar-se-á de "responder" a Deus nosso Senhor que, para além de todos os benefícios já concedidos pessoalmente, tais como a criação, a redenção, e os dons particulares, "*deseja dar-se a mim*". Já ressaltamos o fato de que esse desejo de Deus inverte a penúria de um bem em excedente de comunicação da plenitude divina. No entanto, é preciso abster-se de honrar

---

32. EE 234b: "*Y con esto reflectir en mí mismo, considerando con mucha razón y iusticia lo que yo devo de my parte offrescer y dar a la divina maiestad, es a saber, todas mis cosas y a mý mismo con ellas, así como quien offresce affectándose mucho: [...]*".

esse excesso de Amor divino exagerando a imensa penúria em que eu me encontraria no fim desses Exercícios. De fato, a resposta esperada de mim deve ser situada além de todos os benefícios já enumerados. Nesse sentido, "o Senhor é meu pastor, nada me falta" (Sl 23,1), visto que já experimentei espiritualmente que faço parte dos que "Deus predestinou, chamou, justificou e glorificou" (Rm 8,30) ao ritmo das quatro semanas. Só me resta deixar ressoar em mim esse desejo de Deus entregando por inteiro em retorno a ele, o que aparece a partir de agora como "a única coisa necessária", tornada acessível pela segurança serena de que "sua graça me basta" (cf. 320). Tal coincidência se situa para além de toda lei e de toda resposta às exigências morais, mesmo que fossem ligadas à obediência ao primeiro mandamento do Decálogo, mesmo que interpretado segundo a via dos "conselhos evangélicos".

c. O parágrafo introdutório à "resposta" do exercitante deverá especificar as condições prévias a essa nova forma de "resposta", condições às quais a contemplação do Reino tampouco fazia referência. Trata-se aqui de deixar *refletir em mim mesmo* esse "desejo" de Deus "de dar-se a mim", a saber, de responder a seu desejo com o meu desejo de entregar-me a ele, da mesma maneira. Esse *reflectir en mí mismo* me implica muito mais radicalmente do que a necessidade de garantir especulativamente a pertinência teológica dessa "Justiça" divina. Aliás, a linguagem pela qual o redator dos *Exercícios* se expressa nessa contemplação se abstém cuidadosamente de justificar o fundamento pneumatológico de suas afirmações pela via da racionalidade teológica.

> Não "se reflete", isto é, não se analisa meramente o objeto da escolha possível em reflexões objetivas e conceituais. Experimenta-se, numa espécie de Jogo que se aparenta à mímica, a existência na pessoa de certa "conaturalidade"[33] global, que já não pode ser analisada de modo reflexivo junto com o objeto da escolha. [...] É realmente o âmago da pessoa que é aqui mobilizado: sua pura abertura a Deus num dinamismo espiritual[34].

Segundo Tomás de Aquino, essa "conaturalidade"[35] da alma com Deus se realiza no mais alto ponto pela caridade, de modo que o amor unitivo se torna para a inteligência um meio de conhecimento "quase experimental", mais profundo que qualquer apreensão conceitual, graças aos dons do Espírito Santo.

3. Analisemos, por fim, a célebre oração que condensa a espiritualidade inaciana, comparando-a com as do Saltério e com a do Reino.

> 234c: Tomai, Senhor, e recebei toda a minha liberdade, a minha memória, o meu entendimento e toda a minha vontade. Tudo o que tenho e possuo, vós me destes. A vós,

---

33. Cf. Tomás de Aquino, *S. T.*, IIa-IIae, q. 1, a. 4, ad 3 e q. 45, a. 2, co (cf. Dz 2324).
34. Karl Rahner, La logique de la connaissance existentielle chez Ignace de Loyola, em *Éléments dynamiques dans l'Église*, 145, nota 57. Nossa tradução do alemão tenta respeitar fielmente o pensamento original do autor em *Das Dynamische in der Kirche*, 140: "Man experimentiert in einer Art spielenden (bis schauspielerischen) Erfahrung, ob man in sich eine gewisse globale, nicht weiter reflex analysierbare Konnaturalität mit dem Wahlgegenstand findet".
35. Verbete "Connaturalitas", em Ph.-M. Margelidon, *DPTThom*, 83-84.

Senhor, restituo. Tudo é vosso. Disponde de tudo segundo a vossa vontade. Dai-me o vosso amor e a vossa graça, que isto me basta[36].

a. Em comparação com os Salmos, essa "oração" inaciana não se assemelha nem aos salmos de *louvor* da Aliança, da Realeza de Deus, ou ainda de Sião, nem aos salmos de *súplica*, inspirados na confiança em Deus, nem aos salmos de *instrução*, que registram a história santa ou as exortações proféticas e sapienciais. No entanto, ao mesmo tempo em que ela restringe seu objeto ao desafio da liberdade do sujeito humano que sou, assume-os todos. Meu louvor a Deus passa pela oferenda daquilo que é meu bem mais preciosamente pessoal, a saber, minha liberdade em todas as suas potencialidades. A restituição desse bem a Deus suscita minha *súplica* para que ele seja "tomado e recebido" por Deus. Por fim, uma oferenda tão total pressupõe que eu seja não apenas informado exteriormente ou racionalmente, mas intimamente *instruído* (*sentire*) pela Sabedoria de Deus a respeito de todos os bens recebidos dele. Ao longo de todas as quatro semanas, essa Sabedoria me revelou a que ponto a liberdade teândrica de Jesus Cristo, afinal Ressuscitado, me foi oferecida e compartilhada comigo. De fato, "Se, portanto, é o Filho que vos liberta, sereis realmente pessoas livres" (Jo 8,36);

> Com efeito, os que são conduzidos pelo Espírito de Deus, esses é que são filhos de Deus: vós não recebestes um espírito que vos torne escravos e vos reconduza ao medo, mas um Espírito que faz de vós filhos adotivos e pelo qual clamamos *Abbá*, Pai. Esse Espírito é quem atesta ao nosso espírito que somos filhos de Deus. Filhos, e portanto herdeiros: herdeiros de Deus, co-herdeiros de Cristo, visto que, participando de seus sofrimentos, também teremos parte em sua glória. (Rm 8,14-17)

O *sume et suscipe* inaciano já não é da ordem da *súplica* veterotestamentária, pois é realçado pela dignidade do "herdeiro de Deus, co-herdeiro de Cristo" (cf. 275b). Essa oração presta homenagem à "justiça" (EE 234b) de Deus, pretendendo cumpri-la plenamente, a ponto de ser enunciada como uma ordem dirigida a Deus: "tomai e recebei". Assim se atesta em toda humildade a soberana liberdade do homem, "justificado" e já "glorificado", habilitado a devolver a Deus o que ele ainda não possuía em plenitude (EE 231) e que somente cada pessoa pode lhe oferecer: o domínio de sua liberdade, e portanto da pessoa inteira, em tudo o que ela possui, incluindo as graças recebidas dele.

b. O enunciado da oferenda do *Reino* (EE 98), igualmente posto nos lábios do exercitante, já era marcado pela resolução pessoal — solenemente proclamada nestes termos: "diante de vossa infinita Bondade, de vossa Mãe gloriosa e todos os santos e santas da corte celestial" — de seguir o Rei em seu caminho de pobreza e de humilhação, embora ela fosse condicionada então pelo Antes da eleição: "desde que seja para o vosso maior serviço e louvor", "se vossa santíssima Majestade me quiser escolher e receber nesta vida e estado". O enunciado dessa oferenda já abarcava esse desdobramento da iniciativa de

---

36. EE 234c: "*Tomad, Señor, y recibid toda mi libertad, my memoria, my entendimiento, y toda my voluntad, todo my auer y my poseer; Vos me lo distes, a Vos, Señor, lo torno; todo es vuestro, disponed a todo vuestra voluntad; dadme vuestro amor y gracia, que ésta me basta*".

Deus que digna "me escolher e receber", tal como será retomada em outros termos pelo "tomai, Senhor, e recebei" (EE 234c).

Uma vez realizado o trabalho da eleição até sua confirmação por Deus (EE 183), convém agora destacar a ampliação máxima da oferenda final do exercitante, visto que, sem pôr em questão a matéria de sua eleição, esse "tomai e recebei" abarca toda a amplitude de sua liberdade, incluindo o universo inteiro, estando subentendido que nenhum homem conhece o que o futuro da vida vivida após os Exercícios reservará àquele que foi um exercitante.

c. Segundo a lógica imposta por toda a exigência prática, a oferenda de "toda a minha liberdade" deve passar pela verificação dessa totalidade segundo a gênese de cada uma das minhas potências: "minha memória, meu entendimento e minha vontade", juntando a isso, em última instância, todo o meu ser no mundo e todo o ser social do homem que sou: "tudo o que tenho e possuo". Essa oferenda plena se explica, por fim, pela exigência própria da Justiça de dar a cada um o que lhe é devido: "vós me destes. A vós, Senhor, restituo. Tudo é vosso"[37]. Além disso, essa restituição deve verificar-se mais nos atos do que na palavra: "Disponde segundo a vossa vontade". O trabalho de indiferença postulado pelo "Princípio e Fundamento" atinge aqui sua amplitude máxima, visto que se trata de confiar somente a Deus o domínio dos meus atos presentes e futuros. Por fim, o pedido conclusivo ratifica a primazia do Dom gratuito de Deus, inspirado por "amor e graça", ao passo que a declaração de que "isso me basta" (cf. 2Cor 12,9) significa que renuncio a ser juiz da quantidade ou da qualidade da graça efetivamente recebida por mim[38].

d. A prudência inaciana inspira o ditado dessa oração até a última palavra, ao menos até a passagem aos três *pontos* seguintes, em que o exercitante ficará livre para expressá-lo como "sentir melhor" (EE 235b). Toda a pedagogia dos *Exercícios* se encontra assim condensada nesta observação: propor sempre, em primeiro lugar, um protocolo de oração muito exato, antes de permitir ao exercitante adaptá-lo, não tanto à sua cultura ou à sua psicologia, mas à maneira como a graça de Deus o terá "tocado, em seu sentir espiritual, de maneira doce e suave" (EE 335).

e. Importa também apontar a originalidade e a pertinência da expressão "*tomad y recibid*" (tomai e recebei), que está longe de ser comum na literatura espiritual ou teológica da época[39]. Se buscarmos avaliar o alcance teológico e espiritual desse hendíadis, será que

---

37. Cf. BOAVENTURA, *Itinerarium mentis ad Deum*, VI, 2º: "*Si igitur potes mentis oculo contuieri puritatem bonitatis, quae est actus purus principii caritative diligentis amore gratuito et debito* [...]".

38. Em BOAVENTURA, a última conclusão do *Itinerarium mentis ad Deum*, VII, 6º também termina com esta declaração de suficiência da graça: "*Moriamur igitur et ingrediamur in caliginem, imponamus silencium sollicitudinibus, concupiscentiis, et phantasmatibus; transeamus cum Christo crucifixo ex hoc mundo ad Patrem (Jn 13,1), ut, ostenso nobis Patre, dicamus cum Philippo: suffick nobis (Jn 14,8); audiamus cum Paulo: sufficit tibi gratia mea (II Co 12,9); exultemus cum David (Ps 2,26 et 105,48) dicentes: Deficit caro mea et cor meum, Deum cordis mei et pars mea in aeternum. Benedictus Dominus in aeternum, et dicet omnis populus: Fiat, fiat. Amen*".

39. O conjunto das obras de Tomás de Aquino atesta a raridade dessa expressão dual, visto que só a encontramos uma dezena de vezes, em contextos que jamais expressam a oração pessoal dirigida a Deus.

é demasiado audacioso sugerir que esse "tomai e recebei" reflete em minha liberdade o "tomai e comei" pelo qual Inácio evocava "a instituição do santíssimo sacrifício da Eucaristia, em grandíssimo sinal de seu amor" (EE 289, 3º)[40]? O desdobramento desses verbos *tomad y comed* e *tomad y recibid* expressa o desabrochamento da recepção do Dom oferecido por Cristo em pessoa aos discípulos, e em troca o dom pessoal dos discípulos a Deus, a fim de que ele também o aceite em retorno. Não é assim que Inácio expressa e explica o "contrato" da Aliança entre Deus e o homem, na medida em que ele envolve uma reciprocidade real (EE 231)?

Essa é a originalidade pedagógica dos *Exercícios*: ensinar ao exercitante que o discípulo deve ser iniciado a receber livre e plenamente esse Dom de Deus, em conformidade com a passagem do Antes ao Depois de sua eleição e ao ensinamento de Paulo: "Embora sendo Filho, aprendeu a obediência pelos próprios sofrimentos, e, levado até a própria consumação, veio a ser, para quantos lhe obedecem, causa de salvação eterna" (Hb 5,8-9).

Assim, portanto, da parte de Deus a recepção efetiva do dom do homem a Ele se enraíza nessa passagem de Deus Filho do Antes ao Depois de sua morte. É bem essa a razão pela qual, aparecendo pessoalmente, o Ressuscitado mostra a Tomé suas chagas, dizendo, segundo Inácio: *"vê a verdade"* (EE 305, 2º). Essa única "Verdade" abarca a Justiça misericordiosa de Deus, atestada pelo Corpo glorificado do Senhor, Memorial vivo de sua Páscoa e Intercessão inefável junto de seu Pai (Hb 9 a 10) em favor da "purificação da nossa consciência das obras mortas para servir ao Deus vivo" (Hb 9,14b).

Em suma, todo o *primeiro ponto* da "Contemplação para alcançar o amor" tinha o objetivo de relembrar ao exercitante essa "verdade" da prioridade histórica, fundada na primazia lógica e trinitária do Dom dos benefícios de Deus, e além disso no ato Presente pelo qual Deus "deseja comunicar-se" à alma. Eis por que a nova oração de oferenda do exercitante se insere nesse Dom primordial, como o oferece e o exige a *Justiça* divina, que preside à troca própria do amor de caridade, caso seja de meu agrado.

E. O SEGUNDO PONTO (EE 235)

EE 235a: Olhar [*mirar*] como Deus habita nas criaturas: nos elementos dando o ser; nas plantas, a vida vegetativa; nos animais, a vida sensitiva; nas pessoas, a vida intelectiva. Do mesmo modo em mim, dando-me o ser, o viver, o sentir e o entender. E também fazendo de mim seu templo criado à semelhança e imagem de sua divina Majestade.

---

40. Nos *Exercícios*, o verbo *tomar* se acomoda a complementos tão extensos quanto o verbo *prendre* (tomar) em francês. No entanto, conjugado no imperativo plural ou majestático, *tomad* aparece apenas duas vezes, precisamente nessas passagens citadas. No singular, o imperativo *toma* expressa a ordem angélica dirigida a José: "toma o menino e sua mãe" (EE 269 e 270). As outras ocorrências desse verbo designam habitualmente a consideração de um mistério a ser contemplado (EE 132 e 209 *a* e *b*), de uma adição (EE 131), de uma matéria de eleição (EE 170), tal como tomar ou deixar um benefício (EE 171) etc.

EE 235b: Também refletir em mim mesmo, como ficou dito no 1º ponto, ou sentir melhor. Da mesma forma nos pontos seguintes[41].

1. *Mirar.* Depois de haver solicitado a aptidão da memória para apreciar com amor as dádivas de Deus, o exercitante é convidado a mobilizar seu entendimento, designado pelo ato de mirar[42]. Isso porque, de fato, é à consciência que é confiado o papel de contemplar a presença de Deus em todo ser criado, e mais precisamente de sondar o "como" dessa presença.

2. *Habita.* Esta última é caracterizada pelo termo bíblico da "habitação" de Deus "nas" criaturas. Tanto em espanhol (*habita*) como em latim (*habitat*), esse verbo é único nas diferentes versões dos *Exercícios*, na medida em que se aplica a Deus como sujeito exclusivo[43]. As duas notas introdutórias já especificaram seu alcance. 1º Deus está amorosamente presente em todas as criaturas "mais em atos que em palavras". O *dabar* divino é biblicamente concebido como uma Palavra que realiza o que expressa: "Deus disse: 'Que a luz seja!' E a luz veio a ser" (Gn 1,3). 2º Esse *dabar* realiza, assim, certa "comunicação de sua Bondade à criatura", que então se torna partícipe de uma bondade da qual estava privada: "Deus viu que a luz era boa" (Gn 1,4). Ademais, como o próprio homem era dotado de entendimento, foi convidado a dar a Deus o que lhe é devido, isto é, todo o criado, e singularmente o que ele recebeu de modo especial de Deus, a saber, sua própria liberdade (cf. Rm 1,19-20).

3. *Assimismo haziendo templo de mi.* Esse "como" da Presença divina é depois fortemente influenciado pelo enunciado do *primeiro ponto*, que recorre a Deus que "deseja comunicar-se". Não ficaremos surpresos, portanto, ao descobrir no *segundo ponto* esse *excesso* de Presença divina na criatura humana. Esta não se contenta em recapitular

---

41. EE 235a: "*El Segundo, mirar cómo Dios habita en las criaturas: en los elementos dando ser, en los plantas vejetando, en los animales sensado, en los hombres dando entender, y así en mý dándome ser, animando, sensando, y haziéndome entender; asimismo haziendo templo de my, seyendo criado a la similitud y ymagen de su divina maiestad*"; EE 235b: "*Otro tanto reflitiendo en mý mismo, por el modo que está dicho en el primer puncto, o por otro que sintiere mejor. De la misma manera se hará sobre cada puncto que se sigue*".

42. Esse verbo é conjugado 51 vezes ao longo dos *Exercícios*. No *DEI*, II, verbete "Mirar", 1231-1233, José G. De Castro, lhe atribuiu oito sentidos diferentes. Quanto a nós, limitar-nos-emos aos sentidos em uso nos *Exercícios*. 1º: revisar e avaliar (EE 28 a 30 e 77). 2º: observar, a fim de considerar ou ponderar (EE 56 a 58). 3º: perscrutar, num sentido próximo de discernir (EE 336 e 337). 4º: imaginar (EE 337, 339 e 341). 5º: *mirar* é, por fim, um ato que faz parte da contemplação, desde a primeira semana, quando se trata de diminuir a mim mesmo por comparação (EE 56 a 58); depois, durante a segunda semana, em que se encontra mobilizada a visão imaginativa, por exemplo, quando da contemplação do nascimento (EE 112 e 114 a 116); por fim, no segundo e no quarto ponto da contemplação para alcançar o amor (EE 235 e 237). De Castro assimila este último *mirar* à "experiência mística, visto que ela tem Deus por sujeito" e — conforme assinalaremos — não mais somente "a divindade", como na quarta semana.

43. As duas únicas ocorrências desse verbo se aplicam ao exercitante, convidado a mudar-se de sua casa (EE 20) e a lembrar-se da casa onde morou (EE 56).

as perfeições escalonadas segundo as espécies, a ponto de transcendê-las pelo dom do entendimento, mas é ainda por cima "habitada" pessoalmente: "Deus fez de mim seu templo". Nos *Exercícios*, esse "lugar" é particularmente privilegiado (cf. EE 47) e sobrecarregado de sentido ao longo da contemplação dos "mistérios" da vida de nosso Senhor, visto que simboliza a morada de Deus Pai, onde seu Filho escolhe habitar para aí permanecer[44]. Ele é, por conseguinte, a referência local e simbólica da eleição do exercitante segundo EE 13, estendendo-se até as "regras que devem presidir à distribuição das esmolas" segundo EE 344b.

Justificando assim de ponta a ponta todo o procedimento dos *Exercícios*, na medida em que ele diz respeito à individualidade da liberdade pessoal, a expressão "fazendo de mim seu templo" é do âmbito da tradição paulina, mais que joanina.

> Segundo o apóstolo Paulo, cada cristão é templo de Deus, na condição de membro do Corpo de Cristo (1Cor 6,15 e 12,27), e assim seu corpo é templo do Espírito (Rm 8,11 e 1Cor 6,19). Essas duas perspectivas, cristológica e pneumatológica, harmonizam-se entre si: visto que o corpo ressuscitado de Jesus, no qual habita corporalmente toda a plenitude da divindade (Cl 2,9), é o templo de Deus por excelência, os cristãos, membros desse corpo, são junto com ele o templo espiritual; na fé e na caridade, são convidados a cooperar para seu crescimento (Ef 4,1-16)[45].

No entanto, cumpriria justificar biblicamente por que Inácio escolhe a expressão "fazendo de mim seu templo", que é um hápax dos *Exercícios*, logo depois de haver contemplado na quarta semana "as aparições do Ressuscitado", no momento de entrar nessa "contemplação para alcançar o amor". Nessa perspectiva, outras citações de Paulo explicitam mais pertinentemente o alcance dessa ação pela qual Deus "faz de mim seu templo". Seria preciso citar aqui integralmente o capítulo 8 da Carta aos Romanos. Contentemo-nos em apontar esta citação: "Esse Espírito é quem atesta ao nosso espírito que somos filhos de Deus" (v. 16), tornando-nos capazes de clamar: "Abba, Pai" (v. 15).

No entanto, seria igualmente necessário nos referirmos ao conjunto do "hino ao amor" (1Cor 13,1-13) para captar o elo entre a intimidade do dom desse Espírito e a do dom do Amor, sem o qual "eu nada sou" (v. 2 e 3); pois se "permanecem estas três coisas, a fé, a esperança e o amor, o amor é o maior" (v. 13), pois ele é "o único que nunca desaparece" (v. 8). A partir daí, "procurai o amor; aspirai às manifestações espirituais" (1Cor 14,1)[46]. É evidente, portanto, que esse agir de Deus ordenado para "fazer de mim seu templo" pertence à ordem dos dons "sobrenaturais" que envolvem minha eternidade, visto que o Amor "jamais passará".

Lembremos que Tomás de Aquino traduziu essa excelência escatológica da caridade ao afirmar que as virtudes teologais da fé e da esperança satisfazem minha solicitação da verdade e minha aspiração para receber a recompensa final de minha glorificação, ao

---

44. Cf. EE 268, 272, 277, 288, 291, 297.
45. *VTB*, verbete "Temple", ⁵1271.
46. Esse hino é longamente citado por Karl Rahner na conclusão de sua exegese dessa contemplação em *Betrachtungen zum ignatianischen Exerzitienbuch*, 277.

passo que a virtude da caridade detém por si só o privilégio "de alcançar a Deus" quase extaticamente naquilo que Ele próprio é[47].

4. *Seyendo criado a la similitud y ymagen.* A *similitud* e a *ymagen* são, cada qual no singular, hápax dos *Exercícios*[48], remetendo evidentemente a Gênesis 1,26: "Deus disse: 'Façamos o homem à nossa imagem, segundo a nossa semelhança'"[49]. No entanto, essa referência reforça o enigma de sua inversão pelo redator dos *Exercícios*, pois o simbolismo da "imagem" parece mais estático e o da "semelhança", mais dinâmico[50], a tal ponto que a teologia grega geralmente considerou que essa "semelhança" prefigurava a "divinização" do homem.

Para resolver esse enigma, é preferível esclarecê-lo em referência à tradição latina representada pelo *Itinerarium mentis ad Deum* de Boaventura, que oferece a possibilidade de pensar a imagem como excedente "expressivo" da semelhança inscrita no espírito do homem: "A imagem é a semelhança expressiva, quando o espírito é contemplado em Cristo, Filho de Deus, que é a Imagem de Deus, invisível por natureza, sendo nossa humanidade a esse ponto exaltada e tão inefavelmente unida (nele) [...]"[51]. Tal demonstração se apoia conjuntamente em Colossenses 1,15: "Ele é a imagem do Deus invisível", e em 3,9: "Não haja mais mentiras entre vós, pois [...] revestistes o homem novo, aquele que, para ter acesso ao conhecimento, não cessa de ser renovado *à imagem* de seu Criador".

5. *De su divina majestad.* A incomensurável medida dessa semelhança é a "divina Majestade", que expressa a glória transcendente propriamente única da divindade de Deus. A partir daí, "oferecer-me a mim mesmo à sua divina Majestade" (EE 234), acolhendo a graça de haver-me tornado "templo" da habitação do Espírito de Amor, permitindo-me entrar em plena consonância com a presença imediatamente ativa de Deus em tudo o que é criado (EE 235). Nossa interpretação ratifica assim a tese de Hugo Rahner segundo a qual a cristologia dos *Exercícios* seria mais "scottista" que "tomista"[52].

---

47. *S. T.*, IIa-IIae, qu. 23, a. 6 a 8.

48. O adjetivo *simile* só se encontra em EE 335, ao passo que *ymagines* no plural remete a EE 360.

49. A *Vulgata* de Jerônimo traduz esse versículo 26 nestes termos: "*Et ait: Faciamus Hominem ad imaginem, et similitudinem nostram*". A. CRAMPON, em *La Sainte Bible*, I: *Le Pentateuque*, vol. 1: "La genèse", Tournai, 1984, 27-28, observa a propósito desses dois termos, praticamente sinônimos, que "certos padres gregos distinguem uma imagem natural, que consiste na inteligência e na vontade livre, de onde resulta para o homem o privilégio da personalidade; e uma imagem sobrenatural, que outra coisa não é senão a graça e a santidade em que o homem foi criado, partícipe da natureza e da vida divina, e destinada à associação com a própria glória e bem-aventurança de Deus. Esta última imagem, perdida pelo pecado, foi restabelecida por Jesus Cristo, que é, ele próprio, 'o resplendor de sua glória e a expressão de seu ser' (Hb 1,3)."

50. L. F. LADARIA, *Antropología teológica*, col. Analecta Gregoriana nº 233, Roma/Madri, 1983, 124.

51. BOAVENTURA, *Itinerarium mentis ad Deum*, VI, 7º: "*Imago est similitudo expressiva, dum mens nostra contemplatur in Christo Filio Dei, qui est imago Dei invisibilis per naturam, humanitatem nostram tam mirabiliter exaltatam, tam ineffabiliter unitam* [...]".

52. H. RAHNER, *Ignatius von Loyola als Mensch und Theologe*, 310-311.

Por fim, é no término dos *Exercícios*, e especialmente neste *segundo ponto*, que se encontra desenvolvida em toda sua profundidade e extensão a teologia do ato criador pelo qual sua divina Majestade se torna presente, contanto que se compreenda que essa apreensão pertence à ordem da "lógica existencial" eminentemente factual e pessoal, experimental e espiritual. A partir daí, somente a admiração de ser eu mesmo elevado à dignidade de "Templo" da divina Majestade pelo Espírito pode me levar à percepção espiritual do ato criador em toda a amplitude de seus efeitos, a tal ponto que todo o percurso dos *Exercícios* foi necessário para que se chegasse a essa compreensão existencial da criação em si mesma e para ela mesma como glorificação de sua divina Majestade.

Lembremo-nos de que a referência a Deus "Criador", à minha identidade de criatura (EE 23) e à "divina Majestade" perpassa todos os *Exercícios*[53]. No entanto, no "Princípio e Fundamento", essa criação devia ser antes de tudo apreendida como o campo reservado ao trabalho da indiferença, exigindo a purificação das afeições desordenadas causadas pelo pecado, a fim de libertar a intenção reta que leva ao discernimento de uma eleição particular, ratificando em mim a bondade na qual se insere a ordem do criado. Duas etapas cujo objetivo não era desprezar, muito menos destruir ou suplantar a natureza criada, mas "elevá-la pela graça", consagrando-a como "meio" desejado por Deus de alcançar essa finalidade derradeira, que é chegar a glorificar Deus na Majestade de seu Amor. Além disso, como assinala Jean-Marie Hennaux, a segunda semana não leva imediatamente nem prioritariamente ao amor, mas à humildade, segundo as *Bandeiras* (EE 136-148) e *os três modos de humildade* (EE 165-168).

> O amor de que fala Inácio é uma realidade essencialmente divina. O homem só pode conhecê-la recebendo-a. Por conseguinte, somente a humildade, pela qual nos abrimos ao dom, pode conduzir ao amor. Um amor que não se enraizasse na humildade seria um amor puramente humano, tão somente generoso, mas não teologal. O conceito inaciano do "amor" é, portanto, inseparável da ideia de "recepção do amor" ou de "humildade"[54].

Veremos em seguida como os pontos 3 e 4 dessa última contemplação integram a terceira e a quarta semana.

---

53. Limitando-nos aqui ao que concerne às duas primeiras semanas, o substantivo *Criador* é citado nas Anotações preliminares em EE 5, 15, 20b; nos Exames de consciência em EE 38, 39; ao longo da *primeira semana* em EE 50, 52 e 53 e nas regras de discernimento próprias dessa semana em EE 316, 317 e 324; ao longo da *segunda semana* em EE 184 e nas *regras* que lhe são próprias em EE 330. Por outro lado, o verbo *criar*, conjugado segundo suas diferentes formas como *criada, criadas* e *criatura*, ocorre em EE 15, 16, 19, 38 e 39, e cinco vezes no Princípio e Fundamento (EE 23); ao longo da *primeira semana* em EE 50, 51, 58 e 60; ao longo da *segunda semana* em EE 165, 166, 169 e 179 como retomada de EE 23. — Por fim, a *sanctíssima* ou a *divina Maiestad* é citada nas Anotações 5, 16 e 20 e na oração preparatória repetida antes de cada hora de oração em EE 46. Quanto ao resto, essa *Maiestad* não aparece nas meditações da primeira semana, mas com frequência durante a *segunda semana* em EE 98 (Reino), nos *mistérios da infância* em EE 106, 108 e, de maneira frequente, na *seção das eleições* em EE 135, 146, 147, 152, 155, 167, 168, 181 e 183.

54. J.-M. Hennaux, Contemplation et vie contemplative d'après les E. S., 236.

F. O TERCEIRO PONTO (EE 236)

EE 236: Considerar como Deus trabalha e age por mim em todas as coisas criadas sobre a terra. Isto é, como ele age à maneira de quem trabalha. Assim nos céus, elementos, plantas, frutos, animais etc.: dando o ser, conservando, fazendo vicejar e sentir etc. Depois refletir em mim mesmo[55].

1. *Cómo Dios trabaja y labora*. Esse novo ponto diz respeito à totalidade das espécies criadas por Deus para mim, a fim de que eu reconheça minha integração nelas, e assim restitua a Deus tudo o que ele me comunicou por amor. No entanto, seu objeto formal e estritamente teológico se encontra modificado, visto que passamos da *habitação* de Deus à sua contínua *obra laboriosa* nela, e de modo excelente em mim. Tudo dependerá, portanto, da interpretação que será dada nestes termos: "*cómo Dios trabaja y labora por mi* [...]" (*Autógrafo*)[56], estando bem entendido que todos os escritos inacianos ligam esse trabalho a certas formas de índole penosa[57].

Uma primeira interpretação desse *terceiro ponto* equivaleria a alinhar suas afirmações teológicas com o discurso dogmático mais comumente admitido pela Igreja: o Verbo de Deus, Criador, por sua Encarnação se apropriou pessoalmente do labor doloroso em razão de ter assumido todas as fraquezas inerentes à humanidade, "exceto o pecado", estando entendido que em si sua natureza divina permanece "impassível"[58].

Essa leitura poderia apoiar-se numa dupla argumentação. A primeira equivaleria a decifrar a contemplação do *Rei eterno de todas as coisas* (EE 95) em função da distinção de suas naturezas divina e humana, distinção esta introduzida no *segundo ponto complementar* da contemplação de sua Paixão segundo EE 195: a "*divindade*" se absteve então de exercer sua potência para proteger Cristo de seus perseguidores, e assim "sua sacratíssima *humanidade* padeceu tão cruelmente". A segunda se apoia diretamente na oração intercalada explicativa introduzida nesse terceiro ponto: "*cómo Dios trabaja y labora por mi en todas las cosas criadas sobre la haz de la tierra, id est, habet se admodum laborantis*". Expressa em latim no *Autógrafo*, essa oração intercalada recorreria à doutrina da analogia, a fim de restringir o alcance dessa atribuição a Deus do ato de "trabalhar penosamente", reduzindo-a a uma maneira antropomórfica de falar de Deus. O redator dos *Exercícios* a teria então introduzido a fim de garantir a ortodoxia de seu texto junto aos doutores formalistas da Sorbonne. Essa interpretação prudencial é ainda mais verossímil quando se considera que com frequência Inácio teve de enfrentar a Inquisição. Tanto Gaston Fessard[59]

---

55. EE 236: "*El tercero, considerar cómo Dios trabaja y labora por mý en todas cosas criadas sobre la haz de la tierra, id est, habet se admodum laborantis. Así como en los çielos, elementos, plantas, fructos, ganados, etc.; dando ser, conservando, vejetando, y sensado, etc. Después reflectir en mý mismo*".

56. As outras versões dos *Exercícios* propõem: "*Deum* [...] *operantem et laborantem*" (*Vulgata*); "*Deum laborantem*" (*P1* e *P2*); "*como Dio lavora e se affatiga*" (*Textus italicus*).

57. Cf. DEE, II, verbete "Trabajo", assinado por Pietro Schiavone, 1715-1720.

58. Pierre Gervais desenvolveu amplamente esse sentido dogmático e espiritual em Les *Exercices spirituels* de saint Ignace et le dogme de Chalcédoine, NRT 134/3 (2012) 389-408.

59. G. Fessard, *La dialectique des Exercices spirituels*, I, 159.

como Michael Ivens[60] evocam essa interpretação, embora o primeiro citado tome uma via totalmente distinta, a fim de evidenciar a originalidade quase revolucionária desse terceiro ponto inaciano. No entanto, antes de explanar a leitura fessardiana estimulada por Hegel, indagaremos Jerônimo Nadal, reconhecido por haver interpretado os *Exercícios* com muita pertinência no tempo de Inácio.

2. *A interpretação do concílio de Éfeso e da oração intercalada introduzida em EE 236 por* **Jerônimo Nadal**. A citação dessa distinção entre "a divindade" e "a humanidade" do único "Cristo nosso Senhor" pode ser interpretada de maneira ortodoxa após o concílio de Éfeso ter ratificado o enunciado da segunda carta enviada por Cirilo a Nestório:

> DZ 294: […] embora as naturezas, reunidas por uma verdadeira unidade, sejam distintas, de ambas resultam um Cristo e um Filho; não que a união tenha suprimido a diferença das naturezas, mas pelo fato de a divindade e a humanidade haverem constituído para nós, por esse encontro inexprimível e misterioso na unidade, um único Senhor, Cristo e Filho […].

Em sua *Apologia pro exercitiis S. P. Ignatii*, Jerônimo Nadal trata longamente da aplicação a Deus do *trabajo*, recorrendo ao mistério da Encarnação do Verbo de Deus, em razão "da singular e inefável união da divina hipóstase, que teve por consequência a célebre comunicação dos idiomas", tal como profusamente confirmada pela contemplação oferecida na terceira semana[61].

Além disso, como exegeta Nadal se empenhou em defender o fundamento propriamente teológico da atribuição a Deus do ato de *trabajar: id est, habet se admodum laborantis*. Para isso, distinguiu o sentido figurativo e analógico da oração intercalada quando aplicado ao Antigo Testamento, ao passo que o Novo impõe o reconhecimento do verdadeiro sentido pleno da adaptação desse ato à própria Pessoa do Filho de Deus.

> *(Ante incarnationem Verbi), Deus laboravit sine labore, tactus est cordis dolore sine labore, ingenuit sine gemitu, contristatus est absque contristatione […] Itaque per modum laborantis ea sustinebat Deus ante Verbum incarnatum, quibus volebat homines ad dolorem, timorem, simul et ad amorem excitari.*
>
> *Ea cum non prodessent, propter humani cordis duritiam incredulitatem, disposuit Deus illa in se suscipere per humanitatem, in qua vere ea experiretur ac pateretur, ut iam nihil*

---

60. M. IVENS, *Understanding* […], 176, nota 26: "*Possibly Ignatius wished to protect his (analogous) concept of a laboring God against literal readings of it, that could be interpreted as inpugning the doctrines of immutability and impassibility*".

61. MN IV, supplementum 25: *Apologia pro exercitiis S. P. Ignatii*, Fo. 72, fa. I, 859 a 870; assinalemos uma passagem citada na p. 862: "*De labore Dei igitur agamus. Laborat verbum Dei in X., sitit, defatigatur, luget, pavet, sudat, ligatur, ducitur, trahitur, alapis caeditur, conspuitur, irridetur, flagellatur, spinis coronatur, crucem batulat, cruci suffigitur, moritur. Hi sunt labores Verbi, labores Dei. Nonne hi labores te mouent ad amorem? Et tamen nihil diuinitas in se patitur, nisi Xpus., qua summa fruitur beatitudine; sed tamen vehementer illi labores mouent, divinae unionem, unde proficiscitur idiomatum illustrissima comunicatio. […] Nonne hoc est Deum descendere, humiliari, immortalem mortalem fieri, inuisibilem visibilem, aeternum, immensum finem accipere temporis, quantitatis, virtutis?*".

esset, unde movere hominem vehementius posset. [...] Solus vero id potuit unigenitus Dei filius, factus homo, qui in universo suae carnis mysterio, in omnibus operationibus excellentem se praebuit supra omnium mortalium naturam et captum. Haec excellentiam, hunc excessum rerum omnium contemplabantur ac praedicabant in monte sancto Enoch et Elias, cum Christo Jesu colloquentes[62].

3. A interpretação de **Gaston Fessard**. Já não nos causará surpresa constatar que esse dialético da liberdade reinterpreta a oração intercalada em questão retornando da terceira semana à segunda, inaugurada pelo Reino. Tal recurso lhe permite enraizar a atribuição dos sofrimentos de Cristo suportados por sua *natureza humana* (EE 195) em sua própria *Pessoa eterna* (EE 93 e 95)[63]. O autor daí conclui:

> Esse sentido consiste em inverter de ponta a ponta nossa perspectiva habitual sobre a relação criado-Incriado, para melhor fazer sentir "o comprimento e a largura, a altura e a profundidade" da Caridade divina. Enquanto o Fundamento dizia: reliqua *super faciem terrae, creata sunt propter hominem*, na intenção de indicar que o homem... devia servir-se de todas as coisas unicamente segundo o bel-prazer divino...
>
> Agora, Inácio escreve o contrário: *Deus... laborat propter me in omnibus rebus creatis super faciem terrae*. É a vez de Deus, como se ele houvesse se despojado de todo direito em favor do objeto de sua Eleição, usar as criaturas para "trabalhar" ao agrado deste último, e como ele não o ignora, mostrar-se mediante todas elas apaixonadamente empenhado em beatificá-lo[64].

O realce que conferimos à centralidade do "Tenho sede" pronunciado "em alta voz" segundo EE 297, 1º vai aqui ao encontro da intuição fessardiana.

Resta saber, no entanto, como se efetua a passagem de uma primeira *noética*, baseada na distinção "criado-Incriado", a uma *pneumática* centrada na "Caridade" de Deus, para que ele esteja "apaixonadamente empenhado" em se pôr a serviço da "bem-aventurança" do homem.

4. *Nossa interpretação fundada em Romanos 8,22-26*. A leitura do terceiro ponto inaciano deve integrar não apenas a passagem do *habita* ao *trabaja* de Deus, mas também a transição de uma abordagem do ato criador primeiramente concebido como evidenciação da excelência original do homem, privilegiado com o dom "do entendimento" e a graça de "ser feito templo" (segundo ponto), para outra percepção desse ato fundador, tal como salienta o segundo ato da "conservação" no ser (*dando ser, conservando*), ratificada pelas gerações. Essa ideia de geração é sugerida pela nova série de exemplos que ilustram o terceiro ponto, aí inserindo os produtos: "plantas, *frutos*, animais".

---

62. Cf. Nadal, MNad IV, 867-868.
63. Ibid., 159: "Impossível duvidar de que, aos olhos de Inácio, esse terceiro ponto tenha uma estreita relação com a Terceira Semana; por conseguinte, também de que a estrutura geral dos *Exercícios* se reflita exatamente na estrutura dessa contemplação e, por fim, de que tal correspondência pressuponha que sua divisão fundamental do Antes e do Depois não tenha apenas um sentido existencial e temporal, mas mantém igual valor do ponto de vista racional e lógico."
64. G. Fessard, *La dialectique des Exercices spirituels*, I, 159-160.

O artigo já citado de Pietro Sciavone enumera uma série de textos neotestamentários que permitem atribuir a Deus o *trabajo*. A nosso ver, sua primeira referência não se aplica exatamente ao terceiro ponto dessa contemplação[65]. De fato, João 5,17 — "Meu Pai trabalha (*ergadzetai*) sempre, e eu também trabalho" — designa explicitamente o poder escatológico deles "de julgar e de ressuscitar", que Deus se reserva de exercer após o repouso sabático do sétimo dia, isto é, ao fim da criação realizada por Deus em seu Verbo (Jo 1,2), o que não condiz exatamente com a perspectiva da "conservação" no ser da criação inteira. Por outro lado, Sciavone enumera também textos que remetem seja ao Filho (Hb 1,3; Jo 1,14) seja ao Espírito no Evangelho joanino ou nas cartas paulinas. Assim ele cita Romanos 8,26, na medida em que esse Espírito "anima a oração". No entanto, tal caracterização da obra do Espírito suprime a amplitude da visão criacional aberta pelos versículos 22 a 26. O apóstolo aí percebe a integralidade da criação em estado atual de parturição dolorosa, agora assumida pela intercessão pessoal dos filhos adotivos que aspiram à libertação de seu corpo, e por fim assumida pelo Espírito de Deus, que suscita em sua Pessoa o imenso trabalho de parto doloroso em seus próprios "gemidos inefáveis"[66].

Quanto a nós, consideramos que Romanos 8,22-26 é o fundamento bíblico ao qual se ajusta mais precisamente o terceiro ponto desta contemplação: primeiramente porque se situa no presente da "conservação" de todos os seres criados, e porque permite explicar a extrema penosidade de um trabalho propriamente divino; depois, porque a adaptação dos "gemidos inefáveis" a essa Terceira Pessoa da Trindade não deixa à margem as outras duas Pessoas divinas, visto que é nesse Espírito que se atesta em sua última realização a obra amorosa e comum do Pai e do Filho. Ademais, essa referência última ao Espírito do Pai e do Filho permite unificar nossa interpretação pneumática de toda essa *contemplatio ad amorem* aí integrando a interpretação das duas observações prévias (EE 230-231). Uma leitura assim pode também apoiar-se na *regra de ortodoxia*, assinalando que "entre Cristo nosso Senhor, o Esposo, e a Igreja, sua Esposa, é o mesmo Espírito que nos *governa* e nos *dirige* para a salvação de nossas almas"[67]. Contudo, sem aproximar Romanos 8,22-26 desse terceiro ponto, Nadal por sua vez também considerava que esse texto paulino pode inspirar excelentemente a preparação da oração[68]. Por outro lado, não obs-

---

65. Essa referência lhe foi provavelmente sugerida por J. A. García Rodriguez, "Mi Padre trabaja siempre." El "trabajo de Dios por mí" en la Contemplación para alcanzar Amor, *Manr* 68 (1996) 47-60.

66. Romanos 8,22-26: "Com efeito, sabemos: a criação inteira geme [*sustenádzei*] ainda agora nas dores do parto [*sunôdínei*]. E não só ela: também nós, que possuímos as primícias do Espírito, gememos interiormente, esperando a adoção, a libertação para o nosso corpo. Pois nós fomos salvos, mas o fomos em esperança. Ora, ver o que se espera não é mais esperar: o que se vê, como ainda esperá-lo? Mas esperar o que não vemos é aguardá-lo com perseverança. Do mesmo modo, também o Espírito vem em socorro [*sunantilanbánetai*] da nossa fraqueza, pois nele não sabemos rezar como convém; mas o próprio Espírito intercede [*huperentugkánei*] por nós com gemidos inexprimíveis [*stenagmoís alatêtois*]".

67. J.-M. Hennaux, Contemplation et vie contemplative, 240: "O terceiro ponto acrescenta a consideração do 'trabalho' de Deus por mim em todas as coisas criadas sobre a superfície da terra, isto é, toda a sua conduta providencial para comigo: tudo o que ele faz ou permite".

68. Cf. Nadal, MNad IV, 860. Eis a tradução, extraída de seu *Diário espiritual*, 45: "Prepara-te sempre, quando vais à oração, para compreender em tua alma o que disse São Paulo: 'O Espírito vem

tante a profusão de referências escriturísticas, o comentário de Przywara não explora Romanos 8,26[69].

Em contrapartida, a interpretação de Romanos 8,26 por **Tomás de Aquino** ratifica a opinião de Fessard a respeito de "nossa maneira habitual de pensar a relação criado-Incriado", pois o doutor comum recusou atribuir "os gemidos inefáveis do Espírito" a Deus, por medo de ceder à tentação ariana que se apoiava nesses "gemidos" para demonstrar a inferioridade criatural do Espírito de Deus. Consequentemente, Tomás leu Romanos 8,26 no sentido de que o Espírito suscita na alma "justos desejos" provenientes do amor de caridade que o Espírito Santo produz em nós, segundo Romanos 5,5: "o amor de Deus foi derramado em nossos corações pelo Espírito Santo que nos foi dado"[70]. Uma tal desdramatização de Romanos 8,22-26 se opõe radicalmente à leitura proposta por **Martinho Lutero** no tempo de Inácio. Encontramos a mais eloquente ilustração disso no *Terceiro comentário luterano da Carta aos gálatas*, de 1535, a propósito de Gálatas 4,6b: "Deus enviou em nossos corações o Espírito de seu Filho, que clama: 'Abba-Pai'", aprofundado por Romanos 8,26[71].

A nosso ver, esse terceiro ponto inaciano atesta também o distanciamento, e mesmo a ruptura, dos *Exercícios* em relação à teologia tomista. Sua cristologia ratifica, é claro, o mistério mais essencial do cristianismo, a União hipostática do Verbo encarnado, mas a demonstração conclusiva de seu discurso cristológico se consuma sempre na reafirmação da distinção das propriedades da natureza divina e da natureza humana, a fim de preservar o abismo que separa o Incriado do criado[72].

5. *O pathos divino.* Embora seja evidente que a paixão e a morte devam ser identificadas como marcas específicas da "passibilidade" humana, resta a questão do mistério absolutamente central da apropriação dessa passibilidade humana pela segunda Pessoa

---

em socorro da nossa fraqueza, pois não sabemos rezar como convém, mas o próprio Espírito intercede por nós com gemidos inexprimíveis' (Rm 8,26). Ademais, nós recebemos o espírito 'que faz de nós filhos adotivos e pelo qual clamamos: *Abba*, Pai. Esse Espírito é quem atesta ao nosso espírito que somos filhos de Deus' (Rm 8,15-16). Se compreendes essas verdades nas profundezas de tua alma, ao ir à oração, elas terão grande importância, grande eficácia. A primeira nos dá a compreensão de nossa humilde condição e da ação do Espírito em nós; a outra nos faz esperar, nos une a Cristo, nos proporciona a confiança no Filho e a familiaridade com o Pai".

69. E. Przywara, *Deus semper maior*, II, (EE 236), 328-331.
70. Tomás de Aquino, *Lectura ad Romanos*, c. 8, lectio 5, nº 692.
71. M. Lutero, WA 40, II, 571-594, traduzido em *Œuvres*, XVI, 84-100.
72. S. T., IIIa, qu. 46, a. 12: "*Unio humanae et divinae facta est in persona et hypostasi et supposito, manente tamen distinctione naturarum: ut scilicet sit eadem persona et hypostasis divinae et humanae naturae, salva tamen utriusque naturae proprietatem. Et ideo, supposito divinae naturae attribuenda est passio, non ratione divinae naturae, quae est impassibilis, sed ratione humanae naturae. Unde in Epistola Synodi Cyrilli dicitur: 'Si quis non confitetur Dei Verbum passum carne et crucifixum carne, anathema sit.' Pertinet ergo passio ad suppositum divinae naturae ratione naturae pasibilis assumptae, non autem ratione divinae naturae impassibilis*". Cf. Tomás de Aquino, *Le Verbe incarné en ses mystères*, t. 3: *La sortie du Christ de ce monde*, IIIa qu. 46 a 52, ed. Jean-Pierre Torrell, Revue des Jeunes, Paris, Cerf, 2004, nota explicativa 32, 309-311.

da Trindade realmente idêntica à Essência divina, de modo que sua "impassibilidade" não seja pensada nem como ausência, nem como contrariedade dessa "passibilidade humana", mas que explique o Amor divino tal como se envolveu, em sua pura Liberalidade e Magnanimidade, numa forma de *pathos divino*[73] que seja desde a origem a inspiradora da cruz assumida pelo único Filho e Verbo de seu Pai. Lembremo-nos daquele adágio assinado por Leão Magno: esse *pathos* divino designa "a compaixão que se dobra, não o poder que fraqueja".

G. O QUARTO PONTO (EE 237)

> EE 237: Olhar [*mirar*] como todos os bens e dons descem do alto, assim como meu limitado poder provém do infinito e sumo poder do alto. Do mesmo modo, a justiça, bondade, piedade, misericórdia etc., assim como descem os raios do sol, as águas da fonte etc. Depois terminar refletindo em mim mesmo, segundo se disse. Concluir com um colóquio e um pai-nosso[74].

1. *Descienden de arriba*. Perguntemo-nos primeiramente qual é o alcance teológico e existencial dessa primeira proposta recorrendo a seus antecedentes. Durante toda a duração dos *Exercícios*, o exercitante ter-se-á habituado a iniciar sua oração de uma hora "de pé [...] o pensamento para o alto [*alçado el entendimiento arriba*], considerarei como Deus nosso Senhor me olha" (EE 75), depois, "entrar em contemplação, [...] ora deitado com o rosto voltado para cima [*quándo supino rostro arriba*]" (EE 76). Tal postura acostumou o corpo a atravessar simbolicamente a distância que separa a terra do céu, de modo que possa ser iniciado em todas as formas de composição de lugar "físico" até essa contemplação final (EE 232).

Mais determinante ainda é a maneira como Inácio enuncia o critério de autenticidade do discernimento a ser feito em tempo tranquilo: "Que o amor que me move e faz escolher desça do alto, do amor de Deus: *descienda de arriba, del amor de Dios*" (EE 184). Um critério assim é retomado como primeira regra relativa à *distribuição de esmolas*:

> EE 338: Primeiro, o amor que me move e me faz dar a esmola desça do alto [*descienda de arriba*], do amor de Deus nosso Senhor. Assim, que eu sinta antes em mim que o amor, maior ou menor que tenho por tais pessoas, é por Deus, e que Deus resplandeça no motivo que me leva a amá-las mais[75].

Em Inácio, essa "descida" do amor divino em minha dileção por determinada coisa criada, quer se trate de um estilo de vida, quer de pessoas que privilegio pelo dom das

---

73. Orígenes, *Des principes*, IV, 2, 4º.

74. EE 237: "*El quarto, mirar cómo todos los bienes y dones descienden de arriba, así como la my medida potencia de la summa y infinita de arriba, y así justicia, bondad, piedad, misericordia, etc.; así como del sol descendiem los rayos, de la fuente las aguas, etc. Después acabar reflictindo en mý mismo, según está dicho. Acabar con un colloquio y vn Pater noster.*"

75. Piet Penning de Vries, em *Discernement des esprits*, salientou de modo notório a importância desse tipo de regra, demonstrando em especial sua incidência na vida pessoal de Inácio.

minhas esmolas, praticamente não se apoia numa teoria especulativa do grau de participação do ser criado em certas perfeições ou atributos divinos, como o que serviu de modelo para toda a teologia medieval: a doutrina dos "Nomes divinos" de Dionísio Areopagita. Nos *Exercícios*, porém, essa doutrina da analogia se encontra transferida do *noético* ao *pneumático*, isto é, para a experiência pessoal oferecida pelo Espírito de Amor, que "desce" até meu sentir de amor preferencial por determinada realidade criada, sem confundi-la com o Incriado, visto que por si mesma ela me dá a capacidade de verificar se essa preferência é puramente ordenada a Deus. Somos assim remetidos à regra arquetípica da "consolação sem causa precedente" (EE 330).

O conjunto dos *Exercícios* propõem uma práxis da *experiência sentida do amor que desce do alto*, antes de oferecer a possibilidade de contemplar (*mirar*) a *theoria* dele no último ponto dessa contemplação conclusiva: "Acorda, tu, minha glória; acordai, harpa e cítara, vou acordar a aurora. Dar-te-ei graças entre os povos, Senhor: cantar-te-ei entre as nações. Pois tua fidelidade se eleva até os céus e tua verdade até as nuvens" (Sl 57,9-11).

2. *Os atributos divinos.* Essa primeira preferência pelo Amor divino é ilustrada pela segunda, que lista um bom número de atributos divinos, na intenção de mostrar, por exemplo, que "meu poder limitado desce daquele, supremo e infinito, do alto". Essa forma de analogia foi empregada desde a primeira semana no âmbito da meditação dos pecados pessoais, em EE 59. Tratava-se então de converter meu julgamento pervertido pelo pecado, reconhecendo que não sou o critério absoluto da sabedoria, do poder, da justiça e da bondade que me autorizaria a desqualificar essas qualidades de Deus, mas que, ao contrário, são esses atributos propriamente divinos que denunciam a contrariedade deles que está em mim[76].

Nos *Exercícios*, o verbo *descer* tem primeiramente por sujeito o amor de Deus[77], como acabamos de mostrar em EE 184 e 338. No entanto, também pode designar a perversão universal dos homens "que descem ao inferno" (EE 102 e 106), a tal ponto que a redenção deles impôs ao Filho de Deus que se encarnasse e, portanto, "descesse" pessoalmente. Adaptada ao Filho encarnado, essa descida assinala igualmente certas cenas contempladas na terceira semana: uma vez terminada a Ceia, Jesus "'desceu' com seus onze discípulos até o vale de Josafá" (EE 201); após sua morte, seu corpo foi objeto da "descida" da cruz

---

76. Para isso, porém, seria preciso mostrar como esses diferentes atributos divinos se atestam nas três semanas seguintes. Primeiramente, como se humanizam desde a concepção de Cristo nosso Senhor até sua entrada em Jerusalém. Fiel à sua Eleição pessoal, que o tornou perfeitamente disponível para seu Pai, Jesus aceitou ser batizado por João "a fim de cumprir toda a *justiça*" (EE 273, 2º); eis por que ele convidou "seus amados discípulos" a praticar "as oito bem-aventuranças", especialmente a que ele promete aos "que passam fome e sede de *justiça*", e aos "que padecem perseguições" por causa dela (EE 278, 1º). A segunda semana é, a partir daí, inteiramente orientada para a terceira, inaugurada pela "Instituição do santíssimo sacrifício da Eucaristia, em grandíssimo sinal de seu amor" (EE 289, 3º). Depois disso, todos os atributos divinos desaparecem sob a implacável contrariedade das reivindicações humanas e pecadoras. É preciso esperar a quarta semana para que seja atestada uma vez mais a reconciliação entre Deus e o homem.

77. Émilio Gonsáles Magaña, verbete "Descenso", em *DEI*, 556-562.

(EE 208), ao passo que sua alma bem-aventurada "desceu" ao inferno (EE 219). No plano de expressão da linguagem, essas diferentes formas de "descida" infernais ou redentoras jamais são compensadas pela linguagem da "elevação", da "exaltação" ou da "glorificação universal do Nome" de Cristo segundo Filipenses 2,6 a 11. O último ponto da *contemplatio ad amorem* consagra definitivamente essa linguagem inaciana da "descida".

3. *Uma "descida" que atesta a condescendência, mais que a kênosis*. É preciso que nos abstenhamos de avaliar o exclusivismo dessa linguagem inaciana apenas pelo critério da cristologia contida no Hino aos filipenses, a ponto de concluir daí que os *Exercícios* adotariam, no fim das contas, uma compreensão "kenótica" da Encarnação (Arzubialde), da economia da graça e da experiência arquetípica e espiritual da consolação. O quarto ponto da *contemplatio ad amorem* explica a última verdade anagógica dessa "descida" integral de Deus que "deseja comunicar-se a mim" (EE 234) segundo a excessiva magnanimidade de sua condescendência.

4. *O alcance trinitário da ilustração final*. Esse quarto ponto se conclui com duas ilustrações, depois de haver percorrido uma série de atributos divinos[78]. A enumeração deles difere da que propõe Tomás de Aquino na primeira parte de seu tratado consagrado à "essência de Deus", em que o Doutor Comum distingue os atributos constitutivos da essência divina dos atributos operativos de Deus que podem ser discernidos no âmbito da criação, da predestinação e da providência[79]. Com efeito, o redator dos *Exercícios* aí inclui os que se inspiram diretamente na manifestação do Pai em seu Filho encarnado, designando "a compaixão e a misericórdia", de modo que todos esses atributos sejam fortemente influenciados por uma cristologia ancorada no mistério da Criação. Afinal de contas, não se trata de ser iniciado naquele "conhecimento que supera todo o conhecimento" graças ao Espírito de Amor, como o propõem as duas citações seguintes?

> Efésios 3,14-19: É por isso que dobro os joelhos diante do Pai, de quem toda família recebe seu nome, no céu e sobre a terra; que ele se digne, segundo a riqueza de sua glória, armar-vos de poder, por seu Espírito, para que se fortifique em vós o homem interior, que ele faça habitar Cristo em vossos corações pela fé; arraigados e fundados no amor, tereis assim a força de compreender, com todos os santos, o que é a largura, o comprimento, a altura, a profundidade… e de conhecer o amor de Cristo que supera todo o conhecimento, a fim de que sejais cumulados até receberdes toda a plenitude de Deus.
>
> 1 Coríntios 2,7 e 10: Nós ensinamos a sabedoria de Deus, misteriosa, escondida, e que Deus, antes dos séculos, destinara de antemão para a nossa glória. […] Com efeito, foi a nós que Deus o revelou pelo Espírito. Pois o Espírito tudo sonda, até as profundezas de Deus.

---

78. Ao comentar este quarto ponto em *Les Exercices spirituels de saint Ignace, Un commentaire littéral et théologique*, 434, nota 7, A. CHAPELLE afirma, opondo-se à *Aufhebung* hegeliana, que "a negação não tem lugar nessa meditação em que a doutrina da criação é envolvida pela consideração da origem e do fim. O símbolo do alto ocupa o lugar da formulação *ex nihilo* para expressar ao mesmo tempo a condescendência e a transcendência".

79. Cf. *S. T.*, Ia, qu. 1 a 26. Consultar os verbetes que o *DPTThom* dedica aos termos "Attribut" e "Perfection".

A ilustração final — "assim como descem os raios do sol, as águas da fonte" — expressa o alcance trinitário dessa participação, se nos referirmos a Tg 1,17: "Todo dom valioso e toda dádiva perfeita *descem do alto*, do Pai das luzes". No "sol"[80] se pode reconhecer Cristo e na "água"[81], o simbolismo joanino do Espírito.

Aqui Inácio se apoia numa tradição multissecular que desde Orígenes serviu-se dessas ilustrações extraídas da criação para decifrar aí *vestigia trinitatis* que simbolizem o mistério mais profundo das *processões eternas*, reunindo num conjunto a igual perfeição divina do Filho e do Espírito em relação ao Pai e a distinção pessoal deles, afirmada por sua ordem de origem. Não é verdade que os raios do sol projetam uma luz tão intensa quanto o próprio sol, embora os raios não provenham de si mesmos, mas unicamente do sol? O mesmo vale para as águas que correm da fonte viva[82].

Essa fonte de difração do mistério da Trindade no seio da criação expressa adequadamente o mistério do Amor em seu Ato mais especificamente pessoal, o qual reside numa *comunicação* que efetua a transferência real do "amante" ao "amado", não apenas daquilo que o "amante" tem e possui, mas daquilo que ele próprio é (EE 231). A integralidade da comunicação amorosa de si pela Trindade de Deus se torna então a garantia da autocomunicação plena desse mesmo Deus na alma, segundo Jo 14,23: "Se alguém me ama, guardará minha palavra; meu Pai o amará, e nós viremos e faremos nele nossa morada". A propósito dessa habitação da Trindade na alma, Tomás de Aquino caracterizava com razão essa vinda como "missão *invisível*" do Verbo e de seu Espírito de Amor, a fim de distingui-la da visibilidade da Encarnação e de Pentecostes, o que o *Diário espiritual* de Inácio confirma ao evocar com frequência "a visita desta ou daquela Pessoa divina" na alma.

Além disso, esse *quarto ponto* se caracteriza por uma "visibilização" do Amor em sua comunicação pessoal mediante toda a realidade criada, de tal modo que o Universo se torne a expressão sacramental do Amor. Ninguém sugeriu essa difração melhor que Orígenes, quando explorou a Escritura investigando as diferentes incorporações do *Logos*, como Corpo histórico, escriturístico, sacramental e eclesial[83]. Em sua extrema sobriedade e rusticidade de linguagem, esse quarto ponto inaciano descortina o imenso horizonte de um espaço simbólico inebriado pelo Amor, espaço este que o exercitante, tendo chegado ao fim do longo e intenso percurso dos Exercícios, está agora em condições de explorar "como sentir melhor"[84].

---

80. Cf. EE 60; 229; 284, 1º: a transfiguração e 297, 2º; a crucificação.

81. Cf. EE 276: Caná; EE 280: a caminhada de Jesus sobre as águas e 297, 3º: o fluxo de água e sangue.

82. Essa tradição é retomada em especial por ATANÁSIO DE ALEXANDRIA, Deuxième discours contre les ariens, CA II, 32 e 33, em *Les trois discours contre les ariens*, col. Donner raison nº 15, Bruxelles, Lessius, 2004, 162-164.

83. HENRI DE LUBAC, *Histoire et Esprit, L'intelligence de l'Écriture d'après Origène*, Œuvres complètes XVI, Paris, Cerf, 2002, cap. VIII: Les incorporations du Logos, 336-373.

84. Cf. E. PRZYWARA, *Deus semper maior*, II, (EE 237), 331-335. Na obra intitulada *Majestas divina*, o mesmo autor se propõe recapitular o poema dos quatro pontos dessa *contemplação para alcançar o amor*, que PHILIBERT SECRETAN, traduziu para a editora Ad Solem, Paris, 2014, 57-68.

5. O debate a respeito da quádrupla abordagem específica dessa contemplação. Essa problemática foi reatualizada por Gaston Fessard[85].

a. Relembrando a questão. Como é possível que o corpo das meditações e das contemplações tenha sempre sido estruturado em função das três potências — memória, entendimento e vontade — quando no fim das contas a última contemplação se subdivide em quatro pontos? De fato, o primeiro se apoia nitidamente na memória, ao passo que os outros três contam mais com o entendimento: 1º *recordar* os benefícios recebidos, 2º *olhar (mirar) deixando refletir-se em mim* a presença de Deus que habita toda a criação e particularmente em mim, que sou seu templo, 3º *considerar* como Deus exerce laboriosamente seu poder para dar à luz a criação, 4º *admirar e deixar refletir-se em mim* a que ponto minhas perfeições limitadas descem do alto? A essa originalidade se acrescenta o fato de que cada um dos pontos culmina numa oração de oferenda de toda a minha liberdade, ratificada pelo colóquio final que integra na oração do Pai nosso esse duplo movimento de Chamado e de Resposta.

b. A inversão tomasiana da trilogia "presença-poder-essência", comandada pela distinção ex parte creaturae — ex parte Dei. Essa problemática da distribuição das faculdades foi mesclada à do modo de operação de Deus no interior da criação, modo este também articulado de maneira tripartite, se levarmos em conta os três últimos pontos. Inácio a conhecia, visto que a evoca em uma de suas cartas, e em EE 39 ao tratar da habilitação para jurar pela criatura nestes termos:

> Pois os perfeitos, graças à assídua contemplação e iluminação do entendimento, consideram, meditam e contemplam mais intensamente como Deus nosso Senhor está em cada criatura, *segundo sua própria essência, presença e poder.*

Em contrapartida, nessa contemplação final Inácio retoma a tese enunciada na Carta a Brandão[86], a qual recomenda que durante o tempo de seus estudos os escolásticos jesuítas renunciem a prolongar sua oração além do tempo prescrito diariamente, pois devem aprender a "buscar Deus em todas as coisas, visto que sua divina Majestade está em todas as coisas por sua presença, seu poder e sua essência"[87].

Respondendo à questão *ex parte Dei*, Tomás de Aquino salientava que em Deus não existe distinção real, mas somente de razão, entre sua presença, seu poder e sua essência.

---

85. *La dialectique des Exercices spirituels*, I, 150, nota 1º.

86. Carta dirigida em 1551 por Inácio ao Pe. Antonio Brandão; cf. SANTO INÁCIO, *Lettres*, col. Christus nº 2, Paris, DDB, 1958, 242; no sexto ponto, Inácio responde à pergunta de seu interlocutor, que indaga sobre a extensão a toda a existência da "Contemplação para alcançar o amor".

87. Lembremos que a pertinência tomista dessa diferença de ordem não foi reconhecida pelos comentadores modernos, porque eles se contentaram em recorrer à passagem comumente citada da *Suma teológica* (Ia, qu. 8, a. 3), que propõe "aos iniciantes em teologia" apenas uma ordem, motivada por razões apologéticas: *poder, presença* e *essência*, ao passo que, por meio de uma análise mais pormenorizada, seu *Commentaire des Sentences*, I, dist. 37, q. 1, a. 2 havia tratado a mesma problemática, seja *ex parte creaturae*, seja *ex parte Dei*, redundando assim numa significativa mudança de ordem.

A partir daí, visto que a essência divina é "absolutamente distinta" da essência das criaturas, não se pode aplicá-la às criaturas, exceto na "operação" divina, que visa sua ação *ad extra*. Ora, é nesse sentido que ela opera de fato, isto é, a essência divina está na criatura *por sua presença*, na medida em que aquele que atua está, de certa maneira, presente em sua obra. E como essa operação não está desconectada do poder divino de onde sai, afirma-se que ela está presente na criatura *(in re) por seu poder*; por fim, visto que, em Deus, o poder é a própria essência, segue-se que Deus está igualmente na criatura *por sua essência*.

c. Como os Exercícios se afastam da compreensão tomista dessa trilogia. O paralelismo dessa trilogia evidencia ainda melhor a diferença de perspectiva entre eles. Como Tomás, Inácio insere essa trilogia na perspectiva de uma gradação. No entanto, como o raciocínio tomista se refere às noções de "essência", de "poder" e de "operação" divinos tais como se deduzem uma da outra, partindo do *ad intra* para encontrar o *ad extra*, a lógica que ele propõe tende a confirmar sempre mais a transcendência de Deus no próprio interior de sua imanência em toda criatura, visto que ela remonta à origem da Essência divina, "que nenhuma criatura pode alcançar *segundo a substância*, seja qual for seu grau de similitude em relação à bondade divina".

1º) Em Tomás, essa transcendência exclusiva de Deus se atesta desde o primeiro escalão, que é a "Presença" de Deus, visto que o doutor a interpreta constantemente como onisciência divina que penetra todas as coisas de maneira supereminente, segundo Hebreus 4,13: "Não há criatura que se lhe esquive à vista, a seus olhos tudo está desnudo, tudo subjugado por seu olhar"[88]. Ora, evidentemente não é nesse sentido que Inácio concebe o *habita* de Deus no segundo ponto[89].

Oriundo da Escritura, esse verbo não define uma ação divina que seria conceitualmente determinada de maneira unívoca como onisciência de Deus estritamente inacessível, mesmo à razão propriamente humana de Cristo. Acolhendo essa noção tradicionalmente bíblica, o *habita* inaciano visa a fazer com que o exercitante sinta a excelência da habitação de Deus na intimidade de sua pessoa: "ele fez de mim seu templo, tendo-me criado à sua semelhança e à sua imagem", de modo que eu possa, como homem dotado de entendimento, ser iniciado na compreensão dessa íntima habitação espiritual. Assim, portanto, a intenção de Inácio nesse *segundo ponto* não é tanto evidenciar a transcendência divina, tal como ela se verifica em sua imanência (Tomás), mas antes adotar a iniciativa inversa, que consiste em mostrar a que ponto Deus se revelou condescendente e imanente ao homem até em sua transcendência, visto que "fez de mim seu templo". Notemos também que essa reflexão inaciana condiz mais com a visão de Boaventura, que interpreta explicitamente os graus da presença divina em referência a esse simbolismo do templo, inspirando-se em Gregório Magno:

> *Aliquid enim est in aliquo secundum praesentialitatis indistantiam, ut contentum in continente, ut aqua in vase; aliquid secundum virtutis influentiam, ut motor in mobili;*

---

88. F. SUÁREZ, *Opera omnia*, t. I, 50.
89. G. FESSARD, *La dialectique des Exercices spirituels*, I, 150, nota 1.

aliquid secundum intimitatis existentiam, ut illud quod est continens intra, ut anima in corpore[90].

2º) Essa diferença de compreensão se verifica mais ainda no terceiro ponto: como Deus está nas criaturas *segundo seu poder*. Tomás interpreta unilateralmente essa noção no sentido de que todas as coisas estão submetidas a Deus (*Deo subduntur*) à maneira como o rei exerce seu poder sobre os súditos, de modo que esse empreendimento divino caiba exclusivamente àquele que detém o poder de criar, conservar e governar o universo segundo sua divina Providência[91]. No entanto, não nos parece que essa noção tomista de "providência divina" possa ser conjugada com sua tolerância a decisões tomadas pelo homem que se oporiam à vontade de Deus, a tal ponto que essa forma de passividade divina pudesse ser aproximada da tese inaciana que pretende que Deus "trabalha onerosamente"[92]. Além disso, Tomás de Aquino provavelmente jamais imaginou que um rei humano e cristão pudesse mobilizar seus vassalos a fim de que estes empreendessem com ele e como ele uma tarefa penosa para garantir sua vitória final (cf. EE 91 ss.). No espírito de Tomás, esse tipo de comparação régia não pode, portanto, em caso algum aplicar-se *a fortiori* ao "Rei eterno de todas as coisas", segundo a interpretação inaciana do "Reino", visto que cabe a Cristo nosso Senhor convidar seus discípulos e amigos "para trabalhar *com Ele*, a fim de que, *seguindo-o* na luta também *o sigam* na glória" (EE 95).

3º) O mesmo vale também quanto à imanência de Deus segundo sua essência, que Tomás assimila ao privilégio divino de "imensidão", no sentido de que sua presença abrange todas as coisas, criando-as, governando-as para seu fim, por sua "presença diretamente substancial", de modo que Deus seja ao mesmo tempo incircunscritível e onipresente[93]. Embora os *Exercícios* jamais mencionem a *imensidão* divina, a *Contemplatio ad amorem* se refere constantemente à *totalidade* da realidade criada e resgatada, sendo a raiz *todo* repetida seis vezes na oferenda (EE 234), uma vez na oração de petição (EE 233) e nos pontos três e quatro. A partir daí, segundo Tomás, deve-se pensar que essa "totalidade" da realidade criada e resgatada se situa, em seu conjunto, *ad extra Dei*, visto que ela não é sob nenhum aspecto identificável com o *Ipsum esse subsistens*, e por essa mesma razão *ad intra Dei*, visto que em toda realidade criada a existência realmente distinta de sua essência depende direta e intrinsecamente do ato criador pelo qual o ato de existir lhe é

---

90. BOAVENTURA, *Opera omnia*, I, *In Sent. I, dist. 37, Pars 1*, cap. 1, 632-633, e *Pars 2*, qu. 2, conclusio, 649.

91. F. SUÁREZ, *Opera omnia*, t. I, 50: "*Hic enim modus directe et per se pertinet ad omnipotentiam, providentiam, gubernationem ac creationem*".

92. Cf. verbete "Providence divine", em *DPTThom*, 416-418.

93. Cf. F. SUÁREZ, *Opera omnia*, t. I, 50: "*Deus dicitur esse in rebus creatis per indistantiam essentiae Dei ab omnibus rebus creatis, quae vocatur praesentia substantialis in omnibus illis. Et hanc dico evidenter inferri ex immensitate, quia Deus per immensitatem suam intelligitur esse ita dispositus et diffusus (nostro more loquendi) ad existendum per essentiam seu substantialem praesentiam in quacumque re, ut nihil ex illius ad illam desit; ac proinde eo ipso, quod aliquid aliud creatur seu est, necessario est realis a substantia Dei et substantia Dei ab ipso: hoc autem est esse Deum in tali re per essentiam*". Consultar ÉTIENNE GILSON, *L'Être et l'essence*, Paris, Vrin, 1948.

dado "proporcionalmente" à sua substância limitada. A nosso ver, não é nessas teses que Inácio mais se distingue de Tomás.

4º) A verdadeira pergunta suscitada pela interpretação desse quarto ponto consiste em saber se a contemplação inaciana pode reduzir-se a uma confrontação entre a metafísica do *ser e do ente* em Tomás, e assim a *via de eminência* proposta pela analogia do ser se concluiria em Inácio numa espécie de *via redescendente do alto*, ilustrada, aliás, por duas imagens hauridas do "livro da criação"[94]. Essa primeira interpretação atesta seu limite nesta declaração de Latrão IV:

> Quando a Verdade ora ao Pai pelos fiéis, dizendo: "para que sejam um como nós somos um" (Jo 17,22), esse "um" em nós se aplica aos fiéis no sentido de que significa *a união da caridade na graça*, e às Pessoas divinas no sentido de que é salientada a unidade da identidade na natureza, [...]. *Isso porque, por maior que seja a semelhança entre o Criador e a criatura, deve-se ainda notar uma maior dessemelhança entre eles*[95].

Essa especificação dogmática nos incita a enquadrar esse quarto ponto na perspectiva de uma interpretação paulina e pneumatológica já adotada nos pontos anteriores. O apóstolo não desobstrui o terreno que leva do *terceiro* ao *quarto ponto* inaciano, na medida em que o universo, em dores de parto, "espera com impaciência a revelação dos filhos de Deus" (Rm 8,19)? Essa glorificação final é incontestavelmente objeto de esperança (cf. Rm 8,24-25). No entanto, aos olhos do exercitante, ela já foi atestada nas aparições pessoais do Ressuscitado dos mortos na *quarta semana*, de modo que o contemplativo possa se apropriar do Hino ao amor de Deus triunfante segundo Romanos 8,31-39: "Quem condenará? Jesus Cristo morreu, não só, mas ressuscitou, ele que está à direita de Deus e intercede por nós!" (v. 34).

Assim, portanto, as duas ilustrações extraídas da criação adquirem uma densidade trinitária, visto que designam simbolicamente as duas missões sucessivas do Filho e do Espírito que descem do alto, a saber, do Pai que os envia e "de onde procedem todo dom valioso e toda dádiva perfeita" (Tg 1,17). E visto que, segundo a tradição agostiniana e tomista, o Espírito é, em pessoa, "o Amor", ele é também "a Doação"[96], na qual se atesta a obra do "amante" em favor do "amado".

Ex parte Dei, ambas as "missões", a do Filho e a do Espírito, apenas "acrescentam um efeito temporal às duas processões eternas e perfeitas nas quais estão indissoluvelmente inseridas", e assim a Luz constituída pelo Verbo não perde nenhum brilho em sua difra-

---

94. Quanto a isso, é interessante notar que, em seu *Itinerarium mentis ad Deum*, II, BOAVENTURA elabora uma metafísica da criação que não se contenta, como a de Inácio, em contemplar as *vestigia trinitatis* "nessa criação", mas igualmente "por meio" dela. Essa dupla perspectiva é denominada "*contuitio*". Assim, a sensibilidade (*sensualitas*) abrange o duplo procedimento *pelos* sentidos e *na* imaginação; a consciência (*spiritus*) compreende, por sua vez, o procedimento *pela* razão e *no* intelecto; por fim, a mente (*mens*) integra o procedimento *pela* inteligência e *no* cimo da alma ou sindérese: cf. É. GILSON, *La métaphysique de saint Bonaventure*, Paris, Vrin, 1953, 412.

95. Dz 806, 11-30 nov. 1215: Contra a falsa doutrina de Joaquim de Fiore.

96. *S. T.*, Ia, qu. 38.

ção, e o Amor pelo qual Deus se dá não implica reserva alguma, visto que "Deus quer dar-se a mim quanto pode" (EE 234).

Ex parte creaturae, a oferenda de si pelo exercitante é a expressão do que, com toda justiça, cabe ao homem restituir a Deus. Por mais "limitada" que ela seja como resposta da criatura humana, sempre dependente da graça e do amor de Deus, pode orgulhar-se de estar apta a se oferecer por inteiro, assim *como* Deus se dá por inteiro, a saber, segundo toda a envergadura "da liberdade do livre-arbítrio". De fato, é assim que se reflete em mim a justiça "infinita" de Deus, até em minha justiça "finita". Em seu sermão 83 (nº 6) sobre o Cântico dos Cânticos, Bernardo de Claraval havia captado perfeitamente o alcance dessa "justiça":

> *Non plane pari ubertate fluunt amans et Amorae anima et Verbum, Sponsa et Sponsus, Creator et creatura [...] sitiens et Fons; etsi minus diligit creatura, quoniam minor est, tamen si ex tota se diligit, nihil deest ubi totum est.*

5º) Percorrendo assim o conjunto dessa contemplação, temos procurado sobretudo salientar a originalidade dessa recapitulação das quatro semanas inacianas ao confrontá-la com a teologia de Tomás de Aquino, sem nos empenhar em confrontá-la com a de *Lutero* ou com a retomada especulativa de Hegel. Um trabalho de superação do hegelianismo já foi realizado por Emilio Brito, que se inspirou em Albert Chapelle. Quanto a essa teologia luterana, contentar-nos-emos em assinalar, junto com Georges Chantraine, que o ato de "autocomunicação de Deus" à criatura no amor é não somente impossível *ex parte creaturae*, em razão da permanência até a morte do "servo-arbítrio", mas igualmente *ex parte Dei*, visto que, segundo o reformador, a Palavra de Deus é concebida como "Poder" absolutamente transcendente que não pode em caso algum compartilhar-se com os homens, mesmo crentes[97]. Se, no entanto, como leitor fiel do Apóstolo Paulo, Lutero deve sustentar que em Jesus Cristo, verdadeiro Deus e verdadeiro homem, a graça da justificação é evidentemente oferecida ao homem pela fé, só pode ser na medida em que essa Pessoa do Verbo encarnado *substituiu nossa pessoa* criada e pecadora, segundo Gálatas 2,19b-20: "Com Cristo eu sou um crucificado; vivo, mas não sou mais eu, é Cristo que vive em mim". Será indispensável especificar o alcance dessa confrontação por ocasião da análise das últimas "regras para o verdadeiro sentido que devemos ter na Igreja militante" (EE 352-370).

---

97. G. Chantraine, *Érasme et Luther, libre et serf arbitre*, col. Le sycomore, série Horizon nº 5, Namur/Paris, Presse Universitaire de Namur/Lethielleux/Culture et Vérité, 1981, 506 p. Ver também Gerhard Ebeling, *Luther, Introduction à une pensée théologique*, col. Lieux théologiques nº 6, Genève, Labor et Fides, 1983, 183: "Para Lutero, 'o livre-arbítrio é um nome divino e não convém à pessoa, mas somente à majestade divina; pois ela pode e faz… tudo o que ela quer no céu e na terra' (WA 18, 636, 28-30). Atribuir ao homem o termo 'livre-arbítrio' não significa outra coisa senão atribuir-lhe a própria divindade."

Capítulo II

TRÊS MODOS DE ORAR (EE 238-260)

O *Diretório de 1599* dedica 13 parágrafos aos três "modos de orar"[1], considerando que são destinados ao uso de "pessoas pouco cultas e muito desprovidas de meios, que não podem refletir continuamente ao longo da oração e demorar-se longamente num mesmo assunto". Essa afirmação é reforçada pelas *Constituições*[2], quando relembram que os Exercícios de trinta dias "só podem ser dados a um número restrito de pessoas", ao passo que "a Primeira semana e os três modos de orar" se adaptam a um público mais amplo, conforme às diretrizes dadas na *Anotação* de EE 18: "dê-se [...] de manhã, por meia hora, o modo de orar sobre os mandamentos, sobre os pecados capitais [...] explicando-lhes [...] os mandamentos da Igreja, os cinco sentidos e as obras de misericórdia". A partir daí, esses modos de orar são considerados sucedâneos dos grandes exercícios de trinta dias.

No entanto, como *essa seção dos três modos de orar* (EE 238-260) se situa logo depois da quarta semana e da contemplação para alcançar o amor, pode-se também descobrir aí a presença ativa do Ressuscitado, primeiramente como o Verbo que dirige sua oração ao Pai por meio de seus mandamentos soletrados um a um (1º), depois pela evocação desta ou daquela palavra do Pai nosso e da Ave Maria (2º), por fim, mais diretamente, ao confiar no ritmo corporal da inspiração e da expiração que comanda o nascimento e a morte de toda vida e cujas raízes mergulham até a dupla processão sistólica e diastólica do Espírito que é o Amor (3º)[3].

No entanto, qualquer que seja a profundidade mística que tais modos podem inspirar, nós nos contentaremos em analisá-los muito brevemente, porque permanecem marginais em relação à dinâmica geral das quatro semanas, e porque atestam não tanto a originalidade dos *Exercícios*, mas antes sua capacidade de integrar tipos de oração caros à tradição oriental[4].

---

1. Cap. 37, 256 a 268.
2. *Part. VII*, ch. 4, F.
3. Albert Chapelle, Trois modes de prier, em *Les Exercices spirituels de saint Ignace, Un commentaire littéral et théologique*, 449-452.
4. S. Arzubialde, *Ejercicios Espirituales de S. Ignacio, Historia y Análysis*, 515-533; Pierre Gervais, *Les Exercices spirituels de saint Ignace, Un commentaire littéral et théologique*, 438-449. Tomas Spidlik, *Ignace de Loyola et la spiritualité orientale*, 43-44.

Inaugurada pela oração preparatória e concluída pelo colóquio, a matéria do *primeiro modo de orar* é primeiramente a "dos dez mandamentos e dos pecados capitais"⁵, já apresentada nos "exames de consciência". O olhar se volta, então, para os atos, que são ponderados com referência à "compreensão desses mandamentos", estando subentendido que os sete pecados capitais serão mais pertinentemente conhecidos em relação com as sete virtudes que eles contrariam (EE 245). Tais atos também podem dizer respeito às potencialidades positivas da razão ou do corpo consideradas em si mesmas, sem referência a nenhum objeto contemplado, quando estão relacionadas com "as três faculdades da alma ou os cinco sentidos" (EE 246-248); no entanto, tais potências também são passíveis de ser estimuladas "pela imitação de Cristo nosso Senhor ou de Nossa Senhora" (EE 248), segundo a dinâmica da segunda semana, quando esta integra "a aplicação dos sentidos".

O segundo modo de orar é imediatamente alimentado durante uma hora pela formulação orante de cada palavra do Pai nosso, e concluir-se-á com a invocação vocal ou mental da *Ave Maria*, do *Credo*, do *Anima Christi* e da *Salve Rainha*, isto é, as orações mais comuns ao povo de Deus. O tempo concedido a cada palavra será comandado pela mesma lógica espiritual que a contemplação evangélica dos grandes Exercícios relembrada em EE 252: "enquanto nela encontrar significações, comparações, gostos e consolação".

A progressão para *o terceiro modo de orar* confirma a diminuição da matéria e o caráter direto em que está envolvido, visto que é comandado pelo ritmo vital e corporal da inspiração e da expiração. Para além das diretrizes da moral cristã e das potencialidades da razão e da sensibilidade, para além do enunciado das orações, impõe-se o ritmo da própria vida como receptividade do oxigênio ambiente e exalação de seu excesso. Assim é simbolizada, nessa dimensão corporal direta, a relação mais íntima do homem consigo mesmo, com seu ambiente social e eminentemente com seu Criador. Como criatura, só posso dar o que recebi, enquanto Deus é o único que dá e se dá gratuitamente (EE 230 ss.).

---

5. EE 239-245.

Capítulo III

AS REGRAS DE ORTODOXIA (EE 352-370)

Abordamos as regras de ortodoxia sob diferentes ângulos. A crítica interna delas permite que sejam agrupadas em três partes distintas, e assim ancoradas na dinâmica global dos *Exercícios*. A crítica externa delas oferece também a possibilidade de situar a redação da primeira série de regras já durante o período parisiense (1528-1535), ao passo que as cinco últimas regras pressupõem adquirido um conhecimento mais preciso das diversas correntes da Reforma, cuja apreensão mais correta foi possibilitada pelo estabelecimento definitivo de Inácio em Roma (1537-1541)[1].

O conjunto dessas regras advertem o exercitante que chegou ao fim dos Exercícios de que deverá "encarnar" sua "eleição" na obediência à "Igreja hierárquica", ainda que seus papas, cardeais e bispos não raro estivessem engolfados numa corrente de secularização, escandalosamente submersos pelo espírito do mundo. Mario Fois se empenhou em descrever essa forma de degradação desde o pontificado de Sisto IV (1471-1484) até o de Leão X (1513-1521)[2], denunciado o emaranhamento e até a absorção da dimensão religiosa na esfera política. Estendendo-se a todos os países europeus, esse fenômeno foi suficientemente evidenciado pelos historiadores para que nos demoremos na descrição da sujeição da hierarquia católica ao nepotismo, ao sistema dos benefícios propício à incúria pastoral de papas, cardeais e bispos desejosos de viver no luxo requerido por seu nível de nobreza.

No entanto, a análise de Mario Fois tem principalmente o mérito de compensar essas análises de alienação eclesial destacando fatos e gestos de uma minoria de prelados que tentaram reformar essa hierarquia, nem que fosse somente pelo estímulo às novas ordens religiosas atreladas à renovação evangélica. Assim, Clemente VII (1523-1534) deu o exemplo de uma vida religiosa ascética atenta aos mais pobres; forneceu instruções aos candidatos à ordenação sacerdotal e diretrizes para a reforma do clero secular e regular, mesmo fora da Itália. Seu sucessor, Paulo III (1534-1549), converteu-se pessoalmente quando assumiu o encargo pontifício; iniciou a reforma do Colégio dos cardeais, dentro do qual teve a ousadia de criar uma comissão: *Consilium de emendanda Ecclesia* (1537). Júlio III (1550-1555) escolheu cardeais favoráveis à reforma iniciada por ocasião das pri-

---

1. P. de Leturia, *Estudios Espirituales*, BIHSI XI, Roma, 1957, Sentido verdadero en la Iglesia militante, 149-174; Problemas históricos en torno a las reglas para sentir con la Iglesia, 175-186.
2. M. Fois, L'Église hiérarchique au temps de saint Ignace em *Sentire cum ecclesia*, Roma, CIS, 1983, 13-52.

meiras sessões do Concílio de Trento. No entanto, foi principalmente graças à tenacidade de Paulo IV (1555-1559) que a Cúria romana pôde ser reformada e que a cidade de Roma foi livrada dos monges "errantes" e dos bispos "cortesãos". Essas tentativas de reforma no interior de uma Igreja majoritariamente em crise de identidade serão decisivas para identificar o tipo de "reforma" que as Regras inacianas de ortodoxia apoiam.

Os *Diretórios* reunidos pelo Pe. Acquaviva em 1599 dedicam um único parágrafo aos destinatários dessas regras de ortodoxia[3]. Philippe Lécrivain demonstrou que a redação das cinco últimas regras de ortodoxia deve ser situada em Roma, contrariamente à opinião de Ribadeneira, para quem estas últimas já haviam sido inspiradas pela experiência parisiense dos companheiros de Inácio[4]. Em favor dessa tese, o historiador jesuíta destaca o fato de que foi preciso esperar 1550 para que a bula de Júlio III *Exposcit debitum* integrasse "a defesa da fé" à sua "propagação", enquanto a bula de Paulo III *Regimini militantis ecclesiae*, de 1540, ainda não incluía essa apologia da fé. Lécrivain destaca também a opinião de Polanco, que por volta de 1573 explicitou com pertinência o alcance dessas regras.

> Convém recomendar o que os heréticos de nosso tempo ou os que aderem à doutrina deles combatem ou desprezam em seus livros, assembleias ou colóquios. Convém também recomendar ao máximo essas Regras como antídoto aos que se encontram em lugares ou companhias suspeitas, não apenas para que não errem ao sentir, ou ao falar em particular ou em público, ou ao escrever diferentemente do que cumpre escrever, mas para que possam discernir se outros se afastam da maneira de sentir e de falar da Igreja católica e possam adverti-los para que se acautelem.

Por outro lado, a ordenação interna dessas quatorze regras foi claramente estabelecida pelos comentadores mais recentes. As treze primeiras regras formam um todo bem enquadrado entre a primeira e a décima terceira, as quais exigem *um ânimo preparado e pronto para obedecer em tudo à verdadeira Esposa de Cristo, que é nossa santa Mãe, a Igreja hierárquica*. Esse primeiro conjunto pode ser, por sua vez, subdividido em duas séries, das quais a primeira repete incessantemente o convite para "louvar" o culto e as devoções praticadas pela Igreja, desde a segunda até a nona regra, que conclui esse louvor com um "finalmente". A segunda série trata da autoridade da hierarquia religiosa, da ciência que ela promove por meio dos doutores e santos que ela honra (10º-12º). A décima terceira regra age como ponto de articulação com a última série, recomendando a prudência no modo de "falar" sobre as matérias debatidas de maneira contraditória pela Igreja católica e as diferentes heresias: a predestinação e a colaboração humana (13º-15º); a fé e as obras (16º); a graça e a liberdade (17º), o temor e o amor filial (18º)[5].

---

3. Este está inserido no capítulo 38, nº 271: "As regras que dizem respeito a doutrina católica podem confirmar e aquecer a devoção de todos; no entanto, serão dadas sobretudo aos que vivem em lugares e companhias suspeitas e a todos os obreiros apostólicos, aos que tratam da Palavra de Deus, pois essas regras se opõem diretamente aos sentimentos e aos dizeres dos heréticos de nosso tempo".

4. Ignace de Loyola, un réformateur? Une lecture historique des "Règles pour avoir le vrai sens de l'Église", em *Christus* 37, 1990, 348-360.

5. Cf. P. Lécrivain, 360; Christiane Hourticq, Règles pour avoir le vrai sens de l'Église selon Ignace de Loyola, em *Christus* 34, 1987, 339 a 353; Jesús Corella, *Sentir la Iglesia, Comentario a las*

Será que o encadeamento dessas três séries de regras seria ditado pelo confronto progressivo com os diversos momentos históricos que marcaram o combate da Igreja hierárquica e militante, e cujos desafios foram percebidos primeiramente em Paris, depois em Roma, por Inácio e seus companheiros? Tal processo de elucidação histórica não impede, contudo, que se reconheça uma articulação mais arquitetônica no interior da última redação de todas essas regras, na medida em que desdobram a tríplice finalidade essencial da criatura humana já definida no "Princípio e Fundamento": "O ser humano é criado para louvar, reverenciar e servir a Deus nosso Senhor e, assim, salvar-se" (EE 23). Será, então, por acaso que a primeira série de regras recomenda que se "louvem" as práticas litúrgicas e devocionais da Igreja pelas quais a Esposa de Cristo nos engendra no próprio louvor de Deus? Será incidental que se insira nesse louvor o respeito a Deus, e em particular a reverência devida a sua autoridade, da qual a Igreja é a testemunha e a depositária privilegiada? Será incongruente pensar que esse louvor e essa reverência se encarnam no serviço a Deus, e mais particularmente na promoção da verdadeira reforma da Igreja, que passa pela humilde obediência à hierarquia "romana" da Igreja, e mais especificamente pela prudência recomendada a todo pregador da Palavra de Deus, quando este se compromete a expor os pontos de doutrina contestados pelos heresiarcas?

Num célebre artigo, o Pe. Hugo Rahner desenvolveu a lógica existencial que sustenta a complementaridade dialética "do Espírito e da Igreja, do invisível e do visível, do interior para o exterior", da moção espiritual diretamente evidente que deve levar à edificação do Corpo de Cristo até na sacramentalidade da hierarquia eclesial, sem omitir o critério de racionalidade próprio do "terceiro tempo de eleição"[6]. Embora não recue até o "Princípio e Fundamento", H. Rahner julgava que devia acima de tudo ancorar a relação desse Espírito que leva à Igreja na "seção da eleição", acompanhada das "regras de discernimento próprias da segunda semana". Com efeito, essa seção já estipulava que a matéria da eleição deve ser circunscrita pelo combate travado por "nossa santa Mãe, a Igreja hierárquica" (EE 170). Esse artigo de Rahner recolhe inúmeras citações extraídas da experiência e da doutrina de Inácio e confirmadas por inúmeras referências aos escritos de Jerônimo Nadal. Remeteremos a ele por ocasião de nossa análise mais detalhada dessas regras de ortodoxia.

---

reglas ignacianas para el sentido verdadeiro de Iglesia, Bilbao, Mensajero, 1995, 228 p. Já S. Arzubialde, *Ejercicios Espirituales de S. Ignacio, Historia y Análysis*, 314-334, reestrutura o conjunto dessas regras de maneira mais complexa; "A: La experiencia espiritual del ministerio de la Iglesia, y el sentido ultimo de la obediencia a ella [353, 361b y 365]; B: El bloque de los preceptos de la Iglesia y las comendaciones de los superiores [354-361a]; C: Un añadido, aliendo al paso de tres dificultades proprias de los periodos de cambio [362-264]; D: Gratuidad y collaboracion del hombre con el Espiritu de Dios [366-369; E: El amor final don del Espiritu [370]".

6. Esprit et Église, un chapitre de théologie ignatienne, em *Christus* 5 (1958) 163-184.

A. A PRIMEIRA SÉRIE DE REGRAS (EE 352 a 361)

1. Antes de propor uma interpretação da primeira regra, percorramos as regras 2 a 9, que se inserem no eixo da finalidade teologal primordial da criação do homem: o *louvor* a Deus (EE 23). Essa primeira finalidade pressupõe que a tradição da Igreja seja depositária da expressão perfeita desse louvor prestado pela "recepção do Santíssimo Sacramento" (regra 2º: EE 354, 2) e pela "confissão ao padre" que prepara para ela (ibid.)[7]. O reconhecimento dessa perfeição do louvor eclesial acarreta consequentemente a "obediência" incondicional ao ritmo mínimo imposto pela hierarquia da Igreja no que tange à sua liturgia eucarística (EE 354), "os horários fixados para o tempo destinado ao ofício divino, a oração e as horas canônicas" (EE 355), "os jejuns e as abstinências, como as da quaresma, quatro têmporas[8], vigílias, sextas-feiras e sábados; do mesmo modo, as penitências, não só internas, mas também externas" (EE 359). Assim, o domínio que a Igreja detém sobre essa exterioridade corporal e temporal (EE 4 a 6) honra essa lógica existencial do mistério da Encarnação do Verbo e do envio de seu Espírito. Confirma igualmente o fato de que o fundador da Companhia de Jesus teve de recorrer à autoridade pontifícia para obter a dispensa da prática das horas canônicas para os membros jesuítas, recomendando ao mesmo tempo a essa *minima societas* de "louvar os cantos, os salmos e as longas orações na igreja e fora dela" (EE 355).

De acordo com sua última redação romana, as outras regras — 4, 5, 6 e 8 — abrangem num mesmo louvor as prescrições que pertencem mais à Tradição espiritual da Igreja que ao mandamento explícito do próprio Jesus Cristo, que instituiu pessoalmente "o sacrifício da Eucaristia" (EE 289, 3º) e o da penitência (EE 354). Convém então "louvar muito a vida consagrada, a virgindade e continência, e o matrimônio nem tanto como elas" (EE 356). "Louvar os votos religiosos de obediência, pobreza e castidade, e de outras perfeições além da obrigação" (EE 357). "Louvar as relíquias dos santos, venerando a estas, e rezando a eles. Louvar as estações, peregrinações, indulgências, os jubileus, as cruzadas e velas acesas nas igrejas" (EE 358). "Louvar os ornamentos e edifícios das igrejas. Do mesmo modo, as imagens. Venerá-las segundo o que representam" (EE 360)[9].

---

7. A recomendação de "louvar" é propriamente inaciana. Diferencia-se em relação ao requisitório que a Faculdade de Paris submeteu à aprovação régia em agosto de 1535, a fim de testar em sete questões a ortodoxia dos luteranos da Alemanha, depois dos avanços de Melanchton: cf. P. H. WATRIGANT, La genèse des *Exercices* de saint Ignace de Loyola, excerto de *Études*, Amiens, Yvert e Tellier, 1897, 71-73.

8. Três dias de jejum (quarta, sexta e sábado) eram prescritos no início de cada uma das quatro estações do ano, o que salientava a sinfonia cósmica da liturgia.

9. Num *Diário espiritual*, extraído e traduzido de Mnad, IV, JERÔNIMO NADAL retoma com frequência o encadeamento dessas práticas eclesiais como fonte do movimento espiritual de consolação: cf. p. 71: "Sentir, saborear, receber no coração, abraçar o Verbo de Deus, tanto no Espírito Santo como na vida eterna, eis o principal fruto da oração. Assim somos unidos, na paz, à Igreja católica, ao Vigário de Cristo, aos ritos e às cerimônias religiosas, na obediência", e p. 75: "Tais consolações interiores, e mesmo os diversos sofrimentos e tribulações aceitos por um coração fiel, paciente, longânime, essas graças, esses sentimentos espirituais, essa devoção, esse desagrado do mundo, essa doçura no coração de Jesus, essa compreensão cordial da paixão de Cristo, esse sentimento tranquilo de humildade e esse

A maior parte dessas "prescrições da Igreja" (EE 361) foram contestadas pelos grandes reformadores Martinho Lutero e João Calvino. Assim, as ordens religiosas fundadas nos três votos foram áspera e continuamente contestadas pelo exegeta de Wittenberg em nome do respeito exclusivo à letra da Escritura e do caráter presunçosamente orgulhoso dos votos que pretendem engajar a vida inteira[10]. Lembremo-nos igualmente de que o cisma luterano foi desencadeado pela contestação da prática "das indulgências"[11], e de que o reformador denunciou o culto aos santos, defendendo o retorno ao cristocentrismo do Evangelho.

---

gosto da abjeção, essa contrariedade dos elogios, essa alegria nos opróbrios, essa devoção profunda para com a Santíssima Virgem, essa devoção aos santos, esse desejo de observar os votos, esse desejo de viver sem pecado, essa devoção na recepção do sacramento de penitência, esse gosto espiritual e essa renovação interior na comunhão, esse amor sincero aos inimigos, essa devoção pela Igreja Católica, Apostólica e Romana, esse senso da obediência ao Sumo Pontífice, essa devoção comum na celebração da missa, bem como em sua audição e tantas outras coisas que independem de nós são provas poderosas e marcas da presença da graça: tais coisas renovam a alma. Que queres mais, minh'alma? Dá por tudo isso graças a Deus e prepara-te para adquirir a cada dia uma humilde maior em Cristo, que te preparou, por sua morte, para tua vida, esse jardim de delícias no mundo [...]".

10. Em 1521 o reformador publicou *Jugement de Martin Luther sur les vœux monastiques*: cf. *Œuvres*, t. I, ed. Marc Liénhard e Matthieu Arnold, col. Bibl. de la Pléiade nº 455, Paris, Gallimard, 1999, 889-1033. O autor critica esses votos, demonstrando que são contrários à Escritura, à fé, à liberdade evangélica, aos mandamentos e à razão, em suma, por envolverem uma obra presunçosa e orgulhosa. Lutero se opôs frontalmente, portanto, à 4ª regra.

11. A nota redigida por Marc Liénhard sobre as 95 teses afixadas por Lutero no castelo de Wittenberg em 31 de outubro de 1517 relativas "à controvérsia sobre a virtude das indulgências" assinala o limite de seu alcance; cf. Martinho Lutero, *Œuvres*, t. I, 1258-1259: "O preâmbulo às teses relembra seu objetivo: organizar um debate de tipo acadêmico ou, na falta disso, suscitar um debate escrito. Lutero não rejeita as indulgências como tais, mas considera sua aquisição facultativa. Estima que podem apenas adiar as penas canônicas impostas pela Igreja. Não adiam as penas temporais nem abreviam as penas do purgatório. A Igreja pode apenas interceder em favor do pecador. Além disso, opondo-se a uma crença difundida entre o povo, Lutero assinala que a indulgência não perdoa a falta, que só é perdoada pela absolvição. Segundo Lutero, o papa ignora os abusos da prática das indulgências, pois certamente considera que a pregação do Evangelho é mais importante que a das indulgências. Quanto ao povo, deixa-se levar por uma segurança enganadora, em vez de fazer penitência verdadeira e mudar de vida. Ademais, o dinheiro gasto nas indulgências seria mais bem empregado se aliviasse a miséria dos pobres. Ainda que, ao reduzir a indulgência à remissão das penas canônicas, Lutero se afastasse das teorias do fim da Idade Média, que aplicavam as indulgências ao conjunto das penas temporais, suas teses não constituíam um programa de revolta contra a Igreja e suas autoridades. Ele pretendia voltar a concepções anteriores, em particular da Igreja antiga. No entanto, as críticas de Lutero não atingiam apenas os abusos de seu tempo. Algumas de suas teses punham em questão o próprio princípio das indulgências. Por um lado, ele separava a penitência de sua forma sacramental, ao afirmar que a totalidade da vida dos fiéis devia ser uma penitência (tese 1), que esta surgia quando o pecador tomava consciência de seu pecado, e que o pecador arrependido *tem plena remissão da pena e do erro [...] mesmo sem carta de indulgência* (tese 36-37). *Quem se arrepende e obteve o perdão não foge das penas, mas busca-as e ama-as* (tese 40). *É preciso exortar os cristãos a se empenharem em seguir seu chefe, Cristo, por meio das penas, da morte e dos infernos* (tese 94)". Consulte-se também, a esse respeito, Heinz Schilling, *Martin Luther, biographie*, Paris, Salvator, 2014, 168-179, que descreve o contexto histórico do escandaloso tráfico das indulgências, organizado pelo dominicano Tetzel na Alemanha do Norte.

Embora Lutero sempre tenha favorecido a expressão cantada do louvor a Deus pelos hinos litúrgicos, sabe-se que, em Genebra, Calvino quis eliminar toda expressão artística de louvor a Deus, fosse ela de ordem musical, pictórica ou arquitetônica, em nome da pureza da fé exigida pelo Evangelho. Esse jurista de formação pretendia reformar a Igreja institucional desenvolvendo sua doutrina em sua obra principal: *L'Institution chrétienne*. No entanto, não foi nesse âmbito doutrinal que ele adquiriu uma reputação europeia, mas sim por meio de sua obra *Traité des reliques*, que desmistificou com ironia a veneração desses santos vestígios, em razão de sua multiplicação e da incerteza de suas origens históricas[12]. O sucesso granjeado por esse tratado demonstra também a que ponto os cristãos da Europa ocidental desejavam desenvolver seu espírito crítico em relação a devoções protegidas pela Igreja.

Quanto a Erasmo de Roterdã, assinale-se que esse eminente humanista "que militava sob a cruz de Cristo" não aceitou ser recrutado por Lutero, porque a doutrina luterana do *servo-arbítrio* (1525) era incompatível com a do *livre-arbítrio* defendida por Erasmo em nome da Escritura e das *sententiae* escritas pelos Padres da Igreja e doutores medievais. No entanto, se o próprio Inácio proibiu a seus companheiros a leitura dos escritos de Erasmo, foi talvez pelo fato de o clima antierasmiano prevalecer em Roma em 1550, ou principalmente, na opinião de Olphe-Gaillard, porque "o que separa Erasmo de Inácio de Loyola é a ausência da experiência pessoal que o Peregrino havia vivido em profundidade desde sua conversão, e na qual toda a sua vida se inspirou"[13].

Antes de analisar a primeira regra (EE 353), precisamos ainda destacar as três orações intercaladas na nomenclatura das "prescrições" da Igreja. A primeira delimita o campo dos votos religiosos de acordo com a grande tradição espiritual dos Padres da Igreja, substancialmente retomada na "seção das eleições":

> É de se observar que, como o voto se faz de coisas que se aproximam da perfeição evangélica, nas coisas que dela se afastam não se deve fazer voto, como de ser comerciante ou se casar etc. (EE 357)

As duas orações intercaladas dizem respeito às relíquias dos santos, "venerando-as estas e rezando a eles", e ao culto às imagens, "a serem veneradas segundo o que representam". Essas duas observações circunscrevem o alcance simbólico e extático de objetos cujo valor é apenas representativo das pessoas santas às quais remetem, porque o ato de "veneração" comporta sempre o risco de se degradar em superstição, beirando a idolatria, se não for associado à oração dirigida aos santos e ao encontro espiritual com eles por intermédio de suas imagens. A "reverência" devida tão somente a Deus (EE 23) não deve, portanto, ser confundida com esse tipo de "veneração"; o quarto ponto da *contem-*

---

12. Censurada pela Sorbonne em 1543, essa obra foi traduzida e reeditada em todas as línguas europeias; cf. João Calvino, *Traité des reliques, Avertissement très utile du grand profit qui reviendrait à la chrétienté s'il se faisait inventaire de tous les corps saints et reliques, qui sont tant en Italie qu'en France, Allemagne, Espagne et autres royaumes et pays, Œuvres choisies*, ed. Olivier Millet, col. Folio classique nº 2071, Paris, Gallimard, 1995, 183-249.

13. *RAM*, 1959, 337 ss.

platio ad amorem garante a base original desse gênero de culto: "olhar como todos os bens e dons descem do alto; assim como meu limitado poder provém do infinito e sumo poder do alto" (EE 237).

2. Venhamos à **primeira regra** que fundamenta essa atitude de louvor integral:

> EE 353: *La primera. Depuesto todo juyzio devemos tener ânima aparejadi y prompto para obedescer en todo a la vera sposa de Xpo nuestro Señor, que es la nuestra sancta madre Yglesia hierárchica.*

a. A prótase expressa a obrigação de renunciar a todo juízo próprio. Sua versão *autógrafa* foi diversamente traduzida pela *Vulgata*, pelas versões *P1* e *P2*, aqui idênticas, e pelo *Textus italicus*[14]. No *Autógrafo*, "*depuesto*" é um hápax dos *Exercícios*, inusitado em espanhol clássico e também no medieval. No contexto dessa regra, poderia ter sentido abandonar ou confiar todo juízo particular à autoridade da Igreja. Por outro lado, o "*sublato*" (*Vulgata*) sugere mais a remoção, ao passo que "*expoliato*" (*P1* e *P2*) inclui a ideia de algo que é violentamente arrancado.

Ademais, essa submissão assume a forma de uma disposição habitualmente expressa de maneira dual e unânime pelas diferentes *versões: aparejado y prompto, paratus promptusque, prompto ac parato*. Essa postura inicial relembra evidentemente a disposição "pedida como uma graça" desde a meditação do Reino: "não ser surdo ao seu chamado, mas pronto e diligente" (EE 91, 4º). No entanto, essa prontidão assume aqui a forma da obediência à Igreja "hierárquica", cuja resposta, como se notará, precede, integra e engloba em si toda resposta individualizada e concretizada pela eleição particular, segundo o que já fora imposto em EE 170.

Todas as versões de EE 353 concordam aqui na designação do necessário abandono de todo juízo no sentido conclusivo de um raciocínio estabelecido pelo entendimento, que exclui então a noção de *pensamiento* ou de projeto mencionado segundo suas três origens em EE 32. Eis por que esse "julgamento" deveria ser suspenso caso não estivesse de acordo com o juízo da Igreja[15]. Ao longo dos *Exercícios*, o "juízo" já havia sido abordado de diversas maneiras[16]. No centro do "exame geral" relativo "às palavras", Inácio impede de "dizer coisas que difamem ou desacreditem", assinalando depois a proporção de sua

---

14. *Vulgata*: "*Prima. Sublato proprio omni iuditio, tenendus est semper paratus promptusque animus ad obediendum verae Christi sponsae ac sanctae matri nostrae, quae est orthodoxa, catholica et hierarchica Ecclesia*"; *P1* e *P2*: "*Prima regula. Expoliati omni iudicio nostro debemus esse prompto ac parato animo ad obediendum in omnibus vere Iesu Christi nostri sponsae; haec autem est sancta mater Ecclesia hierarchica, quae romana est*"; *Textus italicus*: "*La prima è che, essendo levato ogni proprio guiditio, sempre si deve havere l'animo appareciato ad obedire alla sposa di Christo et alla nostra santa madre, la quale è la santa e catolica Chiesa*".

15. Por outro lado, o dever de obedecer é enunciado no plural como uma tarefa comum relativa ao trabalho a ser realizado no espírito de cada um (*ánima*): *devemos* (*Autógrafo*) *debemus* (*P1* e *P2*), o que a *Vulgata* e a *versão italiana* expressam em termos mais gerais e de maneira permanente: "*tenendus est semper...*"; "*sempre si deve havere l'animo*".

16. *Juicio*: EE 43, 89, 96, 336, 346, 1º e 2º; *iuzgar*: EE 213 e 339.

gravidade (EE 41), o que já sustentava a exigência de "louvar". Por outro lado, em relação à busca de uma justa ponderação da penitência, lembremo-nos a última razão pela qual Inácio promove a mudança: "Como Deus Nosso Senhor conhece infinitamente melhor nossa natureza, muitas vezes, em tais mudanças, faz sentir a cada um o que lhe convém" (EE 89). Será que o abandono de todo juízo próprio em favor do louvor integral às prescrições da Igreja (EE 361) não será do mesmo tipo, visto que à Igreja foi confiada a totalidade do mistério divino que se comunica como a fonte vivificante e luminosa do Espírito? Nadal dá testemunho dessa união primordial da seguinte maneira: "É preciso seguir as devoções da Igreja, pois sente-se mais o Espírito lá onde a Igreja inteira se abre para ele"; "sente-se e recebe-se uma força divina em todas as coisas da Igreja, por exemplo, as imagens, os altares, os templos, os objetos abençoados, os ritos e as cerimônias litúrgicas"[17].

b. O título dessas regras (EE 352) também foi diferentemente traduzido: "*en* la Yglesia" é ratificado pelo *Autógrafo* e pela tradução latina de *P1* e *P2*, ao passo que a *Vulgata*, igualmente admitida por Inácio, dá sua preferência a "*cum* Ecclesia". A complementaridade dessas duas expressões se enraíza primordialmente no ensino do apóstolo Paulo. Segundo Romanos 6,1-11–8,1-11, o batismo mergulha o homem *no* mistério pascal do Corpo único de Cristo pelo poder de seu único Espírito vivificante, de tal modo que estamos "nele" segundo o *incipit* de cada um dos três versículos retomados pelo hino inaugural de Efésios 1,11-13. A partir daí, a teologia escolástica deduzirá que a Igreja é "como uma única Pessoa mística"[18]. Por outro lado, o mesmo apóstolo Paulo privilegia igualmente a analogia das núpcias de Deus com o povo eleito por ele, segundo Efésios 5,21-32, o que situa frente a frente duas Pessoas distintas, "o amante e o amado", comunicando-se um com o outro segundo a dinâmica inspirada pela *contemplatio ad amorem*. O *en Yglesia* não anula, portanto, o *cum Ecclesia*.

c. Diante das divergências mencionadas anteriormente, é notável que a *apódose* de EE 353 que define a Igreja como "verdadeira Esposa de Cristo nosso Senhor, nossa santa Mãe, a Igreja hierárquica" seja retomada unanimemente pelas cinco versões dos *Exercícios* e repetida como tal em EE 365, exceto pelas explicitações complementares do adjetivo "hierárquica": "*quae est orthodoxa, catholica et hierarchica*" (*Vulgata*), "*quae romana est*" (P1 e P2), "*la quale è la santa e catolica Chiesa*" (*T. italicus*)[19].

Concentremos nossa atenção na identificação da Igreja como "a verdadeira Esposa de Cristo nosso Senhor" (EE 365: "o Esposo"), que é nossa "santa Mãe, a Igreja hierárquica". Esses dois títulos declinados no feminino datam, para além da tradição patrística, do testemunho de Paulo e do Apocalipse, eles próprios inspirados no Primeiro Testamento: "E a cidade santa, a nova Jerusalém, eu a vi descendo do céu, de junto de Deus, preparada

---

17. MNad IV, 691 e 696.
18. Tomás de Aquino, *S. T.*, IIIa, qu. 48, a. 1.
19. Pedro de Leturia, *A las fuentes de la "romanidad" de la Compañia de Jesús*, BIHSI, X, 1, *Estudios biográficos*, Roma, 239-256; Id., Aux sources de la "romanité" de la Compagnie de Jésus, *Christus* 5 (janvier 1955) 81-100.

como uma esposa que se enfeitou para seu esposo" (Ap 21,2)[20]. No entanto, essa visão apocalíptica parece restringir o alcance da relação esposo-esposa a uma analogia, ao passo que Inácio reforça a pertinência ôntica da esposa, ao qualificá-la de "verdadeira". Além disso, nem o Apocalipse nem Efésios 5 evocam o título de "mãe". No Novo Testamento, essa dupla retenção é superada por Gálatas 4,21-31; apoiando-se em Ezequiel 54,1, o Apóstolo interpreta a novidade dessa Jerusalém como libertação da escravidão: "Mas a Jerusalém do alto é livre, e ela é a nossa mãe" (v. 26). A partir daí, essa referência neotestamentária apresenta mais afinidade com os *Exercícios* inacianos que, como tais, desenvolvem uma ôntica cuja realidade se verifica sempre no consentimento da liberdade, tanto divina como humana. Da mesma forma, a fecundidade da Igreja se atesta nessa forma de concepção em que se comunica a liberdade de Cristo (Jo 8,31-32) em seu Espírito (cf. EE 230 ss.).

Ao definir a "Igreja hierárquica como Esposa e Mãe", Inácio privilegia nitidamente "as novas relações interpessoais e permanentes entre Cristo e sua Esposa, e a troca mútua de bens realizada livremente entre duas pessoas que permanecem distintas"[21]. Essa Igreja, portanto, é identificada em seu mistério mais íntimo e mais radiante como mistério de feminidade mariana. A contemplação da cena da Encarnação já o sugerira, ao passo que a prática recorrente do "tríplice colóquio" de intercessão a realizava, de tal modo que Cristo possa ser efetivamente reconhecido como o Filho do Pai e como *nosso* Senhor pela mediação de *nossa* Mãe. Sendo assim, não é a masculinidade da tradição apostólica e petrina que Inácio privilegia em primeira instância, e sim essa inexprimível comunicação invisível do Espírito, que por si só pode divinamente guiar a Igreja rumo a esse cumprimento (cf. EE 365). Essa feminidade principial será confirmada pelo Concílio Vaticano II no último capítulo de *Lumen gentium* e desenvolvida pela teologia de Hans Urs von Balthasar. Nesse sentido, Inácio resolve antecipadamente a paralisia dos Padres do Concílio de Trento, quando estes foram incapazes, em razão de suas divergências doutrinais, de se entender sobre uma definição da Igreja que respondesse ao desafio lançado por Lutero[22].

d. Diante da herança medieval, a definição esponsal e materna da Igreja proposta pelo redator dos *Exercícios* é duplamente original. Se a compararmos com a obra de Tomás de Aquino, notaremos que esse doutor considerava tal doutrina tão pouco essencial à "doutrina sacra" que sua *Suma teológica* jamais versa a seu respeito, ainda que ela seja ocasionalmente evocada em seus comentários da Escritura por ocasião deste ou daquele versículo[23].

---

20. Cf. Efésios 5,24-27 e Atos 19,7; 21,2 e 9; 22,17. Consultar os textos do Concílio Vaticano II no capítulo 8 da constituição *Lumen gentium*, promulgada em 21 de novembro de 1964, e Louis Bouyer, *L'Église de Dieu*, Paris, Cerf, 1970, cap. XI: L'Épouse et la Fiancée du Christ, e cap. XII: Ecclesia Mater, 601-673.

21. Cándido de Dalmases, L'Église dans l'expérience personnelle de saint Ignace, em *Sentire cum ecclesia*, Roma, CIS, 1983, 71.

22. John W. O'Malley, Le concile de Trente, Ce qui s'est vraiment passé, col. La Part Dieu nº 23, Bruxelles, Lessius, 2013, 344 p.

23. Ver, por exemplo, *In Ps* 44, 1º e 7º; *In Matt.* 3, lec. 1; *In Io* 3, lec. 5.

Precisamos salientar também a associação do adjetivo "hierárquica" à "Igreja" (EE 353). Este já não deve ser interpretado no sentido que lhe atribuía Dionísio Areopagita como autoridade ainda obrigatória na Idade Média, quando inspirava toda a compreensão analógica dos *Nomes divinos*. Esse visionário projetou uma espécie de foto-ontologia da luz divina a refletir-se em cascata desde a "hierarquia" dos diversos espíritos angélicos até a hierarquia da Igreja. No entanto, tal visão atribuía um lugar praticamente irrisório à "instituição do santíssimo sacrifício da Eucaristia, em grandíssimo sinal do amor de Cristo" (EE 289, 3º). O tempo em que Tomás de Aquino ainda podia se permitir integrar as obras dionisianas em sua própria teologia havia passado, desde que "se revelara a cólera de Deus", entregando a mais alta hierarquia da Igreja visível contra toda "impiedade e injustiça dos homens, que mantêm a verdade cativa da injustiça" (Rm 1,18).

No entanto, Inácio não cedeu à tentação luterana e calvinista de fundar uma nova comunidade eclesiástica reunida na pureza da fé no Evangelho, à margem dos desvios de Roma. A seu ver, essa "Igreja" só pode ser a única Igreja "hierárquica", fundada na sucessão apostólica de Pedro. Yves Congar, o eminente especialista em eclesiologia, demonstrou que a associação direta do termo "hierárquica" à Igreja Esposa e Mãe constitui a audaciosa originalidade de Inácio[24]. Todo o artigo já citado de Hugo Rahner visa a demonstrar essa passagem do "Espírito à Igreja", marcada em sua historicidade; voltaremos a isso quando, depois de havermos percorrido todas essas regras, definiremos o tipo de "reforma" considerada por Inácio.

Antes, porém, de passar à segunda série de regras, cumpre justificar o caráter incisivo do enunciado da última regra EE 361: *Alabar finalmente todos preçeptos de la Yglesia, teniendo ánima prompto para buscar razones en su defensa y en ningua manera em su ofensa.*

Esse enunciado compendia a matéria diversificada do louvor (EE 354-360), encabeçada por "todos os preceitos[25] da Igreja", envolvendo a autoridade da "Igreja hierárquica" (EE 353). Especifica também as exigências incluídas na "prontidão para obedecer em tudo à verdadeira esposa de Cristo": "[...] tendo sempre o ânimo pronto (cf. 91) para buscar razões em sua defesa, e de nenhum modo para ofendê-la". Essa diretriz incondicional

---

24. Yves Congar, *L'Église depuis saint Augustin jusqu'à l'époque moderne*, Paris, Cerf, 1970, 369-370: "A experiência espiritual de Santo Inácio renovou o sentido católico da Igreja. Inácio trouxe de volta as forças de misticidade, que corriam o risco de se desviar para um espiritualismo individual mais ou menos anárquico, ao serviço do reino de Cristo na 'Igreja militante', isto é, a Igreja visível e hierárquica: Inácio parece, de fato, haver criado a expressão: 'Igreja hierárquica'. É essa Igreja militante que é a Cidade de Deus, cujo tema é historicizado e socializado. Não há oposição, nem mesmo defasagem, entre as estruturas de direito ou de autoridade e a qualificação moral ou espiritual; existe identidade entre o que Deus pede e o serviço nessa Igreja, entre discernimento dos espíritos e julgamento da Igreja hierárquica (EE 170, 352, 356; décima terceira regra de ortodoxia; carta de Inácio à irmã Teresa Rejadella.) Existe um vínculo rigoroso, uma passagem dinâmica, entre os termos: Deus, Igreja, obediência, missão". Traduzido do grego e do latim, o termo *hierarquia* provém de Dionísio Areopagita, e em sua obra designa antes de tudo os graus dessa iniciação nas coisas santas, mais que a pirâmide das autoridades de direito, segundo René Roques, *L'univers dyonisien*, Vrin, Paris, 1954, 281 ss.

25. A expressão "*preceptos de la Yglesia*" reaparece em EE 18 e 42.

retoma a de "não dizer coisas difamatórias ou maledicentes" (EE 41), mas assinalando aqui seu alcance eclesiástico; pensamos que ela visa particularmente a atitude agressiva de Martinho Lutero em relação aos "preceitos prescritos pela Igreja de Roma".

B. A SEGUNDA SÉRIE DE REGRAS (EE 362-365)

1. A décima regra se situa sempre na linha "da aprovação e do louvor" requeridos para com "as determinações e recomendações dos nossos superiores". Porém, integra abertamente a conduta (*costumbres-mores*) desses mesmos superiores, que na opinião de alguns não é digna de elogios. Inácio chega assim a restringir o campo até então universal dos "decretos da Igreja" à rede mais imediata das relações pessoais travadas com "nossos superiores" (cf. *Autógrafo*). Suscita-se então a questão das condições de validade de uma crítica pessoal da conduta deles, indigna do Evangelho.

Antes de chegar aí, porém, Inácio se preocupa em delimitar a audiência de uma crítica pública, temendo que esta, "diante do povo simples, engendre mais murmuração e escândalo que proveito"; tal perigo já havia sido salientado no *exame de consciência geral* a respeito das palavras proferidas (EE 41). No entanto, aqui se encontra envolvida a autoridade hierárquica da Igreja em matéria doutrinal e temporal.

A referência ao *pueblo menudo* é um indício marcante da sociedade contemporânea de Inácio, em que a classe culta constituía uma ínfima parcela da população. Quanto a isso, embora o posicionamento de Erasmo não verse explicitamente sobre a crítica dos costumes dos superiores, ele nos parece pertinente ainda hoje quando se refere ao escândalo que os "fortes na fé" podem provocar eximindo-se de certas observâncias da Lei na presença dos "fracos na fé", segundo Romanos 14-15:

> Que fará o cristão? Deverá negligenciar os mandamentos da Igreja? Desprezar as tradições estimáveis dos antigos? Condenar os costumes piedosos? Em absoluto. Muito pelo contrário, se ele for fraco, ele as conservará como necessárias; e se for forte e aperfeiçoado, ele as observará ainda mais, por medo de que, por seu conhecimento mais profundo, venha a ofender seu irmão fraco, pelo qual será julgado como mau cristão, fazendo perecer aquele por quem Cristo morreu.

Em todo caso, a última observação de Inácio permanece atual:

> EE 362: E também, como causa dano falar mal na ausência dos superiores às pessoas simples, assim pode aproveitar falar dos maus costumes às próprias pessoas que podem remediá-las[26].

---

26. A atual onipresença da mídia tornou públicas as faltas graves dos padres relacionadas à pedofilia e denunciou a falta de firmeza e prontidão por parte da hierarquia quando se trata de proteger e indenizar as vítimas. A Igreja entrou assim numa nova era, em que a moral se tornou o terreno de enfrentamento entre o poder judiciário do Estado e o direito canônico da Igreja, evidenciando divergências profundas a respeito do domínio da vida; um enfrentamento que assumiu dimensões insuspeitadas desde o advento da bioética, no desafio do "trans-humanismo" lançado por ela.

2. A décima primeira regra trata da *doctrina sacra* (*Vulgata*), qualificada de "positiva" ou "escolástica". A primeira cobre o período patrístico; a segunda se estende desde a Idade Média até o tempo de Inácio. Ambas merecem ser louvadas por razões diferentes. Para isso, Inácio nos fornece alguns modelos exemplares, todos eles retomados nas diferentes versões dos *Exercícios*. No entanto, o *Autógrafo* é a única versão que funda o elogio deles na santidade de cada um, exceto Pedro Lombardo, autor das *Sentenças*:

> EE 363: [...] *Es más proprio de los doctores positivos, assí como Sant Hierónimo, Sant Augustín y Sant Gregorio, etc., el mover los afectos para en todo amar y servir a Dios nuestro Señor,*
>
> *assí es más proprio de los escholasticos, assí como de sancto Thomás, san Bonaventura y del Maestro de las Sentencias etc., el diffinir o declarar para nuestros tiempos de las cosas neçcessarias a la salud eterna, y para más impugnar y declarar todos errores y todas falacias.*

Nos tempos da cristandade em que a teologia ainda era honrada como "a rainha das ciências", nem por isso se deve imaginar que esta última fosse capaz de reunir sob uma única autoridade os doutores mais eruditos, visto que em especial ela originou a disputa a respeito da pertinência antropológica e epistemológica de Aristóteles. Tomás de Aquino não foi condenado logo após sua morte, bem antes de adquirir o prestígio de se tornar "Doutor Comum"? De fato, tratar de Deus diz respeito também à sua criação, e a partir daí postula um posicionamento hermenêutico já exigido pela linguagem da Escritura. A partir dos séculos XII e XIII, a exigência de síntese atestada pelas Sumas tornou o trabalho teológico mais exigente e mais perigoso. Não é verdade que Boaventura, depois de ter-se lançado na conquista de uma ciência especulativa postulada pelo *Comentário das Sentenças*, considerou necessário renunciar a ela a fim de defender o evangelismo de seus irmãos franciscanos, quando nomeado prepósito geral de sua ordem aos 36 anos?

Em Paris, também Inácio teve de se render à evidência de que as três principais escolas de teologia se opunham entre si — uma rivalidade aguçada pela chegada das primeiras obras de Lutero e Erasmo. Implantado no colégio de Montaigu, **Beda** personificava o conservadorismo refratário ao humanismo do pensador de Roterdã, ao passo que **Lefèvre d'Étaples** encarnava, na escola de Meaux, o progressismo. No colégio Santa Bárbara, **Gouvea** tentou encontrar a "*via media*". Quanto a Inácio, após seus estudos de latim e filosofia, em 1533 escolheu iniciar sua teologia entre os Dominicanos, que propunham um ensino renovado, humanista e muito distante da estreiteza de um Beda[27]. A bem dizer, iluminado pela experiência mística de Manresa, o redator dos *Exercícios* nada tinha a aprender da teologia positiva, que se caracteriza por "mover os afetos para em tudo amar e servir a Deus nosso Senhor" (cf. 233), mas precisou ampliar seu conhecimento apologético aprendendo a "definir as coisas necessárias à salvação eterna, para melhor refutar todos os erros e sofismas de nossa época". Essa forma de racionalidade não está ausente da última redação dos *Exercícios*, sobretudo quando seu autor vier a abordar as últimas *regras para sentir*. No entanto, a seção das eleições já instaurava, em última instância, o critério racional:

---

27. Cf. P. Lécrivain, Ignace de Loyola, un conservateur?, *Christus* 37 (1990) 354-355.

> O cristão não tem o direito de recusar ou de pôr em dúvida as profecias ou iluminações místicas como tais (cf. EE 175), mas não deixa de caber a ele examinar esses espíritos segundo o critério do sensível, do visível e mesmo do razoável (EE 176 e 177), a fim de discernir "se neles nada há que desagrade a razão e a boa doutrina"[28].

Na opinião de Inácio, a última razão que justifica a aprovação "dos doutores escolásticos mais modernos" é o fato de que

> não apenas se aproveitam da verdadeira inteligência da Sagrada Escritura, e dos santos doutores positivos, mas ainda — sendo por eles iluminados e esclarecidos pela virtude divina — ajudam-se com os concílios, cânones e constituições de nossa santa Mãe, a Igreja. (EE 363[29])

Essa justificação relembra em vários aspectos a da 2ª *Anotação*, ao mesmo tempo em que abre o horizonte último das referências escriturísticas e magisteriais que inspiraram a grande tradição teológica. De fato, a primeira já não diz respeito apenas ao proveito espiritual de um "sentir" pessoal ancorado no "fundamento verdadeiro da história" encontrado em determinada contemplação, mas antes a este procedimento expresso nos seguintes termos: *se aprovechan de la vera intelligencia de la Sacra Scriptura*. Essa denominação da Palavra de Deus como Sagrada Escritura é um hápax dos *Exercícios* que presta homenagem à sua autoridade divina e principal, autoridade esta atestada pela compreensão de seu sentido empreendida já "*per los positivos y sanctos doctores*". No entanto, desde o século XII esse trabalho foi retomado nas *Lecturae* integrais, literais e teológicas de cada *corpus* escriturístico, combinadas a *sententiae* interpretativas dos Padres da Igreja. Muitos ignoram que o ensino comum de Tomás de Aquino era antes de tudo baseado num percurso integral e detalhado até a análise, palavra por palavra, de inúmeros livros dos dois Testamentos. O Aquinense privilegiava, assim, o retorno ao sentido literal, tanto mais que, a seu ver, o Novo Testamento detinha o privilégio de conter em seu próprio texto o sentido espiritual da Revelação necessário à obtenção da salvação[30].

Por sua vez, a segunda referência quase mediana também remete à 2ª *Anotação*, que demonstrava que "o proveito espiritual depende seja da elaboração racional propriamen-

---

28. EE 363 (continuação): "*Porque los doctores escholásticos, como sean más modernos, no solamente se aprouechan de la vera intelligencia de la Sagrada Scriptura y de os santos doctores, mas aun siendo ellos illuminados y esclarescodos de la virtud divina, se ayudan de los conçilios, cánones y constituciones de nustra sancta madre Yglesia*". Ver a esse respeito *Epist. Ign.*, XII, 634, citada por Hugo Rahner, em Esprit et Église, *Christus* 4, 174.

29. Jerônimo Nadal, *Journal spirituel*, 73, extraiu dessa conclusão uma regra prática que abrange toda maneira de abordar a oração: "É preciso antes de todas as coisas ler a Escritura, e sempre com muita fé, humildade, simplicidade e devoção; quando tu a lês pela primeira vez, aborda-a vendo nela unicamente o meio de te preparar para adquirir essas virtudes, para não fazer dela um exercício intelectual; que tu a leias, ao contrário, e escutes à maneira de uma mulher idosa e devota. Quanto tu a lês pela segunda vez e queres fazer trabalhar tua inteligência, lê as explicações aprovadas pela Igreja. No fim, Deus abrirá teu espírito a fim de que tu depreendas ideias conformes ao julgamento da Igreja e dos Doutores, para a utilidade da Igreja e contra a obstinação dos heréticos [...]".

30. *S. T.*, Ia, qu. 1, a. 9 e 10.

te pessoal, seja do entendimento, quando este é iluminado pelo poder divino". Quanto aos doutores escolásticos, Inácio só preserva seu privilégio mais insigne, o de haverem estado mais ligados ao poder divino iluminativo: *mas aun siendo ellos illuminados y esclarescidos de la virtud divina*. É claro, essa prerrogativa se origina na contemplação direta da Palavra de Deus atestada pela Sagrada Escritura e transmitida pelos doutores positivos na medida em que chega ao coração até o fim intransponível de toda vida cristã, segundo EE 233: "[...] que eu possa em tudo amar e servir à sua divina Majestade".

Contudo, também seria possível que esses dois termos — "iluminados e esclarecidos" — remetesse primeiramente à inteligência iluminadora da Escritura, e depois à "ajuda" esclarecedora dos "concílios, cânones e constituições de nossa santa Mãe, a Igreja": *se ayudan de los Concilios...* Em todo caso, na perspectiva de Inácio essa alteridade magisterial deve ser encontrada como regra suprema de ortodoxia, segundo a tecnicidade de suas determinações, e por fim como testemunho da maternidade pessoal da Igreja. Não é fato que esse último parágrafo condiz com a escolha feita pelo estudante parisiense que Inácio foi, ainda que tenhamos mostrado que a lógica existencial dos Exercícios por vezes se emancipa do jugo imposto por certas teses tomasianas?

3. A décima segunda regra, que proíbe comparar os santos entre si, não suscita dificuldade alguma de compreensão. Essa recomendação era tradicional, como o demonstra a *Imitação de Jesus Cristo*[31]. Remete implicitamente ao clima de rivalidade e inveja que opunha entre si certos membros de ordens religiosas mais recentes.

4. A décima terceira regra foi comentada, seja em comparação imediata com a primeira, em razão das afinidades entre elas, seja como conclusão da segunda série.

> EE 365: *Debemos siempre tener, para en todo açertar, que lo blanco que yo veo, creer que es negro, si la Yglesia hierárchica assí lo détermina;*
>
> creyendo que entre Xpo nuestro Señor, esposo, y la Yglesia, su esposa, es el mismo espíritu que nos govierna y rige par la salud de nuestras ánimas,
>
> porque per el mismo Spíritu y Señor nuestro, que dio los diez mandamientos, es rigada y goberbada nuestra sancta madre Yglesia.

---

31. Tomás de Kempis, *L'imitation de Jésus-Christ*, livro III, cap. 58, 2º.

As múltiplas divergências da *Vulgata* em relação a esta que acabamos de transcrever nos exorta a preferir o *Autógrafo*[32]; não é indispensável recorrer às outras versões para esclarecer o sentido do texto espanhol[33].

a. A estrutura gramatical da única frase contida na décima terceira regra é evidente. A proposta principal enuncia uma obrigação análoga à da primeira (EE 353) e à da sétima (EE 361) regra. No entanto, considerando o estabelecido nas regras anteriores, esta deve enfrentar a "passagem ao limite"[34] de uma franca oposição entre todo juízo pessoal e toda determinação oriunda da hierarquia eclesiástica, a fim de que possa ser verificada a resolução a "ser mantida, para acertar em tudo" o que decide a Igreja hierárquica.

b. A evocação dessa submissão extrema quase não surpreende, na medida em que é habitual na pedagogia dos *Exercícios*, em especial no colóquio do *Reino* (EE 98) e no final da *Meditação dos três tipos de pessoas* (EE 155 e 157), em que Inácio antecipa o discernimento conclusivo da eleição, fazendo-me "pedir ao Senhor que ele me escolha para a pobreza material". Evidentemente essa forma de projeção não tem por objetivo "antecipar-se ao Espírito Santo, o que proviria com certeza do mau espírito"[35], mas sim erradicar todo apego desordenado, isto é, no caso presente, a manutenção do juízo pessoal. Mais radicalmente, "o fundamento do que é solicitado é místico, é a *discreta caritas*, o amor crucificado, a razão crucificada", segundo Philippe Lécrivain[36].

---

32. Preocupado em unificar mais o estilo inaciano e explicitar seu sentido, Pe. DES FREUX escreve: "*Denique, ut ipsi Ecclesiae catholicae omnino unanimes conformesque simus; si quid, quod oculis nostris apparet album, nigrum illa esse difinerit, debemus itidem quod nigrum sit pronunciare*". A *Vulgata* não respeita o jogo que o *Autógrafo* se autoriza, entre a obrigação que introduz a regra na primeira pessoa do plural (*devemos*), transmitindo ao mesmo tempo o "ver branco" na primeira pessoa do singular: *lo blanco que veo*. A sequência dessa tradução omite a referência ao Cristo-Esposo, que no entanto é o fundamento da qualidade de Esposa própria da Igreja; além disso, transforma a expressão "*para la salud de nuestras ánimas*" em simples "*ad salutem*". A última proposta destacada por DES FREUX é primeiramente parafraseada nestes termos: "*neque alium esse Deum*", ao passo que o *Autógrafo* prossegue: "*porque el mismo Spíritu y Señor nuestro*"; depois, essa *Vulgata* acentua a diferença temporal entre o outrora do dom do Decálogo e o hoje da Igreja: "*neque alium esse Deum, qui olim, tradidit decalogi praecepta, et qui nunc temporis Ecclesiam hierarchicham instruit adque regit*". Essa cesura temporal nos parece exagerada, pois não respeita a fluidez do *Autógrafo*. Ademais, a *Vulgata* substitui a última referência a "*nuestra sancta Madre Yglesia*" por "*Ecclesiam hierarchicam*". No entanto, se respeitarmos a unidade gramatical da única frase que contém essa regra no *Autógrafo*, é evidente que o beneficiário dessa doação passada dos dez mandamentos já é a Igreja que, em sua qualidade de Esposa somente de Cristo, tornou-se nossa Mãe, fecundada pelo "único Espírito que nos dirige e nos governa". Em suma, a *versio Vulgata* se entrega a uma apologia da hierarquia da Igreja, em detrimento de sua feminidade original. Por outro lado, estamos de acordo com a tradução do *Autógrafo* por Édouard Gueydan: "De fato, é pelo mesmo Espírito e Senhor nosso, que nos deu os dez mandamentos, que nossa santa Mãe, a Igreja, é dirigida e governada".

33. G. FESSARD, confronta as quatro versões postas em paralelo por Dalmases em *La dialectique des Exercices spirituels*, II, 173 ss.

34. Ibid., 173-175.

35. Cf. *Mon. Lainez*, VIII, 638-640.

36. Cf. *Ignace de Loyola, un réformateur?*, 358.

c. Inácio formula então essa oposição da seguinte maneira: "Devemos sempre crer que o branco que eu vejo é preto, se a Igreja hierárquica assim o determina". É provável que Inácio tenha pretendido corrigir uma expressão erasmiana que também se serve da oposição entre o branco e o negro no que tange à obediência ao papa: *Neque enim ideo nigrum esset album, si ita pronunciaret Romanus Pontifex, quod illum scio nequaquam facturus*[37]. Porém, esse posicionamento do célebre humanista difere radicalmente da regra inaciana, pois Erasmo sabe muito bem que o papa Clemente VII lhe é favorável, de modo que a eventualidade de uma oposição quanto à contrariedade entre o branco e o preto não precisa ser temida por ele. Já Inácio submete seu exercitante a uma hipótese que é passível de ocorrer de fato.

No entanto, é ainda mais essencial apreender o alcance exato da oposição inaciana entre o *ver* e o *crer*. A *visão* caracteriza a evidência imediata — os sentidos não enganam — e mais amplamente a lógica de um raciocínio que desemboca numa conclusão indubitável. Já a fé se estende ao âmbito infinito da Revelação divina, que não podemos captar sem sermos compreendidos por ela; uma revelação da qual a Igreja é a depositária, a fiadora e a intérprete "em matéria de fé e de costumes", independentemente de sua indignidade. É aqui e agora que o redator dos *Exercícios* arrasta o exercitante em sua audaciosa e não raro incompreensível submissão à Igreja hierárquica, provocando ela mesma à responsabilidade de sua missão de autoridade. Albert Chapelle tipificou com exatidão o objeto formal dessa obediência de juízo:

> A regra não prescreve que eu mude minha visão. No entanto, a fé deve nos encontrar prontos, cada qual, para sacrificar-lhe "minha" evidência individual mais direta e mais marcante. E isso no caso extremo de uma oposição violenta. [...] Ela manifesta que, em razão de nossa finitude e de nosso pecado, a visão, bem como o tato, são, apesar de tudo, falíveis (cf. Eucaristia) e suscetíveis de serem arrancados, para nossa salvação, de sua precariedade: é isso que podem fazer as determinações da Igreja hierárquica e a obediência de nossa fé. Com mais razão ainda seria esse o caso de "meus juízos próprios" a respeito da doutrina em matéria de fé e moral. [...] Como o demonstra a história, essas determinações nem sempre são destituídas de erro, mas crer, sem restrição nem reserva, nos proporciona o "acertar em tudo"[38].

Por fim, foi Jerônimo Nadal quem melhor descreveu a excelência de graça mística oferecida a quem se submete ao voto de obediência religiosa:

> A obediência de juízo subtrai e corta aquilo que, na vida, é mais embaraçoso e mais incômodo: dispensa-me de decidir o que devo fazer de melhor, o que devo fazer de mais conveniente, o que é mais agradável a Deus; mostra-o a nós com a maior autoridade na luz que vem de Deus. Permanece a qualquer custo na obediência em razão destas palavras de Cristo: "Quem vos escuta me escuta" e, depois, por causa de nosso voto.

---

37. Erasmo, *Supputatio errorum in censuris Beddae*, 1527, citado por G. Fessard, *La dialectique des Exercices spirituels*, II, 170.

38. Albert Chapelle, *Les Exercices spirituels de saint Ignace, Un commentaire littéral et théologique*, 495.

A obediência de juízo nos dá o paraíso sobre a terra, aproxima-nos do estado de inocência, porque nos proporciona a paz do espírito. De fato, no Paraíso Adão e Eva não se faziam perguntas, não exerciam seu julgamento a fim de saber por que Deus lhes havia dado um mandamento: no entanto, a partir do momento em que, pela malícia do demônio, Eva começou a se questionar, ela saiu da via reta[39].

d. O resto do enunciado da regra pretende justificar esse comportamento de obediência de juízo, demonstrando principalmente que ele envolve muito mais que um debate de ideias comandado por razões antagônicas: envolve uma espécie de *feeling* que é do âmbito do discernimento dos espíritos, e em última análise da intervenção do próprio Espírito Santo, o único capaz de superar a prova em questão.

Por isso a décima terceira regra agrega à identificação da Igreja como *Esposa* de Cristo nosso Senhor: "que é o Esposo", e a partir daí nossa santa *Mãe*, Aquele que os une Nele: "é o mesmo espírito que nos governa e dirige para a salvação nossa". É notável que Inácio adapte a governança e a direção dos membros da Igreja e de sua hierarquia ao próprio Espírito, não ao Pai ou ao Filho encarnado. A esse respeito, Jerônimo Nadal escreve:

> Reconhece-se o Espírito de Deus em seus dons abundantes: ele é profundo, penetrante e insondável; ele dá o princípio de toda sabedoria, ele regula o movimento de nossa inteligência e dirige-a suavemente[40].

A partir daí, Inácio acrescenta ainda uma última proposta explicativa da anterior: "Pois o mesmo Espírito e Senhor nosso, que deu os Dez Mandamentos, rege e governa nossa santa Mãe, a Igreja".

Comentando essas afirmações, Gaston Fessard, especialista em geometria expressiva da racionalidade capaz de entrelaçar "a razão e a história", descreve essa síntese entre "a verticalidade" da relação Esposo-Esposa e "a horizontalidade" da criação de *nossa santa Mãe*, que se estende ao longo de toda a história, desde o dom do Decálogo até a plenitude dos tempos da Igreja. No entanto, para além dessa geometria, é o comentário fessardiano da Anunciação (EE 101 ss.) que condiz melhor com a deposição do juízo próprio: "Como se fará isso, visto que não tenho relações conjugais?"; "O Espírito Santo virá sobre ti [...], pois nada é impossível a Deus", respondeu o Anjo a Maria. Na lógica espiritual dos *Exercícios*, a compreensão de um *tato* correto relativo à Igreja hierárquica passa por essa "Mediadora" que é Maria em seu *fiat*.

Atualmente o comentário teológico mais impressionante dessa regra foi redigido pelo Pe. Henri de Lubac quando este — depois da publicação de *Surnaturel* (1948), que o levou a ser considerado suspeito de modernismo pelo Santo Ofício e proibido de ensinar pelo Padre Geral — redigiu *Méditations sur l'Église* (1953)[41]. Ler-se-á em

---

39. *Journal spirituel*, 62-66, que traduz MNad IV, 708, nº 217.
40. *Journal spirituel*, excertos de Mnad IV, 45. Nadal aqui se apoia no tronco comum de uma tradição que atribui a obra da Providência divina, em particular a obra do dom da Sabedoria, ao Espírito que dirige nossa inteligência para seu fim: cf. TOMÁS DE AQUINO, *S. T.*, IIa-IIae, qu. 52, a. 4, ad 2; *Quest. Quodl. IX*, qu. 8, Pról.; *Lectura in Rm*, cap. 8, lect. 6.
41. Aubier, Paris, 1953, 285 p.

particular os capítulos VIII: "Nossas tentações em relação à Igreja", e IX: "A Igreja e a Virgem Maria"[42].

C. A TERCEIRA SÉRIE DE REGRAS (EE 366-370)

1. EE 366: a décima quarta regra

A última série de regras exige prudência "no modo de falar e comunicar" (EE 366) sobre as principais questões debatidas desde o advento da Reforma, e principalmente sobre "a predestinação":

> Embora seja verdade que ninguém pode salvar-se sem ser predestinado e sem ter fé e graça, deve-se ter muita atenção no modo de falar e comunicar a respeito destes assuntos todos[43].

Esse mistério da predestinação será levado em conta de maneira mais precisa na regra seguinte. Por que Inácio apresenta uma primeira vez essa introdução? Seria porque essa doutrina salienta no mais alto grau a dificuldade de conciliar a liberdade onipotente e onisciente de Deus com a livre aquiescência do homem? Essa hipótese será confirmada quando, no interior da teologia católica, o dominicano Domingos Bañez († 1604) adotará uma posição que justifica a onipotência da vontade divina, enquanto o jesuíta Luis de Molina († 1600) tentará preservar a consistência da liberdade humana.

2. EE 367: a décima quinta regra

Desta vez de maneira mais existencial, a décima quinta regra aborda a questão da predestinação. Lembremo-nos de que, já na primeira semana, o exercitante pôde se confrontar com a tentação de projetar uma concepção da Justiça divina tão intransigente que condenaria ao inferno; daí a oportunidade de passar ao grito de admiração: "Como os anjos e os santos puderam interceder por mim e impediram a terra de se abrir para me engolir, criando novos infernos para que eu penasse para sempre?" (EE 60).

> EE 367: Habitualmente não devemos falar muito de predestinação. Mas se em alguma ocasião se falar disso, faça-se de maneira que os simples fiéis [*el pueblo menudo*]

---

42. Igualmente considerado suspeito por Roma, Pierre Teilhard de Chardin demonstrou, em uma nota de retiro pessoal redigida em 1927, a que ponto ele se inspirava nessa regra inaciana: "*Prae-sentire cum Ecclesia*, apaixonadamente". O alcance desse *prae-sentire* será explicitado em 1949: "Mais que nunca, é o Cristo-Ômega que ilumina e dirige minha vida. No entanto, justamente, esse Cristo não me aparece sempre mais longe, sem dúvida na linha da Igreja, mas tão para além daquilo que as pessoas da Igreja nos dizem!"; cf. PIERRE NOIR, Pressentir avec l'Église, excertos inéditos de notas de retiro de Pierre Teilhard de Chardin, *Christus* 34 (1987) 321-326.

43. EE 366: "*Dado que sea mucha verdad que niguno se puede salvar sin ser a predestinado, y sin tener fe y gracia, es mucho de advertir en el modo de hablar y comunicar de todas ellas*".

não caiam em algum erro. Algumas vezes isso acontece, quando concluem "Se tenho de ser salvo ou condenado já está determinado [*ya está determinado*]. Faça eu bem ou mal não pode ser diferente [*no puede ser ya otra cosa*]". Com isso, ficam entorpecidos e se descuidam das boas obras, que conduzem à sua salvação e a seu proveito espiritual.

Vários aspectos do tratamento inaciano dessa questão devem ser destacados.

a. Inácio não submete a responsabilidade humana de "salvar sua alma" (EE 23) a uma concepção da predestinação que ordenaria antecipadamente o destino final do homem mediante sua graça, mas entende submeter a correta compreensão dessa "predestinação" à afirmação de uma *graça preveniente*, que ordena somente para a salvação, e de uma *graça coadjuvante*, que estimula a liberdade do livre-arbítrio para o bem, a fim de ter em grande estima a livre responsabilidade do homem de aquiescer ou recusar sua salvação. Tal ordenamento do pensamento inaciano será confirmado nas três últimas regras.

b. Tal maneira de formular a questão da predestinação já se encontrava esboçada na primeira semana, quando se evidenciou a responsabilidade pessoal por minha salvação ou minha condenação, não apenas por meio das meditações propostas, mas igualmente por uma justa prática dos "exames de consciência" destinados "ao progresso espiritual". Essa semana inaugural já atingia, então, em toda a sua gravidade, a relação de uma justa compreensão existencial da responsabilidade humana "elevada" pela graça preveniente, curativa e coadjuvante, de modo que essa compreensão da graça permite decifrar o alcance exato da doutrina atestada pelas Escrituras e chamada de "Predestinação".

Na sequência do Antigo Testamento, que se enraíza na "eleição por Deus de seu povo, no qual todas as nações são incluídas", o Novo Testamento se serve de vários termos para descrever essa noção de predestinação, que G. Martelet resume nestes termos:

> Abrindo a boca para "proclamar coisas ocultas desde a fundação do mundo" (Mt 13,35), Cristo anuncia a vinda do Reino de Deus, a ser pregada "a todas as nações" (Mt 28,19) e a toda a criação (Mc 16,15). De fato, o Reino é "a Boa Nova da graça" (At 20,24), graça do Deus "que quer que todos os homens se salvem e cheguem ao conhecimento da verdade" (1Tm 2,4). A iniciativa de Deus e a livre resposta do homem caminham sempre juntas; nenhum desses dois termos pode ser sacrificado ao outro, pois eles não são do mesmo tipo, mas permanecem rigorosamente inseparáveis. Essa condição é indispensável para compreender que "Deus nos escolheu, em Cristo, antes da fundação do mundo, para sermos santos e irrepreensíveis sob o seu olhar, no amor" (Ef 1,4)[44].

Tomás de Aquino registrou essa doutrina bíblica, destacando que "Em sua humanidade, Cristo foi predestinado por Deus, seu Pai, a ser o Salvador de toda a humanidade", de modo que nele encontramos "o exemplar de nossa predestinação" (*S. T.*, IIIa, qu. 24). Esse é o ponto de partida obrigatório da esperança cristã[45].

---

44. Gustave Martelet, Prédestination, *DCT*, cc. 926-928.
45. Cf. H. U. von Balthasar, *Was dürfen wir hoffen?*, traduzido em francês em *Espérer pour tous*, Paris, DDB, 1987, 149 p.

Em contrapartida, João Calvino tratou dessa problemática partindo da predestinação de um pequeno número de homens à salvação, ao passo que a maioria seria predestinada ao inferno, uma tese que Inácio deve ter conhecido ao menos desde seu estabelecimento em Roma. Essa interpretação calvinista repousa numa interpretação indevida de Mateus 22,14: "Pois a multidão é chamada, mas poucos são os eleitos", no sentido de que essa constatação descortinaria o julgamento efetivo que Deus exercerá no fim dos tempos. Ao contrário, a exegese contemporânea nos convida a captar essa ameaça como uma viva maneira de se dirigir aos convidados a se converterem enquanto vivem na terra. Karl Rahner confirmou essa leitura ao reunir sete regras capazes de fundar "a hermenêutica das afirmações escatológicas"[46]. Karl Barth, embora de confissão calvinista, criticou severamente esse modo calvinista de abordar o mistério da predestinação pelo fato de tratar da eleição divina às avessas, quando é preciso partir da predestinação do Filho de Deus feito homem para oferecer a todos a salvação, e em primeiro lugar à sua Igreja, da qual ele é a Cabeça, ao passo que o destino individual e final de todo homem pertence estritamente ao âmbito do mistério de Deus[47].

Quanto ao redator dos *Exercícios*, ele não tem a pretensão de tratar essa questão como teólogo profissional, mas como mestre espiritual. Pode, portanto, se contentar em enunciar uma única questão compreensível, mesmo para a "gente simples", a fim de afastar a objeção de uma compreensão errônea da doutrina da predestinação que desprezasse a liberdade humana — cuja autonomia é relativa, porém, real. As regras de prudência em matéria de "falar" não visam primeiramente o ensino especializado da teologia, mas a pregação e a palavra comum. As outras regras aprofundarão esse tipo de desafio, indicado por "do mesmo modo".

---

46. *Écrits théologiques*, IX, Paris, DDB, 1968, 139-170. Destaquemos este excerto da sexta tese: "Se a escatologia em seu conteúdo e em sua certeza nasce do enunciado sobre o agir salvífico de Deus (revelado em Jesus Cristo) para com o homem atual e tem sua norma nesse enunciado, daí resulta que a escatologia da salvação e a da reprovação não se situam no mesmo plano. Primeiramente, esse ponto de partida mostra claramente que a doutrina de uma *dupla* saída da história relativamente ao indivíduo e a toda a humanidade é uma afirmação que para nós agora não pode ser superada... A partir daí, um discurso escatológico correto deve excluir tanto a afirmação presunçosa de uma apocatástase universal quanto a salvação garantida de um indivíduo antes de sua morte, bem como o conhecimento garantido da condenação decididamente advinda. No entanto, visto que a escatologia é alcançada a partir da graça dada agora, e que essa graça em Cristo deve ser considerada não apenas como o oferecimento da simples *possibilidade* do agir salvífico, mas também como a graça vitoriosa — porque eficaz em virtude da ação de Deus —, a Igreja pode e deve, não obstante a incerteza da salvação do homem ainda em peregrinação, afirmar firmemente a salvação como alcançada no que tange aos mártires e a alguns outros homens que morreram em Cristo, mas não pode assumir um discurso paralelo quanto à condenação garantida e efetivamente advinda a outros homens. A escatologia cristã não é, portanto, o prolongamento na mesma medida de uma doutrina de duas vias, mais veterotestamentária que cristã. [...] Assim, na escatologia cristã só se pode falar em princípio da única predestinação. [...] A dogmática católica sempre rejeitou como herética a doutrina da dupla predestinação, de mesma natureza, anterior à bem-aventurança e à condenação".

47. Cf. *La dogmatique ecclésiastique*, II, II, cap. 7: L'élection gratuite de Dieu, Genève, Labor et Fides, 1958, 516 p.

3. EE 368: a décima sexta regra

> Do mesmo modo, devemos prestar atenção em não falar muito da fé e com muita insistência, sem fazer nenhuma distinção e esclarecimento, a fim de não dar ocasião ao povo para ser relaxado e preguiçoso no agir, quer antes quer depois da fé estar informada pela caridade[48].

Adotando o ponto de vista das reações populares provocadas por uma pregação ou por palavras que tenderiam a exaltar exclusivamente a fé como puro dom gratuito que só pode ser recebido de Deus, Inácio adverte contra os frutos perversos de tais palavras: encorajar a negligência e a preguiça nas obras.

Será que essa regra pode ser inteiramente captada meramente nesse nível da prática pastoral? Não exatamente, visto que a última proposição trata de modo muito sucinto da "distinção" e da "explicação" que fundamentam, no plano dos conceitos teológicos, "o antes e o depois da *fides caritate formata*". Sendo essa formulação um hápax dos *Exercícios*, supõe-se que ela seja compreendida ao menos por aquele que é incumbido de dar esses *Exercícios*. No entanto, para ser compreendida de acordo com todo o alcance do debate travado no século XVI, essa tese deve ser explicitada levando-se em conta a posição católica representada por Tomás de Aquino e confirmada pelo *Decreto sobre a Justificação*, promulgado em 13 de janeiro de 1547 pelo Concílio de Trento[49], ao passo que ela foi asperamente rejeitada por Lutero em nome da autoridade apostólica de Paulo impondo aos Gálatas "a justificação apenas pela fé, excluindo as obras ordenadas pela lei" e a subordinação do mandamento da caridade diante da fé que, por si só, a estimula, segundo Gálatas 5,6: "Pois, para quem está em Jesus Cristo, nem a circuncisão, nem a incircuncisão são eficazes, mas a fé que age pelo amor"[50].

É essencial, portanto, respeitar esse duplo nível de compreensão, pois ele demonstra a preocupação de Inácio em inculcar no exercitante, ao fim dos trinta dias, a missão "de salvar as almas" pelo testemunho de sua palavra e de sua catequese, e ao mesmo tempo em iniciá-lo nas distinções tão sutis quanto radicais que a tradição teológica elaborou ao longo dos séculos quanto à relação "da fé com as obras". A partir daí, a compreensão mais teórica da relação entre a fé e as obras só será de fato espiritualmente compreendida no âmago de sua prática: *contemplativus in actione*, ao passo que, ao contrário, a linguagem pastoral destinada "a catequizar as crianças e a gente simples"[51] deverá ser sustentada e

---

48. EE 368: "De la misma forma, es de aduertir que por mucho hablar de la fe y con mucha intensión, sin alguna distinctión y declaración, no se dé ocasión al pueblo para que en el obrar sea torpe y perezoso, quier ante[s] de la fe formada en charidad, o quier después".

49. Dz 1520-1583.

50. A esse respeito, o *Autógrafo* e a *versio P2* concordam ao reproduzir a expressão latina traduzida em espanhol por "*fe formada em charidad*" ou, segundo a expressão original, "*fidem charitate formata*", ao passo que a *Vulgata* fala de fé "*charitatis nexu efformatam*" e a *versio P1*: "*fidem charitate affectam*". Convém aqui privilegiar a *versio P2*.

51. Essa regra condiz com a *Formula Instituti* de 1540, que prescreve, em especial em seu terceiro capítulo, em nome da obediência ao preposto geral, a obrigação fundamental "de catequizar as crianças e a gente simples, primeiramente porque a fé não pode edificar-se nas almas sem um fundamento

esclarecida por essa tradição teológica católica que pretende conciliar a graça e a fé com as obras meritórias da caridade.

Mergulhado no meio cultural e espiritual do século XVI, o próprio Inácio aprendeu como a renovação espiritual do *Recogimiento* pôde degenerar em *Dejamiento*, e assim as primeiras obras de Lutero, que haviam desembarcado na Espanha desde 1522, foram rejeitadas em razão de suas pretensas afinidades com esse pré-quietismo. No entanto, é precisamente no nível da formulação retomada por Inácio no fim dessa regra que se condensa tudo o que está em jogo do ponto de vista teológico e pastoral. Os comentários contemporâneos não se demoram na explicitação da dimensão do debate contraditório provocado por Lutero a respeito dessa formulação que ele combateu com obstinação sem igual, sobretudo em seu terceiro comentário da Epístola aos Gálatas de 1535 — bem antes, portanto, que a sexta sessão do Concílio de Trento proclamasse o Decreto sobre a Justificação, em 1547[52].

A fim de entrar no cerne do debate, assinalemos primeiramente o sentido do termo "informada", tal como compreendido por ambos os protagonistas. A *forma* define o princípio de perfeição de todo ente diante de sua *materia*. Por outro lado, já explicamos o "antes" ou o "depois" dessa *fides caritate formata* a propósito dos critérios de juízo evocados no colóquio da meditação sobre o inferno (EE 71); destacamos também o fato de que, desde o início da segunda semana até a *Contemplatio ad amorem*, os *Exercícios* evidenciam a exigência de amar, pressupondo então que a fé já esteja estabelecida[53].

a. A teologia de **Tomás de Aquino** deve ser situada no contexto da teologia agostiniana da graça, que deve ser compreendida em seu conjunto como dom gratuito de Deus (*gratia gratis data*) e transformação do homem, tornado justo e agradável a Deus (*gratia gratum faciens*). Mais precisamente, quanto à relação de excelência entre as três "virtudes teologais", o Aquinense se deu conta da dificuldade suscitada pela oposição entre Gálatas 5,6 e 1 Coríntios 13,13.

> O ser pelo qual outro ser age parece inferior a este; assim, o servidor que o senhor emprega para seus trabalhos é inferior a ele. Ora, São Paulo afirma em Gálatas 5,6 que "a fé age pelo amor". A fé é, portanto, mais excelente que o amor. No entanto, em sentido contrário, São Paulo afirma em 1 Coríntios 13,13, a propósito da fé, da esperança e do amor: "o amor é o maior"[54].

---

sólido; depois, porque, da parte dos companheiros, há um perigo de que quanto mais erudito alguém for, mais procure se furtar a esse ministério aparentemente menos brilhante; ora, na realidade não há nenhum que seja mais eficaz, seja para ajudar o próximo, seja para dar a ocasião aos membros da Companhia de exercer como devem a caridade e a humildade"; texto citado por ANDRÉ RAVIER, *Ignace de Loyola fonde la Compagnie de Jésus*, col. Christus nº 36, Paris, DDB, 1974, 108. Atualmente os jesuítas dispõem das duas versões dessa *Formula Instituti*, em *Constitutions de la Compagnie de Jésus et normes complémentaires*, tradução francesa por Antoine Lauras, Paris, 1997, 3-18.

52. O estudo de WERNER LÖSER, *Die Regeln des Ignatius von Loyola zur kirchlichen Gesinnung*, em *GL* 57 (1984) 341-352, capta melhor o alcance desse debate.

53. Quanto a esse debate, nos permitiremos retomar em suas grandes linhas o que já havíamos desenvolvido em *Ignace de Loyola et Martin Luther, vie spirituelle et théologie*, NRT 133/1 (2011) 45-64.

54. *S. T.*, IIa-IIae, qu. 23, a. 6, *sed contra*.

Em sua resposta pessoal, o doutor medieval argumenta da seguinte maneira: a excelência de uma virtude se mede pela primeira regra de sua finalidade divina, à qual a razão deve submeter-se. Ora, "decerto a fé e a esperança alcançam a Deus, mas na medida em que dele provêm o conhecimento da verdade e a posse do bem; no entanto, a caridade alcança [*attingit*] a Deus em sua maneira de subsistir em si mesmo, e não na medida em que nós *recebemos* dele algum bem".

O doutor ratifica essa distinção teológica apoiando-se na compreensão filosófica do movimento inverso da inteligência e da vontade. "O ato de inteligência se consuma nisto: aquilo que é conhecido existe naquele que conhece, ao passo que o ato da vontade encontra sua perfeição na inclinação que o leva para o bem como para seu termo."[55]

b. Já **Lutero** se aterá, por sua vez, ao primeiro ensinamento de Paulo em Gálatas 5,6: "a fé ganha eficácia pelo amor", na medida em que é a perfeição divina da fé recebida como pura graça que, ao oferecer o conhecimento e a comunhão com Deus, estimula e anima por si mesma a livre e serena submissão ao mandamento do amor[56]. A partir daí, Lutero pôde manter e confirmar o que ele considera "o primeiro e principal artigo da fé": somente a fé concede a plena justificação, de maneira "puramente passiva", fora das obras da lei, que envolvem a "justificação ativa". Assim, o crente é espiritual e existencialmente desvencilhado do terror da lei que oprime sua consciência de pecador, pois ele é, em sua pessoa, tornado justo pela fé, de modo que o cumprimento da caridade e de toda boa obra já não é para ele uma prescrição legal tão irrealizável quanto exterior, mas a expressão serena e a confirmação sempre gratuita de sua própria justificação, vivida em Cristo e por seu amor e sua glória; a pessoa está para suas obras como a árvore está para seus frutos[57].

Nessa perspectiva, Lutero não cessou de salientar o extremo contraste de seu pensamento em relação a essa doutrina escolástica.

> Se o amor é a forma da fé, então a fé á a pura matéria do amor. Desse modo, os sofistas preferem o amor à fé, e não atribuem a justificação à fé, mas ao amor [...]. Assim retiram da fé todo o seu ofício, e a fé já não vale nada se não tiver acesso a essa forma constituída pelo amor[58].

O abismo que separa a doutrina luterana da doutrina de Tomás se aprofundou ainda mais quando o reformador denunciou o neopelagianismo da corrente "nominalista" iniciada por Ockham e Biel, a tal ponto que passou a considerar que toda a tradição escolástica anterior havia sido infectada por esse vírus. Atribuir excelência às obras de caridade

---

55. Ibid., ad 2.
56. Aliás, inúmeros textos do Novo Testamento classificam a caridade entre os mandamentos a serem praticados, como Romanos 13,10: "O amor (ao próximo) é o pleno cumprimento da lei". Antes de sua partida para o Pai, Cristo diz a seus discípulos, em João 13,34: "Um mandamento novo eu vos dou: [...] Como eu vos amei, vós também amai-vos uns aos outros".
57. Cf. GERHARD EBELING, *Luther, Introduction* [...], cap. 9: Personne et œuvre, 121-133.
58. *In Gal.*, WA 40 1, 422. GERHARD EBELING reconhece que a doutrina luterana e a católica se diferenciam principalmente a partir de seus dois centros de gravidade: a fé e o amor: cf. *Luther, Introduction* [...], cap. 10, 146-147.

não seria privilegiar irremediavelmente os méritos do homem, em detrimento da graça? Ademais, Lutero não podia admitir que a escolástica tivesse sido capaz de desenvolver uma concepção especulativa de toda "virtude", inclusive as "teologais", moldando-a com base num discurso aristotélico e pagão, pois "esse filósofo não sabe praticamente nada sobre o homem, ao contrário do apóstolo Paulo, que sabe tudo sobre o homem, isto é, sua destinação espiritual, revelada na justificação exclusivamente pela fé em Cristo, com exclusão das obras"[59]. Eis porque o reformador jamais quis introduzir uma reflexão formal sobre "o efeito criado" na alma pela graça como "qualidade inerente ao sujeito", isto é, como *gratia gratum faciens*, preferindo sustentar que o próprio Cristo tomou o lugar da minha pessoa, segundo Gálatas 2,20: "vivo, mas não sou mais eu, é Cristo que vive em mim"[60].

As perspectivas fundamentais que separam o discurso escolástico da posição luterana são então as seguintes. A argumentação tomista parte da consideração de que a fé é um ato humano cuja perfeição é elevada pela graça, sem que a natureza seja destruída. Isso pressupõe que a retidão racional das faculdades humanas criadas tenha sido preservada, apesar das consequências do pecado original. Lutero não pode admiti-lo, em função de sua doutrina do "servo-arbítrio", que acarreta o obscurecimento da inteligência e a perversão radical da vontade. Consequentemente, o reformador tampouco admite que a fé seja capaz de se desenvolver num discurso claramente articulado, a ponto de servir-se da razão para estabelecer toda uma rede de "conveniências" capaz de manifestar a harmonia da revelação, como o pretendeu o discurso "sapiencial" de Tomás de Aquino. Para Lutero, essa fé oferece com certeza uma graça de conhecimento, mas cuja luz está mergulhada nas trevas e na nuvem do invisível[61].

Em suma, o eixo do pensamento tomista sobre "a fé informada pelo amor" insere-se na ordem da elevação e do retorno do homem para Deus, na medida em que esse ato de amor lhe permite "alcançar" Deus, tal como subsistente em si mesmo, ao integrar aí o ato do amor fraterno almejado para o amor da glória de Deus. Ao contrário, o movimento do pensamento de Lutero sobre a fé acompanhada do amor se conjuga, por assim dizer, com um movimento descendente. De fato, ele próprio assinala que a consideração exclusiva da fé justificante permanece "abstrata e formal" (*fides abstracta*), enquanto não se torna, por meio das obras de amor, uma fé "composta, concreta e encarnada" (*fides encarnata*)[62].

A oposição radical dessas teses permite também apreender o que Inácio designa como "*o antes e o depois*" da fé informada pelo amor. Para Lutero, a justificação pela fé só pode ocorrer *ex abrupto* a partir do alto, como pura graça divina, não sendo possível haver aí

---

59. *Controverse sur la théologie scolastique* (1517): teses 5 a 36.
60. *In Gal.*, WA 40 I, 228-229 e 285-286.
61. *In Gal.*, WA 40 I, 228-229: "A fé, portanto, é de certa forma conhecimento ou trevas, ela nada vê. No entanto, tomado pela fé, Cristo está nessas trevas. Nossa justiça formal, portanto, não é a caridade, que assim *formaria* a fé, mas é a própria fé e uma nuvem no coração, isto é, uma segurança em algo que não vemos, isto é, em Cristo que, por mais profundas que sejam as trevas que o escondem de nossa vista, nem por isso é menos visível".
62. *In Gal.*, WA 40 I, 415.

outra preparação para essa graça exceto a aspiração de ser libertado do terror infligido à consciência de não poder satisfazer às exigências impostas pela Lei[63]. Em contrapartida, o sexto capítulo do *Decreto sobre a justificação*, inspirado em Tomás de Aquino, defenderá a posição de que o ímpio, pela graça preveniente de Deus, é chamado "a passar do temor da justiça divina à consideração de sua misericórdia", ao ouvir livremente a pregação cristã que proclama que Deus justifica o ímpio "por sua graça, em virtude da libertação realizada em Jesus Cristo" (Rm 3,24)[64].

Por fim, embora seja verdade que a regra 15 esteja mais enraizada numa problemática oriunda da primeira semana, a regra 16 sustenta e justifica mais precisamente a experiência de toda a segunda semana, iniciada com a oração de petição formulada em EE 104[65] e concluída com o discernimento da eleição segundo EE 169-189. Será necessário acrescentar que, por meio do *drill* imposto pelos exercícios cotidianos, o próprio exercitante terá aprendido a não ser "negligente e preguiçoso", mesmo e principalmente nesse âmbito em que a fé inspira as obras, de modo que possa, graças a essa experiência pessoal, transmitir suas convicções a outros de maneira persuasiva?

Em suma, é também o teólogo Jerônimo Nadal quem sintetiza da melhor maneira possível a significação dogmática dessa regra, inspirando-se provavelmente nos capítulos 5 e 6 do decreto tridentino sobre a justificação.

> A fé é a fonte de toda boa ação e de toda justificação, porque é dela que provém a compreensão das coisas espirituais. Com efeito, é realmente o amor que une a Deus, mas essa união perfeita e essa configuração [*concursus*] a Deus pelo amor se relacionam à fé e à sua ação santificadora como a seu princípio e sua raiz, não como sua consumação.
>
> Eis por que a fé é o início [*initium*] da justificação, não sendo, porém, suficiente. A partir daí, na luz e pelo fundamento da fé, compreendemos que os sacramentos, todos os dons de Deus, todas as ações de Deus em nós são autênticas [*veras*] e eficazes, e se vemos em plena luz que a fé por si só não nos justifica, distinguimos nítida e claramente aquilo que realiza em nós a justificação e o modo como ela se realiza[66].

4. EE 369: a décima sétima regra

> EE 369: Do mesmo modo, não devemos nos demorar insistindo tanto sobre a graça que se produza veneno para tirar a liberdade. Assim, podemos falar da fé e da graça quanto em nós esteja, com ajuda divina, para o maior louvor de sua divina Majestade. Mas não de tal jeito nem por tais modos — principalmente em nossos tempos tão perigosos — que as obras e o livre-arbítrio sofram prejuízo ou se tenham por nada[67].

---

63. Cf. GERHARD EBELING, *Luther*, cap. 7: Lei e Evangelho, 99 a 108.
64. Cf. os cânones antiluteranos 8-9 e 12-14 (Dz 1557-1558 e 1562 a 1564).
65. EE 104: "pedirei aqui conhecimento interno do Senhor que por mim se fez homem, para que mais o ame e o siga", isto é, por aquela graça de uma fé aperfeiçoada pela caridade: *fides caritate formata*.
66. *Journal spirituel*, 63, traduzindo MN IV, 708-709.
67. EE 369: "*Assimismo, no debemos hablar tan largo, instando tanto en la gracia, que se engendre veneno para quitar la libertad. De manera que de la fe y gracia se puede hablar quanto sea possible, me-*

Essa regra realiza a transição da relação entre a fé e a obra do amor para a relação entre a graça e a liberdade que abrangem o livre-arbítrio. Seu estilo é mais polêmico porque se opõe de modo mais explícito à tese do "servo-arbítrio" que Lutero defendeu claramente em sua disputa com Erasmo, o qual sustentava a tese do "livre-arbítrio"[68]. Aliás, essa é a única vez que os *Exercícios* focalizam explicitamente a periculosidade do meio cultural e teológico de sua época — *en nuestros tiempos tan periculosos* —, sugerindo assim a necessidade de ser vigilante de modo colegiado. Ao apresentar em um dos nossos primeiros capítulos "alguns pressupostos da antropologia espiritual dos *Exercícios*", já havíamos explicitado a significação apologética e antiluterana da função central ocupada pelo "livre-arbítrio" no "Princípio e Fundamento" (EE 23) e do exercício da "liberdade" atestado naquele "pressuposto" da primeira espécie de pensamento, "o meu próprio, que provém simplesmente de minha liberdade e querer" (EE 32). Em contrapartida, a linguagem dos *Exercícios* não sugeria ainda tal confrontação a propósito da relação entre a fé e o amor (EE 368)[69].

A décima sétima regra abarca a justificação teológica e antropológica de todo o procedimento dos Exercícios. A nosso ver, ela encontra seu campo de aplicação crucial por ocasião da transição da segunda para a terceira semana, quando a determinação da eleição pessoal conduzirá a vontade ao consentimento do sofrimento. Como o assinala Maurice Blondel em *L'action*, de 1893, a execução de qualquer decisão que leva à ação comporta necessariamente o momento de avaliação do projeto, em razão das resistências sociais em que é obrigada a inserir-se. Isto é ainda mais verdadeiro quando a abertura da "vontade querente" para a infinita bondade de Deus se encontra como que aniquilada, porque nenhuma "vontade querida" é capaz de encarnar esse infinito. Ultrapassando o nível dessa dinâmica filosófica da vontade, os *Exercícios* inacianos submetem o exercitante que conseguiu controlar seu discernimento, sendo esclarecido pela luz radiante da Bandeira do Rei eterno, à prova noturna do ocultamento da divindade enquanto a humanidade de Cristo é pregada ao suplício da ignomínia. Assim, Inácio opõe "a essa época tão perigosa" uma concepção da "lógica existencial e espiritual" dos Exercícios inteiramente dependente da transcrição da "vontade querente" do Pai na "vontade querida" do Filho que entrou, por sua agonia, em sua Paixão, a qual integra em si todo sofrimento e toda iniquidade dos homens.

5. EE 370: a décima oitava regra

> EE 370: Visto que acima de tudo se deve estimar servir muito a Deus nosso Senhor por puro amor, devemos louvar grandemente o temor de sua divina Majestade. Porque

---

diante el auxilio divino, para mayor alabanza de la su divina maiestad; mas no por al suerte ny por tales modos, mayormente en nuestros tiempos tan periculosos, que las obras y líbero arbítrio resçiban detrimento alguno, o por nichilo se tengan".

68. M. LUTERO, *Du serf arbitre*, e D. ERASMO, *Diatribe: Du libre arbitre*.

69. Em consonância com o espírito de Inácio, JERÔNIMO NADAL com frequência enfrenta explicitamente essa teologia luterana, como em MNad IV, 773-777.

não somente o temor filial é coisa pia e santíssima, mas ainda o temor servil ajuda muito a sair do pecado mortal, quando a pessoa outra coisa melhor e mais útil não alcança.

Uma vez saída, facilmente surge o temor filial, que é totalmente aceito e grato a Deus nosso Senhor, porque é um só com o amor divino[70].

Terence O'REILLY estudou recentemente essa problemática de um temor servil a ser integrado ou excluído do caminho espiritual para o puro amor de Deus — uma questão tão antiga que data do saltério, e pôde assim alimentar a tradição espiritual grega e latina, a ponto de ter sido tratada mais sistematicamente pela maioria dos doutores medievais; o autor aí analisa principalmente a maneira como ela aflora nos *Exercícios*[71].

Já abordamos essa doutrina no âmbito da oração de petição que introduz a meditação do inferno (EE 65: *segundo preâmbulo*).

O verbo *temer* e o substantivo *temor* são habituais nos *Exercícios*[72]. Em contrapartida, nunca encontramos nestes últimos a expressão "temor casto", adotada por Agostinho[73], e uma única vez o "puro amor". Quanto a isso, os *Exercícios* preferem expressar-se em outros termos, provavelmente menos ambíguos, por exemplo na *oração preparatória* (EE 46): "[…] que todas as minhas intenções, ações e operações sejam puramente ordenadas [*puramente ordenadas*] a serviço e louvor de sua divina Majestade". Ou ainda, em EE 135, quando o Senhor permaneceu no Templo "para dedicar-se ao puro serviço [*puro seruicio*] do Pai eterno". Por fim, EE 172 afirma que "toda vocação divina (*e não tendenciosa*) é pura e limpa [*siempre pura y limpia*], sem mistura de sensualidade ou qualquer outra afeição desordenada". Encontramos assim um equivalente do "puro amor" em EE 185 na

---

70. EE 370: "*Dado que sobre todo se ha de estimar el mucho seruir a Dios nuestro Señor por puro amor, debemos mucho alabar el temor de la su diuina maiestad; porque no solamente el temor filial es cosa pía y sanctíssima, mas aun el temor seruil, donde otra cosa mejor o más útil el hombre no alcanze, ayuda mucho para salir del peccado mortal; y, salido, fácilmente viene al temor filial, que es todo acepto y grato a Dios nuestro Señor, por estar en uno con el amor divino*".

71. T. O'REILLY, El tránsito del temor servile al temor filial en los "Ejercicios Espirituales" de san Ignacio, em *Las fuentes de los Ej. Esp...*, Acta de Simposio, Loyola, 1997, 223-240.

72. Na primeira semana, EE 9 enumera três obstáculos ao progresso no serviço de Deus nosso Senhor: "*trabajos, vergüenza y temor por la honra del mundo*". EE 20 assinala, entre as vantagens da separação dos amigos, a liberdade de ir todos os dias à missa e às vésperas, "*sin temor que sus conocidos le hagan impedimiento*". EE 39d explica a exigência envolvida em jurar pela criatura: "*se a de temer más la ydolatría en los imperfectos*". EE 65 diz respeito à oração de petição própria da meditação do inferno, especificando que "se eu chegar a esquecer o amor do Senhor eterno, *a lo meno el temor de la penas me ayuda para no venir en pecado*". A seção dos mistérios relembra várias vezes o temor dos discípulos e as palavras de apaziguamento de Cristo por ocasião da tempestade acalmada em EE 279 2º: "*Sus diçípulos atemorizados los despertaron […]*" e em EE 280 3º: "*Diziéndoles Xpo: 'Yo soy, no queráys temer'*". Depois de sua transfiguração, o Senhor recomendou a seus três discípulos em EE 284 3º: "*Lebantaos y no tengáis temor […]*". EE 301, 3º relata estas palavras do Senhor que apareceu às três Marias: "*No temáys; yd y dezid a mis hermanos que ayan a Galilea […]*". Por fim, EE 325 enuncia a décima segunda regra da primeira semana, ao descrever assim o comportamento de quem se inspira no mau espírito: "*si la persona que se exérçita comiença a tener temor y perder ánimo en sufrir las tentaçiones*".

73. Ver, por exemplo, em sua obra *Discours sur les Psaumes*, o comentário do Salmo 127,7.

primeira regra que comanda *a segunda maneira de fazer eleição em tempo tranquilo*. Qual é, portanto, a origem da expressão *"puro amor"*?

S. Arzubialde[74] remete à pesquisa de Fr. Roustang que cita Jerônimo Nadal, quando este trata da perfeição espiritual no âmbito da penitência:

> [...] a perfeição consiste em não esperar consolação espiritual alguma e recompensa alguma, mas suportar os trabalhos e os perigos unicamente por *puro amor* a Deus nosso Senhor, para agradá-lo e servi-lo; de modo que nada se queira senão nele e para ele[75].

O mesmo Arzubialde se refere também à tomada de posição de Martinho Lutero que desde 1518 se opõe à de Inácio: "O temor servil só pode ser uma contrição hipócrita, que até afunda o pecador ainda mais em seu pecado"[76]. O reformador se opõe, assim, também à doutrina de Tomás de Aquino[77], na qual assinalamos esta definição:

> Por vezes o homem, em razão do mal que teme, se volta para Deus e a ele se apega. Este último mal é duplo: o mal da pena e o mal do erro. Se nos voltamos para Deus e nos apegamos a ele por medo da pena, haverá temor servil. Se for por medo do erro, haverá temor filial, pois são os filhos que temem ofender seu pai[78].

O doutor medieval assinala ainda que "o temor servil é bom em sua substância, ainda que o servilismo seja ruim"[79]. Essa última especificação permite explicar o sentido dado à última regra de ortodoxia: EE 370.

No âmbito da pedagogia própria dos Exercícios, essa regra atesta uma vez mais a que ponto Inácio respeita a menor graça recebida e vivida pelo exercitante, ao mesmo tempo em que relembra que o "temor servil" não deve ser louvado na mesma medida que o "temor filial", sendo mesmo este último transcendido pela graça "de muito servir a Deus nosso Senhor por puro amor". Nem o decreto tridentino sobre a justificação, nem os cânones adjacentes se referem ao "puro amor"; no entanto, o cânone 8 converge, por certo viés, para EE 370, ao condenar a tese luterana já assinalada:

> Dz 1558: Se alguém diz que o temor do inferno, pelo qual, ao nos afligir por nossos pecados, nos refugiamos na misericórdia de Deus ou nos abstemos de pecar, é um pecado ou torna os homens ainda piores: que ele seja anátema.

---

74. *Ejercicios Espirituales de S. Ignacio, Historia y Análisis*, 833-834. O autor se refere também a expressões inacianas próximas do *puro amor*, a saber, *acatamiento amor*, amor submisso ou obediente, na nota 85.

75. NADAL, *Pláticas espirituales en Coimbra*, 1561, 207-210; sobre a liberdade de espírito, ver também *Epist. Ign.*, XII, 679, citado por FRANÇOIS ROUSTANG, Pénitence et liberté, *Christus* 12 (1956) 501-502.

76. Cf. *Sermo de poenitentiae*, 1518.

77. Tomás não avalia a qualidade moral do temor apenas em relação ao castigo temido como pena ou como erro, o que corresponde respectivamente ao temor servil e ao temor filial, mas igualmente em relação ao grau de perfeição da fé que o anima, seja como *fides formata* a animar o temor filial, seja como *fides informata* a animar o temor servil: *S. T.*, IIa-IIae, qu. 7, a. 1, co. Ele avalia igualmente esses temores em função dos dons do Espírito Santo em *S. T.*, IIa-IIae, qu. 19, a. 1 a 11.

78. *S. T.*, IIa-IIae, qu. 19, a. 2, co.

79. *S. T.*, IIa-IIae, qu. 19, a. 4, co.

Notamos, por fim, que essa regra inaciana resolve antecipadamente o debate magistral que no século XVII opôs Fenelon a Bossuet[80].

6. À guisa de conclusão

Em conclusão, havíamos prometido tratar do tipo de "reforma" proposto pelo redator dos *Exercícios* como fundador da Companhia de Jesus. Será que é preciso classificar sua fundação de "padres reformados" como algo pertencente à "Contrarreforma", encarregada de combater frontalmente e doutrinariamente as heresias suscitadas por Martinho Lutero e João Calvino, na perspectiva que será a dos decretos e cânones do Concílio de Trento? Ou será que a intenção profunda de Inácio e seus colaboradores próximos foi principalmente estimular uma Reforma interna da Igreja hierárquica, com a finalidade precípua de premunir os cristãos ainda católicos contra a tentação de integrar as fileiras das igrejas luterana ou calvinista?

Essa pergunta se inclui na compreensão das regras de ortodoxia, embora seu contexto histórico exija uma pesquisa mais ampla. Nessa matéria, será necessário acrescentar que, é preciso evitar todo anacronismo: uma coisa foi a prova própria do século XVI, no qual ocorreu a profunda ruptura cismática; outra coisa é nosso século, empenhado na cura dessas feridas ao estimular um espírito ecumênico tão fecundo como o "acordo diferenciado", concluído entre católicos e luteranos em Augsburg em 1999. No entanto, as diretrizes pastorais dadas pela Companhia há cinco séculos permanecem atuais, na medida em que esse tipo de acordo, inimaginável há pouco tempo, tem uma eficácia limitada, visto que envolveu apenas o círculo restrito de teólogos profissionais, delegados pelas altas instâncias da Igrejas luterana e católica, enquanto entre o "povo" dos batizados espalhado por todos os continentes ocorrem ainda hoje, em todos os níveis "da fé e dos costumes", profundas rupturas, desistências e contestações em relação à fé na Igreja Corpo de Cristo. Será que a clara e nítida orientação pastoral dos *Exercícios* e do primeiro governo da Companhia não teriam então mantido toda a sua pertinência, ainda mais porque o próprio Inácio, em sua abundante correspondência, sempre associou a ênfase nas exigências doutrinais e morais transmitidas pela Igreja com o respeito à consciência pessoal[81]?

Atualmente os historiadores mais renomados da Igreja, da teologia e da espiritualidade registraram o fato de que o fundador da Companhia, em conformidade com a *Formula Instituti*, redigiu as *Constituições* com o principal objetivo de estimular a refor-

---

80. Cf. MICHEL TERESTCHENKO, *La querelle sur le pur amour au XVII siècle entre Fénelon et Bossuet*, Paris, Mauss, 2008, 346 p.; JEAN DELUMEAU, *L'aveu et le pardon, les difficultés de la confession aux XIIIe-XVIIIe siècles*, Paris, Fayard, 1990, em particular os caps. IV a VII, 51-78.

81. Assim como outros estudos mais recentes, a tese desenvolvida por ANDRÉ FAVRE-DORSAZ, *Calvin et Loyola, deux réformes*, estabeleceu um contraste notável entre a autoridade de um jurista que pretendeu impor em Genebra sua própria compreensão da *Instituição cristã* e a de Inácio, que busca iniciar cada pessoa ou cada comunidade no discernimento dos espíritos que permite "acertar em tudo que diz respeito à Igreja hierárquica". A partir daí, "é preciso agir tanto quanto possível com um espírito de doçura e conservar a paz e a caridade com todos", segundo *Constituições*, IV, cap. 16 [489].

ma interna da Igreja católica[82]. "As regras para o verdadeiro sentido que devemos ter na Igreja militante" demonstram decerto um confronto com "a mentalidade de uma época particularmente perigosa", influenciada por estes mestres intelectuais — Erasmo, Lutero e Calvino. No entanto, mesmo as cinco últimas regras não se envolvem numa refutação sistemática das doutrinas desenvolvidas por esses reformadores, como o fez, de modo sistemático, o "Grande catecismo" de Canísio, destinado às comunidades alemãs. O caráter interno dessa reforma foi claramente definido na conclusão do artigo de Hugo Rahner já citado: "O Espírito e a Igreja".

> Por fim, a doutrina inaciana é a consequência lógica de uma teologia do papa, vigário de Cristo. A Igreja existe onde o sopro do Espírito cria o Corpo com sua autoridade, sua lei, sua hierarquia; lá onde o Espírito age de duas maneiras: move o homem interior e lhe dá seus mandamentos, reúne interior e exterior, sem os separar nem os confundir. No entanto, em caso de dúvida ou hesitação, é sempre o visível que deve ser determinante, é o homem exterior que é preciso preferir: submeter-se humildemente será ainda uma prova da autenticidade da moção.
>
> Esse princípio fundamental da teologia inaciana vale tanto para a interpretação dos *Exercícios* como para a interpretação das *Constituições* […]. O impulso básico a serviço da Igreja hierárquica não vem de uma preocupação apologética nem de política eclesiástica, mas de uma teologia do "visível" inserida no âmbito da teologia do discernimento dos espíritos. Em uma de suas exortações para promover uma grande devoção à Sé Apostólica, Laínez relembrava estas palavras de Inácio quando ele estava em dúvida em relação a algum ponto: "A Sé Apostólica dará a solução e a doutrina, e nela confiaremos".

Em conformidade com esse traçado teológico de Hugo Rahner, Cándido de Dalmases se encarregou de relembrar as etapas históricas que concretizaram progressivamente a "reforma" almejada por Inácio[83], considerando que *"nas Regras para o verdadeiro sentido se encontra o melhor programa de reforma traçado por Santo Inácio"*[84], regras estas que, aliás, jamais mencionam o papa. Assinalemos este fato: pouco depois da nomeação do papa Marcelo II, o fundador da Companhia enviou a todos os seus irmãos uma carta

---

82. Daniel-Rops, Le réveil de l'âme catholique: saint Ignace de Loyola, vraie "Renaissance" e non "Contre-Réforme", em *Histoire de l'Église du Christ* IV, 2º: *Une ère de renouveau, La réforme catholique*, Paris, Fayard, 1955, 37-80. Yves Congar, *Vraie et fausse réforme dans l'Église*, col. Unam sactam nº 72, Paris, Cerf, 1968: 2ª parte: Conditions d'une réforme sans schisme, 221-317. André Ravier, *Ignace de Loyola fonde la Compagnie de Jésus*, col. Christus-Histoire nº 36, Paris, DDB, 1974, 564 p. Evangelista Vilanova, *Histoire des théologies chrétiennes II: Préréforme, Réformes, Contre-Réforme II*: La réforme catholique, cap. III: Saint Ignace de Loyola et la Compagnie de Jésus, tradução francesa de J. Mignon, Paris, Cerf, 1997, 179-196.

83. Les idées de saint Ignace sur la réforme catholique, *Christus* 18 (1958) 239-256.

84. P. Sieben, por sua vez, retraçou o histórico do envio de jesuítas ao Concílio de Trento em função de seu impacto eclesial, em Hermann Joseph Sieben, Option für den Papst, Die Jesuiten aus dem Konzil von Trient, Dritte Sitzungperiode 1562/1563, em M. Siervernich; G. Switek, *Ignatianisch, Eigenart und Methode der Gesellschaft Jesu*, Freiburg im Breisgau, Herder, 1990, 235-253. Ver também Sylvie Robert, Ignace, réformer l'extérieur à partir de l'intérieur, *CspIg* 140/38 (mai-août 2014) 47-58.

datada de 16 de abril de 1555, a fim de informá-los de que esse papa "se havia consagrado imediatamente à reforma da Igreja". Respondendo então à solicitação de Marcelo de enviar-lhe dois conselheiros, a fim de especificar as normas dessa reforma, Inácio escolheu Lainez e Nadal. Qual reforma? "Nosso Pai disse que se o papa reformasse sua pessoa, sua casa e os cardeais de Roma, nada mais restaria a fazer, pois o resto se seguiria."[85] Dalmases conclui:

> Inácio meditava uma reforma que, partindo da cabeça, isto é, do papa e dos cardeais, passaria por Roma e se estenderia de lá a todo o corpo da Igreja. Um plano audacioso e tremendamente exigente, que atacaria com certeza a raiz do mal. Essa reforma deveria ser interior; sua crítica, uma crítica construtiva, jamais negativa. Suas armas são interiores, e ele está firmemente convencido de que, em vez de atacar e criticar, é melhor preparar o terreno para a transformação interior das almas. O programa consistia na santificação própria, e o meio de alcançar isso seria a fundação de "padres reformados".

Atualmente, um dos frutos mais surpreendentes dessa obra inaciana é o acolhimento que lhe reservam os membros das Igrejas reformadas[86].

---

85. *Memorial*, nº 343, Font. Narr., I, 719.
86. Cf. URSULA TISSOT, Pourquoi saint Ignace séduit-il les réformés?, La chair et le souffle, *Revue internationale de théologie et de spiritualité*, Novalis, Faculté de Théologie de Neuchâtel, 2014/2, 87-97.

Conclusão
HISTÓRIA E ESPÍRITO NOS EXERCÍCIOS INACIANOS

A. INTRODUÇÃO

Nossa retomada final se situa sob a égide da polaridade fundamental constituída pela História e pelo Espírito. Nos *Exercícios* inacianos, a contemplação dessa "história", relatada como "mistérios de Jesus Cristo nosso Senhor" (EE 261-312), inaugura-se desde a entrada na segunda semana (EE 102). Distingue-se nitidamente de tudo o que visa à economia do "Espírito" que rege as "regras de discernimento das moções provocadas na alma" de quem se exercita na prática da contemplação da única história (EE 313-344).

A primazia histórica e lógica dessa "História" sobre a fecundidade do "Espírito" sempre inspirou a teologia cristã, desde que ela aí reconheceu a especificidade da "economia da salvação": o envio do Filho que se tornou carne preside ao envio de seu Espírito de junto de seu Pai, a fim de perfazer o elo de caridade que une os membros de cada comunidade cristã entre si e com Deus. No Ocidente, a tradição agostiniana harmonizou essa "economia" temporal com a eterna "teologia trinitária", ao demonstrar a pertinência da doutrina do *Filioque*: é do próprio "Pai" que procede o "Espírito" (Jo 15,26), segundo o Nome que o designa como único Gerador, o *Monógeno*. Prolongando essa forma de racionalização do mistério, a teologia tomasiana especificou o modo de "processão do Verbo" (Jo 1,1-18) como expressão intelectiva da Palavra paterna, distinguindo-a da "processão do Espírito espirado como 'o Amor' hipostático do Pai e do Filho" segundo Romanos 5,5, tanto é que o Concílio de Trento ratificou sua doutrina. No plano antropológico, racional e espiritual, essa teologia trinitária permite ainda esclarecer a distinção das "missões invisíveis" dessas duas Pessoas divinas na alma, elevando a experiência comum da relação entre conhecimento e amor: só é amável quem é previamente reconhecido como quem ama, enquanto esse amor propulsa extaticamente quem ama no ser amado, oferecendo-lhe uma compreensão nova própria da excelência da caridade da comunhão (EE 230 ss.).

Indubitavelmente essa herança doutrinal e espiritual deixou sua marca na programação teórica e prática dos *Exercícios* inacianos. No entanto, a dinâmica existencial deles não pode ser compreendida como um decalque ou um subproduto dessa teologia ocidental, visto que eles aprofundam radicalmente a diferença entre "a História" e "o Espírito" e, assim, somente a experiência contemplativa dessa História, estreitamente associada ao "discernimento dos espíritos", oferece à pessoa que com ela se compromete a possibilidade de entender existencialmente a complementaridade entre elas. A partir daí os *Exercícios* inverterão a primazia invasiva de uma teologia "noética" e sapiencial, relembrando a urgência de uma conversão prévia, pessoal e "pneumática". Essa ancoragem pneumática se verifica já no nível da programação prática dos "exercícios" pela evidenciação de seu ponto de partida e de seu termo até em suas respectivas extrapolações, tanto na fase anterior como na fase posterior.

Na fase anterior, a contemplação da Única "História" selada "de uma vez por todas" em "Jesus Cristo nosso Senhor" requer que ela seja precedida de um "Princípio e Fundamento", o qual exige que a pessoa "se torne indiferente". Como assim? Ao entrar na primeira semana, cujo objetivo é purificar o exercitante de suas afeições desordenadas e pecaminosas, a fim de que ele então seja capaz de "buscar e encontrar a vontade divina na disposição de sua vida para sua salvação" (EE 1). A entrada existencial nessa única "História" é predeterminada, portanto, pelo discernimento do Chamado do Rei eterno dirigido a todos e a cada um, de modo que a resposta do homem, tanto pessoal como total, condiciona a compreensão dessa "História".

Na fase posterior, para além da conclusão dessa leitura da "História" contemplada até a Ascensão do Senhor, "tendo concluído a obra que seu Pai lhe dera para fazer" (Jo 17,4b), o redator dos *Exercícios* exige ainda que se peça a graça de *alcançar o Amor* (EE 230 ss.) por uma nova forma de contemplação que interpretamos integralmente como própria da economia do Espírito. Essa economia condensa o último fruto dos Exercícios e liberta-se simultaneamente do *tempo* imposto pelas etapas dessa economia da salvação.

Por fim, o desdobramento da economia da salvação fundado na distinção entre a segunda e a terceira Pessoa da Trindade mostra sua origem paterna, pelo fato de a experiência dos Exercícios ser inteiramente imantada e imbuída pela consagração da criatura humana a essa única finalidade "da maior glória de sua divina Majestade", como o demonstram exemplarmente a vida de Jesus Cristo nosso Senhor e seu "Espírito" a inspirar seus discípulos: "Ninguém pode vir a mim se o Pai que me enviou não o atrair" (Jo 6,44). Essa consagração exclusiva de si à glorificação do Pai se realiza por meio do desenvolvimento da "liberdade do livre-arbítrio" de cada um, assim responsabilizado de "salvar sua alma" (EE 23).

Essas duas formas distintas de economia, a histórica e a espiritual, são a partir daí sentidas no plano existencial como indissoluvelmente interdependentes. *Tudo* depende da *História* de Jesus Cristo, inclusive a doação viva e vivificante do Espírito contemplada na aparição do Ressuscitado: "*Dales el Espíritu Sancto diziéndoles: Recibid* [...]" (EE 304, 2º). *Tudo* depende, por conseguinte, também desse Espírito que se comunica como tal segundo sua missão própria: "*O Espírito* se junta ao nosso espírito" (Rm 8,26), a fim de gerar todo homem "à imagem e à semelhança" do Filho, restaurando a hierarquia de sua identidade tripartite de ser de "carne, razão e espírito" mortificada pela alienação do pecado.

Além disso, os *Exercícios* inacianos pretendem aprofundar ainda mais a diferenciação dessa dupla economia, a ponto de tornar as duas faces ainda mais dependentes uma da outra. Para isso, nosso comentário não cessou de enfatizar que todos os "mistérios da vida de Jesus Cristo nosso Senhor" são fornecidos ao exercitante despojados de sua justificação teológica — a qual, no entanto, já está inserida em toda narrativa evangélica — e sobretudo privados do recurso à finalidade suprema deles, a única que pode fundar a credibilidade deles: "e se Cristo não ressuscitou, a nossa pregação é vazia, e vazia também a vossa fé" (1Cor 15,14). O redator dos *Exercícios* entrega assim "a História" da salvação à sobriedade da contingência dos fatos, proibindo ao mesmo tempo que se antecipe seu desenlace bem-aventurado (EE 11), autorizando somente a guardar na memória os que já foram contemplados antes. Esse será o assunto da nossa primeira parte conclusiva.

No entanto, para que esse confronto inelutável com a contingência histórica não provoque a cegueira nem a paralisia de quem assim a contempla, a intervenção constante do "Espírito" se revelará ainda mais indispensável, por ser ele a Pessoa divina capaz "de sondar as profundezas de Deus" ao denunciar a iniquidade do processo intentado contra Jesus de Nazaré. De fato, não é ele o "outro Paráclito", encarregado de "confundir o mundo a respeito do pecado, da justiça e do julgamento" (Jo 16,8-11), impondo-se assim como o Hermeneuta capaz de fazer o crente ter acesso "à verdade plena", comunicando-lhe a Vida que essa História encerra misteriosamente em si mesma? Esse será o objeto da nossa segunda tese. A terceira relembrará como Inácio entrelaça essa dupla economia na atualidade eclesial contemplada inicialmente no chamado do "Rei eterno" nela desdobrada, enquanto a última recolherá conclusivamente o que constitui a originalidade mais inerente a esses *Exercícios* inacianos.

B. A CONTINGÊNCIA DA HISTÓRIA

A problemática da "história da salvação" como factualidade contingente foi reavivada pela obra magistral de Hans Urs von Balthasar: *La théologie de l'histoire*[1]. Já na introdução, o autor anuncia o conteúdo de sua tese principal. Enquanto no Ocidente a credibilidade do cristianismo sempre foi fundada na maneira como Jesus Cristo honrou as *Leis* impostas pela filosofia e pela teologia, é urgente sublinhar o fato de que sua Revelação se insere no cerne da própria contingência da história, segundo seu caráter acidental e não necessário, enigmático e não justificado, tão surpreendente como imprevisível. De fato, Jesus de Nazaré se insere na história geral dos homens a fim de atestar-se na singularidade de sua Pessoa como a Norma Concreta e Universal dessa história[2]. De que modo ele se impõe como sendo essa Norma? Não o faz calcando-se nos pressupostos depreendidos pela reflexão ocidental, fortemente inspirada no helenismo, mas pela explendor inaudito de sua Figura singular (*Gestalt*) que é aquela Glória com que resplandece o Amor crucificado de Deus (*Herrlichkeit*)[3]. Balthasar pretendia assim esclarecer sob uma nova luz

---

1. Prefácio de ALBERT BÉGUIN, tradução francesa do alemão *Theologie der Geschichte* (1950) por R. Givord, Paris, Plon, 1954, 199 p.
2. A título de complemento, remetemos à bibliografia mencionada por Jean-Yves Lacoste, sob cuja direção foi elaborado o *Dictionnaire critique de la théologie*, no verbete "Histoire", 540-544.
3. Essa tese é desenvolvida na primeira parte da trilogia intitulada *Herrlichkeit, Eine theologische Ästhetik*, col. 1, *Schau der Gestalt*, traduzida por R. Givord sob o título *La gloire et la croix*, col. Théologie nº 61, Paris, Aubier, 1965, 578 p.

o próprio fundamento de toda teologia cristã. Sua obra não se refere explicitamente aos *Exercícios* espirituais, embora ele tenha tido a experiência deles pessoalmente e os tenha depois interpretado por escrito[4].

Atualmente podemos confirmar a pertinência dessa tese balthasariana quando observamos que nossa cultura ocidental continua sendo mais confrontada com a contingência da Revelação cristã, a ponto de ser tentada a adotar o ponto de vista aparentemente mais universal das outras "religiões do livro", e principalmente das sabedorias vindas do extremo Oriente que reduzem a historialidade do cristianismo a uma forma entre outras de iluminação religiosa (*Avatara*). Será que a lógica dos *Exercícios* não leva o exercitante a enaltecer a excelência da Única "História" de uma maneira completamente diferente, valorizando ao máximo sua *contingência histórica*[5]?

1. Desde o "Princípio e Fundamento"

Desde o "Princípio e Fundamento" (EE 23), Inácio define o mais amplamente possível a contingência de toda história humana em referência às alternativas que cobrem todo o campo da indiferença: "1º) saúde-doença, 2º) riqueza-pobreza, 3º) honra-desonra, 4º) vida longa ou vida breve etc., 5º) desejando e escolhendo somente aquilo que mais nos conduz ao fim…". A análise desses pares por Gaston Fessard[6] mostra o que o redator dos *Exercícios* pretende abarcar na "contingência" e o que o exercitante é convidado a fazer. 1º (passado) e 4º (futuro) designam essa contingência, na medida em que minha liberdade não tem domínio algum sobre ela; 2º (presente) e 3º (futuro) focalizam, por outro lado, os dois setores sócio-históricos que "dependem ao máximo de meu apetite de fruição e de minha vontade de poder", de modo que eu possa livremente decidir sacrificá-los em razão desse único critério intencional: consagrar-me "somente àquilo que mais me conduz ao fim para o qual sou criado" (5º)[7].

---

4. Friedrich Kronseder, SJ, deu os Exercícios de 30 dias a Balthasar em 1927 em Wyhlen, depois dos quais este último entrou na Companhia de Jesus. JACQUES SERVAIS, SJ, estudou os comentários que Balthasar consagrou aos *Exercícios*, em especial *Christlicher Stand*, Einsideln, Joannes Verlag, 1977. ID., Au fondement d'une théologie de l'obéissance inatienne, *NRT* 116/3, 1994, 353-373.

5. Inspirando-se na filosofia dialética exercida por Gaston Fessard, o jesuíta ÉDOUARD POUSSET, se propôs descrever o segundo momento da liberdade como sendo o da "prova da contingência", em *Un chemin de la foi et de la liberté*, I: *"existence humaine et question de Dieu"*, curso dado na Faculdade de Teologia de Fourvière-Lyon, 1971, 106 p.

6. *La dialectique des Exercices spirituels*, II, 31-35.

7. Por uma espécie de contraprova, seria interessante verificar a que ponto o tomista jesuíta Francisco Suárez não logra integrar o campo da indiferença coberta pela conclusão do "Princípio e Fundamento". Em *Opera omnia*, XVI (bis), De religione Societatis Iesu, IX, c. 5, nº 10, 11 e 26, esse escolástico prefere justificar essa matéria fundando-a na preservação ou no aumento da virtude pessoal, reconhecendo que não vê o elo estabelecido com a Cruz pelo testemunho apostólico e por Inácio no nº 26: "[…] *juxta illud Petri* (1P 2,21): 'Christus mortuus est pro nobis, vobis relinquens exemplum, ut sequamini vestigia ejus.' *Fateor tamen ab hoc motivo numquam esse separabilem maiorem Dei gloriam, et maiorem fructum gratiae ac perfectionis spiritualis, caeteris, paribus"*. Suárez salienta assim a pertinência da conclusão (5º)

2. Passemos à primeira semana

a. O *primeiro colóquio* dos *Exercícios* oferece aos olhos do exercitante "Cristo, nosso Senhor, diante de mim, na cruz", e assim sou levado a lhe perguntar: "*como*, de Criador, se fez homem e como, da vida eterna, chegou à morte temporal e assim morreu por meus pecados" (EE 53) e, consequentemente, "o que tenho feito, o que faço e o que devo fazer por Cristo". Relembremos a esse respeito as grandes linhas de nossa interpretação.

Tal questionamento surge do mistério mais abissal da fé cristã, apoiando-se no rochedo mais indestrutível dessa fé: dois *fatos* atribuídos distintamente ao Pai e ao Filho pelos dois primeiros artigos do Símbolo dos Apóstolos[8], enquanto Inácio se permite imputar essas duas obras distintas a Jesus Cristo, atribuindo-lhe primeiramente o exercício da divina potência criadora, que ele detém como seu Pai — visto que ele é, em Pessoa, o Verbo artesão de todo o universo —, dado que "o Pai entregou ao Filho todo o poder 'sabático' de criar e de ressuscitar" (Jo 5,21 ss.). No entanto, eis que logo depois se insere o fato de que ele passou da vida eterna à morte temporal. Com Balthasar compreende-se facilmente que o Filho, como Criador, tenha chegado a "*fazer-se* homem", visto que o Filho encarnado quis transcrever temporalmente em sua obediência humana sua submissão à vontade de Deus, seu Pai, sem jamais antecipá-la, a fim de atestar assim a eterna *receptividade* que o constitui como Unigênito do Pai[9]. No entanto, que ademais ele tenha passado de um estado de vida a um estado de morte, tendo este a tendência de excluir aquele, isso não designa apenas um simples devir que insere a vida temporal na vida eterna, se considerarmos *a priori* que a Vida *eterna* não pode ser posta em causa por essa morte de ordem *temporal*. Inácio não teme, portanto, confrontar de imediato o exercitante com o abrupto mistério de uma execução da vida, que só será justificado na aurora da quarta e última semana, quando Inácio apresentará "a descida à mansão dos mortos da bem-aventurada alma de Cristo" (EE 219).

Por fim, o ápice desse enigma é então anunciado desta maneira: "e, assim, a morrer pelos pecados". Será possível que o pecado do homem, o meu e o de todo homem, seja responsável não apenas pelo *devir* humano do Filho de Deus, mas também por sua *passagem* da vida à morte? Como é possível que Deus se tenha submetido ao homem a ponto de se expor "ao ódio do mundo" (Jo 15,18 ss.) que o leva à morte?

b. No âmbito da *graça a ser obtida na primeira semana*, o confronto com o Criador preso na cruz visava a provocar no exercitante o máximo de *vergonha pudica* (*vergüenza*) e daquela *confusão* que rompe toda forma de pré-compreensão humana da relação entre a Justiça e a Misericórdia divina relativa à gravidade dos pecados cometidos e de seu perdão. De fato, a Cruz de Cristo simboliza de modo insuperável a extrema gravidade do

---

de EE 23, sem, todavia, assinalar, como propõe Fessard, que a terceira semana é puramente comandada pelo seguimento do Cristo sofredor, enquanto 5º remete mais à inspiração que comanda a quarta.

8. "Creio em Deus Pai, todo-poderoso, *Criador* do céu e da terra, e em Jesus Cristo, seu único Filho, Nosso Senhor, que foi concebido pelo Espírito Santo, nasceu da Virgem Maria, padeceu sob Pôncio Pilatos, foi crucificado, *morto* […]."

9. Cf. *La théologie de l'histoire*, cap. 1: Le temps du Christ, 31-48.

pecado do homem, capaz de executar o Verbo encarnado (cf. Jo 8,31-59), e junto com isso o fato de que o pecado possa ser vislumbrado como uma *felix culpa*, pois esse mesmo Verbo escolheu morrer "em nosso lugar". As tentativas empreendidas por Agostinho, Anselmo, Tomás ou Hegel de reconciliar racionalmente a Justiça e a Misericórdia divinas aparecem sempre como construções abstratamente insignificantes quando o olhar, mesmo suscitado pela imaginação, enfrenta o espetáculo do sangue derramado pelo Criador morto na cruz por causa dos nossos pecados; a compreensão desse mistério pela via régia do Amor conseguirá chegar tão somente a esta constatação: "Quão insondáveis são os seus julgamentos e impenetráveis os seus caminhos". (Rm 11,33b).

c. Essa releitura dramática iniciada desde a primeira semana nos convida a identificar o pecado original e originante ao "orgulho" que tomou a forma de "desobediência" à proibição de "comer da árvore da ciência" (EE 51), arrogando-se assim o poder divino de controlar todas as coisas criadas, isto é, negando a contingência radical de meu ser criado.

Antes mesmo de entrar na primeira semana, o exercitante foi prevenido de que devia "tornar-se indiferente" em relação a todas as coisas criadas, renunciando aos preconceitos que o levariam a excluir certas vias que lhe parecessem inassimiláveis à maior glória de Deus (EE 23). Tal "Princípio" de exposição da liberdade criada a toda forma de contingência histórica é autossuficiente em sua demonstração racional. No entanto, o exercitante já pode discernir o "Fundamento" que implicitamente reconhece a maneira como o próprio "Cristo nosso Senhor" respondeu à Justiça e à Misericórdia de Deus, seu Pai.

3. A entrada na "história" da salvação inaugurada pela segunda semana

Nossa análise exaustiva dos "mistérios da vida de Cristo" apresentados em sua respectiva seção levou-nos com frequência a compará-la à do tratado de cristologia que Tomás de Aquino foi o único a propor em sua época, seguindo o *cursus* temporal de sua história: *acta e passa Christi* (S. T., IIIa, qu. 27 a 59). A análise de cada um desses "mistérios" proposta pelo doutor começava sempre por explicar sua respectiva particularidade espaço-temporal, a fim de entender sua exemplaridade divina e soteriológica, para que então fosse aplicável a vida do cristão. Assim, Tomás se confrontou constantemente com sua contingência, sem jamais abster-se, porém, de compreendê-la recorrendo a toda uma rede de "necessidade" ou de "conveniência" própria para discernir aí a Sabedoria do Deus Criador e Redentor, estando subentendido que a simples contingência não é assimilável por essa "ciência" suprema constituída pela "doutrina sagrada", que se impõe a consideração de cada coisa criada *sub specie Dei*. De fato, tal objeto formal deve adotar uma forma racional de universalidade, à maneira como "o filósofo" Aristóteles fixou a regra: "A ciência é conhecimento da causa, do universal e do necessário"[10], ao passo que o singular, como por exemplo o futuro contingente, escapa necessariamente a essa ciência infusa no homem, exceto a Deus.

---

10. Cf. *Analytica posteriora*, I, 31, 87b, 38 e o comentário de J.-M. Le Blond, *Logique et méthode chez Aristote*, Paris, Vrin, 1970, 75-106.

Ao contrário, os *Exercícios* inacianos privilegiarão sempre o registro da particularidade e da singularidade, confrontando constantemente o exercitante com os fatos brutos dos *mistérios*, despojados de todas as justificações teológicas e soteriológicas. Além disso, os *Exercícios* sustentam que a compreensão plena desses mistérios só pode ser apreendida pelo reconhecimento de suas respectivas destinações singulares: "por minha causa e para mim". A partir daí, a compreensão da universalidade de cada mistério passa por essa captação da singularidade deles, como proveniente do alto para descer ao mais baixo das afeições corporais que eles provocam[11].

O alcance dessa singularização pode ser constatado em toda a *segunda semana*, quando se considera que a escuta do ensinamento de Cristo sobre as Bem-aventuranças (EE 278) só evidencia a exigência *moral* de segui-lo no caminho da "perfeição evangélica" sem antecipar a promessa da recompensa escatológica sempre salientada pelos Sinópticos. Essa escuta requer o pedido de que "eu não seja surdo a seu chamado, mas pronto e diligente para cumprir sua santíssima vontade" (EE 91, 4º). No entanto, se meu oferecimento a esse Rei eterno situa-se sempre "diante de vossa infinita bondade, de vossa Mãe gloriosa e todos os santos e santas da corte celestial" (EE 98), não é para que eu me distraia da obrigação presente de seguir o caminho da Cruz. Nas *duas Bandeiras*, a graça a ser pedida — de ser recebido sob a bandeira de Cristo — e transmitida pela tríplice intercessão do colóquio final pode e deve ser interpretada como a recusa de ceder ao domínio pleno da contingência intimada por Lúcifer, e opostamente como aceitação plena da contingência histórica segundo a qual "a suprema pobreza espiritual" pode convidar à "pobreza atual", exigindo a dependência própria da mendicidade.

No entanto, o ponto mais nevrálgico dessa exposição à contingência diz respeito à tolerância em "passar afrontas e injúrias". Não relembraremos aqui as condições de autenticidade espiritual da emergência de tal desejo (EE 147, 3º). Em todo caso, a espiritualidade dos *Exercícios* se afasta radicalmente da que compõe o lugar privilegiado onde se desenrolam as bodas da alma com Deus ao recorrer a "um jardim secreto", protegido das vicissitudes do mundo, a fim de que o Esposo se inebrie com os perfumes sutis que emanam de cada virtude e cada dom do Espírito Santo[12].

4. A terceira e a quarta semana

Assim como a segunda semana, correspondente à via iluminativa, teve de ser interpretada como o luminoso brilho do "Chamado do Rei eterno", as duas últimas semanas se engajam na via unitiva ao relatar o mistério do ato pelo qual Cristo celebrou a Ceia

---

11. Bem depois da redação definitiva dos *Exercícios*, a corrente "nominalista" se oporá a esse gênero de construção teológica apoiando-se em especial no caráter absolutamente "singular" e, portanto, encerrado em si mesmo, de cada coisa e de cada fato histórico.

12. A partir daí, é vão estabelecer correspondências entre a progressão desses *Exercícios* e a ascensão da alma para Deus, compreendida por Boaventura como a gratificação progressiva dos sete dons do Espírito Santo que culmina na Sabedoria; cf. Ephrem Longpré, La théologie mystique de saint Bonaventure, 48,50.

"instituindo o santíssimo sacrifício da Eucaristia, em grandíssimo sinal de seu amor" (EE 289, 3º). Esse "mistério" será abordado sob o ângulo do confronto supremo com a contingência, como o impõem "os três pontos complementares" próprios da terceira semana (EE 195-197). Estes não pretendem justificar essa nova prova, mas ao contrário salientam a espessura entenebrecedora do enigma em que a divindade se esconde, abstendo-se até de cobrir com sua proteção a Cristo nosso Senhor, a ponto de "deixar padecer tão cruelmente sua sacratíssima humanidade" (EE 196). A expressão contida na oração intercalada desse parágrafo acontece bruscamente: "poderia destruir seus inimigos, e não o faz". Seria então a divindade de Deus responsável pela entrega do "Filho amado" (EE 284, 3º) ao "ódio infundado do mundo" (Jo 15,25), a ponto de este último vir a perder sua própria identidade, sendo julgado e condenado como qualquer outro homem submetido a um julgamento iníquo[13]? É apenas no sexto dia dessa terceira semana que a justiça singular de Deus transparece, quando Jesus pronuncia na Cruz as sete palavras. Estas começam por reunir em sua oração aqueles atos humanos de injustiça provocada ou sofrida para que sejam confiados à intercessão da Igreja nascente em Maria e João, e concluem-se com a entrega de seu espírito nas mãos do Pai (EE 297, 1º). Em todo caso, o exercitante é instado a se associar voluntariamente (EE 196) com a livre decisão de Cristo disposto a sofrer a Paixão, como já o atestava a Agonia (EE 290)[14]. A solidariedade do exercitante com "o homem que aqui está" (EE 295, 3º) se realiza naquela graça de compaixão que o atinge da maneira mais intimamente singular, invadindo sua afetividade. Assim, o trabalho da memória, da inteligência e da vontade aplicado a esses mistérios só pode levar aonde se decifra e se realiza a concretização desse Sacrifício no espírito do terceiro preâmbulo (EE 203): "pedir o que quero: dor, abatimento, lágrimas, pena interior com Cristo" que sofre. A estreiteza desse caminho de resistência condiciona estritamente, portanto, o acesso a essa "via unitiva", e todo distanciamento especulativo trairia a exigência de se expor, no seguimento de Jesus, a essa contingência tão frequentemente cega e cruel.

---

13. Tomás de Aquino meditava de modo muito diferente sobre o mistério dessa Paixão, demonstrando de múltiplas maneiras como esta última recapitulou em si todas as formas de sofrimento humano provocadas por todas as categorias de seres humanos, segundo *S. T.*, IIIa, qu. 46, a. 5, resp. "1º) Primeiramente, Cristo sofreu da parte de todas as categorias de seres humanos: pagão e judeu, homem e mulher, senhor e escravo. 2º) Depois, quanto a todos os tipos de sofrimento moral que um homem pode suportar: em seus amigos, que o abandonaram, em sua reputação, pelas blasfêmias proferidas contra ele, em sua honra e sua glória, pelas chacotas e afrontas que teve de suportar, em seus bens, quando foi despojado de suas vestes, em sua alma, invadida pela tristeza, pela repulsa e pelo medo, em seu corpo, pelos ferimentos e golpes. 3º) Por fim, em relação a todos os membros de seu corpo e dos cinco sentidos: na cabeça, a coroa de espinhos; nas mãos e nos pés, a perfuração pelos pregos; no rosto, as bofetadas e as cuspidas e, no corpo inteiro, a flagelação. Além disso, sofreu por todos os sentidos físicos; pelo tato, quando foi flagelado e pregado na cruz; pelo paladar, quando lhe apresentaram fel e vinagre; pelo olfato, quando foi suspenso no madeiro no lugar chamado Calvário, que se tornara fétido pelos cadáveres dos supliciados; pela audição, quando seus ouvidos foram atingidos por blasfêmias e escárnios; por fim, pela visão, quando viu chorarem sua mãe e o discípulo que ele amava".

14. Lembremos que a cristologia — na forma de história — de Tomás de Aquino se abstina de apreender as "conveniências" do momento da Ceia em que Jesus instituiu a Eucaristia, seguida do momento de sua Agonia, por múltiplas razões teológicas e pedagógicas já expostas anteriormente.

No entanto, a narrativa inaciana do "mistério da Ceia" (EE 289) atesta sua originalidade por uma dupla forma de integração recapitulativa. Por um lado, o ato pelo qual ele próprio instituiu a Eucaristia (289, 3º) é posicionado após a celebração "da ceia e do lava-pés" (1º e 2º), com o intuito de manifestar que esses rituais já celebrados pela tradição judaica, e mesmo pagã (Hb 5,6 a 7,17, referindo-se a Melquisedec), são subsumidos no ato perfeito do "sumo sacerdote da nova Aliança". Por outro lado, cada um desses pontos é dominado pela presença lancinante da iminente traição de Judas, a fim de relembrar que essa "Eucaristia" só será plenamente realizada "na humanidade" (EE 195) pelo "santíssimo sacrifício" (EE 289, 3º) realizado por sua "sacratíssima humanidade que padece tão cruelmente" (EE 196). A partir daí, esse ato de instituição da Eucaristia poderá reivindicar o direito de se impor como garantia da recapitulação de toda a história passada, presente e futura, de toda a história humana, pelo simples fato de que "Cristo nosso Senhor sofre na humanidade ou quer sofrer", isto é, em sua própria liberdade, tão singular como verídica[15].

A *quarta semana* relata apenas as "aparições do Ressuscitado". O fruto a ser recolhido está escondido no mesmo húmus que o da terceira semana, a saber, ser tocado na intimidade do coração, não mais pelo dilaceramento vivido pelo Cristo dilacerado, mas de maneira igualmente extática: "pedir a graça de sentir intensa e profunda alegria por tanta glória e gozo de Cristo nosso Senhor". A partir daí, a surpresa provocada por essas aparições só pode ser total. Assim se atesta a sublime contingência da graça, que não pode ser antecipada por nenhuma reflexão teológica. Então se verifica ao máximo a excelência dessa recomendação inaciana de consagrar a atenção exclusivamente aos mistérios propostos durante a semana em que o exercitante se encontra, "como se nada de bom esperasse encontrar" na semana seguinte (EE 11). O alcance dessa anotação não se limita à sua eficiência psicológica, mas condiciona a receptividade experimental e verídica da graça propriamente teologal.

Um fruto tão puramente gratuito, foi confirmado pela "aparição do Ressuscitado à sua Mãe bendita", abrangendo apenas esse oferecimento extático de júbilo e alegria (cf. EE 223-224), sem por isso envolver a missão eclesial de anunciá-la, ao passo que os outros beneficiários das aparições seguintes terão a tarefa de proclamá-la. Prolongando essa interpretação de Ludolfo, o redator dos *Exercícios* propôs que essa mesma graça oferecida à "Virgem Maria" pudesse atestar o resplendor de seu Senhorio (*nuestra Señora*)

---

15. E visto que essa parte da nossa conclusão foi posta sob a égide da "teologia da história" balthasariana, não é inútil constatar que sua própria compreensão da instituição da eucaristia permanece demasiadamente inspirada nessa terceira semana, cujo alcance kenótico ele salienta. É então estimulante comparar o capítulo central de *La théologie de l'histoire* (cap. III, 79 a 111), que explica a doutrina comum da Igreja, com as páginas de sua obra *Trilogie*, que exacerbam a interpretação kenótica e dramática da Eucaristia: cf. *La gloire et la croix*, III, t. 2, 157-163 e, principalmente, *La dramatique divine*, III, t. 3, *La dramatique de l'Eucharistie*, 361-377. É igualmente significativo que Balthasar tenha sido convidado a deixar a Companhia de Jesus, depois de haver decidido se dedicar à fundação do Instituto São João, destinado a estar presente no mundo, à custa de um anonimato que sacrifica a visibilidade pública do sacerdócio.

sobre a Igreja nascente, de modo que sua virgindade deixe transparecer o Senhorio de "seu Filho e Senhor" (*nuestro Señor*), a fim de que "seu ofício de consolar" (EE 224) se estenda progressivamente a todos os homens. Inácio não imagina que a missão cristã não seja inspirada pela experiência desse encontro beatificante.

A contingência brutalmente agressiva do pecado experimentada por Cristo nosso Senhor à custa de seu sangue é assim transubstanciada em eternização desse "agora" oferecido pela divindade de Deus, que a partir daí envolve em sua plenitude o Corpo do Ressuscitado em cada uma de suas aparições "mostrando-se miraculosamente em sua santíssima ressurreição pelos seus verdadeiros e santíssimos efeitos" (EE 223). Por fim, essa contingência se identifica com aquela gratuidade absolutamente singular pela qual "Deus nosso Senhor quer dar-se a mim quanto pode" para além de todos os dons já recebidos dele, de modo que, em toda justiça, eu também deseje me entregar por completo a ele (EE 234).

C. A DOAÇÃO VIVA DO ESPÍRITO

Por um lado, os *Exercícios* inacianos pretendem conciliar o respeito rigoroso ao processo temporal dessa "História", proibindo toda prospectiva, e por outro um ensinamento espiritual que abre a possibilidade de *antecipar* a plenitude da vida sobrenatural prometida pelo Espírito de Cristo.

Desde a *primeira semana*, a força da tristeza do pecado cometido teve de ser entendida como "desolação contrária" aos três tipos de "consolação divina e espiritual" (EE 316) prometidos já nessa semana inaugural. Da mesma maneira, a fim de conduzir até a eleição pessoal, a segunda semana supunha que a influência ambígua "do bom e do mau anjo travestido em anjo de luz" fosse compreendida como as várias "consolações *com causa*", e assim estas últimas só podiam ser lógica e existencialmente compreendidas sob o pano de fundo da "consolação *sem causa precedente*", escondendo sob sua expressão negativa a misteriosa plenitude divina de um Chamado que seduz indubitavelmente determinada vontade humana. Por sua vez, essa "regra" arquetípica enunciada em EE 330 teve de ser antecipada em EE 329 por aquela que singulariza o agir íntimo de Deus e de seus anjos, dando, pelas moções deles na alma, "verdadeira alegria e gozo espiritual, tirando toda a tristeza e perturbação, induzidas pelo inimigo" da natureza humana (EE 329). Do ponto de vista lógico e existencial, essa graça espiritual antecipa desde o início, portanto, a contemplação da "História de Jesus Cristo nosso Senhor", o que só será contemplado historicamente em seu termo, para além da realização do "santíssimo sacrifício da Eucaristia" pela Paixão, quando o Ressuscitado multiplicará em profusão suas "Aparições" atestadas "sem causa precedente", visto que ele é doravante capaz de aparecer "estando todas as portas fechadas" (EE 304, 2º) e de "desaparecer depois de lhes haver dado a comunhão" (EE 303, 3º), a fim de realizar "seu ofício de consolador", oferecendo exclusivamente nele "a alegria e o júbilo".

A *terceira e a quarta semana* não propõem regras de discernimento que lhes sejam próprias, tanto é que a iniciação aos arcanos do "Espírito" já predispunha o exercitante envolvido com as duas primeiras semanas não apenas a apreender teoricamente o alcance arquetípico da "consolação" sob todas as suas formas mais propriamente divinas (EE 316 e 320-330), mas principalmente a acolhê-las de modo experimental, como garantia da contemplação futura proposta durante as duas últimas semanas. Será necessário e suficiente, portanto, que duas séries de "pontos complementares" (EE 195-197 e 223-224) guiem o contemplativo para a graça própria da "via unitiva", cujo fruto é reconhecer que a Páscoa do Senhor realiza o que significa. Segundo o apóstolo Paulo, assim como por meio do batismo sacramental "fomos totalmente *unidos*, assimilados à sua morte, sê-lo-emos também à sua Ressurreição" (Rm 6,5), visto que "nosso velho homem foi crucificado *com* ele [...] cremos que também viveremos *com* ele" (ibid., v. 6 e 8). Na perspectiva de Inácio, essa graça batismal se verifica em seu mais alto grau na própria contemplação desses mistérios, visto que eles são o lugar do desdobramento integral da "liberdade do livre-arbítrio" (EE 23), desde a via *purgativa* e *iluminativa* até a vida *unitiva*, graça antecipada do Espírito.

No entanto, convém também experimentar o abismo aprofundado por essas duas últimas semanas, ainda mais porque a apropriação respectiva delas pelo exercitante se realiza pela descida ao nível das afeições mais íntimas, assim como o Filho de Deus desceu até seu corpo "sacratíssimo" e o dilaceramento de sua "carne". Convinha, portanto, que o pedido do que eu quero na terceira semana (cf. EE 193) não deixasse em nada pressagiar aquele que viria substituí-lo na quarta semana, segundo EE 221. Os *Exercícios* propõem, então, que se "sinta" da maneira mais radical possível a heterogeneidade dessa "desolação" experimentada pelo próprio Cristo sofredor em relação à "consolação" identificada a seu Corpo glorioso e comunicada por suas Aparições.

Por fim, a *Contemplación para alcançar Amor* (EE 230 ss.) libertará o potencial condensado nessa Única "História", desdobrando no "Espírito" o gesto do Amor divino que abarca toda a criação, e singularmente o oferecimento de cada exercitante; assim, a matéria desses quatro *pontos* sucessivos refletirá a fecundidade universal e eterna dessas quatro *semanas* contempladas inicialmente segundo seu curso temporal e espiritual.

Será que é preciso relembrar que essa concomitância do dom do Espírito com a contemplação da história da salvação não anula a precedência da "história", mas reforça-a, na medida em que o único caminho da Cruz de Cristo que leva à glória "de meu Pai" (EE 95) foi iniciado apenas pelo Filho e Verbo do Pai, de modo que sua decisão de se consagrar "inteiramente a seu Pai" precederá sempre a que será decifrada pelo discernimento espiritual dos que podem tão somente "seguir" aquele que a traçou como "Pioneiro" (EE 135)? Nesse sentido, o Caminho que ele é em sua humanidade (Jo 14,6) jamais é traçado como alternativa de discernimento, mas é o Postulado mais fundamental a partir do qual cada homem terá de se situar pessoalmente, discernindo até onde o Espírito pode levá-lo para essa "semelhança" do Crucificado agora Ressuscitado[16]. É ele que, no interior da Igreja militante, conduz o combate contra Lúcifer, convidando todo homem "à maior

---

16. Essa presença da história da salvação como Norma universal de todo discernimento foi fortemente salientada por Hugo Rahner quando este tratou da "cristologia dos Exercícios" no décimo terceiro capítulo de seu livro principal: *Ignatius von Loyola als Mensch und Theologe*.

pobreza espiritual" (EE 136), a única que pode torná-lo disponível à "pobreza material" (EE 155), aceitando sofrer as injustiças e os opróbrios suportados antes dele por Cristo, conforme o agrado de Deus e a aquiescência serena do exercitante (EE 147).

Por isso, nosso ensaio quis decifrar a apresentação inaciana de todos os "mistérios" da vida de Cristo, até em sua abreviação significativa, supondo que ela é exemplarmente normativa de toda regra de discernimento espiritual. É também nessa perspectiva que sublinhamos constantemente a maneira como o redator dos *Exercícios* impõe a seu exercitante a factualidade da narrativa evangélica, despojando-a de toda justificação teológica, inclusive daquela que os Evangelhos e as Cartas apostólicas propuseram explicitamente após a releitura pascal que fizeram dos acontecimentos. Para que tal facticidade se tornasse transparente à verdade da Aliança das liberdades divina e humana, cumpria, portanto, que fosse confiado ao Espírito o encargo de levar cada exercitante "à verdade inteira", conforme à recomendação sustentada pela segunda anotação.

D. NA IGREJA, "ESPOSA DE CRISTO, NOSSA MÃE"

1. *a.* A fim de iniciar seu exercitante no paradoxo dessa soberana liberdade do Espírito cruzada com a árdua progressão da transformação da carne assumida por Cristo nosso Senhor em sua Encarnação, o redator dos *Exercícios* reinventou "o chamado do rei temporal (que) ajuda a contemplar a vida do Rei eterno" (EE 91 ss.), situando-o como pórtico hermenêutico das três últimas semanas. É nele que as economias distintas da "História" e do "Espírito" se harmonizam no interior da atualidade da única Igreja já glorificada ou ainda entregue à militância. De fato, é o mesmo "Chamado do Rei eterno" que ressoa na "corte celeste", e ao mesmo tempo alcança os membros de seu Corpo, entregue ao combate das Bandeiras brandidas, seja por Lúcifer, seja pelo "verdadeiro e supremo Chefe dos bons" (EE 136 ss.). Essa graça eclesial que habita a "História" é particularmente solicitada e concedida na prática constante do *tríplice colóquio*.

b. No entanto, há outro pressuposto enraizado nas profundezas da tradição mais ancestral da Igreja que esclarece o "mandar fazer" dos "Exercícios" no espírito da *2ª Anotação*. O exemplo que segue é extraído de nossas análises detalhadas de cada um dos "mistérios" cristológicos. Muito excepcionalmente, Inácio pôs esta frase na boca do Jesus ressuscitado que se dirige a Tomás, a qual tende a justificar a permanência de seus estigmas: EE 305, 2º: "Mete aqui o dedo *e vê a verdade*, não seja incrédulo, mas fiel". Tal concepção da "verdade" é ilustrada de modo sublime pela visão à qual remete: as chagas suportadas pelo Cristo sofredor permanecem em seu corpo ressuscitado como sinal indubitável do triunfo da Fidelidade de Deus, resistindo por Amor ao ódio infundado do mundo (Jo 13,1 ss.).

Essa compreensão da "verdade" enraíza-se na tradição semítica que a Bíblia professa. Superando uma apreensão *noética* da verdade como "adequação do ser ao intelecto que o conhece"[17], os *Exercícios* propõem que a pessoa entre na escola da "verdade" bíblica

---

17. TOMÁS DE AQUINO, *S. T.*, Ia, qu. 16, a. 2 co e *De veritate*, qu. 1, a. 1.

('èmèt), que outra coisa não é senão a "fidelidade indefectível" de Deus à sua "aliança da graça" (hèsèd), atestada ao longo de toda a história do povo eleito, não obstante a infidelidade de seus membros. Essa estabilidade inquebrantável da Aliança não raro está ligada aos atributos de justiça [sdq] (Os 2,21ss.) e de santidade [qôdès] (Sl 71,22) e atesta-se por "suas Palavras, que são verdade" (2Sm 7,28). Na tradição sapiencial mais tardia, essa Palavra será personificada pela Sabedoria, a verdade revelada; para Daniel, "O Livro da Verdade" torna a escrever o mistério do desígnio de Deus. Seu povo é então convidado "a caminhar na verdade de Deus" (Sl 25, 26 e 86).

O Novo Testamento, e o Evangelho joanino com excelência, recapitula esse ensinamento em Jesus Cristo "que é o Caminho, a *Verdade* e a Vida" (Jo 14,6), de modo que o acesso a essa Verdade, identificada a sua Pessoa singular, seja radicalmente condicionado por essa recepção da plena liberdade que ele próprio oferece em seu Espírito: "Se permaneceis na minha palavra, sois verdadeiramente meus discípulos; conhecereis a verdade e a verdade fará de vós homens livres" (Jo 8,31b.36). Essa compreensão da "verdade" modela, a partir daí, a resposta do discípulo fiel: "Aquele que *age* segundo a verdade *vem* à luz para que suas obras sejam manifestadas, já que são praticadas em Deus" (Jo 3,21). O apóstolo Paulo tem uma consciência muito viva da "verdade do Evangelho" — da *resistência* que ela opõe à infidelidade dos homens —, a ponto de Abraão ser "o pai de todos os crentes... esperando contra toda esperança... que Deus tem o poder de cumprir o que havia prometido" (Rm 4). Todo o procedimento inaciano proposto nesses "exercícios" é matricialmente inspirado por essa compreensão da "verdade" bíblica, na maneira de "dá-los" e de "recebê-los".

Ainda que Inácio jamais se tenha referido a essa doutrina bíblica da "verdade", pois não dominava o hebraico como seu companheiro Jerônimo Nadal, parece-nos evidente que sua escuta pessoal da Escritura proclamada na liturgia da Igreja só podia confirmar suas visões místicas do tempo em que, já em Manresa, Deus o ensinava pessoalmente "como um professor ensina a criança". A partir daí, o julgamento preferencial de que "não é o muito saber que sacia e satisfaz a pessoa, mas o sentir e saborear as coisas internamente" (EE 2) não pode ser reduzido a uma interpretação intimista da vida espiritual, mas é o lugar em que a alma implica integralmente sua salvação universal segundo a normatividade "dessa Verdade" que recapitula em si o mistério trinitário da Aliança em seu ocultamento histórico.

c. Sem pretender submeter a lógica inaciana a uma conceituação que lhe seria estranha, parece estimulante desdobrar "a lógica existencial" subjacente a esses *Exercícios* recorrendo à distinção entre o "noético" e o "pneumático" desenvolvida pelo filósofo cristão Maurice Blondel († 1949). Esta permitiria caracterizar o alcance "noético" do universo contemplado na "História" de Jesus Cristo, pois atribui a prioridade à relação entre a *parte* e o *todo*, como o expressa a postura do "Rei eterno, com o mundo inteiro diante dele, que chama todos e cada um em *particular*" (EE 95), pelo simples fato de que sua Encarnação o situa diretamente no espaço e no tempo criados nele (cf. 104). Por outro lado, a obra própria de seu "Espírito", independente de toda encarnação, conjugaria melhor a disposição personalizante e "pneumática" do *singular* e do *universal*, visto que esse

Espírito "se une a nosso espírito" inspirando o gemido em que nasce na dor a criação, enquanto se espera a epifania gloriosa dos filhos de Deus, em conformidade com nossa interpretação da *Contemplación para alcançar amor* (EE 230 ss.). É então graças a esse Espírito que o "eu" do Cristo Jesus alcança imediatamente meu próprio "eu" por meio do compromisso de um no seguimento do outro e da "consolação espiritual" em que se entrelaça a intimidade deles[18]. Desse ponto de vista, nossa conclusão se contenta em sugerir a correspondência dos dois eixos inacianos usados nesses *Exercícios* teológicos com a distinção blondeliana legitimamente estabelecida sobre a autonomia da filosofia.

2. *a*. Se nos referirmos agora à revolução cultural iniciada e suportada na Igreja no século XVI como transferência de uma concepção à outra da "consciência"[19], convém lembrar que os *Exercícios* inacianos oferecem a possibilidade de integrar a transição de uma percepção objetiva, noética e moral da noção de "consciência" como sede privilegiada da sindérese (cf. Tomás de Aquino) para uma compreensão mais amplamente subjetiva de uma "consciência" vulnerável às afeições desordenadas e aos preconceitos de uma razão que pretende projetar seus raciocínios de todo tipo.

Lutero relativizou o alcance dessas exigências morais limitando-as ao âmbito das obrigações intramundanas, a fim de relembrar que a prática dessa moral correspondente "à justiça ativa" não pode em caso algum substituir a "justiça passiva", a única que justifica o homem pela graça da fé em Jesus Cristo pela eternidade. No entanto, a nosso ver, o reformador sublinhou tanto a heterogeneidade transcendente dessa graça "forense" que essa consciência "diante de Deus" foi subjugada pelo Julgamento de Deus três vezes santo, a ponto de ela ter sido obrigada a confessar "a inadequação total da liberdade humana ao livre-arbítrio de Deus", e a partir daí o limite intransponível do "servo-arbítrio" humano. Que a liberdade humana possa se orgulhar de converter sua idolatria em adoração a Deus, isso deve ser compensado pela lembrança de que na realidade ela não passa de uma "besta de carga montada alternadamente por esses cavaleiros que são Satanás ou o próprio Espírito de Deus"[20].

Já os *Exercícios* inacianos são capazes de educar a consciência ao respeito da sindérese (EE 314), ao mesmo tempo em que propõem um caminho de discernimento capaz

---

18. Segundo a dialética blondeliana, essa geração é do âmbito do "pneumático": como o assinalaram A. de JAER; A. CHAPELLE, Le noétique et le pneumatique chez Maurice Blondel [...], 623: "O parto da vida espiritual e eterna é fruto da atividade pneumática 'pensada, refletida, adequada, mediadora, iluminadora, realizadora' que faz passar a apreensão noética do universo, em que cada pessoa já está situada como uma parte do todo, para a experiência personalizada em que ela se atualiza". Consulte-se também PAUL FAVRAUX, *Une philosophie du Médiateur: Maurice Blondel*, prefácio de Peter Henrici, Paris/Namur, Lethielleux/Presses Universitaires de Namur/Culture et Vérité, 1987, 406 p., e EMMANUEL TOURPE, *Penser l'être de l'action. La métaphysique du "dernier Blondel"*, Paris/Louvain, Peeters, 2000, 344 p.

19. Cf. JOHN WEBSTER, Conscience, DCT, 258-260; MARIE-JO THIEL, Conscience, em LAURENT LEMOINE, (dir.), *Dictionnaire encyclopédique de l'éthique chrétienne*, Paris, Cerf, 437-455.

20. Cf. MARTINHO LUTERO, WA 18, 635, traduzido em *Œuvres*, t. 5, 53 e citado por G. EBELING, *Luther, Introduction à une réflexion théologique*, cap. XIII: Liberté et servitude, a propósito da controvérsia entre Erasmo e Lutero sobre o livre-arbítrio ou o servo-arbítrio em 1525, Genève, Labor et Fides, 1983, 187.

de levar progressivamente o exercitante a seu termo, "a liberdade do livre-arbítrio", sem subestimar a porosidade de sua carne à servidão do pecado. A vida purgativa será então submetida à dolorosa mortificação das afeições desordenadas como condição de acesso a essa via iluminativa compreendida como escuta incondicional do Chamado do Cristo, envolvendo o combate espiritual sob a bandeira de Cristo até a determinação mais integral e mais pessoal de sua eleição. Concretizada, essa eleição levará depois à via unitiva, captada como êxtase da afetividade inteiramente absorvida pela contemplação da Páscoa do Senhor em que é atravessado o abismo da morte à vida. Esse dinamismo de libertação da "liberdade do livre-arbítrio" pressupunha que a graça se apoiasse nas "potências naturais" da razão e de um "livre-arbítrio" capaz de superar a ignorância e o cativeiro provocados pelo pecado. Mesmo no inferno, Deus permanece fiel à "criação em graça" dos condenados. E, para quem se encaminha cada vez melhor por meio dos Exercícios, a oração preparatória (EE 46) de cada hora de oração atesta a que ponto o livre-arbítrio pode ser confirmado em sua retidão teologal por aquela graça capaz de elevar a natureza criada. Nesse sentido, apenas, Hugo Rahner tinha razão em assinalar que a cristologia dos *Exercícios* se apoiava na primazia da Criação, enquanto Lutero sempre compreendia de imediato o primeiro artigo do Credo como a denúncia do pecado da idolatria de todo homem, sem se demorar perscrutando esse mistério da criação[21].

b. Em comparação com a *cristologia tomasiana* desenvolvida na *Suma teológica*, os *Exercícios* restauram a prioridade da História sobre o Espírito, enquanto a *Suma* só integra a cristologia, mesmo sob a forma de curso histórico, em sua IIIa Pars, isto é, depois de haver demonstrado que o retorno espiritual da criatura racional para sua origem divina devia realizar-se ao atuar a potencialidade de sua liberdade natural elevada pelas virtudes teologais e pelos dons do Espírito Santo. A partir daí, o discurso cristológico da IIIa Pars só precisava confirmar essa elevação do espírito enraizando-o na carne de pecado que Jesus Cristo assumiu em sua inocência, a fim de torná-la capaz de acolher todos os sacramentos da salvação (IIIa Pars, qu. 60 ss.), cuja eficácia lhes é conferida pelos *acta et passa Christi* (qu. 27 a 59). Essa cristologia recapitula nessa humanidade "plena de graça e de verdade", e igualmente encarnada, o movimento de *exitus* e de *reditus* na perfeição de seu ato sacerdotal mediador da comunicação das dádivas de Deus aos homens, e inversamente a oferenda perfeita do homem a Deus. Por isso "esse sumo sacerdote da nova aliança" (Hb 9,15) devia ser equipado com uma dupla forma de conhecimento, a de *comprehensor*, que lhe permite guiar o homem para sua "visão beatífica da essência divina", e a outra, experimental, que lhe ensinou a oferecer-se a si mesmo vertendo na Cruz seu próprio sangue como *viator*, o Pioneiro da salvação (Hb 2,10).

Os *Exercícios* submetem essa forma de recapitulação a um retorno às fontes históricas, invertendo por assim dizer a ordem de precedência do *Christus comprehensor et viator* — isto é, impondo prioritariamente a contemplação do *Christus viator* do início ao fim das quatro semanas, de modo que sua encarnação seja apreendida como um ocultamento kenótico, chegando a despojar a memória do exercitante de toda referência à

---

21. Basta referirmo-nos aqui ao enunciado tanto do *Grand* como do *Petit cathéchisme*.

miraculosa concepção virginal do Menino[22]. No entanto, se todos esses "mistérios" são decifrados à luz do Rei eterno que chama "diante da corte celeste" da Igreja já parcialmente triunfante, a nosso ver isso é feito a fim de salientar de maneira realista como esse termo glorificador só pode ser encontrado pela Igreja militante por meio da entrada nesse combate das *duas Bandeiras* já iniciado no plano mais material do apego às riquezas. Os *Exercícios* não pressupõem, portanto, que a cristologia tomasiana constitua o cânone teológico da fé cristã, normativa da contemplação pessoal de um cristão culto[23].

Consequentemente, esse recenseamento inaciano sobre o ato de Chamado de Cristo evidencia "o risco" (Balthasar) assumido por "Cristo nosso Senhor" de ter de suportar a recusa do homem: "Disse em alta voz: 'tenho sede'" (EE 297, 1º)[24]. A partir daí, a leitura inaciana da vida do Salvador se insere espontaneamente na linha de uma "dramática divina" que, sem se confundir com uma tragédia, já se encontra orquestrada pela encenação inaciana da Encarnação[25]. Já a sabedoria tomasiana se inspira num modo de memória do mistério tipicamente *abrangente* e *noético*, visto que se desdobra como "Ciência de Deus *impressa* no espírito"[26], podendo assim atribuir-se o privilégio de interpretar a origem criacional da história da salvação à luz de seu termo, que é a Ressurreição do Verbo encarnado.

Quanto ao percurso inaciano, ele sempre permanece enraizado no tempo do *homo viator* orientado para aquele Fim que ele não pode conquistar definitivamente neste tempo terrestre. Se, no entanto, a *contemplação para alcançar amor* já oferece ao exercitante a

---

22. É também a razão pela qual, contrariamente à tradição sinóptica e à teologia medieval, o redator dos *Exercícios* atenua a atestação pelo próprio Cristo de sua soberana autoridade de mestre e de sua presciência do mistério pascal, já atestada, no entanto, pelo tríplice anúncio de sua Paixão-Ressurreição nos sinópticos. Inácio tampouco considera que a contemplação de sua Transfiguração deva necessariamente fazer parte da segunda semana, ao passo que para o Aquinense esse mistério constitui o ponto culminante da vida pública de Jesus, pois tem a função exemplar de prefigurar o último renascimento de todo homem na glória, assim como seu batismo concluía "sua entrada no mundo", ao significar sacramentalmente o primeiro renascimento do homem pela fé graças à sua imersão na "água e no Espírito", segundo *S. T.*, IIIa, qu. 45.

23. Lembremo-nos de que na IIIa Pars da *Suma* os termos que representam o chamado de Cristo são raríssimos. Essa carência se justifica pela atribuição ao Espírito de Amor e de Liberdade do dinamismo moral e místico que propulsiona a criatura racional para o Bem supremo, que é Deus e sua Bondade infinita, já anteriormente explorado na imensa segunda parte dessa Suma. *S. T.*, Ia-IIae, qu. 106 a 108 é assim consagrado à "nova Lei", cuja excelência se verifica "principalmente" pela própria infusão desse Espírito em nossos corações, e apenas "secundariamente" pelos documentos escritos transmitidos pela Igreja, pelo fato de que "a letra mata, ao passo que o Espírito vivifica".

24. H. U. von Balthasar desenvolveu esse aspecto em sua obra *Dramatique divina*, que constitui a segunda parte de sua Trilogia.

25. Tal dramatização é mais que abundantemente confirmada pela maneira como os três sinópticos, e principalmente João, testemunham o confronto do Verbo com a recusa daqueles que pretendiam haver alcançado a perfeição da fé (cf. Jo 8,31-59), o que seu Prólogo traduz antecipadamente: "Ele veio para o que era seu, *e os seus não o acolheram. Mas aos que o receberam, aos que creem em seu nome, deu-lhes o poder de se tornarem filhos de Deus*" (Jo 1,11-12).

26. *S. T.*, Ia, qu. 3, ad 1: "[…] *potest sacra doctrina, una existens, considerare sub una ratione, inquantum scilicet sont divinitus revelabilia: ut sic sacra doctrina sit velut quaedam impressio divinae scientiae, quae est una et simplex omnium*".

possibilidade de ser *comprehensor* do mistério inteiro em que Deus "deseja comunicar-se a si mesmo" à alma, para que assim esta seja capaz de responder a isso "em toda justiça", essa forma de recapitulação abrangente só se realizará em cada Instante de recolhimento interior oferecido pela graça do Espírito. Essa graça mais insigne reforçará a perseverança do homem peregrino enquanto essa alma não for plenamente transfigurada até em seu corpo de carne (cf. EE 368 a 370).

E. A ORIGINALIDADE INTRÍNSECA DOS EXERCÍCIOS INACIANOS

O que lembramos até agora nos leva a esta conclusão: os *Exercícios* inacianos pretendem confiar à responsabilidade humana e espiritual de cada exercitante a experiência primordial da vida cristã na "Hora" em que ela sempre se renova. Assim, eles nos predispõem a saciar a sede na fonte original da tradição do Evangelho, acolhendo seu único Hermeneuta, que é o "Espírito da Verdade", aquém e além de qualquer elaboração sapiencial subsequente.

De fato, as diretrizes práticas contidas nessas diversas "seções" dos *Exercícios* têm uma única pretensão: tornar "o espírito, a razão e o corpo" do exercitante disponíveis para essa graça propriamente divina da "consolação" pascal do Espírito, o único que lhe permitirá compreender a contingência do advento histórico de Jesus Cristo, a fim de que ele encontre aí o caminho de sua própria libertação, respondendo a seu Chamado tão singular quanto universal. Esse tipo de radical reabastecimento na fonte caracteriza a originalidade desses *Exercícios* da maneira mais decisiva, de modo que todas as expressões culturais e tradicionais que essa obra adota, negligencia ou corrige, nela encontram sua justificação. Ademais, em Manresa as "visões intelectivas" dos mistérios de Deus de que Inácio desfrutou pessoalmente confirmam tal "originalidade".

Para ilustrar essa afirmação, nada mais impressionante do que assinalar um ou outro testemunho relatado por Polanco no primeiro volume de suas *Crônicas* da história da Companhia. Escrevendo a Inácio, o bispo de Palência o parabeniza por se esforçar "como o Bem-aventurado Apóstolo Pedro, para levar a ordem sacerdotal de volta à primitiva forma de sua perfeição e de sua pobreza", e o dominicano Luís de Granada, um dos mestres espirituais da Espanha, declara em seus sermões de 1551 que a vocação da Companhia é "levar os homens de volta à santidade original". Nos países de missão, os grupos de cristãos reunidos em torno de certos companheiros declaram que eles apresentam "o aspecto e o rosto da Igreja primitiva". Em 1548, em Portugal, as reconciliações e as conversões ganham tal amplitude que "manifestam no exterior a *energeia Verbi Dei* que trabalha as almas a partir de dentro". Esse tipo de testemunho é reforçado pelo fato de muitos companheiros serem fragilizados ou mesmo sobrecarregados pela tarefa apostólica e de não haver proporção entre seu modesto talento de pregadores e os frutos espirituais recolhidos pelos ouvintes. "Mas esse tesouro, nós o carregamos em vasos de argila, para que esse poder incomparável seja de Deus e não nosso" (2Cor 4,7).

Essa juventude eterna da missão primitiva se origina na experiência dos *Exercícios* espirituais, que têm a pretensão de tornar o exercitante disponível ao Mistério paterno da "divina Majestade" pela "História" de Jesus Cristo em seu "Espírito". Nesse sentido, esses *Exercícios* jamais estarão sujeitos ao envelhecimento inexorável de qualquer ideologização do cristianismo, porque são diretamente inspirados pela experiência mística em que Deus "deseja comunicar-se" na superabundância de sua própria Vida, a fim de que todo homem possa, por sua vez, responder a isso em toda justiça pela oferenda plena de sua liberdade: *dadme vuestro amor y gracia, que ésta me basta.*

PRINCIPAIS REFERÊNCIAS BIBLIOGRÁFICAS

Quanto à bibliografia dos *Exercícios* espirituais inacianos, consultem-se:

GILMONT, J.-F., DAMAN, P. *Bibliographie Ignatienne (1894-1957)*. Col. Section historique nº 17, Paris/Louvain, DDB/Museum Lessianum, 77-180.

ARZUBIALDE, Santiago. *Ejercicios Espirituales de S. Ignacio, Historia y Análisis*. Col. Manresa nº 1, Bilbao/Santander, Mensajero, 1991, 859-884.

IVENS, Michael. *Understanding the Spiritual Exercices*. Wiltshire BA14 OXB: Cromwell Press, 1998.

Diccionario de Espiritualidad Ignaciana, Bilbao, Mensajero, 2007.

BACmaior 104, Biblioteca de Autores Cristianos, *Obras S. Ignacio de Loyola*, Madrid, 2013, *Indice de materias*, 1003-1044.

Nossas citações das diferentes versões dos *Exercícios* provêm de MHSI, *Sancti Ignatii de Loyola, Exercitia Spiritualia, Textuum antiquissimorum nova editio*, vol. 100, Roma, 1969.

Consultar o site: http://www.jesuitica.be/links/#research_centres_programs;Ignaziana.org, dirigido pelo CIS da Universidade Gregoriana.

ÍNDICE ONOMÁSTICO

Em vez de uma bibliografia seleta, propomos um índice alfabético dos principais autores, frequentemente citados, remetendo às páginas em que esses autores são mencionados no texto contínuo e nas notas. Os números em negrito mencionam as páginas em que a obra de um autor está consignada com todas as suas referências.

ESCRITOS DE INÁCIO DE LOYOLA (EXCETO OS *EXERCÍCIOS ESPIRITUAIS*)

Cartas 75, **104**, **156**, **231**, 240, 264, 289, **439**, 473, 474
Constituições **143**, 156, 271, 310, 311
Diário espiritual **159**, **218**, 245, 293, 310-316, 419
Diretório autógrafo **267**
Fontes narrativi **188**, 243, **310**, **477**
Formula Instituti **467**, **468**
O relato do peregrino 17, 26, **29**, 34, 45, 99, 208, 218, 243, 277, 314, 322, 355

AUTORES ANTERIORES A 1600

ACQUAVIVA, Claudio (Diretórios de 1599) **19**, 67-70, 78, 79, 148, 192, **196**, 204, 213, 245-248, 252, 255, 261-265, 268, 271, 301, 445, 448
AGOSTINHO **22**, **46**, **83**, **121**, **129**, **130**, **164**, **177**, **178**, **184**, 227, 237, **238**, **348**, 354, 359, 360, 415
ANSELMO DE CANTUÁRIA 94, 124, 202, 337, 373, 486
ATANÁSIO DE ALEXANDRIA **86**-88, **298**, **438**
BERNARDO DE CLARAVAL 74, 93, **97**, **166**, 205, 210, 358, 360

BOAVENTURA 24, 57, 154, **160**, 185, 214-218, 225, **296**, 305, **368**, **370**, 419, **424**, 428, **440**, 442
CALVINO, João 228, 229, 451, **452**
CASSIANO, João 74, **89**, **161**, **261**, 302
CISNEROS, García de 24, 51-53, 56-60, 234

DIÁDOCO DE FOTICEIA **90**, **91**, **163**, **239**, 298, 305

ERASMO, Desidério 27, 28, 31, 287, 394, 452, 462
EVÁGRIO PÔNTICO **88**, 161

GAGLIARDI, Achille **19**, 96, 155
GERSON, Jean **57**, 58

LUDOLFO DA SAXÔNIA 41, **42**-51, 53-56, 123, 185, 198, 206-208, 212, 224, 234, 239, 250, 276, 300, 308, 317-320, 322, 323, 332-334, 337, 338, 342-343, 346-352, 356, 358, 359, 364, 372-375, 380, 384, 392, 395, 396, 398-401
LUTERO, Martinho **26**, 27, **31**, **36**, 80, 81, **102**, 172-175, 210, 228, **344**, 434, 443, 451, 469-472, 474, 494

MÁXIMO CONFESSOR **91-93**

NADAL, Jerônimo 34, 36, 37, **68**, 73, 131, 138, 198, 208, 214, **216**, 243, 271, 303, 339, 360,

414, 431-433, 450, 451, 454, 459, 462, 471, 472, 474

Orígenes de Alexandria **85**, **86**, **202**, 211, 435

Tiago de Voragine **29**, 144, 380, 384, 396, 401

Tomás de Aquino **61**-65, **70**, 77, 87, 98, 101, 104, 106, **121**, 123, **125**, 127, 133, 145, 147, 152, 156-161, 164, **168**, 177, **178-182**, 187, 198, 202, 205, **215**, 217, **238**, 239, 276-278, 281, 291-293, 301, 306, 316, 321-323, 326, **348**, 353, 365, 367, 371, 383, 395, 406, 415, 418-420, 422, 427, 434, 437, 439-443, 474, 488, 492, 495, 496

Tomás de Kempis **23**, 48, 100, 106, 135, 162, 166, 328, 329, 391, 460

AUTORES MAIS RECENTES

Arzubialde, Santiago **32**, 47, 68, **90**, 99, 100, 101, 110, 148, 153, 155, 156, 162, 163, 166, 214, **236**, 246, 262, 265, **271**, 290, 299, 419, 445, 449, 474

Balthasar, Hans Urs von **113**, **181**, 182, **200**, **214**, 303, **383**, 396, **405**, **465**, **483**, 489

Barth, Karl **232**, 233, **466**

Bertrand, Dominique **93**, 94, **241**

Blondel, Maurice 134-136, 212, 303, 311, 493-494

Calveras, José **18**, **31**, **99**, 110

Chapelle, Albert **47**, 68, 71, 76, 79, **109**, **134**, 203, 225, 311, **383**, **415**, 437, 443, 445, 462

Codina, Arthur **18**, **207**, **238**-241, 255, **318**, **379**

Cusson, Gilles **32**, 68

Dalmases, Cándido de **18**, 212, 213, 254, 324, **455**, **476**

Delumeau, Jean **22**, **134**, 177, 178, **475**

Ebeling, Gerhard **20**, **80**, 82, **152**, **443**, 469

Fessard, Gaston **68**, 69-71, 75, 77, 79, 86, 105, 115, 119-121, 123, 131, 132, 148, 150, 167, 258, 259, 262, 307, 323, 329, 330, 369, 375, 376, 379, 406, 407, 430-432, 461, 484, 485

Gervais, Pierre **98**, **100**, **102**, **132**, **140**, **141**, 148, 176, 268, 300, 306, 312, 366, **430**, 445

Gil, Daniel **148**, **153**-155, 157, 303, 309

Gilson, Étienne **35**, **93**, **418**, **442**

Giuliani, Maurice **68**, **265**, **383**

Gueydan, Édouard **19**, **110**, 112, 151, 282, 324, 326, 377, 378, 461

Hennaux, Jean-Marie **372**, 384, **414**, 429

Hummelauer, Franz von **33**, **275**, 277, 335, 337, 348, 386, 414

Iparraguirre, Ignacio **20**, **155**, **213**, **214**, **310**, 414

Ivens, Michael 145, 156, 266, 326, 419, 431

Kolvenbach, Peter-Hans **205**, **209**, 210, **214**, 223, 224, 242, 310, **319**, 326, 334, **350**, 362, **372**

Lafontaine, René **91**, **136**, **178**, **242**, **248**, **333**, 383

Lécrivain, Philippe **228**, **448**, **458**

Leturia, Pedro de **19**, **189**, **447**, **454**

Lubac, Henri de **32**, **42**, **85**, **186**, 381, **438**, **463**

Lyonnet, Stanislas **229**, **235**, 237

Maréchal, Joseph **143**, **212**, 214

Marty, François **112**, **213**, **214**, 227

O'Reilly, Terence **18**, 473

Peeters, Louis **214**, **290**, 314, 315

Penning de Vries, Piet 154, 266, 306, 435

Przywara, Erich 68, 71, 76, 100, 130, 143, 153, 223, 224, 262, 275, 325, 334, 345, **365**, 366, 386, 415, 419, 434, 438

Rahner, Hugo **18**, **30**, **34**, 65, **68**, 92, 100, 114, 118, **123**, 126, 132, 159, 170, 175, 195, 201, 211, **240**, 243, **262**, 264, 272, 428, **449**, 491

Rahner, Karl **31**, **35**, **64**, 98, 148, **164**, 216, 232, **259**, **261**, 265-268, 270, 275, **289**, 296, 297, 303, 420, 422, **427**, **466**

Ravier, André **468**, **476**
Ricœur, Paul **20**, 97, **171**, 185
Robert, Sylvie **20**, 158, **476**
Rotsaert, Mark **23**, 25, **27**, **213**, 214, **244**
Rouwez, Jacques **33**, **190**, 191, 206, **220**, 223, 324, 341, 369, **372**, 376, 388

Schilling, Heinz **22**, 27, **175**, **451**

Solignac, Aimé **30**, **51**, 214
Spidlik, Tomas **84**, 93, 167, 207, 445
Suárez, Francisco **31**, **69**, **103**, **252**, **292**, 440, 441

Theobald, Christoph **232**, **235**

Vergote, Antoine **117**, **236**
Vilanova, Evangelista **22**

Edições Loyola

editoração impressão acabamento
Rua 1822 nº 341 – Ipiranga
04216-000 São Paulo, SP
T 55 11 3385 8500/8501, 2063 4275
www.loyola.com.br